S.F.
V.

Mario Praz
Der Garten der Erinnerung
Essays 1922–1980
Band 1

Aus dem Italienischen übersetzt,
herausgegeben und mit Anmerkungen
versehen von Max Looser

S. Fischer

Die italienische Originalausgabe mit dem Titel ›Fiori freschi‹
erschien 1982 bei Garzanti Editore, Milano

Umschlaggestaltung: Buchholz/Hinsch/Walch
Satz: Fotosatz Otto Gutfreund GmbH, Darmstadt
Druck und Bindung: Andersen Nexö, Leipzig
Printed in Germany 1994
ISBN 3-10-062412-2

Inhalt

Vorwort 7
Abkürzungen 9

1. Band

1 Frische Blumen 11
2 Der Garten 25
3 Das phantastische Mittelalter 35
4 Die Kochkunst 42
5 Silhouetten 70
6 Künstlicher Zauber der Bilder 84
7 Die Begegnung von Ost und West 90
8 Ein Maler der Aufklärung 100
9 Weihnachtskrippen 110
10 Alles über Weihnachten 119
11 Der Tod Satans 128
12 Von den Pyramiden zur Atombombe 136
13 Die Sphinx auf dem Laufsteg 143
14 Symbolische Zoologie 154
15 Das schöne Goldene Zeitalter 161
16 Archetypen in der Literatur 168
17 Die Traumdeutung 178
18 Anmutung der Vergangenheit 191
19 Wachsfiguren 200
20 Theatermuseen 210
21 Musikinstrumente 220
22 Das romantische Ballett 227
23 Spielzeugpuppen für Erwachsene 234
24 Geschichte der Frau 245
25 Die gotische Frau 251

26 Illustrierte Zeitschriften 259
27 Die Sage vom Pferdewagen 266
28 Der Mythos vom Veloziped 284
29 Eisenbahn und Poesie 301
30 Auktionen 314
31 Bilder, mit denen man leben kann 322
32 Über Professoren und Antiquitäten 330
33 Wiederentdeckungen in der Kunst 339
34 Ein Liebhaber Venedigs 346
35 Der Mann, der die Vulkane liebte 355
36 Der Fürst von Palagonia 365
37 Der Dandy 375
38 Beau Brummell 387
39 »Mie-Mie« Fagnani 397
40 Wie die Carmen entstand 405

Vorwort

Fiori freschi ist der Titel für die Sammlung meiner Essays, die im Oktober 1943 im Verlag Sansoni erschien und wider Erwarten so erfolgreich war, daß der Verlag zu einem raschen Nachdruck ermutigt wurde. Aufgrund der traurigen politischen Ereignisse fand dieser jedoch praktisch keine Käufer, so daß der Verlag ihn schließlich an das moderne Antiquariat abgab. In der Zwischenzeit wurden einzelne Kapitel in einigen anderen meiner Bücher weiterentwickelt (»Conversazioni«, »Ritratto con busto« und »Ritratti di famiglia« in *Scene di conversazione*. Roma: Ugo Bozzi 1970); andere wurden in *Gusto neoclassico* (Milano: Rizzoli 1974) aufgenommen (»Vecchi orologi«, »Emma Lione«, »Murat Re d'armi«, »La fine del Re di Roma«, »Maria Luigia«) sowie in *La casa della vita* (Milano: Mondadori 1958, und Roma: Adelphi 1979 [2. Aufl. 1986]), nämlich »L'altare« und »Due paia di occhi azzurri«. Dem vorliegenden Abdruck der übrigen Kapitel wurden jene Essays aus *Motivi e figure* (Torino: Einaudi 1945) hinzugefügt, die sich nicht mit der englischen Literatur befassen (»Venere nel nord« [73], »Michelangiolismo nordico« [75], »Il paesaggio eroico« [76], »Rimbaud« [46], »L'amore delle statue« [77], »Le due sorelle« [78], »La cappella delle pietre dure« [69], »Visita al Lonchio« [70], »De' professori d'anticaglie« [32], »Quartiere modello« [79], »Potenza delle parole« [81], »Simmetria« [82], »Idea d'un film« [83]). Zwischen diese Kapitel wurden zahlreiche Essays eingefügt, die seit 1943 bis zum heutigen Datum erschienen sind und bisher nicht in Buchform veröffentlicht wurden. Die Erscheinungsdaten sind zwar ganz verschieden, aber die erörterten Themen und die stilistische Einheitlichkeit erscheinen mir als ausreichend, um der ganzen Sammlung einen Zusammenhalt zu geben.

Rom 1981 Mario Praz

[*Fiori freschi* von 1943 enthielt 49 Essays unter 4 Überschriften: »Cose« (Dinge), »Persone« (Personen), »Luoghi« (Orte) und »Aspetti« (Ansichten), nebst 20 Illustrationen in Schwarzweiß und einem Personen- und Sachregister. Die Neuausgabe von 1982 (Milano: Garzanti), ohne Illustrationen und Register, die der vorliegenden Übersetzung zugrunde liegt, enthält 83 Essays, die hier durchgehend numeriert sind.

Für die Zitatnachweise wurden nach Möglichkeit die Originalausgaben und vorliegende Übersetzungen herangezogen. Nicht gekennzeichnete Übersetzungen sind solche des Herausgebers.

Der 1. Band enthält die Essays 1–40, der 2. Band die Essays 41–83 sowie ein Gesamtregister. *A. d. Ü.*]

Abkürzungen

Deutscher Aberglaube: *Handwörterbuch des deutschen Aberglaubens*. Hrsg. Hanns Bächtold-Stäubli. Berlin: de Gruyter, 1927–1942, 10 Bde. (Photomechanischer Nachdruck Berlin: de Gruyter, 1987).

HWPh — *Historisches Wörterbuch der Philosophie*. Hrsg. J. Ritter und K. Gründer. Basel / Darmstadt (Schwabe / Wissenschaftliche Buchgesellschaft, 1971ff. (bisher 8 Bde).

KLL — *Kindlers Literatur Lexikon*. München: dtv, 1974 (Taschenbuchausgabe in 25 Bänden).

KML — *Kindlers Malerei Lexikon*. München: dtv, 1976 (Taschenbuchausgabe in 15 Bänden).

LdK — *Lexikon der Kunst*. Architektur, Bildende Kunst, Angewandte Kunst, Industrieformgestaltung, Kunsttheorie. Leipzig: Seemann, 1968, 5 Bde. (Nachdruck Berlin [West]: Das europäische Buch, 1981).

RGG — *Die Religion in Geschichte und Gegenwart. Handwörterbuch für Theologie und Religionswissenschaft*. Dritte, völlig neu bearbeitete Auflage. Tübingen: J. C. B. Mohr, 1965 (Studienausgabe 1986).

Thieme-Becker: *Allgemeines Lexikon der bildenden Künstler von der Antike bis zur Gegenwart*. Herausgegeben von Ulrich Thieme und Felix Becker (1907–1950, 37 Bde.). Reprint München: dtv, 1992, 19 Bde.

Vollmer — *Allgemeines Lexikon der bildenden Künstler des Zwanzigsten Jahrhunderts*. Herausgegeben von Hans Vollmer. Leipzig: Seemann, 1953–1962. Reprint München: dtv, 1992, 6 Bde.

Pauly — *Der kleine Pauly. Lexikon der Antike in fünf Bänden*. München: Druckenmüller (Artemis), 1975; Taschenbuchausgabe München: dtv, 1979.

1 *Frische Blumen*[1]

»Pallere ligustra,
Expirare rosas, decrescere lilia vidi.«[2]
(Claudianus, *De raptu Proserpinae*, III, 240–241)

Ein gebildeter Holländer aus meinem Bekanntenkreis zeigte mir ein Emblembuch, für welches er die Mottos und die Verse geschrieben und ein befreundeter Maler ausnehmend schöne Illustrationen gezeichnet hatte. Ein Emblembuch, veröffentlicht in unserer Zeit, in der diese Art von Literatur keine Liebhaber mehr findet, ist sicherlich von größter Seltenheit (der Superlativ, der Ugo Ojetti so sehr mißfiel, erscheint mir hier wirklich angebracht), doch das Emblem, das meine Aufmerksamkeit weckte, war keines von denen, die von den Machenschaften und Maschinen des modernen Lebens angeregt werden (und die sich denn auch, wie etwa eine Straßenwalze, kaum für Gedichte eignen), sondern das erste der Sammlung: Schnittblumen in einer Kristallvase, mit dem Motto: »*Tabem gaudentes mirantur alienam*«.[3] Unsere Augen erfreuen sich am Anblick von abgeschnittenen Blumen, deren Todeskampf durch das Eintauchen in Wasser nur noch verlängert wird, und es gibt Leute, die sogar Aspirin ins Wasser geben, um die Sterbenden noch einmal zu beleben[4] – trotzdem, Sterbende, Moribunde sind sie, stellte der Holländer fest, mit einer Abscheu, die trotz seiner Gefaßtheit nicht weniger tief war: von grausamen Scheren enthauptete Geschöpfe, die den Anschein der Frische ebenso bewahren wie die Leichen von Menschen, die unter Polareis begraben wurden. Eine solche Erweiterung des Respekts vor allem Lebendigen mochte eher orientalisch[5] als europäisch anmuten, aber es galt nicht zu fragen, ob der Holländer diesen Respekt von einem Vorfahren aus den Kolonien geerbt hatte; zu seiner Erklärung reichten die lange Tradition der Blumenkultur in seinem Heimatland[6] und die unbeugsame Logik seines Volkes aus. Die uralte Vertrautheit mit den Blumen hatte schließlich eine Schicksalsgemeinschaft hervorgebracht: in der Sorge um ihre Nachkommenschaft mußte man sich nunmehr für ihr Wohlergehen mindestens ebenso verantwortlich fühlen wie für das der Lieblingstiere. Dennoch konnte ich ihn in einem Zimmer seines Hauses auf einen Strauß achtsam zusammengestellter Tulpen hinweisen – ein Einklang aus dunklem Violett, Rot und gesprenkelten Farben –, der sich gegen das Grau einer alten, an der Wand hängenden Landkarte abhob wie auf einem Gemälde von Vermeer. Ach ja, seufzte der Holländer, das gefiel seiner Frau. Aber er beruhigte sich: die aus der Zwiebel entstandenen Blumen seien eine Ausnahme von der Regel.

Ein paar Tage lang verdarb mir die Betrachtungsweise des Holländers die Freude am Anblick von Schnittblumen. *Abgeschnittene* Blumen, Schnittblumen waren es nämlich, die der Blumenhändler geschmackvoll in seinem Schaufenster ausstellte, und keine *frischen* Blumen, wie sein Ladenschild vorgab, und die Stände der Blumenhändler am Fuße der Spanischen Treppe[7] nahmen in meinen Augen eine gewisse Ähnlichkeit mit den düsteren Blumenhecken an, die in der Karwoche die Gräber umranden. In meiner Phantasie bewegten sich die vom mütterlichen Stamm entfernten Blumen in Trauerzügen an mir vorbei und offenbarten ihre ursprüngliche Zugehörigkeit zum Menschengeschlecht, so wie die verwundeten Pflanzen in den Zauberwäldern der Dichter das Blut teurer Verblichener vergossen: Dutzende von Narzissen schleppten ihre ermatteten Körper an erbarmungslosen Brunnen vorbei, massakrierte Hyazinthen entfalteten ihre Klagebriefe auf dem glanzvollen Gewand des Goldes von Tyros, das sie anhoben, um die unheilbare Wunde, die die Wurfscheibe des Gottes geschlagen hatte, zu zeigen; der Krokus erwies sich als verzauberter liebender Jüngling und der Heliotrop als verzweifelte Nymphe, die ihren Blick unverwandt dem geliebten Gott am Himmel, dem Himmelswanderer, zukehrte. Hier hörte man ein »Warum reißt du mich heraus?«, dort ein »Warum richtest du mich zugrunde?«, ein allumspannender Klagegesang, der aus der Bilanz verlorener Jugend emporstieg. »Wir schienen so lebendig und rotwangig«, sagten sie, »doch an der Flanke tragen wir das tödliche Zeichen des Eisens; unsere galvanisierten Leichname werden ein paar Tage lang dein Zimmer schmücken; die Freude, die wir dir bereiten, gleicht jener, die der Gesang des sterbenden Schwans oder der Nachtigall dir geben kann, ein Gesang, der die Stimme ihres Schmerzes ist, wenn sie, vom Dorn durchbohrt, ihr Klagen vernehmen läßt. Wenn unsere kurze Lebensstunde dann im Tod vergeht, verblassen unsere Farben, unser pflanzliches Fleisch wird fahl, und wir verderben selbst noch das Wasser, das uns erhält. Und dann erst wirst du sehen, an welcher Schwindsucht deine Augen sich ergötzten.«[8]

Für einige Augenblicke verspürte ich, was Giovanni Guasconti in der Erzählung von Hawthorne[9] wohl verspürt haben mußte, als er in seinen Händen die frischen Blumen dahinwelken sah, die die vermeintliche Zerstörungskraft von Doktor Rappaccinis Tochter auf die Probe stellen sollten: »Ein Schauer unbestimmbaren Schreckens ging durch seine Fasern, als er gewahrte, daß diese jugendfrischen Blumen schon ihr Haupt zu senken begannen; sie boten den Anblick von Dingen, die erst gestern noch frisch und heiter gewesen waren. (...) Er mußte sie mit seinem eigenen Atem vergiftet haben.« Da fiel es mir wie Schuppen von den Augen: die Blumen, die so frisch erscheinen, sind vom Menschen tödlich verwundet worden; durch das Werk unserer Hand liegen sie im Sterben, in unmerklichen Bewegungen gehen sie in unseren eleganten Vasen aus Porzellan oder Kristall zugrunde, und ihre durchdringendsten Düfte sind nichts anderes als die letzten Seufzer ihres Todeskampfes.[10]

Die Blumenmaler beneiden wir nicht um ihre Kunst. Die Emsigkeit ihrer Pinsel ist langsamer als die Schwindsucht dessen, was sie porträtieren. Kaum haben sie eine zarte Färbung festgehalten, da hat sie sich schon in Blässe verwandelt, in stockende Fäulnis. Es wird erzählt, daß Chardin eines Tages ein Stilleben aufgegeben habe, ein Bild mit Jagdbeute, weil die Hasen, die ihm als Modell dienten, verfault waren und er daran verzweifelte, mit anderen Tieren jene Farbenharmonie zu erzielen, die in seiner Vorstellung aufgeblitzt war. Wie oft muß es wohl bei den Blumenmalern so gewesen sein! Ich glaube, daß Donghi[11] etwas davon wußte, denn seine Blumen scheinen sich zwar einer unveränderlichen Frische zu erfreuen, wie man sie in der Natur niemals findet, aber welche Mühe muß es ihn wohl gekostet haben, diesen flüchtigen Augenblick zu bannen! Die Aquarelle von Pierre-Joseph Redouté, den man »Rosen-Raffael«[12] nannte, scheinen die ängstliche Fürsorge des Malers für seine Augenblicksmadonnen, die Rosen, zu offenbaren, von denen einige Arten heute gar nicht mehr bekannt sind (oder die, wenn überhaupt, allenfalls noch in irgendeinem alten Provinzgarten blühen), da die Blumenzüchter, wenn sie eine neue Rosensorte gezüchtet haben, sich nicht um deren Fortbestand kümmern, sondern nur darum, mit ihr neue Arten zu züchten.[13] Wie unempfindlich gegen einen solchen herakliteischen Vorsatz mußte der Maler sein, der in einem plumpen und derben Körper eine den Rosen verwandte Seele verbarg! Über tausend Rosen standen ihrem Raffael Modell, der ihre überaus hinfällige Schönheit unsterblich machte; und es erscheint uns als überaus treffend, daß dieser Joseph, als er aus der Welt schied, eine Lilie als seine Heiligenfigur in der Hand hielt – daß er, beinahe achtzig Jahre alt, in seinem von Rosen umblühten Landhaus auf den Hügeln von Meudon starb (es war im Juni), mit einer Lilie in der Hand, die eine zum frühmorgendlichen Unterricht erschienene Lieblingsschülerin für ihn gepflückt hatte: die abgeschnittene Lilie und der Rosenmaler starben gemeinsam.[14]

Andere Maler ziehen es dagegen vor, die Blumen gerade im Endstadium zu malen, so etwa de Pisis[15]: seine kärglichen, verdorrenden und zerfallenden Nelken sind im eigentlichen Sinne des Wortes »natures mortes«, tote oder stillgestellte Natur, Still-Leben.[16] Solche Blumen deklamieren ein unablässiges *memento homo* von der Wand herab. Dennoch – und das ist die liebenswürdige List der Kunst – akzeptieren wir verkümmerte, teils verwesende, teils vertrocknete Rosenknospen, die wir in der Natur niemals ertragen würden, als »Stilleben«.

Daß der Holländer mich auf die Täuschung durch die frischen Blumen aufmerksam gemacht hat, bedauere ich um so mehr, als ich die Jardinièren, wie sie zur Zeit des Empire üblich waren, bisher für ein besonders bezauberndes Schauspiel hielt. Wenn ich vor meinen Augen den Glanz von Malmaison aufsteigen lasse, wobei ich mich mit den von Garnerey hinterlassenen Aquarellen von den Gärten und Treibhäusern behelfe, kann ich mich noch immer am Anblick seltener Pflanzen aus allen Erdteilen erquicken und mich im Anwesen der Kreolin Joséphine[17] in den Tropen wähnen – jener Joséphine, die ganze Vermögen für Blumen ausgab und mitten in einem Treibhaus einen Salon mit anmutigen Malereien hatte einrichten lassen, von wo aus sie wie in einem Observatorium mit einem einzigen Blick ihre gesamte exotische Flora erfassen konnte, die Ventenat katalogisierte und Redouté auf seinen zarten Aquarellen nachbildete. Die Vorliebe für Blumen hatte sich während der Revolution entwickelt, und der Grund dafür mag außer in der Rückkehr zur Natur, die sich in der zweiten Hälfte des 18. Jahrhunderts verallgemeinert hatte (wer kennt nicht jene zarten Stoffe des 17. Jahrhunderts, übersät mit Schnittblumen, Hundsrosen, Maiglöckchen, Jasmin und jenen Aurikeln, deren Beliebtheit generationenlang vorherrschte? Oder das mit Blumenmustern geschmückte Porzellan von damals?), auch in der Rückkehr zur Antike zu finden sein, die Festmahle, Triumphzüge und Opfer überreich mit Blumen ausschmückte. Unter dem Konsulat begann man Sträuße mit frischen Blumen aus dem Süden Italiens liefern zu lassen, schmückten die Frauen die Schläfen mit Blumen, so wie die Jungfrauen im Athen des Altertums eine Blume in der Hand hielten. Wie gut verstanden sie die Farben aufeinander abzustimmen! »Die zartesten und sanftesten Farben müssen in der Nähe der Augen liegen, die starken und leuchtenden weiter davon entfernt. Man gehe vom Weiß zum Strohgelb über, von der Fleischfarbe zum Rosa, vom Violett zum tiefen Himmelblau, vom Goldgelb zum Purpur (...). Die unablässige Abfolge der Blumen ist ein stummer Hinweis der Natur, die für solchen Schmuck geeigneten Stellen niemals unbedeckt zu lassen.« So schreibt Silva in *Dell'arte de' Giardini Inglesi*[18], und die eleganten Damen ließen wahrlich nicht die kleinste Stelle unbedeckt, an der man Blumen anbringen konnte. Die Herzogin von Abrantès[19] gibt uns eine Beschreibung ihres Gartenpavillons, auf dessen Treppenstufen etruskische Vasen voller Blumen aus dem Treibhaus standen. »Ich erinnere mich, daß man dort eines Tages mehr als vierzig Magnolien-, Stechapfel- und Pampelmusenbäumchen hinstellte, deren Blüten riesengroß sind und die einen wunderbaren Duft verbreiten; am selben Tag gab es in meinem eigenen Blumengarten, in den man nur durch meine Wohnung gelangen konnte, über zweitausend Pflanzen: Heliotrop, Nelken, Jasmin, Rosen für jeden Monat, Moschusrosen, angeordnet in einem Beet von der Form eines Korbes und eingefaßt von einem dichten Rand aus Reseden. Wahrhaftig, ein solcher Ort des Entzückens bewies, daß die Gärten der Armida existiert haben konnten. Schatten spendeten die Akazien, die Ebenholzbäume, der Flieder, die Trompetenbäume, lauter blühende Bäume.« Man umgab sich mit Blumen und setzte sich in den schwelgenden Düften der Gefahr von Schwindelanfällen aus: so überhäufte Madame de Fonfrède zum würdigen Empfang von Joséphine, die damals erst die Gattin des führenden Generals der italienischen Armee war, ihren Salon dermaßen mit Narzissen, Hyazinthen und Heliotrop, daß der Gast in Ohnmacht fiel, und wenn wir einem zeitgenössischen Stich glauben dürfen, schlief Madame Récamier mit einer *table à fleurs*, einem mit Blumenvasen vollgestellten Tisch, neben ihrem Bett – sicherlich kein Heilmittel gegen Migräne. Das vortrefflichste Denkmal dieser Vorliebe für Blumen hat sich mit den Innendekorationen von Percier und Fontaine[20] erhalten: eine Jardinière, hergestelllt für einen schwedischen Aristokraten, die mit ihrer Frühlingsillusion wohl das Innere seines Palastes schmücken sollte, wenn draußen die Schneestürme tobten. Ein zwei Meter hohes Möbelstück aus Mahagoni und Bronze, das auf Füßen mit korbtragenden Sphingen an der Seite (jeder Korb enthielt Blumen) eine große, mit Blumen aller Art gefüllte und am Rand mit *appliques* – Najaden und Tritonen, geformt nach dem Vorbild der Malereien von Herkulaneum – versehene Schale trug. Über der Schale erhob sich eine ebenfalls mit Blumen versehene Volière, umschlossen von schlanken Karyatiden und gekrönt von einer Statue der Hebe. Unterhalb der Schale befand sich eine große Kristallglaskugel, in der lebende Fische schwammen. Dieses monumentale Ensemble glänzte, zuckte, tirilierte, duftete und – o weh – lag zugleich im Sterben, woran mich der gelehrte Holländer gemahnte. Wäre anstelle der Figur der jugendlichen Hebe als krönender Abschluß nicht vielmehr die des bärtigen Greises mit der Sichel und der Sanduhr angemessen gewesen? Zwar hatte Graf W. in seinem Palast anscheinend eine Jardinière aufstellen lassen, um die Strenge des Winters zu vergessen, aber vielleicht hatte er bloß den prunkvollen Katafalk der Flora errichtet – ein Anblick, der noch trauriger war als jener der starr gefrorenen Bäume, die man durch die Fenster hindurch wahrnehmen konnte.[21]

1941

Anmerkungen

1 Erstdruck: »Fiori freschi«, in: *Il Corriere della Sera*, 26. Juni 1941. *A.d.Ü.*

2 »Ich sah Liguster blaß werden, Rosen ihren Atem aushauchen, Lilien welken.«

3 »Die sich erfreuen, bewundern fremden Zerfall.«

4 »It is no small surprise to learn that in Smollett's time carnations from Nice were sent to London and ›revived by beeing steeped for two hours in vinegar and water‹. The logistics of this trade cry out for research.« Turner, Rezension von Mary Blume, *Cote d'Azur. Inventing the French Riviera.* (London: Thames & Hudson 1992), in: *Times Literary Supplement*, 31. Juli 1992. [»Es ist keine geringe Überraschung, zu erfahren, daß man zu Smolletts Zeiten Nelken aus Nizza nach London transportierte und sie dann *zwei Stunden in Essig und Wasser tauchte, um sie wiederzubeleben.* Die Logistik dieses Handels bedarf dringend einer genaueren Untersuchung.«] *A.d.Ü.*

5 Feinfühlige Gedanken über die Qualen, die der Mensch den Blumen auferlegt, finden sich im *Buch vom Tee* des Japaners Kakuzo Okakura (1862–1913): »Sagt mir, liebliche Blumen, Tränen der Sterne, die ihr im Garten steht, mit euren Köpfchen den Bienen zunickt, wenn sie vom Tau und Sonnenstrahlen summen, ahnt ihr das furchtbare Schicksal, das euch erwartet? Träumt weiter, wiegt euch und scherzt, solange es euch vergönnt ist, im lauen Sommerwind. Morgen wird sich eine erbarmungslose Hand um eure Kehle legen. Man wird euch herausreißen, Glied um Glied zerpflücken und euch von eurem stillen Platz wegtragen. Die Nichtswürdige, sie mag wohl hübsch sein. Sie mag sagen, wie lieblich ihr seid, während ihre Finger noch feucht von eurem Blut sind. Aber sagt mir, ist das Güte? Es mag euer Schicksal sein, im Haar einer Frau gefangengehalten zu werden, von der ihr wißt, daß sie herzlos ist, oder ins Knopfloch eines Mannes gesteckt zu werden, der nicht wagen würde, euch in die Augen zu sehen, wäret ihr ein Mann wie er. Es mag sogar euer Los sein, in ein enges Gefäß gesperrt zu werden, das nur faules Wasser enthält, euren brennenden Durst zu löschen, der an vergehendes Leben mahnt.

Blumen, lebtet ihr am Hof des Mikado, dann würdet ihr wohl auch einmal einem schrecklichen Menschen mit einer Schere und einer kleinen Säge begegnen. Er nennt sich *Meister der Blumen.* Er würde die Rechte eines Arztes beanspruchen, und ihr würdet ihn instinktiv hassen, denn ihr wißt, daß ein Arzt immer die Qualen seiner Opfer zu verlängern sucht. Er würde euch schneiden, biegen und in jene unmöglichen Stellungen zwingen, die er euch zu geben für richtig hält. Er würde eure Muskeln krümmen und eure Knochen ausrenken wie ein Chirurg. Er würde euch mit rotglühenden Kohlen brennen, um euer Blut zu stillen, und Drähte in euch hineinbohren, um euren Kreislauf zu fördern. Er würde euch mit Salz, Essig, Alaun und manchmal auch Vitriol nähren. Kochend heißes Wasser würde auf eure Füße gegossen, wenn ihr einer Ohnmacht nahe zu sein schienet. Er würde stolz darauf sein, daß er euch zwei Wochen länger am Leben gehalten hat, als das ohne seine Behandlung möglich gewesen wäre. Wäre es euch dann nicht lieber gewesen, gleich bei eurer Gefangennahme getötet zu werden? Was für ein Vergehen habt ihr in eurem früheren Leben begangen, daß ihr solche Strafen erleiden müßt?

Die achtlose Verschwendung von Blumen im Westen ist oft noch entsetzlicher als die Art, in der sie von den Blumenmeistern des Ostens behandelt werden. Die Zahl der täglich zum Schmuck von Tafel und Saal in Europa und Amerika geschnittenen Blumen, die am anderen Morgen weggeworfen werden, muß riesengroß sein. Zur Girlande gewunden, könnten sie einen ganzen Erdteil bekränzen. Neben dieser völligen Nichtachtung des Lebens wird die Schuld eines Blumenmeisters bedeutungslos. Er bezeugt wenigstens noch dem Haushalt der Natur seine Achtung, wählt seine Opfer mit Bedacht und ehrt nach ihrem Tod ihre Überreste. Im Westen scheint die Schaustellung von Blumen zum Beweis des Reichtums zu gehören – Laune eines Augenblicks. Wo kommen sie alle hin, diese Blumen, wenn die Festlichkeit vorüber ist? Nichts ist mitleiderregender als eine welke Blume, unbarmherzig auf einen Müllhaufen geworfen.« [Kakuzo Okakura, *The Book of Tea* (1906). Deutsch: *Das Buch vom Tee*. Übertragen und mit einem Nachwort versehen von Horst Hammitzsch. Mit Fotos aus Japan und einem Essay von I. Schaarschmidt-Richter. Frankfurt a. M.: Insel, 1979 (^{4}1988), Kap. VI: »Blumen«, S. 84–88. Im *Tsurezuregusa*, das aus dem 14. Jahrhundert stammt, findet sich ein Dokument für die Scheu, sogar verwelkte Blumen wegzuwerfen: »Jemand machte einmal die Bemerkung, die Malvenblüten seien doch nicht mehr nötig, sobald das Kamo-Fest vorüber wäre, und er ließ sie von allen Vorhängen abnehmen. Nach meinem Gefühl war das ein Mangel an Feinsinn; aber da es sich um einen hochgebildeten Mann handelte, dachte ich mir, er habe es vielleicht aus irgendeinem bestimmten Grunde getan. (...) Allein der Anblick, wie sie verwelken, betrübt schon, und wie kann einer sie da packen und wegwerfen, so daß nichts mehr übrigbleibt?« *Betrachtungen aus der Stille*. Das Tsurezuregusa von Yoshida Kenko. Aus dem Japanischen übertragen, erläutert und mit einem Nachwort versehen von Oscar Benl. Frankfurt a. M.: Suhrkamp, 1985 (st 1227), S. 98. – Vgl. A. Berliner, *Der Teekult in Japan*. Leipzig 1930; Horst Hammitzsch, *Zen in der Kunst der Teezeremonie*. Bern, München 1977. Zum Umgang mit Blumen in der japanischen Kultur vgl. ferner: J. Conder, *The Theory of Japanese Flower Arrangements*. Kobe 1935; Gusty L. Herrigel, *La voie des fleurs. Le Zen dans l'art japonais des compositions florales*. Lyon: Derain 1957 (Collection Bouddhisme et Jaïnisme); N. Nakahara und M. Hashizume, *L'art des fleurs au Japon*. Paris 1955 (Bibliothèque des arts); M. Preininger, *Japanese Flower Arrangement for Modern Homes*. Boston 1936; A.L. Sadler, *The Art of Flower Arrangement in Japan*. New York 1933. *A.d.Ü.*]

Vielleicht wäre die Behauptung zu gewagt, daß sich Spuren eines ähnlichen Feingefühls für die Blumen in einigen lateinischen Versen von Vincenzo da Filicaia über den arabischen Jasmin finden. Man lese zum Beispiel die Verse mit dem Titel *De cadavere Mogarini*:

»Horas vixi ego pauculas, manusque,
Labile ut mihi prororaget aevum,
Barbare ingeniosa me rescidit...«

[»Ich habe nur ganz wenige Stunden gelebt, und die einfallsreiche Hand hat mich, um mir die schwindende Lebenszeit zu verlängern, auf barbarische Weise zurückgeschnitten...«.

Vincenzo da Filicaia (1642–1702), *Poesie e lettere*, ed. U.A. Amico, Firenze: Barbaro 1864].

6 Vgl. Pieter Bisboer, »*Tulipa turcarum*. Über die *Tulipomania* in Europa«, in: Ausstellungskatalog *Europa und der Orient*. Berlin 1989, S. 288–294. *A.d.Ü.*

7 Rom: die »Scalinata della Trinità dei Monti« oder »Spanische Treppe«, die von der Piazza di Spagna zur Piazza und der Kirche von SS. Trinità dei Monti führt. Vgl. Karl Philipp Moritz, *Reisen eines Deutschen in Italien*, Eintragung vom 10. November 1786, in: ders., *Werke*, hrsg. v. H. Günther, Frankfurt a. M.: Insel, 1981, Bd. 2, S. 19f. *A.d.Ü.*

8 »Es ist ein Schnitter, der heißt Tod, / Hat Gewalt vom höchsten Gott; / Heut wetzt er das Messer, / Es schneidt schon viel besser, / Bald wird er drein schneiden, / Wir müssen's nur leiden. / Hüte dich, schöns Blümelein!« *Des Knaben Wunderhorn. Alte deutsche Lieder*. Gesammelt von L. Achim von Arnim und Clemens Brentano. München: dtv, 1963, Bd. 1, S. 34–35; vgl. auch ebd., S. 125, 136, 157, 171, 220; H.C. Artmann, »es gibt guade und bese geatna: des is es liad fon an besn«, in: ders., *med ana schwoazzn dintn. gedichta r aus bradnsee*. Salzburg: Otto Müller, 1958, S. 21; Lorenz Leopold Haschka, »An eine Kornblume nach dem Schnitte«, in: Werner Kraft, Hrsg., *Wiederfinden. Deutsche Poesie und Prosa*. Heidelberg: Lambert Schneider, 1962, S. 103: »Ach! der Unglücklichen Dasein / ist nur verlängerte Todesnot! / Blume, dich brech ich! Du magst schon / Früher verblühn.« Rudolf Borchardt, *Gedichte*, hrsg. v. Marie Luise Borchardt und Herbert Steiner. Stuttgart: Klett, 1957, S. 211: NELKE IM GLASE

»Blume der Nelke,
Haben sie dich denn auch zu früh geschnitten?
Ich hänge doch voll Knospen und ich welke!«
A.d.Ü.

9 Nathanael Hawthorne, »Rappaccini's Daughter« (1844); Rückübersetzung (die deutsche Übersetzung: *Rappaccinis Tochter und andere Erzählungen.* Übersetzt von I. Krämer, Zürich 1966, war nicht zugänglich). Verfilmt wurde »Rappaccinis Tochter« 1963 von Sidney Salkow in einem Episodenfilm nach Hawthornes »Zweimal erzählte Geschichten«, zusammen mit »Dr. Heideggers Experiment« und »Das Haus der sieben Giebel«. Vincent Price spielt darin den Dr. Rappaccini, Brett Halsey den Giovanni, Joyce Taylor die Beatrice und Edith Evanston die Lisabetta. – Vgl. die nach dem Vorbild von Hawthornes Erzählung »Rappaccinis Tochter« geschriebene Erzählung von Fjodor Sologub, »Der vergiftete Garten«. Übersetzt von Eckhard Thiele. In: Fröhlich, Hrsg., *Gärten. Texte aus der Weltliteratur.* Zürich: Manesse 1993, S. 62–94. *A.d.Ü.*

10 Eben dieser spezifisch menschliche, nämlich rückbezügliche Anteil am Zerstörungswerk, mithin an der Trauer, bleibt in Freuds Gegenüberstellung von der Entwertung des Schönen durch das »Schicksal der Vergänglichkeit« (die ihm ein junger Dichter zu erklären versucht) und der Erneuerung durch den zyklischen Ablauf der Jahreszeiten (oder, wie im Falle des Krieges, durch Wiederaufbau) außer acht; vgl. Sigmund Freud, »Vergänglichkeit« (1916), in: S. Freud, *Studienausgabe*, Band X, S. 223–227; zur Entstehungsgeschichte und Bedeutung dieses Textes: Ernest Jones, *Sigmund Freud, Leben und Werk*. Übersetzt von G. Meili-Dworetzki (1962). München: dtv 1984, S. 440–441. *A.d.Ü.*

11 Antonio Donghi, römischer Maler, Zeitgenosse von Praz und einer der wenigen Modernen, von denen Praz Bilder in seine Sammlung aufnahm. Praz gab ihm 1942 den Auftrag, seine Frau Vivien und die Tochter Lucia zu porträtieren; vgl. Mario Praz, *La casa della vita.* Rom: Adelphi, [2]1986, S. 124–126, 133, 143, 203–206. Mit dem Ergebnis war Praz nicht zufrieden. – Als gemeinsame Eigenschaft der von ihm bevorzugten, gegenständlich malenden Modernen – zu ihnen gehörte auch Leonor Fini – bezeichnete Praz einen »magischen Realismus«: »Von einigen unter ihnen könnte man sagen, daß der Herzschlag der Welt zum Stillstand gekommen ist und die Dinge ihr lautloses vegetatives Leben leben und verkörpern; jenes *vita silente*, gemäß der wörtlichen Übersetzung von *Stilleben*, mit der De Chirico den Ausdruck *natura morte* ersetzen wollte«; S. 204. – Anläßlich des »Festival dei Due Mondi« und zum dreißigsten Todesjahr des Malers wurde in Spoleto im Sommer 1993 eine große Antonio-Donghi-

Retrospektive organisiert; vgl. Carlo Castellaneta, »Giocolieri fuori del tempo. Chiusi in paesaggi urbani lindi e nostalgici«, in: *Corriere della Sera*, 15. August 1993; Ausstellungskatalog Spoleto, *Antonio Donghi, 1897–1963*, hrsg. v. Bruno Mantura und Valeriano. Roma: Edizioni de Luca. Farbabbildung des Porträts von Vivien und Lucia Praz: Kat. N° 58 (*Ritratto di madre e figlia*, 1942, Rom, Sammlung Banco di Roma); Blumenstilleben Kat. N° 4, 5, 47, 48, 51; Maurizio Fagiolo dell'Arco und Valerio Rivosecchi, *Donghi. Vita e opere*. Torino: Umberto Allemandi, 1990, S. 220f. *A.d.Ü.*

12 »Der Raffael der Rosen«: vgl. das Nachwort von Edmund Launert zu Pierre-Joseph Redouté, *Die Rosen*. 170 Farbtafeln. Nach der Ausgabe von 1817–1824. Bearbeitung und Nachwort von Edmund Launert. Dortmund: Harenberg 1980 ([3]1988), S. 353–360. Siehe auch Sacheverell Sitwell und Wilfrid Blunt, *Great Flower Books 1700–1900. A Bibliographical Record of Two Centuries of Finely Illustrated Flower Books* (London: Collins, 1956). Revidierte Neuausgabe New York: The Atlantic Monthly Press, 1990, S. 35–36; Tafeln 41, 42, 44, 45; Bibliographie S. 128–131. *A.d.Ü.*

13 Alte Rosen werden inzwischen nicht nur wieder gezüchtet – z.B. »Le souvenir de la Malmaison«, u.a. in Steinfurt/Bad Nauheim –, sondern es gibt über sie auch eine umfangreiche Literatur; vgl. z.B. Alma de l'Aigle, *Begegnung mit Rosen*. Hamburg: Hanseatische Druckanstalt, 1957 (Reprint Moos/Bodensee: Frick, 1978); David Austin, *Old Roses and their Development*. London: Antique Collectors Club, 1992; ders., *The Heritage of the Rose*. London: Antique Collector's Club, 1988; Ilse Höger-Orthner, *Vom Zauber der alten Rosen. Geschichte, Sorten, Gestaltung*. München/Wien/Zürich: BLV Verlagsgesellschaft, 1991; Gerda Nissen, *Alte Rosen*. Heide: Boyens & Co., 1986; A. Jacob, H. u. W. Grimm, B. Müller, *Alte Rosen und Wildrosen*. Stuttgart: Ulmer, 1990; Trevor Griffiths, *A Celebration of Old Roses*. London: Michael Joseph, 1992. (Über den neuen Kult mit alten Rosen berichtete sogar der *Spiegel*, Heft 33, 1990.) – Ein literarisches Zeugnis für die »Leiden eines modernen Rosenzüchters« liefert Iris Murdoch in ihrem Roman *An Unofficial Rose* (1962; Harmondsworth: Penguin, 1986). Das Fazit des Züchters, nach der immerwährenden Jagd auf das Neue, lautet dort (S. 183): »The true rose, the miracle of nature, owes nothing to the hand of man.« (»Die echte Rose, das Wunder der Natur, schuldet/verdankt der Hand des Menschen nichts.«) *A.d.Ü.*

14 »Im 80. Lebensjahr stehend, plante er schließlich ein großes Blumenbild zu malen, von dem er sich einen Erlös von 12 000 Franken erhoffte; es wurde nie vollendet. Beim Studium einer weißen Lilie erlitt er einen Schlaganfall und verstarb am 19. Juni 1840.« Launert, a.a.O. (vgl. Anm. 9), S. 360. *A.d.Ü.*

15 Filippo de Pisis (1886–1956): ein Beispiel findet sich im Ausstellungskatalog *Italienische Kunst 1900–1980*, Kunstverein Frankfurt a. M. 1985, S. 88: *Fiori* (Blumen) 1930, Abb. S. 89; vgl. Ausstellungskatalog *Filippo de Pisis*. Milano, Palazzo Reale, 1991. *A.d.Ü.*

16 Zum Blumenstilleben vgl. Ausstellungskatalog *Stilleben in Europa*. Münster und Baden-Baden 1980, S. 293–343; *Boeketten uit de Gouden Eeuw/Bouquets from the Golden Age. The Mauritshuis in Bloom*. Ausstellungskatalog Mauritshuis, Den Haag, 1992; P. Mitchell, *European Flower Painters*. London, 1973; zum Vanitas-Motiv vgl. Ausstellungskatalog *Les vanités dans la peinture au XVII*[e] *siècle*, Caen/Paris 1990–1991. Eine von der moralisierenden Interpretation des *memento mori* abweichende Deutung des Blumenstillebens gibt B. Brenninkmeyer-de Rooj, »Zeldzame Bloemen«, in: *Oud-Holland*, 104, Heft 3/4, 1990; vgl. den Bericht von Ursula Härting in der *Frankfurter Allgemeinen Zeitung* vom 13. November 1991, S. N 4: Anhand des Briefwechsels zwischen dem Maler Jan Brueghel (1568–1625) und seinem Mailänder Mäzen, dem Kardinal Federico Borromeo, wird gezeigt, daß Borromeo Brueghels Blumenbilder als »Kostbarkeiten und als Raritäten, als seltene botanische Juwelen« verehrte. »Die seltensten und schönsten Blumen habe Brueghel festgehalten, darunter *einige, die man noch nie bei uns gesehen hat*. Zu solchen Exoten gehörte auch die Sonnenblume, die erst durch Cortez nach Europa gelangte. (...) Man muß auch bedenken, daß man damals nur von April bis August blühende Blumen kannte (...). Die Blumengemälde waren deshalb auch eine Art Ersatz für lebende Blumen.« *A.d.Ü.*

17 Joséphine [Tascher de la Pagerie, spätere de Beauharnais], franz. Kaiserin, erste Gattin (1796–1809) Napoleons I.; 1763 auf der Insel Martinique geboren, starb sie 1814 auf Schloß Malmaison in der Nähe von Paris. Vgl. Gérard d'Houville, *L'impératrice Joséphine*. Paris: Flammarion, 1925; Jean Tulard und Chantal de Tourtier-Bonazzi, Hrsg., *Napoléon. Lettres d'amour à Joséphine*. Paris: A. Fayard, 1981 (deutsch: *Napoleon. Liebesbriefe an Josephine*. Übersetzt von Werner Rappl. Frankfurt/Berlin/Wien: Ullstein, 1985, Briefe 232, 242 und 246; Franz Herre, *Napoleon Bonaparte. Wegbereiter des Jahrhunderts*. München: Goldmann, 1991, S. 56f. – Über Joséphine, Malmaison und den erneuerten Kult um alte Rosen berichtet Susanne Mayer, »Im Herzen Rosa«, in: *Die Zeit* vom 2. August 1991: »Die Kaiserin (...) war beim Anblick einer Rose (...) eine botanisch Besessene. Bald stehen in ihrem Garten über 200 Sorten der seltensten Rosen. Glashäuser werden zum Schutz der zartesten errichtet. Ihre Emissäre werden mit Sonderpässen ausgestattet, die ihnen erlauben, alle Kriegsgebiete zu durchreisen, damit sich die

Passionen der beiden Eheleute – er Schlachten, sie Blumen – nicht behindern. Die Rosen kommen aus England, Belgien, Holland, aus Deutschland.«

Vgl. Gerd Krüssmann, *Rosen Rosen Rosen. Unser Wissen über Rosen.* Berlin/Hamburg: Parey, ^{2}1986, S. 99–104; auf S. 103 findet sich eine Liste der 197 Rosen, die Gravereaux – Jules Gravereaux, *La Malmaison. Les roses de l'impératrice Joséphine.* Paris: Editions de l'Art et de Littérature, 1912; ders., *La rose dans les sciences, dans les lettres et dans l'art.* Paris, 1906 – aus der Rosensammlung Joséphines wiedergefunden und in seinem Rosengarten L'Hay (Roseraie de L'Hay-les-Roses im Département Val-de-Marne, in der Nähe von Paris) angepflanzt hat. Krüssmann schreibt: »Das Schloß Malmaison ist heute ein Museum, und seine reichen Sammlungen aus der Zeit der Kaiserin stehen in vielen Räumen dem Besucher offen. Auch der Park ist in gutem Zustand, und es gibt dort auch viele Rosen; es sind aber nur die Rosen unserer Zeit, doch fragst du nach den Rosen der Kaiserin, du findest sie nicht mehr…« (S. 103). – Vgl. auch Robert Zander und Clara Teschner, *Der Rosengarten. Eine geschichtliche Studie durch zwei Jahrtausende.* Frankfurt/Oder und Berlin: Gartenbauverlag Trowitsch und Sohn, 1978 (Reprint der Ausgabe von 1933), sowie Gerd-Heinz Mohr und Volker Sommer, *Die Rose. Entfaltung eines Symbols.* München: Diederichs, 1988, S. 24–26, über Joséphine. *A.d.Ü.*

18 Silva, Ercole Conte di Biandrate, *Dell' Arte de' Giardini Inglesi.* Milano anno IX [1799]. *A.d.Ü.*

19 Herzogin Laure d'Abrantès (1784–1838), befreundet mit der Familie Napoleons I., heiratete Jean-Andoche Junot, General der napoleonischen Armee und späteren Herzog. Sie schrieb Romane und historische Werke (*Mémoires … historiques sur Napoléon, la Révolution, le Directoire … et la Restauration*, XVIII 1831–1838; *Histoire des Salons de Paris*, VI 1836); sie spielte eine wichtige Rolle im Leben Balzacs. *A.d.Ü.*

20 Zu Percier und Fontaine vgl. Mario Praz, *La filosofia dell'arredamento.* Milano: Longanesi, 1964; deutsch: *Die Inneneinrichtung von der Antike bis zum Jugendstil.* Übersetzt von Otto Emil Gantert. München: Keyser, 1965, passim. *A.d.Ü.*

21 Der melancholische kleine Junge, Little Father Time, in Thomas Hardys Roman *Jude the Obscure* (1895) sagt: »I should like the flowers very much, if I didn't keep on thinking they'd be all withered in a few days!« [»Die Blumen würden mir sehr gefallen, wenn ich nicht immer dran denken müßte, daß in ein paar Tagen alle verwelkt sind!« Thomas Hardy, *Jude the Obscure.* Edited with an introduction and notes by C.H. Sisson. Harmondsworth: Penguin,

1985, S. 366; V. Teil, 5. Kapitel, Schluß. Deutsch: *Im Dunkeln. Jude the Obscure.* Übersetzt von Eva Schumann. Nördlingen: Greno, 1988, S. 355. – Zur Figur des Zeitgottes »Vater Chronos« – Kronos, Saturnus – vgl. Erwin Panofsky, »Father Time«, in: ders., *Studies in Iconology. Humanistic Themes in the Art of the Renaissance.* (1939) New York, London: Harper & Row 1972, S. 69–74; deutsch in: ders., *Studien zur Ikonologie. Humanistische Themen in der Kunst der Renaissance.* Übersetzt von Dieter Schwarz. Köln: DuMont 1980.] Im Roman *Al di là* [*Jenseits*; 1877 unter dem Pseudonym Ottone Banzole in Mailand erschienen; vgl. *KLL*, S. 895] von Alfredo Oriani geht Elisa di Monero der gleiche Gedanke durch den Kopf: »Soll ich es aussprechen? Der Blumenstrauß, den ich mit so viel Empfindung geküßt habe, hat in meiner Seele ein unbeschreibliches Gefühl der Melancholie ausgelöst: ich habe an das Glück all dieser Blumen auf ihrem Strauch gedacht, an ihre duftenden Liebschaften, an ihr ätherisches und so kurzes Leben (...), und wir schneiden sie ab mit grausamer Gleichgültigkeit, um unseren Busen mit ihren wohlriechenden Leichnamen zu schmücken (...). Vielleicht waren sie glücklich, in eurem kleinen Garten zu leben, euch zu sehen, euch zu begrüßen wie eine größere Schwester... Sie scheinen mir jetzt überrascht zu sein, in meinen Händen zu liegen, und in ihrem Wohlgeruch wittere ich einen unbestimmten Schmerz. Arme Blumen! Ihre Überreste werde ich in einer schönen Urne aufbewahren.« Walter Savage Landor*, der englische Dichter, der lange in Florenz lebte, erklärte hingegen in seinem Buch *A Fiesolan Idyl*: »Es war und ist schon immer mein Wunsch und meine Gewohnheit gewesen, alle Blumen inmitten ihrer Familie und an ihren Geburtsorten ungehindert leben und (wenn ihr Genius ihren Seelen den Abschied auferlegt) sterben zu lassen. Nie pflücke ich die Rose; das Haupt des Veilchens hat sich, zu meiner Beruhigung, auf seiner Erdscholle bewegt und mich nicht getadelt; der heilige Kelch der reinen Lilie hat sich in meinen unbefleckten Händen sicher gefühlt und kein Stäubchen seines Goldes verloren.« [Vgl. Rudolf Borchardt, *Der leidenschaftliche Gärtner* (1938). Nördlingen: Greno, 1987, bes. das I. Kapitel: »Der Mensch und die Blume«.

* Zu Walter Savage Landor vgl. Mario Praz, *Studi e svaghi inglesi.* Milano: Garzanti, 1983, Band II, S. 217–220.] *A.d.Ü.*

2 *Der Garten*[1]

Der moderne Mensch leidet wohl an Klaustrophobie, da ihm weder die Erde noch das Wasser oder die Luft ausreichen, wogegen dem mittelalterlichen Menschen die offenen und unverbundenen Räume zuwider waren. Seine Ideale von Harmonie und Glück waren das Kloster, die Burg, die ummauerte Stadt und der *hortus conclusus*, der umfriedete, verschlossene Garten.[2] Man wird sagen: Weil die Welt damals nur aus Gefahren und Verrat bestand, aus Argwohn gegenüber Feinden, und weil es unaufhörlich Krieg gab, war das Ideal eben ein Ideal der Sicherheit: man wollte sich umschlossen, eingefriedet und geschützt fühlen. Heute dagegen ...

Auch wenn Dante der Dichter ist, der den erhabensten Traum des Mittelalters zum Ausdruck bringt, dürfen wir den Wortführer der Mehrheit doch nicht in ihm, dem Pilger der Abgründe, der unerreichbaren Gipfel und der interstellaren Räume suchen. Wenn der mittelalterliche Mensch aus sich heraustreten und träumen wollte, fand er sich stets im lieblichen Garten des *Roman de la rose*[3] wieder. Über zwei Jahrhunderte lang dachte sich die abendländische Phantasie nichts Erstrebenswerteres als dieses Miniaturparadies aus: an einem Maimorgen in einem blühenden Garten in der Nähe eines Brunnens zu sein, während die Vögel »in ihrem Latein« sangen. Den von Guillaume de Lorris zu Beginn des 13. Jahrhunderts erträumten Garten finden wir anfangs des 15. Jahrhunderts unverändert auf dem Goldpokal des Ludwig von Anjou wieder, dessen Sockel verziert war »d'un terraige ou pré vert, de où naissent petits arbrisseaux de diverses manières, et connins de plusieurs couleurs et contenances parmi; et d'iceulx partent plus grans arbres, tenans par le lonc l'esmail du gobelet«[4]; und wir finden ihn auf den mit Eichen, Pinien, Kastanien- und Orangenbäumen durchwirkten Wandteppichen des Herzogs Jean de Berry, nebst einer Ansammlung von unbestimmbaren Tieren, und mit denselben Brunnen, denselben Lauben und demselben Blumenschmuck – lebendiger als »feines Gold und Silber, Scharlachrot und Bleiweiß« – finden wir ihn auch wieder als lieblichen Hintergrund auf den Bildern mit den sanften Madonnen von Stefano da Zevio[5] und Stephan Lochner[6] sowie auf der *Anbetung des Heiligen Lammes* der Brüder van Eyck: und damit befinden wir uns schon fast in der Mitte des 15. Jahrhunderts. Ich will nicht etwa behaupten, der Maler aus Verona stehe in direkter Abhängigkeit von dem rheinischen Maler; vielmehr war der Garten von Guillaume de Lorris zu einer Schablone der internationalen Gotik geworden. Immer wieder tauchte er auf: in der Dekoration von Innenräumen, im Schmuck der Kleidung, auf kostbarem Geschirr und auf Gemälden sowie in jenen Vademekums oder Handbüchern und Leitfäden, die wir heute unter dem Titel *Hilf Dir selbst: Ärztlicher Ratgeber* finden würden und die damals *Tacuinum Sanitatis* hießen.

Das prunkvollste aller Vademekums ist lombardischer Herkunft und befindet sich in der Bibliothèque Nationale in Paris. Zwar hatte schon Francesco Novati sich vorgenommen, es vollständig zu reproduzieren, aber nun fällt das Verdienst Elena Berti Toesca zu, und niemand wird sich darüber beklagen, statt von einem achtunggebietenden Gelehrten von einer eleganten und obendrein gebildeten Dame durch die anmutigen, in wunderbaren Lichtdrucken wiedergegebenen Miniaturen geführt zu werden (*Il »Tacuinum Sanitatis« della Biblioteca Nazionale di Parigi*. Bergamo: Arti Grafichi, 1937). Und man freut sich bei dem Gedanken, daß das kostbare kleine Buch, das auch in seiner Prosa eine einzige Verherrlichung des Gartens ist, einer adligen Dame namens Verde[7] gehörte – Verde Visconti –, sei es nun, daß es 1365, als sie die Gattin des Herzogs Leopold von Österreich wurde, zu ihrer Aussteuer gehörte, damit ihr mit eleganten Figuren und auserlesenen Farben beigebracht würde, »was jede Familienmutter wissen muß«, sei es, daß das Buch erst später in ihren Besitz gelangte. Zu bedauern ist allenfalls der Umstand, daß das *Tacuinum* nicht zur Aussteuer jener anderen Visconti gehörte, die 1368 die Gattin des Fürsten Lionel von England wurde, denn wenn es stimmt, daß Geoffrey Chaucer zu dessen Hofstaat gehörte, dann hätte der junge Dichter, der ein Schüler des *Roman de la rose* war, die Miniaturen der lombardischen Künstler (von denen einer ganz ähnlich wie Giovannino de' Grassi malte, wie Elena Berti Toesca nachweist) anschauen und diesen Blättern den Zauber einer noch feierlicheren Nähe verleihen können.

Doch selbst dann, wenn die Blätter des Gesundheitsratgebers an keine berühmtere Leserin als die Madonna Verde, die grüne Madonna erinnern – welch frischer Lufthauch einer mittelalterlichen Wiese weht uns hier an! Die Pflanzen sind dichtbelaubt, alle von derselben Größe, der Feigenbaum, der Birnbaum, die Pinie, die Palme, der Majoran, die Petersilie, bis zu den bescheidenen Kichererbsen und Lupinen, und jede einzelne Pflanze, die eine ganze Seite ausfüllt, ist von menschlichen Figuren umgeben, gewöhnlich einem Mann und einer Frau, aus allen gesellschaftlichen Schichten und in entsprechender Kleidung, und es trifft nicht immer zu, daß die Ernte der seltenen Pflanzen nur den Herren zufällt und daß die Speisen der Armen – Kastanien, Zwiebeln und Rüben – von den mit Beuteln und Säcken ausgerüsteten Bauern und den Gärtnern geerntet werden, denn ausgerechnet neben einem riesigen Sellerie, mit einer Staude wie ein Kapitell im gotischen *style flamboyant*, finden wir nämlich das eleganteste Paar dieser Parade, die nicht nur eine der Pflanzen, sondern auch eine der Mode ist. Zuweilen ist die Szene dramatisch: Warum vollzieht zum Beispiel vor der Kulisse des zum Wald ausgewachsenen Hirsefeldes, auf dem die Vögel sich niederlassen, die in eine blaue und violette »Cypriana« gekleidete, mit Haube und rosaroten Ärmelaufschlägen ausgestattete Jungfrau mit dem goldenen, von dunkelblauen Bändern eingefaßten Täschchen diese Geste der Bestürzung so, als ob sie zu ihren Füßen eine Schlange erblickte? Vielleicht weil sie mit dieser verächtlichen Gebärde, der erhobenen Rechten, uns das Futter der »Cypriana«[8] zeigen kann, das von kühner orangegelber Farbe ist? Oder müssen wir die Erklärung für diese gotische Pose in der Legende suchen, die, wie auf jeder Seite am Fußende, den Ratschlag zur Gesundheit gibt? »*Milium. Nature frigidae et siccae, etc.* Juvamentum: *quibus stomaci refrigeratio ac humorum superfluorum desicatio aperitur.* Nocumentum: *parum nutrit.* Remotio nocumenti: *sumptum cum bene nutrientibus.*«[9] Genau so: »Schaden: nährt kaum; Verhütung des Schadens: zusammen mit nahrhaften Speisen einnehmen!«[10] Viel tiefer schürfend als diese Stelle ist die medizinische Wissenschaft dieses Schülers von Hippokrates, von

Galen[11] usw., der das Büchlein verfaßte, nicht, und auch sein sarazenischer Name vermag uns keinen Respekt einzuflößen: *Abulkasem de Baldac filius Habadum medici*. Vielleicht hätte er mehr Hühnerfleisch essen sollen, von dem er behauptet: »*addunt in cerebro*«.[12] Wie einfach wäre die Welt, wenn man von allen Dingen den Nutzen, den Schaden und die Verhütung des Schadens angeben könnte... Dieser Abulkasem war ein Einfaltspinsel oder vielmehr ein mittelalterlicher Quacksalber.[13] Kümmern wir uns nicht um seine Worte, sondern betrachten wir den Garten.

Wie genau sind diese Bäume und Blumen mit magischen und unanfechtbaren Vorzügen ausgezeichnete Einzelwesen, belebt von einer Persönlichkeit, die fast noch energischer ist als die der Gecken und der affektierten Hofdamen oder der derben, tierähnlichen Bauern um sie herum. Die Menschen sind gleichsam unpersönlich, die Pflanzen hingegen dämonische Kräfte, mit der Fähigkeit, Affekte und Tätigkeiten zu steuern, Unzucht und Keuschheit zuzuweisen, zu verstopfen oder zu entleeren. Diese Pflanzen, die für die Menschen des Mittelalters die Natur waren, gehören nicht unserer Natur an, bilden keine Landschaft und ordnen sich nicht zu pittoresken Gruppen im Hintergrund. Dies alles wird erst später aufkommen, mit der Romantik, wenn man so will.[14] Die Pflanzen des Mittelalters waren Geistwesen, aus jedem Horizont herausgelöst, heilsame oder verderbliche Gegenwart im abgeschlossenen Garten, und wenn der Mensch sich in ihrem Schatten niederließ, wußte er, daß er eine verbindliche Handlung von einiger Bedeutung vollzog. Vielleicht zeigt die Jungfrau in der blauvioletten »Cypriana« eben deshalb jene Geste der Bestürzung vor der scheinbar völlig harmlosen Hirse; vielleicht deshalb auch die langsamen und nachdenklichen Gebärden eines bedeutungsschweren Rituals, mit denen der aufgeputzte Ritter der Dame den Ysop überreicht und die Pilgerdame dem Ritter mit dem aufgeblähten Wams den Majoran darbietet.[15]

1937

Anmerkungen

1 Erstdruck: »Verziere«, in: *La Stampa*, 27. März 1937.

Der Titel des Essays von Praz lautet »Verziere«; der Ausdruck gehört zur gehobene Sprache (von lat. viridirium, Lustgarten). – »Die Bezeichnung *boumgarten*, der in der französischen Dichtung *jarz* oder *vergier* (Chrétien de Troyes), in der englischen *orchard* oder *pleasance* entspricht, meint im Grunde nichts wesentlich anderes als die Bezeichnungen *wisgarten*, *hac*, *plân*, *planie*, *velt*. In ihnen liegen allenfalls graduelle Unterschiede hinsichtlich der Dichte des Baumbestandes. (...) Der *Baumgarten* mit einer begeh- und bewohnbaren Grasfläche war also der eigentliche ritterliche Lustgarten, in ihm lebte und liebte man, und er erscheint deshalb in den Texten und danach in den Bildern als dominierender Typus. Zu seinen festen Bestandteilen gehören die Bäume, das Gras, die Blumen und zumeist ein Bach oder Brunnen. Wenn dann noch einzelne Gewächse genannt werden, vor allem Rosen, Lilien und Veilchen, so haben wir wieder die Elemente des antiken Ideallandschafts-Schemas beisammen.« Dieter Hennebo, *Gärten des Mittelalters*. Zürich: Artemis, 1987, S. 81–82. Vgl. M. Carrol-Spillecke (Hrsg.), *Der Garten von der Antike bis zum Mittelalter*. Mainz: Philipp von Zabern, 1992. *A.d.Ü.*

2 Vgl. Anna Marie Fröhlich, *Gärten. Texte aus der Weltliteratur*. Zürich: Manesse, 1993, Illustration S. 378 (Der Klostergarten als Paradies, Florenz 1519): »Der Pfau findet keinen Eintritt in den umschlossenen Garten, wo der Mönch die reine Lilie pflückt.« *A.d.Ü.*

3 Guillaume de Lorris und Jean de Meun, *Der Rosenroman*. Übersetzt und eingeleitet von Karl August Ott. München: Fink, 1976, 3 Bände (Klassische Texte des Romanischen Mittelalters in zweisprachigen Ausgaben, Band 15, I–III). Die Beschreibung des Gartens findet sich in V. 1323–1438. Vgl. Karl August Ott, *Der Rosenroman*. Darmstadt: Wiss. Buchgesellschaft, 1980; Clemens Alexander Wimmer, *Geschichte der Gartentheorie*. Darmstadt: Wiss. Buchgesellschaft, 1989, S. 15–20; Marie Luise Gothein, *Geschichte der Gartenkunst*. Nachdruck der 2. Auflage (Jena 1926) München: Diederichs, 1988, Erster Band, S. 202–204. – Die Metapher von der *Mauer* zwischen Garten und Außenwelt benutzt auch Georges Duby in: »Der Rosenroman. Sozialgeschichtliche Hintergründe eines höfischen Traums« (= Préface/Einleitung zur französischen Ausgabe des *Roman de la rose*. Paris: Gallimard, 1984; übersetzt von Grete Osterwald, in: Georges Duby, *Wirklichkeit und höfischer Traum. Zur Kultur des Mittelalters*. Berlin: Wagenbach, 1986, S. 65–102): Der *Rosenroman* bietet das »Bild einer Segregation, die das Gute vom Bösen trennt, die verstößt, was alle verachten oder fürchten. Eine unsichtbare Mauer

wird errichtet. Außerhalb der Mauer gibt es keine Existenz.« Im Garten »befinden sich nur sorglose Wesen (...). Aber was ist der GARTEN DES VERGNÜGENS eigentlich, wenn nicht das weltliche Paradies?« (ebd., S. 79–80). *Paradeisos, ou, l'art du jardin* ist der Titel des Buches von Germain Bazin, das die – dem Autor zufolge – bisher fehlende kunstgeschichtliche Bearbeitung des Themas liefern soll (Paris: Editions du Chêne, 1988; deutsch: *Geschichte der Gartenkunst*. Köln: DuMont, 1990). *A.d.Ü.*

4 »... mit einem kleinen Erd- oder Rasenstück, auf dem sich verschiedenartige Bäumchen erhoben und Kaninchen in verschiedenen Farben und Stellungen, und worauf auch größere Bäume wuchsen, die sich auf dem Email des Pokals hinzogen.«

5 »A Vérone, Stefano da Zevio (avant 1376–1438) s'inspire des peintres allemands dans ses jardins clos.« [»In Verona läßt sich Stefano da Zevio (vor 1376–1438) bei seinen geschlossenen Gärten von den deutschen Malern inspirieren.«] A. Erlande-Brandenbourg, *L'Art gothique*. Paris: Mazenod, 1983, S. 135. Vgl. die Abbildung bei Hennebo, a.a.O., S. 139: »Madonna im Rosenhag«. *A.d.Ü.*

6 Vgl. Hennebo, *Gärten des Mittelalters*, a.a.O., S. 134, Abb.: Stephan Lochner, »Maria im Rosenhag«. *A.d.Ü.*

7 Ital. *verde*: grün.

8 »Cypria«: Beiname der Aphrodite (Kypris, Venus); nach Kypros (Zypern), wo die Göttin am meisten verehrt wurde. *A.d.Ü.*

9 Hirse [?]. Natur: kalt und trocken im 4. Grad... Vgl. *Tacuinum Sanitatis*. Vollständige Faksimileausgabe im Originalformat des Codex 2396 der Österreichischen Nationalbibliothek. Kommentar von Joachim Rössel und Heinrich Konrad. Zürich: Seefeld, 1984. Die Vorlage wird als die »vollständigste aller erhaltenen Tacuinum-Sanitatis-Handschriften« bezeichnet; sie stammt aus dem Besitz des Prinzen Eugen von Savoyen und kam 1737/38 in die Wiener Hofbibliothek. – Einer weiteren Faksimile-Ausgabe liegt das sog. »Hausbuch der Cerruti« zugrunde: *Tacuinum Sanitatis in Medicina*. Codex Vindobonensis 2644. Übersetzung und Kommentar von F. Unterkircher. Graz: Akad. Druck- und Verlagsanstalt, 1986. Nach Angaben von F. Unterkircher sollen insgesamt siebzehn Handschriften (d. h. Abschriften der lateinischen Übersetzung aus dem 13. Jahrhundert) überliefert sein. – Die erstmals 1533 in Straßburg veröffentlichte deutsche Übersetzung (von Michael Herr) der beiden arabischen Schriften *Taqwîm as – sihha* (tabellarische Übersicht der Gesundheit; lat.: Tacuinum sanitatis) von Abdun ibn Butlar (in der Übersetzung: Eluchasem Elimitar) und *Taqwîm as – abdan* (tabellarische Übersicht der Krankheiten; lat.: Tacuinum aegritudinem) wurde ebenfalls als Faksimileausgabe publiziert: Ibn Butlan, Ibn Dschezla, *Schachtafelen der Gesuntheyt*.

Nachdruck der Ausgabe Straßburg: Hans Schott, 1533. Mit einem Nachwort von Marlit Leber und Elfriede Starke. Leipzig: Edition Leipzig, 1988 (nach einem Exemplar aus der Universitätsbibliothek Leipzig, Signatur »Med. arab 5^k«). *A.d.Ü.*

10 Den Abbildungen der Wiener Handschrift (Codex Vindobonensis 2396, Tafel XXX, folio 16r, pag. 31) zufolge handelt es sich um »Amilium«, Stärkemehl; bei Herr: »Krafftmel«, nicht um Hirse (milium). Hirse wird nämlich im Unterschied zu Roggen, Stärkemehl, Weizenbrei, Gerste, Gerstenwasser, Weizen (alle auf der fünften Tafel) und Reis, Linsen und gekochtem Roggen (auf der sechsten Tafel) nicht als einzelnes Getreide bzw. als Getreidespeise behandelt, sondern kommt nur im Kommentar zum Roggen vor: »Die Afrikaner (Mohren, Äthiopier) essen anderes Getreide statt Roggen, etwa wie die Inder Reis und die Türken Hirse bevorzugen.« – Die Erläuterung des Stärkemehls findet sich in der fünften Schach-Tafel: »Sein hilff: für übergylbe. Sein Schad den es thut: Es ist langsamer däuwung. Wie man den schaden abwendt: mit süsszen dingen. – Krafftmel ist gut so mans allein kocht. (...) Doch neeret es minder denn was sunst von rocken gemacht würd und macht verstopfung mit seiner schlymigkeit.« In der Übersetzung von Hans Zotter – *Das Buch vom gesunden Leben.* Die Gesundheitstabellen des Ibn Butlan in der illustrierten deutschen Übertragung des Michael Herr. Nach der bei Hans Schott erschienenen Ausgabe Straßburg 1533. Mit 32 getreuen Farbwiedergaben aus dem Tacuinum Sanitatis Codex Vindobonensis. Graz: Akademische Druck- und Verlagsanstalt, 1988, S. 166–167, lautet die Stelle: Nutzanwendung: »Es vertreibt die Gelbsucht, die durch ein Übermaß an Schleim entstanden ist.« Nebenwirkungen: »Es wird nur langsam verdaut.« Ausgleich: »Das Essen von Süßigkeiten beschleunigt die Verdauung.« – »Stärkemehl ist, allein oder mit Milch gekocht, Menschen mit einer galligen Komplexion zuträglich und auch denen, die an Blutfluß leiden. (...) Doch es nährt weniger als andere Speisen, die aus Roggen gemacht werden, und verursacht durch seine Schleimigkeit auch Verstopfung.« *A.d.Ü.*

11 »Deutliche Anlehnung an Hippokrates und Galen zeigt die sich in den Tafeln der Gesundheit und den Tafeln der Krankheiten widerspiegelnde Humoralmedizin.« Nachwort zu den *Schachtafelen der Gesuntheyt*, a.a.O., S. 5. – Vgl. Heinrich Schipperges, *Der Garten der Gesundheit. Medizin im Mittelalter*. München/Zürich: Artemis, 1985, S. 64–71»: Krankheitslehre und Krankheitsbeschreibung«, mit einer Erläuterung der Säftelehre (Humoralpathologie); S. 244 ff. zum *Tacuinum sanitatis* (»Heilkunde als Lebenskunst«). *A.d.Ü.*

12 Vgl. Ibn Butlan, Ibn Dschezla, *Schachtafelen der Gesuntheyt*,

a. a. O., Tafel 16 »Von Vögelen«: »Hennen: Sein hilff, Sye meeren das hyrn und den samen«. Übersetzung Zotter, *Das Buch vom gesunden Leben*, a. a. O., S. 188–189, »Hennen«, Nutzanwendung: »Ihr Fleisch vermehrt die Gehirnsubstanz und den Samen. – Der Genuß von Hennen macht eine gute Gesichtsfarbe, das Essen des Hirns vermehrt die Gehirnsubstanz und stärkt auch die Sinne (. . .).« *A.d.Ü.*

13 Diese Beurteilung ist wohl darauf zurückzuführen, daß Praz sich ausschließlich für die Illustrationen der Pariser Handschrift interessierte. Eine andere, positivere Einschätzung sowohl des Arztes Ibn Butlan als auch des Buches, *Taqwim as sihha* (*Tacuinum sanitatis*), findet sich in der Einleitung von Hans Zotter zu seiner Übersetzung der *Schachtafelen der Gesuntheyt*, a.a.O. S. 7–9: »Das Taqwim as sihha wird immer als sein Hauptwerk bezeichnet, wenn sich diese Aussage auch eher auf die immerwährende Rezeption des Werkes in Europa bezieht als auf Ibn Butlans Anteil an dieser Kompilation. Wie er selbst im Vorwort feststellt, handelt es sich um eine übersichtliche Zusammenstellung verschiedenster Autoren, oft auch widersprüchlicher Zitate diverser Kapazitäten, speziell bei der Angabe der Grundqualitäten. In den arabischen und in den bildlosen lateinischen Handschriften scheint die Kennzeichnung der Zitate noch einigermaßen konsequent durchgeführt worden zu sein, aber mit der Zeit hielt man das Mitschleppen dieser Information zunehmend für entbehrlich. Das um so mehr, als sich mancher Fehler eingeschlichen hatte und viele Namen den Schreibern nichts mehr bedeuteten. In den bebilderten Tacuinum-Handschriften findet sich kein Hinweis mehr auf die Quellen, und damit ist der Charakter der Handschrift als Zitatensammlung auch verlorengegangen.« Hinzu kommt noch das Problem, daß es weder eine lateinische noch eine arabische kritische Ausgabe des Textes gibt: »Viel zu vieles ist dem lateinischen Übersetzer und den späteren Kopisten unklar geblieben, viele Bezeichnungen und Wendungen blieben unübersetzt und unverstanden stehen. Solche Passagen wurden beim Abschreiben immer weiter verschlechtert und vom Kopisten, auf der Suche nach der Plausibilität, umgedeutet. Dieses Schicksal teilen auch Michael Herr, der erste deutsche Übersetzer, wie auch die Übersetzer der modernen Faksimileausgaben – und schließlich auch der Verfasser dieser Zeilen. Ein gesicherter Text wird nur herzustellen sein, wenn die ganze Überlieferung, die arabische wie die lateinische, berücksichtigt wird. Möglicherweise wird es gar notwendig sein, noch weiter zurückzugreifen, da der arabische Urtext offenbar in größerem Umfang persische Fachtermini beinhaltet, vereinzelt auch Begriffe aus der indischen Medizin. Schließlich wird das Aufsuchen der Zitate der antiken und arabischen Autoritäten unabdingbar sein, aus denen das Taqwim zu-

sammengesetzt wurde. Die abendländische Rezeption ist gekennzeichnet durch Informationsverluste und Verständnisdefizite.« Zum Problem der Tradierung oder vielmehr Nichttradierung der arabischen Wissenschaften am Beispiel der Botanik vgl. Martin Egli, »Die dem Kraut gewachsen waren. Von den frühen Vätern und einer ersten Mutter der Botanik«, in: *Neue Zürcher Zeitung*, 19. Oktober 1985, Fernausgabe N° 242, S. 37–39: »Die arabischen Wissenschaften fielen jedoch der religiösen Intoleranz zum Opfer und blieben – leider – ohne wesentlichen Einfluß.« Vgl. auch Ferdinand Wüstenfeld, *Geschichte der arabischen Ärzte und Naturforscher*. Nach den Quellen bearbeitet. Göttingen, 1840 (Reprint Hildesheim: Olms, 1976). *A.d.Ü.*

14 Der führende Landschaftsgärtner zu Beginn des 19. Jahrhunderts, der »Parkomane« Fürst Pückler, hat seine Gedanken zur Gestaltung von Parklandschaften zunächst in seinem literarischen Erstlingswerk, *Briefe eines Verstorbenen* (1831–32; Nachdruck 1988: Berlin: Rütten & Loening, 2 Bände), und dann in seinen *Andeutungen über Landschaftsgärnerei* (1834) formuliert. »Die Natur schafft nach einem Maßstabe, den wir, in seinem Totaleffekt, gar nicht beurteilen können, dessen *höchste Harmonie* uns daher verloren gehen muß – die Kunst also strebt danach, nur einen Teil derselben als ein für Menschen verständliches *Ganze* idealisch zu formen, und dies ist meines Erachtens auch die der Landschaftsgärtnerei zum Grunde liegende Idee.« Hermann von Pückler-Muskau, *Briefe eines Verstorbenen*, a.a.O., Band 1, S. 449–450. Vgl. Walter Gresky, »Über einige Grundzüge im Landschaftsideale des Fürsten Pückler«, in: *Die Gartenkunst*, 3. Jg., Heft 1 (1991), S. 40–48. Gresky zitiert im Anschluß an diese Stelle aus *Faust* II: »Natürlich genügt das Weltall kaum, / Was künstlich ist, verlangt geschlossnen Raum.« (Zu Pückler vgl. Heinz Ohff, *»Der grüne Fürst«. Das abenteuerliche Leben des Fürsten Pückler-Muskau.* München: Piper, 1991.) Der Gegensatz der Raumauffassung im Mittelalter und in der Neuzeit, mit der Praz den vorliegenden Essay beginnt, läßt sich allein im Hinblick auf den Garten nicht hinreichend klären, weil für das Mittelalter eine Gartentheorie fehlt und die Konzeptionen des Gartens nur aus literarischen Quellen, etwa dem *Rosenroman*, zu erschließen sind; vgl. Wimmer, *Geschichte der Gartentheorie*, a.a.O., S. 20. – Zur Kontinuität der Gartenideale von der Antike bis zum 18. Jahrhundert vgl. *Marbacher Magazin* Heft 40, 1986: »Gärten in Wielands Welt«, bearbeitet von Heinrich Bock und Hans Radspieler. Vgl. Adrian von Buttlar, *Der Landschaftsgarten*. Köln: DuMont, 1989. Über englische Gärten des 18. Jahrhunderts informiert das Buch von Valentin Hammerschmidt und Joachim Wilke, *Die Entdeckung der Landschaft.*

Englische Gärten des 18. Jahrhunderts. Stuttgart: DVA, 1990; der italienische Garten der Renaissance wird ausführlich dargestellt in: Claudia Lazzaro, *The Italian Renaissance Garden. From the Conventions of Planting, Design and Ornament to the Grand Gardens of Sixteenth Century Central Italy.* New Haven und London: Yale University Press, 1990; vgl. ferner Günter Mader und Laila Neubert-Mader, *Italienische Gärten.* Stuttgart: DVA, 1987; Wilfried Hansmann, *Gartenkunst der Renaissance und des Barock.* Köln: DuMont, 1983. *A.d.Ü.*

15 Ein Verzeichnis von (Baum-)Gärten [verzieri; orchards] in der mittelalterlichen Literatur findet sich bei Oliver M. Johnston, »The Description of the Emir's Orchard in *Floire et Blancheflor*«, in: *Zeitschrift für romanische Philologie*, Jg. XXXII (1908), S. 705–710. [*Floire et Blancheflor*: ein anonymer Versroman aus dem 12. Jahrhundert, der in einer aristokratischen und in einer volkstümlichen Fassung überliefert ist und die Liebe des christlichen Prinzen Floire zu dem heidnischen Mädchen Blancheflor erzählt. Französische Ausgabe von M. Pelan, 1937; deutsch: *Flore und Blancheflor* (A. Fränkel, 1937). Der Garten des Emirs hat sieben Eigenschaften: 1. ein Schloß, 2. prachtvolle Obstbäume, 3. einen wunderbaren Brunnen, 4. einen bemerkenswerten Baum, genannt *arbre d'amors,* 5. ewigen Frühling, 6. Blumen, 7. melodienreichen Vogelgesang. Johnston bezeichnet die Gesamtheit dieser Merkmale als charakteristisch für die »conventional Other-World landscape so frequently described in mediavel literature« und zählt dann eine Reihe von weiteren Beispielen dieser »Other-World landscape« auf: »Serglige Conculaind« (Windisch, *Irische Texte.* Leipzig, 1880, S. 197 ff.); »Imram Brain maic Febail«; Chrétien, *Yvain, Erec et Enide. A.d.Ü.*]

3 *Das phantastische Mittelalter*

In einem der Essays, die unter der Überschrift *Allegory and the Migration of Symbols*[1] gesammelt sind, spricht Rudolf Wittkower von den Monstren, die eine legendäre Heerschar aus Ostindien nach Europa entließen. Der Barnum[2] dieses Schauspiels, das sich bis ins späte 16. Jahrhundert erstreckte, d. h. in die Zeit der geographischen Entdeckungen, war ein Grieche aus Knidos: Ktesias, königlicher Leibarzt am Hofe von Artaxerxes Mnemom von Persien, der im vierten Jahrhundert vor Christus eine Abhandlung über Indien schrieb, die uns in einer gekürzten Fassung durch Photios, den Patriarchen von Konstantinopel, überliefert ist. Dort findet sich die erste Nachricht über Kynokephaloi, Menschen mit Hundeköpfen; über das Volk der Skiapoden, die nur einen einzigen riesigen Fuß besitzen, auf dem sie sich mit großer Geschwindigkeit fortbewegen und den sie auch als Sonnenschirm benutzen[3], über kopflose Lebewesen, die das Gesicht auf der Brust tragen, über Menschen, deren Ohren so lang sind, daß sie den Körper damit bedecken können, über Kämpfe zwischen Pygmäen und Kranichen, über das menschenfressende Fabeltier Martikhora und über die Greifen.[4] Nach der Eroberung Indiens durch Alexander den Großen (326 v. Chr.) verfaßte Megasthenes einen Traktat, auf den sich Diodoros Siculus, Strabon, Plinius, Arrianus, Aelianus und andere beriefen. Dem Verzeichnis der Ungeheuer fügte er die Menschen mit den verkehrten Füßen – Fersen nach vorn, Spann und Zehen nach hinten – hinzu, die sogenannten Antipoden (»wer diese Eigentümlichkeit nicht kennt, verliert ihre Spur«, urteilt das *Liber monstrorum*); die Menschen ohne Mund, die sich von den Düften der Früchte und Blumen ernähren, die Hyperboreer, die tausend Jahre alt werden. Der größte Teil dieser Fabelgeschichten ging auf indische Epen zurück. Illustrierte Handschriften aus Europa und Arabien verbreiteten die Bilder dieser Ungeheuer, die von einem griechischen

Urtypus abstammen. Über Byzanz gelangten die entsprechenden Nachrichten in den Orient und durch römische Landkarten, vor allem durch illustrierte Texte von Isidorus und Solinus, in den Westen. Im 12. und 13. Jahrhundert drangen diese Fabelstoffe in die religiöse Kunst und in die Bestiarien, die Tierbücher, ein. Eines dieser Manuskripte, das *Liber monstrorum de diversis generibus*, eine anonyme Kompilation aus dem 8. Jahrhundert, die uns in mindestens fünf Versionen überliefert ist, die aus dem 9. und 10. Jahrhundert stammen, wird uns nun von Corrado Bologna präsentiert (Originaltext mit italienischer Übersetzung; Milano: Bompiani, 1977), der auch eine kritische Ausgabe vorbereitet. Bologna schreibt: »In der Finsternis des 8. Jahrhunderts muß man sich vor der Kavalkade der Monstren retten: das einzige Hilfsmittel scheint paradoxerweise darin zu liegen, die Monstren selbst zu retten, um zu verhindern, daß ihre Verwesung den Geist (und das Buch) verpestet; sie zu stärken und zu laben, um sie gefügiger zu machen und ihnen die Regeln des anständigen Lebens und die Tischsitten für die Tafelrunden des Königs Arthus und Karls des Großen beizubringen.« Für Bologna ist das *Liber monstrorum* zwar »das schärfste anti-teratologische[5] Pamphlet, das flammendste und auffälligste *cahier de doléance*, welches das polemische Denken von der Antike bis zu Karl Kraus hervorgebracht hat«, aber die vom glanzvollen Feuerwerk der Einleitung des Kritikers angeregte Erwartung des Lesers wird von dem recht trockenen und nur ab und zu mit unfreiwilliger *vis comica* geimpften Text eher enttäuscht. Noch am eindrucksvollsten ist die Eskalation der Mißbildung, angefangen mit den »Lebewesen, die sich von der Menschheit nur wenig entfernen« und einem Phänomen, das der Verfasser selbst gesehen hatte: »ein zweigeschlechtlicher Mann: im Gesicht und auf der Brust war er zwar von eher männlicher als weiblicher Erscheinung (...), aber er bevorzugte die fraulichen Dinge und lockte ahnungslose Männer wie eine Dirne an«. Er fügte noch hinzu: »Aber wie ich höre, sollen solche Dinge sich unter den Menschen häufig ereignen.« Heute kommt das Phänomen so oft vor, daß es undenkbar wäre, es in ein Buch über Monstren aufzunehmen; wenn überhaupt, dann läuft der »normale« Mensch Gefahr, dort Eingang zu finden.

Doch genau auf diese klassische Form des Monströsen richtete sich in der Karolingerzeit die Aufmerksamkeit der Leute mit

Geschmack. Die damals herrschende Vorliebe für geschnittene Steine galt nicht den klassischen Bildern der antiken Götter und Helden, wie sie auf den Gemmen so oft vorkamen, sondern vielmehr den grotesken Figuren: Anhäufungen von Köpfen, vielgesichtige Tiere und Menschen, Kopffüßler, vierfüßige Lebewesen, die aus Schneckenhäusern schlüpfen – kurzum, Figuren, die nach einem Text von Plinius dem Älteren *grylloi*[6] genannt wurden und die mit jenen Grotesken[7] verwandt sind, die nach ihrer Wiederentdeckung in der Renaissance die Begeisterung für das Außergewöhnliche erneuerten. Mit Recht sagt Baltrušaitis: »Mit den Gestalten dieser Ungeheuer machte das spätere Mittelalter die antike Glyptik bekannt, die schon zu karolingischer Zeit einmal eifrig gesammelt worden war und sich jetzt erneuerter Beliebtheit erfreute. Auffällig ist, daß es eben diese Gestalten waren, die die mittelalterliche Kunst sich hier aneignete, daß die Künstler der Gotik Gryllen, Kopftrauben, vielgesichtige Tiere und Menschen, Muscheln, aus denen Tiere oder Menschen schlüpften, und dergleichen augenscheinlich faszinierender fanden als die eleganten und harmonischen Erscheinungen der Götter Griechenlands, die die Glyptik gleichfalls überliefert. In dieser Wahl zeigte sich eine zunächst noch geheime, doch bald offenbare Neigung zum Unheimlichen, Ungeheuren und Unerhörten, in der sich das Ende des hochgotischen Klassizismus ankündigte, eine neue Empfindlichkeit auch für die Reize des Verzierten, Zierlichen, Kleinen, Weithergeholten, Exotischen, die gleichzeitig die Gebilde der islamischen Kunst bei der abendländischen Christenheit in Mode brachte.«[8] »Bemerkenswert an dieser Verbreitung grotesker antiker Motive vom 12. Jahrhundert an ist zweierlei: die Form der Überlieferung dieser Motive und die von den Künstlern getroffene Auswahl. Verbreitet wurden die Gestalten, die uns hier beschäftigt haben, durch die Bilder auf Gemmen und Münzen, massenhaft gebräuchliche kleine Talismane, mit denen man sich schmückte und denen man vieles zutraute. Plötzlich entdeckten die Künstler in diesen winzigen Bildern eine neue Quelle der Inspiration. Dies geschah zu einer Zeit, die überhaupt den eigentümlichen Zauber jeder Verkleinerung der Welt entdeckte. Was die von den Künstlern der Gotik unter den ihnen in diesen winzigen Bildern gegenwärtigen Motiven getroffene Auswahl angeht, ist auffällig, daß weder das Formvollendete noch das Anmutige dieser kleinen Welt ihre Aufmerksamkeit erregt zu haben scheint. Vielmehr eigneten sie sich aus der ihnen überlieferten archaischen, klassischen und barbarisierten Kultur der alten Welt vorzugsweise alles Seltsame und Mißgebildete an, den Spuk, nicht die Götter Griechenlands. Insofern letztere Eingang in die geistige Welt des Mittelalters fanden, wurden sie durch moralisierende Deutung ihrer ursprünglichen Gestalt bald ganz entfremdet. Die antiken Gryllen und Grotesken aber, die, weniger streng beaufsichtigt, im schmückenden Beiwerk des mittelalterlichen Geisteslebens ihr Wesen trieben, konnten meist auch in dieser neuen Umgebung ihrer antiken Erscheinung und auch ihrem antiken Wesen treu bleiben.«[9] In einer genauen und vorbildlichen Analyse zeigt Baltrušaitis, wie die Monstren sich vor allem nach 1250 in der Kunst fortpflanzten: besonders in der ersten Hälfte des 14. Jahrhunderts sind sie in fast allen Zentren der Gotik jenseits der Alpen zu finden. Nach der Plünderung von Konstantinopel (1204) wurden die Schätze der Glyptik im Abendland verbreitet[10]: diese Katastrophe war indirekt verantwortlich für den zoomorphen Helmschmuck[11], der sich an den Grotesken der Gemmen orientierte, und für die sonderbaren Formen, die die Monstren des Hieronymus Bosch annahmen, der sich von antiken Münzen, von assyrischen Zylindern und von der hellenistischen Steinschneidekunst inspirieren ließ.[12] Ein weiterer Einfluß aus dem Nahen Osten, der sich auf das Bizarre auswirkte, ging auf die vielfachen Beziehungen zum Islam zurück. Kufische Schriftornamente, Vierpaß-Medaillons, Blattornamente in Form von kurvenförmigen Halbblättern oder messerförmig zugespitzt[13], komplizierte Flechtwerke als Buch- und Architekturornament wurden in die Renaissance übertragen (das große rosettenförmige Schnurgeflecht Leonardos[14]). Auf den Vierpaß-Quadraten[15] tauchen die Fabelmonstren Asiens auf. Die islamische Welt diente als Vermittler zur ausgedehnteren Welt des Fernen Ostens, die im Laufe des 13. Jahrhunderts nach Europa vordrang und mit einer ganzen Reihe von Motiven und Themen bekannt machte, die an den Kern der abendländischen Religionsvorstellungen rührten. Fledermausflügel, Dämonen und schuppenbedeckte Drachen sind ein chinesischer Beitrag; aus China stammte überdies der überraschende weibliche Kopfputz, der *Hennin*, der sich im Mittelalter verbreitete und im 15. Jahrhundert Pyramidenform annahm.[16] Kurzum, wenn wir das faszinierende Buch von Baltrušaitis lesen (die Erstausgabe erschien 1955), entsteht vor unseren Augen das Bild eines Mittelalters, bevölkert von Monstren, deren Überfülle und beunruhigende Wirkung uns dem verwandt erscheinen, was der Surrealismus aus der Psychoanalyse gewann.[17]

1977

Anmerkungen

1 Rudolf Wittkower, »Marvels of the East: A Study in the History of Monsters«, in: ders., *Allegory and the Migration of Symbols*. London: Thames & Hudson, 1977, S. 45–74; deutsch: »Die Wunder des Ostens: Ein Beitrag zur Geschichte der Ungeheuer, in: *Allegorie und der Wandel der Symbole in Antike und Renaissance*. Übersetzt von Benjamin Schwarz. Köln: DuMont, 1984 (dumont taschenbücher 142), S. 87–150. *A.d.Ü.*

2 Phineas Taylor Barnum (1810–1891): amerikanischer Ausstellungsorganisator, der 1842 in New York sein *American Museum* eröffnete und bald darauf wegen seiner außergewöhnlichen Werbung und seiner Ausstellungen von Abnormitäten berühmt wurde. 1871 eröffnete er seinen Zirkus »The Greatest Show on Earth« (über den Cecil B. de Mille 1952 einen Film mit demselben Titel drehte) und tat sich 1881 mit seinem Hauptkonkurrenten Bailey zusammen. Vgl. Hans Scheugl, *Show Freaks & Monsters. Die Sammlung Adanos*. Köln: DuMont, 1974 (S. 11 über Barnums Museum, S. 12 über den Zirkus, mit dem Barnum & Bailey auch Europa bereisten). *A.d.Ü.*

3 Vgl. Heinz Mode (siehe Anm. 4), S. 243 ff. (»Mischwesen-Glossar«): »Schattenfüßler«, »Fußschattner«; Wittkower, »Die Wunder des Ostens«, a.a.O., S. 125–127, Abbildungen. *A.d.Ü.*

4 Vgl. Heinz Mode, *Fabeltiere und Dämonen. Die phantastische Welt der Mischwesen*. Leipzig: Edition Leipzig, [2]1977 ([1]1973), bes. S. 212 ff.: »Reisen in die Fabelländer«; S. 243 ff.: »Mischwesen-Glossar«. Der Band enthält neben umfangreichem Bildmaterial (Abbildung des Fabeltieres Martikhora/Manticora S. 258) und einer ausführlichen Bibliographie auch Hinweise auf Mischwesen und Tierdarstellungen im Sinne der »Verkehrten Welt« (Tiergroteske,

Satire) als Basis der Karikatur (z. B. S. 56 f., 173). Vgl. zu diesem Thema: Otto Baur, *Bestiarium Humanum. Mensch-Tier-Vergleich in Kunst und Karikatur.* München: Heinz Moos, 1974. – Siehe auch O. Abel, *Die vorweltlichen Tiere in Märchen, Sage und Aberglauben.* Karlsruhe, 1923. *A.d.Ü.*

5 Adj. zu »Teratologie«: (Medizinische) Lehre von den Mißbildungen. *A.d.Ü.*

6 »*Grylloi* (griech. grylloi, Ferkel) nannte man Karikaturen, häßliche mißproportionierte meist zwergenhafte Figuren mit übergroßen Köpfen und zu kurzen Gliedmaßen, die nach Plinius (nat. 35, 114) erst von dem Maler Antiphilos im 4. Jh. *erfunden*, tatsächlich in der Vasenmalerei seit der spätarchaischen Zeit begegnen.« *Der Kleine Pauly*, Art. »Grylloi«; zur Wortgeschichte vgl. Baltrušaitis, *Das phantastische Mittelalter*, S. 27 f.; Bedeutungs- und Vorkommensvarianten der *grylloi* finden sich auf S. 27–74, darunter die Grylloi bei Hieronymus Bosch, S. 64–73: »Hieronymus Bosch, ein Meister der Gryllen«; vgl. Mode, a. a. O., S. 230 ff., sowie Mario Praz, »Die sonderbaren Erscheinungen des Hieronymus Bosch«, in: ders., *Der Garten der Sinne.* Übersetzt von Max Looser, Frankfurt a. M.: S. Fischer, 1988, S. 10. *A.d.Ü.*

7 Zur Begriffsgeschichte vgl. Frances K. Barasch, *The Grotesque. A Study in Meanings.* The Hague/Paris 1971. *A.d.Ü.*

8 Jurgis Baltrušaitis, *Le Moyen Age fantastique. Antiquités et exotismes dans l'art gothique.* 2. erweiterte Auflage Paris: Flammarion, 1981 (1. Auflage 1955); deutsch (Übersetzung der 2. Aufl. von 1981): *Das phantastische Mittelalter. Antike und exotische Elemente der Kunst der Gotik.* Übersetzt von Peter Hohlbrock. Frankfurt a. M., Berlin, Wien: Propyläen, 1985, S. 362. (Vgl. die Rezension von Johann Michael Möller, »Rühren in der ikonographischen Ursuppe«, in: *Frankfurter Allgemeine Zeitung*, 25. März 1986). *A.d.Ü.*

9 Baltrušaitis, *Das phantastische Mittelalter*, a. a. O., S. 98–99. [Praz zitiert nach der italienischen Übersetzung, *Il medioevo fantastico. Antichità ed esotismi nell'arte gotica.* Introduzione di Massimo Oldini. Übersetzt von F. Zulian und F. Bovoli. Milano: Mondadori, 1977, S. 276; 1. Aufl. 1973. Diese italienische Übersetzung folgt der französischen Erstausgabe von 1955. In der deutschen Übersetzung, der die erweiterte und überarbeitete 2. französische Auflage von 1981 zugrunde liegt, ist das Zitat der italienischen Übersetzung nicht zu finden; die beiden hier zitierten Passagen aus dem Schluß und dem II. Kapitel (»Wunderlichkeiten von antiken Siegeln und Münzen«) geben den Inhalt der von Praz zitierten Stelle wieder.] *A.d.Ü.*

10 Baltrušaitis (1985), S. 39. *A.d.Ü.*

11 Baltrušaitis (1985), S. 58–63. *A.d.Ü.*

12 Vgl. Mario Praz, »Die sonderbaren Erscheinungen des Hieronymus Bosch«, a.a.O., S. 14; Baltrušaitis, *Das phantastische Mittelalter* (1985), S. 64–73. *A.d.Ü.*

13 Baltrušaitis (1985), S. 122–125. *A.d.Ü.*

14 Baltrušaitis (1985), S. 118, Abb. *A.d.Ü.*

15 Baltrušaitis (1985), S. 130–131, Abb. *A.d.Ü.*

16 Baltrušaitis (1985), S. 227, Abb. *A.d.Ü.*

17 Vgl. Jacques Le Goff, *La civilisation de l'occident médiéval.* Paris: Arthaud, 1965, S. 417 und Abb. 151 mit den von Solinus im 3. und dann von Honorius Augustodunensis im 12. Jh. n. Chr. überlieferten Monstren (London, British Museum, ms. Harley 2799, f. 243). Le Goff schreibt dazu: »Les monstres humains ont permis au *surréalisme médiéval* de se donner libre cours« (»Die menschengestaltigen Monstren ließen dem *mittelalterlichen Surrealismus* freien Lauf«). (*Anm. u. Herv. d. Ü.*)

4 *Die Kochkunst*[1]

Huysmans stellte sich für Des Esseintes eine Likörorgel[2] vor, und Brillat-Savarin[3] setzte die Kochkunst als Phänomen des Geschmacks den anderen Künsten gleich; trotzdem fällt es nicht leicht, den kulinarischen Abhandlungen dieselbe Würde zuzuschreiben, die man ohne zu zögern den Traktaten über Malerei, Architektur oder die Komposition eines Kunstwerkes jedweder Art zuerkennt, und sei es der Glaskunst von Antonio Neri[4]. Werden die beiden schönen Bände, herausgegeben von Enrico Faccioli im Verlag Edizioni del Polifilo (*L'Arte della cucina*, Milano 1966), die eine Auswahl von Rezeptbüchern, Texten über den Truchseß, den Tranchierer und die Weine vom 14. bis zum 19. Jahrhundert präsentieren, uns zu ernsthafteren Überlegungen anregen?[5]

Vielleicht war es die moderne Unsitte, berühmte Persönlichkeiten, insbesondere Politiker, zu verspotten, indem man sie mit dem Objektiv einfängt, während sie gerade einen Bissen zum Munde führen, die schließlich bewirkt hat, jede bildliche Darstellung von essenden Menschen, die an einem Tisch sitzen, zu diskreditieren. Das erste Bild dieser Anthologie zum Beispiel, einem Kodex des mittelalterlichen *Theatrum Sanitatis* entnommen, zeigt uns nicht nur ein Paar vor einem Teller mit Krebsen, der von Rotwein flankiert ist, sondern auch einen Hund, der sich unter dem Tisch an den Resten gütlich tut.[6] Ein Schauspiel, das bekanntlich Shakespeare so sehr abstieß, daß es ihn zu einem seiner obsessivsten Bilder anregte: er war nämlich heikel, und alles Unordentliche beim Essen empörte ihn.[7] Sicherlich kann man sehr feinfühlig sein, wenn es um die Befriedigung natürlicher Bedürfnisse geht, und gewiß hat Swift die Grenzen überschritten, als er in einem ebenso berühmten wie berüchtigten Gedicht Einwände gegen die Körperfunktionen Celias[8] erhob, aber wie soll man ans Essen denken können, ohne den chemischen Vorgang zu berücksichtigen, der im Danteschen »traurigen Sacke« abläuft und »das, was man verzehrt«, verwandelt[9]? Oder wie soll man selbst dann, wenn man nicht unbedingt die Gemeinplätze der Prediger über das Laster des Schlundes wiederholen will, nicht fasziniert sein von einem halluzinatorischen Gedanken des Jesuiten Louis Richeôme[10]? Er schrieb nämlich in seiner *Peinture spirituelle* (1611): »Scheinen diese Gesten und Handlungen, die aus der Erfahrung bekannt sind und die Homer unbefangen beschrieben hat, nicht gerade dazu bestimmt zu sein, uns zum Lachen zu bringen? Nun stellen wir uns doch einmal jemanden vor, der noch nie beim Essen oder Trinken zugesehen hat. Würde dieser in einen Raum eintreten, der voll ist von solchen Gästen, die bereit sind, mit solchen Waffen zu fechten und ein solches Gemetzel und solches Gebärdenspiel zu vollführen, wäre er nicht überaus verwundert? Würde er sich vielleicht nicht sagen: Was machen die da eigentlich, wenn sie diese toten und gebratenen Kadaver zerlegen, wenn sie Stücke von Leichen aus diesen Teiggräbern holen und alle diese Fleischstücke in ein Loch stecken und das Kinn und die Ränder dieses Loches bewegen und dorthinein auch noch Gläser und Kelche ausgießen? In welchen Abgrund werfen sie dieses Zeug? Sind es vielleicht Zauberer, die die Rituale ihrer Kunst vollziehen? So würde dieser Mann sprechen, der ebenso verblüfft wäre wie ihr, wenn ihr einen großen Tisch sehen würdet mit Leuten, die mit den Ohren essen und trinken.«[11]

Diese Prämissen oder Vorspeisen sind indes gewiß nicht die geeignetsten, um zur Lektüre dieser beiden wahrhaft üppigen Bände (das Beiwort war noch nie besser angebracht) hinzuführen. Wenn überhaupt, dann sollte man sich an das Diktum Thackerays erinnern: »Sir, respektieren Sie Ihre Mahlzeit; verehren Sie sie, genießen Sie sie richtig. Sie werden viele Stunden in der Woche, viele Wochen im Jahr und viele Jahre Ihres Lebens um so glücklicher sein, wenn Sie dies tun. Alle Sinne des Menschen sind es wert, beschäftigt zu werden, und sie sollten kultiviert werden wie eine Pflicht«[12], und daran, daß im viktorianischen Zeitalter jede gute Hausfrau neben der Bibel das klassische *Book of Household Management* von Mrs Beeton[13] stehen hatte, die sich von einem gesunden praktischen Grundsatz inspirieren ließ: »Ich war schon immer der Ansicht, daß es keine ergiebigere Quelle der Unzufriedenheit in der Familie gibt als schlecht zubereitete Mahlzeiten und die Unordentlichkeit der Hausfrau. Die Männer werden heutzutage außer Haus in ihren Clubs, in den Wirtschaften und den Restaurants mit gutem Namen so gut bedient, daß eine Hausherrin Theorie und Praxis der Küche genauestens kennen muß, um mit solchen Orten wetteifern zu können.« Trotzdem hat diese Mrs Beeton, die sich uns auf einem Bildnis in der National Portrait Gallery wie eine junge Juno präsentiert, eingerahmt von der Aureole einer üppigen kastanienbraunen Haartracht, die sich in zwei glänzende Hälften teilt und von einem Flechtwerk gekrönt wird, etwas Tragisches: nicht allein wegen ihres vorzeitigen Todes. Wie bei der Diana der Epheser sind zu ihren Füßen unzählige Opfer angehäuft. Ihre heitere Gestalt ist umgeben von haarsträubenden Exvotos, und ein Chor tierischer Klagelaute brandet gegen sie an. Die Viktorianer aßen zuviel und starben häufig vor der Zeit, weil sie ihre Gelüste kaum mäßigten und schmackhafte und üppige Mahlzeiten zu sich nahmen, deren exzessive Speisenfolge die heutigen Menschen in Erstaunen versetzt. Furchtlose Esser waren sie fast alle, und fast alle hätten sie jenes Epigramm, in dem Monckton-Milnes sein eigenes Schicksal weissagte, auf sich selbst münzen können: »My exit will be the result of too many entrées.«[14] Dickens und Thackeray starben an einem Schlaganfall, der zum Teil auf heldenhafte Überernährung zurückzuführen war.[15]

Während man die für einen Museumsrundgang aufgewendete Zeit für wohlausgefüllt halten kann und die zwanzig Kilometer Wegs durch die Eremitage niemanden umbringen werden, erscheinen dagegen einem ausgeglichenen Geist die von Cyril Connolly[16] organisierten *tours gastronomiques*, bei denen es den Teilnehmern mit manchen Gläsern Pernod und einigen schon bei den alten Römern bekannten Hilfsmitteln gelingt, täglich zwei hochfeine Mahlzeiten in Gourmet-Restaurants zu sich zu nehmen, als sinnlos und entwürdigend, und es liegt nahe, diese und andere gastronomische Organisationen mit einem gewissen Halbrund aus gelochten Sitzen – einer der Sehenswürdigkeiten des antiken Ostia[17] – in Verbindung zu bringen.

Die ersten Küchenrezepte, so belehrt uns Faccioli in seiner sachkundigen Einleitung, waren mit ärztlichen Verordnungen vermischt, und erst mit dem *Libro della cocina* aus dem 14. Jahrhundert wurde bewußt darauf hingearbeitet, die Kochrezepte aus der Wissenschaft der Medizin oder anderen wissenschaftlichen Disziplinen »herauszuschälen«. Ratschläge für ein genügsames Leben wurden zuweilen auch später noch erteilt, wie im folgenden Abschnitt aus dem *Trattato della vita sobria* von Alvise Cornaro[18], dem das Glück widerfuhr, von George Herbert, dem berühmten religiösen Dichter des 17. Jahrhunderts, ins Englische übersetzt zu werden:

> »Zuerst das Brot, die Brotsuppe oder eine Brühe mit Ei oder andere leichte Suppen mit Einlage; vom Fleisch esse ich Kalb, Ziegenlamm und Hammel; ich esse Huhn von jeder Art, esse Rebhühner und Vögel, wie die Drossel; esse auch Fisch, aus dem Salzwasser die Goldbrasse und ähnliche, und aus dem Süßwasser den Hecht und ähnliche: alles Speisen, die für den Greis bekömmlich sind, der sich damit auch begnügen muß und keine anderen verlangen soll, denn es sind ja so viele. Und der Greis, der sie aus Armut nicht bekommen kann, kann sich mit Brot, Brotsuppe und Ei ernähren; und wahrlich kann es dem Armen nicht mangeln, so er nicht Bettler ist oder ein Spitzbube, wie man zu sagen pflegt: und an sie darf man nicht denken, weil sie ja durch ihre Nichtsnutzigkeit dahin gekommen sind und besser tot wären als lebendig, weil sie die Welt verrohen. Doch auch dann, wenn der Arme nur Brot, Brotsuppe und Ei ißt, soll er nur die Menge essen, die er verdauen kann, und wer die Menge und die Qualität einhält, kann nicht sterben, es sei denn aus reiner Auflösung, ohne Krankheit.«

Selbst denen, die lieber den Vorschriften zu einem bescheidenen Leben folgen, bieten die beiden Bände der *Arte nella cucina* einen sprachlichen Schatz. Wohlgemerkt, um Mißverständnisse auszuschließen: einen Schatz der Sprache, die spricht, und nicht der Sprache, die schmarotzt. Die von Teofilo Folengo gepriesene *ars lecatoria*, die Kunst der Leckerei, weicht der *ars locutoria*, der Kunst der Rede. Welcher Reichtum an Ausdrücken und Vokabeln in diesen Bänden, vom *Libro della cocina* eines anonymen Toskaners zum *Libro de arte coquinaria* von Messer Martino, zu den *Banchetti* von Cristoforo Messisbugo, dem herzoglichen

Truchseß und Begründer der großen Tradition der italienischen Küche im 16. Jahrhundert, weiter zum Traktat von Sante Lancerio, *Della qualità dei vini* mit einer Fülle verschiedenster Adjektive, zur *Singular dottrina* des Domenico Romoli, genannt »il Panunto«[19], die gespickt ist mit bisweilen ungeahnten Adjektiven (»Son le faccende di una cucina nobili, grandi, faticose e rincrescevoli«)[20], zur *Opera*, dem Werk von Bartolomeo Scappi mit seiner reichen Nomenklatur für die Gerätschaften der Küche, bis hin schließlich zur *Arte di ben cucinare* des Bartolomeo Stefano, erschienen 1662 in Mantua, dem letzten Text über das Kochen, der eine Verbindung zur italienischen Tradition bewahrt, und zum *Scalco alla moderna* (1692–94), dem neuzeitlichen Truchseß, des aus den Marken stammenden Antonio Latini, der die *summa* der gesamten früheren italienischen Literatur zur Gastronomie darstellt; im Anschluß an sie begann mit dem *Cuoco piemontese perfezionato a Parigi*, dem in Paris zur Vollkommenheit geführten Piemonteser Koch, die Zeit der neuen Küche im französischen Stil. Ein Glossar am Ende des zweiten Bandes dieser reichhaltigen Textauswahl wartet darauf, dem noch nicht existierenden, wahrhaft vollständigen und nach historischen Grundsätzen aufgebauten Wörterbuch der italienischen Sprache einverleibt zu werden.

Man mag sich fragen, ob jemand versucht sein wird, einige dieser üppigen, komplizierten und offensichtlich ungenießbaren Rezepte in die Praxis umzusetzen. Wer möchte sich an *savore negro a cengiaro*, die Wildschweinsauce, wagen, die der anonyme venezianische Verfasser des *Libro per Cuoco* aus dem 14. Jahrhundert empfiehlt?[21] »Questo savore de' essere negro e possente de specie e agro da aceto«: Diese Sauce muß schwarz sein, kräftig gewürzt und sauer vom Essig. Sie läßt einen an die Speisen denken, die den verdammten Schwelgern auf den Höllendarstellungen der primitiven Maler aufgetragen werden. Derselbe Text empfiehlt auch eine »Torta de schalogne o de cepolle«, eine Torte aus Schalotten[22] oder Zwiebeln, die auch heute noch verzehrt werden könnte von Leuten, die sich nicht scheuen, mit ihrem Atem beim Nachbarn Ekel zu erregen. Dieser Torte wurde ebenso wie sämtlichen anderen Speisen des Mittelalters eine gute Prise Safran beigegeben. Bei den Gewürzen hatte man eine schwere Hand. Von der »Torta parmesana bona«[23] heißt es im selben

Text: »Questa torta volle essere zalla e ben grassa de lardo e ponderosa de specie« – »Diese Torte muß gelb sein, reichlich fett vom Speck und schwer gewürzt«, nämlich mit »cinamo, zenzevro e garofalli«, »Zimt, Ingwer und Nelken«. Auf den Schultern von Folgore da San Gimigniano schrieb Simone Prudenziani im 15. Jahrhundert ein *Saporetto* in Sonetten, und es ist zu bedauern, daß d'Annunzio es, als er sein *Isotteo* verfaßte, nicht kannte, um sich davon anregen zu lassen. Hier eines der Sonette[24]:

»Posto già fine a quei lor canti belli,
a giuochi, balli et altre pensier folle,
venne l maestro di sala et ordinolle
lavati a tavola e poi adussar quelli:«

Nachdem die Gesänge, Spiele, Tänze und die Späße der Gäste beendet waren, kam der Majordomus und wies sie an, sie sollten sich, sobald sie sich gewaschen hatten, an den Tisch setzen und von den Speisen nehmen, die er aufzählt:

»Per ensalata, estremità duccelli,
sì come di fasciani et oche e polli,
alon, ventricchi e fecatelli e colli,
con aceto, cipolla e petroselli.«

Ein Salat aus den »Extremitäten« verschiedener Vögel (von Fasanen, Wachteln, Hühnern), Flügel, Innereien, Leber und Hälse, gewürzt mit Essig, Zwiebel und Petersilie, galt somit als Leckerbissen.

»Altro, per quella sera, che arosto
de starne e di fasciani e de piccioni,
de tordi e merli in taola fo posto.
E ver che par far loro apetiti buoni,
venner tarter con succar di gran costo,
trasea apresso, in copia, in ciantelloni.«

Dann kamen an diesem Abend gebratene Rebhühner, Fasane, Tauben, Drosseln und Amseln auf den Tisch, und um den Appetit anzuregen, wurden süße Törtchen und Konfekt aus kostbarem

Zucker serviert, und zwar in üppigen Mengen. *Trasea* oder *traggea* entspricht dem provenzalischen *dragea* und dem französischen *dragée*; das Wort geht zurück auf das lateinische *tragemata*, das Nachspeise, Obst bedeutet. Wie ich schon sagte, diese Texte sind sehr oft ein sprachliches Vergnügen.

Eine der am meisten geschätzten Speisen im Mittelalter und noch im 15. Jahrhundert war der Pfau, und im *Libro de arte coquinaria*, etwa Mitte des 15. Jahrhunderts verfaßt, unterweist uns Maestro Martino, wie man vorgehen muß, »um Pfauen zuzubereiten, die ihr ganzes Federkleid behalten und gekocht aussehen wie lebendig, und dabei aus dem Schnabel Feuer speien«.[25] [Nach den Anweisungen, wie der Pfau samt Federn zu »enthäuten« ist, wobei Gefieder, Kopf und Füße unbeschädigt bleiben sollen, und wie der Vogel sorgfältig gefüllt, gewürzt und gebraten wird, geht das Rezept wie folgt weiter:]

> »Und wenn er gekocht ist, nimm ihn heraus und bekleide ihn wieder mit seiner Haut. Und bereite einen Aufbau aus Eisen, eingepaßt in ein Brett, der durch die Füße und Beine des Pfaus geht, so daß man das Eisen nicht sieht, der Pfau aufrecht auf seinen Füßen steht, und der Kopf wie lebendig scheint; und ordne den Schwanz so gut an, daß er das Rad schlägt. Wenn du willst, daß er Feuer aus dem Schnabel speit, nimm eine Viertel Unze Kampfer mit etwas Baumwolle darum und stecke sie in den Schnabel des Pfaus und füge noch ein wenig Schnaps oder kräftigen alten Wein hinzu. Und wenn du ihn auf den Tisch bringen willst, zünde die besagte Baumwolle an, und dann wird er eine ganze Zeitlang Feuer speien. Und wenn es noch prachtvoller sein soll, kann man den gekochten Pfau vergolden, indem man ihn mit Goldfolie überzieht und dann diesem Gold die Haut überzieht, die von innen mit guten Gewürzen bestrichen werden muß.«[26]

Kampfer ist zwar brennbar, hat aber auch einen kräftigen Geruch, und man kann sich fragen, ob nicht der Geschmack des Pfaus dadurch verändert wurde, auch wenn man nur eine ganz kleine Menge nahm, und ob dieser Kampfergeschmack den Tischgenossen von damals behagte. Eine römische Dame von Adel bietet ja bekanntlich heutzutage ihren Gästen Fasane an, geschmückt mit ihrem Federkleid, und zwar immer demselben, das sie in Naphtalin aufbewahrt, und diese Fasane gelten wegen dieses zusätzlichen Geschmacks als wenig appetitlich. Doch auch in diesem Feld der Küche werden die Geschmäcke im Lauf der Jahrhunderte eine Veränderung erfahren haben.

Wer würde heute daran denken, die Kehle mit »malvigía garba«, saurem Malvasier, zu spülen, »per rosicare la flemma e la collera«, »um das Phlegma und den Jähzorn anzunagen«, d. h. zu beseitigen, so wie es Papst Paul III. zu tun pflegte, wie uns Sante Lancerio berichtet, wenn er von der Qualität der Weine spricht.[27] Er lobt auch den Wein aus Albano als »stark, bekömmlich und nahrhaft. (...) er muß Quittengeschmack und eine goldene Farbe haben. (...) es ist ein Wein für Herrschaften«: eine Meinung, die heute schwer zu verfechten wäre.

Viele Seiten beziehen sich auf die Geschichte des Brauchtums. Wir lernen nicht nur, daß in der Kochkunst auf eine erste paduanische Periode von der Mitte des 15. Jahrhunderts an bis zu den ersten Jahrzehnten des 17. Jahrhunderts eine toskanische Hegemonie folgte, sondern erfahren aus dem *Libro de arte coquinaria* auch, daß man die sizilianischen hohlen Makkaroni mehr oder weniger genau so beschrieb wie heute (nur daß sie, selbstgemacht, an der Sonne getrocknet und zwei bis drei Jahre haltbar, »besonders wenn man sie im Monat August herstellt«, über zwei Stunden lang gekocht wurden!)[28], während das etymologische Wörterbuch von Battisti aufgrund unzulänglicher sprachgeschichtlicher Nachforschung angibt, daß »maccherone« vom 14. bis zum 17. Jahrhundert nichts anderes bedeutet habe als »gnocco«, Kloß.[29] Wir lernen auch, daß die für italienische Touristen in den USA so verblüffende Gewohnheit, das Essen mit einem Salat zu beginnen, ein alter italienischer Brauch ist, dessen Herkunft die *Aphorismen* von Galen bezeichnen: so lesen wir es im *Archidipno ovvero Dell'insalata* des Aquilaners Salvatore Massonio (Venedig, 1627).[30]

Wenn wir zu den Servierritualen bei Tisch übergehen, so interessieren uns weniger die verschiedenen Arten des Faltens von Mundtüchern und Servietten, wie sie in den *Tre trattati* von Mattia Giegher dargestellt werden (1639 in einem Band zusammengefaßt)[31]: eine wahre Formbaukunst der Tischwäsche, als vielmehr die Vorschriften für den *Trinciante*, den Tranchierer, von

Vincenzo Cervio (1581)[32], wo der zuverlässigste Diener, der auftrug und vor seinem Herrn eine Kostprobe von jeder Speise nahm, die auf den Tisch kam, sich einer Vorschriftenreihe beugen mußte, die nicht weniger anspruchsvoll war als die Duellregeln, ganz dem Normierungswahn gemäß, der damals auch in der Literatur und Kunst sowie bei der Komposition von Impresen vorherrschte:

> »Der wahre Tranchierer wird derjenige sein, der alles auf der Gabel über dem Teller tranchiert, was man in Italien gewöhnlich das Tranchieren in der Luft nennt, und tatsächlich ist dies von allen Arten des Tranchierens die schönste und dem Hof am meisten entsprechende Art, und von ihr will ich hier sprechen; aber so wie einer, der reiten lernen will, sobald er aufs Pferd gestiegen ist, lernen muß, richtig im Sattel zu sitzen, den Oberkörper aufrecht zu halten, die Beine in die richtige Stellung zu bringen und Fersen und Hände richtig einzusetzen, damit er weiß, wann er das Pferd mit Sporen und Gerte antreiben kann, und noch andere Dinge; ebenso ist es für den, der tranchieren lernen will, notwendig, zunächst zu wissen, wie die Gabeln und Messer beschaffen sind und von welcher Härte und wie sie gesäubert und geschärft werden und wie man sie in der Hand hält und wie man sie bedienen muß und wie man bei ihrer Bedienung die richtige Haltung wahrt, und noch viele andere Dinge.«[33]

Wie man Geflügel tranchieren kann, indem man es, auf eine Gabel gesteckt, über den Teller hält, mag uns wie ein akrobatisches Wunder vorkommen. Wie dem auch sei, hier folgt die Anweisung für das Tranchieren eines Fasans[34]:

> »Willst du ihn also tranchieren, dann nimmst du die große Gabel und das mittlere Messer und nimmst die richtige Körperhaltung ein. Du hältst die Messerspitze nach vorn gerichtet, unter den Hals des Fasans oder hinten, unterhalb des Bürzels, was auf beide Arten richtig ist: jetzt wird der Fasan mit der Brust nach unten gedreht, du spießt ihn an der Seite auf, nur bis zum Brustbein, wobei du darauf achtest, nicht zu tief zu stechen, so daß du beim Tranchieren der Fasanenbrust nicht

behindert wirst: ist er aufgespießt, dann hebst du ihn in die Höhe, wobei du ihn stets mit der Messerspitze begleitest, um anmutiger zu wirken; hast du ihn in die Höhe gehoben, so mußt du die Menge der Stücke bedenken, die du daraus machen mußt, denn dies ist beim Tranchieren der schönste Teil: das richtige Urteil zu haben, um das, was man auf der Gabel hat, gut aufzuteilen, und wenn es der Zufall will, daß du den Fasan in mehrere Stücke zerteilen mußt, wirst du die Scheiben bescheidener machen. Und umgekehrt wirst du sie stärker machen können, wenn er in wenige Teile aufgeteilt werden soll.

Ich will nicht, daß du vom Fasan mehr als vier Teile machst, es sei denn, du mußt mehr daraus machen, was du in diesem Fall mit der notwendigen Geschicklichkeit tun mußt. Du wirst also den Fasan mit dem Hals nach oben und mit den Füßen nach unten wenden, wobei du ihn gegen deine rechte Hand hin neigst, du drehst die Schneide des Messers zu deiner linken Hand hin, dringst mit der Spitze ein und gibst ihm seinen üblichen Schnitt bis zum rechten Schenkel von der Vorderseite, wobei du mit dem Messer tief genug einschneidest bis zur Flanke neben dem Steißknochen; wenn du nun das Messer hebst, stößt du die Gabel so hinein, daß die Brust des Fasans auf deinen Herrn gerichtet ist; mit der Messerspitze fährst du hinein, und mit der nach unten gedrehten Schneide gibst du ihm seinen üblichen Schnitt von der Innenseite her, wobei du das Messer bis zum Steißknochen eindringen läßt; und während du die Hand mit der Gabel ganz ruhig hältst, setzt du die Messerspitze außen an der Seite der Keule an, in das Fleisch unterhalb der Verbindung von Keule und Unterkeule; dann drehst du das Messer gegen dich und wirst die Keule leicht als Ganzes abheben können, die du dann anmutig auf die Platte legst, welche zu diesem Zweck bereitstehen muß.«[35]

So geht das noch drei Seiten weiter, wobei die Beschaffenheit der vier Platten wie folgt beschrieben wird: die erste, die für den Herrn bestimmt ist, enthält die rechte Keule, die rechte Flügelspitze und vier Scheiben Brustfleisch von der rechten Seite; die zweite die linke Keule, die linke Flügelspitze und vier Scheiben Brustfleisch von der linken Seite; die dritte den rechten Flügel, das Gabelbein der Brust und die linke Seite vom Steiß, mit zwei Scheiben Brustfleisch von jeder Seite; die vierte den Knochen des linken Flügels, den rechten Teil vom Steiß und den Rest vom Brustfleisch mit dem Brustbein sowie den Bürzel des Fasans. Eine Meisterwerk, das noch vor dem Gaumen als akrobatisches Kunststück die Schaulust der Tischgenossen befriedigen sollte und bei dem der »wahre Tranchierer« sich seiner Aufgabe mit der »größten Achtung« entledigte, die geboten war.[36]

Als *cul-de-lampe* oder Bürzel dieser schmackhaften Anthologie von Büchern über die Küche könnte man einige an Rabelais gemahnende Überschriften der *Libreria dei gastrimarghi*, der Bücherei der Feinschmecker, des Genueser Mönchs Francesco Fulvio Frugoni[37] anführen – ein erhellendes Beispiel für die Seiltänzereien des 17. Jahrhunderts, diesmal vorgeführt an einem Stoff, der sich für den expressionistischen und grotesken Geschmack der Zeit vorzüglich eignet. Zum Beispiel: »De Cambletae Lydorum regis gulositate; cum quaestione acutissima, utrum valuerit propriam devorare uxorem ac etiam, posito quod eam vorare potuerit, quonam stomacho eandem digesserit. Opus curiosum per Pancium Pancirolium Pancatry astem.« Und: »Hic vel haec dies de sibi leccandis digitis quando non habetur pecunia expedita ad emenda leccamina indigitata per indicem alfabeticum, compilatum a quodam studioso artis brodariae.« Und schließlich: »Il Panfago: Opera geometrica della figura del ventre pieno.«[38]

Kann man wirklich von einer »arte della cucina«, einer Kunst der Küche oder des Kochens sprechen? Abgesehen von den metaphorischen Komplimenten, die Grimod de la Reynière[39] zum Corneille der Gastronomie erklären, Carême mit Raffael vergleichen, und der Auszeichnung für eine fleischlose Küche mit der Bezeichnung »wahrer Chateaubriand, Autor des Genies des gastronomischen Christentums« – ist es wirklich unangebracht, von der Kunst der eßbaren Tapisserie und Stickerei zu sprechen, wie man ihnen bei bestimmten Arten des Pastetenbackwerks im 17. Jahrhunderts begegnet: komplizierte Bildmotive, zusammengesetzt aus aromatischen Kräutern und Gewürzen, die in Gelatine eingelassen wurden? Und welcher Unterschied besteht zwischen den Schmuckstücken Salvador Dalís und den »mit Gratin gefüllten Kalbsaugen« aus einem Rezept des *Cuisinier gascon* (1741)[40], bei denen die Pupille durch einen ganzen Trüffel ersetzt wird? Hatte Lady Morgan etwa recht, als sie anläßlich einer Esseneinladung bei den Rothschilds wie folgt urteilte: »Ich behaupte entschieden, daß es weniger Genie gebraucht hat, um bestimmte Dramen zu verfassen, als diese schöne Mahlzeit auszurichten. Wenn es den Brauch gäbe, die Meister der Tafel ebenso zu krönen, wie man es mit den Urhebern der Kunst macht, dann hätte der Lorbeer Carêmes in meinen Augen eine ebensolche Hochschätzung wie die schönen Blumenkränze der Pasta und der Sontag.«[41] Bei der Gestaltung seiner Patisserie lehnte sich Carême bekanntlich an die Architektur an und verfaßte einen *Pâtissier pittoresque*.[42] Montaigne berichtet in seinen *Essais* (I, 51)[43] von einem Italiener, der über die Küche so sprach, als ob es sich um gravierende Probleme der Theologie oder der politischen Wissenschaft handelte.[44]

Für die Aufnahme der Gastronomie unter die Schönen Künste ließe sich eine andere Überlegung anführen. Wie die anderen Künste ist auch sie den Phasen unterworfen, die den Geschmack regeln; Zeiten der eigenständigen Kreation wechseln mit Zeiten ab, in denen Traditionen befolgt werden. Der Kunsthistoriker von Rumohr, der unter dem Tarnnamen seines Kochs Joseph König schrieb, unterschied in der Küche die gleichen drei Stile wie in seinem Werk über die Malerei: den strengen, den anmutigen und den heuchlerischen Stil.[45] Wiewohl diese Kategorien sinnlos erscheinen, so verdient die Feststellung der beiden Tendenzen des Erfindens und der Rückkehr zur Natur, die das bekannte Alternieren zwischen Klassik und Romantik in der Literatur, in den bildenden Künsten und in der Musik zu wiederholen scheinen, doch mehr Glaubwürdigkeit. Der gastronomische Barockstil veranlaßt die Liebhaber dazu, in bestimmten Abständen zur ländlichen Küche, nach Arkadien zurückzukehren.

Jean François Revel stellt in *3000 anni a tavola. Storia culturale della cucina* (übersetzt von Giovanni Bogliolo, Verlag Rizzoli 1979)[46] fest: »Wenn eine Küche sich auf Jahrhunderte der Erfahrung, der Geschicklichkeit, der List und der kleinen akkumulierten Geheimnisse stützt, ist es verrückt zu behaupten, jeder Empiriker fange bei Null an: er verlernt die Tradition, die so verlorengeht, und abgesehen von einem halben Dutzend Ausnahmen, die immerhin in jeder Generation vorhanden sind, bringt er nur leeres Gerede auf einer Speisekarte hervor.« Diese Worte treffen haargenau auch auf die Lage der Künste in der gegenwärtigen Welt zu, für die ebenso die weitere Beobachtung gilt: »Ein weiteres Merkmal der Küche seit hundert Jahren, insbesondere seit der Mitte des zwanzigsten Jahrhunderts, ist ihre Internationalisierung oder, besser gesagt, ihre Mondialisierung. ›Internationale Küche‹ ist ein Pejorativum geworden; der Ausdruck bedeutet in Wirklichkeit, daß man überall dieselbe Küche findet, im allgemeinen eine aus Frankreich stammende, konventionelle und fade Küche.« Das gleiche gilt für die Künste: auch Japan produziert abstrakte Malerei, Zwölfton- und elektronische Musik; *Finnegans Wake* von Joyce hat Schule gemacht selbst in Ländern wie Italien, wo der Geist der Sprache nicht so geschmeidig ist wie der des Englischen. Und was die Linguistik betrifft, so fordert die Geschichte der *bouillabaisse*, von der es im Mittelmeerraum zahlreiche lokale Varianten gibt, zu einer Konfrontation zwischen Gastronomie und Sprachgeschichte heraus – aus ein und derselben Wurzel entwickelten sich so viele Fischsuppen wie aus dem Latein romanische Idiome. Die einzige Hoffnung angesichts der unechten Vermischung, die heutzutage, nach der Internationalisierung, vorherrscht, ist, wie Revel am Schluß schreibt, die folgende: »Wir wollen nicht dem Fehler einer falschen Verallgemeinerung verfallen, sondern eine Hypothese wagen: das dominierende Merkmal der Gastronomie am Ende des zwanzigsten Jahrhunderts erscheint mir offenkundig; es ist im guten wie im schlechten Sinne die Rückkehr zur Natur.«[47] Und was denn sonst bedeuten die Versuche, sich in den bildenden Künsten auf die figürliche Darstellung zu besinnen?

Zu Beginn seiner Ausführungen stellt Revel fest: »Die Gipfel der Kunst werden genau in jenen Zeiten erreicht, in denen die Verfeinerung der Rezepte die Kompliziertheit der Konzeption mit der Leichtigkeit der Ausführung verbindet.« Auch wenn diese Sprache auf die griechische Kunst des Goldenen Zeitalters zutreffen mag, für die antike Küche der Griechen und Römer gilt sie gewiß nicht. Die Griechen sotten das Fleisch, bevor sie es brieten: eine wahre Ketzerei, weil das Prinzip des Bratens gerade darin besteht, durch die Konzentration der Säfte innerhalb des Fleisches zu garen, und wofern man es vorher siedet, haben sich die Säfte bereits im Wasser aufgelöst, wenn man mit dem Braten beginnt.[48] In der antiken Küche hatte der Fisch eine sehr viel größere Bedeutung als heute, und er wurde mit äußerster Sorgfalt ausgewählt. Der berühmte Feinschmecker Apicius[49] mietete ein Schiff, um von Minturno nach Libyen zu fahren, weil er gehört hatte, daß die *conocchie*[50] dort größer seien, und als er festgestellt hatte, daß das nicht stimmte, fuhr er zurück, ohne auch nur angelegt zu haben. Für Fleischgerichte bevorzugte man das Milchferkel, das Ziegenlamm und das Milchlamm. Bei den antiken Festgelagen war auch das Schauspiel für die Augen von großer Bedeutung: so wurde der samt dem Schwanz servierte Pfau höher geschätzt als das Huhn, obwohl der Geschmack dies keineswegs rechtfertigte[51]; insbesondere zählte die Überraschung, wie jeder weiß, der das Gastmahl des Trimalchio aus dem *Satyricon*[52] kennt, ein Element, das auch in späteren Zeitabschnitten wiederkehrt, besonders im Manierismus und im Barock. Vor allem aber verdarben die Römer der Verfallszeit die Phantasie mit der Suche nach seltenen und verblüffenden Eßbarkeiten, und da sie nicht begriffen hatten, daß es nicht die Menge der Kräuter und Gewürze ist, die bei den Zutaten den Ausschlag gibt, sondern deren Harmonisierung, neutralisierten sich die Aromen schließlich wechselseitig, wenn sie in allen Gerichten zusammenkamen. Ebensowenig hatten sie begriffen, daß die Art des Garens die wichtigste Sache ist, damit die Kräuter ihren ganzen Duft entfalten. Vorherrschend war das Kriterium der Anhäufung sowohl bei den Zutaten als auch bei der Inszenierung ihrer Gastmähler, die von Darstellungen der Amouren des Dionysos und der Ariadne begleitet wurden und nach denen die Ehemänner sich in großer Eile erhoben, das Pferd bestiegen, um zu ihren Gattinnen heimzukehren und sie zu besitzen – diese Besonderheit erinnert mich an das, was ich im Hause von John Dos Passos in Virginia erlebte, als nach einem überreichlichen und, wie es scheint, aphrodisierenden Gastmahl mit Meeresfrüchten (*sea-food*) der Schriftsteller sich von den Gästen verabschiedete und sich mit seiner schönen Gattin ins Schlafzimmer zurückzog.

Die Unterschiede zwischen der Küche des Mittelalters[53] und jener der Antike sind viel weniger gewichtig als die Ähnlichkeiten. Die mittelalterliche Vorstellung des Festessens war die, daß auf gewaltigen silbernen Platten gigantische Braten serviert wurden – Kälber, Zicklein, Hirsche, Wildschweine im ganzen aufgetragen –, umgeben von Wachteln, Rebhühnern und Auerhähnen.[54] Und da der Geruch des Fleisches, das sich der Verwesung näherte, betäubend war, pflegte man Räucherdüfte zu verbreiten, um die Gäste zu beruhigen. Das Dokument, welches die gesamte mittelalterliche Küche zusammenfaßt, ist der erst 1499 veröffentlichte *Viandier* von Taillevent[55], dem Koch Karls VI., der um 1310 geboren wurde und die lange Reihe der Köche eröffnet, die von Carême bis Escoffier Theorie und Praxis zu vereinigen wußten. Daß die moderne Kochkunst mit Katharina von Medici begonnen habe, die in Frankreich die toskanische Küche einführte[56], ist unzutreffend. Die französische Küche entwickelte sich nicht seit der Mitte des 16. Jahrhunderts, sondern erst ein Jahrhundert später, und auch dann noch sehr zaghaft: seit der Mitte des 16. Jahrhunderts vermehrten sich jedoch die Kochbücher, und eben dies ist das Anzeichen einer gastronomischen Umwälzung. Dennoch kann man nicht bestreiten, daß die Italiener in Europa sowohl hinsichtlich der Tafelsitten als auch bei der Herstellung von Patisserie Meister waren, und obwohl die Toskaner nicht für die Entstehung der modernen Küche verantwortlich sind, kommt ihnen dennoch das Verdienst zu, aus ihrer Region eine wunderbare Schatzkammer antiker Rezepte gemacht zu haben, die unmittelbar auf den natürlichen Reserven ihres Landstrichs beruhen.[57]

1967–1979

Anmerkungen

1 Erstdruck: »L'arte della cucina«, in: *Le vie d'Italia*, Mai 1967, S. 557–566.

2 Joris-Karl Huysmans, *A rebours* (1884). Préface de Marc Fumaroli. Paris: Gallimard (Coll. Folio), 1983, Kap. IV, S. 137 f., »orgue à bouche«; deutsch: *Gegen den Strich*. Übersetzt von Hans Jacob. Frankfurt a.M. / Berlin / Wien: Ullstein, 1972, S. 54 f.: »Mundorgel«. *A.d.Ü.*

3 Jean-Anthelme Brillat-Savarin, *Physiologie du gout ou Méditations de gastronomie trancendante* (1826). Paris: Garnier, o.J., S. 269: »Méditation XXVII: Histoire philosophique de la cuisine«: »La cuisine est la plus ancienne des arts« (»die Küche /das Kochen ist die älteste Kunst«); deutsch: *Physiologie des Geschmacks oder Betrach-*

tungen über das höhere Tafelvergnügen. Ausgewählt, eingeleitet und übersetzt von Emil Ludwig. Frankfurt a. M.: Insel, 1979. *A.d.Ü.*

4 Der Florentiner Priester und »Chymist« Antonio Neri veröffentlichte 1612 die erste Monographie über die Herstellung von Glas: *Arte vetraria*; Johannes Kunckel, den die experimentelle Verfahrensweise Neris beeindruckt hatte, wiederholte dessen Experimente und übertrug das Buch sprachlich und fachlich auf deutsche Verhältnisse: Johannes Kunckel, *Ars vetraria experimentalis oder vollkommene Glasmacher-Kunst.* Frankfurt und Leipzig, 1689. Reprint Hildesheim: Olms, 1992. *A.d.Ü.*

5 Emilio Faccioli, Hrsg., *Arte della cucina. Libri di ricette, testi sopra lo scalco, il trinciante e i vini dal XIV al XIX secolo.* Milano: Edizioni del Polifilo, 1966, 2 Bde. – 1987 erschien eine veränderte Neuausgabe: *L'arte della cucina in Italia. Libri di ricette e trattati sulla civiltà della tavola dal XIV al XIX secolo.* Torino: Einaudi (Coll. »I milleni«), 878 S. Sie enthält eine ausführlichere Einleitung, eine aktualisierte Bibliographie und andere Illustrationen. Von den Texten der Erstausgabe wurden weggelassen: Francesco Fulvio Frugoni, *La libreria de' gastrimargi*, in: *Il cane di Diogene* (Venezia 1687–89); Francesco Redi, *Ditirambo di Bacco in Toscana* (Firenze 1685). Hinzugekommen sind: Auszüge aus *Liber de coquina* (anonym, 14. Jh., Anjou); *Due libri di cucina* (anonym) (S. 93–117); Ortensio Landi, *Commentario delle piú notabili e mostruose cose d'Italia* (Venezia 1548; S. 272–281); Costanzo Felici, *Del'insalata e piante che in qualunque modo vengono per cibo dell'homo* (1572, S. 472–490); Baldassare Pisanelli, *Trattato della natura dei cibi e del bere* (1583; S. 541–553); Vincenzo Tanara, *L'economia del cittadino in villa* (1644; S. 623–647); *Libro contenente la maniera di cucinare e vari segreti e remedi per malatie et altro* (anonym, Reggio Emilia, 18. Jh.) (S. 719–731). Vollständig abgedruckt ist Maestro Martino da Como, *Libro de arte coquinaria* (15. Jh., S. 127–218); die anonym erschienenen Rezeptbücher aus der Toskana (S. 43–67) und aus Venedig (S. 69–97) (beide aus dem 14. Jh.), die in der Erstausgabe vollständig enthalten waren, sind jetzt in einer Auswahl abgedruckt. *A.d.Ü.*

6 Diese Abbildung ist in der Neuausgabe nicht mehr enthalten, doch finden sich mehrere andere Illustrationen, auf denen die Gegenwart und die »Anteilnahme« von Haustieren wie Hund und Katze sowohl beim Kochen als auch beim Essen zu sehen sind: S. 158, Pietro Lorenzetti, Ausschnitt aus dem Abendmahl-Fresko in der Unterkirche San Francesco; S. 350, 382, Sodoma, Aus der Geschichte des Hl. Benedikt, Montoliveto Maggiore; S. 638, Crespi, Die Küchenmagd, Palazzo Pitti, Florenz; S. 670, Populäre Darstellung eines Makkaroniverkäufers; S. 798, Gherardi, Typische ligurische Küche. *A.d.Ü.*

7 Shakespeare, *Heinrich IV.*, 1. Teil, 2. Akt, 4. Aufzug: Sir John Falstaff. *A.d.Ü.*

8 Swift, »The Lady's Dressing Room«, in: *The Poems of Jonathan Swift.* Edited by Sir Harold Williams. Oxford: Clarendon Press, 1958, S. 525: »O Celia, Celia, Celia shits.« *A.d.Ü.*

9 »Tra le gambe pendeva le minugia; La corata pareva e il tristo sacco / Che merda fa di quel che si trangugia«; »Zwischen den Beinen hing das Eingeweide, / Das Herz lag offen, nebst dem traurigen Sacke, / Der das, was man verzehrt, in Kot verwandelt.« Dante, *Die Göttliche Komödie, Inferno*, 28, 25–27, Übersetzung von Hermann Gmelin. *A.d.Ü.*

10 Louis Richeôme (1544–1625) trat 1565 der Societas Jesu bei; er genoß den Ruf einer umfassenden humanistischen Gelehrsamkeit, war zugleich ein populärer Prediger und ein scharfsinniger Kritiker des Protestantismus und des Jansenismus. Vgl. Henri Bremond, *Histoire littéraire du sentiment religieux en France depuis les guerres de religion jusqu'à nos jours.* Paris, 1916–1933, 11 Bde. (unvollendet); Bd. 1, 1916, S. 18ff.; Mario Praz, *Studi sul concettismo.* Firenze: Sansoni, 1946, S. 222. Vgl. zum Motiv der Verfremdung von (Ernährungs-)Konventionen Wilhelm Bölsche, *Die naturwissenschaftlichen Grundlagen der Poesie* (1886), herausgegeben von J. Braakenburg. Tübingen: dtv/Niemeyer, 1976, S. 39f: »Nehmen wir einmal für einen heiteren Moment an, es gäbe eine Dichterschule, die den kühnen Satz als poetisches Programm aufstellte, die physiologische Function der Nahrungsaufnahme im Menschen gehöre zu den höchsten und dankbarsten Vorwürfen der Poesie, und thatsächlich durch practische Werke ersten Ranges die Haltbarkeit dieser Programme darthäte. Man müsste die Gründe prüfen, die jenem Unterfangen zu Grunde lägen und, wofern diese stichhaltig wären, sich darein finden und der Sache freuen. Jetzt aber käme eine Spaltung innerhalb der neuen Partei und es erhöben sich beredte Apostel, die Folgendes aufstellten. Das Essen selbst sei etwas Unschönes, Unappetitliches wohl gar Unmoralisches, dürfte nur im Geheimen geübt werden, sei kein Gegenstand der Poesie. Ein poetisches Element stecke bloss im Hunger. Von unvergleichlichem dichterischem Werthe sei jener eingenartige nervöse Zustand des Gehirns bei leise dämmerndem Hungergefühl, jener Wechsel von geistigem Eifer und geistiger Abspannung in seinen tausend feinen Nuancen, wie er dem Mahle vorausgehe, bis zu jenen Anfällen von Raserei, von Hallucinationen und von völliger Lethargie, wie sie bei Verhungernden in der Wüste sich zeigten, oder dem Ekel vor aller Nahrungsaufnahme, der Blasirtheit im Puncte des Appetits, wie sie durch sonstige Störungen des Nervensystems hervorgebracht würden.

Ich glaube, man würde, selbst das Ganze zugestanden, diese Secte der letztern Sorte für Narren erklären.« *A.d.Ü.*

11 Viele Vertreter der Kochkunstthese – Gleichstellung der Küche mit anderen Künsten – beginnen ihre Argumentation mit einer Auswahl aus einschlägigen Literaturstellen, so Anthus mit Homer: Antonius Anthus [Gustav Blumröder], *Vorlesungen über Esskunst* (1838). Leipzig: Wigand, 2. Aufl. 1881; Reprint Osnabrück: Ackerstaff und Kuballe, 1979, S. 33–38.

12 Praz zitiert diese Stelle in seiner Rezension der Thackeray-Biographie von Gordon N. Ray (*Thackeray: The Uses of Diversity*. Oxford University Press, 1955) ohne Quellenangabe: Mario Praz, »Thackeray minore«, in: ders., *Cronache letterarie anglosassoni III*, Roma: Edizioni di Storia e Letteratura, 1966, S. 464. *A.d.Ü.*

13 Isabella Beeton, *The Book of Household Management* (1861), Reprint New York, 1969. Zu Beeton siehe Peter Gay, *The Bourgeois Experience. Victoria to Freud.* Vol. I: *Education of the Senses.* Oxford University Press, 1984, S. 345–349, und Walter Kendrick, *The Secret Museum. Pornography in Modern Culture* (1987). Harmondsworth: Penguin, 1988, S. 68 f. – Vgl. Mario Praz, »Tragedie gastronomiche« (1954), in: *Cronache letterarie anglosassoni III*, a. a. O, S. 505–509: einen Teil der Ausführungen über Beeton, Milnes, Thackeray und die, wie die Überschrift andeutet, verhängnisvollen viktorianischen Eßgewohnheiten hat Praz für den vorliegenden Aufsatz aus diesem Text von 1954 übernommen. Dort findet sich auch die Quellenangabe für das oben angeführte Thackeray-Zitat: es ist, wie Praz sagt, »uno dei sui saggi più deliziosi«, einer seiner köstlichsten Essays: »Memorials of Gormandizing. In a Letter to Oliver Yorke, Esquire, by M.A. Titmarsh«, in: *The Works of William Makepeace Thackeray.* With Biographical Introductions by his Daughter Ann Ritchie. In thirteen volumes. Vol. XIII: *Ballads and Miscellanies.* London: Smith, Elder & Co., 1899, S. 573–597, Zitat S. 576: »Sir, respect your dinner; idolise it, enjoy it properly. You will be many hours in the week, many weeks in the year, and many years in your life the happier, if you do.

Don't tell us, that it is not worthy of a man. All a man's senses are worthy of employment, and should be cultivated as a duty. The senses are the arts. What glorious feasts does Nature prepare for your eye in animal form, in landscape, and painting! Are you to put out your eyes and not see?« (»Sir, respektieren Sie ihre Mahlzeit; verehren Sie sie, genießen Sie sie richtig. Sie werden viele Stunden in der Woche, viele Wochen im Jahr und viele Jahre Ihres Lebens um so glücklicher sein, wenn Sie dies tun.

Sagen Sie uns nicht, es sei eines Menschen nicht würdig. Alle Sinne des Menschen sind es wert, beschäftigt zu werden, und sie sollten kultiviert werden wie eine Pflicht. Die Sinne sind die Künste. Welch prachtvolle Augenweide hält die Natur Ihren Augen in Form von Tieren, als Landschaften und als Malerei bereit. Wollen Sie sich etwa die Augen ausreißen und nicht mehr hinsehen?«) – Über die geschichtlichen Veränderungen im *household-management* am Beispiel des häuslichen Herdes, der Küchentechnik und der Lebensmittelkonservierung im Haushalt informiert das Ausstellungsbuch *Oikos – Von der Feuerstelle zur Mikrowelle. Haushalt und Wohnen im Wandel* (Stuttgart, Design Center / Deutscher Werkbund; Zürich, Museum für Gestaltung; Mannheim, Landesmuseum für Technik 192–93). Gießen: Anabas, 1992; zur Rolle des Feuers als Bestandteil des Zivilisationsprozesses in der Küche vgl. den Abschnitt »Cooking« in: Johan Goudsblom, *Fire and Civilization.* London: Allen Lane, The Penguin Press, 1993, S. 33–37. *A.d.Ü.*

14 »Mein letzter Gang wird das Ergebnis von zu vielen Vorspeisen sein«, oder: »Mein Exitus: Resultat zu vieler Entrées«. Richard Monckton-Milnes (Lord Houghton), Schriftsteller, der Mitte des 19. Jh. bes. für die Zeitschriften *Edinburgh* und *Macmillan's* literarische Beiträge lieferte. Monckton-Milnes, der als Mittler gerne Konfrontationen zwischen Unbekannten herbeiführte, machte Swinburne mit den Schriften von Sade bekannt; vgl. Mario Praz, *Liebe, Tod und Teufel*, a.a.O., S. 152–153, Anm. 52, S. 376 (Biographie: James Pope-Hennessy, *Monckton-Milnes I: The Years of Promise*, London 1949; *II: The Flight of Years*, London 1951; Rezension von Mario Praz, »Salvataggio di un dilettante«, in: *Il Tempo,* Rom, 16. März 1952, wieder abgedruckt in: ders., *Cronache letterarie anglosassoni.* Roma: Edizioni di Storia e Letteratura, Band III, 1966; S. 558–563). – Ein entsprechendes französisches Beispiel für die zeitgenössische Völlerei unter dem Namen der *gourmandise* findet sich in: Georges und Germaine Blond, *Histoire pittoresque de notre alimentation.* Paris: Fayard, 1960; deutsch: *Der Mensch war immer schon genüßlich. Eine Kulturgeschichte des Essens.* Übersetzt von Willy Thaler. Wien / Hamburg; Paul Zsolnay, 1965, S. 352–353: »Der gastronomische Schriftsteller Alfred Delvau hat in seinen *Pariser Vergnügungen* (1867) von dem wöchentlichen Diner der zwölf Mitglieder des *Klubs der großen Magen* im Restaurant Pascal gesprochen. Diese Leute kamen jeden Sonnabend gegen sechs Uhr abends und gingen erst am nächsten Tag zu Mittag fort, und während der ganzen Zeit aßen sie: Von sechs Uhr bis Mitternacht: Suppe à la Crécy, Steinbutt mit Kapernsauce, Rinderfilet, geschmorte Lammkeule, Masthühnchen, Kalbszunge mit Saft, Maraschinosorbett, Cremes, Torten, Bäckerei; das alles begossen mit – versichert

Delvau – sechs Flaschen Burgunder pro Gast. Von Mitternacht bis sechs Uhr früh: Tee, dann Schildkrötensuppe, indisches Curry, Lachs mit Schnittlauchsauce, Rehrippchen mit Paprika, Seezungenfilet mit Trüffelbrühe, Artischocken mit Javapfeffer, Rumsorbett, schottische Haselhühner in Whisky, Rumpudding, stark gewürzte englische Bäckerei, das Ganze begossen mit drei Flaschen Burgunder und drei Flaschen Bordeaux pro Kopf. Von sechs Uhr früh bis Mittag, dritte Folge: Zwiebelsuppe, sehr stark gepfeffert, und eine Menge ungezuckerter Bäckerei, dazu vier Flaschen Champagner pro Kopf. Kaffee, nachher Likör.

Leider ist die Mahlzeit nicht *beschrieben.*« *A.d.Ü.*

15 »›Ach, er ißt nicht mehr‹, sagt man mit menschlicher Wehmut, wenn ein Mensch aufgehört hat zu essen, d. h. zu sein. Diese, nahe an Identität streifende Verschmelzung des Bedingenden mit dem Bedingten hat auch die scharf klar römische Sprache längst erkannt, und deshalb auch ein Wort für Sein und Essen, welches letztere denn buchstäblich der deutschen Zunge sich einverleibte.« Anthus, *Vorlesungen über Esskunst*, a. a. O., S. 30. *A.d.Ü.*

16 Cyril Connolly (1903–1974), Essayist, Romancier, Literaturkritiker, Gründer und Herausgeber der Zeitschrift *Horizon* (1939–1950); sein Buch *Enemies of Promise* (London 1938) ist eine Darstellung seiner literaturkritischen Position und zugleich eine Autobiographie. Bekannt geworden ist außerdem sein Buch *The Unquiet Grave* (1944 unter dem Pseudonym »Palinurus« erschienen; deutsch: *Das Grab ohne Frieden*. Übersetzt von Leonharda Gescher. Frankfurt a. M.: Suhrkamp, 1952). Stephen Spender schrieb in seinem Nachruf im *Times Literary Supplement* vom 6. 12. 1974: »Die Bloomsbury-Gruppe [Virginia Woolf u. a.] kümmerte sich nicht um Connolly; sie waren für *vin ordinaire* und Sandwiches; er für *grands crus* und Trüffel.« Von Connolly stammt auch der Satz: »In jedem fetten Mann steckt ein dünner gefangen, der mit wilder Zeichensprache darum bittet, herausgelassen zu werden« (*Das Grab ohne Frieden*, a. a. O., S. 87). *A.d.Ü.*

17 Gemeint sind die öffentlichen Latrinen mit Marmorsitzen und Wasserspülung in *Ostia Antica*, der Hafenstadt des alten Rom. *A.d.Ü.*

18 Aus: Alvise (Luigi) Cornaro (1467–1566, Padua), *Discorsi su la vita sobria*, bestehend aus vier Teilen: dem eigentlichen *trattato*, einem compendio, einer esortazione (Ermahnung, ca. 1560 hinzugefügt) und einem Brief an Daniel Barbaro. Padova, 1591; deutsch: *Cornaros erprobte Mittel, gesund und lange zu leben*. Braunschweig, 1796. Vgl. Jacob Burckhardt, *Die Kultur der Renaissance in Italien*. Ein Versuch in der Textfassung der Erstausgabe. Frankfurt a. M.: Büchergilde Gutenberg, o. J., S. 169 f. (die von Praz zitierte Stelle ist

abgedruckt in: Faccioli, Hrsg., 1987, S. XVI). Vgl. Alvise Cornaro, *Vom maßvollen Leben.* Mit einer Einleitung von Klaus Bergdolt. Heidelberg: Manntias, 1991, S. 75–76 (nach der Übersetzung von Ludovici, 1707, bearbeitet von K. Bergdolt). *A.d.Ü.*

19 Wörtliche Bedeutung: eine in Sauce, Bratensaft oder frisch ausgepreßtes Olivenöl getunkte (geröstete) Brotscheibe; übertragen: Koch, Feinschmecker, Kochkünstler. Zu Romoli vgl. den Einleitungstext in Faccioli, 1987, S. 359–360; Rezepte mit Varianten des *pane unto* auf S. 384–385. *A.d.Ü.*

20 »Die Arbeiten in einer Küche sind vornehm, großartig, mühsam und widerwärtig.«

21 Faccioli, Hrsg., (1987), S. 76: *Civiro overo savore negro a cengiaro,* Civiero o sapore negro al cingiale; Salmi oder schwarze Sauce vom Wildschwein: eine im Mörser hergestellte Paste aus weichgekochtem Wildschweinfleisch und schwarz gerösteten, in Essig getunkten Brotkrumen wird mit Pfefferbrühe, Kardamon und Ingwer überaus kräftig gewürzt, mit Wildschweinbrühe und Essig aufgegossen und aufgekocht. *A.d.Ü.*

22 Eine besonders feine, aus Ascalon, dem alten Palästina stammende Art von Zwiebel: Chalotte oder Schalotte, franz. échalotte, lat. Allium ascalonicum. *A.d.Ü.*

23 Faccioli, Hrsg., 1987, S. 91. *A.d.Ü.*

24 Faccioli, Hrsg., 1987, S. 123 f. *A.d.Ü.*

25 Faccioli, Hrsg., 1987, S. 138. *A.d.Ü.*

26 Ein ganz ähnliches Rezept findet sich in Platinas Kochbuch *De honesta voluptate* (1474), das 1542 in deutscher Übersetzung in Augsburg erschien: Bartolomeo Platina, *Von der Eerlichen zimlichen auch erlaubten Wolust des leibes...* aus dem latein verteutscht durch M. Stephanum Vigilium Pacemontanum (Reprint München 1979): Wenn der Pfau gar ist, bedeckt man ihn »mit seinem aignen Balg wider und nimmt eisene stenglin, steckts inwendig an kleine brötlin darzu gemacht durch die Schinbain und Füsse durch den Laib vom Haubt bis zum Schwantz als stunde er lebendig da. Etlich nemen ein Woll mit Camphora, thonds ims in den Schnabel, zindens an, das macht dann ob Tisch ain gelechter und gutten Mut. Zum Lust und Freud mag man den Pfawen auch wol vergolden geleich wie andere Vögel.« Zit. in: Ausstellungskatalog *Die anständige Lust. Von Eßkultur und Tafelsitten.* München, Stadtmuseum, 1993, S. 107. Hier finden wir auch den Hinweis, daß neben Pfauen auch Schwäne, deren Fleisch ungenießbar war, als Schauessen aufgetischt wurden: »Ihr (d. i. der Schwäne) Fleisch galt ebenso wie das der Pfauen seit dem Mittelalter als hart, zäh und wenig schmackhaft, was sie an der Festtafel keineswegs unbeliebt machte; man brauchte sie ja nicht zu es-

sen, entscheidend war das Erscheinen dieser in einem höheren Sinn wertvollen Tiere: aufgetischt wurden mit dem ungenießbaren, wenn auch wie lebend wirkenden Geflügel die Reinheit des weißen Schwans und die Unverweslichkeit des Paradiesvogels Pfau.« (Ebd.) *A.d.Ü.*

27 Sante Lancerio, *Della qualità dei vini*, in: Faccioli, Hrsg., 1987, S. 331: Malvagía. *A.d.Ü.*

28 Faccioli, Hrsg., 1987, S. 158: »Maccaroni siciliani«. *A.d.Ü.*

29 Vgl. Art. »Maccaroni« in: *Universallexikon der Kochkunst*. Leipzig: Weber, 1890 (Reprint München: Verlag Dr. Richter, o. J.), Bd. 2, S. 55: »... man zieht die dünneren Maccaroni vor und muß suchen, sie so frisch als möglich zu erhalten, denn in Neapel, dem Vaterlande derselben, wo man sie am schmackhaftesten bereitet, benützt man nur ganz frischgemachte und verschmäht schon solche, die eine Woche alt sind.« Das Lexikon enthält außerdem zwei Rezepte für »Gnocci« (= Gnocchi; Bd. 1) und eines für Maccaroni-Klöße (Bd. 2, S. 55f.). *A.d.Ü.*

30 Faccioli, Hrsg., 1987, S. 596. *A.d.Ü.*

31 Die drei Abhandlungen sind: »Trattato delle piegature« (über das Falten von Servietten und die Tischdekoration), »Il Trinciante« (separat erschienen 1621; über das Tranchieren) und »Lo scalco« (separat erschienen 1623; über den Truchseß). Auszüge bei Faccioli, Hrsg., S. 615–622. *A.d.Ü.*

32 Karl Friedrich Rumohr, *Geist der Kochkunst* (1822). Frankfurt a. M.: Insel, 1966 (mit einem Vorwort von Wolfgang Koeppen), erwähnt eine deutsche Übersetzung (des *Trinciante*?): Zu der »alten Verbreitung der italienischen Kochmanieren kam auch noch eine wälsche Vorschneidekunst. So gibt es z. B. ein: Trincier Büchlein. Das ist eine Anweisung, wie man nach Italienischer Manier allerhand Speisen zuschneiden und vorlegen kann. Dantzik 1639. queerfol«, S. 36, Anm. 1. *A.d.Ü.*

33 Vincenzo Cervio, *Il trinciante*, IV. Kapitel, in: Faccioli, Hrsg., 1987, S. 496. *A.d.Ü.*

34 Dieses Kapitel fehlt in der neuen Ausgabe von Faccioli, 1987. *A.d.Ü.*

35 Vgl. Ausstellungskatalog München, 1993, S. 77: Anweisungen zum Tranchieren mit Abfolge und Ansatz der Schnitte, aus: Johann Christoph Thieme, *Haus-Feld-Arzney-Koch-Kunst-Wunder-Buch*. Nürnberg, 1682: der Text beschreibt das Zerlegen eines Kapauns und eines »welschen Hahns«, die Illustrationen zeigen die Schnitte bei den verschiedenen Geflügelarten. – »Das schönste Traktat über die Tranchierkunst findet man jedoch im ersten Teil des *Manuel des Amphitrions*, das Grimod de la Reynière 1808 in Paris herausgab; es ist mit 29 Kupferstichen von Geflügel, Wild und Fischen versehen,

auf denen die vorzunehmenden Schnitte genau eingezeichnet sind. Dieser *Traité de la dissection des viandes* beginnt mit dem stolzen Satz: ›On peut comparer un Amphitrion, qui ne sait ni découper ni servir, au possesseur d'une belle bibliothèque, qui ne sauroit lire.‹« [Man könnte den Amphytrion, der nicht vorzuschneiden und vorzulegen versteht, mit dem Besitzer einer schönen Bibliothek vergleichen, der nicht lesen kann.] Alice Vollenweider, »An der Quelle der Kochkunst. Seltene Kochbücher in der Zentralbibliothek Zürich«, in: *Neue Zürcher Zeitung* (Fernausgabe), Wochenendbeilage vom 5. Februar 1977. – Daniel Spoerri, ein Künstler (der bei Praz wohl kaum Anklang gefunden hätte), der in seiner »Eat Art« Kunstproduktion, Essen, Kochen und Kulturgeschichte miteinander verbindet (siehe z. B. die »Tableaux piège«, die »Fallenbilder«), hat 1971 unter dem Titel »L'homme est un nécrophage« eine Kollektion von Fleischmessern zusammengestellt (Rotterdam, Museum Boymans-van Beuningen); eine Sammlung mit Küchengeräten befindet sich im Museum moderner Kunst in Wien. 1978 drehte er zusammen mit Marie Louise Plessen ein Filmfeature mit dem Titel *Auf Messers Schneide* (Bayerischer Rundfunk, Serie »A la carte«): »Mit harten Schnittfolgen von Spielszenen und Dokumentaraufnahmen wird die Geschichte der Kunst des Tranchierens aus Tranchierbüchern des 16. und 17. Jahrhunderts vorgeführt. Dabei geht es zugleich um Schaulust wie um Eßgenuß, vor allem aber um die Erkenntnis, daß wir durch Tafelrituale den Tod des eßbaren Tieres vergessen machen wollen«, vgl. auch den Artikel »Eat Art« in: André Kamber et al., *Stichworte zu einem sentimentalen Lexikon um Daniel Spoerri*. Ausstellungskatalog Paris / Antibes / Wien / München / Genf / Solothurn, 1991, S. 51. – Ob in der Bibliothek des im Zweiten Weltkrieg zerstörten Frankfurter Kochkunstmuseums auch die alten Tranchierbücher aufbewahrt wurden, läßt sich nicht mehr eruieren, da die Bibliothek verschollen ist: siehe Walter Schwarz, *Das Kochkunstmuseum in Frankfurt am Main. Dokumentation eines Kulturereignisses 1909 bis zum Zweiten Weltkrieg*. Frankfurt a. M.: Verlag Waldemar Kramer, 1989, S. 94: »Diese Bücherei umfaßte (...) 1937–38 mehr als 3500 Titel, dabei waren Zeitungen, Zeitschriften und Broschüren nicht mit inbegriffen. Sie galt als eine der geschlossensten Sammlungen von gastronomischen Werken in der Welt. (...) Welch einen ungeheuren Wert diese Bücherei hatte, war aus dem Vorhandensein eines runden Dutzend von Wiegendrucken, vielen Werken aus dem 16. bis 18. Jahrhundert und sämtlichen Erstausgaben der Klassiker der Kochkunst und der großen Gastronomen des 18. und 19. Jahrhunderts zu ersehen« (Mitteilung von Walter Bickel, dem Kustos des Kochkunstmuseums und Direktor der

Reichskochschule). Die Bücher wurden innerhalb von Frankfurt mehrmals umgelagert, 1945 »in Kisten verpackt und an einen angeblich *sicheren Ort* an der Bergstraße verfrachtet. Ihre Spur verlor sich danach völlig. Auch auf dem Sammlermarkt tauchte bis heute kein einziges Buch aus dem Besitz des ehemaligen Kochkunstmuseums auf.« (S. 95). *A.d.Ü.*

36 Eine besondere Wirkung des geschickten »Tranchierens« beschreibt Goethe in dem lange verkannten Gedicht »Das Tagebuch«: »Das Mädchen kam, des Abendessens Bürde / Verteilte sie gewandt mit Gruß und Würde. / Sie kommt und geht; ich spreche, sie erwidert. / Mit jedem Wort erscheint sie mir geschmückter. Und wie sie leicht mir nun das Huhn zergliedert, bewegend Hand und Arm, geschickt, geschickter – / Was auch das tolle Zeug in uns befiedert, / Genug ich bin verworrner, bin verrückter, / Den Stuhl umwerfend spring ich auf und fasse / Das schöne Kind; sie lispelt: Lasse, lasse! (...)« Zit. nach Hans Rudolf Vaget, *Goethe. Der Mann von sechzig Jahren.* Königstein/Ts.: Athenäum, 1982, S. 36–37, vgl. den Kommentar von Vaget, S. 56: »Bemerkenswerterweise ist es das Geschick dieser Kellnerin im Zergliedern und Vorlegen des Fleisches, durch das das Liebesverlangen des Mannes ausgelöst wird.« *A.d.Ü.*

37 Dieser Text ist in der Neuausgabe von Faccioli, 1987, nicht mehr enthalten. *A.d.Ü.*

38 »Über die Gefräßigkeit des Cambletas, des Königs der Lyder; mit der äußerst brennenden Frage, ob er es vermocht habe, seine eigene Gattin zu verzehren, und sogar, gesetzt den Fall, er habe sie verzehren können, mit was für einem Magen er sie verdaut habe. Ein kurioses Werk von Pancius Pancirolius Pancatryastes« (der Scherzname ist eine Verballhornung zweier griechischer Begriffe: ›pancratiastes‹, Ring- und Faustkämpfer; ›pankreas‹, Bauchspeicheldrüse).

»Dieser oder jener Tag darüber, wie man sich die Finger leckt, wenn man kein Geld flüssig hat, um sich unbefingerte Leckereien zu kaufen, (dargestellt) durch einen alphabetischen Index, kompiliert von einem gewissen Studenten der Fleischbrühkochkunst.«

»Der Allesfresser: Geometrisches Werk über die Figur des vollen Bauches«. *A.d.Ü.*

39 Grimod de la Reynière, *L'Almanach des gourmands.* Paris, 1803–1812, 8 Bde. Reprint Paris 1985: La Diffusion; Auswahl in: ders., *Ecrits gastronomiques.* Paris: UGE (Collection 10/18), hrsg. v. Jean-Claude Bonnet (enthält den ersten Jahrgang des *Almanach* von 1803 und die Unterweisung in den Tischsitten, *Le Manuel des Amphytrions.* Paris 1808.) (Eine deutsche Übersetzung des dritten Teils des *Manuel – Elémens de politesse gourmande* – findet sich in: G. de la Reynière, *Grundzüge des gastronomischen Anstands.* Übersetzt

von Robert Habs. München: L. Borowsky, o. J., S. 7–75. Der berühmte Gastronomiekritiker von *Le Monde*, Robert J. Courtine (u. a. Herausgeber des *Larousse gastronomique*, Paris, 1984, und des *Cahier de recettes de Madame Maigret*, Paris: Laffont, 1979), zeichnete bis zu seinem Rücktritt im Herbst 1993 seine wöchentlichen Artikel in der Samstagsausgabe mit »La Reynière«. *A.d.Ü.*

40 Vgl. *Larousse gastronomique*, Paris, 1984, S. 1051 (Bibliographie): *Le cuisinier gascon*. Amsterdam 1740, Reprint Paris: L'arche du livre, 1970. *A.d.Ü.*

41 Giuditta Pasta (1798–1865), italienische Opernsängerin, die 1823 nach Paris kam; Bellini schrieb für sie »La sonnambula« und »Norma«; Henriette Sontag (1806–1854), deutsche Opernsängerin, die 1826 zum ersten Mal nach Paris reiste und dort überaus erfolgreich war. *A.d.Ü.*

42 Vgl. Eugen von Vaerst, *Gastrosophie oder Lehre von den Freuden der Tafel*. Leipzig: Avenarius und Mendelssohn, 1851, 2 Bde. Neuausgabe München: Rogner & Bernhard, 1975. Mit einem Nachwort von K.H. Kramberg. Bd. 2, S. 132 f: »In Antonin Carême endlich erreichten die französischen Köche ihren Gipfel und Glanzpunkt. (...) Das Anerbieten Ludwigs XVIII., in seine Dienste zu treten, schlug er rund ab (...) Er zog die Stelle bei Rothschild in Paris vor (...). Er ist so groß als Schriftsteller wie als Koch.« Die Werke Carêmes: *Projets d'Architecture*; *Le pâtissier pittoresque* (Paris, 1815); *Le pâtissier royal parisien* (1815); *Le Maître d'hôtel français* (Paris1822); *Le cuisinier parisien où l'Art de la cuisine française au XIX*[e] *siècle* (Paris, 1828); *L'Art de la cuisine française* (Paris, 1833–35, 3Bde.). *A.d.Ü.*

43 Michel de Montaigne, *Essais*. Auswahl und Übersetzung von Herbert Lüthy. Zürich: Manesse, 1984, S. 294 f. (»Über die Eitelkeit der Worte«). *A.d.Ü.*

44 Über den moralischen Ernst der Lage in Sachen Philosophie und Ernährung aus postmoderner Sicht informiert der Reader von Dean W. Curtin und Lisa M. Heldke, *Eating, Cooking and Thinking. Transformative Philosophies of Food*. Bloomington & Indianapolis: Indiana University Press, 1992. Vgl. die Sammelrezension von Mary Douglas, »Eschewing the Fat. Food Faddism in the Light of Global Famine«, in: *Times Literary Supplement*, 30. Juli 1993: »Die Botschaft [von Curtin und Heldke] lautet, daß der Zustand des Ökosystems in Verbindung mit orientalischen Glaubenssystemen und Körperbedürfnissen uns dazu bringen sollten, eine vegetarische Diät zu übernehmen.« Daß es ernsthaftere Versuche gibt, den auf häusliche Geschmacksveredelung beschränkten Bereich der Koch- und Eßliteratur zu verlassen und das Ernährungsproblem in einer »ernährungsbesessenen Kultur« in einer umfassenderen Perspektive zu behandeln, zei-

gen die Ausführungen von Mary Douglas über das Buch von David Goodman und Michael Redclift, *Refashioning Nature. Food, Ecology, and Culture*. London: Routledge, 1993. Vgl. Alois Wirlacher u.a., Hrsg., *Kulturthema Essen. Ansichten und Problemfelder*. Berlin: Akademie-Verlag, 1993, sowie die Arbeit des Zürcher Historikers Albert Wirz, *Die Moral auf dem Teller*. Zürich: Chronos, 1993, am Beispiel des »Birchermüesli«; Rez. v. Peter Pfrunder in: *Neue Zürcher Zeitung*, 4. / 5. September 1993: »Das von ihm [Dr. Maximilian Oskar Bircher-Benner, 1867-1943] komponierte Müesli [dessen Urrezept weitaus schlichter ist, als heutige Müeslikomponisten propagieren: »Man nehme einen Esslöffel eingeweichte Haferflocken, einen Esslöffel gezuckerte Milch, Saft von einer halben Zitrone, einen geriebenen Apfel (mit Haut, Gehäuse und Kernen; der Apfel wird auf einer feinen Reibe, der sogenannten Bircher-Raffel gerieben), mische alles zu einem schönen Brei, streue einen Esslöffel geriebene Nüsse drauf«] – er nannte es in mythischer Überhöhung schlicht »d'Spys« [»die Speise«] – steht für ein ganzes Reformwerk, das alle Lebensbereiche erfassen und den Menschen von innen her erneuern soll.« *A.d.Ü.*

45 Zu Rumohrs *Geist der Kochkunst* vgl. Walter Rehm, »Rumohrs Geist der Kochkunst und der Geist der Goethezeit«, in: ders, *Späte Studien*. Bern / München, 1964, S. 97–121; Alois Wierlacher, *Vom Essen in der deutschen Literatur. Mahlzeiten in Erzähltexten von Goethe bis Grass*. Stuttgart, Kohlhammer, 1987, S. 43 ff. Ein aufschlußreiches Dokument nicht nur zur Wirkungsgeschichte Rumohrs ist: *Gastronomisches Tagebuch. Itinerarium für zwei Personen auf einer ägaischen Insel nebst einer Abhandlung über den oder die Keftedes*, Daniel Spoerri, cuoco secreto. Neuwied / Berlin: Luchterhand, 1970. *A.d.Ü.*

46 Jean François Revel, *Un festin à table. Histoire littéraire de la sensibilité gastronomique*. Paris: Jean Jacques Pauvert, 1979.

47 Die klassische italienische Sammlung von Rezepten einer natürlichen Küche ist Pellegrino Artusi, *La scienza in cucina e l'arte di mangiar bene* (1891, vollständig 1909, 13. Aufl.). (Mit einer Einleitung und Anmerkungen von Piero Camporesi). Torino: Einaudi, 1970 (Coll. Nuova Universale Einaudi). *A.d.Ü.*

48 Vgl. Reay Tannahill, *Food in History* (1973). Harmondsworth: Penguin, 1988 (neue, vollständig revidierte Ausgabe), S. 65–70: »Greek Food and Cooking«. *A.d.Ü.*

49 Marcus Gavius Apicius, *De re coquinaria / Über die Kochkunst*. Lateinisch / Deutsch. Herausgegeben, übersetzt und kommentiert von Robert Maier. Stuttgart: Reclam, 1991. – Das *Apicius-Kochbuch aus der römischen Kaiserzeit* (1928). Ins Deutsche übersetzt und bearbeitet von Richard Gollmer. Nachdruck Rostock: Carl Hinstorff

Verlag, 1985 (Lizenzausgabe München: Verlag Dr. Richter). Enthält einen Auszug aus Marpergers *Vollständigem Küch- und Keller-Dictionarium* (Hamburg, 1716): »Römische Mahlzeiten, Gastereyen und Banquete«. – Eine »Aktualisierung« zu Beginn des 19. Jahrhunderts: François le Goullon, *Der neue Apicius oder die Bewirthung vornehmer Gäste so wie es die feinere Kochkunst und der Geschmack des 19. Jahrhunderts gebietet.* Weimar, 1929 (Reprint München: Verlag Dr. Richter, o. J.) A.d.Ü.

50 »Unter Kaiser Tiberius (42 v. Chr. – 37 n. Chr.) lebte in Rom ein überaus reicher Mann namens Marcus Gavius Apicius. Nach Athenäus soll er ein fanatischer Liebhaber von Krebsen gewesen sein. Als er einst vernahm, daß man an der afrikanischen Küste besonders große Exemplare dieser Schaltiere fange, ließ er ein Schiff ausrüsten und segelte dorthin. In der Nähe der Küste ruderten Fischer an sein Schiff und brachten ihm ihre Beute. Da er nun feststellen mußte, daß die Krebse seiner Heimatstadt Minturae bedeutend größer waren, drehte er um, ohne auch nur den Fuß an Land gesetzt zu haben.« Harry Schraemli, *Von Lukullus zu Escoffier*. Bielefeld: Ceres, o. J., S. 99. Ähnlich wird die Anekdote erzählt in Courtine, Hrsg., *Larousse gastronomique*, a. a. O., S. 43, s. v. *Apicius*: die gesuchten Tierchen werden hier als »*squilles* (scampi)« bezeichnet: *Squilla mantis*, Heuschreckenkrebs; er gehört zur Ordnung der *Schildkrebse. A.d.Ü.*

51 Zu den Vorlieben, Abneigungen und Nahrungstabus siehe Marvin Harris, *Good to Eat: Riddles of Food and Culture* (1989); deutsch: *Wohlgeschmack und Widerwillen. Die Rätsel der Nahrungstabus.* Übersetzt von U. Enderwitz. Stuttgart: Klett-Cotta, 1991. *A.d.Ü.*

52 Petronius, *Cena Trimalchionis*, *Das Gastmahl des Trimalchio*: Teilstück des satirischen Abenteuer- und Schelmenromans *Satyricon* von Gaius Petronius Arbiter (gest. 66 n. Chr.). Deutsch: »Souper bei Trimalchio«, in: Petron, *Satyrica. Schelmenszenen.* Lateinisch / Deutsch von Konrad Müller und Hans Ehlers. 3., überarb. Aufl., München: Artemis, 1983 (Sammlung Tusculum), S. 49–119; Beispiele für kulinarische Überraschungen: S. 59, 63, 95, 117. *A.d.Ü.*

53 *Das Kochbuch des Mittelalters. Rezepte aus alter Zeit, eingeleitet, erläutert und ausprobiert von Trude Ehlert* (1990). Zürich und München: Artemis, 3. Aufl. 1991. *A.d.Ü.*

54 Zum Fleischverbrauch (und zum Tranchieren und Vorlegen des Fleisches) im Mittelalter vgl. Norbert Elias, *Der Prozeß der Zivilisation* (1969; Neudruck Frankfurt a. M.: Suhrkamp, 1976) Band I, S. 157 ff. »Über das Essen von Fleisch«: »In der weltlichen Oberschicht ist der Fleischverbrauch außerordentlich groß, verglichen mit dem Standard unserer eigenen Zeit (...). Eine Berechnung über den Fleischverbrauch eines norddeutschen Hofhalts aus verhältnismäßig

später Zeit, aus dem 17. Jahrhundert, läßt auf einen Konsum von 2 Pfund pro Kopf und Tag schließen, dazu aber kommen noch große Mengen von Wild, Geflügel und Fischen.« *A.d.Ü.*

55 Vgl. Art. Taillevent (Guillaume Tirel, genannt. T.), in: Courtine, Hrsg., *Larousse gastronomique*, 1984, S. 958: Das Wort *viande* bedeutet nicht nur *Fleisch*, sondern alle Nahrungsmittel, wie aus dem vollständigen Titel des Buches hervorgeht. Der *Viandier*, vor 1380 auf Anordnung von Karl V. verfaßt, bietet eine »vollständige Zusammenfassung dessen, was die Küche des 14. Jahrhunderts ausmachte«. *A.d.Ü.*

56 Zur Beziehung zwischen toskanischer und französischer Küche siehe Maria Luisa della Stufa Incontri, »La cucina toscana del '400 e del '500; i suoi influssi sulla cucina francese«, und Michel Lemonnier, »Le point de vue français sur les apports de la cuisine toscane et italienne en général sur la cuisine française, plus précisément à l'époque de la Renaissance«, beides in: »Atti dell'Accademia italiana della cucina«. Secondo Convegno, Milano, 1971, S. 49–72, bzw. 73–96. Zur Beziehung zwischen Deutschland und der toskanisch-italienischen Küche siehe Hans Hinterhäuser, »Influssi toscani nella cucina tedesca all'epoca del Rinascimento«, ebd., S. 97–115. – Alice Vollenweider, »Der Einfluß der italienischen auf die französische Kochkunst im Spiegel der Sprache«, in: *Vox romanica*, XXII, 1963, S. 59–88 und 397–444. *A.d.Ü.*

57 Lorenza de' Medici, *The Renaissance of Italian Cooking*. London: Pavilion, 1989. – Alberto Savinio, *Nuova Enciclopedia* (Milano, 1983, 2. Aufl), deutsch: *Neue Enzyklopädie*. Übersetzt von Christine Wolter. Frankfurt a. M.: Insel, 1983, Art. »Kultur (der Ernährung)«, S. 173 f.: »Wenn es erlaubt wäre, die Ernährung als ein Kriterium für Kultur zu nehmen, hätten wir Italiener immer noch das Recht, Deutschland und England so anzusehen, wie Tacitus sie betrachtete: *Sage mir, wie du ißt, und ich werde dir sagen, wer du bist.* Ich habe die Küchen dieser und der anderen Hemisphäre gekostet, und ich kann versichern, daß die italienische Küche die logischste und *menschlichste* von allen ist, anders gesagt, sie spiegelt im Glanz der Tafel und bis auf den Grund der Tiegel und Töpfe dieselben Eigenschaften, die grundlegend für unser Volk sind. Die Ernährung ist bei uns eine Form der Kultur geworden, und das ist nicht nur daran sichtbar, wie die Lebensmittel für die Tafel zubereitet werden, sondern es ist auch sichtbar in der Sauberkeit, in der Würde, in der *Redlichkeit*, mit der die Nahrungsmittel auf unseren Märkten und in unseren Geschäften angeboten werden. Wenn es der Malerei und der Bildhauerei in Italien eines Tages gelingt, den Stil unserer Ernährungskultur zu erreichen, dann können wir sagen, daß wir wieder eine große Malerei, eine große Bildhauerkunst haben.« *A.d.Ü.*

5 *Silhouetten*[1]

Die Autorin eines gewichtigen Werkes über englische *Silhouetten*[2] berichtet, daß der Nachkomme eines berühmten Künstlers jener Schönheitspflästerchen, die die *silhouettes* sind, nämlich John Miers[3], ihr erzählte, seine Mutter habe als Kind einige dieser kleinen Bildchen zum Spielen bekommen und dabei hätten sie und ihre Spielkameradinnen gelernt, daß diese aus Gips[4] bestanden, denn als sie sich die Bildchen aufsetzten, zerbrachen sie in lauter kleine Stücke. Sie bemerkt dazu: »Das wäre nicht passiert, wenn ihre Eltern gewußt hätten, welche Preise die Arbeiten von John Miers um 1970 erzielen würden.« Einzeln betrachtet können die Silhouetten faszinierend sein, und in einem neoklassischen Interieur mögen einige dieser schwarzen Profile oder Familiengruppen, die lebendig wirken wie ein Schönheitsfleck[5] auf einem anmutigen Gesicht, den Besucher auch angenehm überraschen. Alles in allem könnte man für diese Objekte gelten lassen, was Cioran in der *Nouvelle Revue Française* im September 1973 geschrieben hat: »Der innere Wert eines Buches hängt nicht von der Bedeutung des Themas ab (sonst müßten sich ja die Theologen großer Beliebtheit erfreuen), sondern von der Art und Weise, wie das Zufällige und Unbedeutende behandelt, wie das Nichts beherrscht wird.« Das Schwarz ist das Nichts, das Symbol des Nichtseienden oder des Chaos, der Schrecken kleiner Kinder und sogar mancher Erwachsener. Es hat aber auch seine Adelsbriefe: eine Sammlung dieser Schattenrisse führt uns in die Säle der Museen, in deren Vitrinen endlose Reihen griechischer Vasen gehütet werden, eintönige Säle, die man normalerweise zerstreut durchquert, und wenn eine einzige Vase für sich genommen wunderbar ist, so ist eine ganze Legion davon lediglich trostlos, und erst recht trostlos wäre eine Sammlung von *silhouettes*. Sie sind zwar die Schönheitszeichen auf einem lieblichen Gesicht oder der Pfeffer zu einer Speise, aber ein mit derlei Zeichen übersätes Gesicht würde uns einen ebensolchen

Schrecken einjagen wie ein von Akne verwüstetes Gesicht, und gerade ein kleines Gericht sollte sehr vorsichtig gepfeffert werden. Das Wissen, daß es eine Reihe von zehn Foliobänden gibt, die vollgestopft sind mit schwarzen, von dem berühmten Edouart angefertigten Profilen, bewegt mich deshalb weitaus weniger als die Autorin des vorliegenden Bandes oder die Verfasserin eines früheren, 1938 erschienenen Buches zum selben Thema, E. Nevill Jackson.[6]

Den griechischen Ursprung der *Silhouette* bezeugt eine Legende über die Erfindung der Malerei: eine junge Korintherin, die Tochter des Töpfers Dibutades, die um 600 vor Christus lebte, soll Plinius zufoge das Profil ihres zu einer Reise aufbrechenden Geliebten, das von einer Lichtquelle auf eine gegenüberliegende Wand als Schatten geworfen wurde, festgehalten haben.[7] Dieser Stammbaum der Silhouette wurde von den Künstlern auf den Schildchen beglaubigt, die man ihren Werken beifügte und deren Herkunft man der »Dame aus Korinth« zuschrieb.[8] In England hießen die Silhouetten anfänglich ja »Schatten« (*profiles* oder *shadows* und *shadow portraits*) oder »profiles«. Die Bezeichnung »Silhouette« wurde von dem Franzosen Augustin Edouart mit dem Titel seines 1835 veröffentlichten Buches in England eingeführt: *A Treatise on Silhouette Likenesses* (1835). Etienne de Silhouette (1709–1767) war ein Finanzminister, der wegen seiner Sparbeschlüsse am Hof in Ungnade fiel und sich als Hobby mit dem Ausschneiden jener schwarzen Profile befaßte, die dann seinen Namen tragen sollten, so wie auf ihn auch die damals geläufige Wendung *à la silhouette* zurückgeht, die »sparsam« bedeutet: es handelte sich also um ganz bescheidene Porträts.[9]

Als typisches Phänomen des 18. Jahrhunderts begleitete die Begeisterung für die Silhouetten die Vorliebe für Chinoiserien und den epigrammhaften Scharfsinn, da die überraschende Bündigkeit der Schatten die Eleganz einer Pose und die innerste Bedeutung eines Gesichts enthüllen sollte. Es wäre freilich falsch anzunehmen, daß man sie idealisieren wollte: eine Person mit hervorstehender Unterlippe brauchte diese nicht zu verstecken, vielmehr wurde die Lippe zum prägnanten Erkennungsmerkmal. Eine solche Kunst wäre ohne den Vorwand der Wissenschaftlichkeit nicht wirklich eine Kunst des 18. Jahrhunderts gewesen, und sie mit verblüffenden spekulativen Vorzügen auszustatten war denn auch das Vorhaben eines (selbsternannten) Wissenschaftlers, des Physiognomikers Lavater. Für ihn war eine nach den Regeln aufgenommene Silhouette »ein unmittelbarer Abdruck der Natur (...), wie ihn keiner, auch der geschickteste Zeichner einen nach der Natur von freier Hand zu machen imstande ist«.[10] Und welches waren nun diese Regeln?[11] Dieser schweizerische Geistliche veröffentlichte zwischen 1775 und 1778 einen Traktat über Physiognomik[12], in dem eine »machine sure et commode pour tirer des silhouettes« dargestellt wurde, »eine sichere und bequeme Maschine zum Abnehmen von Schattenrissen«. Sie bestand aus einem Sessel, auf den sich der zu Porträtierende (hier eine Dame) setzt, wobei eine Hand auf einem Balken ruht, der die linke Armlehne mit einem Schirm verbindet, hinter dem sich der Künstler niederläßt, der das von einer hinter dem Kopf der Dame aufgestellten Lichtquelle (einer Kerze) auf den durchsichtigen Schirm projizierte Profil festhält.[13] Die Einrichtung sieht nach einem seltsamen Beichtstuhl aus, bei dem durch das Gitter, durch das die finstere Seele des Reumütigen sich ergießt oder ergießen sollte, nun der Schatten hindurchgeht, der durch den schwarzen Körper des Profils die Seele der posierenden Person enthüllen soll. Man gebot den zu Porträtierenden nicht etwa, die ganze Wahrheit zu bekennen, sondern lediglich weder zu husten noch zu lachen oder gar zu niesen. Lavater spricht von Prismen, Zylindern und Pyramiden; er lehnte die Profile in Weiß, Rot, Grün oder Türkis als naturwidrig ab und begründete damit die puristische Tradition, der gemäß die Silhouette ebenso makellos schwarz zu sein habe wie der ideale Schatten.[14]

Goethe war begeistert von einer Methode, die ebensowohl an der Kunst wie an der Wissenschaft teilhatte; er unterhielt einen umfangreichen Briefwechsel mit Lavater und ließ seine ganze Familie von Schmoll – einem der vier Zeichner, die Lavater beschäftigte – in Schattenrissen porträtieren. Das Resultat war jedoch etwas ganz anderes als ein »unmittelbarer Abdruck der Natur«, so daß der Dichter 1775 den Physiognomiker ersuchte, das Porträt zu vernichten (allenfalls benutzte er noch das Profil des Vaters als Vignette, auf der dieser ihm selber ähnlich sah), und aus Mitleid zerstörte er auch den Schattenriß der Mutter. Frau Goethe dachte da wohl anders und nahm es sehr übel, als sie in den *Physiognomischen Fragmenten zur Beförderung der Menschenkenntnis und*

Menschenliebe das Porträt ihres Mannes fand, nicht jedoch ihr eigenes.[15] Die Enttäuschung hinderte Goethe nicht daran, zeitlebens ein Freund der Silhouette zu bleiben. 1791 schrieb er: »Jedermann war im Silhouettieren geübt und kein Fremder zog vorüber, den man nicht abends an die Wand geworfen hätte, der Storchschnabel durfte nicht rasten.«[16] Der Storchschnabel! Wie viele Instrumente mit welchen seltsamen und imponierenden Namen wurden im 18. Jahrhundert nicht erfunden, um allen das Silhouettieren zu ermöglichen![17] Selbst Goethe wurde ein bedeutender Silhouettist, und noch im Alter sammelte er Profile von berühmten Personen im unvermeidlichen Album.[18]

Sicherlich gibt es für uns zuweilen keine bessere Hilfe als diese Schatten, um uns in die Vergangenheit zurückzuversetzen. So sehen wir im Goethe-Museum zu Weimar die Großherzogin Amalia mit ihren Begleiterinnen: eine Dame sitzt mit dem Hündchen auf einem bäuerlichen Stuhl, die andere hat den Sonnenschirm geöffnet, und eine dritte scheint mit den Bewegungen des geschlossenen Fächers die Unterweisungen zu begleiten, die sie einem Mädchen gibt.[19]

Oder versetzen wir uns in die Zeit, als François Gonord[20] – wenn die Überlieferung nicht lügt – Silhouetten von aristokratischen Revolutionsopfern auf dem Gang zur Guillotine ausschnitt: schwarze, der düsteren Situation angemessene Profile, die, in entsprechender Verkleinerung in die damals üblichen Trauerringe eingelassen, eine tragische Erinnerung festhielten. Auf Papier aufgeklebt, als *églomisé*[21], Hinterglassilhouette, oder einfach in Scheingold eingefaßt, wie bei den Armbändern, die sogar Fischhändlerinnen um 1799 in Paris zu tragen pflegten, blieben die Silhouetten im 18. Jahrhundert makellos schwarz.[22]

Bevor die geeignete Farbe in den Handel kam (um 1826–27), gebrauchten die Künstler (häufig Miniaturisten, die in diesem Metier erfolglos geblieben waren) Ruß von Kiefernholz als Farbe, vermischt mit Bier als Fixativ. Das entweder mit dem Pantographen (der bereits seit 1631 in Gebrauch war, wie in einem Buch des deutschen Jesuiten Christopher Scheiner[23] geschrieben steht) oder mit einem optischen Gerät, dem *accurate delineator* mit Refraktionslinsen, die das Profil bereits in Verkleinerung zeigten (seit 1775 von Mrs Harrington benutzt), oder mit dem ähnlich funktionierenden *Physiognomotracer* von Gilles Lois

Chrétien[24] (lange vor 1780) verkleinerte Profil wurde auf Papier, Stuckkarton oder Elfenbein aufgetragen (John Field war einer der berühmtesten Profilkünstler, die mit Elfenbein arbeiteten, doch der erste, der in England nach dem Vorbild von Rosalba Carriera Miniaturen auf Elfenbein malte, war Bernard Lens). Manche Künstler, etwa P.H. Rogers, benutzten eine konvexe, einem Ei ähnelnde Glasoberfläche, und auf sie ein Profil zu übertragen, war wohl keine einfache Angelegenheit. Einige Profile in Weiß waren wie Spitzen gearbeitet: mit Hilfe einer Nadel, mit der die Details von Gesicht und Kleidung hervorgehoben wurden. Um 1820 kam der Prosophograph auf, der die Arbeit so sehr erleichterte, daß er die Bezeichnung »Automaton Artist« [Künstlerautomat] verdiente. Mit einem feinen Pinsel wurden die scharfen Ränder des Bildnisses mit Details der Kleidung, der Frisur und des Schultertuches abgeschwächt. Nach 1800 entstand die Mode der Verschönerung durch Goldfarbe (das sogenannte *bronzing*). Es wurden auch Silhouetten auf Glas mit Goldgrund gemacht (ich selbst besitze ein bemerkenswertes Exemplar, das den Ballonflug von Mario Madeleine Blanchard vom 4. Juli 1817 darstellt).[25] Wurde die Silhouette auf ein konvexes Glas aufgetragen, dann spiegelte sich ihr Schatten, der Schatten eines Schattens, auf dem flachen Boden. Spornberg zeichnete sich durch »etruskische Profile« in Rot oder Orange aus, Rosemberg durch schwarze, »anti-etruskische« Bildnisse auf orangefarbenem Hintergrund. Andere stellten emaillierte, in Metall eingebrannte Profile her. Sue McKechnie beschreibt alle diese Techniken und gibt lange Listen von Künstlern an, die auf Papier, Karton, Stuck, Glas und Elfenbein arbeiteten, sowie typische Merkmale der Kleidung, um den Zeitpunkt der Entstehung zu markieren.

Was die Effekte betrifft, so können insbesondere die Silhouetten von Gruppen an einem Teetisch oder in anderen Situationen so an unsere Phantasie appellieren, als ob wir, wenn wir uns umdrehen, die Personen, deren zitternde Schatten wir vor uns haben, in Fleisch und Blut sähen. Künstler wie der Franzose Torond, der in England wirkte, der Deutsche Anthing[26], der im Dienste des russischen Hofes stand, verstehen es, die Posen der vielen Figuren rhythmisch so zu gliedern, daß das Abbild keine monotone Aneinanderreihung von Menschen darstellt, sondern so verführisch wirkt wie die Kadenz eines vollkommenen Verses oder eine Tanzfigur. Vielfältig ist auch die Anordnung der Personen: manchmal ist eine Harfe zu sehen, der Käfig eines Papageis oder ein Teeservice; die Sitzenden wechseln ab mit Menschen, die stehen, gleichsam kurz oder lang wie in einer klugen Prosodie. Den ernsten Erwachsenen kontrastieren lebhafte Schatten von Kindern, die zum Beispiel mit einem Hund spielen oder einem kleinen Vogel etwas beibringen wollen; mit den kompakten Schatten der aufgeblähten Kleidung der Damen und den sich auftürmenden Frisuren kontrastiert das zarte Filigran von Chippendale-Tischchen, auf denen das Gefäß mit dem zeitgemäßen Getränk steht, die Zweige der Pflanzen in den Vasen, das Gewirr eines Handarbeitskörbchens.

Als Kunst des Hofes und der guten Gesellschaft, als Schwester der Miniatur, blühte die Silhouette in ihrer ganzen Reinheit zwischen 1770 und 1860 in Nordeuropa, und sie verschwand mit dem Aufstieg der Daguerrotypie und der Photographie. Die damals ausgeführten Silhouetten, die auch in Trauerringe (*mourning rings*) eingelassen wurden, in Armbänder, in Porzellanprodukte aus Meißen, Wien oder Worcester, verdienen wirklich etwas anderes als das Schicksal, zu dem die eingangs erwähnten, unbedachten Eltern sie verdammten, und die Existenz von mehr oder minder geschickten Fälschungen, über die McKechnie sich lange ausläßt, beweist, daß sie von Sammlern und Liebhabern gesucht werden. Gefälscht wurden sogar die Silhouetten der späteren Zeit sowie die Schildchen ihrer Fabrikanten, als diese Kunst, wie jede Kunst in ihrer Verfallszeit, mit der Suche nach dem Komplizierten und dem Ausgefallenen weitergetrieben wurde. Die Fälscher lieferten hochrangige Identifizierungen der Porträtierten, zum Beispiel von Lady Harcourt und der Herzogin von Devonshire sowie von berühmten historischen Persönlichkeiten. Es war nicht schwierig, Beispiele aus Buchillustrationen zu kopieren, und häufig kann nur das Auge des Kenners die Mängel der Ausführung erkennen und die Quellen ausfindig machen, aus denen die Fälscher geschöpft haben. Vielleicht sind die Erforscher der Silhouetten heutzutage nicht so zahlreich wie diejenigen, die sich mit alten Photographien befassen. Die Mode der Wiedergewinnungen verschiebt sich mit dem, was die Zeiten jeweils ausschließen – es genügt ein Jahrhundert oder weniger, um das Alte zu etwas Antikem zu veredeln.[27]

1938–1980

Anmerkungen

1 Erstdruck: »Silhouettes« (über das Buch von E. Nevill Jackson, *Silhouettes*), in: *La Stampa*, 24. September 1938. *A.d.Ü.*

2 Sue McKechnie, *British Silhouette. Artists and their Work 1760–1860*. London: Sotheby Parke Bernet, 1978, 799 S., mit 1633 Illustrationen.

3 Vgl. Biesalski, *Scherenschnitt und Schattenrisse.Kleine Geschichte der Silhouettenkunst*. München: Callwey, 1964, S. 64–65, Abb.: In der georgianischen Zeit (Georg III.) »war der unbestritten erste und ein wirklich großer Meister *John Miers* (...). Seine männlichen Porträts sind kraftvoll und geschlossen, man möchte sage, von künstlerischer Präzision. Seine weiblichen Porträts aber sind (...) einmalig durch die Wiedergabe fraulichen und damenhaften Wesens. Miers gebraucht jetzt ausschließlich Pinsel und Tusche.« Vgl. Sigrid Metken, *Geschnittenes Papier. Eine Geschichte des Ausschneidens in Europa von 1500 bis heute*. München: Callwey, 1978, S. 133, Anm. 6. Mario Praz besaß zwei Silhouetten von Miers, vgl. *La casa della vita* (1979). Milano: Adelphi, 1986, S. 389, Abb. »Boudoir«, S. 385. *A.d.Ü.*

4 Stuckkarton; »plaster of Paris«. *A.d.Ü.*

5 Anspielung auf eine französische Spezialität: »Im späten 18. Jahrhundert geraten in Paris kurze Zeit fliegengroße Silhouetten aus Samt unter die Schönheitspflästerchen, die dem Gesicht Pikanterie verleihen sollten.« Metken, *Geschnittenes Papier*, a. a. O., S. 137. *A.d.Ü.*

6 Nevill E. Jackson, *Silhouette Notes and Dictionary*. London, 1938; vgl. von derselben Autorin: *History of Silhouettes*. London, 1911; *Ancestors in Silhouette*. London/New York, 1921; »Silhouette Portraits in the Royal Collections«, in: *The Conoisseur*, vol. XC, July/Dec. 1932, London. – Lexikographisch erfaßt sind ca. 2000 Silhouettisten in: Harry Blättel, *Internationales Lexikon Miniaturmaler, Porzellanmaler, Silhouettisten*. München: Arts & Antiques, 1992. *A.d.Ü.*

7 Vgl. Ernst Biesalski, *Scherenschnitt und Schattenrisse*, a. a. O., S. 21; Sigrid Metken, *Geschnittenes Papier*, a. a. O., S. 130 und Anm. S. 6, S. 139. Die Quelle ist Plinius, *Historia Naturalis*, XXXV, Kap. I, 15/16 (über die Entstehung der Malerei,) bzw. XXXV, II, 135/136 (über die Entstehung der Plastik); ebd. S. 140, Anm. 18: der »nachdrückliche Hinweis auf die Pliniuslegende im Jahre 1759 [in der *Feuille nécessaire* vom 3. 12. 1759] bestätigt unsere These, daß die Silhouette aus der Nachahmung bildlicher Darstellungen der Malerei entstanden ist«. *A.d.Ü.*

8 Die Silhouettisten verwendeten eine Art »Firmenschildchen« – bei Miers waren es im Laufe seiner Tätigkeit 14 verschiedene –, die soge-

nannten »labels«, vergleichbar den Firmenaufdrucken von gewerblichen Photographen, die auf der Rückseite gerahmter Silhouetten angebracht wurden. Vgl. Metken, *Geschnittenes Papier*, a.a.O., S. 140. *A.d.Ü.*

9 Zu Silhouette vgl. Max von Boehn, *Miniaturen und Silhouetten*, a.a.O., S. 176–177: »Etienne de Silhouette (1709–1767), eine Kreatur der Pompadour, wurde 1759 Generalkontrolleur der Finanzen, man würde heute sagen Finanzminister und erfreute sich anfänglich einer großen Volkstümlichkeit, denn er begann mit Einsparungen im Staatshaushalt. Seine Beliebtheit dauerte nicht länger, als bis die Staatsgläubiger, die Empfänger von Pensionen und Renten und andere Personen die Ersparnisse an ihrem eigenen Beutel zu spüren begannen. Da schlug die Liebe in Haß um, und Herr von Silhouette mußte nach einer Tätigkeit von kaum acht Monaten seinen undankbaren Posten schon wieder aufgeben. Die spottsüchtigen Pariser hatten aber, während er noch im Amt war, wie schon Seb. Mercier, ein Schriftsteller der Zeit bemerkt, allerlei Moden und Spielzeugen den Namen des plötzlich so verhaßt gewordenen Ministers beigelegt, um ihn lächerlich zu machen und so blieb der Name denn auch dem Schattenriß, für den Herr von Silhouette eine Vorliebe gehabt zu haben scheint. Er erbaute sich 1759 in Brie an der Marne ein Schlößchen, in dem verschiedene Räume mit Schattenrissen, die er selbst anzufertigen pflegte, dekoriert waren. Die Silhouette, der Name ist dem Schattenriß geblieben, verbreitete sich mit großer Schnelle.« Vgl. Metken, *Geschnittenes Papier*, a.a.O., S. 129 und 139, Anm. 5: »Von allen Sparvorschlägen ›à la Silhouette‹ blieb sein Name gerade an den Halbgesichtern hängen.« Als Quelle gibt Metken Louis-Sébastien Mercier, *Tableau de Paris*, Hamburg/Neuchâtel 1781, Bd. 1, 2, S. 184, an. Vgl. ferner Gisèle Freund, *Photographie und bürgerliche Gesellschaft. Eine kunstsoziologische Studie* (1936). München: Rogner & Bernhard, 1968, S. 24: »Als eine neue Mode aufkam, eine Art von Jacken, die sich durch ihre Enge auszeichneten und keine Falten und Taschen hatten – wozu auch? – man hatte kein Geld mehr, es hineinzutun –, erhielten diese Kleider den Spitznamen *habits à la Silhouette*. Die Spottlust des Volkes begann nun alles, was den Eindruck eines Schattens machte, als *Silhouette* zu bezeichnen. Auch der glänzende Finanzmann von einst war nur noch der Schatten seiner selbst. So wurde auch diese neue Porträtform vom Volksmund mit seinem Namen verknüpft und *Silhouette* ist bis heute die Versinnbildlichung des Schattens geblieben.« *A.d.Ü.*

10 Zitiert bei Max von Boehn, *Miniaturen und Silhouetten*, a.a.O., S. 179. Lavater schreibt etwas später: »Keine Kunst reicht an die Wahrheit eines sehr gut gemachten Schattenrisses. Aus bloßen Schat-

tenrissen habe ich mehr physiognomische Kenntnisse gesammelt, als aus allen übrigen Porträten, durch sie mein physiognomisches Gefühl mehr geschärft, als selber durch's Anschauen der immer sich wandelnden Natur. Der Schattenriß faßt die zerstreute Aufmerksamkeit zusammen, konzentriert sie bloß auf Umriß und Grenze und macht daher die Beobachtung einfacher, leichter, bestimmter, die Beobachtung und hiermit auch die Vergleichung. Die Physiognomik hat keinen zuverlässigeren, unwiderlegbareren Beweis ihrer objektiven Wahrhaftigkeit als die Schattenrisse.« *A.d.Ü.*

11 Zusammenfassung bei Charlotte Steinbrucker, *Lavaters Physiognomische Fragmente im Verhältnis zur bildenden Kunst.* München: Borngräber, 1915, S. 165 ff. Zu Lavater vgl. Horst Weigelt, *Johann Kaspar Lavater. Leben, Werk, Wirkung.* Göttingen, 1991. *A.d.Ü.*

12 Johann Caspar Lavater, *Physiognomische Fragmente zur Beförderung der Menschenkenntnis und Menschenliebe.* Leipzig und Winterthur (4 Bände). Erster Versuch 1775; Zweiter Versuch 1776; Dritter Versuch 1777; Vierter Versuch 1778. Eine französische Übersetzung (*Essai sur la Physiognomie, destiné à faire Connoitre l'Homme et à le faire aimer*) erschien ca. 1781–1803, ebenfalls in vier Bänden; eine englische Übersetzung – J. C. Lavaters *Essays on physiognomy* in drei Bänden London 1789–1798; eine holländische Übersetzung in 3 Bänden 1780–1781. – Die gekürzte Ausgabe erschien 1783–1787: *J. C. Lavaters physiognomische Fragmente zur Beförderung der Menschenkenntnis und Menschenliebe.* Verkürzt herausgegeben von Johann Michael Armbruster. Winterthur. Bd. 1: 1783; Bd. 2: 1784; Band 3: 1787. *A.d.Ü.*

13 Siehe Max von Boehn, *Miniaturen und Silhouetten. Ein Kapitel aus Kulturgeschichte und Kunst.* München: F. Bruckmann, 2. Aufl. 1918; S. 188, Abbildung 145: »Schattenzeichner«; Steinbrucker, *Lavaters Physiognomische Fragmente*, a. a. O., S. 167. – Den Zusammenhang zwischen den Wirkungen der Silhouette und der Wachsfigur (siehe unten Essay 19) erläutern Hannes König und Erich Ortenau in ihrem Buch *Panoptikum. Vom Zauberbild zum Gaukelspiel der Wachsfiguren.* München: Isartal Verlag, 1962, S. 74–84, »Wachslichtmagie und Zauberlampe«: »Es ist eigenartig, wie konsequent die ursprüngliche Seelenmaterie immer wieder in allen Formen und Ausstrahlungen der Wachsverwendung zum Ausdruck kommt. Die Schattenrisse kommen von der Bedeutung und Funktion als Wachsschatten nicht los. Sie sind, auch im Zeichen der Aufklärung, die Schatten der uralten und immer neuen Seelenlichter. Lavater konnte deshalb 1775 seine Lehre von der Charakterdeutung auf den Schattenriß stützen. Seine Physiognomielehre war im Grunde nichts anderes als die wissenschaftliche Neufassung des alten ma-

gischen Glaubens, daß im Schatten des Wachslichtes sich das Seelenbild offenbare. Diese Dinge wurden damals sehr ernst genommen. Der Berliner Arzt Dr. Möhsen schrieb 1781, es werde noch so weit kommen, daß Fürsten und Minister Bewerber nach Schattenrissen aussuchen würden. Im Zeichen des Schattens als Träger der Persönlichkeit hatte es einen tieferen Sinn, wenn Adalbert von Chamisso am Ende der Silhouettenmanie um 1813 Peter Schlemihl seinen Schatten und damit sein Wesen verlieren ließ. Die Schattenrisse erfüllten die Aufgaben der Wachsfiguren in den herumziehenden Panoptiken und ersetzten geradezu die Wanderausstellungen von Wachsbüsten berühmter Männer« (S. 75–76). *A.d.Ü.*

14 Vgl. Steinbrucker, *Lavaters Physiognomische Fragmente*, S. 165f.: »Die Silhouette«. *A.d.Ü.*

15 Vgl. Max von Boehn, *Miniaturen und Silhouetten*, a.a.O., S. 180: »Inzwischen bat der junge Goethe den Zürcher Freund, seiner Mutter Profil ja nicht zu publizieren, und die Mutter erlebte die große Enttäuschung, zwar ihres Mannes, aber nicht ihr eigenes Bild in dem nächsten Bande zu finden. Sie hat diesen Schmerz lange nicht verwunden.« – Johann Georg Zimmermann, der ebenfalls an Lavaters physiognomischen Studien mitarbeitete, machte Goethe 1775 »auf das Porträt einer Frau aufmerksam, mit der er seit einiger Zeit korrespondierte. Goethe deutete die Silhouette mit Worten, von denen er noch nicht wußte, wie bald sie ihn persönlich bewegen würden: *Es wäre ein herrliches Schauspiel zu sehen, wie die Welt sich in dieser Seele spiegelt. Sie sieht die Welt wie sie ist, und doch durch's Medium der Liebe. So ist auch Sanftheit der allgemeinere Eindruck*. Es war niemand anders als Charlotte v. Stein, über deren Schattenriß er diese physiognomische Interpretation schrieb.« Karl Otto Conrady, *Goethe. Leben und Werk* (1982). Frankfurt a. M.: S. Fischer, 1988, Band 1, S. 273. *A.d.Ü.*

16 Zitiert bei Max von Boehn, *Miniaturen und Silhouetten*, a.a.O., S. 182 (die Quellenangabe dort ist: »1792 schreibt er von der Campagne in Frankreich«). Mit dem »Storchschnabel« ist der 1603 von dem Jesuiten Christoph Scheiner erfundene Pantograph gemeint, mit dem man den in natürlicher Größe aufgenommenen Schattenriß beliebig verkleinern konnte. – Goethes Bemerkung stammt aus *Kampagne in Frankreich 1792* (München: dtv-Gesamtausgabe Band 27, S. 126f.; November 1792: Goethe beschreibt dort im Anschluß an einige Überlegungen zum *Werther* und dessen Folgen als eine der Wirkungen der Physiognomik die Betonung und das Hervortreten der Individualität, der »Einzelnheit«, »ohne Rücksicht auf die allgemeine Vernunft«: »Was aber zugleich nach jener Epoche folgerecht auffallend hervorging, war die Achtung der Individuen untereinan-

der. Namhafte ältere Männer wurden, wo nicht persönlich, doch im Bilde verehrt; und es durfte auch wohl ein junger Mann sich nur einigermaßen bedeutend hervortun, so war alsbald der Wunsch nach persönlicher Bekanntschaft rege, in deren Ermangelung man sich mit seinem Porträt begnügte; wobei denn die, mit Sorgfalt und gutem Geschick aufs Genaueste gezogenen Schattenrisse willkommene Dienste leisteten. Jedermann war darin geübt, und kein Fremder zog vorüber, den man nicht abends an die Wand geschrieben hätte; die Storchschnäbel durften nicht rasten.«) – Eine Rekonstruktion des Silhouettier-Arbeitsplatzes von Jean-Frédéric Oberlin, dem bedeutenden elsässischen Aufklärer und Pädagogen, wurde 1991 in der Straßburger Ausstellung gezeigt; vgl. Ausstellungskatalog *J.-F. Oberlin. Le divin ordre du monde.* Straßburg, 1991, S. 183–194: Marie-Jeanne Geyer, »La pédagogie du portrait«; S. 195–207: »Le cabinet physiognomique«, mit zahlreichen Beispielen von Silhouetten, die von Oberlin selbst angefertigt wurden. Siehe auch Metken, *Geschnittenes Papier*, a. a. O., S. 131: Silhouettierstuhl. *A.d.Ü.*

17 Blättel, *Internationales Lexikon Miniaturmaler, Porzellanmaler, Silhouettisten*, a. a. O., S. 42, nennt 21 solcher Silhouetten- oder Profilapparate: »Accurate Delineator [akkurater Umrißzeichner], Automaton [Künstlerautomat], Bou Magie (von Döhren), Camera Lucida, Camera Obscura, Copier [Kopist], Delineator [Umrißzeichner], Ediograph (von Oldham), Hesselscher Treffer (von Hessel), Limomachia (von Pinion), Pamharmonicum, Pantheon, Pantograph (Schreiner), Papryotomia, Pasigraph (von Noether ?), Physionotrace (von Chrétien), Profilograph (beschrieben von Huardel Bly), Proportiometer, Prosopographus, Reflectograph, Schmalcalder(-maschine) (von Charles Schmalcalder).« *A.d.Ü.*

18 Goethe wandte sich indes bald von Lavater ab, dessen sektiererische Haltung in Sachen Physiognomik ihm zuwider war. Ein anderer zeitgenössischer Kritiker Lavaters, der im Gegenzug zu den Physiognomischen Fragmenten eine Antiphysiognomik oder *Pathognomik* entwickelte, legte ebenfalls eine eigene Silhouettensammlung an und schrieb eine beißende Parodie auf Lavater: Georg Christoph Lichtenberg, *Fragment von Schwänzen* (1783), in: Hans Timotheus Kroeber, *Chodowiecki-Silhouetten aus Lichtenbergs Nachlaß*. Wiesbaden: Verlag Heinrich Staadt, 1920; Text S. 20–30; 39 Silhouetten in Originalgröße, darunter »Der heuchlerische Betvater«, »Das scheltende Fischweib«, »Die alte Saufbütte« und die »Trätschmadam«. – Vgl. Georg Christoph Lichtenberg, *Schriften und Briefe*, hrsg. v. Wolfgang Promies, München: Hanser, 1972, Dritter Band, S. 533–538: »Fragment von Schwänzen« (1783); S. 553–562: »Wider Physiognostik«; S. 256–295: »Über Physiognomik; wider die

Physiognomen. Zu Beförderung der Menschenliebe und Menschenkenntnis« (2. Aufl. 1778) S. 256–295, darin die Erläuterung der Pathognomik S. 264: »Um allen alten Mißverständnissen auszuweichen und neuem vorzubeugen, wollen wir hier einmal für allemal erinnern, daß wir das Wort Physiognomik in einem eingeschränkten Sinn nehmen, und darunter die Fertigkeit verstehen, aus der Form und Beschaffenheit der äußeren Teile des menschlichen Körpers, hauptsächlich des Gesichts, ausschlüßlich aller vorübergehenden Zeichen der Gemütsbewegungen, die Beschaffenheit des Herzens zu finden; hingegen soll die ganze Semiotik der Affekten und oder die Kenntnis der natürlichen Zeichen der Gemütsbewegungen, nach allen ihren Mischungen und Gradationen Pathognomik heißen.« Zur Auseinandersetzung zwischen Lichtenberg und Lavater siehe August Ohage, »Lavater, Zimmermann, Lichtenberg und die Physiognomik«, in: Ausstellungskatalog *Georg Christoph Lichtenberg 1742–1799. Das Wagnis der Aufklärung.* Darmstadt und Göttingen, 1992, S. 175–183. *A.d.Ü.*

19 Diese Silhouette war in der Erstausgabe von *Fiori freschi* zwischen S. 32 und 33 abgebildet. Vgl. Ausstellungskatalog *Die Silhouetten und ihre Technik.* Goethe Museum Düsseldorf, 1972; Leo Grünstein, Hrsg., *Silhouetten aus der Goethezeit. Aus dem Nachlaß Johann Heinrich Mercks.* Wien, Hermann Bräuning-Oktavia, *Silhouetten aus der Wertherzeit.* Darmstadt: Wittich, 1926; Friedrich August Hohenstein, *Schattenbilder aus der Goethezeit.* Darmstadt: Schrader, 1946. *A.d.Ü.*

20 Vgl. Max von Boehn, *Miniaturen und Silhouetten*, a.a.O. S. 199: »Der einzige bekannte französische Silhouettenkünstler François Gonord fand in Paris sein Brot nicht und mußte sich auf Reisen nach London und Wien machen, um sein Glück zu suchen«; Biesalski, *Scherenschnitt und Schattenrisse*, a. a. O., S. 78–83; Sigrid Metken, *Geschnittenes Papier*, a. a. O., S. 133. *A.d.Ü.*

21 *Eglomisé*: bedeutet das Hintermalen von (Flach-)Glas mit Lack, aus dem anschließend Silhouetten, Ornamente, Inschriften usw. ausgekratzt und mit glitzernden Folien hinterlegt werden. Die aus der 2. Hälfte des 18. Jahrhunderts stammende Bezeichnung geht auf den Pariser Kunsthändler Glomy zurück, der vermutlich als erster ein ähnliches Verfahren zur Umrahmung graphischer Blätter anwandte. *A.d.Ü.*

22 Vgl. Metken, *Geschnittenes Papier*, a. a. O., S. 132: »Zum Schrecken der Puristen tauchen ab 1790 farbige Zutaten auf. Uniformen und Damentoiletten werden aquarelliert oder aus bunten Papieren aufgeklebt. Die ersten Studentensilhouetten mit farbigen Mützen, Couleurbändern und Westen erscheinen zur gleichen Zeit.« *A.d.Ü.*

23 Christopher Scheiner, *Pantographice, seu ars delineandi.* Rom, 1631. Zu Scheiner und seiner Erfindung vgl. Martin Kemp, *The Science of Art. Optical Themes in Western Art from Brunelleschi to Seurat.* London / New York: Yale University Press, 1990, S. 180 und Abbildungen S. 181: einschließlich der eines modernen Pantographen, wie ihn Kemps Tochter benutzte. *A.d.Ü.*

24 Zur Geschichte und Funktionsweise dieser Geräte siehe Kemp, *The Science of Art*, a. a. O., S. 186 ff.; Abb. von Chrétiens »Physionotrace« S. 186. Eine ausführliche technische und sozialgeschichtliche Beschreibung des »Physionotrace« und seiner Folgen für die Kunst des Porträts gibt Gisèle Freund in *Photographie und bürgerliche Gesellschaft*, a. a. O., S. 25–29. Wie Freund und Kemp schreiben, machte Chrétien seine Erfindung 1786. *A.d.Ü.*

25 Vgl. Mario Praz, *La casa della vita*, 1986, S. 430: In seiner neuen Wohnung im Palazzo Primoli hatte Praz im Eßzimmer einen Lampenschirm in Form einer Montgolfiere hängen, nebst zwei Bildern mit Darstellungen von Ballonaufstiegen, und einem *églomisé*, einer Hinterglassilhouette, die in Schwarz und Gold den Aufstieg der unglückseligen Madame Marie Madeleine Blanchard zeigte. Diese war eine erfolgreiche Luftschifferin, Gattin des Ballonpioniers Nicolas François Blanchard, die bei ihrer 67. »Auffahrt« vom Tivoli in Paris am 6. Juli 1819 den Tod fand. – Auguste Blanchard unternahm am 26. September 1785 in Frankfurt a. M. einen Ballonflugversuch, der allerdings scheiterte. Am 3. Oktober gelang der Flug mit einem Ersatzballon; Johann Heinrich Merck berichtet in einem Brief an den Herzog Ernst II. von Sachsen-Gotha ausführlich darüber; vgl. Ausstellungskatalog *Johann Heinrich Merck 1741–1791. Ein Leben für Freiheit und Toleranz.* Darmstadt und Weimar, 1991, S. 152–157: »Höhenflüge mit inflammabler Luft«, Illustration S. 157: »Aerostatischer Versuch in Franckfurth am Main von dem grösten Aeronauten H. Blanchard am 3. October 1785 ausgeführt, der Ballon hatte 60 Schuh höhe und 40 Schuh im durchschnitt, die Erhebung geschahe um 10 Uhr 24 Minuten.« *A.d.Ü.*

26 Johann Friedrich Anthing (1760–1805), vgl. Biesalski, *Scherenschnitt und Schattenrisse*, a.a.O., S. 35–41, Abb.; *Collection de cent silhouettes des personnes illustres et célèbres dessinées d'après les originaux* par Anthing. Gotha, 1791 (Reprint Weimar 1913: Gesellschaft der Bibliophilen; mit einem Text von Carl Schüddekopf, »Johann Friedrich Anthing«). *A.d.Ü.*

27 Besonderes Interesse haben in neuerer Zeit Scherenschnitte gefunden: vgl. Metken, *Geschnittenes Papier*, a. a. O., S. 193–224; *Paper Cuts by Johann-Jakob Hauswirth and Louis-David Saugy*, Introduction by Charles Apothéloz. London: Thames & Hudson / Mila-

no Ricci, 1980; Christian Rubi, *Scherenschnitte aus hundert Jahren*. Bern/Stuttgart: Huber, 1956; Heimatmuseum Fürstenfeldbruck, Ausstellung »Silhouetten: Scherenschnitte der baltischen Künstlerin Eveline von Maydell«, 1992; *Marbacher Magazin*, Sonderheft 13/1979: »Die Scherenschneiderin Luise Duttenhofer«. (Vgl. zu Luise Duttenhofer jetzt Gertrud Fiege, »Ludovike Simanowiz und Luise Duttenhofer. Zum Los der Künstlerinnen«, in: Austellungskatalog; *Schwäbischer Klassizismus zwischen Ideal und Wirklichkeit 1770–1830* (Aufsätze); Staatsgalerie Stuttgart, 1993, S. 159–164). – Eine interessante Weiterentwicklung der Scherenschnittechnik in Richtung Film vollzog Lotte Reininger, vgl. *Die Abenteuer des Prinzen Achmed*. 32 Bilder aus dem Silhouettenfilm von Lotte Reininger. Mit einer Erzählung des Inhalts. Berlin: E. Wasmuth, 1926 (»der starre schwarze Scherenschnitt wird zum Gleiten und Fließen gebracht, zum traumhaften Schweben«). *A.d.Ü.*

6 *Künstlicher Zauber der Bilder*

Vor einigen Jahren konnte man in einem römischen Laden japanische Bildpostkarten kaufen, die ein wenig dicker waren als die üblichen, mit Frauenfiguren in verschiedenen Posen, die leicht gekleidet erschienen, wenn man die Karte gerade vor sich hielt; wenn man sie aber kippte oder vor sich auf den Tisch legte, zeigten sie sich vollkommen nackt und mit einem lasziven Gesichtsausdruck. Eine dieser Karten trug auf der Rückseite eine amerikanische Aufschrift wie »Bikini Girl of Grotto«: das Mädchen, vor dem Eingang zu einer Grotte am Meeresufer hatte keinen Bikini mehr an, wenn man sie von dem vorbestimmten Blickpunkt aus betrachtete; nur eines von ihnen, das »Winky Girl«, das augenzwinkernde Mädchen, zeigte zuerst ein unschuldsvolles, strahlendes Lächeln, und nach einer Handbewegung zwinkerte es vielsagend mit den Augen, blieb jedoch angezogen. Eine vergnügliche optische Unterhaltung, wenn auch eher monoton, wohingegen ein ähnliches Spielzeug aus dem vergangenen Jahrhundert, nämlich sechs Illustrationen der *Contes fantastiques à gravures transparentes* (Paris: Guérin Müller & Cie.), vergnüglichere und völlig unschuldige Überraschungen bot: die eine Abbildung zeigte einen Ritter in einer öden Landschaft; wenn man sie gegen das Licht hielt, veränderte sich die Landschaft, der Ritter stand nun vor einem turmbewehrten Schloß, das sich vom Hintergrund abhob. Auf einer anderen Abbildung betete neben einem Grab ein Waisenmädchen mit gefalteten Händen, den Blick zum Mondhimmel emporgerichtet. Gegen das Licht gehalten, zeigte sich der Hintergrund völlig verändert: anstelle der Mondlandschaft nahmen nun die Figuren der prunkvollen aristokratischen Verwandten des Mädchens an einem Fluß den gesamten Raum ein. Auf einem weiteren Bild saß ein Wanderer an einem leeren Tisch und gab mit dem erhobenen Zeigefinger der rechten Hand ein Zeichen; hielt man es gegen das Licht, so war auf dem Tisch ein üppiges Mahl aufgetragen. Das Turiner Museo del Cinema, das Filmmuseum, wollte den kleinen Band kaufen (der mir gehörte), täuschte sich jedoch über den Charakter dieser Bilder; man sollte hier wie bei den galanten Postkarten aus Japan nicht von Kino, sondern von Anamorphose sprechen.

Was bedeutet dieses Wort, das dem schönen Buch von Jurgis Baltrušaitis den Titel gibt?[1] Der Untertitel »magie artificielle des effets merveilleux«, »künstlicher Zauber oder Magie der Wundereffekte« (nach dem Untertitel von Nicerons Buch *Perspective curieuse*[2]), erklärt nicht viel. Das erste Mal wird der Terminus in einem Buch der *Magia Universalis* (1657–59 und 1674–77) von Caspar Schott benutzt, einem Schüler von Athanasius Kircher: *De Magia anamorphitica.*[3] Das Wort bezeichnet Zusammenhänge, die schon seit langem bekannt sind: eine Zerlegung von Formen dergestalt, daß sie sich an einer anderen Stelle wieder zusammenfügen, wenn sie von einem bestimmten Punkt aus gesehen werden. Es handelt sich um ein optisches Phänomen, das – im Ausgang von den Untersuchungen über die (verkürzte oder verlängerte) Perspektive, die Leonardo und sein lombardischer Kreis durchführten (im *Trattato della pittura* beschreibt Leonardo den Mechanismus der zunehmenden Verkürzungungen, die sich bei der schiefen Aufsicht ergeben[4]), Untersuchungen, die die Paradoxien der Perspektive in Erwägung zogen, jene »schönen und heimlichen Teile der Perspektive«, die Dürer 1506 in Bologna[5] erlernte – eine erste spektakuläre Demonstration in einem anamorphotischen Fresko (einer *grisaille*), das man noch heute im Kloster von Trinità dei Monti betrachten kann (freilich ist es nur wenigen Römern bekannt): auf einer langen Wand die kartographische Landschaft einer Meeresbucht, umgeben von einer großartigen zerklüfteten Landschaft, von Bergen und wüsten Ebenen, auf der winzige Figuren und einige Gebäude verstreut sind; das Ganze eingerahmt von einigen Olivenbäumen, darunter einer mit einem unverhältnismäßig großem Ast. Die Szene verwandelte sich in ein Bild des betenden Franz von Paola (dem Gründer des Minimenordens), wenn der Besucher sich am Eingang zur Galerie postierte.[6] Ausgeführt wurde das Bild 1642 von Pater Emmanuel Maignan, der ein Netz von Fäden zu Hilfe nahm, gleichsam eine materielle Verkörperung der vom Auge ausgehenden Sehstrahlen.[7] Eines solchen Systems bediente sich auch der Autor des *Thaumaturgos opticus* (1646), Jean-François Niceron, der sich zusammen mit Salomon de Caus in einer einzigartigen Leidenschaft diesen Forschungen auf dem Gebiet der Perspektive widmete. Die erste, französischsprachige Ausgabe des *Thaumaturgos* mit dem Titel *Perspective curieuse* (1638) beschrieb einen anamorphotischen Effekt auf der *Kreuzabnahme* des Daniele da Volterra in einer Kapelle des Klosters Trinità dei Monti.[8] Die Anamorphose entspricht so sehr dem für das 17. Jahrhundert typischen Geschmack für *concetti* und Überraschungen, daß es nicht verwundert, wenn ganze Gebäude damit ausgeschmückt wurden, so etwa das Schloß von Essonnes: eine verzauberte Behausung, in der alles Illusion war.[9] »Die wissenschaftlichen Experimente, die Tricks der bildlichen Darstellungen und die Inszenierungen mit Automaten und austauschbaren Bildern kommen auf einem gemeinsamen Boden zusammen und entwickeln sich in derselben Richtung weiter, gleich einer zwanghaften philosophischen Beschäftigung mit der Illlusion. Die mit solchen Forschungen verbundene Anamorphose wird mit Bedeutungen aufgeladen. (...) Die riesigen Kompositionen mit den Heiligen, die im Kloster der Minimen sich zeigen und sich auflösen, sind ausgeführt als fortwährende Erinnerung an den Status der dort durchgeführten wissenschaftlichen Arbeiten und an die Ungewißheit der Erscheinungen, der im religiösen Denken die Idee der Unbeständigkeit und der Eitelkeit der Welt gleichkommt.«[10] Eben dies ist die Bedeutung, die – dem zentralen Teil dieser Untersuchung zufolge, der sich mit Holbeins Gemälde *Die Gesandten* (1533)[11] befaßt – das anamorphotische, einem riesigen Tintenfischbein gleichende Objekt besitzt, das von einem bestimmten Gesichtspunkt aus betrachtet (ursprünglich hing das Gemälde an einer Wand, in die rechts eine Tür eingelassen war, von der aus sich dieses Objekt dem Besucher offenbarte, wenn er sich beim Hinausgehen noch einmal umdrehte) nichts anderes ist als ein Totenschädel. Es handelt sich um ein Symbol, das im 17. Jahrhundert eine weite Verbreitung finden sollte; es bezeichnet das Erwachen einer humanistischen Neigung, das die Merkzeichen eines makabren Mittelalters mit sich führt. Wir finden es wieder am Ende des 17. Jahrhunderts (in der gleichen anamorphotischen Form eines Totenschädels) auf einem Gemälde von Sébastien Leclerc: *L'académie des arts et des sciences*.[12] Aufgrund einer merkwürdigen Bestimmung waren es die Cartesianer, die die Entwicklungen der Anamorphose bis zur Absurdität vorantrieben. Man dachte sich Landschaften, Städte und Seehäfen aus, die menschliche Formen aufwiesen, wie auf dem Plan des Architekten Deinokrates für den Berg Athos[13] und in den bizarren Assemblagen Arcimboldos. Die Anamorphosen wurden ins Moralische verschoben, da man in der Herstellung des richtigen Bildes ein Symbol für die von den Verirrungen der Sünden erlösten Seelen erblickte.

Eine andere Form der Metamorphose, nämlich die mit dem Spiegel, bei der ein Bild, aufgelöst in einen seltsamen Strudel von verstreuten Gliedmaßen und verzerrten anatomischen Einzelheiten, die sich auf einem im Zentrum aufgestellten Spiegelzylinder wieder genau zusammenfügten (die Inkunabel des katoptrischen Systems, der Lehre von der Spiegelreflexion), wurde zum ersten Mal 1626 von Simon Vouet in Rom vorgeführt; sie stellte einen aufgeputzten Elefanten dar.[14] Allerdings ist die Erfindung dieses Systems, wie Baltrušaitis nachweist, keine europäische, sondern eine orientalische: sie stammt aus China (Ming-Zeit), und es ist wohl anzunehmen, daß die Chinesen damals, als der Jesuitenpater Grimaldi 1669 dort dem Kaiser und den Mandarinen zu ihrer großen Verblüffung (wie die Jesuiten behaupteten) solche Anamorphosen zeigte, ihre Verblüffung mit einem Augenzwinkern unterdrückten, weil das für sie ja ein Retourpferd (oder vielmehr ein Retourelefant) war.

1979

Anmerkungen

1 Jurgis Baltrušaitis, *Anamorphoses ou Perspectives curieuses,* Paris: Olivier Perrin (Collection »Jeu savant«) 1955 (1. Auflage); *Anamorphoses ou magie artificielle des effets merveilleux*. Paris: Flammarion, 1964 (2. Auflage); *Anamorphoses ou Thaumaturgus opticus*. Paris: Flammarion, 1984 (3. Auflage). Praz bespricht im vorliegenden Aufsatz die italienische Übersetzung der 2. Auflage: *Anamorfosi. Magia artificiale degli effetti meravigliosi*. Traduzione di Piero Bertolucci. Milano: Adelphi, 1978. *A.d.Ü.*

2 François Niceron (1613–1646) formulierte die Theorie der Anamorphosen in seinem 1638 veröffentlichten Buch *La Perspective curieuse ou magie artificielle des effets merveilleux*. Paris, 1638. Niceron war wie Pater Mersenne, der Freund von Descartes, Angehöriger des Minimenordens in Paris. Vgl. Baltrušaitis, *Anamorphoses*, 1984, S. 37ff. *A.d.Ü.*

3 Baltrušaitis, *Anamorphoses* (1984), S. 84: Die *magia anamorphotica* ist ein abgeschlossenes Buch innerhalb der *Magia universalis*: Caspar Schott, *Magia universalis naturae et artis*. Würzburg, 1657, Band I, Buch 3, S. 101–169. – Über den aus Fulda stammenden Athanasius Kircher und seinen Schüler Caspar Schott siehe P. Conor Reilly, *Athanasius Kircher S.J. Master of a Hundred Arts 1602–1680*. Wiesbaden – Rom: Edizioni del Mondo, 1974, passim (Studia Kircheriana. Schriftenreihe der Internationalen Athanasius Kircher Forschungsgesellschaft e. V. Wiesbaden – Rom, Band 1); Kemp, *The Science of Art. Optical Themes in Western Art from Brunelleschi to Seurat*. New Haven / London: Yale University Press, 1990, S. 212 und Anm. 107; siehe auch den Ausstellungskatalog Rastatt 1981: *Universale Bildung im Barock. Der Gelehrte Athanasius Kircher*; Ausstellungskatalog Berlin 1989, *Europa und der Orient*: Enrichetta Lespo, »Athanasius Kircher und das Museo Kircheriano«, S. 58–71. – Über die geheimnisvolle Kircher Forschungsgesellschaft berichtet Claudio Magris, »Kircher, il complotto universale«, in: *Corriere della sera*, 22. März 1992. Der holländische Schriftsteller Anton Haakman schrieb einen Roman über Kircher (»Die subterrane Welt des Athanasius Kircher«, Amsterdam: Meulenhoff, 1992), dessen merkwürdige Entstehungsgeschichte Magris rekapituliert. *A.d.Ü.*

4 Zitiert nach der französischen Ausgabe des *Trattato*, hrsg. v. A. Chastel und R. Klein, *Léonard de Vinci. Traité de la peinture*. Paris 1960, S. 108; bei Baltrušaitis, *Anamorphoses* (1984), S. 32–33. S. 33 enthält die Abb. von Leonardos Anamorphosen eines Kinderkopfes und eines Auges, die als die »ältesten heute bekannten Anamorphosen« bezeichnet werden. *A.d.Ü.*

5 Baltrušaitis, *Anamorphoses* (1984), S. 33–34: Dürer schrieb 1506 an Pirckheimer einen Brief aus Venedig, in dem er ankündigt, daß er nach Bologna reisen wolle, um dort »die Kunst in geheimner Perspektive« zu lernen. Diese Wendung entspricht nach Baltrušaitis der Formulierung von Barbaro, »una bella e secreta parte di Perspettiva«, für die künstliche Verlängerung von perspektivischen Ansichten. Vgl. Wilhelm Waetzold, *Dürer und seine Zeit*. London: Phaidon, 1938 (4. Aufl.) S. 302–303: »Im Oktober 1507 schrieb Dürer an Pirckheimer, er ritte nach Bologna ›um Kunst willen in heimlicher Perspektive, die mich einer lehren will‹. Geometrische Probleme in ihrer Anwendung auf die Malerei quälten Dürer, und er folgte begierig jedem,

der ihm einen tieferen Einblick in diese, den italienischen Künstlern wohlvertrauten Ateliergeheimnisse versprach.« *A.d.Ü.*

6 Abb. bei Baltrušaitis, *Anamorphoses*, 1984, S. 52–53. *A.d.Ü.*.

7 Abb. 37 in Baltrušaitis, *Anamorphoses* (1984); vgl. Kemp, *The Science of Art*, a.a.O., S. 211. *A.d.Ü.*

8 Abb. 35 in Baltrušaitis, *Anamorphoeses* (1984). *A.d.Ü.*

9 Vgl. Kemp, *The Science of Art*, a.a.O., S. 211 f.: »Bekanntlich war die Illusion im katholischen Europa zur Zeit des Barock zwar ein allgegenwärtiges Merkmal der Kunst, aber die Formen, Bedeutungen und der allgemeine Sinn der Illusion waren für ihre vielen ernsthaften und weniger ernsthaften Anhänger sicherlich nicht dieselben. Wenn wir Niceron und Maignan in die allgemeinen Denkmuster des 17. Jahrhunderts einordnen wollen, dann gehören sie wohl eher zur Tradition der natürlichen und künstlichen Magie oder Zauberei, die sich von della Porta bis Kircher erstreckt (und zurück bis auf Albertus Magnus, Roger Bacon und Nicolas Oresme), als zum Cartesianischen Bezugssystem, mit dem sie, gewichtigen Zeugnissen zufolge, offensichtlich in einem engen Zusammenhang standen. Ich halte es nicht für einen Zufall, daß das spätere Schicksal der Anamorphose als einem der intellektuellen Aufmerksamkeit würdigen Phänomen des 17. Jahrhunderts eher mit den jesuitischen ›magi‹ Athanasius Kircher, Mario Bettino und Caspar Schott verbunden ist.« *A.d.Ü.*

10 Baltrušaitis, *Anamorphoses* (1984), S. 68. *A.d.Ü.*

11 London, National Gallery. Abb. bei Baltrušaitis, *Anamorphoses* (1984), Farbtafel III; Detail des anamorphotischen Totenschädels: Abb. 62 und 67.

12 Baltrušaitis, *Anamorphoses* (1984), Abb. 73, Stich Abb. 74; anamorphotischer Totenschädel Abb. 75. *A.d.Ü.*

13 Vitruv, *De architectura*, 31, 25: Deinokrates zu Alexander dem Großen: »Ich habe nämlich dem Berg Athos die Form einer männlichen Statue gegeben, in deren linker Hand ich die Mauern einer sehr umfangreichen Stadt dargestellt habe, in deren Rechten ich eine Schale angebracht habe, die das Wasser aller Flüsse, die an diesem Berge fließen, auffangen soll, damit es sich von dort ins Meer ergieße.« Zitiert nach der Ausgabe *Vitruv. Zehn Bücher über Architektur*. Übersetzt und mit Anmerkungen versehen von Dr. Curt Fensterbusch. Darmstadt: Wiss. Buchgesellschaft, 1981, S. 75. *A.d.Ü.*

14 Baltrušaitis, *Anamorphoses* (1984), Abb. 131. – Die Verwendung der Photographie als Mittel zur Herstellung »anamorphotischer« Bilder dokumentiert der Ausstellungskatalog Gaëtan Viaris de Lesegno, *Anamorphoses d'un regard sur la peinture baroque. Véronèse, Rubens, Giordano ... Photographies*. Caen: Musée des Beaux-Arts / Köln: Wallraff-Richartz Museum, 1993. *A.d.Ü.*

7 *Die Begegnung von Ost und West*[1]

Die Jesuiten begaben sich nach China, um zur größeren Ehre Gottes dieses Riesenreich zu erobern, und die Geschichte ihrer Mission enthält die Zeichen eines glänzenden Ruhms. Einer solchen Unternehmung soll auch dann der Respekt nicht versagt bleiben, wenn wir unseren neugierigen Blick auf das richten, was am Ende nur noch ein bizarres *cul-de-lampe*, eine Schlußvignette höchst feierlicher Blätter ist, etwa wie wenn wir sagen, daß wir von einem Andante appassionato zu einem Allegretto con brio übergehen. Die geschickte Methode dieser Missionare, sich die Bräuche jener Völker anzueignen, bei denen sie missionieren wollten, veranlaßte sie dazu, in China Chinesen zu sein und zum Beispiel in der Malerei die chinesische Sichtweise zu übernehmen. Und wenn die Schauspieler sich so gut in ihre Rolle versetzten, wäre es da Blasphemie, zu behaupten, sie selbst seien bekehrt worden?[2] Ist es respektlos, der Geschichte von Paphnuce und Thaïs, wie sie von Anatole France[3] erzählt wird, die Geschichte von *Giuseppe Castiglione, peintre jésuite à la cour de Chine*[4] an die Seite zu stellen?

Giuseppe Castiglione, 1688 in Mailand geboren und 1766 in Peking gestorben, Schüler und Bewunderer von Andrea Pozzo[5], hatte die Novizenkapelle in Genua mit Bildern ausgeschmückt, die 1961 von jenem G. Lohr identifiziert wurden, der bereits 1940 im Istituto Italiano pel Medio ed Estremo Oriente eine Monographie über diesen Maler am Hof des Kaisers Ch'ien-lung [1736–1795] verfaßt hatte; außerdem hatte Castiglione die Kapelle der Universität Coimbra[6] ausgemalt: mit den Bildern des *Hl. Luis Gonzaga, der vor der Jungfrau niederkniet* und des *Hl. Ignatius in der Höhle von Manresa*[7], auf denen die Heilige Jungfrau zwischen Wolken und geflügelten Engelsköpfen schwebt: Darstellungen, die mit den über der Brust gekreuzten Händen und dem zum Himmel erhobenen Blick ganz und gar den kanonischen Vorschriften der Gegenreformation gehorchten. Mit sechsundzwanzig Jahren hätte Castiglione die Hoffnung hegen können, in Europa mit dem großen Illusionisten des Gewölbes der Kirche S. Ignazio in Rom[8] zu wetteifern, doch zog er die gefahrvollere Laufbahn eines Missionars in China vor. Er kam 1715 nach Peking, und während der 1726 von Kaiser Yung-cheng[9] angeordneten Verfolgung – der Kaiser hielt die Jesuiten für die geistigen Anstifter der von seinen Brüdern angezettelten Verschwörung – soll er die Kirche des Hl. Joseph in Peking, die der Kirche S. Ignazio in Rom ähnlich gewesen sein soll (sie wurde durch einen Brand beschädigt und im letzten Jahrhundert zerstört), mit Bildern ausgeschmückt haben. Die chinesische Malweise von Castiglione blühte vor allem unter der Herrschaft des Nachfolgers von Yung-chen, Ch'ien-lung[10]; Castiglione nahm wie andere Jesuiten einen einheimischen Namen an, da die Chinesen die europäischen Namen nicht aussprechen konnten: er hieß »Lang Che-nin«, was bedeutete »Lang friedfertiges Leben«.

Auch wenn die chinesischen Herrscher die christliche Religion nicht verurteilten, so verboten sie doch den Versuch, in der Führungsschicht (unter den Bannerträgern) Proselyten zu machen; allerdings wollten sie von jenen Künsten profitieren, die die Jesuiten ausübten, um sich die Herzen zu erobern. So wie in Frankreich Pater Menestrier zum Unternehmer für die Apparate der *pompae funebri*, der Trauerparaden und der feierlichen Auftritte, der Ballette, Turniere und Spiele des Sonnenkönigs geworden war, so malte Castiglione in China Porträts der kaiserlichen Konkubinen, z.B. von der faszinierenden Xiang-fei, der Witwe eines aufständischen turkmenischen Gouverneurs, die wie eine neue Zenobia[11] als Gefangene an den chinesischen Kaiserhof gebracht wurde, dort dem leidenschaftlichen Drängen des Kaisers widerstand (der für sie sogar einen eigenen Pavillon, »Die Aussicht auf den fernen See«, baute) und die sich schließlich aus Verzweiflung erhängte.[12] Der jesuitische Maler malte auf einer jener langen Seidenrollen, die in China anstelle unserer Gemälde gebräuchlich sind, auch die hundert Pferde des Ch'ien-lung; er malte Tiere, Blumen Genreszenen, Landschaften. Er war freilich nicht der einzige katholische Hofmaler. Es gab den Franzosen Attiret, auch er ein Maler, der als eine Art Photoreporter wie ein Wunder gewirkt haben muß: er malte überaus schnell und ungestüm die Unterwerfungszeremonie der Kalmücken mit den Porträts der militärischen Führer; ein anderer

Franzose war Pater Chalier, der Erfinder der berühmten Uhr mit den »selbsttönenden Glocken«[13]; außerdem gab es Pater Benoist, den Entwerfer ingeniöser Wasserspiele, sowie Thibault und Sigismond, die Hersteller von Wunderautomaten, darunter des »Löwen mit den hundert Schritten«.[14]

Der Kaiser ließ die guten Patres nicht zu Atem kommen; nicht nur fanden sie keine Zeit, um religiöse Propaganda zu treiben, sie hatten auch kaum Muße für ihre eigenen Gebete an Sonn- und Feiertagen. Castiglione fand bestenfalls Zeit dazu, die Perspektive zu propagieren, indem er dem Oberaufseher des Zollwesens, Nien Si-yan, dabei half, die *Perspectiva pictorum et architectorum* von Andrea Pozzo ins Chinesische zu übertragen. Castiglione, der wie sein Lehrer ebenfalls Architekt war, wurde von Ch'ien-lung beauftragt, im »Garten des langen Frühlings« Paläste nach europäischer Manier zu errichten, die er von Stichen her kannte. Das geschah im selben Jahrhundert, als Friedrich II. in Sanssouci das Chinesische Teehaus[15] und die als Drachenhaus bezeichnete Pagode erbauen ließ, als Adolf Friedrich in Schweden das Chinesische Haus in Drottningholm errichtete und die Pagode in Kew Gardens [London] entstand. Anhand von europäischen, italienischen und französischen Abhandlungen, darunter *Le premier volume des plus excellents bâtiments de France* von Androuet du Cerceau, stellte Castiglione dem Kaiser Entwürfe vor, auf denen sich der borrominische Barock mit chinesischen Elementen vereinte: Paläste aus Marmor und Majolika, die Versailles, Trianon und Saint-Cloud auf chinesisch nachäfften, wo die korinthischen Kapitelle geschwungene Pagodendächer trugen und einige Säle mit Gobelins geschmückt waren, die Louis XV. geschenkt hatte, sowie mit Standbildern der schönsten Damen am französischen Hof, ganz nach der Mode der *Schönheitsgalerien* [deutsch im Original] deutscher Residenzen – Gebäude, die einen Sacheverell Sitwell, einen Hugh Honour oder einen Alberto Arbasino wohl empört hätten, wenn sie nicht bei der Plünderung und Brandschatzung durch anglo-französische Truppen 1860 zerstört worden wären. Es bleiben die Bilder davon, eine Reihe von Stichen, die 1785 von Jesuitenschülern ausgeführt wurden und die sich heute in der Bibliothèque Nationale [Paris] befinden; sie können uns eine wenn auch nur blasse Vorstellung vermitteln von diesen verzauberten Palästen inmitten von Gärten mit Pflanzen, die nach den Regeln der Formbaumkunst gestaltet waren, mit Brunnen und Wasserspielen, auf die der Kaiser besonders erpicht war. Umgeben von seinen Konkubinen, betrachtete er von seinem Thron aus durch die Fenster die Fontänen, die aus den bronzenen Wildgänsen und Widdern emporstiegen, und das gleichzeitige Hervorsprudeln des Wassers aus allen Kehlen der zwölf Figuren, mit dem die hydraulische Uhr die Mittagszeit anzeigte: zwölf Tiere waren es, Maus, Rind, Tiger, Hase, Drachen, Schlange, Pferd, Ziege, Affe, Hahn, Hund, Wildschwein. Ob Lavater an ihnen wohl eine Ähnlichkeit mit den zwölf Aposteln wahrgenommen hätte? »Was uns betrifft«, schreiben die Autoren des vorliegenden Buches, »so entdeckten wir 1958 nach vielen Bemühungen in einem Maisfeld die Reste von Pater Benoists Hauptwerk, dem Großen Brunnen, der genau gegenüber dem Thronsaal stand. *Diese Steine haben einmal dazu gedient, Brause zu machen*, sagte uns ein Bauer. So verflüchtigte sich sogar die Erinnerung an die Bauten, die einmal all den Verfeinerungen des Genusses gedient hatten.«

Wie soll man diese bezaubernden Mischgebilde nennen? In Europa hätte man sie als Chinoiserien bezeichnet. Wären sie in Asien also Europiserien? Wie soll man die Kunst Castigliones definieren? Unterstützt von chinesischen Gehilfen, die sich mit den Landschaften befaßten, malte er Figuren, Porträts von Menschen und Ansichten von Tieren mit einer solchen Gewandtheit, daß den Höflingen wegen der exakten Ähnlichkeit vor Staunen der Mund offenblieb. Menschen mußten zwar von vorn dargestellt werden, um Schatten zu vermeiden, die für die Chinesen nur Flecken bedeutet hätten, aber es mußten alle Einzelheiten des Gesichts wiedergegeben werden, sogar die Unvollkommenheiten. So wollte der Kaiser, daß auch ein kleines Haarbüschel reproduziert wurde, das er oberhalb eines Auges hatte, und als Pater Benoist, höflich wie er war, bemerkte, man sehe es nicht, antwortete der Kaiser lächelnd: »Nun gut, dann soll es so gemalt werden, daß man es nicht wahrnimmt, wenn man nicht darauf aufmerksam gemacht wurde, aber so, daß man es wahrnehmen kann, wenn das geschehen sein sollte.« Ch'ien-lung beurteilte die von Castiglione gemalten Pferde als den Kopien überlegen, welche er von chinesischen Künstlern hatte anfertigen lassen, und soweit wir es nach den schönen Reproduktionen vermuten können, sind sie auch den auf den Wänden des Palazzo del Tè aufgemalten Pferden überlegen: als Tiermaler stand Castiglione offensichtlich dem Engländer Stubbs[16] in nichts nach. Der Kaiser befahl Castiglione, Attiret und anderen Bilder von seinen militärischen Feldzügen zu malen, so wie es später Napoleon seinen Malern abverlangte, nur daß viele der chinesischen Schlachten reine Phantasie waren. Von den Bildern fertigte Cochin[17] im Jahre 1767 Stiche an. Castiglione versuchte sich möglichst genau an die europäische Perspektive zu halten, die den Chinesen, für die die Kunst der perspektivischen Verkürzung unbekannt war, nur schwer gelang; und von den beiden chinesischen Schulen der Malerei, der konfuzianisch-akademischen und der taoistisch-individuellen, folgte er der ersten, verband jedoch mit der Kunst nicht jene ethische Haltung, jene Forderung nach moralischer Reinheit und Tugend, die in den chinesischen Regeln verkörpert war und später ebenso in denen von Ruskin. Für die Chinesen fehlte es Castiglione an »si-lien«, das heißt an Reinheit und Entrückung; man gestand ihm lediglich handwerkliche Fertigkeit zu. Aus abendländischer Sicht kann man seinen Bildern allerdings die subtile und bezaubernde Eigenschaft des Exotischen nicht absprechen.

Einer solchen Eigenschaft begegnet man auch in einer persischen Tradition der Ölmalerei, die unter der Kadjaren-Dynastie zwischen dem Ende des 18. und dem Anfang des 19. Jahrhunderts[18] blühte und auf die erst in jüngerer Zeit die Aufmerksamkeit der Liebhaber und Kritiker gelenkt wurde, die jetzt in der ersten Monographie zu diesem Thema ihren Niederschlag gefunden hat: *Quajar Paintings* von S. J. Falk (London: Faber, 1972). Zwei englische Sammler, die Brüder Amery, sammelten zwischen 1900 und 1914 etwa sechzig solcher Bilder, die dann dem letzten Souverän des Iran übergeben wurden. Es sind Porträts in natürlicher Größe, manchmal auch größer, und von einer Machart, die jener der naiven Kunst gleicht: wiedergegeben sind Persönlichkeiten wie Fath'Ali Schah mit wallendem schwarzem Bart, eingehüllt in ein gelbes, edelsteingeschmücktes Gewand, oder junge Fürsten, bewaffnet mit Krummsäbel oder Steinschloßgewehr, musizierende oder tanzende Mädchen oder auf den Händen balancierende Akrobaten mit überlangen Schenkeln; die Hintergründe sind lediglich mit einem Teppich geschmückt, der mit einer zwanghaften Genauigkeit wiedergegeben wird. Seltener sind irgendwelche konventionellen Landschaftsausschnitte, wie bei unseren Primitiven; die Augenbrauen sind stets zusammengewachsen, die Augen verträumt, und die Mädchen haben gewöhnlich die Brust bedeckt, tragen lange Gewänder, und die Zehen der nackten Füße sind mit Henna bemalt. Was die Würze des Primitiven verleiht, ist der Gegensatz zwischen der bündigen und konventionellen Art, in der Gesichter, Füße und Hände dargestellt sind, und der minutiösen Wiedergabe von Kleidern und Gegenständen. Diese Bilder haben den heraldischen Glanz der stilisierten englischen Spiel- und Tarockkarten. Doch wo haben wir diese Früchtestilleben schon gesehen, Gurken, Birnen, Granatäpfel, Blumen in bemalten Vasen? Wo jenen konventionellen Vorhang, der oben eine Ecke des Gemäldes verdeckt? Wo jene Gruppe mit der Frau und dem Säugling im Arm? Offensichtlich haben diese Maler holländische und venezianische Bilder gekannt, Madonnen mit dem Kind, und darin liegt auch der exotische Reiz dieser Malerei, die Wirkungen von Matisse avant la lettre hervorbringt und zugleich auf europäische Vorbilder früherer Jahrhunderte verweist.

Wer keines von den wenigen Palastinterieurs gesehen hat, die im Iran erhalten geblieben sind, kann sich vom Glanz dieser Innenräume keine Vorstellung machen. So wird zum Beispiel ein Raum im Palast des Fürsten Abbas Mirza, dem Sohn von Fath'Ali Schah, in Täbris beschrieben: »Verschiedene Felder auf den Wänden waren mit Porträts von früheren Schahs ausgefüllt, mit ihren Jagdunternehmungen und den Heldentaten des Abba Mirza auf der gefährlichen Jagd. Die Gesichtszüge schöner Frauen gehörten ebenfalls zum Salon dieses Fürsten. Eine große Menge Gold und Silber und die üppigsten Farben, die von den Künstlern des Landes benutzt wurden, um die Pracht eines fürstlichen Bildnisses zu vollenden, bilden schon für sich genommen eine prunkvolle Einrichtung, und wo keine Bilder waren, zeigten die Wände alle übrigen Arten von kostbarem Glanz in Form von Spiegeln und Kristallglas, eingelassen zwischen die Voluten aus reichem Goldschmuck, und von Blumen, die nicht nur die Wände, sondern auch die Decke überzogen. Der Widerschein der Spiegel vervielfachte die Säulen und warf die strahlenden Bildfelder des Raumes wie tausendfache tiefe Buchten zurück, so daß das Auge sich unversehens in einem zauberischen Labyrinth verlor.«

1973

Anmerkungen

1 Erstdruck: »Esotismi«, in: *Il Tempo*, 23. März 1973. *A.d.Ü.*
2 Einen prosaischen Versuch, eben diesen Vorgang der Bekehrung eines Bekehrers zu schildern, und zwar am Beispiel von Giuseppe Castiglione, unternimmt Tilman Spengler in seinem Roman *Der Maler von Peking*. Reinbek b. Hamburg: Rowohlt, 1993. *A.d.Ü.*
3 Die Hauptfiguren im Roman *Thaïs* von Anatole France. Paris: Calmann-Lévy, 1890; jetzt in: ders., *Œuvres*. Edition établie, présentée et annotée par Marie-Claire Bancquart. Paris: Gallimard (Bibliothèque de la Pléiade 315), 1984, S. 721–863. Deutsch. *Thais*. Übersetzt von F. Vogt, München, 1910. Vgl. *KLL*, S. 9312. *A.d.Ü.*
4 3. Giuseppe Castiglione, jesuitischer Maler am chinesischen Kaiserhof (von Cécile und Michel Beurdeley. Genf: Office du Livre, 1971). *A. d.Ü.*
5 Andrea Pozzo (Trient 1642 – Wien 1709), Maler, Architekt und Kunstschriftsteller (*Perspectiva pictorum et architectorum / Perspektive für Maler und Architekten*. Italienisch-lateinische Ausgabe: Rom, 1693–1698; lateinisch-deutsche Ausgabe: Augsburg 1706–1709). Siehe Thieme-Becker, Bd. 27, S. 334–336; *KML*, Bd. 10, S. 189–190; John Rupert Martin, *Baroque* (1977). Harmondsworth: Penguin, 1989, S. 174 und Abb. 136. An der Carlsschule in Stuttgart wurde im Kunstunterricht Pozzos Buch *Perspectiva pictorum et architectorum* benutzt; vgl. Ausstellungskatalog *Schwäbischer Klassizismus zwischen Ideal und Wirklichkeit 1770–1830*, Staatsgalerie Stuttgart, 1993 (Aufsatzband), S. 53 und 56 (Vorlesungsverzeichnis 1784). *A.d.Ü.*
6 Stadt in der portugiesischen Provinz Beira; 1307 wurde die Universität von Lissabon dorthin verlegt. 1139–1383 war Coimbra Sitz der portugiesischen Könige. *A.d.Ü.*
7 Ort am Fuße des Montserrat (Katalonien), wo Ignatius von Loyola 1522 dem Ritterstand entsagte und sich der Askese hingab. *A.d.Ü.*
8 Gemeint ist das Hauptwerk von Andrea Pozzo: das Deckenfresko im Langhaus der Kirche S. Ignazio di Loyola in Rom mit der »Himmelfahrt des Hl. Ignatius« (Abb. in *KML*, Bd. 10, S. 189). *A.d.Ü.*
9 (Yin-tshe) 1678–1735, Regierungszeit 1723–1735; vgl. *Das chinesische Kaiserreich*. Herausgegeben und verfaßt von Herbert Franke und Rolf Trauzettel. Frankfurt a. M.: S. Fischer (Fischer-Weltgeschichte, Bd. 19), 1968, S. 187. *A.d.Ü.*
10 Regierungszeit 1736–1796. *A.d.Ü.*
11 Iulia Aurelia Zenobia, später Septimia Zenobia, überragende Herrscherin Palmyras, deren Selbständigkeitsstreben Rom herausforderte: Kaiser Aurelianus eroberte 272 Palmyra; die Königin Zenobia ge-

riet in römische Gefangenschaft und soll vor dem Triumphwagen des Kaisers in goldenen Ketten durch Rom geführt worden sein. *Pauly*, Bd. 5, Sp. 1491–92. *A.d.Ü.*

12 Über den chinesischen Kaiser Cheng-lung, seine Vorlieben für Springbrunnen, die Liebesaffäre mit der schönen Xiang-fei und die Jesuiten berichtet Marianne Beuchert in ihrem Buch *Die Gärten Chinas* (1988). München: Diederichs, 3. Aufl. 1991, S. 116–117: Cheng-lung sah »1747 ein Gemälde, auf dem ein Springbrunnen war. Der italienische Jesuit Giuseppe Castiglione mußte ihm diese nie zuvor gesehene Sache erklären und erhielt den Auftrag, auf jeden Fall jemand ausfindig zu machen, der in der Lage sein würde, solche Wasserspiele für ihn zu bauen. Castiglione (...) hatte Glück, er fand in dem französischen Pater Michel Benoist, der als Mathematiker bereits seit zwei Jahren am Hof weilte, den richtigen Mann. Benoist hatte in Frankreich neben Physik auch Hydraulik studiert. Er fertigte Pläne und ein Modell an, das den Herrscher so begeisterte, daß er es als Spielobjekt mit in seine Privatgemächer nahm. Unverzüglich wurde die Originalausführung begonnen und im Herbst des gleichen Jahres vollendet. (...) Obwohl auch jesuitische Architekten zum Kirchenbau in Peking anwesend waren, bevorzugte der Kaiser einen Maler, da dies chinesischer Tradition entsprach, Gärten und die dazugehörigen Gebäude planen zu lassen. (...) Die ganze Sache schien dem Kaiser großes Vergnügen bereitet zu haben, denn er ließ die Anlage zwischen 1755 und 1759 nochmals wesentlich erweitern (...). Zunächst gab es eine romantische Liebesaffäre dort. Der fast fünfzigjährige Kaiser entbrannte für die schöne Xiang-fei. Noch heute geht ein Lächeln über die Gesichter, wenn man in China ihren Namen erwähnt. Sie war eine Fürstin aus Ostturkestan, die ihren Mann im Kampf gegen China verloren hatte. Sie selbst wurde gefangen oder durch eine List nach Peking gebracht und erregte sofort die Aufmerksamkeit Cheng-lungs. Er wies ihr Wohnung im Bereich des [Palastes] Hai Yan Tang zu und ließ das Belvedere für sie als Moschee umgestalten (sicher nicht zur Begeisterung der jesuitischen Missionare). Um die Sehnsucht der schönen Konkubine nach ihrer fernen Heimat zu stillen, mußte Pater Castiglione im Pekinger Sommerpalast ein großes Schaugerüst im See des Ostens konstruieren, in das je nach den Wünschen der traurigen Prinzessin zehn verschiedene perspektivische Ansichten aus der Stadt Aksu in Nordturkestan, ihrer Heimat, eingeschoben wurden. Neben Pater Castiglione und Pater Sichelbarth waren noch drei weitere chinesische Hofmaler mit der mühsamen Herstellung des vermutlich ersten Open-air-Breitwandkinos der Welt beschäftigt. Aber alles war umsonst, knapp zwei Jahre später entleibte sich die Schöne selbt. (...) Aber nach dem Tode

des Paters Benoist im Herbst 1774 verfiel die ganze Anlage. Niemand konnte die Hydraulik reparieren. (...) 1860 zerstörten Engländer und Franzosen im zweiten Opiumkrieg zusammen mit dem ganzen Sommerpalast dieses Denkmal europäischer Kunst in China.« *A.d.Ü.*

13 Vgl. zur Chronologie der Uhrenerfindungen und zu chinesischen Entwicklungen, die den europäischen vorhergingen, Joseph Needham, »The Missing Link in Horological History«, in: ders., *Clerks and Craftsmen in China and the West*. Cambridge: Cambridge University Press, 1970 (deutsch: »Das fehlende Glied in der Geschichte der Zeitmessung«), in: *Wissenschaftlicher Universalismus. Über Bedeutung und Besonderheit der chinesischen Wissenschaft*. Herausgegeben, eingeleitet und übersetzt von Tilman Spengler. Frankfurt a. M.: Suhrkamp, 1979, S. 330–362. Nach Needham fehlte das Wort »Uhr« im Chinesischen; »so blieb die Funktion der Zeitmessung über fünf Jahrhunderte [vom 11. bis zum 16. Jh.] unbenannt, bis dann die Jesuiten mit ihren *selbsttönenden Glocken* das Zeitalter einer einheitlichen Weltwissenschaft mit ihrer unbegrenzten Expansion angemessener technischer Begriffe einläuteten«. Vgl. die ausführlichere Darstellung des Verhältnisses zwischen Jesuiten, Missionaren und China in Needham, *Science and Civilization in China*, Cambridge: Cambridge University Press, Band 3, 1959. *A.d.Ü.*

14 Vgl. Klaus Maurice, »Propagatio fidei per scientias. Uhrengeschenke der Jesuiten an den chinesischen Hof«, in: Ausstellungskatalog München, Bayerisches Nationalmuseum, *Die Welt als Uhr. Deutsche Uhren und Automaten 1550–1650*. Herausgegeben von Klaus Maurice und Otto Mayr. München, 1980; Joseph Dehergne, *Répertoire des Jésuites de Chine de 1552 à 1800*. Rom/Paris, 1973.

15 »Das im 18. Jahrhundert als *Japanisches Haus*, später als *Chinesisches Teehaus* bezeichnete Gebäude (J. G. Büring, 1754–1756) ist eines der reizvollsten Beispiele für die Chinamode des Rokoko in Sanssouci.« Ausstellungskatalog *Friedrich der Große, Sammler und Mäzen*, München, Kunsthalle der Hypo-Stiftung, 1992–1993, S. 67, Abb. 9. *A.d.Ü.*

16 George Stubbs (1724–1806), bedeutender Tiermaler, der nicht durch akademische Ausbildung, sondern durch das Studium der Anatomie zur Kunst kam. International bekannt wurde er durch sein Buch *The Anatomy of Horses* (1766), für das er die Illustrationen selbst gravierte. *A.d.Ü.*

17 Siehe *KML*, Bd. 2, S. 312. *A.d.Ü.*

18 »Im Jahre 1797 bestieg der erste Herrscher der Kadjaren-Dynastie, die Teheran zur Hauptstadt machte und bis 1925 an der Macht blieb, den Thron. (...) Die zunehmende Europäisierung der iranischen Oberschicht erschöpfte sich ja nicht in deren Verlangen nach Kon-

sumgütern europäischer Herkunft, sondern infizierte als Verwestlichung das Bewußtsein des Iraners und wirkte sich destruktiver auf die persische Kultur aus als je zuvor eine Fremdherrschaft.« Bahman Nirumand, *Persien, Modell eines Entwicklungslandes oder Die Diktatur der Freien Welt.* Reinbek b. Hamburg: Rowohlt, 1967, S. 15. *A.d.Ü.*

8 *Ein Maler der Aufklärung*[1]

Bis vor etwa zehn Jahren waren die Porträts der englischen Schule aus dem 18. Jahrhundert überaus geschätzt. Als der Kunsthändler Duveen dem amerikanischen Milliardär Huntington den berühmten *Blue Boy* von Gainsborough verschaffte, in den Huntington sich verliebt hatte, als er eine Reproduktion davon in der Suite des Dampfers gesehen hatte, der ihn nach Europa brachte, erschien es dem Magnaten, als ob er mit dem Finger das Blau des Himmels berührte.[2] Die Säle der amerikanischen Museen, in die nach dem Untergang der englischen Aristokratie so viele dieser Porträts ausgewandert sind, erscheinen uns heute ebenso monoton wie früher die Säle unserer eigenen Museen, in denen Altarbilder des 17. Jahrhunderts ausgestellt wurden. Jene Porträts sind von einer Qualität der Ausführung, die makellos ist, oder zumindest überaus gewandt, so wie bei vielen anderen englischen Produkten jedenfalls von früher; aber es steckt darin auch eine Art der Präsentation, die sie für den Soziologen fast noch interessanter macht als für den Kunsthistoriker: es sind Paradigmen, Grundmuster einer Gesellschaft, eines Verhaltens. Und während Reynolds, Gainsborough, Ramsay, Lawrence und andere sich großer Beliebtheit erfreuten, sprach man über Provinzporträtisten wie Joseph Wright of Derby kaum.

Nun gibt es aber von Wright of Derby neben Porträts von ausgezeichneter Machart, wie sie auch andere Maler derselben Nation zu Dutzenden hätten produzieren können, einige, die für ein Volk wie das englische einen ungewöhnlichen Sinn für das Plastische beweisen, denn hinsichtlich der Engländer stimmen Kritiker wie Dagobert Frei und Nicolas Pevsner[3] darin überein, daß man bei ihnen eine durchgängige Neigung zur Zweidimensionalität oder zur Flachheit vorfindet. Nicht zu Unrecht dachte Benedict Nicolson, der über den Maler aus Derby ein grundlegendes Werk[4] verfaßte, an *Monsieur Bertin* von Ingres, als er vor dem

Porträt von Sir Richard Arkwright stand, einem dickbäuchigen Baumwollmagnaten, der die linke Faust auf dem Tisch plaziert, auf dem das Modell einer von ihm erfundenen Maschine steht, die die Baumwollverarbeitung revolutionierte, die rechte Faust gegen die Hüfte stemmt, die Beine weit spreizt, während sich in seinem Gesicht das Empfinden des Brotherrn spiegelt, der zufrieden den Fortgang eines Unternehmens überwacht.[5] Eine Draperie auf der linken Bildseite zeugt noch von der höfischen Tradition; bei Ingres finden wir sie nicht, obwohl Sir Richard Arkwright Monsieur Bertin als Vertreter der aufsteigenden Bourgeoisie sehr wohl gleichkommt.

Durch dieses Merkmal unterscheiden sich viele Porträtarbeiten Wrights. Auch wenn er sich bei den Aristokratenporträts üblichen Konventionen anpaßt und durchaus fähig ist, süßliche und sentimentale Gruppenporträts von Kindern zu malen, so fühlt er sich bei Modellen aus der Bourgeoisie doch freier, die Natur getreu wiederzugeben, und da er zu den Malern gehört, die überzeugt sind, daß leidenschaftliche Aufmerksamkeit für die kleinsten Einzelheiten von sich aus jenes *tertium quid* hervorbringt, das die Kunst ist, setzt er sich bei diesen Bürgerporträts wirklich von der englischen Tradition ab, die darauf aus war, die Person zu veredeln, zu umschmeicheln und zu idealisieren (bis hin zur Vergöttlichung, wie bei Reynolds), was der Vorzug und zugleich das Unglück der großen englischen Porträtmalerei ist. Auf den Porträts von Sarah Clayton zum Beispiel oder von Mrs John Ashton sind die plastische Kraft der Figuren und die magische Evidenz der Einzelheiten so auffällig, daß man sich fragt, warum sie so wenig bekannt sind, während Ingres' Madame Moitessier, Madame Gonse, Madame Marcotte de Sainte Marie und andere Meisterwerke einen universalen Ruhm genießen. Sicherlich spürt man bei einigen Porträts von Ingres, etwa dem von Madame de Senonnes oder von Madame Devauçay, noch den Akzent der großen Renaissancetradition, während die Porträts von Wright eine biedermeierliche Anmutung avant la lettre haben; und man könnte vom Zauber der Umrisse bei den Figuren von Ingres sprechen, wobei jedoch der Eindruck, den Wright uns vermittelt, nie über die Preziosität einer verliebten Anhänglichkeit an die Materie hinausgeht, wie sie den holländischen Malern eigentümlich ist, von denen Wright im Grunde abstammt. Doch wie viele »zauberhafte« Gainsboroughs, gekünstelt wie die Deckel von Pralinenschachteln, würde man nicht hergeben für Meisterwerke des Realismus wie die Porträts von Mrs Sarah Clayton und Mrs John Ashton! Und so wie die besten Gainsboroughs jene sind, die ein seitlich vor einer Landschaft sitzendes Paar darstellen, so führt auch Wright in seinen Porträts das neue Klima der Rousseauschen Liebe zur Natur ein, wenn er Sir Brooke Boothby (1780–81) in einem Wald liegend darstellt, nachdenklich, mit einem Band Rousseau in der behandschuhten Hand (vielleicht ließ er sich von Batonis[6] Porträt von Sir Humphrey Morice aus den sechziger Jahren zu dieser Pose anregen), Tischbeins berühmten Goethe in ruhender Haltung vor dem Hintergrund der römischen Campagna um einige Jahre vorwegnehmend.

Eine weitere Besonderheit dieser bürgerlichen Porträts liegt, wie gesagt, darin, daß die patrizische oder militärische Emblematik durch etwas Neuartiges ersetzt wurde. Keine Ansichten mehr von Parks und kleinen ländlichen Herrensitzen, von Land- oder Seeschlachten hinter den Figuren von Admirälen oder Generälen, sondern Handelsflotten, Fabriken oder sogar industrielle Produkte und Manufakturwaren. Samuel Oldknow figuriert zwar vor einer Säule und einem Vorhang gemäß alter Konvention, stützt jedoch den Arm auf einen Baumwollballen, der auf einem Fensterbrett liegt. Und wie schon erwähnt, legt Arkwright die Faust neben eine selbsterfundene Spinnmaschine; der Geologe Whitehurst hält eine Zeichnung mit den Schichten eines Berges bei Matlock[7] in der Hand, während man im Hintergrund einen Vulkanausbruch sieht; der Unternehmer Francis Hurt hat neben sich auf dem Tisch einen Eisenblock liegen. Die Holländer waren Wright in dieser neuen Emblematik vorangegangen, die später in der bürgerlichen Porträtkunst des 19. Jahrhunderts eine breite Fortsetzung fand.

Auch in der Auswahl der Sujets bei der Genremalerei war Wright ein Vorläufer. Schlachtengemälde gab es zwar in großer Zahl, aber wer hatte vor ihm den Tod eines einzelnen einfachen Soldaten gemalt?[8] Und ein Ausguß, der Wolfshöhlen mit Erde füllt, war ein von der »großen Tradition« der Malerei doch sehr weit entferntes Thema. In Wirklichkeit war hier das Sujet für Wright nur der Vorwand für seine eigentliche, leidenschaftlich betriebene Suche: die Suche nach den Wirkungen des Lichts in einer nächtlichen Umgebung. Als Maler des Lichts gleichsam ein englischer Gherardo delle Notti[9], genoß Wright den Ruhm seines Jahrhunderts; als Maler der Nächte wurde er gefeiert in den Versen William Hayleys, eben jenes Verseschmieds, der Reynolds Gemälde mit dem Grafen Ugolino gelobt hatte, das inspiriert worden war von einer Episode aus Dantes *Göttlicher Komödie*, und der Tasso gegen Boileau verteidigte: »Wright allein beherrscht das Element des Feuers, (...) und die Natur erzittert vor der Kraft der Kunst; mögen deine kühnen Farben, die unendlich Lob verdienen, mit unverminderter Glut über die Jahrhunderte erstrahlen, und wenn der grausame Vesuv nicht mehr glüht, möge sein Sintflutrot auf deinen Gemälden weiterströmen!« Von allen Bildern des ausbrechenden Vesuvs sind die von Wright um 1774 gemalten wahrlich die eindrucksvollsten, und es scheint, daß er an den Illustrationen zu Hamiltons *Campi Phlegrei* mitgearbeitet hat.[10]

Natürlich wurden diese Spielereien mit dem Licht nicht direkt nach der Wirklichkeit gemalt und auch nicht nur aus der Erinnerung wiedererschaffen. In einem Brief von 1787 macht Wright ein überraschendes Geständnis: »Die Lichter des Mondes und des Feuers sind für mich ein Werk der Mutmaßung, weil ich nachts nicht ohne Gefahr ins Freie gehen kann [wegen der schwächlichen Gesundheit], um die erste Wache zu studieren, und die zweite habe ich nur ein einziges Mal gesehen, als ich noch nicht daran dachte, solche Effekte zu malen.« Er bildete die natürlichen Effekte mit einer sinnreichen Anordnung von Abschirmungen und künstlichen Lichtern in seinem Atelier nach, wie sie zum Teil von Schalcken[11] erfunden worden waren. Übrigens baute auch Poussin in Miniaturform die künstlichen Szenerien und Figuren auf, die er malen wollte, und er stellte sie in einem Kasten auf, an dem er Öffnungen für das Licht anbrachte, die denen an dem Ort entsprachen, für den das Bild bestimmt war.[12]

Auch wenn Wright sich in diesem Bereich auf holländische Vorgänger stützte (neben Gerard Honthorst waren es Terbruggen, Schalcken und die Utrechter Schule sowie schwache holländische Nachahmer wie Volmarijn und englische wie Thomas Frye), so kommt er in seinen Hauptwerken dieses Genres kraft seinem Können dem Urheber dieser Malweise nahe, nämlich dem Caravaggio der *Vocazione di San Matteo*[13]. Es ist unwahrscheinlich, daß Wright die Werke Caravaggios zumindest während seines Aufenthaltes in Rom (1774–1775) je gesehen hat, aber wie Goethe die Inspiration eines Marlowe über das Marionettentheater erahnen konnte, so konnte Wright die Atmosphäre eines Wunders in einer Szene wiedergeben, in der das Spiel der Lichter der entscheidende Faktor ist. In den Bildern von Wright ist es kein Christus mehr, der eine unwiderstehliche Faszination auf den Eintreiber ausübt, den er mit einer kommandierenden Geste von der Bank aus festhält, auf der er zusammen mit anderen sitzt; vielmehr ist es ein Wundertäter der Aufklärung, ein wissenschaftlicher Demonstrator, der zeigt, wie die Vakuumpumpe funktioniert: auf den dramatisch beleuchteten Gesichtern des Auditoriums spiegeln sich die verschiedenen Gefühle und Ängste um das Schicksal des Vogels, der, weil es ihm an Luft mangelt, zu sterben droht[14]; oder ein weiterer Demonstrator, der vor den verzauberten Blicken der Anwesenden den Mechanismus eines Planetariums in Gang setzt (1764–66)[15], oder ein ehrwürdiger Alter, der voller Verzückung nicht etwa die Geburt des Messias, sondern die Darstellung von Phosphor in einem Kolben beobachtet (*Der Alchimist*, 1771–1795). Wissenschaftliche Experimente waren zwar schon das Thema von Hauptwerken Rembrandts gewesen, aber obwohl Rembrandt die Geheimnisse der Lichterspiele wie kein anderer kannte, vollzieht sich seine *Anatomische Vorlesung*[16] doch in einem lebendigen und diffusen Tageslicht.

Wrights erste Versuche in diesem Zweig der Genremalerei erinnern an holländische Vorläufer: zwei Knaben, die sich in einem erleuchteten Ballon raufen; ein Mädchen, das bei Kerzenlicht einen Brief liest, während ein Alter sich über ihre Schulter beugt, um mitzulesen; zwei Mädchen, die einer Katze das Puppenkleid überziehen. Dann zog freilich ein ernsterer Geist in diese Art von Sujets ein, um dem Spiel von Licht und Schatten etwas Geheimnisvolles zu verleihen: nun sind es drei Kenner, die die Statue des Gladiators bei Kerzenlicht betrachten; eine akademische Gesellschaft, die dabei ist, die künstlich beleuchtete Statue der Nymphe mit der Muschel zu zeichnen, die sich früher in der Villa Borghese befand und im 18. Jahrhundert überaus populär war – alles Szenen, die uns daran erinnern, daß es damals eine touristische Attraktion war, die Vatikanischen Museen im Fackelschein zu besuchen, und daß damals die Silhouette erfunden wurde, daß die Laterna magica populär war, daß in Holland die Kunst der Malerei von Seestücken und Feuerwerksfesten auf hintereinander liegenden Glasscheiben blühte, die, wenn man sie von hinten beleuchtete, den Eindruck eines märchenhaften Schauspiels vermittelten. Auch andere Maler der Zeit malten Szenen mit Kerzenbeleuchtung; Reynolds und Romney versuchten sich daran, in Dänemark war es Jens Juel, und der Schwede Hilleström ließ sich von Sujets der Industrie anregen: allerdings auf den Schultern von Wright.

Zu den Hauptwerken des Malers aus Derby gehören auch Schmiedewerkstätten[17], in denen das blendende Licht eines glühenden Eisenstücks die Gestalten mit einer magischen Kraft überzieht und ihnen die heroische Würde von Statuen verleiht: in diesem Themenbereich gab es als Vorläufer ein Gemälde, das Molenaer[18] zugeschrieben wird, sowie Le Nain[19], die ihrerseits freilich von den Holländern herkamen; außerdem eine Baumwollfabrik in einer Nachtlandschaft (damals wurde Tag und Nacht gearbeitet)[20]: ihm erschien als Traumvision, was Dickens hundert Jahre später als Inferno beschrieb (Kapitel XLIV in *The Old Curiosity Shop*): »But night-time in this dreadful spot! – night, when the smoke was changed to fire; when every chimney spurted up its flame; and places, that had been dark vaults all day, now shone red hot, with figures moving to and fro within their blazing jaws, and calling to one another with hoarse cries (...).«[21] Wright, der nicht ahnte, wohin diese ersten Symptome der industriellen Zivilisation wiesen, verwandelt sich als kompetenter Maler in dieser Grafschaft Derby, die zu den Wiegen der Zivilisation zählte, vor unseren Augen plötzlich in einen Botschafter der Geschichte: er sang die Poesie der Wissenschaft und der Technik und erfand eine Legende; er, der als Landschaftsmaler sich den allgemeinen Richtlinien Richard Wilsons[22] anpassen mußte, lernte in Italien seinen angeborenen Realismus mit einer reizvollen neoklassischen Patina zu dämpfen. Die Inspiration, die von seinen »wissenschaftlichen« Gemälden ausgeht, läßt an die begeisterten Verse denken, mit denen Wordsworth[23] die Ankunft der Demokratie in den heroischen Tagen der Französischen Revolution begrüßte. Diese Illusionen sind heute geschwunden, doch die Verse von Wordsworth und die Bilder von Wright haben ihre Überzeugungskraft bewahrt.

1969

Anmerkungen

1 Erstdruck: »Un precursore«; *Il Tempo*, 27. April 1969. *A.d.Ü.*

2 S.N. Behrman, *Duveen und die Millionäre. Zur Soziologie des Kunsthandels in Amerika.* Übersetzt von Stefanie Neumann. Wien: Zsolnay; gekürzte Taschenbuchausgabe: Reinbek b. Hamburg: Rowohlt (rde 108), 1960, S. 56, und bes. S. 98–103: »Gainsborough und Reynolds, *Blue Boy*, *Sarah Siddons*, *Lavinia*«. Der *Blue Boy* war übrigens den Huntingtons anfänglich zu grün gewesen: »Die Huntingtons waren beim Anblick des Originals erschüttert, aber es störte sie, daß des Herzogs blauer Knabe mehr grün als blau war; der blaue Knabe ihres Speisesaals auf der Aquitania war, das wußten sie genau, viel blauer gewesen. Duveen erklärte ihnen, daß die grünliche Färbung nur die Folge einer langen Anhäufung von Staub und Schmutz war. Diese Schicht versprach er entfernen zu lassen, so daß der Jüngling seine ursprüngliche Farbe zurückbekäme, und damit waren die Huntingtons beruhigt« (ebd., S. 100). – Vgl. Rezension der amerikanischen Originalausgabe *Duveen* (New York: Random House, 1952): Mario Praz, »Un antiquario«, in: *Il Tempo*, 4. Mai 1952, wieder abgedruckt in: Praz, *Bellezza e bizzarria*, Milano: Il saggiatore, 1960, S. 77–81. *A.d.Ü.*

3 Das Thema der dominierenden Zweidimensionalität in der englischen Kunst erörtert Praz auch in seinem Essay »Barock in England«, in: *Der Garten der Sinne*, a. a. O., S. 112–115. Die Bezugstexte sind: Nicolas Pevsner, *The Englishness of English Art*. London: The Architectural Press, 1956; Nachdruck Harmondsworth: Penguin, 1988 (deutsch: *Das Englische in der englischen Kunst*. Übersetzt von Heidi Conrad. München: Prestel, 1974); Dagobert Frey, *Englisches Wesen im Spiegel seiner Kunst*. Stuttgart / Berlin: Kohlhammer, 1942.

4 Benedict Nicolson, *Joseph Wright of Derby, Painter of Light*. London: Routledge & Kegan Paul/New York: Pantheon Books, 2 Bde. (The Paul Mellon Foundation for British Art). [Vgl. ders., *Caravaggism in Europe*. Hrsg. v. Luisa Vertova. Turin, 1992, 3 Bde.; siehe dazu Georg von Gehren, »Woher kam das barocke Licht? Benedict Nicolsons monumentale Gesamtschau des europäischen Caravaggismus«, in: *Frankfurter Allgemeine Zeitung*, 22. Juli 1992, Beilage »Geisteswissenschaften«. Einen Nachruf auf Benedict Nicolson (1914–1978; er war der älteste Sohn von Harold Nicolson und Vita Sackville-West), der dreißig Jahre lang das *Burlington Magazine* redigierte, schrieb Francis Haskell 1978; abgedruckt in: Francis Haskell, *Past and Present in Art and Taste. Selected Essays*. New Haven & London: Yale University Press, 1987; deutsch: *Wandel der Kunst in Stil und Geschmack. Ausgewählte Schriften*. Übersetzt von Gerhard

Ammelburger. Köln: DuMont, 1990, S. 384–391. – Vgl. ferner Art. »Wright, Joseph«, in: *KML*, Bd. 12; Ellis Waterhouse, *Painting in Britain 1530–1790* (1953). Harmondsworth: Penguin (The Pelican History of Art), 4. Aufl. 1978, S. 285–289; Francis D. Klingender, *Art and the Industrial Revolution*. Edited and revised by Arthur Elton. London, 1968; deutsch: *Kunst und industrielle Revolution* (1974). Übersetzt von Eva Schumann. Frankfurt a. M.: Syndikat, 1976, Kap. III, S. 46–62. *A.d.Ü.*]

5 Sir Richard Arkwright (1732–1792) konstruierte eine Spinnmaschine – die Priorität seiner Erfindung wurde später gerichtlich angefochten –, die in seiner zweiten, in Cromford (Derbyshire) gegründeten Fabrik mit Wasserkraft betrieben wurde und deshalb den Namen Wasserspinnmaschine bekam; das entsprechende Garn hieß *water twist*, Wassergarn. *A.d.Ü.*

6 Pompeo Batoni (1708–1787), »der gefeiertste italienische Maler seiner Zeit«, befreundet mit Winckelmann und Mengs, maßstabsetzender Porträtist – »beinahe alle regierenden Fürsten seiner Zeit, die nach Rom kamen, (wollten) von ihm porträtiert werden« –, gewann mit seinen neuartigen Porträts, die er von englischen Touristen in Rom anfertigte, großen Einfluß in England. Siehe Thieme-Becker, Bd. 3, S. 35–37; *KML*, Bd. 1, S. 235; Waterhouse, *Painting in Britain 1530 to 1790*, passim. Werkkatalog: Antony M. Clark, *Pompeo Batoni. A Complete Catalogue of his Works*. With an Introductory Text. London: Phaidon, 1992. *A.d.Ü.*

7 Matlock Bath, Badeort in Derbyshire, Mineralquellen, Verarbeitung von Marmor und Flußspat. In der Nähe der Stadt Matlock, in Cromford, gründete Arkwright 1771 eine Baumwollspinnerei. *A.d.Ü.*

8 *The Dead Soldier*, 1879, Brooklyn Museum. Schwarzweiß-Abbildung in Waterhouse, *Painting in Britain 1530–1790*, a. a. O., S. 288. *A.d.Ü.*

9 »Gerard der Nächte«, italienische Bezeichnung für Gerard (Gerrit) Honthorst (1590–1656) aus Utrecht, der seine bedeutendsten Bilder – Nachtdarstellungen mit künstlicher Beleuchtung – zwischen 1610–1620 in Italien malte. Vgl. *KML*, Bd. 6, S. 217–222. *A.d.Ü.*

10 *Campi Phlegrei, Observations on the volcanoes of the two sicilies as they have been commissioned to the Royal Society of London* by Sir William Hamilton (...) Naples MDCCLXXVI; *Supplement to the Campi Phlegrei being an account of the Great Eruption of Mount Vesuvius...* (1779) Communicated to the Royal Society of London by Sir William Hamilton (mit 55 Tafeln); Reprint Milano: Leonardo Editore, 1990 (Bd.I: Text, Bd.II: 54 Tafeln, Bd.III Supplement mit 55 Tafeln). (Vgl. unten, Essay 35: *Der Mann, der die Vulkane liebte*). *A.d.Ü.*

11 Wright wurde gelegentlich stilistisch mit dem holländischen Maler Gottfried Schalcken (1643–1706) verglichen, der in England besonders wegen seiner Gemälde mit künstlicher Beleuchtung, den sog. *candlelights* beliebt war. Seine eigentliche Rolle für Wright war jedoch eine andere: »... die Literatur der Künstlerviten überliefert nämlich in einigen Details, welche Vorrichtungen Schalcken zur Verdunkelung und Lichtführung für seine *candlelights* in seinem Atelier genutzt hat. Wright hat, wie die Quellen ausweisen [siehe Nicolson, a.a.O., S. 4–7], dieses Verfahren übernommen und verfeinert«: Werner Busch, *Joseph Wright of Derby, »Das Experiment mit der Luftpumpe«. Eine Heilige Allianz zwischen Wissenschaft und Religion.* Frankfurt a. M.: S. Fischer (Reihe »Kunststück«), 1986, S. 21. *A.d.Ü.*

12 Vgl. Alain Mérot, *Poussin.* Paris: Hazan, 1990 (englische Ausgabe London: Thames & Hudson, 1990, S. 193): Poussin ordnete die Miniaturfiguren auf einem Brett an, legte auf das Brett anschließend einen geschlossenen Kasten, bei dem er oben und an der Seite Schlitze anbrachte, um die Lichtführung anzupassen und Einzelteile der Szenerie einführen zu können. Dann bohrte er in die Vorderseite des Kastens ein Guckloch, um die Wirkung der Szenerie zu beurteilen, und fertigte dann eine Zeichnung dieses »Einblicks« an. Siehe ebd., Abb., S. 192; Anthony Blunt, *Art and Architecture in France 1500–1700.* Harmondsworth: Penguin (Pelican History of Art), 1980 (4. Aufl.), S. 292 spricht von einer »peep-show or miniature stage«. *A.d.Ü.*

13 *Die Berufung des Hl. Matthäus* (1598–1601), Rom, Galleria Borghese. *A.d.Ü.*

14 Praz bezieht sich auf das berühmte Bild *An Experiment on a Bird in the Air Pump*, *Das Experiment mit dem Vogel in der Luftpumpe* (London, Tate Gallery); vgl. die Bilderklärung von Werner Busch, *Joseph Wright of Derby, Das Experiment mit der Luftpumpe*, a. a. O. *A.d.Ü.*

15 *Ein Philosph hält einen Vortrag über das Planetarium*, Derby, Museum and Art Gallery. *A.d.Ü.*

16 *Anatomische Vorlesung des Dr. Jan Deyman* (1656), Amsterdam, Rijksmuseum. *A.d.Ü.*

17 Siehe W. Busch, *Joseph Wright of Derby*, a. a. O., Abb. 13: *Die Schmiede*, New York, Mr. und Mrs. Paul Mellon. *A.d.Ü.*

18 Jan Molenaer (1610–1668), Haarlem, verheiratet mit der Malerin Judith Leyster: »Von ihrem beachtlichen Geschick in der Darstellung künstlicher Beleuchtungseffekte ließ sich Molenaer gern anregen.« Art. Molenaer, in: *KML*, Bd. 9, S. 154; Thieme-Becker, Bd. 25, S. 30–32. *A.d.Ü.*

19 Antoine (1588–1648), Louis (1593–1648) und Mathieu (1607–1677) Le Nain arbeiteten zusammen und signierten ihre Werke mit

»Le Nain«: *Die Schmiede*, Paris, Louvre (Abb. in *KLM*, Bd. 8, S. 133). *A.d.Ü.*

20 *Arkwrights Baumwollspinnerei* (ca. 1793), Privatbesitz, England (Mr. James Oakes), Abb. 28 in: Klingender, *Kunst und industrielle Revolution*; ein zweites Bild mit dem selben Sujet und aus der selben Zeit ist abgebildet in: Busch, *Joseph Wright of Derby*, a. a. O., S. 24, Privatbesitz, England (Mr. Booth). *A.d.Ü.*

21 [»Doch die Nacht an diesem schrecklichen Ort! – nachts, wenn der Rauch sich in Feuer verwandelte; wenn jeder Kamin seine Flamme hinaufsprühte; und Orte, die tagsüber dunkle Höhlen waren, nun glutrot leuchteten, mit Gestalten, die in ihrem Flammenmaul sich hin und her bewegten und einander heisere Rufe zuwarfen.« Übers.]. Charles Dickens, *The Old Curiosity Shop* (1840–41). Edited by Angus Eason with an Introduction by Malcolm Andrews (mit Illustrationen der Erstausgabe). Harmondsworth: Penguin (Penguin Classics), 1985, S. 424 (deutsch: *Der Raritätenladen*. Übersetzt von M. v. Schweinitz, München 1962).

22 Richard Wilson (1713–1782), »Vater der englischen Landschaftsmalerei«; siehe *KML*, Bd. 12, S. 289–291; Waterhouse, *Painting in Britain 1530 to 1790*, a. a. O., S. 232–241. *A.d.Ü.*

23 *The Prelude* (1805), Book IX. (In: William Wordsworth, *The Prelude. A Parallel Text* [Fassungen von 1805–06 und 1850]. Edited by I. G. Maxwell. Harmondsworth: Penguin, 1986, »Book Ninth: Residence in France«. *A.d.Ü.*

9 *Weihnachtskrippen*[1]

Ich hoffe nicht zuviel Anstoß zu erregen, wenn ich gestehe, daß die Gefühle, die mich bei meinen diversen Besuchen der Weihnachtskrippensammlung im Bayerischen Nationalmuseum[2] bewegten, nicht sehr viel anders waren als die beim Besuch eines Aquariums. Finstere Korridore, von denen aus man in magische Grotten von einem sanften übernatürlichen Blau hineinsieht, um ein Wunder zu betrachten, das dem menschlichen Auge gewöhnlich unsichtbar bleibt: das Leben in den Abgründen des Meeres oder die allererste Szene eines unaussprechlichen göttlichen Dramas. Und ich bin mir nicht sicher, ob die Verwunderung, die man beim Anblick einer seltenen und winzigen Kreatur der tropischen Meere empfindet, nicht entschieden religiöser ist als die Empfindung, die die Betriebsamkeit der Menschen weckt, wenn sie die Szene von Bethlehem mit märchenhaftem Prunk überschütten. Man kann sich vor diesen Weihnachtskrippen wahrlich kaum des Eindrucks erwehren, daß sie, so vortrefflich sie auch sein mögen, im Grunde doch nur Spielzeug sind; und man kann dem Liturgiekundigen, der sie so sieht, nicht Unrecht geben, so wie man auch dem Kunsthistoriker, der die Weihnachtskrippen als geringfügige Manifestationen abtut, nicht absprechen kann, daß er aufgrund seiner Unterscheidungsfähigkeit urteilt.[3] Um die Weihnachtskrippen wirklich vorbehaltlos wertschätzen zu können, muß man wohl den Standpunkt jener rechtschaffenen Gläubigen des 17. Jahrhunderts einnehmen, die der Ansicht waren, auch das Spielzeug könne dem Glauben dienen, so wie die *concetti* der Poesie dienten; oder den einer modernen empfindsamen weiblichen Seele, die gar nichts Besseres will, als sich von Puppen faszinieren zu lassen. Deshalb verwundert es auch nicht, wenn gerade eine Frau, eine Irländerin, die Italien kennt und liebt, nämlich Nesta de Robeck, uns ein Buch über Weihnachtskrippen (*The Christmas Crib*[4]) schenkt, in dem das Thema unter den

Aspekten des Kultus und der Kunst erörtert wird, eine Abhandlung, geschrieben mit jener Leichtigkeit der Feder, über die schon Vernon Lee in ihrem berühmten Werk über das 18. Jahrhundert in Italien[5] verfügte und die heutzutage einige wenige Essayisten und Exzentriker beweisen, allen voran Sacheverell Sitwell. Neben die Bücher des letzteren über die Familienporträts, die man »conversation pieces«[6] nennt, und über die Lithographien des »romantischen Ballets« (über die wir ein anderes Mal sprechen werden[7]), stellen wir natürlich nun das Werk von Nesta de Robeck über die Weihnachtskrippen, auch hier wieder mit der Hoffnung, nicht zuviel Unmut zu erregen.

Ob der Ursprung der Weihnachtskrippe in den Briefen des heiligen Hieronymus an seine römischen Freunde erwähnt wird, ob sie zum ersten Mal in der Basilika von Santa Maria Maggiore[8] mit dem feierlichen Namen Domus Sanctae Genitricis, Haus der Heiligen Gebärerin, versehen wurde; ob sie zum Gegenstand eines besonderen Kultes des hl. Franziskus in Greccio[9] (der Name sieht zwar wie die Wortwurzel von *crèche*, Krippe aus, aber er ist es nicht) und eines späteren Kultes von San Gaetano[10] gemacht wurde – sicher ist jedenfalls, daß die Weihnachtskrippe ihren glanzvollen Höhepunkt erst als dramatisches Schauspiel, als eigentliches Drama im Mittelalter und dann als Bühnenbild im 18. Jahrhundert erlebte. Und immer gehörte ein Element des Scherzhaften, der Posse[11] hinzu, z.B. das groteske Eingreifen des Herodes *furore accensus*, des Zornentbrannten, oder des Arcisynogagus[12] oder des Balaam mit seiner Eselin[13] bei der mittelalterlichen Darstellung. Gleiches gilt von den Genreszenen der Weihnachtskrippe des 18. Jahrhunderts. Und deshalb fragt man sich, ob diese Art Schauspiel, bei dem das göttliche Mysterium mit vielen, ja allzu vielen menschlichen Scherzen abwechselt, nicht direkt von Mustern herrührt, die sich in der Dunkelheit der Geschichte verlieren und die in vielen Kulten an den Ufern des Mittelmeeres und des Indischen Ozeans ihre Fortsetzung finden.[14] Ergreifende, wenngleich eher eintönige Theaterszenen des Mittelalters (selbst wenn sie die relative Vollkommenheit der sogenannten *Secunda Pastorum* des englischen Theaters erreichen[15]) verblassen vor unseren Augen angesichts der vortrefflichen Lebendigkeit der Weihnachtskrippe mit ihren starren kleinen Figuren, die in ein bezauberndes Lichterspiel getaucht sind. Entweder waren sie starr, oder sie waren beweglich kraft eines Uhrwerkmechanismus, der sie in einem stimmigen Ritus sich drehen und Posen einnehmen ließ, die den Bewegungen der Sphären glichen; zu den ersten, die solch frommes Spielzeug konstruierten, gehörte Hans Brabender, in dessen mechanischer Weihnachtskrippe von 1543 im Dom von Münster um die Mittagszeit die Könige aus dem Morgenland vor dem Jesuskind vorbeizogen und sich verbeugten, während das Glockenspiel die Klänge von *In dulci jubilo* intonierte; und unser Buontalenti baute für den jungen Francesco, den Sohn von Cosimo I., eine Weihnachtskrippe, über der die Engel vom Himmel herabschwebten und in der die Figuren der Sterblichen ihre natürlichen Haltungen einnahmen; das komplizierteste Spielzeug dieser Art wurde jedoch 1589 von Hans Schlottheim in Augsburg ersonnen, der Kurfürst von Sachsen schenkte es seiner Gemahlin.[16]

In Deutschland erlangte die Weihnachtskrippe auch dank der Propaganda der Jesuiten[17], die keine Gelegenheit ausließen, um durch ein den Sinnen schmeichelndes Schauspiel den Nutzen der religiösen Unterweisung zu erzeugen, eine ungewöhnliche Popularität nicht nur in Kirchen und Klöstern, sondern ebenso in den Palästen der Herrscher und in den Häusern der Bürger und Bauern; und stets klang etwas von der väterlichen Zuneigung an, etwa darin, daß der hl. Joseph häufig in der Kleidung eines Biedermeier avant la lettre auftaucht, bald die Kerze haltend, bald die Wiege schaukelnd oder gar eine Palme erklimmend, um einen Zweig voller Früchte in die Reichweite der Madonna zu biegen.

Die Tendenz zum Häuslichen, zur Annäherung der göttlichen Szenerie an die menschlich-alltägliche, kontrastiert in den Weihnachtskrippen mit jener anderen Tendenz, die das Märchenhafte, das Wundersame anzudeuten versucht: ein Anklang an orientalische Trompeten bei den Königen, ein Anklang an einheimische Sackpfeifen bei den Hirten und all den rechtschaffenen Leuten. Erhabene architektonische Perspektiven und endlose Reproduktionen von Gebirgsketten bei den böhmischen Weihnachtskrippen, und in Neapel das Gewühl des Straßenlebens mit seinen Menschentypen, seinen Bettlern, seinem bescheidenen Handel, seiner Vielfalt von Leuten und Dingen. Keine Bühne war jemals so überfüllt wie die einer neapolitanischen Weihnachtskrippe: man könnte sagen, ganz Neapel möchte sich um die Wiege scharen, um das in einer eisigen Nacht geborene Jesuskind mit seinem Atem zu erwärmen. In einem solchen Andrang von Figuren und Gesten, in einer solchen Überfülle völlig verschiedener Geschenke liegt eine tiefe Zärtlichkeit, die sich dem Betrachter nach und nach erschließt, wenn er den ersten Eindruck der Überfülle überwunden hat. Eine neapolitanische Weihnachtskrippe gleicht einer Seite aus Giambattisto Basile, auf der trotz des Gemenges von überspannten Metaphern, von grotesken und saftigen Tropen die Schlichtheit eines anrührenden Märchens aufblüht.[18] Die Hirten des Celebrano mit kahlen Schädeln und Gesichtern voller Flecken und Warzen; die wohlgenährten Gutsverwalter von Gori mit ihren rotwangigen Gattinnen (häufig waren es Persönlichkeiten des Hofes in bäuerlicher Kleidung, die Gori zum Modell nahm), die Tiere von Nicola und Saverio Vassallo, die Gauner des großen Sammartino; die größte Sorgfalt der Kleidung, der endlose Zierat und die Gerätschaften von Mosca (Mandolinen neben Doppelsäcken, Kochtöpfen, Vogelkäfigen, Provolonekäsen und bescheidenen Hülsenfrüchten), all das ist vielleicht auf eine ganz langweilige Art irdisch. In der Höhe indes schweben die Engel, halten kleine Karten oder Girlanden zwischen den zarten Fingern (was für vortreffliche Hände wußten diese Bildner zu formen!).[19] Sie wachen in glitzernden Scharen, wie in Miltons »Ode« *On the Morning of Christ's Nativity*[20]. Liegen nicht vielleicht in dieser Begegnung der Welten, der göttlichen und der menschlichen Welt, die höchste Bedeutung des Mysteriums, an das die Weihnachtskrippe gemahnt, und der Grund für ihre zeitlose Beliebtheit?

1938

Anmerkungen

1 Erstdruck: »Presepi«, in: *La Stampa*, 28. Dezember 1938. *A.d.Ü.*

2 Mario Praz hat die Münchner Sammlung noch in ihrer ursprünglichen Präsentation durch den Sammler gesehen*: Diese Sammlung »verdankt ihre Entstehung dem Münchner Kommerzienrat Max Schmederer (1854–1917), der 1892 seine umfangreiche Sammlung Münchner, neapolitanischer und sizilianischer Krippen dem Museum

schenkte und im neuen Haus zwischen 1901 und 1904 nach eigenen Entwürfen aufstellte. Durch weitere Schenkungen und Ankäufe erweitert, enthält sie inzwischen Beispiele aus Süddeutschland, Österreich, Mähren, Neapel, Sizilien und Südfrankreich. Schmederers Präsentation wurde im Zweiten Weltkrieg völlig zerstört, die Figuren wurden jedoch alle gerettet. Die Neuaufstellung Wilhelm Döderleins von 1958/59 folgt in vielem der von Schmederer begründeten Krippentradition mit großen Guckkästen, in denen die Figuren vor Kulissen bühnenartig aufgestellt sind.« Bayerisches Nationalmuseum München, *Führer durch die Schausammlung*. 43. Ausgabe 1988, S. 161; Georg Hager, *Die Weihnachtskrippe*. München 1902 (S. 102–130 über neapolitanische Krippen; in italienischer Übersetzung in der reichhaltigen Sammlung europäischer Texte über die neapolitanischen Weihnachtskrippen von Franco Mancini, *Il Presepe napoletano. Scritti e testimonianze dal secolo XVIII al 1955.*** Napoli: Società Editrice Napoletana, 1983, S. 113–122; ein Auszug aus dem grundlegenden Werk des ehemahligen Konservators am Bayerischen Nationalmuseum bildet den Schluß des repräsentativen Buches von Mancini: Rudolf Berliner, *Die Weihnachtskrippe*. München: Prestel, 1955); Lenz Kriss-Rettenbeck (Bearb.), *Weihnachtskrippen. Illustrierter Führer durch die Krippensammlung des Bayerischen Nationalmuseums*. München, 1972; Nina Gockerell, *Illustrierter Führer durch die Krippensammlung des Bayerischen Nationalmuseums*. München, 1980. – Reichhaltiges Bildmaterial über die neapolitanischen Weihnachtskrippen enthält der von Marisa Piccoli Pitello herausgegebene Band *Il presepe napoletano*. Fotografia di Marialba Russo. [Mit zwei Essays von Raffaello Causa, »Il presepe come prodotto d'Arte« (Die Weihnachtskrippe als Kunstprodukt) und Nicola Spinosa, »La stagione aurea del presepe napoletano« (Die goldene Zeit der neapolitanischen Weihnachtskrippe)]. Napoli: Guida, 1991.

* München war für Mario Praz das Ziel seiner ersten Auslandsreise gewesen: er war von der Stadt, von der Umgebung und von der bayerischen Lebensart einschließlich des Bieres begeistert, wie in den Briefen an Bruno Migliorini zu lesen ist: Mario Praz, *Lettere a Bruno Migliorini*. A cura di Lidia Pacini Migliorini. Firenze: Sansoni, 1983, S. 109 und 176 (Briefe vom 31. Juli 1921 und 7. August 1923). Wann Praz die Weihnachtskrippensammlung im Bayerischen Nationalmuseum zum ersten Mal gesehen hat, läßt sich diesen Briefen allerdings nicht entnehmen.

** Mancinis Buch enthält neben den (Auszügen aus den) ›kanonischen‹ Texten der italienischen Autoren (D'Onofri, Signorelli, Maddaloni, Croce, Perroni, Correra, Morazzoni, Liguori, Nicolini) eine Reihe von Übersetzungen deutscher Texte: Goethe, *Italienische Reise*

(Eintragung vom 27. Mai 1787 anläßlich einer Einladung bei »Hamilton und seiner Schönen«: Goethe kommt bei seiner Beschreibung des *schwarzen Kastens* im »Kunst- und Gerümpelgewölbe« des Sammlers Hamilton, in dem Lady Hamilton nach Anweisung von Sir William früher Heldinnen von Gemälden dargestellt hatte – das Schauspiel blieb Goethe versagt –, auf die Weihnachtskrippen zu sprechen; siehe unten, Essay 35); Philip Joseph von Rehfues, *Gemählde von Neapel und seinen Umgebungen*. Zürich: Gessner, 1808, 3 Bände; Friederike Brun, »Presepio's von Neapel«, in: *Sitten- und Landschaftsstudien von Neapel und seinen Umgebungen* in Briefen und Zuschriften entworfen in den Jahren 1809–1810, nebst späteren Zusätzen von Leipzig: Hartleben, 1818; August Kopisch, »Die Präsepien oder Weihnachts-Krippen in Neapel«, in: ders., *Gesammelte Werke*, Berlin: Weidmann, 1865, Band V, S. 112–123; Georg Hager (siehe oben); Georg Rietschel, *Weihnachten in Kirche, Kunst und Volksleben*. Bielefeld: Velhagen & Klasing, 1902, S. 58–61; Josef Kreitmaier, »Die Weihnachtskrippe, ein Weckruf zur Freude«, in: *Die Kunst dem Volke*. München, 1919, Nr. 38; Rudolf Berliner (siehe oben). *A.d.Ü.*

3 Die Verachtung hat Tradition, vgl. Jacob Burckhardt, *Der Cicerone* (Neudruck der Urausgabe). Berlin/Leipzig: Kröner, 1927, S. 671: »Und so entstanden wieder zahllose bemalte Heiligenfiguren von Holz, Stukko und Stein. Wer sich von Bildhauern irgend etwas dünkte, wollte allerdings mit dieser Gattung nichts zu tun haben; die akademische Kunst schloß kein Verhältnis mehr mit ihr; sie mied die Verwandtschaft und Konkurrenz mit jenen periodisch neu drapierten Wachspuppen, welche z. B. in Glaskasten auf den Altären neapolitanischer Kirchen prangen.« – Zur Korrektur dieser Ansicht vgl. Luigi Correra, »Il presepe a Napoli« (1899), abgedruckt in Mancini, *Il presepe napoletano*, a. a. O., S. 95–106, zu Burckhardt: S. 101; Wiederholung des Einwands bei Giuseppe Liguori, »Il presepe. Note di storia e di arte« (1927), in: Mancini, *Il presepe napoletano*, a. a. O., S. 158–167, zu Burckhardt S. 116 und Anm. 13. Fausto Nicolini, »Il presepe napoletano« (1930), in: Mancini, *Il presepe napoletano*, a.a.O., S. 179–202. *A.d.Ü.*

4 Nesta de Robeck, *The Christmas Crib*. London, 1937. [Auszug in italienischer Sprache bei Mancini, *Il presepe napoletano*, a. a. O., S. 260–264. Mancini weist in seiner Vorbemerkung darauf hin, daß Robeck in diesem Text die Argumente eines früheren Essays wieder aufnimmt und erweitert: Nesta de Robeck, *The Christmas Presepio in Italy*. Florenz 1934. Mancini stellt überdies fest, daß Robeck die »kanonischen Texte« oft nur implizit zitiert, einiges davon mißverstanden hat und das behandelte Material offensichtlich nur unzulänglich kennt (Mancini, a. a. O., S. 260)]. *A.d.Ü.*

5 Vernon Lee, *Studies on the 18th Century in Italy*, 1880. *A.d.Ü.*

6 Sachaverell Sitwell, *Conversation Pieces*. London: Batsford,1936; vgl. Mario Praz, *Scene di conversazione*. Roma: Ugo Bozzi, 1970 (englische Übersetzung: *Conversation Pieces. A Survey of the Informal Group Portrait in Europe and America*. University Park & London: The Pennsylvania State University Press, 1971). Zu den übrigen Arbeiten Sacheverell Sitwells vgl. Richard Fifoot, *A Bibliography of Edith, Osbert and Sacheverell Sitwell*. London, 1971 (Second Edition, 1971), S. 271 ff. *A.d.Ü.*

7 Siehe unten, Essay 22, »Das romantische Ballett«. *A. d. Ü.*

8 Vgl. Usener, *Das Weihnachtsfest*, a.a.O., S. 283: »Erst nachdem andere Marienkirchen hinzugetreten waren (...) macht sich das bedürfniss einer unterscheidenden bezeichnung geltend, und man bediente sich zu dem ende des zusatzes *ad praesepe*, oder wenn man umständlicher reden wollte, *quae apellatur ad praesepe* [Inschrift von S. Maria Maggiore, im IX jahrhundert von einer älteren papyrusurkunde auf stein übertragen (...): *basilicae sanctae dei genitricis Mariae q(uae) a(ppellatur) ad presepem*]«; S. 287 f.: »Wichtig ist die (...) im anfang des mittelalters übliche bezeichnung *s. Mariae ad praesepe*. Schon früh war an dem rechten seitenschiff der basilica eine kapelle für eine heilige krippe angebaut. Das pabstbuch erwähnt sie unter Gregorius III (731–741) als einen ›betraum‹ [«ibidem in oratorio sancto quod praesepe dicitur«], unter Sergius II (844–7) als eine ›kammer‹ [»cameram praesepii domini nostri Iesu Christi, quod basilicae beatae dei genitricis dominae nostrae conectitur«].« *A.d.Ü.*

9 Daß der hl. Franz von Assisi der erste gewesen sei, der diese Darstellungsform der Geburt Jesu praktizierte, wird in vielen Texten in Mancinis Anthologie angeführt; als Beispiel eine Stelle aus Francesco Proto Luca di Maddaloni, »Il Presepe« (1891): »(...) wenn wir uns nun der Wiege zuwenden, dem Gegenstand, so sage ich, daß die Erfindung dieser gefälligen Darstellung der Weihnachtskrippe, die einst etwas Mystisches und Historisches war, jenem großen Künstler geschuldet wird, der unser Ärmster aus Assisi war, der poetischste unter den Heiligen, der italienischste Italiener. Er war es, der im Winter 1220 diesen Brauch einführte (...). Nach unserem überzeugendsten Chronisten, Tommaso di Celano, wollte er in diesem Jahre etwas anderes machen: im Wald hinter dem Ort [Greccio in Umbrien] baute er einen Stall und stellte eine Futterkrippe [mangatoia] mit Heu auf und zu Füßen derselben einen Altar, mit einem Ochsen auf der einen und einem Eselchen auf der anderen Seite, lud die Einwohner und die Patres ein, und sie kamen alle dorthin, in Fröhlichkeit, mit brennenden Fackeln, mit Öllampen, mit Musik, und sie sangen Hymnen zum Ruhme des Herrn. Und in dieser Hütte wurde um Mitternacht die Messe

gelesen (...) Und nach der Messe wollte der hl. Franziskus, nach dem Bericht von Celano (...), daß große Feuer angezündet würden, damit die Nacht, in welcher der Urheber allen Lichtes zur Welt gekommen war, nicht finster sei. Und nach der Franziskanischen Legende war eine gläubige Frau namens Velita und ein Reiter aus der Umgegend zum heiligen Fest gekommen und sie sahen in göttlicher Verzückung im Heu der Futterraufe einen wunderschönen Säugling, den Franziskus liebevoll mit Küssen bedeckte und von ihm ebenso liebkost wurde. Dieser Legende war Glück beschieden. Sie verbreitete sich rasch, nicht nur in der ganzen Welt Italiens, sondern auch überall dort, wo es Christen gab. Und daraus entstand der Brauch der Weihnachtskrippen in unseren Städten, in Frankreich, in Spanien, in Flandern, in Deutschland, bei den Schweizern, so daß es heute keine Stadt und kein Dorf mehr gibt, wo man nicht noch uralte und sehr schöne sehen kann.« Zit. in Mancini, a.a.O., S. 63. Weitere Belege: S. 76, 81, 96, 124, 132, 181, 207, 220, 248. Vgl. Georg Rietschel, *Weihnachten in Kirche, Kunst und Volksleben.* Bielefeld und Leipzig: Velhagen & Klasing, 1902, S. 54: Franziskus von Assisi »hat vor allem die Aufstellung der Krippen volkstümlich gemacht. Er beschloß durch diese Darstellung den Glauben des Volkes zu stärken und errichtete zunächst in dem Walde von Greccio am heiligen Weihnachtsabend eine völlige Krippe, zu der Heu gebracht und Ochs und Esel geführt wurden. Das Volk strömte von allen Seiten herbei. Franziskus selbst hielt unter tiefer Bewegung Gottesdienst und predigte von dem *Knaben zu Bethlehem.* Es wird behauptet, man habe während dieser Handlung ein wundervolles lebendiges Kind in der Krippe liegen gesehen, das Franziskus mit beiden Armen zu umschlingen und aus dem Schlaf zu wecken versuchte. (...) Mit Unrecht hat man Franziskus als den Urheber der Krippenfeier in den Kirchen angesehen. Er hat nur viel zu ihrer Verbreitung beigetragen.« *A.d.Ü.*

10 San Gaetano (di Thiene) baute 1534 in der kleinen Kirche von Santa Maria della Stalletta in Neapel eine Weihnachtskrippe; vgl. Mancini, Hrsg., a.a.O., S. 60, 66, 159, 253. Einen übersichtlichen Abriß zur Geschichte der Weihnachtskrippe findet man in Mancini, Hrsg., *Il presepe napoletano*, a.a.O, S. 59–60. *A.d.Ü.*

11 Nicolini weist auf Andrea Perruccis (1651–1704) Schauspiel *Il vero lume tra le ombre, ossia La Nascita del Verbo umanato* hin; siehe Mancini, Hrsg., *Il presepe napoletano*, a.a.O., S. 182; Luigi Correra, »Il presepe napoletano, in: Mancini, Hrsg., a.a.O., S. 100. *A.d.Ü.*

12 Oberster der Schule (Synagoge), Gemeindevorsteher; *Markus* 5, 22. *A.d.Ü.*

13 Bileam und seine Eselin; *Numeri*, 22, 22–35. *A.d.Ü.*

14 Zum Motiv von Ochs und Esel vgl. Nicolini, »Motivi presepiali: Il bove e l'asinello« (1944), in: Mancini, Hrsg., *Il presepe napoletano*, a.a.O., S. 275–277. *A.d.Ü.*

15 Ein Beispiel des mittelalterlichen Theaters, das geprägt war durch die »Mysterienspiele«: Szenen aus der Heils- und Menschheitsgeschichte, deren Aufführungspraxis auf kirchliche Feiern zurückging. Vgl. Mario Praz, *Storia della Letteratura inglese*. Firenze: Sansoni (11. Aufl., 7. Nachdruck) 1987, S. 49; Bernhard Fabian, Hrsg., *Die englische Literatur. Band 1: Epochen. Formen*. München: dtv, 1991, S. 374 ff. *A.d.Ü.*

16 Siehe Luigi Correra, in: Mancini, Hrsg., a.a.O., S. 100: die beweglichen Figuren wurden von den Kirchenbehörden verboten. *A.d.Ü.*

17 Siehe Nicolini, »Il presepe napoletano«, in: Mancini, Hrsg., a.a.O., S. 188. *A.d.Ü.*

18 Vgl. Mario Praz, »Das *Märchen aller Märchen* von Giovanni Batista Basile«, in: ders., *Der Garten der Sinne*, a.a.O., S. 177–203. *A.d.Ü.*

19 Farbabbildungen von Krippenfiguren der erwähnten Künstler finden sich in Marisa Piccoli Catello, *Il presepe napoletano*; Farb- und Schwarzweißabbildungen bei Mancini, Hrsg., *Il presepe napoletano*: Camillo Celebrano (Ende 18. – Anfang 19. Jh.), S. 165–172, und Mancini, Abb. 72–75; Giuseppe Gori (Ende 18. – Anfang 19. Jh.), S. 129–142, und Mancini, Abb. 30–36; Nicola und Saverio Vassallo (18. Jh.), S. 217–224, und Mancini, Abb. 81–86 und XIV; Giuseppe Sanmartino (1720–1793), S. 93–104, und Mancini, Abb. 6–18, III bis XIII, XVII-XVIII; Lorenzo Mosca (gestorben 1789), S. 55–76, und Mancini, Abb. 39–65. *A.d.Ü.*

20 »Das Hauptwerk dieser Zeit [d. h. der ersten Hälfte des 17. Jahrhunderts] war die zum Ausdruck der feierlichen Würde und Erhabenheit ›Ode‹ genannte Weihnachtsdichtung *On the Morning of Christ's Nativity* (1629), die trotz zahlreicher Spenser-Nachklänge und metaphysischer conceits schon Miltons persönlichen Stil zeigte.« Walter F. Schirmer, *Geschichte der englischen und amerikanischen Literatur*. Tübingen: Francke, 2. neubearb. Aufl. 1954, Bd. I, S. 338. – Miltons »Ode« ist das Lieblingsgedicht von Conor Cruise O'Brien: Niall MacMonagle, Hrsg., *Lifelines. An Anthology of Poems Cosen by Famous People*. Harmondsworth: Penguin, 1993, S. 162–170. *A.d.Ü.*

10 *Alles über Weihnachten*[1]

Die Straßen werden beleuchtet, bestimmte Pflanzen, nämlich Immergrün und Mistel, schmücken die Häuser, der Weihnachtsmann winkt den Kindern zu, auf den festlich gedeckten Tischen erscheinen besondere Speisen. Diese und andere vertraute Aspekte des wichtigsten jährlichen Festes werden wie jeder andere gewohnte und wiederkehrende Brauch stillschweigend akzeptiert, und nur ganz wenige stellen sich die Frage nach dem Warum der Lichter, Pflanzen und der symbolischen Figuren von Menschen und Tieren. Wie viele Menschen wissen eigentlich, daß das christliche Fest erst im 4. Jahrhundert nach Christus ein festes Datum bekam?[2] Und daß die zweite Dezemberhälfte bei den Heiden als der Zeitabschnitt bekannt war, in dem die Sonne wiedergeboren wurde, das heißt wieder länger am Himmel stand, und warum sie bei vielen Nationen gefeiert wurde, und daß der römische Kaiser Aurelianus (3. Jahrhundert) dem *Dies Natalis Invicti Solis* römische Würde verlieh?[3] Der 25. Dezember war auch das Geburtsdatum des Mithras.[4] Sonne, Fruchtbarkeit des Bodens, Wiederherstellung des Lebens: es sind die immergrünen Pflanzen, die an diesen Zusammenhang zwischen der Festlichkeit und den Versöhnungsriten der Wiedergeburt des Lebens auf den Feldern erinnern; es werden Feuer angezündet, die die wiedergewonnene Kraft der Sonne symbolisieren, und bis heute ist in der Toskana der Ceppo, das heißt das Holzscheit, das am Vorabend vor Weihnachten in der Feuerstelle brennt, das Synonym für Weihnachten.

In England, Holland und Frankreich wurde der Bohnenkönig gewählt, d. h. der, dem in seinem Stück Dreikönigskuchen die darin versteckte Bohne zufällt, und obwohl in England heute die Bohne durch eine kleine Silbermünze ersetzt wird, so ist darin doch das Überleben der uralten Zufallswahl des Priesterkönigs oder des Opfers auf dem Weg über die römischen Saturnalien durchaus erkennbar. Auch der an Weihnachten in Amerika an der Haustüre hängende Stechpalmenkranz, der noch nicht wie so viele andere amerikanische Bräuche über den Atlantik zu uns herübergekommen ist und der bei seinem ersten Anblick in mir nur Assoziationen der Trauer auslöste, ist nichts anderes als ein rundes Sonnensymbol. Und was den Weihnachtsmann betrifft, der in England mit Stechpalmen geschmückt wurde und in Amerika sich jene Mütze aufsetzte, mit der er bei uns eingetroffen ist, so würden die Kinder vor seinem Anblick voller Entsetzen fliehen, wenn sie wüßten, von welcher furchterregenden Gottheit er der domestizierte Nachkomme ist: von keinem geringeren als Moloch, dem kanaanitischen und karthagischen Gott, dessen glühender Bronzebauch die kleinen Kinder verschlang, die man ihm opferte. Welcher Mutter, die ihr Kind ermutigt, sich dem Weihnachtsmann zu nähern, kommt Vers 21 im 18. Kapitel des *Leviticus* in den Sinn: »Du darfst keines von deinen Kindern für Moloch durch das Feuer gehen lassen und so den Namen deines Gottes entweihen.« (In Karthago, Susa, Motya, Nora, Antiocheia und am Berg Sinai, so lesen wir in *Il mondo dei Fenici* [*Die Welt der Phönizier*] von Sabatino Moscati, entdeckte man große Einfriedungen mit Urnen, in denen die kremierten Knochen der Kinder aufbewahrt wurden.) Und das anmutige Rotkehlchen, das auf manchen englischen Glückwunschkarten für Weihnachten erscheint, ist nur ein Ersatz für den Zaunkönig, der zu einem anderen Brauch gehörte: der Vogel wurde gejagt und am Tag des Hl. Stephanus[5], und zwar nur an diesem Tag, getötet. Nach der Jagd wurde der arme Vogel in einer Prozession durch die Straßen getragen, zuweilen auf einer winzigen Bahre, und dieser Brauch war wiederum ein Ersatz für das Menschenopfer, nämlich für den Tod des alten Priesterkönigs, über den Frazer seinen völkerkundlichen Text *The Golden Bough* [*Der goldene Zweig*][6] schrieb. Es gibt viktorianische Weihnachtskarten, die das tote Rotkehlchen auf dem Rücken liegend zeigen, und wer nicht auf den Ursprung zurückgeht, dem erscheint das Bild lediglich als eine Aufforderung, den Vögeln, die unter der Kälte des Winters leiden, zu helfen.

Außerdem gibt es den Kuß unter dem Mistelzweig: wen erinnert er noch an den Druidenkult mit dieser Pflanze und gibt damit zu verstehen, daß dieser Kuß das Überbleibsel von etwas ganz anderem als einer harmlosen Zeremonie ist, vielleicht eines Menschenopfers oder einer Form von sakraler Prostitution.[7] Und wer denkt beim Hl. Nikolaus, dem Geschenkebringer, der wie unsere Befana[8] durch den Kamin hereinkommt, daß er der heimliche Wegweiser zu den Numen des Herdfeuers und den Göttern des Ceppo war sowie zu den Hexen der antiken Religion des gehörnten Gottes, der später zum Teufel der Christen wurde? Wenn es als allzu spitzfindig erscheint, daß die Anwesenheit der Hirten bei der Weihnachtskrippe an die Lichthöfe der Sonne und des Monds gemahnt, die in der Sprache Arkadiens als »Hirten der Sterne« bekannt waren, dann wird man wohl den deutschen Brauch mit der Menschengruppe, die am Donnerstag vor Weihnachten, in der *Klöpfelnacht* [deutsch im Original], mit furchterregenden Masken und Kuhglocken, mit Schlegeln und alten Kannen als Trommeln von Haus zu Haus zieht und wie bei einer Zeremonie zur Vertreibung böser Geister Steine gegen die Fenster wirft und an die Türen klopft, nicht als die Verkündigung der Ankunft Christi und als die Herbergssuche von Maria und Joseph deuten können.[9] Die schrecklichen Masken stehen jedoch in einer klaren Beziehung zu den Masken der Wilden in Polynesien. Und setzt die Weihnachtskrippe nicht vielleicht die Tradition der Puppen bei den Saturnalien fort?

Nun gibt es ein Buch, das, in einer angenehmen Form und von poetischem Scharfsinn ebenso wie von einem überaus attraktiven Bildteil belebt, in Kürze alles zusammenfaßt, was die Gelehrten wissen, die sich mit der Tradition der Volkskultur befassen: der Band *Christmas* des bekannten Erzählers William Sansom (London: Weidenfeld & Nicolson, 1968).[10] Ein Buch, das so reich ist an Legenden und Episoden und so sehr mit merkwürdigen und ausgefallenen Informationen gespickt, daß das komplizierte Rezept des *plum-pudding* im Vergleich dazu ein Bagatellstück ist. Selbst wer wegen eines schwachen Magens diesen traditionellen englischen Pudding nicht verdauen kann, wird jedenfalls das Buch lesen können und dieselben Wirkungen einer genüßlichen Sättigung, aber ohne gesundheitsschädigende Folgen verspüren. Auf der Spur gelehrter Vorgänger wie Herbert Wernecke[11] läßt Sansom die Weihnachtsbräuche aller Völker der Welt, von denen es so viele gibt, daß man sich nur wundern kann, Revue passieren.

In Isleta, in der Nähe von Albuquerque, wo Weihnachten mit einem Ausdruck bezeichnet wird, der fast genau dem Ceppo in der Toskana entspricht, nämlich ›Nachtfeuer‹, zünden die Indianer Leuchtfeuer und Laternen an und tragen Papiersäckchen mit Geschenken für das Jesuskind mit sich; auf dem Hauptaltar der Kirche wird ein Weihnachtsbaum aufgestellt, die Schwarzaugen, tanzende Indianer, betreten die Kirche. Sechs Männer in roten Umhängen, die Handschuhe mit weißen Flecken bemalt, in der Hand Verkündigungskerzen tragend, machen einen Raum inmitten der Menge frei; dann kommt ein Chor mit Trommeln herbei, und zwölf tanzende Männer und Frauen bewegen sich vor dem Altar zum Klang der Trommeln und Rasseln vor und zurück. Die Zeremonie gleicht in einigen Aspekten einer anderen, die in der fernen Provence in Les Beaux stattfindet. Ebenfalls in der Nähe von Albuquerque, in der Kirche eines Indianerdorfes, lassen Männer und Frauen aus Ton oder Teig geformte Nachbildungen ihrer Haustiere oder von Tieren, die sie jagen wollen, segnen, in der Hoffnung, daß der große Geist im kommenden Jahr Ernte und Jagd fördern werde. Als die Missionare die ersten Weihnachtsbäume bei den Eskimos einführten, aßen diese die Kerzen auf. Und wem nützt es eigentlich, den Kongolesen die Weihnachtslieder, die englischen *carols*, beigebracht zu haben? Im Dezember 1964 sangen diese Wilden, nachdem sie die Missionare und die weißen Priester massakriert hatten, vor den Überlebenden *carols* auf Suaheli. Die Episode aber, die jene Nachfolger von Joyce glücklich machen sollte, die sich mit der Erfindung ungebräuchlicher Sprachen vergnügen (wie bei uns Adriano Malavasi), stammt aus Indonesien, wo unter rivalisierenden Stämmen, die sich wieder versöhnt haben, Worte ausgetauscht werden, die für uns einen geheimnisvollen und komischen Klang haben, bis wir entdecken, daß es sich lediglich um die phonetische Transkription englischer Wörter auf melanesischen Lippen handelt:

»... na Maria i gat bel. Tupela i stap long dispela ples, na taim bilong Maria i karim pikinini i kamap pinis. Em i karim namba wan pikinini man bilong em, na i karamapim em long laplap na i putim em i slip long bokis kaikai bilong ol bulmakau. Haus pasendia i pulap pinis, na olsem.«

Wörter, die den folgenden englischen Wörtern entsprechen (oder vielmehr denen eines *pidgin English*, der lingua franca, wie sie zwischen Engländern und Chinesen gebraucht wird):

> »And Maria 'e got belly. Two feller (Maria und Joseph) stop along this feller place, in the time belong Maria 'e carry 'im pickaninny (Wort der Eingeborenen, aus dem Portugiesischen *pequenino*: ›klein‹) 'e come up finish. And 'e carry 'im number one pickaninny man belong 'em and carry 'im up along laplap (Tuch), and 'e put 'im 'e sleep along bokis (engl. ›box‹, Futterraufe, Krippe) kaikai (engl. ›cake‹, Speise) belong all bull and cow. House passenger (die Herberge) 'e full up finish, and all same.«

Und alles dies ist nichts anderes als der Abschnitt aus dem Evangelium des Lukas, Kapitel 2, Vers 5–7:

> »5. Auf daß er (Joseph) sich schätzen ließe mit Maria, seinem vertrauten Weibe, die war schwanger.
> 6. Und als sie daselbst waren, kam die Zeit, daß sie gebären sollte.
> 7. Und sie gebar ihren ersten Sohn und wickelte ihn in Windeln und legte ihn in eine Krippe; denn sie hatten sonst keinen Raum in der Herberge.«

Der lateinische Text ist noch knapper und ernster, und er läßt sich durch die groteske melanesische Paraphrase hindurch wie ein Palimpsest lesen, das sich verflüchtigt hat.

In Wahrheit gleicht alles das, was heute mit Weihnachten zu tun hat, einem gewöhnlichen Alphabet, in dem die ursprüngliche figurative Bedeutung der Symbole getilgt ist. Denn was ist Weihnachten heute, im Zeichen der Kommerzialisierung des Festes? Dazu fallen einem die Worte von Lawrence (aus *The Rainbow*) ein: »Alas, that Christmas was only a domestic feast, a feast of sweetmeats and toys! Why did not the grown-ups also change their everyday hearts, and give way to ecstasy? Where was the ecstasy?«[12]

1969

Anmerkungen

1 Erstdruck: »Candele a pranzo«, in: *Il Tempo*, 24. Dezember 1969. *A.d.Ü.*

2 Hermann Usener, *Das Weihnachtsfest* (1889). Bonn, 1911 (2. Aufl.). (= Usener, *Religionsgeschichtliche Untersuchungen.* Erster Teil: Das Weihnachtsfest. Kapitel I–III), S. 271–283: »Im Jahr 354 ist Christi geburt bereits im bischöflichen diptychon Roms auf den 25 december angemerkt. Das neue fest ist also in Rom zum ersten male im j. 354 begangen worden« (S. 281); Georg Rietschel, *Weihnachten in Kirche, Kunst und Volksleben.* Bielefeld und Leipzig: Velhagen & Klasing, 1902, S. 9. *A.d.Ü.*

3 Vgl. Usener, *Das Weihnachtsfest* (1911), a. a. O., S. 348–378, »Sol invictus«: »Es ist bekannt und anerkannt, daß unsere weihnachtsfeier des 25. december der christliche ersatz für das heidnische geburtsfest des *Sol invictus* war. (...) Für die entstehung des weihnachtsfestes ist es daher unerlässlich, die geschichte jenes römischen gottesbegriffes genauer festzustellen« (S. 348–350). *A.d.Ü.*

4 Der Geburtstag des unbesiegbaren Sonnengottes: *Sol invictus*, ein Zeichen der Unbesiegbarkeit des römischen Imperiums. Vgl. Ingeborg Weber-Kellermann, *Das Weihnachtsfest. Eine Kultur- und Sozialgeschichte der Weihnachtszeit.* Luzern / Frankfurt a. M.: Bucher, 1978, S. 10 ff; Usener, »Sol invictus«, in: *Das Weihnachtsfest*, a. a. O., S. 351–352: »Seit dem ende des ersten jahrhunderts verbreitete sich, von den legionssoldaten getragen, der geheimdienst des persischen Mithras rasch im westen und rückte die verehrung des sonnengottes in den vordergrund. (...) Immer stärker machte sich das religiöse bedürfniss geltend, die göttlichen kräfte zu einer allmächtigen einheit zusammenzufassen; den weg dazu hatte der synkretismus eröffnet (...). So wuchs eine theologie heran, die in dem sichtbaren quell von licht und wärme die umfassende einheitliche gottheit erkannte, zu der die übrigen götter sich wie brechungen und strahlungen verhielten. (...) Die allmacht, die sich danach für den sonnengott ergab, findet ihren bezeichnenden und officiell gewordenen ausdruck in der benennung *Sol invictus* oder kurzweg *Invictus.*« Vgl. Manfred Clauss, *Mithras. Kult und Mysterien.* München: C. H. Beck, 1990, S. 23; zu dem – von christlicher Seite her – betriebenen Kampf um die religiöse Vorherrschaft vgl. S. 175–179, »Mithras und Christus«: »Die Alternative Mithras oder Christus ist falsch gestellt, da sie aus christlicher Sicht eine Wettbewerbssituation postuliert, die aus der Sicht der Mithras-Anhänger nicht existierte. An einen Wettkampf zweier Religionen konnten allein Menschen denken, die an einen endgültigen Sieg ihrer Religion, ihres Gottes glaubten und darauf hinarbeiteten, mit welchen

Mitteln auch immer. Man sollte christliche Vorstellungen und Begriffe in diesem Bereich nicht leichtfertig auf andere Mysterienkulte übertragen.« Vgl. ders., *Cultores Mithrae. Die Anhängerschaft des Mithras-Kultes*. Wiesbaden: Steiner, 1992. – Der amerikanische Papyrologe William Brashear identifizierte in der Ägyptischen Sammlung Berlin-Charlottenburg einen griechischen Text, »bei dem es sich höchstwahrscheinlich um ein Schriftstück zur Praxis des Mithras-Kultes handelt. (...) Bisher hatte man als Texte zum Mithras-Kult nur kurze Stiftungsinschriften. Das ist um so erstaunlicher, als es sich dabei um eine Religion handelt, die im römischen Reich eine so bedeutende Rolle spielte, daß die Christen die Geburt ihres Rettergottes auf genau den Tag legten, der auch das Geburtsdatum des Rettergottes der römischen Legionäre war. Nicht Mithras, sondern Christus ist der Erlöser, wollten sie uns damit sagen. Deswegen bestimmt Mithras auch heute noch, wann die Geschenke ausgepackt werden, obwohl so gut wie niemand mehr von ihm weiß.« Malte Römer, »Stufenweise Erlösung zu Lebzeiten. Ein Papyrus gibt erstmals Auskunft über den Mithras-Kult.« *Frankfurter Allgemeine Zeitung*, 11. März 1992, S. N 5. *A.d.Ü.*

5 Der Märtyrer Stephanus gilt als »Erzmärtyrer«; sein Tag ist der 26. Dezember. *A.d.Ü.*

6 Die anfängliche Untersuchung (1890 unter dem Titel *The Golden Bough* erschienen) zur Tradition der römischen Priesterkönige, »die als Inkarnation der Gottheit und Verkörperung des Baumgeistes galten und deren Nachfolge nur antreten konnte, wer einen Zweig vom heiligen Baum im Hain der Nemi brach und dann den Priester erschlug« (*KLL*, 4027), wuchs im Laufe der Zeit zu einem zwölfbändigen Sammelwerk über Tötungsrituale, Opferfeuer, Karnevalsriten, Fruchtbarkeitszauber und Sündenbockrollen unter dem nunmehr erweiterten Titel *The Golden Bough. A Study in Comparative Religion* (1912–1917, 12 Bände) an, das Ludwig Wittgenstein nicht nur veranlaßte, Frazers Auffassung der religiösen Bräuche als wissenschaftliche Pseudotheorien zu kritisieren, sondern ihn auch dazu anregte, seine eigene Konzeption des »Sprachspiels« zu erweitern und zu relativieren: »In unserer Sprache ist eine ganze Mythologie niedergelegt« (»Bemerkungen über Frazers *The Golden Bough*«; in: *Synthese*, 1967, S. 10.) *A.d.Ü.*

7 Vgl. *Deutscher Aberglauben*, Art. Bd. 6, Sp. 387 »Mistel«: Die Mistel gilt als Glückspflanze, bedeutet Fruchtbarkeit, wird in Brautkränze eingeflochten und signalisiert in England eine Art »Kußzwang«: »Das Mädchen, das unter einem solchen Mistelbusch von einem Manne angetroffen wird, muß sich von diesem küssen lassen.« Vgl. dazu Art. »Kuß«, ebd., Bd. 5, Sp. 682 f.: hier wird das Beispiel eines »Kuß-

marktes« angeführt, auf dem das weibliche Geschlecht den aktiven Part übernahm: Es gibt einen bestimmten Tag im Jahr, an dem es »allen Mädchen und Frauen gestattet (ist), nach freier Wahl Männer zu küssen (scheint eine Spur sakraler Prostitution zu sein)«. *A.d.Ü.*

8 Sagengestalt, Fee, die in der Dreikönigsnacht (Nacht vor dem Epiphaniasfest; Epiphania/Befana) die Kinder beschenkt: eine der »Holda, Perchta, Abundia verwandte, italienische Dämonin der Adventszeit (...) Personifikation eines Kalenderbegriffs, nämlich des Epiphaniasfestes (6. Januar).« Art. »Befana, Befania«, in: *Deutscher Aberglauben*, Bd. 1, Sp. 974–975. *A.d.Ü.*

9 Nach Weber-Kellermann, *Das Weihnachtsfest*, a.a.O., S. 61, geht der Brauch auf das 15. Jahrhundert zurück: Nachts in den »drei vorweihnachtlichen Donnerstagen, den sogenannten ›Klöpfelsnächten‹ gingen Gruppen herum, die an die Haustüre klopften und dann traditionelle Klopf-an-Verse sprachen«; vgl. Art. »Klopfnächte« (Klöpfelnächte, Klöpflesnächte) in: *Deutscher Aberglauben*, Bd. 4, Sp. 1542–1546: im süddeutschen Raum, in der Ostschweiz, in Oberbayern und Österreich üblich, mit zahlreichen lokalen Varianten. Als Grund wird angegeben, »es solle dadurch der Advent des Herrn verkündet werden. Andere sagen, die ersten Christen hätten sich für ihre heimlichen Gottesdienste dadurch Zeichen gegeben, daß sie Erbsen an die Fenster warfen. Wieder andere führen den Brauch auf Pestzeiten zurück, wo man das getan habe, um zu prüfen, ob die Inwohner noch lebten.« Der Gebrauch von Masken scheint nicht überall verbreitet gewesen zu sein. *A.d.Ü.*

10 Siehe Mario Praz, *Storia della letteratura inglese*, a.a.O., S. 716–717: William Sansom (1912–1976) begann 1944 mit Erzählungen (*Fireman Flower*), in denen sich eine Weltansicht entfaltet, die man mit den kühnen Visionen der Surrealisten in der bildenden Kunst in Verbindung bringen könnte (Max Ernst, Dalí, Magritte, Delvaux). Weitere Bücher von Sansom sind *Three* (1947), *Something Terrible, Something Lovely* (1948), *The Body* (Roman, 1949), *A Contest of Ladies* (1956), *Among the Dahlias* (1957), *The Cautious Heart* (1958), *The Ulcerated Milkman* (1966). Eine Erzählung aus Sansoms *Stories* liegt auf deutsch vor in: Raimund Borgmeier und Bernhard Reitz, *Die englische Literatur in Text und Darstellung: 20. Jahrhundert II*. Stuttgart: Reclam, 1986, S. 372–382: »The Vertical Ladder« / »Die Steigleiter« (englisch/deutsch; übersetzt von R. Borgmeier). *A.d.Ü.*

11 Herbert H. Wernecke, *Favourite Christmas, Folk and Sacred Songs*. London: Westminster Press (o. J.); ders., *Carols, Customs and Costumes Around the World*. Old Orchard Publishers, 1936; ders., *Christmas Songs and Their Stories*. London: The Westminster Press,

1957; ders., *Christmas Customs Around the World*. Folkestone: Bailey Brothers & Swinfen Ltd., 1959. *A.d.Ü.*

12 D.H. Lawrence, *The Rainbow* (1915). Edited with an Introduction and Notes by John Worthen. Harmondsworth: Penguin, 1989, S. 324 (Schluß des X. Kapitels): »Ach, dieses Weihnachten war bloß ein häusliches Fest, ein Fest der Süßigkeiten und des Spielzeugs! Warum änderten nicht auch die Erwachsenen ihre Alltagsherzen und gaben sich der Verzückung hin? Wo war die Verzückung?« *A.d.Ü.*

11 Der Tod Satans[1]

»*Ich habe Tausende von Göttern gesehen.* Ich habe das überwältigend wunderbare Geschenk empfangen. Mir, der ich ohne Glauben bin (ohne den Glauben zu kennen, den ich vielleicht haben könnte), mir sind sie erschienen. Sie waren da, in lebendiger Gegenwart, lebendiger gegenwärtig als irgend etwas, das ich jemals gesehen habe. Und es war unmöglich, und ich wußte es, und doch! Und doch waren sie da, zu Hunderten aufgereiht, immer einer neben dem andern (aber weitere Tausende folgten, kaum wahrnehmbar, und sehr viel mehr als Tausende, eine Unendlichkeit). Da waren sie, diese Gestalten, still, vornehm in der Luft schwebend kraft einer Levitation, die ganz natürlich erschien, mit sehr leichten Bewegungen, wie von innen her beschwingt, ohne sich von der Stelle zu rühren. Sie, diese göttlichen Personen, und ich, wir allein waren anwesend. (...) Warum, in der Tat, sollte das erstaunlicher sein, als wären sie nur zu zweien gekommen oder einer allein?«[2]
Diese Vision ist nicht etwa einem mystischen Buch entnommen, sie ist kein prosaisches Pendant zum Engelchor des Beato Angelico, sondern stammt aus *L'Infini turbulent* von Henri Michaux, der berichtet, was er unter der Einwirkung des Meskalins gesehen hat, und statt eines religiösen Textes ist es eine klinische Karteikarte in der allgemeinen Geschichte der Drogen, die Ugo Lenzio in *Volo magico* (Milano: Sugar, 1969) nachgezeichnet hat. Die Drogenerfahrung ist, wie er sagt, von der religiösen Erfahrung schwer zu unterscheiden oder, besser gesagt, sie ist sicherlich mit der mystischen Erfahrung identisch, und obwohl der Vergleich nicht mehr hergibt, wenn man an den Unterschied im gewöhnlichen Verhalten des Drogenkonsumenten und dem des religiösen Menschen denkt, wenn man also, kurz gesagt, die ganze Pflanze untersucht, aus der die Blüte der Vision dank der Düngung durch einen *clou miracle* entsteht, so bleibt doch die Tatsache bestehen, daß auch der Mystiker die Qualen des Entzugs kennt, eine dunkle Nacht der Seele,

die vielleicht ebenso unerträglich ist wie die dunkle Sinnennacht für den Drogenkonsumenten.

Die Kirche hat die Visionen der Mystiker zwar immer schon mit argwöhnischer Vorsicht beobachtet, und sie pflegte in den vergangenen Jahrhunderten scharfsinnig zu erforschen, ob da nicht der Teufel seine Hörner aufgesetzt habe (so wie an der Stelle in Flauberts *Tentation*, wo Antonius eine Vision der Ammonaria hat, sich geißelt und im Leiden Lust empfindet, und wo es heißt: »Wieder erscheint der Schatten der Hörner«[3]), aber heutzutage ist es eher widersinnig, dem Teufel, der wie ein altes Faschingskostüm auf den Dachboden verbannt wurde, eine große Bedeutung zuzumessen. Diese Schlußfolgerung läßt sich nach der Lektüre eines sehr seriösen und gut dokumentierten Werkes ziehen, das der Verlag Bompiani in der Sammlung »La ricerca religiosa: studi e testi« veröffentlicht hat: *La morte di Satana* von Henry Ansgar Kelly. Der Titel des Originals ist nicht so dramatisch, wörtlich übersetzt heißt er »Der Teufel, die Dämonologie und die Hexerei«, aber um Eindruck zu machen hat *La morte di Satana* ebenso wie *La damnation de Faust* eine unbestreitbare romantische Signalbedeutung.[4]

Die Beglaubigungen Satans sind im Grunde äußerst verdächtig, und die Dämonologie, die keineswegs eine Hauptdoktrin der christlichen Offenbarung bildet, »ist eine zusätzliche Komponente, die viele schwere Verirrungen im Verständnis der geoffenbarten Religion bewirkt hat (und von denen sie selbst ein Produkt ist)«. Natürlich überlebt sie in den Lehr- und Handbüchern, die in den Seminaren bemüht werden und in denen die Existenz der gefallenen Engel, also die Existenz Satans und der anderen bösen Dämonen vorbehaltlos als »feste Lehre des göttlichen und apostolischen Glaubens« angenommen wird, das heißt als eine jener Lehren, die die Theologen für eine unfehlbar wahre Offenbarung, mithin für unveränderlich halten und die der Christ nur unter Gefährdung des eigenen ewigen Heils bewußt ablehnen darf. Nach den scholastischen Synthesen des Mittelalters hat jedoch die theologische Spekulation nur selten auf der Position bestanden, die die unsichtbaren Götter in der christlichen Religion einnehmen. Offensichtlich ist man sich bewußt, daß man sich dabei auf allzu dünnem Eis bewegen würde, um den englischen idiomatischen Ausdruck für die Argumente aufzunehmen, an die man besser nicht rührt.[5]

Aus dem Alten Testament geht Satan nicht von Kopf bis Fuß mit Zähnen und Klauen bewaffnet hervor; vielmehr entsteht er langsam, erscheint zuerst in Bildern, in rhetorischen Personifikationen, in Concetti, die in der polytheistischen nord-semitischen Religion gründen, welche in Kanaan dem Judentum vorherging. Der »Satan« im *Hiob* ist kein gefallener Geist, sondern ein Wesen, das dieselbe Stellung wie die anderen Gottessöhne genießt, die vor den Herrn treten. In diesem Fall ist der Ausdruck »Satan« ein gewöhnlicher Name mit der Grundbedeutung »Gegner, Feind« [avversario] und wird sowohl menschlichen Wesen als auch Geistern angeheftet, um einen typischen, von Gott vorbestimmten oder sanktionierten Widerstreit in den Konflikten der Menschen zu bezeichnen. Der Ausdruck wird zum ersten Mal im Buch *Numeri* einem spirituellen, d. h. übernatürlichen Akteur zugeordnet. In der *Septuaginta*, der in Ägypten entstandenen griechischen Übersetzung des Alten Testamentes aus der vorchristlichen alexandrinischen Zeit, wird »Satan« bei *Hiob* und in den *Chroniken* mit *diábolos* übersetzt, ein Wort, das »Verleumder, Entzweier« bedeutet (abgeleitet vom Wort *diáballein*, sich widersetzen, bestreiten [durcheinanderwerfen]; nebenbei bemerkt würde der Etymologie zufolge das Wort »diabolus« haargenau auf die Protestierer von heute zutreffen), sowie »Feind« [griech. »echthros«]. Im Buch der Weisheit, einer späten Schrift, die nur in der *Septuaginta* erscheint, liest man, daß ein von Neid getriebener *diábolos* als erster den Tod in die Welt brachte. Dieser *diábolos* könnte die Schlange im Garten Eden sein oder der neidische Kain, der den ersten Mord beging.

Was die Versuchung Jesu in der Wüste[6] betrifft, so wird die Hypothese über seinen historischen oder metahistorischen Charakter durch die Präsenz formaler Elemente und literarischer Konventionen in der Erzählung bestätigt: es gibt Parallelen zur Versuchung Abrahams und zum Streit Moses' mit dem Todesengel, als Moses auf alle drei Proben des Engels antwortet, indem er das Deuteronomium zitiert, ein Schema, das vom Teufel und von Christus in der Versuchung befolgt wird, die Matthäus und Lukas beschreiben. In dieser Versuchung zitiert der Teufel den Psalm 91 in der Fassung der *Septuaginta*, die den Kompilatoren des Neuen Testamentes bekannt war, und im selben Psalm findet sich auch der Vers, in dem die Krankheit in der griechischen Übersetzung als

»Unglück oder Dämon des Mittags« personifiziert wird. Die vollständigste Darstellung eines Dämons in der Heiligen Schrift ist die des Mörders Asmodäus im Buch *Tobit*, der nur in der *Septuaginta* erscheint und sich von den dämonologischen Vorstellungen der exilierten Juden in Ägypten inspirieren läßt. Dieser Dämon läßt sich im Schlafzimmer Saras nieder und ist bereit, jeden zu töten, der versucht, sie zur Frau zu nehmen. Tobias verschafft sich jedoch das Herz und die Leber eines Fisches auf Anregung Raphaels, der ihn davon unterrichtet, wenn er diese Organe verbrenne, werde er jeder Belästigung durch einen bösen Geist ein Ende setzen und diesen endgültig vertreiben. Und Asmodäus wird vom Rauch des Fisches tatsächlich so verwirrt, daß er bis nach Oberägypten entflieht, wo Raphael ihn mit Ketten erdrosselt und ihn für immer beseitigt. Von dieser ziemlich grobschlächtigen und lächerlichen Geschichte ließen sich die florentinischen Maler des 15. Jahrhunderts für ihr strahlendes Jünglingspaar inspirieren, den jungen Tobias mit seinem Schutzengel, die vom Fischfang heimkehren.[7] In diesem wie in vielen anderen Fällen biblischer Quellen der Kunst kann man sagen, daß auch dann, wenn der Glaube sich von den Texten entfernte, das Vergnügen übrigbleibt, die von ihnen inspirierten schönen Werke[8] zu betrachten, und daß selbst dann, wenn der Satan der Theologie stirbt oder gestorben ist, der Satan Miltons[9] lebendig bleibt.

Die rabbinische Meditation im Talmud und in anderen Kommentaren entwickelt einige andere Versionen über den Ursprung der Dämonen, und obwohl diese Überlieferungen erst lange nach Beginn der christlichen Ära schriftlich festgehalten wurden, kann die eine oder andere doch alt genug sein, um die Dämonologie der Evangelien angeregt zu haben. Ziemlich wichtig für die spätere Entwicklung der Dämonologie war auch die Lehre von den Engeln in den Briefen des Hl. Paulus. Im großen und ganzen gibt es jedoch in der Bibel keine systematische Dämonologie; sie tritt erst später, mit den Kirchenvätern auf, und den entscheidenden Beitrag zu Beginn des 3. Jahrhunderts lieferte Origenes, dessen Weltauffassung Ähnlichkeiten mit den platonischen[10] Theorien der Emanation und mit den gnostischen Schöpfungsmythen aufweist.[11] Vielleicht um seinen Zeitgenossen die Meinungen des Origenes angenehm zu machen, änderte Rufinus dann 398 v.Chr. die Geschichte vom Fall des Teufels und seiner Engel ab; und schließlich gewann die These die Oberhand, daß der Teufel und seine Engel nicht deswegen fielen, weil sie unerlaubte Beziehungen mit der Menschengattung unterhalten haben, wie die ersten Kirchenväter glaubten, sondern weil sie sich in einer vorkosmischen Zeit von Gott entfernten, wie Origenes postuliert hatte.[12] Die modifizierte Form, in der die Thesen des Origenes aufgenommen wurden, fand einige Unterstützung in der Heiligen Schrift, und auf diese Weise bildete sich ein System heraus, das alle Arten von bösen Geistern zu fassen vermochte, die in den Mythologien jener Kulturen, mit denen die Kirche in Berührung gekommen war, beschrieben waren. Das vierte Laterankonzil (in der ersten Hälfte des 13. Jahrhunderts[13]) machte sich die Theorien der Kirchenväter, die im Mittelalter allgemein akzeptiert wurden, zu eigen. Um die Stufenleiter des Seins zu vervollständigen, postulierte Thomas von Aquin schließlich die Existenz von Geistern, die völlig frei waren von jedem materiellen Bestandteil; diese reinen Geister sollten nunmehr die Engel und die Dämonen der christlichen Überlieferung sein.

Jüdisch-christliche Ursprünge berührte Origenes mit seiner Theorie der jedem Individuum vorgeordneten beiden Engel, des guten und des bösen, und mit seiner anderen Theorie, daß jedes Laster und jede Sünde der Verfügungsmacht eines besonderen Dämons untergeordnet sind. Die ersten Taufformeln mit der Absage an Satan gehen auf das 3. Jahrhundert zurück[14], die ersten dokumentierten Formeln eines kirchlichen Exorzismus auf das 7. und 8. Jahrhundert.[15] Daß die bösen Geister die menschlichen Körpersäfte aufwallen lassen (als ob es sich um Emulsionen in einer Flasche handelte), um die fleischliche Begierde und andere lasterhafte Leidenschaften zu befördern, ist zwar ein metaphorisches Mittel zur Verdunkelung von Vorgängen, die die Wissenschaft später untersuchte und auch weiterhin untersucht, doch selbst wenn die Versuchung Christi in der Wüste auf eine Art *Jedermann*-Drama avant la lettre und die Aktionen der Dämonen auf allegorische Darstellungen wie die mittelalterlichen »Moralitäten« reduziert werden und Satan aus der Türe gejagt wird, so wird er, in anderer Gestalt und unter anderem Namen, durchs Fenster wieder hereinkommen, weil das Böse in der Welt eine Realität ist, die niemand bezweifeln kann.[16]

1970

Anmerkungen

1 Erstdruck: »Morte di Satana« [Rezension von Kelly, *La morte di satana*. Milano: Bompiani, 1970; Ugo Leonzio, *Il volo magico*. Milano: Sugar, 1969], in: *Il Tempo*, 13. Juni. *A.d.Ü.*

2 Henri Michaux, *L'Infini turbulent*. Paris: Mercure de France, 1957 (deutsch: *Turbulenz im Unendlichen. Die Wirkungen des Meskalins. Acht Versuche mit zwölf graphischen Blättern des Autors*. Übersetzung und Nachwort von Kurt Leonhard. Frankfurt a. M.: Suhrkamp (Bibliothek Suhrkamp 298), 1971, S. 79–82). Zu Henri Michaux vgl. auch Richard Ellman, »The Ductile Universe of Henri Michaux« (1952–1968), in: *A long the riverrun*. Selected Essays by Richard Ellman. London: Hamish Hamilton, 1988, S. 186–195. *A.d.Ü.*

3 Gustave Flaubert, *La tentation de Saint-Antoine* (1874). In: ders., *Œuvres*. Texte établi et annotée par A. Thibaudet et R. Dumesnil. Paris: Gallimard (Bibliothèque de la Pléiade 36), 1951, S. 79: »L'ombre des cornes du Diable reparaît«; vgl. S. 66, wo sich die beiden Arme eines Kreuzes als Schatten von Hörnern abzeichnen. – Mario Praz zitiert diese Stelle (S. 79) ausführlich im 1. Kapitel von *Liebe, Tod und Teufel. Die schwarze Romantik*. Übersetzt von Lisa Rüdiger. München: Hanser, 1963, S. 39–40. *A.d.Ü.*

4 Henry Ansgar Kelly, *Towards the Death of Satan. The Growth and Decline of Christian Demonology*. London, 1968. Die amerikanische Ausgabe trug den Titel *The Devil, Demonology, and Witchcraft* (2. Aufl. 1974), die französische *Le diable et ses démons* (1975). Kelly veröffentlichte außerdem *Divine Providence in the England of Shakespeare's Histories*, *Love and Marriage in the Age of Chaucer*, und zum vorliegenden Thema: *The Devil at Baptism. Ritual, Theology and Drama*. Ithaca and London: Cornell University Press, 1985: eine Geschichte der Verfahren, mit denen in den unterschiedlichen Religionen bei Initiationen wie der Taufe die Abwehr gegen Dämonen, die sogenannten ›Teufelsabsagen‹, vorgenommen wurden. *A.d.Ü.*

5 ›thin ice‹, dünnes Eis: Ausdruck für ›pitfall‹, ›source of danger‹: Fallgrube, Gefahrenquelle. *A.d.Ü.*

6 *Matthäus* 4, 1. *A.d.Ü.*

7 Vgl. H. Weskott, *Die Darstellungen der Tobiasgeschichte in der bildenden Kunst West-Europas*. Diss., München 1973. *A.d.Ü.*

8 Vgl. Ausstellungskatalog *Mostra del demoniaco nell'arte*, Rom, Palazzo Barberini, 1952; Blomberg, *Der Teufel und seine Gesellen in der bildenden Kunst*. Berlin, 1867; Enrico Castelli, *Il demoniaco nell'arte: Il significato filosofico del demoniaco nell'arte*. Firenze, 1952; H. Daniel, *Devils, Monsters and Nightmares*. London, 1964. O.A. Erich, *Die Darstellung des Teufels*, 1931; J. Levron, *Le diabele dans*

l'art. Paris, 1835; Wilhelm Michel, *Das Teuflische und Groteske in der Kunst* (Mit hundert Bildern). München: Piper, 1911; G. Roskoff, *Geschichte des Teufels.* Leipzig, 1890. *A.d.Ü.*

9 John Milton, *Paradise Lost* (1674); vgl. Mario Praz, *Liebe, Tod und Teufel*, a.a.O., II. Kapitel,S. 52 ff.: »Die Metamorphosen Satans«. *A.d.Ü.*

10 Vermutlich sollte es heißen ›plotinische‹; vgl. K. Kremer, Art. »Emanation«, in *HWPh*, Bd. 2, Sp. 445–448: »*Plotinische* Emanation und *christliche* Kreation stellen (...) *keine* Gegensätze dar. Gemeinsam ist beiden die Front gegen die Platonische Demiurgia und den Evolutionismus. (...) Da *Plotinische* Emanation und *christliche* Kreation einander sehr nahestehen, bedienen sich christliche Denker des Emanationsbegriffes.« *A.d.Ü.*

11 Vgl. F.H. Kettler, Art. »Origenes«, in *RGG*, Bd. 4, Sp. 1692–1701. Neben den drei *logiká* (Vernunftwesen), die die Trinität bilden – Vater, Sohn und heiliger Geist –, gehen auch die »übrigen Vernunftwesen (*logiká*) aus dem Logos hervor, werden mit der Trinität zu den ›ersten Dingen‹ (*archaí*) gerechnet und sind mit Gott verwandt (...) Alle Logika (Engel, Menschen und Dämonen) sind von gleicher Natur, ihre Unterschiede sind erst durch den Fall entstanden. (...) die Dämonen haben finstere, luftartige Leiber und werden vom Teufel, dem zuerst abgefallenen Logikon, angeführt«, ebd., Sp. 1696–1697. *A.d.Ü.*

12 Vgl. Art. »Origenes«, a.a.O., Sp. 1696 f.: »Im Urzustand waren alle Logika körperlose Geister. (...) Erlahmung der geistigen Schwungkraft und Überdruß an der Gottschau führten zum Sündenfall (d. h. zur Abkehr der Logika von Gott). (...) Um die Auseinanderstrebenden wenigstens äußerlich zusammenzuhalten, (...), schuf Gott (durch den Logos) auf einen Schlag (...) aus dem Nichts das körperliche, aus wandelbarem Stoff (*hyle*) bestehende *Weltall.*« *A.d.Ü.*

13 1215, vgl. Art. »Innocentianum«, in: *RGG*, Bd. 3, Sp. 764. *A.d.Ü.*

14 Vgl. Henry Ansgar Kelly, *The Devil at Baptism. Ritual, Theology, and Drama.* Ithaca & London: Cornell University Press, 1985, bes. S. 33–44 (»Jewish Precedents and Early Christian Practices«) und S. 106–122 (»The Renunciation of Satan«), zur »Taufabsage«. *A.d.Ü.*

15 Vgl. Kelly, *The Devil at Baptism*, a.a.O., S. 83–87, 118–121, 136–148. *A.d.Ü.*

16 Vgl. Denis de Rougemont, *La part du Diable.* Paris: Gallimard, 1946 (Nouvelle édition augmentée d'une postface de l'auteur en 1982); deutsch: *Der Anteil des Teufels.* Übersetzt von Josef Ziwutschka. Wien: Amandus, 1949. Der Aktualität des Themas und der Beschäftigung damit entspricht das Angebot des Buchmarktes (1993): in den

Versandantiquariaten finden sich ganze Buchpakete – *Teuflische Bücher. Ungekürzte Ausgabe in sechs Bänden* (Roskoff, *Die Geschichte des Teufels*, Hauff, *Mitteilungen aus den Memoiren des Satans*, Jean Paul (!), *Aus des Teufels Papieren*, Lavater, *Predigten über die Existenz des Teufels*, Klinger, *Fausts Leben, Taten und Höllenfahrt* –; ein renommierter Taschenbuchverlag läßt Umberto Eco eine »wahre Bibel« »für diese Zeiten« empfehlen: Alfonso di Nola, *Il diavolo. Le forme, la storia, le vicende di Satana e la sua universale e malefica presenza presso tutti i popoli, dall'antichità ai nostri giorni*. Roma: Newton Compton, 1987; deutsch: *Der Teufel. Wesen, Wirkung, Geschichte*. Übersetzt von Dagmar Türck-Wagner. München: dtv, 1993. Vgl. auch Anna Maria Crispino et al., *Il libro del diabolo*. Bari: Dedalo, 1986; deutsch: *Das Buch vom Teufel. Geschichte, Kult, Erscheinungsformen*. Übersetzt von Werner Raith. Bindlach: Gondrom, 1991; Maximilian Rudwin, *The Devil in Legend and Literature* (1931). Reprint New York: AMS Press, 1970. – Philosophisches Interesse wird dem Thema zuteil in: Carsten Colpe, Wilhelm Schmidt-Biggemann, Hrsg., *Das Böse. Eine historische Phänomenologie des Unerklärlichen*. Frankfurt a. M.: Suhrkamp, 1993; Alexander Schuller und Wolfert von Rahden, Hrsg., *Die andere Kraft. Zur Renaissance des Bösen*. Berlin: Akademie Verlag, 1993. – Mario Praz selbst litt zeitlebens unter dem – vor allem von Universitäts-»Kollegen« verbreiteten – üblen Ruf, über die diabolische Kraft des *malocchio*, des bösen Blicks zu verfügen: Anthony Burgess, *You've Had Your Time. Being the Second Part of the Confessions of Anthony Burgess*. London: Heinemann, 1990, Harmondsworth: Penguin, 1991, S. 249. Zur Korrektur dieses Bildes vgl. Jean Clausel, »J'ai même rencontré des Romains à qui M. P. a porté chance«, in: *Mario Praz*. Cahiers pour un temps. Paris: Centre Pompidou, 1989, S. 267–277. *A.d.Ü.*

12 *Von den Pyramiden zur Atombombe*

Nach allgemeiner Ansicht sind die ägyptischen Pyramiden Gräber der Pharaonen, und die mexikanischen Pyramiden dienten spektakulären religiösen Zeremonien mit Menschenopfern *coram publico*. Man hat sich insbesondere gefragt, wie solche eindrucksvollen Konstruktionen erbaut werden konnten in einer Zeit, in der die mechanischen Mittel sowohl für den Transport als auch für die Verarbeitung des Baumaterials äußerst beschränkt waren. Die Kalksteinbrüche lagen am östlichen Ufer des Nils in Tura[1], die Granitsteinbrüche bei Assuan. Man hat berechnet, daß im Zeitraum von etwa einem Jahrhundert – so lange dauerte der Bau der großen Pyramiden der Vierten Dynastie – 25 Millionen Tonnen Steine abgebaut, zurechtgehauen, transportiert und zu den von Menschenhand erschaffenen Gebirgen aufgetürmt wurden. Die dicksten Platten wogen zwischen zweieinhalb Tonnen und maximal zweihundert Tonnen (im Grabtempel des Mykerinos[2]): um solche Monolithen zu transportieren, gebrauchten die Ägypter Rampen, Schlitten und Lasttiere; für die Bauarbeiten verfügten sie lediglich über rudimentäre mathematische Kenntnisse. Noch ärmer waren in dieser Hinsicht die alten Mexikaner, die lediglich Stein- und Holzwerkzeuge besaßen; offensichtlich benutzten sie keine Schlitten, kannten zur Zeit der Conquista (fünfzehnhundert Jahre später) das Rad noch nicht und hatten auch keine Arbeitstiere. Alles mußte von Hand gemacht werden, und zwar auf einer Höhe von zweitausend Metern über dem Meer, was sich wohl auf die Arbeitsleistung auswirkte. Man glaubt auch nicht, daß es sich dabei um die Arbeit von Sklaven handelte: sowohl in Ägypten als auch in Mexiko waren es bäuerliche Bevölkerungsschichten, die in den Zeiten, da sie nicht die Last der Feldarbeit zu tragen hatten, sich dieser *corvée*[3] für einen öffentlichen Zweck unterwarfen. Man hat ausgerechnet, daß beim Bau der großen Pyramiden in Ägypten bis zu siebzigtausend Menschen beschäftigt waren. Das erste Monument der Welt war die Stufenpyramide von Zoser bei Saqqara, erbaut von dem Architekten Imhotep; sie ist sechzig Meter hoch, und es müssen wohl fünftausend Männer an ihr gearbeitet haben.[4] In Mexiko wurde die Pyramide von Cholula viermal vergrößert, bis sie das Volumen von drei Millionen Kubikmetern erreichte – das größte Bauwerk, das jemals auf Erden errichtet wurde.[5]

Über den Bau der Pyramiden ist viel geschrieben worden, und die Ansichten der Ägyptologen stimmen keineswegs überein. So wurde in den Akten der Accademia dei Lincei[6] von 1973 ein Artikel von Professor Mario Pincherle, »Die Rampen, Schlitten und berühmten Kurzhölzer zum Heben der Monolithe für die Cheops-Pyramide«, veröffentlicht, den die Professoren Vito Maragioglio und Celeste Rinaldi in einer späteren Notiz, die ebenfalls in den Akten der Accademia veröffentlicht wurde, *in toto* zurückwiesen und der Phantasiearchäologie bezichtigten: »nicht würdig, in die Akten unserer wichtigsten kulturellen Einrichtung aufgenommen zu werden«. Die Meinung Pincherles, die große Pyramide sei nicht als Grab für den König Cheops gebaut worden, sondern als Versteck und als Schutz für etwas überaus Heiliges und Heimliches, bestreiten sie, indem sie sie auf dieselbe Stufe stellen wie die Glaubensansichten mittelalterlicher Reisender, denen zufolge die Pyramiden die Kornspeicher jenes Joseph gewesen sein sollen, der von seinen Brüdern verkauft und nach den Erzählungen der Bibel später Minister des Pharao geworden sei.[7]

Dennoch könnte die Ansicht Pincherles ein Körnchen Wahrheit enthalten, sofern die These zutrifft, die Kurt Mendelssohn in *The Riddle of the Sphinx* (New York / Washington: Praeger; London: Thames & Hudson, 1974; dritte Auflage 1975) präsentiert. Mendelssohn, ein nach England geflüchteter Physiker, der sich dank finanzieller Unterstützung durch die Mond-Stiftung mit ägyptologischen Forschungen zu befassen begann, erklärt, das Vorhaben seines Buches sei eine wissenschaftliche Untersuchung, die nicht etwa das Produkt bloßer Eingebung sei, sondern das eines induktiven Verfahrens wie bei einer *detective story*. Das Geheimnis der Pyramiden liegt im Grunde weniger darin, wie sie gebaut werden konnten, als vielmehr darin, warum sie überhaupt gebaut wurden. Kann es dafür einen Grund geben, der für unsere moderne Denkweise ebenso unbegreiflich ist wie die Weitergabe der königlichen Macht in Ägypten über die weibliche Abstammungslinie, so daß zum Beispiel Chephren, vermutlich der Sohn von Cheops' Nebenfrau Henutsen, seine Schwester Khamerernebti I. heiratete, wobei seine legitime Nachfolge erst gesichert war, als er nicht nur die Witwe von Kawab, des Prinzen von Cheops, und Djedefu, die Erbin Hetepheres II., heiratete, sondern auch deren Tochter Maresankh III., die ebenso wie ihre Mutter die erste in der Erbfolge war, die die ägyptische Krone auf den eigenen Gatten übertragen konnte.

Die wichtigste Entdeckung Mendelssohns besteht darin, daß er eine technische Katastrophe festgestellt hat: den Einsturz der äußeren Struktur der Pyramide von Meidum vor etwa 5000 Jahren aufgrund eines Konstruktionsfehlers, weshalb dieser Bauplatz als verhängnisvoll aufgegeben wurde, sowie die Profilveränderung bei einer gleichzeitig gebauten Pyramide in Daschhur, der aus Gründen der Stabilisierung eine Rhombenform gegeben wurde[8], ein Faktum, das zur Rückdatierung der Pyramide von Meidum führte. Von nun an setzte man wieder auf die Neigung der Steinreihen von zirka 6 Grad nach innen, um zu vermeiden, daß der Materialdruck nach unten den Bau zum Einsturz brachte. Die später gebauten großen Pyramiden der Vierten Dynastie in Giseh wiesen wieder ein geradliniges Profil auf.

Ein weiterer bedeutsamer Umstand liegt in der Feststellung, daß die Pyramiden anfänglich wohl Gräber einzelner Pharaonen waren, später die Bauten aber übereinandergeschichtet wurden, so daß man nicht annehmen kann, daß ein einziger Pharao (Snofru) mehrere Gräber brauchte; anders gesagt, die Pyramide wurde unabhängig davon gebaut, ob der Pharao dort begraben wurde oder nicht. Übrigens ist vom Alten Reich nur ein einziges intaktes Grab erhalten geblieben: das der Hetepheres[9]. Seit Jahrhunderten wurden die Pyramiden geplündert, erst von den alten Ägyptern selbst, dann von den Arabern, und dennoch hat man nur in vier von zehn Pyramiden einen Sarkophag gefunden, obwohl ausgeschlossen ist, daß er aus den anderen wegtransportiert wurde; die Zugänge waren so eng, daß man Spuren des Abtransports hätte finden müssen, und deshalb muß man wohl schließen, daß es dort nie einen Sarkophag gegeben hat. Auch wenn kein Zweifel an der Trauerfunktion der Pyramiden besteht, so ist doch ziemlich ungewiß, ob sie tatsächlich als Grabstätte dienten. Vielleicht wurde darin etwas anderes als ein menschlicher Körper rituell begraben, vielleicht jenes geheimnisvolle *Ka*, das in der ägyptischen Religion die unsterbliche Seele bedeutete?[10] Eine symbolische Beisetzung?[11]

Beim Bau der Pyramiden wurde die gesamte Energie eines Volkes in Anspruch genommen, und Mendelssohn glaubt den Schlüssel zu ihrer Bedeutung in politischen und wirtschaftlichen Gründen entdeckt zu haben, und nicht in der Absicht, einem einzigen Menschen eine Grabstätte zu bereiten. Die Pyramiden verkörpern demnach nicht einen Selbstzweck, sondern das Mittel zu einem Zweck, nämlich zur Erschaffung einer neuen Gesellschaftsform. Diese außerordentlichen Bauwerke aus Stein bezeichnen den Ort, an dem der Mensch die Einheit des Staates erfand. Und auch in Mexiko (allerdings später und eigenständig) entstehen die Pyramiden wie in Ägypten am Anfang der Zivilisation: eine bäuerliche Bevölkerung stellt die Arbeitskraft für ein großes zentrales Projekt zur Verfügung. Scheinen wir zu träumen? Die gesamte Energie einer Nation wird für ein Symbol aufgewandt? Aber schauen wir uns doch um. Was ist denn der Wettkampf der Nationen um die Herstellung der Atombombe, die bei Strafe der Zerstörung unserer Welt niemals zur Anwendung kommen darf? Die Atombombe ist ein Symbol, wie die Pyramiden es sind; allerdings kein Symbol des Lebens wie sie, sondern ein drohendes Symbol des Todes. Auf dieser schönen Fortschrittsstufe sind wir nach fünftausend Jahren angelangt.[12]

Anmerkungen

1 Der Abbau erfolgte unter Tage. *A.d.Ü.*

2 Vgl. I.H. Breasted, *Geschichte Ägyptens*. Deutsch von Hermann Ranke. Zürich: Ex Libris (o.J.; Nachdruck der 2. Auflage von 1954), S. 88; E.S. Edwards, *The Pyramids of Egypt* (1947). Viking: London, 1985 (Revised Edition), S. 147 zitiert eine Charakterisierung von Mykerinos durch Herodot: M. galt – im Unterschied zu den tyrannischen Cheops und Chephren – als gerechter Herrscher, der für einen durch ihn zugefügten Schaden selber aufkam. *A.d.Ü.*

3 Last, Bürde, Arbeitsdienst.

4 Vgl. Breasted, *Geschichte Ägyptens*, a.a.O., S. 83 f. *A.d.Ü.*

5 Cholula (San Pedro), Stadt 10 km westlich von Puebla: Teocalli (»Gotteshaus«) heißt die von den Azteken zu Ehren des Gottes Quetzalcoatl errichtete, 54 m hohe, aus vier Abteilungen bestehende Pyramide mit einer Grundfläche von 12 Hektar. Die Plattform der aus ungebrannten Backsteinen bestehenden Pyramide hat eine Fläche von 4200 Quadatmetern. Die etwa zur gleichen Zeit wie die Pyramide von Teotihuacán (100–200 n. Chr.) entstandene Stufenpyramide von Cholula, aus luftgetrockneten Lehmziegeln erbaut, wurde immer wieder erweitert: »Anbauten kleineren Ausmaßes und weitere große Überbauungen ergaben schließlich eine Basisbreite von 350 Metern. Damit übertraf die Pyramide von Cholula nach dem Volumen (nicht in der Höhe [65 m]) die ägyptische Cheopspyramide. Sie wurde vermutlich nach 700 n. Chr. aufgegeben (...) und bald durch Wind und Wetter zu einem formlosen Berg, den die Indianer den ›Berg von Menschenhand‹ nannten.« »Auf der gewaltigen Stufenpyramide von Cholula steht seit der Kolonialzeit eine Wallfahrtskirche.« Hans J. Prem, Ursula Dickerhoff, *Das alte Mexiko. Geschichte und Kultur der Völker Mesoamerikas*. München: C. Bertelsmann, 1986, S. 69–70, Abb. S. 68; Gerhard Heck, Manfred Wöbcke, *Mexiko. Reise-Handbuch*. Köln: DuMont1987, S. 185–186: »Über 300 Jahre war das Heiligtum vergessen; bewundert und besucht wurde nur die weithin sichtbare Kirche auf dem mächtigen grünen Hügel. Erst 1931 wurde die Pyramide bei Straßenbauarbeiten wiederentdeckt.« An der Westseite wurde ein kleiner Teil der Pyramide rekonstruiert: Abb. S. 186. *A.d.Ü.*

6 Seit 1603 bestehende nationale Akademie der Wissenschaften in Rom. *A.d.Ü.*

7 Erwähnt bei Edwards, *The Pyramids of Egypt*, a.a.O., S. 282, der als Vermittler dieser Legende den Grammatik- und Rhetoriklehrer Iulius Honorius (4./5. Jh. v. Chr.) anführt: »eine Legende, die noch im Mittelalter im Umlauf war und die sich in der Dekoration einer Kuppel in der Markuskirche in Venedig erhalten hat«. Nach früheren Spekulationen (John Taylor, 1859) wurden die Pyramiden von einer auserwählten Schar fremder, d. h. nicht-ägyptischer Invasoren erbaut, die direkt unter Anleitung Gottes arbeiteten. Wie Edwards meint, ist der kraftvolle Impuls bei der Suche nach dem Mysterium keineswegs erschöpft. *A.d.Ü.*

8 Vgl. Edwards, *The Pyramids of Egypt*, a.a.O., S. 81f. Abb. 19 und 20 (›bent‹, ›false‹, ›rhomboidal‹, ›blunted‹ pyramid): etwa auf halber Höhe wechselt der Neigungswinkel von ca. 54 Grad auf ca. 43 Grad. *A.d.Ü.*

9 Das Grab wurde erst 1925 gefunden, vgl. Edwards, *The Pyramids of Egypt*, a.a.O., S. 125. *A.d.Ü.*

10 Bei den Ägyptern »finden wir die ältesten Gedanken von einem wirklichen Leben im Jenseits, die wir kennen. Sie glaubten, daß der Körper von einer lebendigen Kraft beseelt sei, die sie als Gegenstück des Körpers darstellten. Dieses Abbild, das mit dem Menschen auf die Welt kam, mit ihm zusammen durchs Leben ging und ihn in die andere Welt begleitete, nannten sie das *Ka* eines Menschen. Neben dem *Ka* besaß jeder Mensch auch noch eine Seele, die man sich als Vogel mit Menschenkopf dachte, der in den Bäumen umherflatterte (...).« Breasted, *Geschichte Ägyptens*, a.a.O., S. 53–54. Hartwig Altenmüller, »Zu den Jenseitsvorstellungen des Alten Ägypten«, in: Ausstellungskatalog *Suche nach Unsterblichkeit. Totenkult und Jenseitsglaube im Alten Ägypten.* Hildesheim, Römer- und Pelizäusmuseum / Mainz: Philipp von Zabern, 1990, S. 7–25, über »Ka« bes. S. 15–16: »Das Leben im Jenseits vollzog sich nach dem gleichen Muster wie das irdische Leben. (...) Die freie Bewegungsmöglichkeit ergab sich durch die Seele, über die der Körper des Verstorbenen verfügte und die sich von einem Ort zum anderen verändern konnte. Der Ägypter unterschied dabei vier Seelenformen. Die hochwertigste Seelenkraft war die Ka-Seele. Sie wurde in der Art eines Doppelgängers des Menschen gedacht und stellte die abstrakte Lebenskraft des handelnden Individuums dar.« Außerdem gab es die mehr auf das Jenseits bezogene Ach-Seele (z. B. als Gespenst), die Ba-Seele in Gestalt eines Vogels sowie den Schatten (Schut). – Vgl. Sylvia Schoske und Dietrich Wildung, *Gott und Götter im alten Ägypten* (Ausstellungskatalog Mainz 1993) Nr. 67: »singuläre« rundplastische Bronze des »Ka mit Opferplatte«. Sigrid Hodel-Hoenes, *Leben und Tod im alten Ägypten. Thebanische Privatgräber des Neuen Reiches.* Darmstadt: Wiss. Buchgesellschaft, 1991, S. 10 f. über Ba und Ka: »Diese Begriffe sind in unsere Sprache nicht zu übersetzen. Eine falsche Vorstellung vermittelt der häufig verwendete Ausdruck ›Seele‹.« Als zutreffende Formulierung gilt eine zitierte Stelle aus Bonnet (*Reallexikon der ägyptischen Religionsgeschichte*, Berlin, 1953, S. 358): »Die tiefste Wurzel der Ka-Vorstellung liegt in dem Empfinden, daß das bewußte, tätige Leben nicht schlechthin Funktion des Körpers sei, sondern aus einer höheren Kraft fließe, die in dem Körper wirkt und damit recht eigentlich Träger des Lebens ist. Diese Kraft ist der Ka. Es gibt kein seiner selbst bewußtes Leben ohne ihn; er wirkt es, und nur in ihm hat es Bestand.« *A.d.Ü.*

11 Vgl. Hodel-Hoenes, *Leben und Tod im alten Ägypten*, a.a.O., S. 11: »Die Bestattungsriten erwecken die Ka-Kräfte, die ja schon vorhanden waren. Nicht umsonst opfert man nicht dem Verstorbenen, sondern in der Opferformel heißt es *für den Ka des NN.* Statuen in den

Gräbern sind nicht einfach Statuen des Verblichenen, sondern sie stellen seine Ka-Statue dar.« *A.d.Ü.*

12 Vgl. Karl Jaspers, *Die Atombombe und die Zukunft des Menschen*. München: dtv, 1961; Dieter Henrich, *Ethik zum nuklearen Frieden*. Frankfurt a. M.: Suhrkamp, 1990. *A.d.Ü.*

13 *Die Sphinx auf dem Laufsteg*

Vor kurzem betrat ich aus Anlaß des Premio Estense das schöne klassizistische Theater von Ferrara. Unterhalb der ersten Logenreihe befindet sich ein Fries aus Sphingen und Palmetten, über den man heute hinwegsieht wie über ein abgedroschenes, für den Empirestil typisches Dekorationsmotiv: wer ahnt eigentlich noch, daß sich hinter diesen Symbolen Jahrtausende der Geschichte verbergen und daß diese unschuldigen Palmetten eine Chiffre jenes Lebensbaums der primitiven heidnischen Religionen sind, der sich später in das Kreuz des Christentums verwandelte?[1] Und als es mir vor etwa einem Jahrzehnt gelang, eine kleine, im Jahre 1800 von dem Bildhauer Jardiny signierte Sphinx aus Terrakotta zu erwerben, die mich wegen der seltsamen Ausstattung des menschlichen Teils, der aus dem Tierkörper hervorgeht (man stelle sich vor, die Büste der Madame Pompadour, wie etwa auf dem bekannten Porträt Bouchers, sei dem haarigen Körper eines langschwänzigen, mit zwei Schmetterlingsflügeln ausgestatteten Löwen aufgesetzt worden), an ähnliche Statuen aus Marmor oder Stein erinnerte, die ich in den Parks fürstlicher Schlösser in Deutschland gesehen hatte, da hätte ich in der anspruchsvollen und berühmten *Enciclopedia universale dell'arte* vergeblich nach Auskünften gefahndet, durch welchen historischen Prozeß die hieratische Figur der Sphinx von Giseh aus dem Jahre 2600 vor Christus sich schließlich in den frivolen anthropomorphen Vierfüßler des 19. Jahrhunderts nach Christus verwandelt hat.

Da es in meiner Wohnung mit der Empire-Inneneinrichtung eine stattliche Schar von Sphingen gibt, können Sie sich vorstellen, mit welchem Interesse ich den großartigen Band von Heinz Demisch, *Die Sphinx. Geschichte ihrer Darstellung von den Anfängen bis zur Gegenwart* (Stuttgart: Urachhaus, 1977, mit 640 Illustrationen) gelesen habe. Ungenau ist freilich die Definition der Sphinx, die ich in dem sonst so wertvollen *Dizionario Garzanti della lingua italiana* lese (in der Ausgabe von 1965): »Nella mitologia egizia, mostro alato con corpo di leone, capo e petto di fanciulla.«[2] Die ägyptische Sphinx, wie sie zum ersten Mal 2600 v.Chr. in Erscheinung tritt, hat einen männlichen Kopf und ist nicht geflügelt. Der Löwenkörper bedeutet schon für sich genommen eine Anspielung auf die Sonnengottheit.[3] Diese Gottheit wird personifiziert mit dem Antlitz des Pharao als Repräsentant des Horus: das menschliche Gesicht der Sphinx repräsentiert den König in seiner irdischen Erscheinung und in seiner himmlischen Verklärung. Im Neuen Reich opfert Amenophis IV. Echnaton in Gestalt einer Sphinx dem Sonnengott Aton, dem durch seine Reform monopolisierten Gott.[4] Die Sphinx ist mithin kein verehrtes, sondern ein verehrendes Wesen. Diese Deutung hat den Vorzug, daß sie auf die unterschiedlichsten Darstellungen der Sphinx paßt, weil diese auch als Begleiterin anderer Gottheiten auftritt; außerdem kommt sie als Schutzgeist der Sonnenbarke[5] vor und zuweilen auch auf der Spitze eines Obelisken (zum Beispiel auf dem Obelisken mit dem Namen Psammetikos II. vor dem Palazzo Montecitorio[6] oder auf dem Pyramidion des Obelisken vor der Kirche San Trinità dei Monti) als Ruhepunkt der Sonne.[7] Was den Namen betrifft, so wird er aus dem griechischen Verb *sphingein*, würgen, erdrosseln, abgeleitet: als allgemeiner Name für alle Todesdämonen; allerdings sind die Ägyptologen der Ansicht, daß der griechische Name von dem Namen abgeleitet wurde, den die Ägypter der Sphinx gaben: *seshep*, d.h. »Statue«.[8]

Die Sphinx ist nichts anderes als eines jener Mischwesen, die bereits im Ägypten der vordynastischen Zeit aufgetreten waren, d.h. vor 3000 v.Chr. Die weiblichen Sphingen sind gewöhnlich Bildnisse von Königinnen oder Prinzessinnen, erst im Neuen Reich verbreitet sich im Gefolge ausländischer Einflüsse (Kreta, Mykenae, Vorderasien) der Typus der weiblichen Sphinx. In der ptolemäischen Zeit wird die hieratische Kraft der Sphingen abgeschwächt: es gibt Sphingen mit dem Kopf Alexanders des Großen als Verehrer des Sonnengottes Amun-Re[9], später solche mit dem Gesicht des Vespasian[10]. Eine Variante des Neuen Reiches ist die Sphinx mit Händen anstelle der Vordertatzen[11]; eine weitere Variante aus der alexandrinischen Zeit hat die Hände auf der Brust übereinandergeschlagen: eine Gebärde, die im Alten Ägypten nur beim Löwen [übereinandergeschlagene Vordertatzen] und nicht bei der Sphinx vorkam. Die Sphinx unterscheidet sich von den anderen Mischwesen (Greifen, Chimären usw.) durch den Kopfschmuck, der ein Beleg für den Rang des Numinosen ist.

In Vorderasien erscheint die Sphinx Ende des 4. Jahrtausends vor Christus. Die typologische Übereinstimmung zwischen den assyrischen Stieren mit Menschenkopf und den menschenköpfigen Löwen Ägyptens ist nämlich so offensichtlich, daß man gar nicht umhin kann, »von Stiersphingen zu sprechen«.[12] Die sumerische Stiersphinx unterscheidet sich von der ägyptischen Sphinx in verschiedener Hinsicht: »Ägyptens Sphingen blicken immer unnahbar geradeaus. Erst am Ende der ägyptischen Geschichte gibt es Sphingen, die den Kopf zur Seite wenden und den Betrachter anblicken (...). In Vorderasien sind es gerade die frühesten Darstellungen, bei denen der Kopf zur Seite gewendet ist. Auch eine andere Entwicklung verläuft in Vorderasien sozusagen gegenläufig. In Ägypten stand am Anfang der riesige Koloß der Gise-Sphinx und am Ende die Reduktionsform der römerzeitlichen Skulpturen (...). In Vorderasien hingegen beginnt der Weg mit Kleinplastiken und Siegeln (...), während Monumentalsphingen erst nach 1500 v. Chr. im Hethiter-Reich auftreten. Wirklich kolossale Ausmaße wurden erst im 8. Jahrhundert auf assyrischem Boden und das größte Format überhaupt um 500 v. Chr. in Persepolis erreicht.«[13] Die ägyptischen Sphingen nehmen eine kauernde Stellung ein (die sitzenden treten später auf, unter dem Einfluß der syrischen Glyptik); die assyrischen stehen aufrecht oder gehen (sie werden auch mit fünf Beinen dargestellt und bieten damit sowohl eine Frontal- als auch eine Seitenansicht[14]); die typischen ägyptischen Sphingen haben keine Flügel, die asiatischen hingegen große Flügel. Im Verlauf des 2. Jahrtausends vor Christus setzt sich der Typus der geflügelten (dreigliedrigen[15]) Sphinx durch.[16] Sphingen und Greife erscheinen als Flankierungen des Lebensbaumes[17], der sich in Mesopotamien um das 3. Jahrtausend herausbildet. Das Motiv zeigt sich zuerst als Zeder, der der babylonische mythische Held Gilgamesch auf dem Weg zum »Lande der Lebenden« begegnet: »Gilgamesch und sein Freund Enkidu erregen den Zorn des Dämons Chmumbumba, als sie die Zeder mit dem Einverständnis des Sonnengottes fällen. (...) Schließlich beschreibt ihm Utnapischtim das Lebenskraut auf dem Grunde des Apsu-Gewässers:

Wenn dies Gewächs deine Hände erlangen,
Wirst das Leben du finden.«

Der Lebensbaum findet sich im Alten Testament[18], im iranischen Zend Avesta, in der indischen Mythologie, in der griechischen Mythologie (die Äpfel der Hesperiden) und bei den Germanen (Weltesche Yggdrasil). In der sumerischen Religion ist der Lebensbaum die Inkarnation der Göttin Tammuz und verkörpert die Schöpferkraft der kosmisch-göttlichen Mächte im Erdenraum. Die Sphingen flankieren ihn wie eine göttliche Erscheinung; in Vorderasien wird er auch von anderen Tieren flankiert (der Drachen, der die Hesperidenäpfel bewacht, ist der Sohn der Echidna und des Typhon, mithin ein Halbbruder der Sphinx). In der griechischen Vasenmalerei wird der Lebensbaum in einer Komposition mit Palmetten und Lotosblüten stilisiert[19], und schließlich wird, wie schon gesagt, das von einem Lämmerpaar flankierte Kreuz zum Lebensbaum. In Ägypten figurieren die Sphingen im Neuen Reich als Wächter neben einem Thron oder einem Eingang.

Die Sphingen verbreiten sich überall: in Luristan enden die Flügel in Tierköpfen[20] – ein Motiv, das später in der islamischen und christlichen Kunst wiederkehrt; andere Varianten wie Sphingen mit Vogel- oder Schlangenkörpern oder mit einem Löwenkopf auf der Brust sind bei Demisch versammelt, wobei in seinem Buch auch ein Kapitel über »Taten und Leiden der Sphingen« nicht fehlt.[21] Im 3. Jahrtausend v. Chr. tritt die Sphinx aufgrund des ägyptischen und anatolischen Einflusses auch in Kreta und im mykenischen Hellas auf. Die griechische Sphinx, die wie eine geflügelte junge Frau aussieht, zeigt sich als Todesdämonin auf Grabdenkmälern; man findet sie vereinzelt oder als Paar um den Lebensbaum; als antithetisches Paar begleitet sie einen Gott, einen Dämon oder ein Tier; sie erscheint in apotropäischer Bedeutung auf Tempeldächern oder als Relief auf Metopen und Architraven, auf Votivstelen, Kultobjekten, Altären und Thronen, mit ornamentaler Bedeutung auf Keramikgefäßen, Waffen, Möbeln, Geräten, Schmuckstücken und Rüstungen.[22] Der besondere Charakter der griechischen Sphinx besteht jedoch darin, daß sie sich als Todesdämonin[23] und als ein Monstrum präsentiert, das Rätsel aufgibt und denjenigen vernichtet, der sie nicht zu lösen vermag.[24] Für Hegel bezeichnet die Lösung des Sphinxrätsels durch Ödipus eine neue Epoche: »Ein Übergang von dem Ägyptischen zum Griechischen ist darin angedeutet, daß Pallas aus Ägypten nach Griechenland gekommen sei und daß der Ursprung der Athener aus Ägypten abgeleitet wird (Kekrops). Sehr schön aber finden wir diesen Übergang ausgesprochen in der Erzählung vom Ödipus. Eine Sphinx, das ägyptische Gebilde des Rätsels selbst, sei in Theben erschienen und habe ein Rätsel aufgegeben mit den Worten: *Was ist das, was morgens auf vier Beinen geht, mittags auf zweien und abends auf dreien?* Der Grieche Ödipus habe das Rätsel gelöst und die Sphinx vom Felsen gestürzt, indem er aussprach, dies sei der Mensch. Dies ist richtig; das Rätsel der Ägypter ist der Geist, der Mensch, das Bewußtsein seines eigentümlichen Wesens.«[25] Das Thema des Rätsels ist der Mensch, das Bewußtsein eines zur Selbstbeherrschung fähigen Wesens. Die Legende entsteht im 6. Jahrhundert v. Chr., und sie erscheint in mehreren Fassungen: der einen Fassung zufolge wird die Sphinx von Ödipus getötet, einer anderen zufolge stürzt sie sich nach der Auflösung des Rätsels in den Abgrund. Die Figur der würgenden Sphinx tritt im 8. Jahrhundert wieder hervor, doch im Falle des Rätsels tötete sie nicht vor allem aus Blutdurst, sondern um Unwissenheit zu bestrafen. »Erkenne dich selbst« war der Spruch des Orakels von Delphi, und Thema des Rätsels ist ja die Selbsterkenntnis des Menschen. Zudem gibt es einen Zusammenhang zwischen dem Lauf der Sonne und den Stufen des menschlichen Lebens. Auf einem ägyptischen Papyrus aus der Zwanzigsten Dynastie (1171–1085 v.Chr.) sagt der Sonnengott von sich: »Ich bin Chepre am Morgen, Re am Mittag, Aton am Abend.« Am Morgen erscheint er als Kind, am Abend als Greis (auf einem ägyptischen Relief aus dem 1. Jahrhundert ist der Sonnengott in der Barke des Abends dargestellt, wie er im Zentrum der Sonnenscheibe am Stock geht[26]). In Ägypten wurde der Pharao mit der Sonne in ihren Zeitläuften verglichen. Dieses Muster paßt wie eine Antwort auf die Rätselfrage der Sphinx. In Theben war der Vergleich des Sonnenlaufs am Tage mit dem Verlauf des menschlichen Lebens wohl bekannt, da das griechische Denken Wurzeln im orientalischen Denken hat, wie in neuerer Zeit nachgewiesen wurde.[27] Außerdem ist das Rätsellösen mit den Prüfungen verwandt, denen sich die Initianden bei Mysterienkulten unterzogen.[28] Weitere kosmische Rätsel über die Sonne und über Tag und Nacht waren geläufig. Das Motiv der Sphinx, die einen Jüngling überwältigt oder eine Tatze auf einen Totenschädel legt, sowie das andere Motiv mit dem Ödipus und der Sphinx verbreiteten sich auch in der etruskischen Kunst; auf den römischen Darstellungen hält Ödipus nachdenklich die Hand an die Stirn[29]; in einigen römischen Gräbern wird Ödipus mit dem Verstorbenen gleichgesetzt und die Grabsphinx mit dem thebanischen Ungeheuer. Auf diese Weise wurde die Möglichkeit angedeutet, den Tod zu überwinden, und ebendies war das Ziel aller antiken Mysterien.

Zwar wurde die Sphinx noch im 2. Jahrhundert n. Chr. mit dem Totenkult in Verbindung gebracht, aber im Unterschied zu anderen Mischwesen (Sirenen, Kentauren, Greifen) verschwindet sie im 1. Jahrhundert n. Chr. aus der okzidentalen Kunst. Der Grund dafür ist Demisch zufolge die Rolle, die den Sphingen in den apokryphen Apostelakten des Andreas und Matthäus zugeschrieben wurde, wo die Sphinx von Christus nach der Echtheit seiner eigenen Götternatur befragt wird.[30] Den Apostelakten zufolge »versetzt Christus die Sphinx auf die höchsten Stufen der christlichen Engelhierarchie«: »Galt die Sphinx in gnostisch-häretischen Kreisen als hohes Engelwesen, was bei keinem anderen antiken Mischwesen sonst geschah, dann konnte das in den frühchristlichen und frühmittelalterlichen Jahrhunderten der heftigsten dogmatischen Auseinandersetzungen ein triftiger Grund sein, die Sphinx von der christlichen Kunst fernzuhalten.«[31] Allerdings taucht sie im 10. Jahrhundert wieder auf: wir erkennen sie auf teriomorphen [tiergestaltigen] Friesornamenten und auf römischen Kapitellen wieder. Die ersten Sphingen der christlichen Kunst Italiens sind die des erzbischöflichen Throns der Kathedrale von Canosa in Apulien (zwischen 1078 und 1089: bis dahin stand Süditalien unter byzantinischer Herrschaft); kurz nach 1100 tritt sie auf den Kapitellen der Kathedrale von Modena auf. Demisch versammelt die Monumente, auf denen sie in Italien, Frankreich und anderswo vorkommt, einschließlich Rußlands und Norwegens, wo das Werk der romanischen Meister bekannt war. In den Zeiten der Spätromanik und der Gotik wimmelt es von Monstren, von denen einige dem Typus der Sphingen angehören; Sphingen erscheinen dann auch in der islamischen Kunst, und zwar mit apotropäischer Bedeutung (im türkischen Volksglauben gilt ein Vierbeiner mit Menschenkopf als Talisman gegen die Gewitter und die Gefahren des Wassers[32]).

Die Renaissance führt die Sphinx wieder auf die klassische Form zurück und macht von ihr bei Dekorationen reichlich Gebrauch; Barock und Rokoko ordnen den Sphingen neue ikonographische Attribute zu: sie haben weibliche Gesichter und raffinierte Dekolletés. Stefano di Bella verleiht den Sphingen Schmetterlingsflügel[33], und so waren sie auch schon auf einem kretisch-minoischen Siegel[34] zu sehen. In Versailles und in Sanssouci werden Sphingen von Putten geritten, wie die Zentauren in der hellenistischen Kunst. Man könnte ganze Bände füllen mit den Sphingen, die die europäischen Parks bevölkern. Einzig in der Literatur der Embleme und der Hermetik bewahren sie noch eine Spur der ursprünglichen numinosen Würde. Die französischen Sphingen haben eine gewisse klassische Gestimmtheit nicht verloren, die englischen besitzen einen schlankeren Körper und einen längeren Hals, während die deutschen im frivolsten Flitterwerk der Mode des 18. Jahrhunderts erscheinen. Ende des 18. Jahrhunderts läßt Dugourc die Sphingen sich einen Spiegel vor das Gesicht halten.[35]

Schließlich wird das Sphinxmotiv in der Kunst und Literatur des 19. Jahrhunderts profaniert und erotisiert, und die Sphinx wird – um mit den Versen Heines zu beginnen, die ihre schmerzwollüstige Umarmung beschreiben (Vorrede zum *Buch der Lieder* von 1839, von Franz von Stuck 1895 in das schwärmerische Gemälde *Kuß der Sphinx*[36] umgesetzt) – mit der *femme fatale* der Romantiker gleichgesetzt, nachdem sie endgültig aus dem Umkreis der Kirche verschwunden war. Freilich nicht aus dem der esoterischen Kulte, denn beispielsweise formte 1887 Marquet de Vasselot eine Sphinx mit dem Kopf Balzacs, der ein eingeweihter Rosenkreuzer war.[37] Für Joséphin Peladan bedeuteten die drei Komponenten der Sphinx: Menschenkopf, weibliche Brüste und Löwenkörper Denken, Leidenschaftlichkeit und Instinkthaftigkeit, und die Sphinx war die älteste figürliche Repräsentation des Androgynen.[38] Auch der Maler Jean Delville[39] fügt die Symbolik der Sphinx in den großen Strom jenes Mysteriums ein, das der Mensch erraten und bezähmen muß, um in die leuchtenden Paläste der Magie Eingang zu finden (siehe Luisa Frongia, *Il simbolismo di Jean Delville*. Bologna: Patron, 1978). Inmitten der Scharen lobpreisender und träumender Verstorbener präsentiert Jan Toorop[40] die Sphinx als Symbol für das Geheimnis des Todes, so daß man sagen kann, das 19. Jahrhundert liefere eine Zusammenfassung sämtlicher Aspekte dieses märchenhaften Geschöpfs, von den Dekorationsmalern des Empire bis zu den Décadence-Malern des Transzendenten.[41]

1978

Anmerkungen

1 Vgl. Gerhart B. Ladner, »Vegetation Symbolism and the Concept of Renaissance«, in: M. Meiss, Hrsg., *Essays in Honour of E. Panofsky*. New York, 1961, S. 303–322; deutsch: »Pflanzensymbolik und der Renaissancebegriff«. Übersetzt von Marie-Luise Gutbrodt. In: August Buck, Hrsg., *Zu Begriff und Problem der Renaissance*. Darmstadt: Wissenschaftliche Buchgesellschaft, 1969, S. 336–394, bes. S. 365 ff. *A.d.Ü.*

2 »Ungeheuer in der ägyptischen Mythologie, mit einem Löwenkörper und dem Kopf und der Brust eines Mädchens.« – Vgl. dagegen die »Definition« in *LdK*, Band IV, S. 597: »Mischwesen der ägypt. Mythologie und Kunst aus einem Löwenleib mit männl., später auch weibl. königl. Kopf«. *A.d.Ü.*

3 Demisch, a.a.O., S. 19: »Der mythisch-theologische Zusammenhang zwischen der Sphinx und dem Sonnengott basierte auf beiden Komponenten des Mischwesens: dem Königsantlitz und dem Löwenleib. Der König vertrat den Sonnengott, und der Löwe war über Atum dem Sonnengott zugeordnet.« *A.d.Ü.*

4 Demisch, a.a.O., S. 26 und Abb. 46. *A.d.Ü.*

5 Demisch, a.a.O., S. 24, Abb. 57. *A.d.Ü.*

6 Demisch, a.a.O., S. 27. Wie Demisch erwähnt, beschrieb Goethe diesen Obelisken anläßlich seines zweiten Romaufenthaltes von 1787. *A.d.Ü.*

7 Rom; siehe Demisch, a.a.O., S. 27 f.; Abb. 51: Kupferstich aus dem »Musaeum« von Athanasius Kircher. »Die Ägypter hatten sich die Sonne auf dem Obelisken ruhend gedacht.« *A.d.Ü.*

8 Demisch, a.a.O., S. 13 und Anm. 6–10. – Vgl. Art. »Sphinx« in: *Pauly*, Band 5, Sp. 307–309: »Daß ursprünglich *Phiz* in volksetymologischer Anlehnung an *sphingein* (würgen) zu *Sphinx* geworden sei

(...), ist wenig einleuchtend. Der S-Anlaut war doch wohl das Ursprüngliche« (»1. Ägyptisch *ssp-'nh* ›lebendes Abbild‹«). *A.d.Ü.*

9 Demisch, a.a.O., S. 25, Abb. 42. *A.d.Ü.*

10 Demisch, a.a.O., S. 26, Abb. 44. *A.d.Ü.*

11 Demisch, a.a.O., S. 26, Abb. 45. *A.d.Ü.*

12 Demisch, a.a.O., S. 43. *A.d.Ü.*

13 Demisch, a.a.O.,S. 43–44. *A.d.Ü.*

14 Demisch, a.a.O., S. 53, Abb. 128a–b. *A.d.Ü.*

15 Demisch, a.a.O., S. 11: Einteilung der Sphingen a) nach Tierart (Löwen-, Stier-, Pferde-, Schlangensphinx); b) nach Geschlecht (männliche und weibliche Sphingen, d. h. entweder mit Männer- oder mit Frauenkopf); c) nach der Anzahl der Bestandteile (›Glieder‹): zweigliedrige Sphingen (Menschenkopf – Leib eines Löwen, usw.), dreigliedrige (Menschenkopf – Leib eines Löwen usw. – Flügel), viergliedrige (Menschenkopf – Leib eines Löwen – Flügel – Stierhörner); außerdem gibt es ›mehrgliedrige Sonderformen‹ (Sphinx mit Schlangenkopfschwanz oder mit Tierkopf vor der Brust). *A.d.Ü.*

16 Demisch, a.a.O., S. 45 f. *A.d.Ü.*

17 Demisch, a.a.O., S. 47, Abb. 107. Zum Motiv des ›Lebensbaums‹ siehe besonders S. 228–230. *A.d.Ü.*

18 1. Moses 2, 9; 3, 22. *A.d.Ü.*

19 François Vase; Demisch, a.a.O., Abb. 229. *A.d.Ü.*

20 Demisch, a.a.O., S. 52, Abb. 124. *A.d.Ü.*

21 Demisch, a.a.O., S. 61–63. *A.d.Ü.*

22 Vgl. die Liste bei Demisch, a.a.O., S. 76. *A.d.Ü.*

23 Demisch, a.a.O., S. 224. *A.d.Ü.*

24 Demisch, a.a.O., S. 96–100: »Ödipus und die Sphinx von Theben«; S. 224–227: »Die Sphinx von Theben«. *A.d.Ü.*

25 Hegel, *Vorlesungen zur Philosophie der Geschichte*, zitiert nach Demisch, a.a.O., S. 96. *A.d.Ü.*

26 Demisch, a.a.O., Fig. 19, S. 272. *A.d.Ü.*

27 Demisch, a.a.O., S. 225, Anm. 10. *A.d.Ü.*

28 Demisch, a.a.O., S. 98; S. 224, Anm 1. Der Initiand mußte in mehreren Mysterien erst ›sterben‹ (durch Fasten, Kasteiungen usw.). *A.d.Ü.*

29 Demisch, a.a.O., Abb. 293. *A.d.Ü.*

30 »Erste deutsche Übersetzung« in: Demisch, a.a.O., S. 120–121. *A.d.Ü.*

31 Demisch, a.a.O., S. 121. *A.d.Ü.*

32 Demisch, a.a.O., S. 163. *A.d.Ü.*

33 Demisch, a.a.O., Abb. 485. *A.d.Ü.*

34 Demisch, a.a.O., Abb. 175. *A.d.Ü.*

35 Demisch, a.a.O., Abb 512. *A.d.Ü.*

36 Demisch, a.a.O., Abb. 538. *A.d.Ü.*

37 Demisch, a.a.O., S.189, Abb. 526: »Die liegende geflügelte Löwensphinx erscheint mit dem Haupt des 1850 verstorbenen Dichters, was dem Bildhauer nicht wenig Spott und Kritik eintrug. Vasselot veröffentlichte eine ausführliche Rechtfertigung seines Werkes, zu dem ihn die Zugehörigkeit zur Künstlergruppe der *Rosenkreuzer* angeregt hatte [der Anführer der Rosenkreuzer und Organisator von entsprechenden Ausstellungen – Khnopff, »Die Kunst oder die Zärtlichkeit der Sphinx«, 1896; Brüssel – war Joséphin Péladan]. In Balzac verehrte er *un grand initié et aussi un grand sphinx*, *einen großen Eingeweihten und auch eine große Sphinx*. Deshalb sollte die Sphinxskulptur eine Synthese aus Kraft (Löwenleib), Denken (Menschenkopf) und ideellem Höhenflug (Vogelfittichen) zum Ausdruck bringen. Ähnliche Ausdeutungen gab es bereits bei antiken Schriftstellern und den Kirchenvätern.« – Vgl. zum Interesse Balzacs am Religiösen und Mystischen das Kapitel »Religion«, in: E.R. Curtius, *Balzac*. Bonn: Cohen, 1923, S. 309–351 (Wiederabdruck der unveränderten Ausgabe von 1951: Frankfurt a. M.: S. Fischer, 1985, S. 250–283). – Albert Henry zitiert in *Métonymie et Métaphore*. Bruxelles: Palais des Académies, 1984, S. 125–126, einen Vers von Victor Hugo aus dessen unvollendeter Dichtung *Dieu*, der den Rätselaspekt der Sphinx zum Schicksal der Menschengattung erhebt: »La vie est l'avenue effrayante des sphinx« (»Das Leben ist der schreckenvolle Weg der Sphingen«; dem Vers geht die Zeile voraus: »Les pas du genre humain sont bordés de problèmes«; »der Gang (Weg) der Menschengattung wird gesäumt von Problemen (Rätseln)«. *A.d.Ü.*

38 Zu Péladan und besonders zum Thema des Androgynen vgl. Mario Praz, *Liebe, Tod und Teufel*, a.a.O., S. 221–230; Ausstellungskatalog *Androgyn. Die Sehnsucht nach Vollkommenheit*, Neuer Berliner Kunstverein / Kunstverein Hannover 1986–1987. Berlin: Dietrich Reimer, 1986. *A.d.Ü.*

39 Jean Delville, belgischer Maler und Schriftsteller (1867–1953), Theosoph, Liebhaber des Okkulten, Anhänger einer symbolistisch-idealistischen Kunst, Initiator des »Salon pour l'art«, für den er das Emblem mit der Sphinx zeichnete: Ziel war die Einheit von »geistiger Schönheit, formaler Schönheit und technischer Schönheit«. Vgl Ausstellungskatalog *Symbolismus in Europa*, Baden-Baden 1976, S. 53–54; Ausstellungskatalog *Androgyn. Die Sehnsucht nach Vollkommenheit*, a.a.O., S. 98–100. *A.d.Ü.*

40 Demisch, a.a.O., Abb. S. 196, 544. – Jan Toroop (1858–1928) wurde auf Java geboren und lebte dort die ersten elf Jahre; Studium an der Akademie in Amsterdam und Brüssel; wichtiger Vertreter der

holländischen »Art nouveau«, Mitglied der belgischen Gruppe »Les Vingt«. 1890 Hinwendung zum Symbolismus, vermittelt durch die Dichtung Maeterlincks und Verhaerens; beeinflußt u. a. von Blake, Rossetti, Minne. Vgl. Robert Schmutzler, *Art Nouveau – Jugendstil.* Stuttgart: Hatje, 1962, S. 141–150: Toroop »führte den Art Nouveau zu einer seiner heftigsten Ekstasen« (S. 141). *A.d.Ü.*

41 Praz übergeht das letzte Kapitel – »Die Sphinx im 20. Jahrhundert« – in: Demisch, S. 196–205: »Die *femme fatale* wurde zum Anachronismus – und damit begann das Sphinx-Weib-Thema in der Kunst seine Aktualität und innere Spannung zu verlieren. – Kurz nach 1900 schrieb Else Lasker-Schüler das Gedicht *Sphinx*, mit dem das Sphinxmotiv unseres Wissens zum ersten Mal von einer Frau behandelt wird.« (Else Lasker-Schüler, *Sämtliche Gedichte.* Hrsg. v. Friedhelm Kemp. München, 1966, S. 87.) *A.d.Ü.*

14 *Symbolische Zoologie*

Wie viele von den Florentinern und Ausländern, die am Karsamstag in Florenz dem Scoppio del Carro beiwohnen, wissen ein wenig genauer, welche Bedeutung diese Zeremonie eigentlich hat?[1] Es heißt, der Brauch sei eingeführt worden von einem Kreuzfahrer der Familie Pazzi, der aus Palästina einen Splitter vom Heiligen Grab mitgebracht haben soll, mit dem man das geweihte Feuer anzündete. Doch welche Bedeutung hat der Flug des Täubchens, das das Feuerwerk auf dem Karren entzündet? Das neue Feuer, das der Pontifex schon seit den ersten Tagen des Christentums bei der Karsamstagsmesse segnete (ein Ritus, der auf das vorgeschichtliche Kirchenfest zur Wiederkehr des Frühlings und zur Auferstehung des Lebens zurückgeht), soll nach der Sage an jedem Vorabend vor Ostern von einer Taube in die Hauptkirche von Jerusalem gebracht worden sein. Natürlich werden Sie diese Erklärung nicht im Führer des Touring Club finden, aber Sie können sie, wenn auch nicht direkt (weil dies kein Wort des florentinischen Sprachgebrauchs ist), aus einem großformatigen Buch herleiten, das in Mailand in einer Auflage von fünfhundert Exemplaren als Faksimile nachgedruckt wurde, da das belgische Original von 1940 während des Krieges zerstört worden war: Louis Charbonneau-Lassay, *Le Bestiaire du Christ*. Milano: L.I. Toth, 1974.

In eben diesem Werk, illustriert mit eintausendfünfhundert merkwürdigen Stichen, das auf wissenschaftlicher Grundlage die bekannten humanistischen Symbol-Enzyklopädien von Pierio Valeriano (1556)[2], Filippo Piccinelli (1663)[3] und Ottavio Scarlattini (1674)[4] wiedergibt, finden wir auch die Erklärung zu einem Detail auf dem Mosaik der Apsis in der römischen Kirche SS. Cosma e Damiano, der Kirche der beiden Heiligen Cosmas und Damian, das die Aufmerksamkeit eines Betrachters auf sich ziehen könnte, der es nicht eilig hat: ein großer weißer, mit dem

Christusmonogramm gekrönter Vogel, der einem Storch gleicht, fliegt auf den Kopf des Erlösers zu. Es handelt sich nicht um einen Phönix (dem Vogel fehlt nämlich dessen Federschopf), sondern um einen Ibis, der auch bei den Ägyptern das Emblem der Auferstehung ist. In der holländischen Kunst des 17. Jahrhunderts wird Bernard von Clairvaux unter einem Milchstrahl aus der Brust der Heiligen Jungfrau dargestellt[5]; darin gründete das Dilemma, ob der Gläubige zwischen dieser Milch oder dem Blutregen aus der Lende Christi wählen müsse: christliche Versionen des antiken Mithras-Kultes, bei dem der Myste, der Eingeweihte des Mysterienkultes, an einem angemessenen Ort mit dem Blut des geopferten Stiers besprengt wurde.[6]

Es ist vor allem diese Übertragung von Symbolen der ältesten Religionen auf die christliche, die die Lektüre des Buches überaus faszinierend macht. So wie in der Tradierung der Herrschaft seit den frühesten Jahrhunderten bis zu Napoleon die Symbole des Adlers und des Drachens übertragen wurden (Karl Schwarzenberg schrieb darüber ein Buch: *Adler und Drache. Der Weltherrschaftsgedanke*. Wien/München: Herold, 1958), so wurden in der kirchlichen Tradition uralte Symbole weitergeführt, wobei sie neue Bedeutungen hinzugewannen. Wie Charbonneau-Lassay feststellt, handelt es sich um eine mystische Zoologie, in der das Fiktive, das Fremdartige und das Monströse ständig sowohl der ausgefallensten wie auch der einfachsten Natürlichkeit zur Seite gestellt wurde – obschon das Beiwort »natürlich« wohl kaum auf diese überraschende Zoologie zutrifft, die zum großen Teil auf klassische Texte, vor allem auf Plinius zurückgeht, und die ein zeitgenössischer englischer Schriftsteller scharfsinnig als *unnatural natural history*, als unnatürliche Naturgeschichte, bezeichnet hat. Man muß sich übrigens vergegenwärtigen, daß es sich hierbei eher um Vergleiche als um Metaphern handelt (wer sich für diese wichtige Unterscheidung interessiert, sollte das beispielhafte Buch von Albert Henry lesen, das 1975 in italienischer Übersetzung bei Einaudi erschienen ist: *Metanomia e metafora*[7]): man stößt auf gewisse Übereinstimmungen zwischen zwei Phänomenen, manchmal mit scholastischer Pedanterie, und dann wird einer der beiden Termini des Vergleichs hypostasiert, und zwar aufgrund einer logischen Folgerung, die nicht immer eine lyrische

Spannung erzielt. Schon Voltaire hatte geschrieben: »(...) la métaphore, quand elle est naturelle, appartient à la passion; les comparaisons n'appartiennent qu'à l'esprit.«[8]

Man urteile selbst: um 1490 erinnerte Jehan de Cuba seine Zeitgenossen daran, daß der sogenannte *quadratus*-Stein sich manchmal im Gehirn des Geiers befinde, und er rühmte den Vorzug dieses Glückstalismans.[9] Man leitete daraus folgende symbolische Anwendung ab: so wie einer, der den Glücksstein besitzen will, den Kopf des Geiers aufbrechen muß, so muß man den Kopf unserer vom Geier verkörperten Laster zerbrechen, wenn wir unser Gewissen beruhigen wollen. Die Menschen der Antike suchten in der Brust der Kampfhähne die *pietra alectorina*[10], ein kostbares Mittel, um den Geist der Entscheidung, Kühnheit und Kraft zu wecken. Ein Erzbischof von Rennes aus dem 12. Jahrhundert behauptete, ein solcher Stein bewirke, daß der Ehegatte seiner Gemahlin für immer treu bleibe. Derselbe Prälat (er hieß Marbode) und Brunetto Latini hatten von den Alten gelernt, daß der Luchs einen Stein besitze, der im Zeitraum von sieben Tagen aus dem eigenen Urin abgesondert werde; diesen Stein nannte man *liguina*[11]. Die christliche Emblematik hat alle Vorstellungen der »unnatürlichen Naturgeschichte« der Antike aufgeboten, um aus dem Basilisken das Inbild des Bösen zu machen. Der Dominikaner Vinzentius von Beauvais[12] behauptete, dieses Ungeheuer entstehe aus dem selbstbefruchteten Ei eines alten Hahns und werde auf einem Misthaufen ausgebrütet; anderen zufolge entsprang es dem Ei eines alten Ibis, in dem die Gifte aller Schlangen konzentriert seien, die er gefressen habe. Und Vincentius von Beauvais fügte hinzu, manche nähmen an, das Ei werde von einer Viper und einem Kauz ausgebrütet, »aber darüber war man sich nicht so sicher«.

Der seltsamste Aspekt dieser Symbolik ist die häufige Ambivalenz der Figuren. So wie die von Stevenson beschriebenen Fische der Atolle je nach Mondphase heilsam oder giftig sein konnten, so gilt dies hier für die Tiere je nach dem Grad der Mondsüchtigkeit[13] des Symbolikers. So konnte der Schwan zwar ein Emblem für Christus als Seelenretter sein (der Schwan des Lohengrin von Wolfram von Eschenbach, der den Helden zur Errettung der Prinzessin von Brabant geleitet), aber wenn sich an Bord des Nachens kein christlicher Held befand, sondern die Venus, dann wurde der Schwan zum Tier der Leda: ein Emblem der Wollust (Fresko von Francesco da Cossa im Palazzo Schifanoia[14]). Der Vorgang der Übertragung auf die Moral, den die christliche Symbolik bewirkte, dehnte sich auf die gesamte Sphäre der animalischen Welt aus: in der Hymne *Jubilate Agno* von Christopher Smart (*Inno a David e altri poemi*. Traduzione italiana di Margherita Guidacci. Torino: Einaudi, 1975)[15] »treten Mensch und Tier vor den Herrn, um zusammen seinen Namen zu preisen«. Und im Kuß Gottes, schrieb Victor Hugo in *Dieu*, »Et dans votre baiser le porc se mêle à l'ange«[16] – mit einer Wirkung zwischen dem Sublimen und dem Grotesken, wie in eben diesem Vers des großen Bilderschöpfers oder in der Musik des *Carnaval des animaux* von Camille Saint-Saëns.

1975

Anmerkungen

1 »Scoppio del Carro«; wörtlich: »Explosion des Karrens«: »Am Ostersonntag wird nach einer Prozession ein riesiger Holzkarren zwischen Dom und Baptisterium aufgestellt. Während im Dom das Gloria angestimmt wird, *fliegt* eine Papiertaube auf einem Drahtseil vom Hauptaltar zur Hauptpforte hinaus und entzündet den Wagen (scoppio del carro), von dem ein Feuerwerk herniederprasselt, das von den Zuschauern auf den eigens errichteten Tribünen mit Begeisterung aufgenommen wird.« *Merian* 5/40 (Mai 1987), S. 146. Vgl. Christopher Hibbert, *Florence. The Biography of a City*. Harmondsworth: Viking, 1993, S. 276: Geht das Gleiten oder Schweben der Taube auf dem Seil mühelos von sich, dann nehmen die an der Zeremonie teilnehmenden Bauern dies als ein gutes Zeichen auf: *La colombina è andata bene*. *A.d.Ü.*

2 Giovanni Pierio Valeriano Bolzanio, *Hieroglyphica sive de sacris Aegyptiorum aliarumque gentium literis*. Basel, 1556 (vgl. Praz, *Studi sul concettismo*, a.a.O., S. 19). *A.d.Ü.*

3 Filippo Piccinelli, *Mondo simbolico formato d'imprese scelte, spiegate ed illustrate, sentenze ed erudizioni sacre e profane, che somministrano agli oratori, predicatori, accademici, poeti ecc. infinito numeri di concetti*. Milano 1653; Venezia 1670 (lateinische Ausgabe: *Mundus symbolicus. In emblematum universitate formatus et tam*

sacris... Nunc yero justo volumine auctus et in latinum traductus a R.D. Erath. Köln 1687, 2 Bde. Reprint Hildesheim: Olms, 1979, 1276 S. Mit einer Einleitung und einem bibliographischen Beitrag von Dietrich Donat.) – Vgl. Mario Praz, *Der Garten der Sinne*, a.a.O., S. 269, Anm. 19; ders., *Studi sul concettismo*. Firenze: Sansoni, 1946, S. 234. *A.d.Ü.*

4 Ottavio Scarlatini, *L'uomo e sue parti figurato e simbolico... opera utile A' predicatori, ecc.* Bologna, 1684; vgl. Praz, *Studi sul concettismo*, a.a.O., S. 262 (der Titel von Scarlatinis Buch sei »lungissimo«, schreibt Praz). *A.d.Ü.*

5 Siehe T. Hümpfner, *Die Ikonographie des heiligen Bernhard von Clairvaux*. Augsburg, 1927. *A.d.Ü.*

6 Zum Stieropfer und zur Bedeutung des Stierblutes vgl. Manfred Clauss, *Mithras. Kult und Mysterien*. München: C. H. Beck, 1990, S. 87–110, 119. *A.d.Ü.*

7 Albert Henry, *Métonymie et Métaphore*. Paris: Klincksieck, 1971 (italienische Übersetzung von Pier Marco Bertinetto, Torino: Einaudi 1975). Inzwischen liegt eine überarbeitete Ausgabe vor, die bei der vorliegenden Übersetzung ebenfalls konsultiert wurde: Albert Henry, *Métonymie et métaphore*. Edition revue. Bruxelles: Palais des Académies, 1984 (Académie Royale Belgique; Mémoires de la classe des Lettres). *A.d.Ü.*

8 »Die Metapher, wenn sie natürlich ist, gehört zur Leidenschaft; die Vergleiche gehören nur zum Geist«: zitiert in Henry, *Métonymie et métaphore* (1984), S. 90, in einem Abschnitt, der die prinzipielle Unterscheidung zwischen der Metapher als einer semantischen Schöpfung und dem Vergleich als einer intellektuellen Operation präzisiert; Henry bezieht das Zitat aus: H. Morier, *Dictionnaire de poésie et de rhétorique*. Paris, 1981 (3. Aufl.); die Quelle bei Voltaire ist nicht angegeben. *A.d.Ü.*

9 Geierhirn: *Deutscher Aberglaube*, Band 4, Sp. 79 (Plinius, *nat. hist.*, 29, 6); »Ein grüner Stein, der sich im Kopf des Geiers befinden soll, *Quadros* geheißen, verschafft den jungen Müttern reichliche Milch.« a.a.O., Band 6, Sp. 285 (Hinweis auf S. Seligmann, *Der böse Blick und Verwandtes. Ein Beitrag zur Geschichte des Aberglaubens aller Zeiten und Völker*. Berlin: Hagedorf, 1910, Band 2, S. 128: »*Quadros*, grüner Stein, der sich im Kopfe des Geiers befinden soll; er schützt vor allem, was schaden kann, und gibt den Nährenden reichlich Milch«). *A.d.Ü.*

10 Hahnenstein, Alektorius, griech. *alektorios (lithos)*: *Deutscher Aberglaube*, Band 3, Sp. 1344–45. *A.d.Ü.*

11 Luchsstein, vgl. *Deutscher Aberglaube*, Band 1, Sp. 1024–1027, Art. »Belemnit«: die zigarrenförmigen versteinerten Reste von Tin-

tenfischen aus der Jura- und Kreideformation wurden im Aberglauben des 18. Jh. (Gesner) für die *Luchssteine* der Antike gehalten (Plinius): für versteinerten Luchsurin, den diese Tiere in der Erde verscharren. *A.d.Ü.*

12 Vincentius von Beauvais, ca. 1190–ca. 1264, verfaßte – neben zwei »als Teil einer (nicht vollendeten) politischen Philosophie gedachte Schriften über Prinzenerziehung (De eruditione ..., ca. 1250/52; De morali principiis institutione, ca. 1260/63)« – nach etwa 2000 Werken von 450 Autoren sein dreiteiliges *Speculus maius*, die umfangreichste Enzyklopädie des Mittelalters; »eine bedeutende, auch philosophisch ernstzunehmende, geordnete Summe des Wissens seiner Zeit« (Ausgabe: Douai, 1664; *RGG*, Bd. 6, Sp. 1403). *A.d.Ü.*

13 *Lunacità*, Verschrobenheit, Verrücktheit: sowohl im Italienischen als auch im Französischen haben diese Wörter mit der Wurzel luna, »Mond« (lunatico, lunatique: dem Mond unterworfen) die Bedeutung *launenhaft*, *versponnen*, *verrückt*, *geisteskrank*. *A.d.Ü.*

14 Francesco del Cossa (ca. 1436–1477): die Fresken im Palazzo Schifanoia in Ferrara gelten als Costas Hauptwerk: »(...) sie stellen in drei umlaufenden Zonen unten nach den Monaten geordnete Szenen aus dem Leben am Hofe des Borso d'Este dar, darüber die Zeichen des Tierkreises und schwer zu deutende allegorische Figuren und in der obersten Zone Götter mit Trionfo-Darstellungen«: *Thieme/Becker*, Bd. 7, S. 508; vgl. *KML*, Bd. 3, S. 77; André Chastel, *Le mythe de la Renaissance*. Genève: Skira, 1969, Abb. S. 82–83: Die Fresken für die Monate März und April. *A.d.Ü.*

15 Siehe Mario Praz, *Storia della letteratura inglese,* a.a.O., S. 393: Der Dichter Christopher Smart (1722–1771) verfaßte »den berühmt gewordenen *Song to David* (1763), dessen kühne Bilder mit denen der Bibel wetteifern«. – Bernhard Fabian, Hrsg., *Die englische Literatur*. München 1991, Band I (»Epochen · Formen«), S. 313: »Die Extremform religiöser Dichtung findet sich im Werk von Christopher Smart (...). Sein *Song to David* (1763), in seiner mystischen Struktur und seiner sprachlichen Eigenwilligkeit von den Zeitgenossen weitgehend unverstanden, gilt als einzigartig in der Versliteratur des 18. Jahrhunderts, während sein *Jubilate agno* (entstanden 1760, veröffentlicht 1939 als *Rejoice in the lamb, a song from Bedlam*) die kryptische, bei aller Wirrheit hoch intensive Phantasie eines Geisteskranken darstellt und manches in William Blakes oder John Clares Werk vorwegnimmt.« *A.d.Ü.*

16 Victor Hugo, *La Légende des Siècles*, *La Fin de Satan*, *Dieu*. Paris: Gallimard (Bibliothèque de la Pléiade), 1950, S. 1056; zit. bei Henry, 1971, S. 41; 1984, S. 62: »Und in eurem Kuß vereint das Schwein sich mit dem Engel.« *Dieu* [Gott] ist Hugos unvollendete epische

Dichtung in Alexandrinern, erschienen 1891, die einen von drei Teilen eines fragmentarisch gebliebenen Versuches bildet, »eine moderne *Göttliche Komödie* zu schaffen« (*KLL*, 10622). Kritische Ausgabe von René Journet und Guy Robert. Paris: Nizet, 1961. Diesem Text Hugos entnimmt Henry in *Metonymie et Métaphore* zahlreiche Beispiele. *A.d.Ü.*

15 *Das schöne Goldene Zeitalter*[1]

In der Mythologie aller Völker gibt es ein Goldenes Zeitalter und eine Naturkatastrophe, eine alles erfassende Sintflut. Sicherlich hat der zweite Mythos einen realen Gehalt, denn wenn es wahr ist, daß der Mensch nicht erst seit einigen Jahrtausenden auf der Erde anwesend ist, wie man einst glaubte, sondern seit Jahrmillionen, wie die Paläontologen heute sagen, dann wäre unser Planet trotz Epidemien und Kriegen schon seit einer ganzen Weile überbevölkert, hätte nicht von Zeit zu Zeit eine Naturkatastrophe eingegriffen, um aufzuräumen und Einhalt zu gebieten. Was den ersten Mythos angeht, den von einer glücklichen Zeit ohne Eigentum und ohne Krieg, als die Liebe frei war und das Klima heiter und die Menschen sich in einem Garten, in dem der Löwe mit dem Lamm einherging, von Eicheln ernährten, jenen Mythos, den die Hippies mit ihrem Slogan »Make Love, not War« noch heute auf ihre Fahnen schreiben, so kann man ebenso sicher sein, daß er einer ganz anderen Gruppe angehörte als der mit der undeutlichen Erinnerung, zu welcher der Mythos von der Sintflut zählt. Er ist nämlich eine Form der Utopie, einer sowohl in die Zukunft als auch in die Vergangenheit projizierten Utopie, hervorgerufen von dem »verfluchten Hier« des *Faust*[2], von der Unzufriedenheit mit der Gegenwart und nicht von einer archetypischen Idee, die einer im Unbewußten begrabenen Erfahrung entspringt. Er ist eine falsche Erinnerung, eine Paramnesie, und keine Anamnesis, also dem Mythos von der unschuldigen Kindheit gleich, der Mystiker wie Traherne und Dichter wie Wordsworth und Pascoli dazu trieb, schöne Prosa und schöne Verse zu schreiben: Blumen ohne Stiel.

»Alle Völker, die eine Geschichte haben, haben ein Paradies, einen Stand der Unschuld, ein goldnes Alter«, hatte Schiller geschrieben. Ein amerikanischer Professor, Harry Levin, hat nun in seinem Buch *The Myth of the Golden Age in the Renaissance*

(London: Faber, 1970)[3] die Entwicklung und Verästelung dieses Mythos von der Antike bis zur Renaissance und darüber hinaus verfolgt, ohne sich von der Eintönigkeit des Motivs entmutigen zu lassen, das zwar den Vorzug hat, sich den Gewohnheiten des jeweiligen Zeitalters anzupassen, aber trotzdem sehr reich ist an *jeux à coté*, an Variationen, die der Kuriosität nicht entbehren. Die Bezeichnung »Goldenes Zeitalter« geht auf Hesiod zurück, den Sänger der vier Weltzeitalter, deren erstes eben das goldene ist, als die Menschen wie Götter lebten, während Kronos, d. h. Saturn, im Himmel regierte; Aratos fügte dann die Legende von der Gerechtigkeit [Dike] hinzu, die während des dritten, von blutigen Kriegen überschatteten Zeitalters die Erde verließ und zum Sternbild der Jungfrau, der Astraea wurde.[4] Vor allem durch Ovid wird der Mythos in der Antike zu einem Gemeinplatz [*topos*], so daß man es satt hatte, von jenem glücklichen Zeitalter zu hören, als die Menschen sich von Eicheln ernährten, und ausrief: »Nun ist es genug mit den Eicheln!«[5] Der Mythos war jedoch ebenso zäh wie die Hoffnung; er entfloh nie von der Erde und rief Astraea, mithin die Gerechtigkeit, wieder zu den Menschen zurück. Mit der Vierten Ekloge schweißte Vergil Mythos und Utopie zusammen und prophezeite die Wiederkehr des Goldenen Zeitalters: »*Redeunt Saturnia regna* … «[6]

Diese Worte kann man auf einer Miniaturskulptur aus verschiedenen Hölzern und Elfenbein lesen, die ich vor vielen Jahren in London erwerben konnte – ein Werk des Piemontesen Bonzanigo, eines Meisters solcher Intarsienarbeiten, ausgeführt anläßlich der Heimkehr der Savoyer nach dem Sturz Napoleons.[7] Die Worte gehören zu einem Medaillon, auf dem die Figur des Friedens mit der brennenden Fackel auf einem Harnisch und einem Helm zu Füßen eines Baumstumpfs zu sehen ist, aus dem neue Blätter sprießen; rund um das Medaillon sind die Symbole der Künste und der friedfertigen Tätigkeiten angeordnet, verkörpert von Putten, von denen sich einige liebkosen, und das einzige finstere Symbol inmitten einer Vielzahl von Füllhörnern und blumengeschmückten Grotesken ist der Kopf des Saturn mit Sichel und Sanduhr, der an die Gegenwart des Todes sogar im schönen Arkadien gemahnt (das Thema *Et in Arcadia ego*, wie es von Guercino und Poussin dargestellt wurde[8]). Diese zur gleichen Zeit wie Vincenzo Montis *Ritorno d'Astrea* entstandene Miniaturskulptur ist ein später und schwacher Ausläufer jener großen, von Vergils Vierter Ekloge ausgelösten Strömung in der Welt des Abendlandes, besonders während der Renaissance, als die erneute Berufung auf das Goldene Zeitalter zum Gemeinplatz wurde: vom Poliziano der *Selve d'Amore* bis zu Sannazaro, in dessen *Arcadia* der Mythos vom Goldenen Zeitalter zum integrierenden Bestandteil der neuen pastoralen Gattung wurde[9], bis hin zu Tasso, dessen *locus amoenus*, den er in der *Aminta* besingt (»O bella età dell'oro ... «), in *Gerusalemme liberata* sich in einen Köder verwandelt, um den christlichen Helden anzulocken[10], ja bis zu Rabelais mit seiner Abtei von Thélème, wo das »Fay ce que vouldras«, »Tu, was du willst«[11], dem Tassoschen »S'ei piace, ei lice« entspricht: »Erlaubt ist, was gefällt« – eine Formel, die Guarini[12] während der Gegenreformation dann in »Piacci se lice«, »Erlaubt ist, was sich ziemt«, abändern mußte.[13]

In der Renaissance wurde das Motiv der Wiederkehr Astraeas zu einem neuen Goldenen Zeitalter zum Pflichtthema höfischer Schmeicheleien: jeder neue Herrscher, der einen Thron bestieg, ob Medici, Valois, Tudor oder Habsburger, ließ am Horizont die Sonne des Goldenen Zeitalters, die nunmehr »einzige Sonne der Zukunft«, in Begleitung der Astraea aufgehen. Sie stieg zwar mehrmals am Bühnenhorizont auf, von Artilleriesalven ebenso begrüßt wie von rauschendem Beifall, aber der Stuart Charles I. stellte das saturnische Regime in Albion leider ebensowenig wieder her, gemäß der Prophezeiung des Dichters William Drummond of Hawthornden (dieselbe Vorhersage hatte er auch für James I. getroffen), wie Charles IX. die milchführenden Bäche und die honigbringenden Eichen in Frankreichs Lande zurückbrachte, den Gesängen Ronsards entsprechend; was Charles IX. tatsächlich auslöste, waren die Blutströme der Bartholomäusnacht. Schließlich äußerte Erasmus in einem Brief an den Prediger W. F. Capito den Wunsch, noch einmal jung zu sein, um die Segnungen des Friedens, der schönen Literatur und der Gelehrsamkeit besser genießen zu können, welche Leo X. und Franz I. nun in Europa verbreiteten. Der einzige, der wirklich sagen konnte, daß hinter der vorgeblichen Wiederkehr des Goldenen Zeitalters wahrscheinlich jener Töpferknabe steckte, der ganz nackt und mit Goldfarbe bemalt war, um auf dem Triumphzug zur Wahl Leos X. die »Auferstehung des Goldenen Zeitalters« zu verkörpern (wie Vasari in seinem *Leben Pontormos* erzählt), und der »in Folge der erduldeten Beschwerde bald darauf starb«, vergiftet von der Goldbemalung.[14] An die Rückkunft des Goldenen Zeitalters glaubten die Humanisten jedoch wirklich, weil das Bewußtsein herrschte, daß, wie Rabelais sagte, »maintenant toutes disciplines sont restituées«, »daß alle Disziplinen wieder hergestellt, in ihr Recht eingesetzt wurden«, was auch immer die modernen Verächter der Renaissance darüber denken mochten.[15]

Die geographischen Entdeckungen schienen jetzt das bisher nur als Mythos Bekannte in Realität umzusetzen. Kolumbus glaubte in der von ihm entdeckten Hemisphäre das irdische Paradies wiedergefunden zu haben, das er sich als eine weibliche Brust vorstellte, an deren Spitze sich der *locus amoenus* befand.[16] Nackt und schuldlos im Zustand der Gemeinschaft lebend wie unsere Vorväter, schienen die Wilden in der üppigen tropischen Landschaft das Goldene Zeitalter zu verkörpern: daher der Mythos vom Edlen Wilden, dem gegenüber Montaigne und Shakespeare ihre Vorbehalte anmeldeten. Shakespeare war realistischer, was den »Caliban«-Aspekt jener Wesen betraf, die in der Vorstellung mancher Leute wunderbare griechische Halbgötter waren. Es steckt eine unfreiwillige Ironie in dem Ausruf Mirandas im *Sturm*, als sie im König und in den weißen Hofleuten eben jene bedauernswerten Wesen erkannte, die die Entdecker in den Wilden erblicken:

»O, wonder!
How many goodly creatures are there here!
How beauteous mankind is! O brave new world
That has such people in't!«[17]

So entstand jener Primitivismus, jene Sehnsucht nach dem glücklichen Wilden, die auch heute noch hartnäckig überlebt, obwohl Lévi-Strauss in *Tristes Tropiques* das tiefe Elend der Eingeborenen am Amazonas aufgedeckt hat. Als ob das Fehlen bürgerlicher Institutionen und Unterschiede zwischen *meum* und *tuum*, Eigenschaften, die die Wilden mit den mutmaßlichen Menschen des Goldenen Zeitalters teilten, ausreichte, um die Identität eines glückseligen Lebens zu gewährleisten.[18] Auf einer von Sir Walter Raleigh geförderten Erkundungsreise in jenen Teil des amerikanischen Kontinents, der dem heutigen North Carolina entspricht, gewannen Philip Amadas und Arthur Barlow folgenden Eindruck: »We were entertained with all love and kindness and with as much bounty after their manner as they could possibly devise. We found the people most gentle, loving, and faithful, void of all guile and treason and such as lived after the manner of the Golden Age. The earth bringeth forth all things in abundance as in the first creation, without toil or labor.«[19] In Amerika nahmen die Puritaner sich vor, das Goldene Zeitalter wiederherzustellen, und Andrew Marvell malte sich in einem schönen Gedicht (*Bermudas*) aus, wie er sich über den Ozean diesem glückseligen Land näherte, wo ewiger Frühling herrschte, wo keine Verfolgungen tobten und wo die Natur ihre Früchte den Sterblichen zu Füßen fallen ließ – ein wahrer Tempel, um darin das Lob des Herrn zu singen.[20] In diesem Geist wurde die amerikanische Verfassung geschrieben, und auf dem großen Siegel der Vereinigten Staaten sowie auf den Dollarscheinen kann man eine Inschrift lesen, die der Vierten Ekloge entnommen ist: »Novus Ordo Saeculorum«.[21] »America was promises«, sang Archibald MacLeish später voller Bitterkeit.[22]

Nach den Menschen der Renaissance, denen es schien, daß das Goldene Zeitalter wiederkehren würde, finden wir nur noch Voltaire, der mit seiner eigenen Zeit zufrieden war. Es war das Jahrhundert der Aufklärung, als im Gefolge der »renaissance des lettres«[23] »la lumière renaît de toutes parts«.[24] An Rousseau, der eine Rückkehr zum ursprünglichen, einfachen Leben vor Augen hatte, schrieb Voltaire, er sei zu alt, um sich wieder auf allen vieren niederzulassen, und im übrigen sei er der Ansicht, daß die Menschen der Vorzeit nur deswegen bereit gewesen waren, alles mit den anderen zu teilen, weil sie nichts besaßen. In den Versen von *Le Mondain* schrieb er: »Ah, le bon temps que ce siècle de fer!« »Le paradis terrestre est où je suis.«[25] Die Alten sind gewöhnlich *laudatores temporis acti*, und daß ein Alter wie Voltaire mit der Gegenwart zufrieden war, ist vielleicht ein Beweis dafür, daß das 18. Jahrhundert tatsächlich die *joie de vivre*, die Lebensfreude kannte.

1971

Anmerkungen

1 Erstdruck: »L'età dell'oro«, in: *Il Tempo*, 26. Januar 1971. *A.d.Ü.*
2 Goethe, *Faust*, Zweiter Teil, Fünfter Akt, V. 11233: »Das verfluchte *Hier*!«. *A.d.Ü.*
3 Für die vorliegende Übersetzung benutzte Ausgabe: *The Myth of the Golden Age in the Renaissance*. Bloomington & London: Indiana University Press, 1969. – Das bei Levin, S. XV, angeführte Schiller-Zitat findet sich in: »Über naive und sentimentalische Dichtung«; zit. nach *Gedichte, Prosa* (Friedrich Schiller, *Werke in Einzelausgaben*. Hrsg. B. v. Wiese. Zürich, 1959, S. 627). *A.d.Ü.*
4 Levin, a.a.O., S. 14–15. *A.d.Ü.*
5 Levin, a.a.O., S. 26: »Das Bild war schon so sehr zur Gewohnheit geworden, daß die Menschen der Antike seiner überdrüßig geworden waren, und Cicero zitiert ein griechisches Sprichwort: *Genug vom Eichbaum!*« (*Epistulae ad Atticum*, II, 19). *A.d.Ü.*
6 »... es nahn die saturnischen Reiche«: Vergil, Ekloge IV, in: Vergil, *Werke*. Übersetzt von R. Seelisch und W. Hertzberg. Berlin und Weimar: Aufbau, 1965, S. 13. *A.d.Ü.*
7 Vgl. Mario Praz, *La casa della vita*, a.a.O., S. 314–315: »Die Arbeit gehört sicherlich zu jenen *tours de force* in der Miniaturplastik des Giuseppe Bonzanigo di Asti, der damit zu Recht berühmt geworden ist, und sie wurde wohl so ausgeführt wie eine zweite, die sich im Museo Civico von Turin befindet, zu Ehren der Restauration in Savoyen von 1814–1815.« *A.d.Ü.*
8 Vgl. Erwin Panofsky, »Et in Arcadia ego. On the Conception of Transience in Poussin and Watteau« (1936), deutsch: »Et in Arcadia ego. Poussin und die Tradition des Elegischen«. Übersetzt von Wilhelm Höck, in: Panofsky, *Sinn und Deutung in der bildenden Kunst*. Köln: DuMont, 1978, S. 351–377; Levin, a.a.O., S. 98. *A.d.Ü.*
9 Levin, a.a.O., S. 43. *A.d.Ü.*
10 Levin, a.a.O., S. 49. *A.d.Ü.*
11 Rabelais, *Gargantua*, in: *Œuvres complètes*, éd. Jacques Boulenger, revue et complétée par Lucien Scheler. Paris: Gallimard, 1965 (Bibliothèque de la Pléiade), S. 159 (Kap. 57, Anfang); deutsch: *Gargantua*. Übersetzt und kommentiert von Wolf Steinsieck. Stuttgart: Reclam, 1992, S. 178. *A.d.Ü.*
12 Giovan Battista Guarini (1538–1612), *Il pastor fido* (Der treue Schäfer), Pastoraldrama (1592); vgl. Levin, a.a.O., S. 50–53.
13 Levin, a.a.O., S. 53–56. *A.d.Ü.*
14 Giorgio Vasari, *Leben der ausgezeichneten Maler, Bildhauer und Baumeister*. Deutsche Ausgabe von Ludwig Schorn & Ernst Förster, neu herausgegegben und eingeleitet von Julius Kliemann. (Reprint

der Ausgabe von 1832–1849, Stuttgart: Cotta; Worms: Wernersche Verlagsgesellschaft, 1983, Band IV, S. 234). *A.d.Ü.*

15 Rabelais, *Pantagruel*, Chapitre VIII (in: *Œuvres complètes*, a.a.O., S. 204); vgl. Levin, a.a.O., S. 145. *A.d.Ü.*

16 Levin, a.a.O., S. 183. *A.d.Ü.*

17 Levin, a.a.O., S. 128; Shakespeare, *Der Sturm*, V, 1, 182–185: »O Wunder! / Was gibts für herrliche Geschöpfe hier! / Wie schön der Mensch ist! Wackre neue Welt, / die solche Bürger trägt.« Übersetzung von Schlegel und Tieck. *A.d.Ü.*

18 Levin, a.a.O., S. 42. *A.d.Ü.*

19 Levin, a.a.O., S. 66: »Wir wurden mit aller Liebe und Freundlichkeit empfangen und mit so viel Freigiebigkeit nach ihrer Art, wie sie sie nur ausdenken konnten. Wir fanden die Menschen überaus sanftmütig, liebenswürdig und aufrichtig, ohne jede List und Tücke, in einer Lebensweise wie im Goldenen Zeitalter. Die Erde bringt alles im Überfluß hervor, wie in der ersten Schöpfung, ohne Mühsal und Arbeit.« *A.d.Ü.*

20 Andrew Marvell, »Bermudas« (1653), in: *The Complete Poems*. Edited by Elizabeth Story Donno. Harmondsworth: Penguin, 1985, S. 116–117. *A.d.Ü.*

21 »Und von neuem beginnt der Jahrhunderte mächtige Reihe.« Vergil, *Werke*, a.a.O., S. 13. *A.d.Ü.*

22 Archibald MacLeish, »America Was Promises« (1939), in: ders., *Collected Poems, 1917–1982*. Boston: Houghton Mifflin, 1985, S. 323–331: »America is promises to / Take! / America is promises to / Us / To take them / Brutally / With love but / Take them. / Oh believe this!« (S. 331; Schluß). *A.d.Ü.*

23 Wiedergeburt der Geisteswissenschaften und der Literatur.

24 »Das Licht entsteht an allen Orten neu.«

25 »Ach, was war dieses eherne Jahrhundert doch für eine gute Zeit!«; »Das irdische Paradies ist da, wo ich bin« (in der Erstausgabe hieß es: »Le paradis terrestre est à Paris«): Voltaire, »Le Mondain« (1736), in: ders., *Mélanges*. Ed. Jacques van den Heuvel. Paris: Gallimard (Bibliothèque de la Pléiade), 1961, S. 203 bzw. 206. *A.d.Ü.*

16 Archetypen in der Literatur[1]

Eines der Argumente, die am häufigsten gegen das Schauspiel im Kino und für die Darbietung im Theater aufgeboten werden, besagt, der Zuschauer bleibe im Kino passiv, während er am Theater aktiv teilnehme. Fern von jeder Polemik hat Tennessee Williams den Gegnern des Kinos (und der Illustrierten) in seiner Erzählung »Desire and the Black Masseur«[2] indirekt eine recht wirksame Waffe geliefert; dort wird die bewegende Erfahrung eines Masochisten erzählt, die in einer grotesken kannibalistischen Episode gipfelt:

> »From his very beginning this person, Anthony Burns, had betrayed an instinct for being included in things that swallowed him up. (...) Everything absorbed him and swallowed him up, and still he did not feel secure. He felt more secure at the movie than anywhere else. He loved to sit in the back rows of the movies where the darkness absorbed him gently so that he was like a particle of food dissolving in a big hot mouth. The cinema licked at his mind with a tender, flickering tongue that all but lulled him to sleep. (...) He did not follow the story on the screen but watched the figures. What they said or did was immaterial to him, he cared about only the figures who warmed him as if they were cuddled next to him in the dark picture house and he loved every one of them but the ones with shrill voices. (...) Now at the age of thirty, by virtue of so much protection, he still had in his face and body the unformed look of a child and he moved like a child in the presence of critical elders.«[3]

Diese Erzählung wurde unter der Abteilung »The Return to the Womb« [»Die Rückkehr in den Mutterschoß«] in eine merkwürdige und originelle Anthologie aufgenommen, die Oliver

Evans und Harry Finestone zusammengestellt haben: *The World of the Short Story: Archetypes in Action* (New York: Knopf, 1972; *Die Welt der Kurzgeschichte: Archetypen in Aktion*). Wie einst die Sammlungen von Märchen und kurzen Erzählungen nach gewissen Kategorien innerhalb eines Erzählrahmens organisiert wurden (so zum Beispiel *Tausendundeine Nacht* oder *Das Dekameron*, wo jedem Tag sein eigenes Thema zugeordnet ist: zum Beispiel wird am vierten Tag von Menschen erzählt, »deren Liebe ein unglückliches Ende nahm«, am fünften von den Liebenden, »die nach bösen und gefahrvollen Zwischenfällen doch zu einem glücklichen Ende kommen«, am siebenten von »manchem Schabernack (...), den die Frauen entweder aus Liebe oder zu eigener Rettung ihren Ehemännern zugefügt haben, gleichviel, ob diese dahinter kamen oder nicht«, am achten »von jenen Streichen (...), die täglich entweder die Frauen den Männern oder die Männer den Frauen spielen oder überhaupt ein Mensch dem anderen«, darunter die berühmte [dritte] Geschichte auf Kosten Calandrinos, am zehnten »von den Menschen (...), die edel oder großmütig in Liebesangelegenheiten oder andren Dingen verfuhren«[4]; und so auch in dem als »Marriage Group« bezeichneten Teil der unvollendeten *Canterbury Tales*, der ein organisches Ganzes bildet[5]), so haben auch die beiden geistigen Organisatoren dieser Anthologie im Bannkreis der Jungschen Theorie Erzählungen ausgewählt, die bestimmte Archetypen illustrieren oder illustrieren sollten: »The fatal woman«: die *femme fatale*; »The Earth-Mother«: Mutter Erde [Demeter]; »The Scapegoat«: der Sündenbock; »The Alter Ego«: das andere Ich, der Doppelgänger; verschiedene Typen der Suche (nach Vollkommenheit, nach dem Glück, nach einem Schatz, nach der Mutter, nach Liebe), die Metamorphose (Verwandlung), die Prophezeiung und deren Erfüllung, die Initiation, die Rückkehr in den Schoß.

Nicht alle Erzählungen rechtfertigen die Aufnahme in diese oder jene Abteilung, und in manchen Fällen überlagern sich zwei Motive oder mehrere. So vermischt sich das Motiv der Metamorphose mit dem des Doppelgängers oder mit dem der Suche und im Fall der »Légende de Saint Julien l'hospitalier«[6] das Motiv der Prophezeiung mit dem der Metamorphose; in »The Predestined Marriage«[7], einer mittelalterlichen chinesischen Erzählung, verbindet sich das Motiv vom »alten weisen Mann«

mit dem des »Propheten«; in Hermann Hesses Märchen »Der Dichter«[8] verschmilzt das Motiv der Initiation mit dem der (geistigen) Metamorphose und der Suche; das Motiv des alten weisen Mannes erscheint in einer Erzählung »To the Mountains« von Paul Horgan[9]; die Erzählung »Ein Hungerkünstler«[10] verknüpft die Suche nach Vollkommenheit mit der Rückkehr in den Schoß. Tatsächlich verrät diese mehrfache Präsenz von Motiven eine Willkür oder Beliebigkeit, die einen gewissen Verdacht erweckt, ob denn die Anwendung solcher Archetypen auf manche der aufgenommenen Erzählungen überhaupt triftig sei. Die Verwirrung wird dadurch noch vergrößert, daß die Kompilatoren sich nicht nur von Jung inspirieren ließen, sondern auch von dem Literaturkritiker Kenneth Burke, der in »The Poetic Process« (1953)[11] die Existenz literarischer Archetypen postulierte, indem er bestimmte Erzählungstypen mit »innate mental forms«, »angeborenen geistigen Formen« gleichsetzte, mit einer Art von psychologischen Universalien (sowie metaphysischen, wie bei Platon), welche die »conditions of appeal«, »die Bedingungen der literarischen Anziehungskraft«[12] repräsentieren.

In der Idee Burkes ist unschwer eine verfängliche Version des Abweichlertums von der Jungschen Konzeption zu erkennen. Für diesen Psychologen sind die Archetypen nämlich universell präsente und ererbte Formen, die emotional besetzt werden und in ihrer Gesamtheit die Struktur des Unbewußten bilden. So wie die Struktur des Körpers das Ergebnis einer Entwicklung ist und bestimmte Körperteile nichts anderes als die Überreste eines früheren Entwicklungsstadiums sind, so erbt der menschliche Geist bestimmte Ideen, die aus einem uralten Tiefschlaf aufblühen[13], Ideen, die keineswegs neutral sind, sondern energiegeladene Überreste, die sich als Neurose manifestieren können, wenn sie verdrängt werden. So wie der Embryo die Stufen der Vorgeschichte noch einmal durchläuft, so passiert der menschliche Geist eine Reihe von vorgeschichtlichen Stadien. Um ein offensichtliches Beispiel zu nehmen: für die Menschen des Altertums war der Mond mit göttlichen Eigenschaften ausgestattet, und obwohl die moderne Wissenschaft gezeigt hat, daß er nichts anderes ist als eine Kugel aus bewegungsloser Materie (oder beinahe bewegungsloser, wie die astronautischen Untersuchungen unserer Tage demonstrieren wollen), haben wir doch in der Neigung, den Mond mit unseren Gefühlsreaktionen in Verbindung zu bringen, Spuren dieser archetypischen Einstellung bewahrt. Und wenn der archaische Volksglaube auf der wagen Annahme beharrt, daß ein weißes Pferd Glück bringe[14], dann deshalb, weil das weiße Pferd ein altertümliches Symbol des Lebens ist. Diese entlegenen Fragmente der geistigen Evolution tauchen vor allem in den Träumen sowie in gewissen rituellen Gewohnheiten auf, wie Jung gezeigt hat.[15] Das Eigentümliche dieser Symbole liegt allerdings darin, daß sie für den modernen Menschen nur schwer zu erkennen und zu entziffern sind.

So kann man zwar verstehen, daß die Kenntnis des archetypischen Motivs vom Sonnenpenis[16], das sich zum Beispiel in der ägyptischen Religion des Altertums findet, zur Deutung der Halluzinationen eines Patienten beiträgt, auch wenn sich für die Präsenz dieses Archetypus nur wenige Beispiele anführen lassen, aber man kann kaum verstehen, weshalb Vergas Erzählung »La lupa«[17], die einen im Leben häufig vorkommenden Fall schildert[18], einem Archetypus zugeordnet werden muß (der »femme fatale«), und ob dieser, wenn man ihn wirklich als Motiv klassifizieren will, als Variante des literarischen Phädra-Motivs gelten kann. Dasselbe gilt für Maupassants Erzählung »L'épingle«[19], die vom Schicksal eines Mannes berichtet, der sich für eine *femme fatale* zugrunde richtet: wenn überhaupt, dann findet man die *femme fatale* eher in der Nähe von Manon Lescaut oder Carmen; oder auch für die Erzählung »Der kleine Herr Friedemann« von Thomas Mann, die vom Selbstmord eines jungen Mannes handelt, der wegen einer von Kindheit an bestehenden körperlichen Mißbildung unter Komplexen leidet und der von einer schönen und kapriziösen Frau angezogen wird, die ihn freilich spöttisch zurückweist; sie gleicht der Erzählung »Volodja« von Tschechow[20] und paßt wie diese, oder gar noch besser als diese, in die Kategorie »Rückkehr in den Schoß«, weil der Selbstmord durch Ertränken vollzogen wird, durch das Versinken im Wasser, das ja ein Muttersymbol ist.

Kurzum, in der vorliegenden Anthologie gibt es eine Verwirrung zwischen Archetypen, literarischen Motiven und alltäglichen Lebenssituationen. Als ich in meinem Buch *La carne, la morte e il diavolo nella letteratura romantica*[21], das die beiden Kompilatoren zitieren[22], den Typus der *femme fatale* beschrieb, sprach ich zwar von einer Wiederkehr dieses Typus in allen Epochen, aber nicht deshalb, weil er einem jungianischen Symbol zugehört (wenn überhaupt, ist die *femme fatale* für Jung ein Symbol des weiblichen Elementes, der »Anima«[23]), sondern weil er von einer bestimmten historischen Epoche an (seit der Romantik) in der Literatur zu einer Obsession wird, wobei er nicht etwa von einem primordialen Archetypus abstammt, sondern von einer genauen, durch einen Autor festgelegten Gestalt der *femme fatale*, die sich durch bestimmte Einflüsse während ein und derselben Geschmacksperiode auf andere Autoren übertrug und dann, wie alle Konventionen, schließlich der Lächerlichkeit anheimfiel.[24] Man wird zwar sagen, sie sei ein antiker Typus wie bei Homer, aber die Geschichte der Helena gehört nicht zu der gleichen Art wie die Geschichte vom Tod und von der Auferstehung eines Gottes (Symbol für die Fruchtbarkeit der Erde), wie man sie in der ägyptischen Religion (Osiris), in der griechischen (Orpheus), in der skandinavischen (Baldr) und in der christlichen Religion findet, oder wie die Geschichte vom Helden als Retter – alles Mythen, die für Jung Archetypen sind. Im übrigen stellt Jung fest: »Der Begriff Archetypus wird oft dahin gehend mißverstanden, daß er beispielsweise ein bestimmtes, scharf umrissenes mythologisches Motiv oder Bild bedeute. Dies würden jedoch bloße Vorstellungen sein, und es wäre absurd zu glauben, daß solche veränderlichen Vorstellungen ererbt sein könnten. Im Gegenteil ist der Archetypus eine Tendenz, Vorstellungen zu erzeugen, die sehr variabel sind, ohne ihre Grundmuster zu verlieren. Es gibt, zum Beispiel, viele Darstellungen des Motivs der feindlichen Brüder, aber es gibt nur ein Motiv. Es läßt sich lediglich als eine Tendenz zu dieser Art Vorstellungsbildung beschreiben. Als solche stellt sie eine Erbanlage der menschlichen Psyche dar und läßt sich praktisch überall und zu allen Zeiten antreffen. Dieses Motiv ist gemeint, wenn ich von Archetypus rede.«[25] Nach Jung sind es unbewußte Faktoren, die sich in den Vorstellungen und Entscheidungen der Menschen bemerkbar machen, und diese Faktoren verdanken ihre Existenz der Autonomie der Archetypen. Wer die für die Archetypen eigentümliche Emotionalität außer acht läßt, hat es mit zahllosen mythologischen Vorstellungen zu tun, die sich gewiß zusammenfügen lassen, um zu zeigen, daß alles eine Bedeutung hat – aber auch um zu zeigen, daß nichts eine Bedeutung hat. Die Archetypen werden erst dann lebendig, so Jung, wenn man sich geduldig herauszufinden bemüht, weshalb sie für das lebende Individuum eine numinose Bedeutung besitzen.

Daß das Gefühl der Männlichkeit sich bei einem Jüngling aufgrund einer entscheidenden Erfahrung durchsetzt, ist zwar ein ewiges menschliches Faktum, das sich in den Initiationsriten widerspiegelt, aber nicht jede Wiederholung dieser Erfahrung ist deshalb schon der Überrest eines Initiationsritus. Am plausibelsten sind in der vorliegenden Anthologie die Kategorien der Metamorphose (hier findet sich die schreckliche Erzählung »Blood« von Isaac Bashevis Singer[26], deren Brutalität sogar noch die der *Lady Macbeth aus Minsk* von Leskow[27] übertrifft), des Sündenbocks (wo eines der Hauptwerke von Lawrence aufgenommen ist: *The Woman who Rode Away*[28]), des Alter ego und der Rückkehr in den Schoß: hier sind die bedrückendsten Geschichten versammelt, allen voran die des Argentiniers Edoardo Mallea, »The Lost Cause of Jacob Uber«[29]. Obwohl der Aufbau der Anthologie hie und da wackelig ist, ist die Auswahl der Erzählungen dennoch vortrefflich, weil die Kompilatoren sich mehr mit dem ästhetischen Kriterium als mit dem Schlüssel des Archetypus beschäftigt und dadurch eine Fallgrube umgangen haben, in die sogar Jung[30] hineingeraten ist, für den *She* von Rider Haggard[31] nicht weniger bedeutsam ist als *Moby Dick*.[32]

1971

Anmerkungen

1 Erstdruck: »Archetipi in letteratura», in: *Il Tempo*, 8. Oktober 1971. Mit dem Zusammenhang von Jungschem Archetypus und Literatur befaßt sich Praz auch in: »I poeti e gli archetipi« (zuerst unter dem Titel »Simboli e poeti«, in: *Il Tempo* vom 13. September 1962), abgedruckt in: *Cronache letterarie anglosassoni*. Roma: Edizioni di Storia e Letteratura, 1966, Band III, S. 337–342. *A.d.Ü.*

2 [»Das Begehren und der schwarze Masseur«], in: *The World of the Short Story: Archetypes in Action*. Edited with Introductions by Oli-

ver Evans and Harry Finestone. New York: Alfred A. Knopf, 1971, S. 535–541. Aus: Tennessee Williams, *One Arm and Other Stories*. New York: New Directions, 1954, S. 83–94. *A.d.Ü.*

3 »Schon sehr früh hatte dieser Mensch Anthony Burns einen Instinkt dafür gezeigt, sich von Dingen umhüllen zu lassen, die ihn verschlangen. (...) Alles absorbierte und verschluckte ihn, doch er fühlte sich immer noch nicht sicher. Sicherer als anderswo fühlte er sich im Kino. Gerne saß er im Kino in den hinteren Reihen, wo die Dunkelheit ihn zärtlich umfing, so daß er dem Bissen einer Speise glich, der sich in einem warmen Mund auflöste. Das Kino umzüngelte sein Bewußtsein mit einer zarten, unruhigen Zunge, die ihn beinahe in den Schlaf lullte. (...) Die Geschichte auf der Leinwand verfolgte er nicht, sondern sah den Figuren zu. Was sie sagten oder taten, war ihm gleichgültig; er kümmerte sich nur um die Figuren, die ihn warm hielten, als ob sie sich im dunklen Lichtspielhaus eng an ihn schmiegten, und er liebte sie alle, bis auf die mit einer schrillen Stimme. (...) Inzwischen dreißig Jahre alt geworden, hatte er in seinem Gesicht und auf seinem Körper immer noch das ungeformte Aussehen eines Kindes und er bewegte sich auch wie ein Kind, wenn kritisch gesonnene ältere Menschen zugegen waren.«

4 Giovanni Boccaccio, *Il Decamerone* (entstanden um 1350), Venedig, 1470; deutsch: *Das Dekameron*. Übersetzt von Ruth Macchi nach der kritischen Ausgabe von Charles S. Singleton. Versübersetzungen der ersten drei Tage von August Wilhelm Schlegel, die der übrigen Tage von Karl Witte. Berlin und Weimar: Aufbau, 1966, 2 Bände (4. Auflage). *A.d.Ü.*

5 Geoffrey Chaucer, *The Canterbury Tales* (1386–1389) in: *The Complete Works of Geoffrey Chaucer*. Ed. F. N. Robinson. Oxford University Press, 1934, 2. Aufl. 1957; *The Canterbury Tales* (1951). Translated into Modern English by Nevill Coghill. Harmondsworth: Penguin, 1977. – Die unvollendet gebliebenen *Canterbury Tales* werden in 9 Gruppen zusammengefaßt, gekennzeichnet mit den Buchstaben A bis I. Die sog. »Marriage Group« umfaßt die Fragmente D, E und F; sie beginnt mit dem Prolog der Frau von Bath: »eine großartige Satire gegen die Frauen und die Ehe, einer Ehefrau in den Mund gelegt, die das Regime führt« (Mario Praz, *Storia della letteratura inglese*, a.a.O., S. 35–36). Zum Fragment D gehören außerdem die Erzählung der Frau von Bath, die Erzählung des Bettelmönchs und die Erzählung des Juristen. (Deutsch: *Canterbury-Geschichten*. Übersetzt von Wilhelm Hertzberg. Leipzig, 1866; Versübersetzung von Adolf von Düring, in: Geoffrey Chaucer, *Werke*. Straßburg, 1883–1886; neuere Prosaübersetzung: *Canterbury-Erzählungen*. Übersetzt von Detlev Droese, 1971.) *A.d.Ü.*

6 Evans/Finestone, a.a.O., S. 404–421: Gustave Flaubert, »La Légende de Saint-Julien l'hospitalier«, erschienen 1877 im Rahmen der *Trois Contes*; deutsch: »Die Legende von Sankt Julian dem Gastfreien«. Übersetzt von Ernst Hardt, in: Flaubert, *Drei Erzählungen*. Frankfurt a. M.: S. Fischer, 1961 (Exempla classica 44). *A.d.Ü.*

7 [»Die vorbestimmte Ehe«] »A medieval chinese tale«, eine mittelalterliche chinesische Erzählung von Li Fu-yen, in: Evans/Finestone, a.a.O., S. 428–430. Aus: *Traditional Chinese Tales*. Translated by Ch Chen-Wang. New York: Columbia University Press, 1944, S. 104–107. *A.d.Ü.*

8 »The Poet«: Evans/Finestone, a.a.O., S. 268–273. Hermann Hesse, »Der Dichter«, erschienen in: *Märchen* (1955); jetzt in: *Gesammelte Werke in zwölf Bänden*. Frankfurt a. M.: Suhrkamp, 1970, Band VI, S. 32–39. *A.d.Ü.*

9 Paul Horgan, »To the Mountains«, in: Evans/Finestone, a.a.O., S. 479–499, aus: Paul Horgan, *The Peach Stone*. New York: Farrar, Straus & Giroux, 1967, S. 3–36. *A.d.Ü.*

10 »A Hunger Artist«, Evans/Finestone, a.a.O., S. 256–263. Franz Kafka, »Ein Hungerkünstler« (1922), in: *Erzählungen* (*Gesammelte Werke*, Taschenbuchausgabe in sieben Bänden), Frankfurt a. M.: S. Fischer, 1976, Band 4, S. 181–200. *A.d.Ü.*

11 Kenneth Burke, »The Poetic Process«, in: ders., *Counter-Statement*. Revised Edition. Los Altos, California: Hermes, 1953 (zit. in: Evans/Finestone, a.a.O., »Introduction«, S. 7f.) *A.d.Ü.*

12 »Potentiality for being interested by certain processes of arrangements«: das Potential, durch bestimmte (literarische) Anordnungen interessiert zu werden; von etwas angezogen werden. »These *innate forms of the mind* are clearly archetypes in the sense that Jung used the term, in that they are both universal and inherited« (»Diese *angeborenen Formen des Geistes* sind offensichtlich Archetypen in dem Sinne, wie Jung den Ausdruck gebrauchte, insofern als sie sowohl universal als auch vererbt sind«). Evans/Finestone, a.a.O., S. 7. *A.d.Ü.*

13 »So wie der menschliche Körper ein ganzes Museum von Organen mit einer langen Evolutionsgeschichte im Hintergrund repräsentiert, so muß man auch vom Geist erwarten, daß er ähnlich organisiert ist, statt ein Produkt ohne Geschichte zu sein. Unter Geschichte verstehe ich hier nicht die Tatsache, daß unser Geist sich vermittels unbewußter Traditionen aufbaut (durch die Sprache usw.), sondern vielmehr seine biologische, prähistorische und unbewußte Entwicklung im archaischen Menschen, dessen Psyche noch der des Tieres ähnlich war. Diese uralte Psyche bildet das Fundament unseres Geistes.« C. G. Jung, *Symbole und Traumdeutung* (1961), in: ders., *Traum*

und Traumdeutung (Taschenbuchausgabe in elf Bänden). München: dtv, 1992 (4. Aufl.), S. 51. *A.d.Ü.*

14 Siehe Art. »Pferd«, in: *Deutscher Aberglauben*, Band 6, Sp. 1602–1604: der Schimmel als *Lichtgestalt. A.d.Ü.*

15 C. G. Jung, »Über die Archetypen des kollektiven Unbewußten« (1934); »Der Begriff des kollektiven Unbewußten« (1936); »Über den Archetypus mit besonderer Berücksichtigung des Animabegriffes« (1936), in: *Archetypen* (Taschenbuchausgabe in elf Bänden) München: dtv, 1992 (3. Aufl.), S. 7–43, 45–56, 57–74; ders., »Symbole und Traumdeutung« (1961), a.a.O.; *Über Die Psychologie des Unbewußten* (1912), Nachdruck der fünften, überarbeiteten Auflage von 1942: Frankfurt a. M.: S. Fischer, 1975, S. 67, 96.

16 C. G. Jung, »Der Begriff des kollektiven Unbewußten« (1936), in: ders., *Archetypen.* München: Deutscher Taschenbuch Verlag 1990 (dritte Auflage 1992) S. 53–56: »Ein Beispiel«; ders., »Die Struktur der Seele« (1927), in: *Seelenprobleme der Gegenwart* (Taschenbuchausgabe in elf Bänden). München: dtv, 1991, S. 105–106. *A.d.Ü.*

17 »The She-Wolf«, in: Evans/Finestone, a.a. O., S. 21–24. Giovanni Verga (1840–1922), »La lupa«, Novelle, erschienen 1880 in der Sammlung *Vita dei campi* (*Sizilianische Dorfgeschichten*); deutsch: »Die Wölfin«. Übersetzt von H. Hinderberger, in: R. R. Bezzola, Hrsg., *Sizilianische Novellen.* Frankfurt a. M., 1955. *A.d.Ü.*

18 Vgl. C. G. Jung, »Der Begriff des kollektiven Unbewußten«, a.a.O., S. 51: »Es gibt so viele Archetypen, als es typische Situationen im Leben gibt.« *A.d.Ü.*

19 »Doubtful Happiness«, in: Evans/Finestone, a.a. O., S. 24–28: Guy de Maupassant, »L'épingle« (1885) [»Die Nadel«], in: ders., *Contes et nouvelles.* Texte établi et annoté par Louis Forestier. Paris: Gallimard (Bibliothèque de la Pléiade), 1979, Band II, S. 519–524. *A.d.Ü.*

20 Anton Tschechow, »Volodja« (1887). Übersetzt von Georg Schwarz. In: *Die Steppe. Erzählungen 1887–1888.* Zürich: Diogenes, 1976, S. 101–114. *A.d.Ü.*

21 Mario Praz, *Liebe, Tod und Teufel*, a.a.O., IV. Kapitel: »La belle dame sans merci«, S. 132–199. *A.d.Ü.*

22 Evans/Finestone, a.a.O., S. 8, 19, 20. *A.d.Ü.*

23 Vgl. C. G. Jung, *Die Beziehungen zwischen dem Ich und dem Unbewußten* (1934), in: Taschenbuchausgabe in elf Bänden, München: dtv, 1991. S. 74–96: »Anima und Animus«. *A.d.Ü.*

24 »Um einen Typus zu kreieren, der ja nichts anderes ist als ein Klischee, bedarf es einer Gestalt, die einen tiefen Eindruck bei den Menschen hinterläßt.« Praz, *Liebe, Tod und Teufel*, a.a.O., S. 134. *A.d.Ü.*

25 C. G. Jung, »Symbole und Traumdeutung«, a.a.O., S. 51–52. *A.d.Ü.*

26 Evans/Finestone, a.a.O., S. 341–353, aus Isacc Bashevis Singer,

Short Friday and Other Stories. New York: Farrar, Straus & Giroux, 1964. *A.d.Ü.*

27 Nikolai S. Leskow, *Ledi Makbet mcenskogo uezda* (1865); deutsch: *Eine Lady Macbeth aus Minsk*. Übersetzt von Johannes von Guenther. Hamburg/München: Biederstein, 1961.

28 D.H. Lawrence, *The Woman who Rode Away and Other Stories* (1928). Harmondsworth:. Penguin, 1960, S. 45–83; deutsch: *Die Frau, die davonritt*.

29 [Der verlorene Fall des Jacob Uber], aus: *The Kenyon Review*, Autumn 1944. *A.d.Ü.*

30 Evans/Finestone, a.a.O., S. 14: »Wir sind uns der sehr realen und offenkundigen Gefahr des archetypischen Verfahrens bewußt, daß die ästhetische Qualität eines Werkes wegen seines psychologischen Interesses vernachlässigt werden kann – daß ein minderes Werk kraft seines archetypischen Gehalts einem überlegeneren Werk, bei dem archetypische Elemente entweder zu fehlen scheinen oder schwer zu erkennen sind, vorgezogen werden kann. Zahlreiche Psychologen sind diesem Irrtum verfallen, unter ihnen auch Jung, der zwar den Wert von *Moby Dick* sofort erkannte, aber doch ebenso rasch bereit war, die von ihm erkannte Bedeutung von *She* in den Vordergrund zu rücken.« – Vgl. C.G. Jung, *Die Beziehungen zwischen dem Ich und dem Unbewußten* (1916/1934); Taschenbuchausgabe in elf Bänden. München: dtv, 1991, S. 75, 77, 112: »*She* ist eine *Mana*-Persönlichkeit, das heißt ein Wesen voll okkulter zauberischer Eigenschaft (mana), ausgerüstet mit magischen Kentnissen und Kräften«; ders., *Seelenprobleme der Gegenwart* (1933), München: dtv, 1991, S. 125, 128 f., 182 f.; *Die Psychologie der Übertragung* (1945) München: dtv, 1991, S. 61 Anm. 19; *Archetypen*. München: dtv, 1992, S. 31, 33, 73, 154. *A.d.Ü.*

31 Sir Henry Rider Haggard (1856–1925) hielt sich von 1873 bis 1881 in Afrika auf; die Abenteuerromane *King Solomon's Mines* (1885, deutsch: *König Salomos Schatzkammer*. Übersetzt von M. Strauss, München 1888) und *She. A History of Adventure* (1887) (deutsch 1926) prägten das Afrikabild nicht nur der englischen Jugend. 1905 veröffentlichte Haggard eine Fortsetzung: *Ayesha, or the Return of She* (deutsch 1929). Vgl. jetzt die Biographie von John Spurling, *Rider Haggard and the Lost Empire. A Biography*. London: Weidenfels and Nicolson, 1993; Rez. von John Spurling, »Utopian imperialist«, in: *Times Literary Supplement*, 3. September 1993. *A.d.Ü.*

32 Herman Melville (1819–1891), *Moby Dick; Or, the Whale* (1851); deutsch: *Moby Dick oder der Wal*. Übersetzt von R. Mummendey. München 1964. *A.d.Ü.*

17 *Die Traumdeutung*[1]

1492 ist das Jahr, in dem nicht nur Amerika entdeckt wurde, sondern auch eine griechische Handschrift, der die Begeisterung für die Wissenschaften und die geheimwissenschaftlichen Praktiken in der Renaissance zu einem großen Erfolg verhalf: *Das Buch der Träume* von Artemidoros, einem Griechen aus Ephesos, der im 2. Jahrhundert nach Christus im ruhigsten und gedeihlichsten Zeitabschnitt des römischen Imperiums lebte. Es war Janus Lascaris[2], von Lorenzo il Magnifico[3] beauftragt, antike Texte aufzukaufen, der den Codex in Candia [Iraklion] erwarb und nach Florenz brachte (wo er heute in der Biblioteca Laurenziana aufbewahrt wird); er bildet zusammen mit einer anderen Handschrift, die sich heute in der Biblioteca Marciana befindet und die der Kardinal Bessarion[4] abschreiben ließ, die Grundlage der Übersetzung von Dario Del Corno; sie erschien 1975 im Verlag Adelphi, dem das Verdienst zukommt, bedeutende seltene Texte der Öffentlichkeit zugänglich zu machen.[5]

Und welche Bedeutung hat nun das *Traumbuch*, dieser Prototyp einer umfangreichen Populärliteratur in der Art der »smorfia«[6], wie man in Neapel die Tabelle jener Lotteriezahlen nennt, die den Vorschlägen des Morpheus, also des Schlafes entsprechen? Eine Anmerkung Freuds im zweiten Kapitel der *Traumdeutung* macht uns darauf aufmerksam, daß das Buch von Artemidoros, »die vollständigste und sorgfältigste Bearbeitung der Traumdeutung in der griechisch-römischen Welt«, auf der Assoziation beruht.[7] Die Bedeutung des Geträumten wird erhellt durch das, was es der Erinnerung eingibt, allerdings – und darin unterscheidet diese Methode sich grundsätzlich von derjenigen Freuds – der Erinnerung des Traumdeuters und nicht derjenigen des Träumers. In diesem Punkt lassen sich Zweifel anmelden, wie wir sehen werden. Zunächst wollen wir jedoch einige Beispiele für die Methode des Artemidoros anführen.

Im vierten Buch des *Traumbuchs* lesen wir im Zusammenhang mit einem Traum von Alexander dem Großen, der Tyros belagerte und »wegen des zeitraubenden Unternehmens ärgerlich und niedergeschlagen war«: Es träumte ihm, »auf seinem Schild tanze ein Satyr«.[8] Aristandros[9] deutete wie folgt: »Indem er nun das Wort *Satyros* in die Bestandteile *sa* und *tyros* aufspaltete, brachte er den König dazu, den Krieg entschlossener zu führen, so daß dieser die Stadt eroberte.«[10] Wenig später lesen wir: »Ferner ist dasjenige, was durch irgend etwas angezeigt wird, umgekehrt auch wieder das Sinnbild der betreffenden Sache selbst. So träumte eine Frau, sie habe Augenschmerzen. Es erkrankten ihre Kinder. Einer anderen träumte, ihre Kinder wären krank. Sie bekam ein Augenleiden. Der Reeder Diogenes träumte, er habe den Bug seines Schnellseglers verloren. Bald danach starb sein Untersteuermann. In Milet träumte jemand, er lasse seinen Untersteuermann feierlich überführen und beerdigen. Der Mann verlor den Bug seines Schiffes. Ein anderer wiederum, dem es träumte, sein Vater sei erkrankt, bekam ein Kopfleiden. Daß der Kopf den Vater bezeichnet, weißt du aus den Ausführungen im ersten Buch.«[11]

Freud bezeichnete die Deutung von Alexanders Traum als das »schönste Beispiel einer Traumdeutung, welches uns aus dem Altertum überliefert ist«, und er fügte hinzu: »Übrigens hängt der Traum so innig am sprachlichen Ausdruck, daß Ferenczi [der ungarische Psychoanalytiker, M. P.] mit Recht bemerken kann, jede Sprache habe ihre eigene Traumsprache.«[12]

Kurzum, das Prinzip, welches die Traumdeutung beherrscht, ist sowohl für Artemidoros als auch für Freud die metaphorische Assoziation, eben jenes Prinzip, das die Erfindung der Impresen leitete: das Wortspiel, der Kalauer.[13] Als höchst gelungen bezeichnet der Jesuitenpater François Menestrier, der berühmte Erfinder von Allegorien, Blasons und Triumphbögen in der Ära des Sonnenkönigs, die in Spanien zum Tode des Heiligen Ignatius angefertigte Imprese, die einen Phönix darstellt und die zweideutigen Worte enthält: *Muero y nacio*[14], eine Äquivokation mit dem Namen *Ignacio*. Und in Etienne Tabourots *Bigarrures et Touches du Seigneur des Accords* finden wir unter anderem die Imprese eines Mannes, auf den Geier ihre Federn herabregnen lassen, mit dem Motto an die geliebte Frau: »Vos tours me donnent peines«

(Geier [franz. ›vautours‹] schenken mir Federn [penne] – Eure Ränke [tours] bereiten mir Schmerzen).[15] Heute sind die Wortspiele, die »facezie«[16] des Castiglione[17], die »bisticci« von Guittone d'Arezzo[18], genauso wie die angelsächsischen *riddles* eigentümlich für eine urwüchsige Gesellschaft, die sich statt auf das, was zu sagen ist, auf die Wörter konzentriert, um es auszusprechen, und die Worte um ihrer selbst willen manipuliert: eine Feststellung, die man auch im Hinblick auf das Verhalten des Kindes treffen kann. Einer populären religiösen Tradition zufolge waren die Träume von den Göttern gesandte Ankündigungen in enigmatischer Form: Rätsel, in deren Auflösung die Weissagung eines künftigen Ereignisses verborgen war. Zählebig war die Tradition, für die der Himmel als »blauer Schild« galt, »auf dem die einfallsreiche Natur zeichnet: indem sie heldenhafte Impresen und geheimnisvolle, geistreiche Symbole ihrer Geheimnisse formt« (um es mit den Worten von Emanuele Tesauro aus dem 17. Jahrhundert auszudrücken[19]). Der Wahrsager und Traumdeuter hatte eine symbolische Sprache zu entziffern.[20]

Die Symbolsprache des Artemidoros ist eine Sammlung aller möglicher Bedeutungen eines Traums, wobei er den Traum vom Traumgesicht unterscheidet: jener ist ein Indiz für künftige Ereignisse, dieses ein Indiz für das, was sich im Augenblick ereignet.[21] Und das erklärt er so: »Es gibt gewisse Affekte, die so geartet sind, daß sie im Schlaf wieder emporsteigen, sich der Seele wieder darbieten und Träume[22] hervorrufen. So träumt z. B. der Liebhaber zwangsläufig von einem Zusammensein mit seinem Lieblingsknaben, der von Angst Geplagte vom Gegenstand seiner Angst, der Hungrige wieder vom Essen, der Durstige vom Trinken und einer, der sich den Magen überladen hat, vom Erbrechen oder Ersticken. Daraus kann man erkennen, daß Träume, deren Grundlage Affekte bilden, nichts über die Zukunft aussagen, sondern nur an Zustände der Gegenwart erinnern.«[23] Beiläufig stellen wir fest, wie deutlich das erste Beispiel die Sitten der Zeit des Artemidoros illustriert – einer der Vorzüge seines Werkes besteht in der Tat darin, Licht auf die damalige Gesellschaft, insbesondere auf die unteren Schichten zu werfen: hier und anderswo gilt die Homosexualität als die natürlichste Sache der Welt. Das Traumgesicht hingegen hat eine Wirkung, die nicht allein auf die Zeit des Schlafes begrenzt ist, sondern die Aufmerksamkeit auf die Weissagung zukünftiger Ereignisse lenkt. Der Schlaf fördert also konkretes Handeln, indem er die Seele anregt.

Artemidors Handbuch befaßt sich sogar mit den kleinsten Einzelheiten der Träume, ohne jedoch bei den (nach Freud zu Unrecht) als bedeutungslos betrachteten zu verweilen: er begnügt sich zum Beispiel nicht damit, nur von Fischen im allgemeinen zu reden, sondern unterscheidet, ob es sich dabei um Lippfisch, Seebarsch, um die Zahnbrasse, die rote Meerbarbe, den Knurrhahn oder um die Meeräsche handelt[24], wobei er der gesellschaftlichen Lage und der beruflichen Tätigkeit des Träumers besondere Aufmerksamkeit widmet, wie an dem folgenden Extrembeispiel (Buch 4, 67) zu erkennen ist:

»Als Übungsbeispiel für das Herausfinden von Analogien dürfte dir folgendes Traumgesicht genügen: Eine Frau, die schwanger ging, träumte, sie habe einen Drachen geboren. Der Sohn, den sie gebar, wurde ein hervorragender und namhafter Redner; denn der Drache hat wie ein Redner eine zweischneidige Zunge: Es war das eine reiche Frau, und der Reichtum ist der Zehrgroschen der Bildung. Eine andere hatte dasselbe Traumgesicht, und ihr Sohn wurde ein Hierophant[25]; denn heilig ist der Drache, heilig auch der Myste. In diesem Fall war die Träumende die Gattin eines Priesters. Eine dritte träumte dasselbe Traumgesicht, und ihr Sohn wurde ein hervorragender Weissager; der Drache ist nämlich dem Apollon, dem Ur- und Vorbild aller Weissager, geheiligt. Diese Frau war die Tochter eines Weissagers. Eine vierte hatte dasselbe Gesicht, und ihr Sohn wurde ein zügelloser und frecher Bursche und verführte viele Frauen in der Stadt; denn der Drache geht krumme Wege.[26] Es war aber schon die Mutter ein Ausbund von Geilheit und Hurerei. Eine fünfte träumte dasselbe Traumgesicht, und ihr Sohn wurde als Straßenräuber ergriffen und geköpft, denn der Drache wird, wenn er eingefangen wird, auf den Kopf geschlagen und endet so. Auch dieses Weib war ganz und gar nicht ohne Fehl. Der Sohn einer sechsten, die dasselbe Traumerlebnis hatte, wurde ein flüchtiger Sklave; denn der Drache windet sich durch die engsten Spalten und versucht sich den Blicken der Verfolger zu entziehen. Die Mutter selbst

> war eine Sklavin. Einer siebenten träumte dasselbe, und ihr Sohn wurde gelähmt; denn der Drache bedient sich zum Vorwärtskommen seines ganzen Körpers, genauso wie die Gelähmten. Als die Frau dieses Traumgesicht schaute, lag sie an einer Krankheit darnieder. Es war zu erwarten, daß das während der Krankheit empfangene und ausgetragene Kind sich nicht normal fortbewegen würde.«[27]

Wie man an diesen und zahllosen anderen Beispielen bemerkt, spielt die Äquivokation eine zentrale Rolle: »So träumte z.B. einer, er sehe seinen Vater in den Flammen umkommen. Nun geschah es, daß der Träumende selber starb, so daß sein Vater, aus Gram darüber und vom Schmerz wie vom Feuer sozusagen verzehrt, den Tod erlitt.«[28] Ein anderer träumte, Mutter oder Gemahlin seien krank, »was schmale und unregelmäßige Einkünfte im Berufsleben anzeigt. In der Tat ist diese Auslegung keineswegs ungereimt, vielmehr stimmen alle darin überein, daß der Beruf der Mutter gleicht, weil er das Persönlichste ist, was der Mann sein eigen nennt.«[29] In einer Epoche, in der die Familie noch eine ernsthafte und solide Institution war (nicht wie heute), ist verständlich, daß der Kopf das Symbol für den Vater war, die rechte Hand das Symbol für den Sohn, die linke Hand für Gattin, Mutter oder Freundin.[30] Geträumte Kurzsichtigkeit bedeutet einem, der Kinder hat, »daß sie erkranken werden«, denn »die Augen gleichen den Kindern, weil sie uns lieb und teuer sind und dem Menschen als Wegweiser und Führer dienen, wie die Kinder den ergrauten Eltern« (früher jedenfalls).[31]

In den Träumen ebenso wie auf den Emblemen verheißt der Storch »vorzüglich Kindersegen wegen der Hilfe, die die Jungen den Eltern leisten«.[32] Für die heutige Psychoanalyse, die die Symbole der *libido* bevorzugt, ist jeder Gegenstand, der ein aufrecht stehendes Rechtkant oder ein zugespitztes Ding präsentiert, sei es ein Obelisk, ein Schwert oder ein Pfeil, etwas Phallisches, während eine Höhlung oder eine Muschel unvermeidlich auf Vaginales verweist.[33] Und selbst diese Polarisierung, in der Antike auf die Familie hin, heute auf das Sexualleben, ist ein Indiz für einen bestimmten Gesellschaftstypus. Fliegen bedeutete für die antiken Traumdeuter, ein ersehntes Ziel zu erreichen, ein beträchtliches Vermögen zu erwerben[34]; für die heutigen Analytiker ist es das Symbol einer ganz anderen Art von *libido*.[35]

Wie jedoch schon zu Beginn gesagt wurde, unterscheidet die antike Traumdeutung von der Psychoanalyse sich dadurch, daß der moderne Traumdeuter die Deutung des Traums dem Träumer auferlegt. Der Deuter betrachtet nicht mehr das, was der Traum ihm selbst eingibt, sondern die Einfälle des Träumers, wenn dieser sich an die Traumelemente erinnert. Das stimmt jedoch nur bis zu einem gewissen Punkt. Denn der Psychoanalytiker drängt den Patienten dazu, jenen Gesichtspunkt einzunehmen, zu dem der Analytiker ihn unter Bevorzugung der scheinbar unbedeutendsten Traumelemente hinführt, wobei der aus der Erinnerung getilgte und in der Sitzung zum Wiederauftauchen gezwungene Bestandteil »immer der wichtigste ist«. Ein grammatischer Schnitzer, ein Versprecher, das Ersetzen eines Wortes durch ein anderes, das gleich klingt: alles Anzeichen, die den Ariadnefaden ins Zentrum des Labyrinthes führen. Gewöhnlich handelt es sich dabei um Wortspiele, ein Verfahren, das seinen Höhepunkt und seine unfreiwillige Parodie in *Finnegans Wake* von James Joyce gefunden hat. Schon Artemidoros war stolz auf die Richtigkeit seiner logisch-emblematischen Methode und bezeichnete die anderen Traumdeuter als »fraudolenti«[36], als Betrüger; ein zukünftiger Psychiater mag bestimmte Resultate von Freud als »freudolent« bezeichnen.

1976

Anmerkungen

1 Erstdruck: »L'interpretazione dei sogni di Artemidoro a Freud«, in: *Il Tempo*, 24. Januar 1976. *A.d.Ü.*

2 »Giovanni Lascaris [etwa 1445–1535, genannt Rhyndacenus] – der zweimal auf Kosten von Lorenzo in den Osten geschickt wurde, um Manuskripte ausfindig zu machen, die sonst verlorengegangen wären – brachte von seiner zweiten Reise über zweihundert griechische Werke zurück; die Hälfte davon war vorher noch gar nicht bekannt gewesen.« Christopher Hibbert, *The Rise and the Fall of the House of Medici*. London: Allen Lane, 1974; Harmondsworth: Penguin, 1979, S. 169, 228.

3 Lorenzo de' Medici (1449–1492), genannt il Magnifico, der Herrliche oder der Prächtige, aus dem berühmtesten florentinischen Adelsgeschlecht der Medici, erweiterte die von seinem Vater Cosimo de' Medici (1389–1469) gestiftete Bibliothek (Biblioteca Medicea Laurenziana). Zur Geschichte der Medici vgl. Marcel Brion, *The Medici*. London: Elek, 1969; deutsch: *Die Medici. Eine Florentiner Familie*. Übersetzt von Helmuth Eggert. Wiesbaden: Brockhaus, 1970; Taschenbuchausgabe München: Heyne, 1981. *A.d.Ü.*

4 Bessarion (ca. 1403–1472), byzantinischer Theologe und Kirchenfürst, Vermittler antiker griechischer Texte der Philologie und Philosophie zur Förderung des italienischen Humanismus; versuchte Platon mit der christlichen Dogmatik zu verbinden. Seine Werke sind im Band 161 der griechischen Reihe von Mignes *Patrologia* enthalten (Paris 1866). Bessarion schenkte seine reichhaltige Bibliothek griechischer Handschriften der Republik Venedig; sie bildet den Grundstock der dortigen Biblioteca Marciana. *A.d.Ü.*

5 Vgl. Artemidor von Daldis, *Das Traumbuch*. Übersetzt, erläutert und mit einem Nachwort von Karl Brackertz. Zürich und München: Artemis, 1979, S. 446–447: Roger A. Pack, dessen Artemidoros-Text – *Artemidori Daldiani Onirocriticon Libri V*, Lipsiae 1653 – der deutschen Übersetzung von Brackertz zugrunde liegt, hat durch seinen Vergleich zwischen den Handschriften nicht nur zahlreiche Ungenauigkeiten berichtigt und einen sorgfältig erarbeiteten Text vorgelegt, sondern auch bestätigt, daß die Überlieferung Artemidors sich tatsächlich auf die zwei »Handschriftenfamilien« stützt, die sich aus dem Codex Laurentianus 87, 8 (aus dem 11. Jahrhundert) und dem Codex Marcianus 268 (aus dem 15. Jahrhundert) herleiten. *A.d.Ü.*

6 »Smorfia«: Dialektausdruck für *Traumbuch*. – Zum Katalog der von Lessing 1775 in Italien erworbenen Bücher gehört eine solche »smorfia«: vgl. Ausstellungskatalog Wolfenbüttel, 1993: *Eine Reise der Aufklärung. Lessing in Italien 1775*, hrsg. v. Lea Ritter Santini (Berlin: Akademie Verlag, 1993, 2 Bde.), Bd. II, S. 753–754, Kat. N° 122: *La vera sorte o sia il sognatore non fallace per facilmente vincere del lotto, o sia beneficiata, in cui si espone un nuovo modo, e facile, per poter indovinare i cinque numeri (...). Opera die Fortunato Indovino in due parti divisa. Estratta del gran sognatore gabbalista (...).* Milano e Napoli, 1772, mit 31 Holzschnitten: Buchtitel und Impressum umfassen 30 Zeilen, wie die Abbildung S. 753 zeigt.

»Eine facettenreiche und interessante kleine Schrift, deren Wert nicht zuletzt auf dem Abbildungsteil beruht, der an die barocken Volksdrucke erinnert, welche einem anderen berühmten Neapolitaner, Giambattista Basile [vgl. Mario Praz, *Der Garten der Sinne*, a.a.O., S. 277–306] so teuer waren. Der Autor verfolgt einen doppelten

Zweck: zum einen, die Träume zu deuten, zum anderen – nicht ohne die Behauptung einer esoterischen Verbindung zwischen diesen beiden Dingen – ein *Nummern*-Handbuch zu geben, mit dem man sein Glück beim Lotto-Spiel versuchen kann. Doch da *de futuribus contingentibus nulla dat determinata veritas* [über künftige Ereignisse gibt es keine (vor-)bestimmte Wahrheit], nimmt auch das Vorwort selbst gegenüber dem behandelten Gegenstand eine widersprüchliche Haltung ein: *Ich erhebe nicht den Anspruch, Euch in einer wahren oder sicheren Weise zu versichern, wie man alle Träume oder nächtlichen Bilder entziffern könnte, denn*, schreibt der Autor in seinem suggestiven Stil – *die Träume der Nacht sind beschädigte und verderbte Einbildungen des Tags, die manchmal durch einen Überfluß des Blutes, manchmal von der Vielzahl der Beschäftigungen herrühren... Daher warne ich euch im Hinblick darauf, keiner der in diesem Buch enthaltenen Bedeutungen zu vertrauen, denn diese sind von mir dorthin gesetzt worden, wie es mir am wahrscheinlichsten erschien, allerdings mit dem unwandelbaren und sicheren Trachten, alles aber der Herrschaft und den Gesinnungen unserer Katholischen Kirche zu unterwerfen.*« Mit dieser Vorsichtsmaßnahme und nachdem erst einmal das mögliche Hindernis der Zensur überwunden ist, kann der Autor seinen heterodoxen Kurs einschlagen: »er liefert *enigmi perpetui* für die Auslosungen von Rom und Neapel; fügt eine Liste an mit den zwischen 1750 und 1772 auf dem *Rad* in Rom herausgekommenen Nummern (...). Der zweite Teil des kleinen Buches ist eher eine Sammlung: dort finden sich Verzeichnisse *neapolitanischer Nachnamen*, von *allen Kunstarten* und der *Embleme*; schließlich die *Interpretazione de' sogni posti per ordine alfabetico* (*Interpretation der Träume in alphabetischer Folge*) mit einer eigentümlichen Unterscheidung zwischen Träumen als *insogni* (*es sind dies diejenigen, die man am Anfang des Schlafes hat, wenn die Gedanken noch durch die Beschäftigungen des Tages beunruhigt sind*) und als *sogni*, d.h. jene Träume, *die man nach dem Verdauen der Speisen träumt, wenn jener Stoff verbrannt ist, der das Gedächtnis beeinträchtigte, und wenn zu dieser Stunde der Verstand ruhig ist, so ist der Geist wieder lebendig und bleibt den Machenschaften jenes Fehlers enthoben.*« *A.d.Ü.*

7 Sigmund Freud, *Die Traumdeutung* (1900), in: *Studienausgabe*. Frankfurt a. M.: S. Fischer, 1972, Band II, S. 119, Anm. 1 (Zusatz 1914): »Das Prinzip seiner [Artemidoros'] Deutungskunst ist nach der Darstellung von Gomperz [T. Gomperz, *Traumdeutung und Zauberei*. Wien, 1866] identisch mit dem Prinzip der Magie, das Prinzip der Assoziation. Ein Traumding bedeutet das, woran es erinnert. Wohlverstanden, woran es den Traumdeuter erinnert! Eine nicht zu be-

herrschende Quelle der Willkür und Unsicherheit ergibt sich dann aus dem Umstand, daß das Traumelement den Deuter an verschiedene Dinge und jeden an etwas anderes erinnern kann. Die Technik, die ich im folgenden auseinandersetze, weicht von der antiken in dem einen wesentlichen Punkte ab, daß sie dem Träumer selbst die Deutungsarbeit auferlegt. Sie will nicht berücksichtigen, was dem Traumdeuter, sondern was dem Träumer zu dem betreffenden Element des Traumes einfällt.« Zum Verhältnis Freud–Artemidoros vgl. W. Kurth, »Das Traumbuch des Artemidoros im Lichte der Freudschen Traumlehre«, in: *Psyche*, 4 (1951), S. 488ff. Keinerlei Respekt vor Artemidoros' *Traumbuch* hat der Freud-Schüler Georges Devereux, der in *Dreams in Greek Tragedy. An Ethno-Psycho-Analytic Study*. Oxford: Blackwell, 1976; deutsch: *Träume in der griechischen Tragödie. Eine ethnopsychoanalytische Untersuchung*. Übersetzt von K. Staudt. Frankfurt a. M.: Suhrkamp, 1982, bestimmte Träume, die bei Artemidoros geschildert werden (Inzest), anhand eines Vergleichs mit den Träumen seiner eigenen Patienten des 20. Jahrhunderts als unplausibel abtut und die Unglaubwürdigkeit aller Traumschilderungen behauptet: »Um von Artemidoros, dem Traumdeuter, gute Ware zu bekommen, hatten sie [die ratsuchenden Träumer] wohl unabsichtlich die Träume, die sie *tatsächlich* hatten, so sehr bearbeitet, daß sie im Rahmen der antiken Traumdeutung signifikant *wurden* (...).« (Devereux, a.a.O., S. 33–34). Zur Plausibilität von Devereux' eigenem Unternehmen, die literarischen Träume griechischer Tragödienfiguren psychoanalytisch zu deuten, vgl. Bernard Knox, »Clytemnestra on the couch«, in: *Times Literary Supplement,* 10. Dezember 1976, und die Antwort von Devereux, ebd., 1. April 1977; Peter Krumme, »Mit bemerkenswerter Nonchalance« (Rez. der deutschen Übersetzung von Devereux), 7. Dezember 1982. *A.d.Ü.*

8 Dieser Traum Alexanders wird auch in den Lebensbeschreibungen des Plutarch angeführt; vgl. die reichhaltige Sammlung von Träumen: Ignaz Jezower, *Das Buch der Träume*. Berlin: Rowohlt, 1928, S. 24. *A.d.Ü.*

9 Aristandros aus Telmessos: »Von den Geschichtsschreibern Alexanders des Großen häufig erwähnter Zeichendeuter und Wahrsager des Makedonenkönigs. Er ist der erste sicher datierbare Autor, der an Stelle einer mehr oder weniger zufälligen Beispielsammlung von Träumen eine umfassende Systematik anstrebte.« Artemidor, *Traumbuch*, a.a.O., Anm. 77 (S. 400). Artemidor sagt über ihn: »Was die Deutung der Träume anbetrifft, die eine vielfache Bestimmung zuläßt, so ist erst in unseren Tagen von ganz wenigen Traumdeutern ein echtes Verständnis erarbeitet worden, wobei Aristandros aus Telmessos die meisten und besten Richtlinien gegeben hat« *Traumbuch*, 1, 31 (S. 42–43). *A.d.Ü.*

10 Artemidor, *Das Traumbuch*, S. 272, Anm. 441: »sa Tyros = dein ist Tyros«. *A.d.Ü.*

11 Artemidor, *Das Traumbuch*, a.a.O., S. 272. *A.d.Ü.*

12 Freud, *Die Traumdeutung*, a.a.O., S. 120, Anm. – Freud bezieht sich auf den Aufsatz von Sándor Ferenczi, »Die Psychoanalyse der Träume«, in: *Psychiatrisch-neurologische Wochenschrift*, Band 12, S. 102, 114, 125 (ungarische Erstveröffentlichung 1909). *A.d.Ü.*

13 Vgl. Freud, *Die Traumdeutung*, a.a.O., S. 119–120, Anm. 2. *A.d.Ü.*

14 »Ich sterbe und werde (wieder) geboren.« Vgl. Mario Praz, *Studi sul concettismo*, a.a.O., S. 85: Als besonders gelungen bezeichnete Menestrier jene Devisen, »qui sont tellement singulières qu'on ne les sçauroit appliquer qu'à ceux pour qui elles ont esté faites, du moins dans toute leur beauté«; »die so einmalig sind, daß sie sich, zumindest in ihrer ganzen Schönheit, nur auf diejenigen anwenden lassen, für die sie gemacht sind«. *A.d.Ü.*

15 Vgl. Mario Praz, *Studi sul concettismo*, a.a.O., S. 83–84 (Fig. 17); François Menestrier, *La Science et l'art des Devises*. Paris, 1686. *A.d.Ü.*

16 »Facetiae«, lat.: launige Einfälle; schwankhafte kurze Erzählung mit witziger Pointe als unterhaltsame Belebung der Konversation ohne moralkritische Intention: das Modell ist Francesco Poggio Bracciolini (1380–1459), *Liber facetiorum. A.d.Ü.*

17 Baldassare Castiglione, *Il libro del cortegiano* (1528). Deutsch: *Das Buch vom Hofmann* (1960). Übersetzt und erläutert von Fritz Baumgart. München: dtv, 1986; Zweites Buch, XLVI-XCIII (S. 173–227). Zu den *facezie* Castigliones und ihrer Wirkung auf Shakespeare vgl. Mario Praz: »Shakespeare, il Castiglione e le facezie«, in: ders., *Machiavelli in Inghilterra ed altri saggi sui rapporti letterari anglo-italiane*. Firenze: Sansoni, 1962, S. 211–231. *A. d. Ü.*

18 »Bisticci«: Wortspiele. – Fra Guittone d'Arezzo (1230–1294), neben dem sehr viel populäreren Jacopone da Todi wichtiger religiöser Dichter, Verfasser von »Lauden«: Lobgedichte auf Christus und Maria. *A.d.Ü.*

19 Zitiert bei Mario Praz, *Studi sul concettismo*, a.a.O., S. 10 (Emanuele Tesauro, *Il Cannocchiale Aristotelico*. Venezia, 1655; ders., *Trattato degli emblemi*. Anhang zur zweiten Auflage des *Cannocchiale*, Venezia 1678). »Im Seicento wird das Innovationsprinzip systematisch zu einem Kriterium der literarischen Wertung erhoben. Die Autoren werden nicht müde, immer neue Facetten des vorhandenen Bestandes an literarischen Formen und Ausdrucksmöglichkeiten zu entdecken und das Neuartige ihrer Werke zu betonen. Die Leser lassen sich für Texte begeistern, die sie mit Überraschendem und Ungewohntem konfrontieren. Was für die Produzierenden ihr Einfalls-

reichtum, das ist für die Rezipierenden ihr Scharfsinn. Beides heißt in der Terminologie der Zeit *Argutia*. (...) Erstaunen (*meraviglia*) erzeugt man, so schreibt der wichtige Theoretiker der Argutia-Bewegung Emanuele Tesauro im *Cannocchiale Aristotelico* (1655), wenn zur gewöhnlichen Aussage, die nach den Regeln der Grammatik entsteht, eine zusätzliche ingeniöse Bedeutung hinzukommt, die der Rhetorik zu verdanken ist. Die Metapher ist nach seiner Meinung ein Instrument, um die Facetten der Dinge auszukosten und immer neue Beziehungen zwischen ihnen aufzudecken.« Volker Kapp, »Seicento«, in: ders., Hrsg., *Italienische Literaturgeschichte*. Stuttgart/ Weimar: Metzler, 1992, S. 181–183; vgl. S. 185. *A.d.Ü.*

20 Vgl. Brackertz, »Nachwort«, in *Traumbuch*, a.a.O., S. 365: »Um den Sinn eines Traumes zu ergründen, wandte der Traumdeuter die sogenannte *Chiffriermethode* an. Zu diesem Zweck zerlegte er den Traum in einzelne Bildabschnitte, indem er Bild für Bild im Traumbuch nachschlug und so die Bedeutung dafür erhielt. Es liegt dann an der Kombinationsfähigkeit des Deuters, ob er einen verbindenden Sinn erhält oder nicht.« Als Beispiel für die Chiffriermethode wird 3, 66 (S. 241–242) angeführt. Vgl. zur *Chiffriermethode* auch Freud, *Die Traumdeutung*, a.a.O., S. 118–121. *A.d.Ü.*

21 »Die Unterscheidung zwischen dem Traum (enhypnion) und dem Traumgesicht (oneiros) ist von grundlegender Wichtigkeit (...). Das Traumgesicht unterscheidet sich vom Traum dadurch, daß jenes die Zukunft, dieser die Gegenstände der Gegenwart enthüllt.« *Traumbuch*, a.a.O., S. 9 (1, 1); vgl. Brackertz, »Nachwort«, ebd., S. 361f.: »Für die Auslegung kam es nun darauf an, zu erkennen, ob ein Traum wirklich Gegenstand der Deutung bilden könne, das heißt, die zukunftsweisenden von denen zu unterscheiden, welche keinen prophetischen Wert hatten. Zu diesem Zweck unterscheidet Artemidor zwischen bedeutungslosen Träumen (enhypnia) und bedeutsamen Traumgesichten (oneiroi). Die ersteren sind rein physiologisch erklärbar, sie gehen von bestimmten Leibreizen, Tageswünschen und Tagesängsten aus und sind daher für die Zukunftsdeutung belanglos.« Vgl. ferner Buch 4, 1 (S. 252): »Die Traumgesichte zerfallen in zwei Gruppen; die einen nennt man die theorematischen, die anderen die allegorischen. Theorematische Traumgesichte heißen diejenigen, welche ihrem Erscheinungsbild entsprechend ausgehen, allegorische dagegen jene, die das Angedeutete durch verhüllte Anspielungen kundtun.« *A.d.Ü.*

22 Vgl. Artemidor, *Traumbuch*, a.a.O., Anm. 9, S. 393: »Hier verwendet Artemidor *Oneirogmoi*, eigentlich Pollutionsträume, vgl. Aristoteles, *Historia Animalium* 10, 6., 637 B 27; Plinius, *Historia naturalis* 26, 94. Das Wort kommt bei Artemidor nur an dieser Stelle vor, das dazugehörige Verbum zweimal (1, 6 und 4, 2).« *A.d.Ü.*

23 Artemidor, *Traumbuch*, 1, 1 (S. 9–10). *A.d.Ü.*
24 *Traumbuch*, 2, 14 (S. 135 ff.). *A.d.Ü.*
25 Vgl. *Traumbuch*, a.a.O., Anm. 472, S. 441: »Hierophant: Der oberste Kultusbeamte in Eleusis [Eleusinische Mysterien]; im Mittelpunkt dieses bedeutenden Kultes standen Demeter und Persephone.« *A.d.Ü.*
26 »Der Drache windet sich durch die engsten Spalten«: dieser Vergleich gehört zum nachfolgenden Beispiel mit dem Sklaven, während an diese Stelle das moralkritische Bild »der Drache geht krumme Wege« gehört, wie in der textkritischen Anmerkung 473 in: *Traumbuch*, a.a.O., S. 441, begründet wird. In dem von Praz zitierten italienischen Artemidor-Text ist diese Korrektur nicht berücksichtigt worden. *A.d.Ü.*
27 Artemidor, *Traumbuch*, 4, 67 (S. 302–303). *A.d.Ü.*
28 Artemidor, *Traumbuch*, 1, 2 (S. 14). *A.d.Ü.*
29 Artemidor, *Traumbuch*, 1, 2 (S. 14). *A.d.Ü.*
30 »Es gibt eine alte Unterscheidung, die das Wahre trifft und folgendermaßen lautet: Die rechte Hand bezeichnet den Sohn, den Vater, den Freund und denjenigen, von dem wir in der Umgangssprache im übertragenen Sinn zu sagen pflegen: *Er ist seine rechte Hand*; die linke bedeutet die Gattin, die Mutter, die Schwester, die Tochter, die Sklavin. Träumt nun jemand, er habe eine Hand eingebüßt, so wird er eine von den Personen, die durch sie bezeichnet werden, verlieren.« Artemidor, *Traumbuch*, 1, 43 (S. 53–54). *A.d.Ü.*
31 Artemidor, *Traumbuch*, 1, 26 (S. 38). *A.d.Ü.*
32 Artemidor, *Traumbuch*, 2, 20 (S. 142). *A.d.Ü.*
33 Vgl. dagegen den Symbolkatalog Artemidors für den Phallos: »Das männliche Glied gleicht den Eltern, weil es zum Samen in Beziehung steht, den Kindern, weil es deren Ursache ist; der Gattin und der Geliebten, weil es für die Freuden der Liebe geschaffen ist; den Brüdern und allen Blutsverwandten, weil vom Geschlechtsglied das verwandtschaftliche Verhältnis der ganzen Familie abhängt. Sodann bedeutet es Körperstärke und Manneskraft, weil es auch deren Urheber ist; deshalb wird es von einigen *Mannheit* genannt. Ferner bezeichnet es die Rede und die Bildung, weil das Geschlechtsglied, ebenso wie das Wort, das Allerzeugungsfähigste ist. (...) Ferner zeigt es Überfluß und Besitz an, weil es sich bald vergrößert, bald wieder zurückgeht und sowohl gewähren als auch ausscheiden kann. Weiterhin bedeutet es geheime Pläne, weil diese auch medes genannt werden ebenso wie das Glied; dann gleicht es Armut, Knechtschaft und Fesseln, weil es *das Notwendige* heißt und das Symbol von Not und Zwang ist. Ferner gleicht es der Würde; denn aidos bedeutet Scham und Würde.« Artemidor, *Das Traumbuch* 1, 45 (S. 57). *A.d.Ü.*

34 Artemidor, *Traumbuch*, 2, 68 (S. 196–199). *A.d.Ü.*
35 Zum neueren Stand in der Psychoanalyse vgl. Leon N. Altman, *The Dream in Psychoanalysis*. New York: International Universities Press, 1975; deutsch: *Praxis der Traumdeutung*. Übersetzt von D. Becker. Frankfurt a. M.: Suhrkamp, 1981, S. 28–36: »Symbole«. Eine ältere Reformulierung der orthodoxen Theorie: Werner Kemper, *Der Traum und seine Be-Deutung*. Reinbek b. Hamburg: Rowohlt, 1955 (rde 4), S. 16–17 zu Artemidoros. *A.d.Ü.*
36 »Fraudolenti«: betrügerisch, von lat. *fraude*, Betrug. *A.d.Ü.*

18 *Anmutung der Vergangenheit*[1]

Ein Mensch, der sich wie ich in seinem Leben ausgiebig mit englischer und amerikanischer Literatur befaßt hat, muß darauf gefaßt sein, nach der Rückkehr von einer Reise in die USA als erstes die Frage zu hören: Wie ist die gegenwärtige Lage der amerikanischen Literatur? –, und weiß er darauf nicht mit präzisen und ausführlichen Informationen zu antworten, die in einer noch so trügerischen Perspektive begründet sein mögen, braucht er sich nicht zu wundern, wenn man ihn bezichtigt, er kenne sein eigenes Metier und seine Aufgabe nicht. Nicht daß ich keine Nachforschungen unternommen hätte, aber die einzige Schlußfolgerung, zu der ich mich berechtigt fühle, ist hier dieselbe wie für jedes andere Land, das kulturell zu den führenden Ländern der westlichen Welt gehört. Es lassen sich wohl Namen anführen wie John Updike, Malamud, Truman Capote, aber in Wahrheit kann man in der amerikanischen Literatur nach dem Tod von Faulkner keine einzige bemerkenswerte Figur hervorheben, auch nicht Steinbeck, wie einige gerne möchten. Und was die hiesigen Langhaarigen angeht, so sind sie immer noch vernarrt in den utopischen Roman des Engländers Tolkien[2] über ein Volk, das ein reines Phantasieprodukt ist.

Läßt sich in den bildenden Künsten etwas Genaueres über die Situation sagen? Eine Ausstellung der Gemälde und Zeichnungen von Andrew Wyeth im Whitney Museum auf der einen Etage und der Skulpturen von Louise Nevelson eine Etage höher dokumentiert kontrastierende Tendenzen, die zwei einander diametral entgegengesetzten Kulturen gleichen: Wyeth[3] zeichnet mit der Präzision eines genormten Dürer, was manchmal so weit geht, daß der Kopf eines von hinten gesehenen Mannes, mit jeder kleinsten Einzelheit der Epidermis und der durchscheinenden Ohren, einem eine Gänsehaut verursacht wie eine vorzüglich gelungene Wachsfigur. Louise Nevelson baut Fachkästen mit Kegeln, Würfeln, Kugeln, kleinen Spiegeln und Rädchen zusammen[4], kunstvolle Raumaufteilungen, die wie Uhrwerke aussehen und die Sinne ebenso verwirren wie von Piranesi wiedergegebene Gerätschaften römischer Pflasterarbeiter neben einem Teilstück der Via Appia.[5] Ihre Rechenbretter und »Baukästen« aus Kompositionen und Reflexionen haben eine eigene Faszination, so wie die chinesischen Ideogramme und die Skulpturen der Maya, deren Geheimnis ebenso schwer zu fassen ist. Doch was ist diesen beiden Künstlern gemeinsam? Die Abstraktion gehört dem Gestern an, Action Painting und Pop Art dem Heute; dennoch fühle ich mich nicht in der Lage, daraus allgemeine Schlußfolgerungen für die Tendenz der gegenwärtigen Kunst zu ziehen.

Ich sehe mich also in der gleichen Position wie vor sehr langer Zeit Emilio Cecchi, der seine Zeitung mit aktuellen Korrespondentenberichten aus London versorgen sollte und sich dann ins British Museum zurückzog, um Texte von Thomas von Aquin und Augustinus zu lesen, statt sich ins Getümmel zu stürzen.[6]

Neben der Natur sind in Amerika die Museen das Beständigste. Freilich ist die amerikanische Natur schon so oft beschrieben worden, von Chateaubriand (der sich allerdings nur indirekt informiert zu haben scheint) bis heute, und sie ist uns durch Leinwand und Bildschirm (wo der Westen oft durch das alte Kastilien ersetzt wird) sowie durch die Illustrierten so nahe gebracht worden, daß es mir überflüssig erscheint, eine weitere Beschreibung hinzuzufügen. Die Museen allerdings und die Privatsammlungen, die nicht nur weniger häufig diskutiert werden, sind ein Thema, das mir am Herzen liegt (das Künstliche, das Artefakt fasziniert mich mehr als das Natürliche) und das außerdem eines der zentralen Motive des amerikanischen Lebens ist. Es ist durchaus verständlich, weshalb.

Wir Europäer sind so sehr von Geschichte erfüllt, wir leben in einem solchen Maße zwischen den Reliquien der Vergangenheit, zwischen Ruinen und alten Palästen, daß wir am Ende kein Geschichtsbewußtsein mehr haben und einer Organisation wie »Italia Nostra« bedürfen, die uns für die alltäglichen Übergriffe auf das künstlerische Erbe wachsam macht. Die Amerikaner haben eine junge Geschichte, und sie sind für Anknüpfungen an die Vergangenheit überaus empfänglich. Sie haben Williamsburg wiederaufgebaut, so wie es war oder wie es gewesen sein soll; sie haben in der Nähe von New York drei oder vier ehrwürdige europäische Klöster nebeneinandergestellt, um ein mittelalterliches Ambiente zu schaffen; sie haben den Renaissance-Innenhof eines spanischen Kastells ins Metropolitan versetzt, und in einer Halle des Capitols möchten sie, wenn sie sie denn wiederfinden, die Porträts von Ludwig XVI. und Marie Antoinette, die sie in der Zeit der französischen Hilfe für die junge amerikanische Republik als Geschenk erhielten, wieder an ihren Ehrenplatz zurückbringen. Wenn New York das Weltzentrum für die Avantgarde der bildenden Künste ist, so ist, was die Manie des Sammelns alter Gegenstände betrifft, ganz Amerika der übrigen Welt weit voraus.

Diese Manie bekundet sich jedoch weniger in den Sammlungen von Gemälden und Skulpturen; solche Sammlungen sind zunächst einfach ein Indiz für die Liebe zum Schönen in jedweder Gestalt. Viel deutlicher sichtbar wird sie in den *period rooms*, in den Rekonstruktionen von Interieurs aus der Vergangenheit. Man findet diese zwar auch in Europa, im Musée des arts décoratifs in Paris oder im Victoria and Albert Museum in London, und eines der wenigen Beispiele bei uns, an das ich mich erinnere, war die Inneneinrichtung des Palazzo Davanzati in Florenz, doch hat der Staat sich niemals zum Förderer solcher retrospektiver Ausstellungen gemacht, vielleicht deshalb nicht, weil dieser Aspekt der Vergangenheit bei uns *is taken for granted*, für etwas Selbstverständliches gehalten oder durch das Bestehende aufgewogen wird.

Hier jedoch gerät man nicht nur wegen Interieurs in Entzücken, die das Alte nachahmen, samt Möbeln und Zubehör aus der Zeit (es gibt dafür in Winterthur, in der Nähe von Philadelphia, ein riesiges Museum), sondern es werden auch Interieurs aus vergangenen Jahrhunderten in Miniaturform nachgebaut, etwa die siebenundneunzig Zimmer, die Mrs Thorne im Museum von Chicago[7] mit großem Fleiß eingerichtet hat und die mit den hundert Räumen wetteifern, die im 18. Jahrhundert den Mikrokosmos der Fürstin Augusta Dorothea von Schwarzburg bildeten.[8] Gibt es bei uns überhaupt Damen, die alte Puppenhäuser sammeln?[9] Davon habe ich noch nie gehört. In Amerika gibt es einige, und ich hatte das Glück, eine von ihnen kennenzulernen und ihre Sammlung besichtigen zu dürfen.

Sie befindet sich in einer kleinen Villa unter Bäumen in einem Vorstadtgebiet von Washington, das den Namen einer alten englischen Ballade trägt: Chevy Chase; viele Bäume sind dicht begrünt, doch der *dogwood*, der Hartriegel, zeigt noch die wunderbaren weißen und rosafarbenen Kandelaber, deren Blüten von weitem so leicht aussehen, aber wenn man ihre Kelchblätter (Sepala; nicht Blütenblätter) anfaßt, sind sie fest wie Plastikblumen – man könnte versucht sein, in diesem Kontrast ein Emblem für gewisse Aspekte der amerikanischen Frau zu sehen, doch sind solche Verallgemeinerungen bekanntlich trügerisch.

Im Wohnzimmer der kleinen Villa vernimmt man die ersten Klänge des großen Orchesters, das sich auf den anderen Stockwerken entfaltet. Einige spätviktorianische und eduardianische Gemälde geben zwar den Ton an, doch zwischen und unter ihnen tauchen kleine Vitrinen und Kästen mit winzigen Möbeln und dazu passenden Puppen auf, schließlich der gesamte napoleonische Hofstaat in den Maßen von Zinnsoldaten. Im oberen Stockwerk, wo sich die Schlafzimmer befinden, ist jeder freie Platz von einem Puppenhaus belegt; im Keller jedoch, in den man durch die Küche gelangt, ist die Sammlung wie ein richtiges Museum geordnet: die Schauseite der Häuschen, die an den Wänden und um die Mittelsäule herum aufgereiht sind. Unter dem niedrigen Deckengewölbe befindet sich hier eine wahrhafte Puppenstadt mit erleuchteten Fenstern, als ob sich in jedem der kleinen Häuser ein nächtliches Fest abspielte. Dieser ganze Mikrokosmos im häuslichen Untergrund ist zwar starr und still, läßt sich aber mit einigen winzigen Lebenszeichen in Bewegung bringen: die Herrin des Hauses zeigte mir ganz kleine Grammophone, die, wenn man sie aufgezogen hat, einen schwachen Klang von sich geben, sowie kleine Klaviere, denen man ein paar Töne entlocken kann, winzige Telephone und Glöckchen, die ein dünnes Klingeln ertönen lassen: Klänge, so schwach wie die Lichter der kleinen Lampen oder der winzigen Lampions, bei denen einen nur die Vorsicht davon abhält, sie mit einem Streichholz zum Leuchten zu bringen.

Wenn die Herrin des Hauses nacheinander die Vorderseiten der Häuser öffnet, zeigen sich Interieurs, vollgestopft mit Möbeln und Gerätschaften und manchmal mit so vielen Türen und Fenstern versehen, daß kaum noch Platz für die Einrichtung bleibt:

winzige Gemälde, winzige Kreuzstickereien und Wandschirme, oder das Innere von *Delikatessen*-Läden[10] [deutsch im Original] (viele dieser Miniaturhäuser kommen aus Deutschland[11]), von Apotheken oder Modegeschäften mit Puppen, die gerade dabei sind, Hüte anzuprobieren; in den Küchen gibt es ganze Batterien von Schüsseln und Tellern und Kasserollen aus Zinn und Kupfer und winzige Teeservices sowie nachgeahmte Speisen und Lebensmittel; in den Badezimmern fehlen die Duschen ebensowenig wie in den mit bärtigen Liliputanern bevölkerten Bibliotheken die mikroskopisch kleinen Bücher, die nur mit einer Lupe zu entziffern sind.

Meist fand die Hausherrin das alte Puppenhaus nur noch mit wenigen Originalgegenständen ausgestattet vor, und häufig wurde es von Antiquitätenhändlern in der Provinz als Behälter für irgendwelchen Krimskrams benutzt; ihre Leidenschaft war es nun, es zu restaurieren und einzurichten, wobei sie durch Inserate in Antiquitätenblättchen zu Möbeln kam. Niemals stellte sie neue her, sondern bemühte sich um authentisches und angemessenes Mobiliar, wobei ihr die Fabrikmarke und das Herstellungsjahr dieser winzigen Möbel auf dem Bruchstück eines Kippspiegels zu Hilfe kamen, so als ob es sich dabei um den Stempel eines Carlin oder eines Riesener[12] handelte. Wackelige Möbelchen aus der zweiten Hälfte des 19. Jahrhunderts, Tapeten und Liliputgardinen erfreuen diese Dame ebensosehr wie den feinfühligen Ästheten Denton Welch, der, infolge eines Unfalls schwer behindert, im Restaurieren von Puppenhäusern einen gewissen Trost fand.[13]

Die Dame des Hauses verschließt alle diese Häuser mit dem Schlüssel, weniger um sie vor der anmutigen sechsjährigen Tochter in Schutz zu nehmen, die in dieser Überfülle vielleicht jede Neugier verloren hat, als vielmehr vor deren Freundinnen und vor einem alten, bösartigen Siamkater, dessen Pfoten in dieser kleinen Welt wahre Katastrophen anrichten würden. Das Kind ist nämlich so sanftmütig und nachgiebig, daß es, als es einmal aus Versehen eine Tür vor der Schnauze der Katze schloß und diese sich daraufhin mit ihren Krallen zur Wehr setzte, sie um Entschuldigung bat, weil sie sie übersehen hatte. Einige Bekannte finden diese Welt leblos und melancholisch; vielleicht sind alle Sammlungen so, aber ganz besonders die Sammlungen von

Puppenhäusern, die den Larven einer Welt ähneln, die es niemals gegeben hat. In jedem Fall ist es eine in sich geschlossene Welt, eine kleine Gemeinde, zusammengehalten wie eine Kollektion Bienenstöcke, in der allein der Bienenzüchter lebendig und regsam ist.

Wie ich finde, steckt im Saal des Hôtel de la Trémoille in der Corcoran Gallery of Art[14] viel mehr Melancholie. Solange man einen mit Bildern vollgehängten Raum nach dem anderen durchquert, fühlt man sich in dieser Kunstgalerie nicht unbehaglicher als in irgendeinem anderen Museum: es sind einzig die Bilder, die zählen. Plötzlich aber öffnet sich die Wand in einem dieser Museumsräume auf einen schwach erleuchteten Saal hin, in dessen Halbdunkel folgendes auftaucht: ein Interieur im Stil Louis XVI., üppig möbliert und erhellt von schwachen elektrischen Lampen in Form von kleinen Flammen in den Wandleuchten und im großen Leuchter. Die Goldverzierungen der Lisenen, der Kapitelle und der Schmucktrophäen, die zarten Farben der Decke und der Wandbehänge atmen die einsame Abgeschiedenheit eines Ertrunkenen unter der Hülle des Wassers. Mitten in Paris würde ein solches Interieur keinen sonderlichen Eindruck machen, aber hier, herausgerissen aus dem urbanen Zusammenhang, dem es einst zugehörte, besitzt es die ganze Traurigkeit und Sterilität der leblosen Dinge. Man kann zwar ein Gemälde oder eine Skulptur über den Ozean transportieren, aber ein Interieur, in dem Menschen gelebt haben, ist nicht in sich abgeschlossen, sondern zehrt von der Ausstrahlung der Welt seiner Umgebung, die einst die seine gewesen war.

1967

Anmerkungen

1 Erstdruck: »Il senso del passato«, in: *Il Tempo*, 27. Mai 1967. Abgedruckt in: Mario Praz, *Il mondo che ho visto*. Milano: Adelphi, 1982, S. 158–162. *A.d.Ü.*

2 J. R. Tolkien, *The Lord of the Rings* (1954–1955), 3 Bände; vgl. *KLL* S. 5808–09. *A.d.Ü.*

3 Vgl. Vollmer, Band 5, S. 178; Julius David Prown und Barbara Rose, *La peinture américaine. De la période coloniale à nos jours*. Genève: Skira, 1969, S. 150–151: »Unter anderem ist der amerikanische Geschmack buchstabengetreu: in den USA ist alles Intuitive und Subjektive gegenüber dem Objektiven, auf Tatsachen Beruhenden sekundär. Das ist fraglos der Grund für die ungeheure Beliebtheit von Andrew Wyeth, dessen photographischer Stil die Welt buchstabengetreu bis zum letzten Grashalm reproduziert. Wie Hopper und Burchfield wählt Wyeth die Einsamkeit und Verzweiflung als Sujet, doch beruhen seine Werke eher auf literarischen Anekdoten als auf poetischen Bildern.« *A.d.Ü.*

4 Ein signifikantes Beispiel befindet sich in der Skulpturensammlung der Kunsthalle Mannheim. *A.d.Ü.*

5 Piranesi, *Antichità Romane* (1748). Mario Praz veröffentlichte 1975 eine Ausgabe von Piranesis *Carceri* mit einem Vorwort (G. B. Piranesi, *Le Carceri*. Milano: Rizzoli, 1975); Mario Praz (Einleitung) und Livio Jannattoni (Anmerkungen), *G. B. Piranesi. Magnificenza di Roma*. Milano: Edizioni del Polifilo, 1961. Vgl. Norbert Miller, *Archäologie des Traums. Versuch über Giovanni Battista Piranesi*. München: Hanser, 1978. *A.d.Ü.*

6 Vgl. dazu Federico Hindermann, Nachwort zu seiner Übersetzung von Emilio Cecchi, *Goldfische. Erzählungen und Essays aus dem Hauptwerk*. Zürich: Manesse, 1973, S. 283: »Aber höher schlug sein Herz in London, unterwegs durch das Menschengewühl von Fleet Street, Strand und Embankment, und er zog einem glücklich umhüteten College die vulgäre, die *schreckliche Schule des Lebens* vor, der stillen Lektüre in einer gotisch-normannischen Studierstube oder einer in Palladios Stil gebauten Bibliothek die etwas weniger behagliche im Autobus oder in einer Kneipe.« – Zum Verhältnis Cecchi – Praz vgl. den Briefwechsel: *Carteggio Cecchi-Praz*. A cura di Francesca Bianca Crucitti Ullrich. Prefazione di Giovanni Macchia. Milano: Adelphi, 1985. Der Briefwechsel beginnt jedoch erst nach dem England-Aufenthalt Cecchis (1918–1919), nämlich im März 1921. Zu Cecchis Londonaufenthalt und zur Entstehung der *Pesci rossi* vgl. jetzt die Einleitung zur neuen kritischen Ausgabe: Emilio Cecchi, *Pesci rossi*. Edizione critica a cura di Margherita Ghilardi. Firenze: Vallecchi Editore, 1989, bes. S. XXIII–XXXVI. *A.d.Ü.*

7 Vgl. Mario Praz, *La casa della vita*, a.a.O., S. 234; Fannia Weingartner and Bruce Hatton Boyer, *Miniature Rooms: The Thorne Rooms at the Art Institute of Chicago*. Chicago: The Art Institute, 1983 (3. Aufl. 1993). *A.d.Ü.*

8 Die Puppenstadt »Mon Plaisir« der Fürstin Augusta Dorothea von Schwarzburg, 1. Hälfte 18. Jahrhundert, Arnstadt (Thüringen), Schloß-

museum: siehe Leonie von Wilckens, *Das Puppenhaus. Vom Spiegelbild des bürgerlichen Hausstandes zum Spielzeug für Kinder*. Aufnahmen Helga Schmidt-Glassner. München: Callwey, 1978, S. 59–60, Abb. 169–191. – Der Untertitel formuliert eine These, die Wilckens ausführlich darlegt und die auch Mario Praz in seinem Buch über die Inneneinrichtung festhielt: Mario Praz, *La filosofia dell'arredamento. I mutamenti nel gusto della decorazione interna attraverso i secoli dall'antica Roma ai nostri tempi*. Milano: Longanesi, 1964 (5. Aufl. 1990), S. 121; deutsch: *Die Inneneinrichtung. Von der Antike bis zum Jugendstil*. Übersetzt von Otto Emil Gantert. München: Keysersche Verlagsbuchhandlung, 1965, S. 121: »Da die Holländer (...) nicht das Leben im Haus wiedergeben wollten, sondern die tatsächliche Einrichtung selbst, ließen sie geradezu en miniature die Reihe der Zimmer einer Wohnung in jenen mächtigen Schränken, die unpassend *Puppenhäuser* genannt worden sind, nachbilden. Solche getreuen Reproduktionen, die oft von den gleichen Künstlern gemacht wurden, die auch die Gegenstände in normalen Ausmaßen gemacht hatten, waren dazu bestimmt, den Nachkommen die Erinnerungen an die schönen Einrichtungen zu überliefern, von denen die verfeinerten Bürger offensichtlich annahmen, daß sie die Revolution des Geschmacks nicht überstehen würden.« Vgl. auch Jet Pijzel-Dommise, *Het poppenhuis*. [Das Haus der Sara Ploos van Amstel; vgl. Wilckens, a.a.O., S. 55–56, Abb. 105–131] Den Haag: Haags Gemeentemuseum, 1988, S. 9: »In de vroege 18de euw heeft een poppenhuis nog niet de funktie van speelgoed.« – Carolin Clifton-Mogg (Photographien von Nick Nicholson), *The Dollhouse Sourcebook. Classic Period Interiors*. New York: Abbeville Press, 1993. *A.d.Ü.*

9 In Wilckens, a.a.O., S. 59, Abb. 164–168, findet sich nur ein einziges Beispiel aus Italien (Bologna, Museo d'arte industriale): »Wie ein eingeschossiger italienischer Palazzo des 18. Jahrhunderts kann es umschritten und von den verschiedenen Seiten aus eingesehen werden, die sich in großen Fenstern öffnen. Seine aufwendige und erlesene Ausstattung und Einrichtung lassen fragen, ob es sich nicht eher um ein Modell handelt, also weder um ein Sammlungsstück noch ein Anschauungsobjekt oder ein Spielzeug.« Vgl. Mario Praz, *La casa della vita*, a.a.O., S. 234–234. Dort findet sich der Hinweis auf eine frühere Beschreibung des Bologneser Hauses in: F. Malaguzzi Valeri, *L'Arte gaia*. Bologna, 1926. *A.d.Ü.*

10 Wilckens, *Das Puppenhaus*, a.a.O., S. 61–62: Kaufläden. *A.d.Ü.*

11 Vgl. die Beispiele in Wilckens, a.a.O.: Augsburg, Frankfurt, München, Ulm. *A.d.Ü.*

12 Möbeltischler im Paris des 18. Jahrhunderts, die den Hof belieferten. *A.d.Ü.*

13 Vgl. Mario Praz, »Un'effimera« (1954), in: *Cronache letterarie anglosassoni*. Roma: Edizioni di Storia e Letteratura, 1966, S. 32–37, bes. S. 35. Denton Welch, 1915 in Schanghai geboren, wurde 1935 das Opfer eines Verkehrsunfalls; er war querschnittgelähmt und starb 1948. Veröffentlichungen: *Maiden Voyage* (1943), *Youth is Pleasure* (1945), *Brave and Cruel* (Erzählungen, 1948), *A Last Sheaf* (1951), *Journals* (1952), *A Voice through a Cloud* (unvollendet, 1959). Er entwickelte als Schwerbehinderter eine »passion for old, dead, past things«: »dieselbe Sorgfalt, die er beim Schreiben aufwandte, richtete er auch auf die langwierige und geduldige Restaurierung eines Puppenhauses aus dem späten 18. Jahrhundert.« *A.d.Ü.*

14 Washington, D. C., gestiftet von dem amerikanischen Finanzmann und Kunstsammler William Wilson Corcoran (1798–1866). *A.d.Ü.*

19 *Wachsfiguren*[1]

In den heutigen Zeiten der Pop Art dürfte es nicht zu schwierig sein, das Interesse für Wachsfiguren wieder zu beflügeln. Die Künstler der Pop Art bemühten sich, eine Photographie von Marilyn Monroe[2] zu reproduzieren, indem sie sie den Filter eines Druckrasters passieren lassen, ins Riesenhafte vergrößern und dabei den mechanischen Vorgang aufs genaueste imitieren. Die Wachsbildner, die in den vergangenen Jahrhunderten so beliebt waren, bis die Photographie entdeckt wurde, die ihrer Tätigkeit ebenso ein Ende machte wie jener der Miniaturisten, befleißigten sich, die Beschaffenheit eines Gesichts und einer Kleidung bis auf die kleinsten Einzelheiten nachzuahmen, wozu sie sogar echtes Haar und richtige Stoffe zu Hilfe nahmen. Indem sie die taktilen Werte der Haut so genau wiedergaben, daß sie einer Physiognomie geradezu Leben einhauchten, entstand eine Illusion, die sich nicht unterscheidet von jener der simulierten Lebensmittel, der *Attrappengerichte* [deutsch im Original], oder auch der gigantischen Reproduktion einer Konservendose, die nicht für Werbezwecke hergestellt wurde, sondern um polemisch auf die Wirkung eines Objekts der Konsumgesellschaft hinzuweisen: eine Dose *Tomato Soup*, die anmaßend vor einem steht. Und was hat es mit der Erfahrung von Horace Walpole auf sich, der, als er an einem Maitag des Jahres 1763 die Wachsfiguren der Anne Conway (später Mrs Damer) besichtigt hatte, auf dem Nachhauseweg an einem Fenster der Pall Mall eine Frau erblickte und der zusammenfuhr, als er sah, daß sie sich bewegte?

Hier nun der Weg, auf dem man zu jener Statue oder Puppe von Jeremy Bentham gelangte, die heute eine Kuriosität des University College in London darstellt. In dem Artikel »The Auto-Icon of Jeremy Bentham« von A. Marmoy (in: *Medical History*, April 1958) wird folgende Erklärung von Doktor Southwood Smith wiedergegeben: »Jeremy Bentham hinterließ mir testamentarisch seinen Körper, um ihn zu sezieren. Ich mußte außerdem vor einem aus Medizinstudenten und geladenen Gästen bestehenden Publikum einen Vortrag über seinen Körper halten (...). Nach der üblichen anatomischen Demonstration am Leichnam wurde aus den Knochen ein Skelett zusammengefügt. Ich versuchte den Kopf intakt zu lassen, wobei ich mich darauf beschränkte, die Flüssigkeiten zu extrahieren, indem ich ihn in den Behälter einer Luftpumpe mit komprimierter und mit Schwefelsäure angereicherter Luft brachte. Auf diese Weise wurde der Kopf so hart wie die Totenköpfe der Neuseeländer: nur war natürlich jeder Ausdruck aus ihm gewichen. Als ich sah, daß man ihn so nicht ausstellen konnte, ließ ich ein Wachsmodell herstellen, und zwar von einem angesehenen französischen Künstler (Jacques Talrich), der die Büste von David d'Angers und das Gemälde von Pickersgill kopierte. Es gelang dem Künstler, die bewundernswerteste Ähnlichkeit herzustellen, die man jemals gesehen hat. Dann ließ ich das Skelett ausstopfen, um ihm die Kleidung von Bentham überzuziehen, und ließ dann auf die Büste die Wachsmaske aufsetzen. Diese Figur wurde nun auf einen Stuhl gesetzt, auf dem Bentham früher zu sitzen pflegte, wobei eine Hand den Spazierstock festhielt, der sein ständiger Begleiter gewesen war, wenn er ausging, und den er *Dapple* [Schecke] genannt hatte. Das Ganze wurde in einem Mahagonikasten mit Glastüren untergebracht. Ich habe ihn dem University College geschenkt, wo man ihn auf Anfrage besichtigen kann. Die Verwaltung macht allerdings keine Werbung dafür, daß Bentham dort in einem Hinterzimmer ruht. Offensichtlich schämen sie sich ihres Gastes.«[3] In einem Brief vom März 1833 hatte Dr. Smith bei der Gattin des Testamentsvollstreckers nachgefragt, ob genug Haare von Bentham übriggeblieben wären, um sie auf dem Wachsmodell anzubringen.

Freilich ist dies nicht das einzige historische Beispiel für Figuren, die aus Wachs und menschlichen Überresten zusammengesetzt wurden; unter dem Hauptaltar vieler Kirchen der katholischen Welt ruht eine Vielzahl solcherart zusammengesetzter Seliger und Heiliger. Es wurden Geschichten von weltlichen Bräuchen zur Konservierung von Verstorbenen aufgezeichnet, so die der Lady Godolphin, Tochter der Herzogin Sarah von Marlborough und Geliebte und Gönnerin des Dramatikers Congreve, die nach dessen Ableben im Jahre 1729 eine Wachspuppe nach ihm anfertigen ließ, die sie am Tage bei Tisch neben sich und nachts im Schlafzimmer hatte, wobei sie mit ihr redete und sich darum kümmerte, daß die Beine mit einem Mittel gegen die Gicht eingerieben wurden, an der Congreve zu Lebzeiten gelitten hatte.[4] Bekannt ist auch die Geschichte der Wachsstatue von Peter dem Großen, ein Werk des Architekten Bartolomeo Carlo Rastrelli (und nicht von Dubut, wie ich in der Erstausgabe der *Fiori freschi* geschrieben hatte), die sich dank einem Automatenmechanismus aufrichten konnte und einen so gebieterischen Ausdruck annahm, daß sie bei einer Besucherin eine Fehlgeburt auslöste, woraufhin die Feder des Automaten zerstört und dieser in einen Zustand versetzt wurde, in dem er keinen Schaden mehr anrichten konnte.[5]

Dies und vieles andere mehr wurde über die Wachsfiguren geschrieben, und ihre Herkunft aus Bildnissen, die bei Trauerfeierlichkeiten gezeigt wurden, macht uns die traurig-düsteren Assoziationen deutlich.[6] Von Champfleury, der den Besuch im Wachsfigurenmuseum von Curtius[7] mit dem Besuch des Leichenschauhauses und des Schlachthauses verglich, zu Thackeray, der es vorgezogen hätte, statt im Wachsfigurenmuseum in der Baker Street nachts lieber im Löwenkäfig des zoologischen Gartens eingesperrt zu werden, zu d'Annunzio, der auf einer der *Cento e cento pagine* vor der Wachsfigur einer erdrosselten Frau erschrickt (»tout à coup la Figure de cire, la cire est vivante, comme si le souffle de la femme étranglée était passé dans le simulacre effrayant«[8]), zu Meyrink, der eine Sammlung von makabren Erzählungen *Das Wachsfigurenkabinett* [1907] benannte, gibt es eine ganze Reihe von Schreckreaktionen, die in den leichtesten Fällen, etwa bei E.T. A. Hoffmann, bei Ortega y Gasset[9] und bei unserem zeitgenössischen Kunsthistoriker Ernst Gombrich, zumindest eine gewisse Verlegenheit bezeugen: die »Wachsfiguren, die uns so unheimlich sind, weil sie tatsächlich jene Grenze zwischen Symbol und Wirklichkeit überschreiten«[10], sagt Gombrich, und man denkt dabei genau an die Pop Art. Zwar steckt auch hinter den sogenannten Malern der Realität eine platonische Idee[11], nicht aber hinter den Wachsfiguren und der Pop Art.

Doch obwohl das Wachs sich erstaunlich gut dazu eignet, die Martyrien der Heiligen wiederzugeben, die Foltern (Mucius

Scaevola, der sich die Hand verbrennt[12]; eine Heilige auf dem Scheiterhaufen; Lucrezia, die sich erdolcht, usw.) oder die Zerfallsstadien von Leichen wie auf den berühmten Pestdarstellungen von Zumbo[13], erschöpft sich das Spektrum der Wachsplastik damit keineswegs. Wenn man die zahlreichen Illustrationen des ersten Buches durchblättert, das die Materie mit größter Kompetenz behandelt – *A Biographical Dictionary of Wax Modellers*, von E. J. Pyke. Oxford: Clarendon Press 1973 –, dann sieht man nämlich, daß die meisten Arbeiten keine Darstellungen von Leichen sind oder jenen verwahrlosten Trappisten gleichen, wie sie Don Ercole Branciforti-Pignatelli am Eingang seiner Villa in Bagheria hatte aufstellen lassen, sondern vielmehr Medaillons und Porträts, von den kleinen münzenähnlichen Flachreliefs (ein Medailleur namens Benedetto Pistrucci hat prachtvolle Exemplare hinterlassen) bis zu den Hochreliefs, auf denen die Personen wie vor einer Theaterbühne zu verharren scheinen, und von Genredarstellungen, die nicht ohne Humor sind (der alte Libertin von Daniel Neuberger[14], der einer Kurtisane eine Börse anbietet), bis zu heiteren Sujets, etwa dem Mädchen mit dem Blumenkorb von Bernhard Caspar Hardy.[15]

Auch der zweite Einwand gegen die Wachsplastiken neben dem ihrer Düsterkeit läßt sich nicht aufrechterhalten: ihre angebliche Empfindlichkeit und Brüchigkeit. Bereits Vasari[16] hatte Anleitungen gegeben, wie das Wachs zu modellieren und zu härten sei, und im 17. Jahrhundert entdeckte der junge Daniel Neuberger ein Verfahren, das dem Wachs die Härte von Marmor verlieh. Wachsplastiken lassen sich vergleichsweise einfach reparieren, während ein Aquarell, das zu lange dem Licht ausgesetzt wurde, oder ein Pastell unrettbar zerstört werden, ganz zu schweigen von den Schäden, die die Zeit einem »Sack« von Burri[17] zuzufügen vermag!

Goethe bewunderte die Wachsplastiken von Bernhard Caspar Hardy[18], und es gab damals in Köln kaum ein Haus, das nicht stolz darauf gewesen wäre, eine Wachsplastik dieses Künstlers zu besitzen. Die wohlhabenden englischen Familien machten sich die Kunst der Wachsbildnerei von Samuel Percy zunutze, um lebensechte Nachbildungen ihrer Mitglieder herstellen zu lassen. Man lese nur seine Anzeige, als er sich auf der Durchreise 1787 in Tunbridge Wells befand: »Mr Percy, Bildner in farbigem

Wachs, gibt dem Adel und den vornehmen Familien ergebenst bekannt, daß er hierorts eingetroffen und für kurze Zeit bereit ist, Aufträge für deren Bildnisse entgegenzunehmen, da er sich auf der Reise nach Brighton zu den Great Rooms in den Walks befindet, wo man eine gewisse Anzahl von meisterhaften Probestücken sehen kann, die nach dem Leben oder nach dem Tode geschaffen wurden: seine Fähigkeiten sind dort und im gesamten Königreich so sehr bekannt, daß es in dieser Zeit der Windmacher überhaupt nicht notwendig ist, irgendein Loblied über sich selbst anzustimmen, außer die Adligen und die Gentlemen über seine Ankunft ins Bild zu setzen.«

Man mag heute vielleicht darüber lächeln, daß der Schaffhauser Wachsbildner Johann Heinrich Schalch im 17. Jahrhundert als »achtes Weltwunder« gerühmt wurde; weniger überraschend wird den Italienern der Name Friedrich Ruysch vorkommen, sofern sie sich an eine bestimmte »operetta morale« von Leopardi[19] erinnern. Man braucht auch gar nicht die älteren Künstler zu erwähnen, die alle mit Wachs zu arbeiten verstanden (Leonardo wurde sogar eine berühmte Fälschung des 19. Jahrhunderts zugeschrieben, die *Flora* von Richard Cockle Lucas): die Namen Degas, Rodin und Medardo Rosso müßten eigentlich genügen, um eine Kunst zu nobilitieren, die in neuerer Zeit im Antiquitätenhandel wenig oder gar nichts galt (heute stimmt dies allerdings nicht mehr). 1965 besuchte ich in Melbourne einen einfachen Antiquitätenhändler in der Hoffnung, ein Wachsbildnis aus der viktorianischen Zeit zu finden; ich fürchtete, er werde aus allen Wolken fallen, weil es sich doch um einen geringgeschätzten Gegenstand handelte. Statt dessen bekam ich zur Antwort: »Und wie!« – er hatte eine *waiting list*, eine regelrechte Liste von Leuten, die solche Objekte suchten.

Das Buch von E. J. Pyke, der selber ein Sammler dieser kleinen Kunstwerke ist, kommt also gerade zur rechten Zeit. Es bietet ein überreiches Lexikon, das auch biographische und bibliographische Angaben sowie Werkverzeichnisse enthält, und zusammen mit der älteren, meisterhaften Untersuchung von Julius von Schlosser, *Geschichte der Porträtbildnerei in Wachs*[20], ist es das Gediegenste, was wir auf diesem Gebiet kennen.

1973

Anmerkungen

1 Erstdruck: »La Pop Art d'una volta. Figure di cera« [Rezension von E. J. Pyke, *A Biographical Dictionary of Wax Modellers*. Oxford: Clarendon Press, 1973], in: *Il Tempo*, 13. Oktober 1973. *A.d.Ü.*

2 Praz scheint hier Roy Lichtenstein mit Andy Warhol zu verwechseln: Lichtenstein benutzte die malerische Nachahmung des Ben Day-Rasterverfahrens, um Szenen aus Comic strips zu vergrößern; Warhol fertigte serielle, farblich variierte Siebdrucke von Marilyn Monroe, Liz Taylor und anderen Stars. Zu Lichtensteins Verfahren vgl. Arthur C. Danto, *The Transfiguration of the Commmonplace. A Philosophy of Art*. Cambridge, Mass.: Harvard University Press, 1981, 4. Kapitel (deutsch: *Die Verklärung des Gewöhnlichen. Eine Philosophie der Kunst*. Übersetzt von Max Looser. Frankfurt a. M.: Suhrkamp, 1984, S. 166–177, bes. 171. *A.d.Ü.*

3 Vgl. Ausstellungskatalog *Metropole London. Macht und Glanz einer Weltstadt*. Essen, Villa Hügel, 1992, Kat. Nr. 595 (S. 563), Farbabbildung S. 560: Jeremy Bentham, Auto-Icon; Patrick Bahners, »Das Große bleibt groß nicht« [zur Londoner Ausstellung *The Art of Death*]. In: *Frankfurter Allgemeine Zeitung*, 7. März 1992. *A.d.Ü.*

4 Eine ähnliche Anekdote bei Schlosser, a.a.O., S. 234, und bei Angeletti, a.a.O., S. 31. *A.d.Ü.*

5 Rastrelli schuf zwei Büsten von Peter dem Großen: eine als Parade-Büste mit dem Zaren in der Prunkrüstung; sie ist in Julius von Schlossers zentralem Text zur Wachsplastik abgebildet: Julius von Schlosser, *Geschichte der Porträtbildnerei in Wachs. Ein Versuch*. Mit 10 Tafeln und 56 Textabbildungen. (Jahrbuch der kunsthistorischen Sammlungen des allerhöchsten Kaiserhauses, Band XXIX, Heft 3). Wien/Leipzig: F. Tempsky/G. Freytag, 1911, S. 228–229, Abb. 36 und 37: »(...) die kaiserliche Eremitage in St. Petersburg (bewahrt) die charakteristische und ausdrucksvolle Büste Peters des Großen, vielleicht von dem aus München gebürtigen Friedrich Wilhelm Dubut (gestorben 1770 zu Danzig) herrührend, der viel für die nordischen Reiche, Polen und Rußland, beschäftigt war.« – Die zweite, von Praz angesprochene Sitzfigur erwähnt Schlosser nicht. Über deren merkwürdige Aktualisierung in Form eines 1991 in St. Petersburg aufgestellten Bronzedenkmals berichtete Viktor Kriwulin in der *Frankfurter Allgemeinen Zeitung* vom 2. Januar 1992: »Karl Rastrelli schuf noch zu Lebzeiten des Zaren jene Paradebüste, die den Herrscher in Kriegsrüstung zeigt [d. i. die bei Schlosser erwähnte und abgebildete Figur]. Doch eine andere, rätselhafte Arbeit des Bildhauers, eine unmittelbar vor dem Tod Peters 1725 geschaffene lebensgroße Wachspuppe ging in die Geschichte ein. Sie ist nicht einfach ein Porträt des Zaren, sondern eine kunstvolle, naturgetreue Nachbildung,

die alle verblüffte, die den Zaren zu Lebzeiten gekannt hatten. Peter der Große sitzt in einem hohen Lehnstuhl in gebieterischer und angespannter, unnatürlich gerader Haltung da. Der Betrachter fühlt sich von dem strengen Blick und dem unbezwinglichen Zorn des Monarchen getroffen und erwartet, daß er sich gleich bewegt.

Nach einer Überlieferung, die Juri Tynjanows Erzählung *Die Wachsfigur* zugrunde liegt, war in Rastrellis Puppe eine besondere Mechanik eingebaut. Wenn man auf eine verborgene Feder drückt, wendet der Zar seinen Kopf und erhebt sich zu seiner ungeheuren Größe. Man weiß nicht, wer den geheimen Mechanismus beherrschte. Offensichtlich sollte die Puppe dazu dienen, jeden in Angst und Schrecken zu versetzen, der von der Apparatur nichts wußte, aber das schroffe Naturell des *holländischen Artilleristen* kannte. In gewisser Weise nahm die Wachsfigur den *ewig lebendigen*, im Mausoleum liegenden Lenin vorweg, wenn auch das Material und die Idee Rastrellis weitaus menschlicher waren als das Unternehmen, einen Leichnam zum Gegenstand allgemeiner Anbetung zu machen. (...) Heute scheint die Zeit auf eine seltsame Weise rückwärts zu laufen. Ohne uns zu bewegen, sind wir aus Leningrad nach St. Petersburg umgezogen. Das wiedererstandene Petersburg besitzt auch ein neues Denkmal Peters des Großen, dessen Entstehungsgeschichte heute eine Legende ist.« Das Denkmal wurde nämlich 1972 zum 300. Geburtstag Peters des Großen von dem russischen Bildhauer Michail Schemjakin angefertigt, der im selben Jahr sein Land verlassen mußte: »In der sitzenden Bronzestatue die Figur des Raritätenkabinetts wiederzuerkennen, ist ein qualvoller, schmerzhafter Prozeß (...). Von der vor Peters Tod von Rastrelli abgenommenen Maske wurden die bekannten Gesichtszüge des Zaren, mit postmodernen Zitaten verfeinert, in Bronze umgegossen. (...) Schemjakins Peter ist erfüllt von unmenschlicher Zorneskraft und zugleich nicht in der Lage, sie freizusetzen. Er ist gleichzeitig *Zar und Sklave*, eine plastische Synthese zweier Kräfte, die die russische Geschichte zerreißen. Das Denkmal ist zweifellos parodistisch. Für kommende Generationen wird es nicht nur ein Denkmal für Peter den Großen sein, sondern auch ein unzerstörbares Zeugnis des tragikomischen, farcenhaften Charakters jener Verwandlungen, die wir heute durchmachen.« *A.d.Ü.*

6 Zur Entstehung, zur Funktion und zum Funktionswandel der Wachsbildnisse vgl. Wolfgang Brückner, *Bildnis und Brauch. Studien zur Bildfunktion der Effigies*. Berlin: Erich Schmidt, 1966, bes. S. 37–122: »Zeremonialbilder und Repräsentation«; S. 123–188: »Effigies und Wachsfigur«. *A.d.Ü.*

7 Siehe Schlosser, *Geschichte der Porträtbildnerei in Wachs*, a.a.O., S. 236: »Zu Ende des XVIII. Jahrhunderts unterhielt ein Deutscher

namens Creutz (Curtius) ein Wachsfigurenkabinett auf einem Pariser Boulevard; der Eintrittspreis war sehr bescheiden, zwei Sous; 1783 eröffnete der nämliche Creutz unter enormem Zulauf der Pariser Flaneure die *caverne des grands voleurs*; das ist schon völlig das Niveau der Jahrmarktsbuden und jener später weltberühmten Kabinette des XIX. Jahrhunderts, der Madame Tussaud in London, des Musée Grévin in Paris usw. Daß jener Creutz aber trotzdem, gerade so wie sein Vorgänger Benoist, als Künstler auftrat und als solcher eingeschätzt wurde, beweist seine Zulassung zu der vornehmsten Pariser Schaustellung: 1791 war im Salon eine Wachsbüste des königlichen Prinzen von seiner Hand zu sehen.« – Hannes König und Erich Ortenau, *Panoptikum. Vom Zauberbild zum Gaukelspiel der Wachsfiguren.* München: Isartal Verlag, 1962 (ein Buch, dessen Entstehung den Anregungen durch das Valentin-Museum in München zuzuschreiben ist), bezeichnen Benoist als »eigentlichen Urheber und Erfinder des Panoptikums, jener Attraktion, die einzelne Wachsfiguren zu Gruppen zusammenstellte« (S. 51). »Gegen Ende des 18. Jahrhunderts machte ein Schweizer Arzt, John Christopher Curtius, für den Prinzen Conti Wachsnachbildungen und eröffnete zwei Ausstellungen in Paris. Eine für den Adel, das Cabinet Palais Royal, für die unteren Schichten der Bevölkerung die Schaubude *Caverne del grande Voleurs* [sic] auf dem Boulevard du Temple. Auf einem Kupferstich ist ersichtlich, in welch primitiver Form Curtius die Ausstellung seiner Wachsplastiken betrieb [Abb. S. 51]. Stellen wir uns das Innere eines kleinstädtischen Hutgeschäftes vor. An Stelle der Hutstapel standen die Köpfe und Büsten aus Wachs in den Regalen. Drei Wände des Raumes waren so Schau, vom Publikum durch eine Barriere abgetrennt« (S. 57). Vgl. ferner Charlotte Angeletti, *Geformtes Wachs. Kerzen, Votive, Wachsfiguren.* München: Callwey, 1980, S. 31–32: »In Paris entstand 1751 ein weiteres Kabinett mit kleinen Porträts, die der Schweizer Arzt Ph. N. Creutz – er nannte sich Curtius – im Auftrag des Prinzen Conti modelliert hatte. 1783 folgte das intime Cabinet Palais Royal am Boulevard de Paris, *Caverne des grands voleurs* (Höhle der großen Räuber und Mörder), ein frühes Panoptikum mit der Darstellung nicht nur graueneinflößender Einzelgestalten, sondern ganzer gruseliger Szenen. So soll hier auch die Ermordung Marats durch Charlotte Corday gezeigt worden sein. Bei Curtius lernte und arbeitete Maria Anna Grosholtz, die als Siebzehnjährige im Jahre 1788 als ihre erste Wachsfigur Voltaire drei Monate vor seinem Tod modellierte. Sie wurde die berühmteste Wachsmodelleurin ihrer Zeit, die nachmalige *Madame Tussaud*, berühmt nicht nur wegen der Qualität ihrer Arbeit, sondern auch wegen der makabren Umstände, unter denen sie eine Anzahl ihrer Porträts anzufertigen genötigt war. Sie wurde nämlich von den Führern der Französischen Revolution gezwungen, die blutverschmierten Köpfe der enthaupteten Aristokraten in Wachs nachzubilden.« *A.d.Ü.*

8 »Die Wachsfigur, das Wachs ist plötzlich lebendig, als ob der Atem der erwürgten Frau in die schreckenerregende Nachbildung hineingefahren wäre.«

9 Vgl. Mario Praz, »Die Pestdarstellungen des Gaetano Zumbo«, in: ders., *Der Garten der Sinne*, a.a.O., S. 245, Zitat aus Ortega y Gasset: »Der Ursprung des Unbehagens, das Puppenfiguren verursachen, liegt in der provozierenden Zweideutigkeit, mit der die Wachsfiguren jeden Versuch vereiteln, ihnen gegenüber eine klare und konsequente Haltung einzunehmen.« – Wie Schlosser erwähnt (a.a.O., S. 254–255), war auch Schopenhauer von den Wachsfiguren nicht angetan. Wachsfiguren vermögen nicht wie ein richtiges Kunstwerk Form und Materie voneinander zu trennen: »Sie scheinen nämlich nicht die bloße Form, sondern, mit ihr, auch die Materie zu geben; daher sie die Täuschung, daß man die Sache selbst vor sich habe, zu Wege bringen. Statt daß also das wahre Kunstwerk uns von Dem, welches nur Ein Mal und nie wieder daist, d. i. dem Individuo, hinleitet zu Dem, was stets und unendliche Male, in unendlich Vielen daist, der bloßen Form oder Idee; giebt das Wachsbild uns scheinbar das Individuum selbst, also Das, was nur Ein Mal und nie wieder daist, jedoch ohne Das, was einer solchen vorübergehenden Existenz Werth verleiht, ohne das Leben. Darum erregt das Wachsbild Grausen, indem es wirkt wie ein starrer Leichnam.« Schopenhauer, *Parerga II*, § 209. *A.d.Ü.*

10 Ernst H. Gombrich, *Art and Illusion. A Study in the Psychology of Pictorial Representation* (1960). London: Phaidon, 1983 (5. Aufl.) S. 53; deutsch: *Kunst und Illusion. Zur Psychologie der bildlichen Darstellung*. Übersetzt von L. Gombrich. Köln/Berlin: Kiepenheuer & Witsch, 1967, S. 82. Gombrich kommt vom Wirkungsunterschied zwischen weißen und bemalten Marmorfiguren her auf das Thema *Wachsfiguren* zu sprechen: »Wenn man, wie die meisten von uns, gewöhnt ist, Marmorstatuen weiß zu sehen, empfindet man eher ein Gefühl des Befremdens beim Anblick leicht farbig getönter Marmorbüsten. Ein solches Bildwerk wird oft geradezu als zu lebensnah empfunden, als ob es gleichsam eine unsichtbare Schranke überschritten hätte, die die Symbolwelt der Kunst von der wirklichen Welt trennt, obwohl objektiv das Marmorbild vermutlich noch sehr weit entfernt sein dürfte von jenen oft zitierten Wachsfiguren, die uns so unheimlich sind, weil sie tatsächlich jene Grenze zwischen Symbol und Wirklichkeit überschreiten.« *A.d.Ü.*

11 Vgl. Schopenhauer, *Parerga II*, § 209. *A.d.Ü.*

12 Mucius Cordus Scaevola (Scaevola: der Linkshänder), »Held der römischen Geschichtslegende vom Krieg gegen Porsena 507 v. Chr. Um den feindlichen König zu erdolchen, habe sich Mucius in das Etruskerlager Eingang verschafft, dort aber irrtümlich den Schreiber des Königs ermordet, und sei dann von Porsena, dem er während des Verhörs seine Absicht enthüllte, und vor dem er zur Bekräftigung seiner furchtlosen Vaterlandsliebe seine rechte Hand in das Feuer eines Altars hielt, entlassen worden.« *Pauly*, Bd. 3, Sp. 1442. *A.d.Ü.*

13 Vgl. Schlosser, a.a.O., S. 240–241; Mario Praz, »Die Pestdarstellungen des Gaetano Zumbo«, in: ders., *Der Garten der Sinne*, a.a.O., S. 239–252; Angeletti, *Geformtes Wachs*, a.a.O., Abb. 80, 81, 263, 268. Über die Sammlung von Krankheitsbildern in Wachs, die sog. Moulagen (Wachsgüsse), des Deutschen Hygienemuseums in Dresden berichtete sogar der *Spiegel* 9/1993. – Neben anatomischen Modellen wurden auch Blumen und Pflanzen in Wachs geformt: Cristina de Benedictis, »L'orto di cera« [»Der Garten aus Wachs«], in: *KOS* (Rivista di cultura e storia delle scienze mediche, naturali e umani diretta da Massimo Piattelli Palmarini; Milano), Jg. 1, 1984, Heft 7, S. 70–80. *A.d.Ü.*

14 Vgl. Angeletti, *Geformtes Wachs*, a.a.O., S. 30; Schlosser, a.a.O., Tafel XVII–XVIII. *A.d.Ü.*

15 Weitere Beispiele bei Angeletti, *Geformtes Wachs*, Abb. 95–102. *A.d.Ü.*

16 Vgl. Schlosser, a.a.O., S. 217–221; Cristina de Benedictis, »L'orto di cera«, a.a.O., S. 70. *A.d.Ü.*

17 Alberto Burri (1915 in Città di Castello, Umbrien, geboren) verwendet bei seinen Materialbildern zuweilen auch grobes Sacktuch; solche Bilder tragen den Titel »Sacco«. Beispiele finden sich in der »Collezione Burri«, Fondazione Palazzo Albizzini in Città di Castello, Nr. 12–15. *A. d. Ü.*

18 Vgl. Schlosser, a.a.O., S. 239 und Anm. 2. *A.d.Ü.*

19 Giacomo Leopardi, »Dialogo di Federico Ruysch e delle sue mummie« aus *Operette morali* (1827), in: *Tutte le opere*, ed. Francesco Flora. Milano: Mondadori, 1940, S. 922–928 (deutsch: »Dialog zwischen Friedrich Ruysch und seinen Mumien«. Übersetzt von Alice Vollenweider. In: Giacomo Leopardi, *Ich bin ein Seher. Gedichte, Kleine moralische Werke, Zibaldone*. Herausgegeben von Sigried Siemund. Leipzig: Reclam, 1991, S. 238–244). *A.d.Ü.*

20 Neuausgabe 1993: Thomas Medicus, Hrsg., *Julius von Schlosser, Tote Blicke. Geschichte der Porträtbildnerei in Wachs*. Berlin: Akademie-Verlag, 1993.

20 *Theatermuseen*[1]

Ich bin kein Theaterbesucher; die wenigen Male, die ich im Laufe eines Jahres zu einer Aufführung gehe, kann man an den fünf Fingern abzählen. Es muß schon etwas höchst Außergewöhnliches sein, von dem die ganze Stadt spricht, damit ich mich aufraffe. Den Tag im Theater zu beenden, wie es einst die Gewohnheit der Müßiggänger war, wäre für mich keine harmlose Strafe; und in größerer Verzweiflung könnte ich mich nicht vorstellen, als wenn ich mich mit Theaterkritik beschäftigen müßte: der Sessel in der Parkettecke, der mich jeden Abend erwarten würde (wie manche würden mich darum beneiden!), jagt mir einen ebensolchen Schrecken ein wie die »eiserne Jungfrau« im Kerker von Nürnberg. Dennoch waren meine ersten Beziehungen zum Theater alles andere als frostig; eine Aufführung der *Aida* – ich muß wohl sechs Jahre alt gewesen sein – begeisterte mich über die Maßen. Allerdings würde ich es nicht wagen, meinen damaligen Enthusiasmus einem reinen Theaterinteresse zuzuschreiben. Was mich buchstäblich in Entzücken versetzte, war eine der Personen: nicht die Mohrin Aida, sondern Amneris, die schneeweiße Amneris, deren Reinheit und deren Gesten mich so sehr entflammten, daß die Meinigen daran dachten, mich die Schauspielerin aus nächster Nähe sehen zu lassen und ihr wiederum die Bekundung einer so zarten Bewunderung nicht vorzuenthalten, und als sie einen Weg gefunden hatten, mich hinter die Bühne zu führen, stellten sie mich der ägyptischen Prinzessin vor. Da wurde mir bewußt, was den Zauber der Distanz ausmacht; ich fühlte mich überaus bedrückt vor diesem Monument aus Fleisch, Schminke und Kohlenschwärze, das der Mezzosopran Amneris war. Wer weiß, ob meine geringe Neigung zum Theater nicht ausschließlich von dieser beklagenswerten Episode bestimmt ist? Vielleicht hat sich übrigens wegen dieser Enttäuschung in der Kindheit meine mögliche Begeisterung hinter einem unüberwindlichen Schutzwall verbarrikadiert: um aktuelle Aufführungen kümmere ich mich zwar kaum, aber ich habe eine Schwäche für Theatermuseen.

In den Sälen der Casa del Burcardo [Rom] und erst recht in denen des Theatermuseums der Scala, die von einem subtilen neoklassizistischen Aroma erfüllt sind, atme ich die Quintessenz des Theaters: dort wird kein *anticlimax* mir das Schauspiel verderben können.

Die Giuseppina Grassini auf der vortrefflichen Miniatur von Ferdinando Quaglia im Museum der Scala[2] bereitet mir keine solche Enttäuschung wie die Amneris in meinem Kindheitserlebnis. Dieser Miniatur wegen erscheint mir die berühmte Sängerin für immer wie in der Beschreibung von Scudo: »Ihr strahlender Kopf, der auf zwei wunderbaren Schultern ruht...«; und sie kann den Glauben an das kaum wohlgemeinte imaginäre Porträt von Frédéric Masson[3] zerstören, dem zufolge die Künstlerin sich im Jahre 1800, als Napoleon sie kennenlernte[4], so präsentierte: »Der Körper ist bereits etwas dick und schwerfällig; der kräftige Kopf mit ausgeprägten Gesichtszügen, kohlschwarzen Augenbrauen und dichtem schwarzem Haar ist noch voller geworden. Zwar bleibt noch etwas von der Schönheit, aber von einer Schönheit, wie man ihr in Italien auf Schritt und Tritt begegnet: feurige Augen, olivfarbige Haut. (...) Die Schönheit der Grassini verfällt.« Von den vielen berühmten Darstellern, von denen es im Museum der Scala Bildnisse gibt, spreche ich nur über das der Grassini, und zwar aus einem persönlichen Grund. Ich bin der Diva nämlich zufällig begegnet – nicht in Fleisch und Blut, sondern in einer terrakottafarbenen Gipsstatue, inmitten von allerlei Trödel, bei einem Antiquitätenhändler in der Via del Babuino, der die Büste als Bildnis von Napoleons Schwester und als Terracotta von Canova beschrieb: zwei großartige Qualifikationen, die durch den bescheidenen Preis jedoch unverzüglich dementiert wurden. Wie ich die Büste identifizierte, die gleich gekleidet war wie die Frau auf der Miniatur von Quaglia und im Ausdruck dem Porträt ähnlich sah, das Elisabeth-Louise Vigée-Lebrun von der Sängerin in der Rolle der Zaïre gemalt hatte, habe ich an anderer Stelle berichtet.[5] Also war das Diadem, das sie trug und von dem der Antiquitätenhändler behauptete, daß es ein sicheres Attribut einer Herrscherin sei, das Symbol eines geborgten Adels, aber deswegen keineswegs lächerlich. Die vom Medailleur und vom Bildhauer porträtierte Frau war keine Königin eines irdischen Königreiches, sie war Artemisia von Karien, Semiramis, Zenobia von Palmyra, Kleopatra, Dido, und ihr Imperium war ein Bühnenhintergrund und der unendliche Raum des Gesangs. Mit der schönen Frau, die die Freundin Napoleons war, kann ich mir das bezaubernde Bild der Kleopatra Shakespeares in Erinnerung rufen:

»The barge she sat in, like a burnish'd throne,
Burned on the water; the poop was beaten gold,
Purple the sails, and so perfumed that
The winds were love-sick with them.«[6]

Ein erhabenes Bühnenbild zwar, doch ein Bühnenbild, mit lebendigen vollen Farben, Purpur und Gold, den Farben des napoleonischen Reiches in seiner kurzen Reifezeit. Damals drang die Stimme der Grassini ebenso wie ihr sehnsuchtsvoller und bedachter Blick in die Herzen ein. Und wir fühlen uns wie überwältigt von dem Geist der *Balade des dames du temps jadis*[7] und möchten jene Schar der schönen Frauen aus der Lombardei begrüßen, der die Grassini angehörte und die uns den Anblick der goldenen klassizistischen Stadt Mailand wie von einem rätselhaften leonardesken Lächeln erleuchtet zeigt ...

Für solche Phantasien bietet ein Theatermuseum natürlich ein förderliches Klima. Sie eben sehen wir in solchen Museen für immer in den Bildern festgehalten; die Blicke sehen wir, die Tausenden von Zuschauern einen Schauer über den Rücken jagten; aus diesen Mündern ertönten die überaus verführerischen Stimmen, und die hier verewigte Geste war den vergangenen Generationen ebenso vertraut und teuer wie die Umrisse der heimatlichen Landschaft oder die Zeichen der Jahreszeiten. Diese Königinnen und Tyrannen waren sehr viel realer als die historischen Figuren, die sie verkörperten, so daß der Saul und der Hamlet, von denen die Menschen sprechen, nicht jene der Bibel oder des Saxo Grammaticus[8] sind, die tatsächlich gelebt haben, sondern diese hier: die von einer ungestümen Phantasie belebten Larven. Deshalb bewundern wir bisweilen eine Rauschgoldkrone, einen Papphelm, ein unkriegerisches Spielschwert viel mehr als die echten Kronen, die in den königlichen Schatzkammern aufbewahrt und nur bei wichtigen Anlässen gezeigt werden. Das mußten wohl auch die Prinzen gespürt haben, die kurz vor dem Ende des vergangenen Jahrhunderts zum Grab von Hamlet und zur Wohnstätte der Ophelia pilgerten. Der Zarewitsch, der Graf von Paris, der Herzog von Orleans und der Prinz Johannes von Orleans, angeführt vom Prinzen Waldemar, die auf dem Fahrrad[9] am verlassenen Strand von Elsinor entlangfuhren, erscheinen mir als Phantasiebilder, und auch Hamlet und Ophelia, wenn sie denn wirklich in Fleisch und Blut gelebt haben, erscheinen mir als Phantasien, da die eigentliche Seele der Szenerie sich anderswo befindet. Sollten wir sagen in den Texten Shakespeares? Oder in der glanzvollen Reihe von Interpretationen, von der des alten Burbage[10] bis zu Garrick[11], Kemble, Kean, Irving[12], Ernesto Rossi[13] und Tommaso Salvini[14]... Und die magische Geste, die diese Prinzenschar dazu trieb, auf dem Fahrrad den prosaischen Straßen am Ufer eines bleichen Meeres entlangzufahren, um ein falsches Grab zu besuchen, ist genau die Geste, welche die Ränge des Drury Lane Theatre füllte und die wir auf den Wänden des Garrick Club verewigt sehen.

Renato Simone scheint vergessen zu haben, den Garrick Club in seinem Vorwort zu dem reichhaltigen, von Stefano Vittadini zusammengestellten Katalog des Theatermuseums der Scala[15] zu erwähnen – ist dieses Versehen bei einem so gebildeten Mann überhaupt möglich? Zwar nennt er alle Theatermuseen Europas, auch die Sammlung des British Museum, doch der Garrick Club ist mehr als ein Museum. Dort sind nämlich die Gemälde von Zoffany und der anderen Maler, die sich bemühten, die Erinnerung an berühmte Interpretationen zu bewahren, nicht wie Kleinode an die Wände gehängt, jedes mit einem Täfelchen versehen, inventarisiert und tot. Die Räume gleichen vielmehr denen eines Treffpunktes, wo die modernen Nachkömmlinge von Betterton, Garrick und Kemble sich tummeln: sie lesen dort, führen Gespräche miteinander, und sie essen dort. Und zwischen den Bildern an den Wänden und den lebendigen Wesen in den Räumen scheint sich eine Wechselbeziehung gegenseitiger Sympathie einzustellen, so daß die Gebärden und Haltungen an den Wänden und die der Menschen aus Fleisch und Blut gleichsam in einer gemeinsamen Perspektive erscheinen, so wie bei bestimmten Szenen des Marionettentheaters die beweglichen Figuren und die Komparsen aus Karton zusammenwirken, um eine einheitliche Illusion zu erzeugen. Hier ist die Illusion um so leichter möglich, als die Figuren auf den Gemälden nicht wie bei gewöhnlichen Porträts in ruhigen Posen festgehalten sind, sondern sich lebhaft bewegen und selbst vor einem unsichtbaren Publikum noch zu deklamieren scheinen. Und die oft unordentlichen Kostüme scheinen vom fieberhaften Treiben auf der Bühne erfaßt zu sein. Ein lässig über die Schultern geworfener Schleier, ein flatterndes Band, ein schlampiger Korb, aus dem ein Knäuel von Bändern hängt, ein wehender Rock, der sich wie eine Welle bewegt, erzeugen eine packende Unordnung, eine grobe Raffinesse, eine barocke Anmut. Und jede Andeutung von Vergangenheit wird diesen Leinwänden entzogen, wenn man bedenkt, daß die Kostüme, in denen Garrick und die anderen großen Darsteller des 18. Jahrhunderts die Geschöpfe Shakespeares verkörperten, die Kleider der Zeit waren, und daß vor der Ankunft des Bühnenbildners Loutherbourg in London (1771) von den Schauspielern keinerlei Versuche gemacht wurden, historische Kostüme zu benutzen. Es war genau das, worüber sich Ernesto Rossi bei seinem Besuch im Garrick Club 1876 empörte: »Ich wurde eingeladen, den *Garrick Club* zu besuchen, und sah dort seine Porträts in den verschiedenen Charakterisierungen seiner Hauptrollen; unter den vielen wurde ich von einem besonders angezogen: es war Hamlet in weißer Perücke mit Zopf, im Fechtgewand aus Samt mit schwarzer Seide, mit glänzenden Knöpfen, kurzum, im Kostüm von Ludwig XVI. Ich dachte mir: wie konnte dieser Künstler den romantischen, psychologischen Charakter Hamlets zum Ausdruck bringen, ohne sich durch diese Gewandung des 19. Jahrhunderts behindert zu fühlen? Diese Kleidung mußte ihn doch zu unnatürlichen und gesuchten Gesten zwingen, die in völligem Widerspruch stehen zu den unbehinderten und natürlichen Gesten, die der Charakter und die Situationen des dänischen Prinzen erfordern, den der Dichter doch in sehr viel früheren Zeiten leben ließ. Vom Hamlet ging ich dazu über, Macbeth zu überprüfen, und erlebte dabei eine weitere unangenehme Überraschung. Der Schauspieler hatte das lange Gewand abgelegt und ein anderes Kleidungsstück angezogen, das die Anomalität noch vergrößerte. Statt Macbeth in ein Netz- oder Eisenhemd zu stecken oder in einen Mantel, hatte er ihn in ein äußerst elegantes hellblaues Kleid à la Louis XIV. gesteckt; anstelle des Helms trug er einen federgeschmückten Filzhut, dazu ein Paar Hochglanzschuhe mit Silberspangen und die Beine in Seidenstrümpfen. Niemand hätte glauben können, dies sei das Porträt von Macbeth, wenn der Maler sich nicht bemüht hätte, in jede Hand einen blutverschmierten Dolch zu legen... Du könntest mir zwar sagen: ›In solchen Kostümen werden die Werke alter Dichter überall vorgetragen: auch bei uns wurden die Tragödien Alfieris so rezitiert; der Dichter selbst deklamierte in Pisa seinen *Saul* mit einer weißen Zopfperücke und in Seidenschuhen.‹ Immerhin zog Alfieri den Waffenrock aus und legte den Degen ab, hüllte den Körper in einen roten Wollmantel und gürtete sich ein römisches Schwert um...«

Für Ernesto Rossi schien es ohne historisches Kostüm weder einen echten Macbeth noch einen menschlichen Hamlet geben zu können. Zwar trug man die Dramen des französischen Theaters, auf dem allein die Deklamation geachtet wurde, in modernen Kostümen vor, aber bei Shakespeare »ist alles Bewegung, unablässiges unruhiges Leben; hier kann die schulmäßige Pose und die einstudierte Deklamationsmelodie der Freiheit und der Menschlichkeit nur schaden«. Darauf ließe sich antworten, daß diese Schauspieler, gerade weil sie die zeitlose Gegenwärtigkeit Shakespeares spürten, sich wenig um die historische Rekonstruktion kümmerten, und als natürlich erwies sich für sie die Kleidung ihrer Zeit, in der sie sich nicht stärker behindert fühlten als wir heutzutage in unseren Anzügen, und in einem modernen Anzug wurde in unseren Tagen Hamlet ja auch gespielt, und zwar nicht ohne Erfolg. Lady Macbeth im Reifrock und gepuderter Frisur, an ihrer Seite Macbeth in verbrämter Weste, mit Spitzenkrawatte und in Seidenschuhen, in einer neugotischen Szenerie, wie sie Horace Walpole damals in Strawberry Hill schuf, scheinen die Schranken der Geschichte niederzureißen, die Zeitalter ineinanderzuschieben wie die Teile eines Fernrohrs und die Wirksamkeit der Bühnenillusion zu unterstreichen. Dank solcher Gemälde (und wie viele es davon gibt, sie bedecken alle Wände!) atmen die Räume des Garrick Club das Leben von Theatergarderoben. Und selbst jene *Zimelie*, das schwere Mahagonisofa Byrons mit geschnitzten Palmetten und Roßhaarbezug, scheint an der Atmosphäre hinter der Bühne teilzuhaben. Auf diesem Sofa, das der Dichter in Missolunghi[16] bei sich hatte, sehen wir Byron, den Kopf mit jenem der Antike nachgeahmten und passend zur Situation fabrizierten griechischen Helm bedeckt, den letzten Akt seines Lebens rezitieren. Die Menschen, die sich durch die Räume des Garrick Clubs bewegen und miteinander reden, mit Stimmen, die unter der Einwirkung der Bilder an den Wänden vielleicht ein wenig aufgeregt sind, präsentieren sich wie in einer niedlichen Verschwörung: wie früher, da sie als Kinder eine Maskerade improvisierten und den allergewöhnlichsten, aus den Kleiderschränken hervorgekramten Stücken fremdartige und großartige Eigenschaften verliehen. Für einen Augenblick haben alle das Aussehen des Theatralischen: *totus mundus agit histrionem*, gemäß dem Motto des Globe Theatre.[17] Wenn es das Ziel eines Theatermuseums ist, uns in die Atmosphäre des Theaters zu versetzen – welches andere Museum hat dieses Ziel jemals so gut erreicht?

1942

Anmerkungen

1 Erstdruck in: *Oggi*, 31. Januar 1942. *A.d.Ü.*

2 Stefano Vittadini, *Catalogo del Museo teatrale alla Scala*. Milano: Bestetti, 1940, N° 38 (S. 85): »Mezza figura quasi di prospetto, nel costume di *Didone*. E diademata con abito bianco e manto rosse, con bordo ricamato d'oro. Miniatura ovale su avorio di Ferdinando Quaglia, entro cornice di bronzo casellato e dorato. Questo ritratto fu eseguito per ordine di Napoleone Buonaparte, e donato dallo stesso Imperatore alla Grassini.« *A.d.Ü.*

3 Frédéric Masson, *Napoléon et les femmes*. Paris, 1894 (deutsch: *Napoleon I. und die Frauen*, 1895). *A.d.Ü.*

4 Napoleon, *Liebesbriefe an Josephine*. Vollständige Ausgabe. Herausgegeben von Jean Tulard und Chantal de Tourtier-Bonazzi. Übersetzt von Werner Rappl. Frankfurt a. M., Berlin, Wien: Ullstein, 1985, S. 117: »Im Jahr 1800 begibt er [Napoleon] sich auf den zweiten Italienfeldzug. In Mailand begegnet er der Grassini; die Tugend steht nicht mehr auf der Tagesordnung.« – A. Gavoty, »La Grassini«, in: *Revue des Deux Mondes*, 15. August und 1. September 1938 (Buchver-

öffentlichung Paris: Grasset, 1937); A. Pougin, *Une cantatrice ›amie‹ de Napoléon, Giuseppina Grassini 1773–1850.* Paris, 1920. *A.d.Ü.*

5 Mario Praz, »Un ritratto di Giuseppina Grassini«, in: *Emporium*, XLVI, 10 (Oktober 1940), wieder abgedruckt in: Mario Praz, *Motivi e figure* (Torino: Einaudi, 1945: Abb. zwischen S. 64 und 65: Büste und Medaillon), und in Mario Praz, *La casa della vita* (Milano: Adelphi, 1958, 1979, S. 304–310).

6 Shakespeare, *Antony and Cleopatra*, II, 2, 199–202; *Antonius und Kleopatra*, Übersetzung Baudissin: »Die Bark in der sie saß, ein Feuerthron, / Brannt auf dem Strom: getriebnes Gold der Spiegel, / Die Purpursegel duftend, daß der Wind / Entzückt nachzog.« *A.d.Ü.*

7 In: François Villon, *Le grand testament Villon et le petit* (1489); deutsch in: Villon, *Sämtliche Werke*. Französisch und deutsch. Herausgegeben und aus dem Französischen übersetzt von Carl Fischer. München: dtv, 1992, S. 60–61: »Ballade der Frauen von einst«. *A.d.Ü.*

8 Altdänischer Geschichtsschreiber (etwa 1150–1220): seine *Gesta Danorum* (*Historia Danica*), die bis 1185 reichen, enthalten zahlreiche Sagen, darunter die von Hamlet. *A.d.Ü.*

9 Siehe Essay 28: »Der Mythos vom Veloziped«. *A.d.Ü.*

10 »(...) James Burbage, ein wackerer Zimmermann und Akteur der Gruppe des Lord Leicester [baute] im Jahre 1576 auf eigene Faust das erste öffentliche Theater Londons, *The Theatre*, das er jenseits der Stadtmauern Londons verlegte, wo die Kontrolle der puritanischen Stadtregierung aufhörte und die Schauspieler unbehindert spielen konnten«: Verner Arpe, *Bildgeschichte des Theaters*. Köln: DuMont Schauberg, 1962, S. 138. *A.d.Ü.*

11 David Garrick (1717–1779), der große Theaterreformer und Shakespeare-Interpret, wurde 1747 künstlerischer Direktor des Drury Lane Theatre: »Damit begann die erste Blütezeit des Drury Lane als bestes Theater des Landes«: Arpe, *Bildgeschichte des Theaters*, a.a.O., S. 149; Iain Mackintosh, »Der vergängliche Glanz des britischen Theaters – Sonnenuntergänge über einer neoklassischen Landschaft«, in: Ausstellungskatalog *Metropole London. Macht und Glanz einer Weltstadt*. Essen, Villa Hügel, 1992, S. 199–208, Kat. Nr. 545–584; Georg Christoph Lichtenberg, *Reise-Tagebuch*, in: *Schriften und Briefe*. Herausgegeben von Wolfgang Promies. München: Hanser, 1971, Zweiter Band, S. 625–630 (Eintragungen vom 2. und 12. Dezember 1775); Ausstellungskatalog *Georg Christoph Lichtenberg 1742–1795. Das Wagnis der Aufklärung*. Darmstadt und Göttingen, 1992, S. 218 (Kat. Nr. 424). *A.d.Ü.*

12 Vgl. Wolfgang Clemen, Essay »Zum Verständnis des Werkes« (1957), in: Shakespeare, *Hamlet*. Englisch und deutsch. Reinbek:

Rowohlt, 1970, S. 245: »(...) die Bühnengeschichte der Hamlettragödie [könnte] beinahe einen Abriß der Entwicklung der Schauspielkunst und der sich wandelnden Regieauffassung darstellen. (...) Kean, Macready, Fechter, Booth, Henry Irving brachten im 19. Jahrhundert neue, bedeutsame Varianten der Hamletrolle auf die Bühne.« Vgl. Rudolf Stamm, *Geschichte des englischen Theaters*. Bern: Francke, 1951: Über Garrick, S. 243 ff.; über Kemble, S. 255 ff.; über Edmund Kean, S. 319 ff.; über Henry Irving, S. 342 ff. und 351 ff. *A.d.Ü.*

13 Ernesto Rossi (1827–1896), berühmter Schauspieler, Darsteller des Othello und des Hamlet; Verfasser von *Lettere autobiografiche* (Firenze, 1885) und einer Autobiographie: *Quaranta anni di vita artistica* (Firenze, 1887–1889, 3 Bde.). Vgl. *Enciclopedia dello spettacolo*. Fondata da Silvio d'Amico. Roma: Le Maschere, 1961, Bd. VIII, Sp. 1224–1227. *A.d.Ü.*

14 Tommaso Salvini (1829–1915), berühmter Hamlet- und Othellodarsteller. Vgl. *Enciclopedia dello spettacolo*, a.a.O. Band VIII, Sp. 1440. Verfaßte eine Studie über Shakespeare: in: *Fanfulla della domenica* (1883); autobiographische Aufzeichnungen: *Ricordi, anedotti ed impressioni* (Milano, 1895). *A.d.Ü.*

15 Stefano Vittadini, *Catalogo del Museo teatrale alla Scala*. Edito a cura del consiglio diretivo. Compilato da Stefano Vittadini. Prefazione di Renato Simoni. Milano: Edizioni d'arte Emilio Bestetti, 1940. Vgl. Dietmar Polaczek, »Der gipserne Toscanini. Im Museo teatrale alla Scala«, in: *Frankfurter Allgemeine Zeitung*, 5. April 1986 (mit Hinweis auf den neuen Museumsführer von Giampiero Tintori; Milano: Electa, 1985); Carlo Gatti, *Il teatro alla Scala nella storia e nell'arte*. Milano: Ricordi, 1964, 2 Bde.; G. Engler, *Treffpunkt Scala. Musikalischer Reiseführer durch Italien*. Stuttgart: Reclam, 1993. *A.d.Ü.*

16 Vgl. Hartmut Müller, *Lord Byron*. Mit Selbstzeugnissen und Bilddokumenten. Reinbek b. Hamburg: Rowohlt (Rowohlt Bildmonographien 297), 1981, S. 124–130. Byron trifft im Januar 1824 in Missolunghi ein, um sich am Freiheitskampf der Griechen gegen die Türken zu beteiligen, und stirbt dort am 19. April, vermutlich an Malaria. *A.d.Ü.*

17 »1599: in London ist soeben das *Globe Theatre* eröffnet worden. Man hat in dem neuen Bau den Denkspruch angebracht *Totus mundus agit histrionem*. Eines der ersten Werke, die hier ihre Uraufführung erleben, ist Shakespeares *As you like it*. In diesem Werk findet sich (II, 7) die berühmte Rede des Jaques, welche die Welt mit einer Bühne (*All the world's a stage*) und die sieben Lebensalter mit den sieben Akten des Menschenlebens vergleicht. Ein neuerer Her-

ausgeber, G. B. Harris (in *The Penguin Shakespeare* 1937), bemerkt dazu: *This is Shakespeares little essay on the motto of the new Globe Theatre which the company had just occupied.* Und woher stammt dieses Motto? Nicht aus Petron, wie man lesen kann, sondern aus dem *Policraticus*, nur daß das dort stehende *exerceat* durch *agit* ersetzt ist. Wer diesen Denkspruch anbrachte, kannte also den *Policraticus*, der ja 1595 neu erschienen war. Das *Globe Theatre* stand also im Zeichen des mittelalterlichen englischen Humanisten.« Ernst Robert Curtius, *Europäische Literatur und lateinisches Mittelalter*, Bern: Francke, 1948, S. 148 (Schauspielmetaphern); John Cranford Adams, *The Globe Playhouse. Its Design and Equipment* (1942). New York: Barnes & Noble, 2. Aufl. 1961, S. 32: »Das Eingangsschild des Globe Theatre enthielt die Figur des Herkules, unter der geschrieben stand: *Totus mundus agit histrionem*«; vgl. Tafel 15: »The Main Door and Sign«. *A.d.Ü.*

21 *Musikinstrumente*[1]

Als ich mich vor einigen Jahren dem Sitz der jordanischen Botschaft in der Via Po näherte, um an dem Empfang zum Nationalfeiertag teilzunehmen, war ich überrascht, Töne aus schottischen Dudelsackpfeifen zu hören, die eher an die Heidelandschaft und die Fjorde der Highlands gemahnten als an die Wüsten und Palmen Arabiens. Als ich dann die Musikergruppe erblickte, von der diese spitzen und hinreißenden Töne ausgingen, fehlte nur wenig und ich wäre in Gelächter ausgebrochen: die Musiker waren keine blonden oder rötlichen Schotten in Röcken, sondern Araber in ihrer Nationaltracht. Diese Asiaten waren im Gefolge der politischen Ereignisse ihrer jüngsten Geschichte von schottischen Instruktoren ausgebildet worden und hatten Melodien erlernt, die wir mit einem ganz anderen Klima und Brauchtum in Verbindung bringen. War ich denn überhaupt berechtigt zu lachen?

Wahrscheinlich waren nur wenige Zuschauer bei der Premiere von d'Annunzios *Francesca da Rimini*[2] überrascht, als sie, nachdem der Vorhang sich zum dritten Akt geöffnet hatte, in der Bühnendekoration mit der »geschmückten Kammer« der Francesca in einer Ecke eine kleine »tragbare Orgel mit fein gearbeiteten Pfeifenwerken, Tasten, Blasebälgen und Registern« wahrnahmen. Hatte die Mehrheit des Publikums recht, diese Szene als eine sorgfältige historische Rekonstruktion eines Interieurs aus dem 13. Jahrhundert zu akzeptieren?

Weder hatte ich wegen des mir grotesk erscheinenden Kontrastes zwischen dem Anblick der Musiker und der Art der gespielten Musik einen Grund zum Lachen, noch war das Publikum berechtigt, d'Annunzio vorzuwerfen, er habe in einem Interieur des 13. Jahrhunderts eine »tragbare Orgel« untergebracht. Zur Zeit der Erstaufführung der *Francesca* stellte ein Gelehrter fest, daß der dort vorkommende Orgeltypus erst im 14.

Jahrhundert von Paolo degli Organi in Italien eingeführt worden war und daß d'Annunzio allzu leichtfertig den vagen Hinweis aus dem Wörterbuch von Tommaseo-Bellini aufgenommen hatte, das unter dem Stichwort »organo«, Orgel, folgendes festhält: »Organo portabile: dicevasi anticamente quello che, per esser di piccola mole, potea trasportarsi agevolmente da un luogo all'altro«[3], und das anschließend einen Abschnitt aus der *Tipocosmia* von Andrea Citolini (1561) zitiert, wo sich die Blasebälge, Pfeifenwerke, Tasten und Register wiederfinden.[4]

Der Grund, warum es im Falle des Orchesters der Jordanier nichts zu lachen gab, ist hingegen recht abseitig, und ich habe ihn ziemlich spät erst erfahren, nachdem ich die Episode schon einige Male als Beispiel für ein surreales Mißverhältnis erzählt hatte. Und erfahren habe ich ihn in bei der Lektüre eines Buches, dessen Bedeutung weit über bloße Gelehrsamkeit hinausreicht: Emanuel Winternitz, *Musical Instruments and their Symbolism in Western Art* (London: Faber, 1967). »Der schottische Dudelsack offenbart seine orientalische Herkunft sehr viel eindrucksvoller als die anderen Dudelsackpfeifen des Abendlandes. Es wurde festgestellt, daß dem Piob Mor, der großen Dudelsackpfeife der Highlands, nicht unsere gleichmäßig temperierte Tonleiter zugrunde liegt, sondern daß seine Tonleiter, die durch die Intervalle zwischen den Grifflöchern auf der Melodiepfeife festgelegt ist, auf der sich der Ton verändern läßt, im Grunde auf der arabischen Tonleiter aufbaut. So schloß sich mit dem Klang des Piob Mor auf den nordafrikanischen Schlachtfeldern des Zweiten Weltkriegs ein Jahrtausende alter Kreis der Kultur.«[5]

An solchen Episoden läßt sich leicht feststellen, wie nützlich es ist, wenn die Kunsthistoriker die Geschichte der Musikinstrumente kennen. Winternitz berichtet von einem Vorfall, den er im letzten Krieg erlebte: der Besitzer eines wunderschönen holländischen Gemäldes, das so sehr einem Vermeer glich, daß es allein deswegen schon verdächtig war, stellte sich ihm in seinem Büro im Metropolitan Museum vor, um ihn nach seiner Meinung zu fragen. Das Bild zeigte einen alten bärtigen Bettler. Zwischen den Falten seines Mantels war ein Horn aus Metall sichtbar. Doch das Horn hatte Ventile, die erst um 1830 erfunden worden waren.[6] »Wenn der Eigentümer des Bildes diese Information verbreitet hätte, wäre der Van Meegeren-Skandal schon viele Jahre früher geplatzt.«

Kein Botaniker würde blindlings dem Zeugnis der alten Herbarien vertrauen, in denen sich die Pflanzenformen gewöhnlich von einer Kopie einer Originalillustration zur nächsten verändern; die Historiker für Musikinstrumente und die Orgelbaukundler jedoch verlassen sich, wenn Belegbeispiele fehlen (das erste Museum für Musikinstrumente war jenes, das Michele Todini im letzten Viertel des 17. Jahrhunderts im Palazzo Verospi in Rom eingerichtet hatte[7]), auf das Zeugnis alter Gemälde und geraten sehr häufig in Fallen, auf die aufmerksam zu machen einer der faszinierendsten Aspekte des Buches von Winternitz ist. Werden Bücher der Gelehrsamkeit zuweilen gelobt, weil sie sich »wie Romane lesen«, so würde ich in diesem Falle sagen, es lese sich wie ein Kriminalroman.

Winternitz gehört zur ruhmreichen Warburg-Schule, die vor allem mit dem Werk Panofskys bewiesen hat, von welchem Nutzen die ikonologische Forschung, das heißt die gründliche Untersuchung der Bilder ist. Äußerste Genauigkeit bei der Darstellung von Musikinstrumenten ist bei den Schulen von Van Eyck und Memling festzustellen, bei italienischen Malern von *sacre conversazioni* wie Giovanni Bellini, Carpaccio, Benedetto Montagna, Fra Bartolomeo und anderen, auf Holbeins Gemälde *Die Gesandten*, auf der Allegorie des Gehörs von Jan Brueghel, auf den Stilleben von Baschenis und in der gewaltigen Legion der holländischen Genrebilder, insbesondere aber auf den Intarsien, deren Blütezeit das 15. und 16. Jahrhundert war und die in den *studioli* von Federigo di Montefeltro[8] die zeitgenössischen Instrumente mit verblüffenden *trompe-l'œil-Effekten*, die den Triumph der Wissenschaft von der Perspektive in der Renaissance verkörpern, wahrheitsgetreu wiedergeben. Neben dieser bewundernswerten Dokumentation der Wiedergabetreue gibt es freilich Künstler, die als musikalische Laien bei der Wiedergabe bestimmter Einzelheiten Fehler machen, zum Beispiel bei den Händen der Musiker; sie malen Instrumente, die gar nicht funktionieren können, oder fügen komplizierte Instrumente zusammen, die in ihren Einzelheiten so unstimmig sind, daß man sich, wenn sie ertönen würden, nur noch über ihre Modernität wundern könnte oder sich die Ohren zuhalten müßte.

Künstler der Renaissance bemühten sich häufig, auf ihren Gemälden antike Instrumente wiederzugeben, wobei sie durch die benutzten Modelle irregeführt wurden. Auf den antiken Skulpturen und Basreliefs konnten die frei schwingenden Saiten der Lyra[9] aus einleuchtenden Gründen im Marmor nicht dargestellt werden, so daß der antike Bildhauer oft zu dem Hilfsmittel griff, ein Band zu meißeln, auf dem die Saiten mit eingeritzten Linien angedeutet wurden. Die Renaissancekünstler, die sich von den Sarkophagen inspirieren ließen, deuteten diese Bänder als feste Griffbretter, wie sie ihnen von den zeitgenössischen Instrumenten und im Einklang mit der zu ihrer Zeit üblichen musikalischen Vortragspraxis geläufig waren. Die in archäologischer Absicht von den antiken Kunstwerken abkopierten Lyren wurden so zu den Lyra-Gitarren, die später im Empire eine Zeitlang überaus beliebt waren.[10] Einen der ersten Versuche, ein kompliziertes Musikinstrument archäologisch zu rekonstruieren, machte Raffael auf dem *Parnaß* in der Stanza della Segnatura [Rom, Vatikan] und nahm damit Poussin vorweg, dessen Anstrengungen, archäologisch treu zu verfahren, die ersten Anzeichen des neoklassischen Stils freisetzen. Am Anfang hatte sich Raffael nichts Derartiges vorgenommen, wie aus einem Stich von Marcantonio und aus der Kopie einer Kompositionsskizze (Oxford) hervorgeht, wo lediglich die nackten Körper der Figuren dargestellt sind. Danach führte Raffael jedoch wichtige Änderungen ein, die er aus dem Studium des Mattei-Sarkophags (heute im Museo Nazionale in Rom) gewann, von dem er die antiken Masken und Musikinstrumente übernahm. Diese Bildhauerarbeit hat seit der Zeit, als Raffael sie sehen konnte, Beschädigungen erlitten, wie uns Stiche der *Monumenta Mattheiana* und der *Miscellanea eruditae antiquitatis* von Jakob Sponius sowie Zeichnungen von Francesco di Giorgio und Amico Aspertini zeigen. Mit alledem kopierte Raffael mehr oder weniger genau die Lyra der Erato, verstand jedoch die, die er der Sappho in die Hand legte, schlecht, und indem er in den Händen der Euterpe die Tibia[11] mit der Trompete kreuzte, schuf er ein Instrument, das weder ein Gott noch eine Muse hätte spielen können. In die Hände Apolls legte er dann eine zeitgenössische Lira da braccio[12], und zwar mit neun anstatt der üblichen sieben Saiten, weil hier eine symbolische Absicht (neun wie die neun Musen) der getreuen Wiedergabe des Instrumentes in die Quere kam, ähnlich wie bei der in eine Trompete verwandelten Tibia, weil die Trompete das Attribut des Ruhmes war.

Der merkwürdigste Fall einer Symbolkreuzung findet sich jedoch in der von Filippino Lippi (der wohl kaum präzise Vorstellungen von der Musik hatte) gemalten Kithara auf der *Allegorie der Musik* (Berlin).[13] Anstelle des Resonanzkörpers sehen wir einen Hirschkopf, der wie auf einer Hieroglyphe die Schnelligkeit des Tons bezeichnen soll. Filippino ist auch für andere bizarre Musikinstrumente verantwortlich, allerdings nicht für so viele, wie sie später in der Barockzeit ausgeführt wurden, etwa die Harfe des Metropolitan Museum mit dem Triumph der Galatea, deren Terrakottamodell man im Palazzo Venezia betrachten kann (früher in der Sammlung Gorga), oder die imaginären Instrumente von Piero di Cosimo auf dem Gemälde *Befreiung der Andromeda*[14] oder von Lorenzo Costa auf der sogenannten *Anbetung des Goldenen Kalbes*, die jene Instrumente nachahmen, die in den Zwischenspielen benutzt wurden und bei denen häufig mit Tüchern, Pappmaché und anderem Material die vertrauten zeitgenössischen Formen verkleidet wurden, um ihnen ein exotisches oder märchenhaftes Aussehen zu geben. Nur ein Musikwissenschaftler kann sich die Disfunktionalität vieler bizarrer Musikinstrumente auf alten Gemälden oder das Mißverhältnis zwischen Blas- und Schlaginstrumenten bei einem Engelchor bewußtmachen, oder die musikalischen Kenntnisse von Gaudenzi Ferrari[15] bewundern, der selber Musiker war und Lira di braccio und Laute spielte und, vermutlich von einem Instrumentenbauer beraten, auf den Fresken der Wallfahrtskirche von Saronno (um 1534), wo sechsundfünfzig Musikinstrumente vorkommen, das erste Beispiel einer Violine mit einer Form zeigt, die der erst später definierten Form der in Brescia und Cremona hergestellten Violinen sehr ähnlich ist, und zwar zu einer Zeit, als neue Formen heranreiften, die noch keineswegs endgültig festgelegt waren. Herausgefunden hat dies der scharfsinnige und überaus gelehrte Winternitz, der damit einen wertvollen Beitrag zu der ziemlich umstrittenen Geschichte dieses Instrumentes geliefert hat.

1968

Anmerkungen

1 Erstdruck: »Strumenti musicali« [Über E. Winternitz, *Musical Instruments and their Symbolism in Western Art*. London: Faber, 1967], in: *Il Tempo*, 1. September 1968. *A.d.Ü.*

2 Verstragödie in fünf Akten; Erstaufführung 1901 in Rom am Teatro Costanzi. Deutsch: *Francesca da Rimini*. Übersetzt von C. G. Vollmöller. Berlin, 1903. – Mario Praz hat die literarischen Quellen des Stücks bis in die semantischen und kulturgeschichtlichen Details untersucht in: »La ›Francesca da Rimini‹ di Gabriele d'Annunzio«, in: ders., *Ricerche Anglo-Italiane*. Roma: Edizioni di Storia e Letteratura, 1944, S. 323–361, bes. S. 356: Hinweis auf das Stichwort »Organo portabile« im Wörterbuch von Tommaseo-Bellini und in der *Tipocosmia* von Citolini. *A.d.Ü.*

3 »Orgel, tragbare: so bezeichnete man in den alten Zeiten (anticamente) jene Orgel, die sich aufgrund ihres kleinen Volumens mühelos von einem Ort zum anderen transportieren ließ« [deutsch: Portativ]. *A.d.Ü.*

4 Vgl. Wilhelm Stauder, *Alte Musikinstrumente in ihrer vieltausendjährigen Entwicklung und Geschichte*. Braunschweig: Klinckhardt & Biermann, 1973: Dudelsack, S. 134–136; Orgel, S. 137–153. *A.d.Ü.*

5 Vgl. Artikel »Musikinstrumente« und »Musik und Kunst« in *LdK*, Band III, S. 461–462 bzw. 462–465. Emanuel Winternitz, *Die schönsten Musikinstrumente des Abendlandes*. [Aus der Sammlung des Metropolitan Museum]. Übersetzt von Werner Bachmann. München: Keysersche Verlagsbuchhandlung, 1966, N° 75: Cornemuse (Sackpfeife), Frankreich, 18. Jahrhundert; N° 76: Bock (Sackpfeife). *A.d.Ü.*

6 Winternitz, *Die schönsten Musikinstrumente*, a.a.O., S. 24: »Ventile für Blechblasinstrumente (...) wurden erst gegen 1830 erfunden, aber ihre Konstruktion hätte den römischen Metallhandwerkern zur Zeit des Kaisers Augustus (...) keine große Schwierigkeit bereitet.« *A.d.Ü.*

7 Vgl. Emanuel Winternitz, *Die schönsten Musikinstrumente*, a.a.O., S. 42; ders., »The Golden Harpsichord and Todini's Galleria Armonica«, in: *Metropolitan Muesum of Art Bulletin*, Februar 1956 (beschreibt die Sammlung von Michele Todini in Rom im 17. Jahrhundert). *A.d.Ü.*

8 Winternitz, *Die schönsten Musikinstrumente*, a.a.O. S. 12. Das *studiolo* aus Gubbio, das sich heute im Metropolitan Museum befindet, enthält lebensgroße trompe-l'œil-Intarsien einer »prächtigen Positivorgel«. Vgl. Pier Luigi Gabatin, »Le tarsie a Urbino e nel Ducato e gli apporti pierfrancescani«, und Olga Raggio, »Lo studiolo del Palazzo Ducale di Gubbio«, in: Ausstellungskatalog *Piero e Urbino*,

Piero e le Corti rinascimentali, hrsg. v. Paolo dal Poggetto. Venezia: Marsilio, 1992, S. 349–360 bzw. 361–371. *A.d.Ü.*

9 Vgl. H. Besseler, M. Schneider, Hrsg., *Musikgeschichte in Bildern*, Band 2, 4: *Griechenland*, ed. M. Wegner. Leipzig, 1963, Abb. 21–23, 55–59; Ulrich Michels, *dtv-Atlas zur Musik*, Band I: Systematischer Teil. München, 1977, S. 172f.: »Die Lyra besteht aus einer Schildkrötenschale mit Ziegenhörnern, Querjoch und 7 Saiten. Hermes soll sie erfunden haben, als sein Fuß die trockene Sehne in einem leeren Schildpatt berührte. Sie heißt auch Chelus (Schildkröte). Wie die Kithara gehört sie zum Apollokult.« *A.d.Ü.*

10 Vgl. Winternitz, *Die schönsten Musikinstrumente*, a.a.O., S. 240f., Kat. N° 91: 3 Beispiele aus Neapel (1807), Orleans (1778) und Paris (19. Jh.). *A.d.Ü.*

11 »Tibia«: römisches »Nationalinstrument« [Doppeloboe], anfangs eine Knochenpfeife und Querflöte der Etrusker, dann Bezeichnung für den (griechischen) Aulos und Doppelaulos mit Rohrblatt. *dtv-Atlas zur Musik*, a.a.O., S. 178–179, Abb. *A.d.Ü.*

12 Vgl. *dtv-Atlas zur Musik*, a.a.O., S. 38–39, Abb.: frühes, mit der Fiedel verwandtes Streichinstrument aus dem Anfang des 16. Jahrhunderts, in dem man eine Parallele oder einen Vorläufer der Violine vermutet. Emanuel Winternitz, »Lira di braccio«, in: *Die Musik in Geschichte und Gegenwart*. Basel, Kassel, London, New York, 1960, Band 8, Sp. 935–954; ders., *Die schönsten Musikinstrumente*, a.a.O., Kat. N° 10: Verona, 1511; S. 69–72: Wien, Kunsthistorisches Museum. *A.d.Ü.*

13 Farbabbildung in *KML*, Bd. 8, S. 203. *A.d.Ü.*

14 Florenz, Uffizien. *A.d.Ü.*

15 Gaudenzio Ferrari (ca. 1470–1546): Kuppelfresken von S. Maria dei Miracoli in Saronno. Vgl. Emanuel Winternitz, »The School of Gaudenzio Ferrari and the Early History of the Violin«, in: Gustav Reese und Rose Brandel, Hrsg., *The Commonwealth of Music. Writings in the honor of Curt Sachs*. New York, 1965. *A.d.Ü.*

22 *Das romantische Ballett*[1]

Man kann einen *corpus* der verschiedensten Dinge zusammenstellen: von Rechtsverordnungen, von Inschriften oder Münzen; es sind Bände um Bände, weder kurz noch unterhaltsam, die in einer Bibliothek ihres gleichmäßigen Umfangs wegen zwar den Blick auf sich ziehen, aber nur selten dazu verlocken, sie in die Hand zu nehmen und aufzuschlagen. Nützlich und unentbehrlich sind sie allerdings, was man indes von dem *corpus* von Lithographien über romantische Ballette, gesammelt von Cyril W. Beaumont und Sacheverell Sitwell in einem kurzen und faszinierenden, in rosa Leinen gebundenen Buch, *The Romantic Ballet in Lithographs of the Time*[2], nicht sagen kann. Und dennoch, was kann man sich Legitimeres vorstellen als diesen frivolen *corpus*, diesen corps de ballet?[3] Das romantische Ballett hatte eine kurze Blütezeit, ähnlich dem Leben der Schmetterlinge: vom 12. März 1832, als *La Sylphide*[4] mit Maria Taglioni[5] an der Pariser Oper triumphierte, bis gegen 1850, obwohl sein Einfluß sich bis an die Schwelle unseres Jahrhunderts, in *Lac des cygnes* [*Schwanensee*] von Petipa und Ivanow sowie in *Les Sylphides* von Fokine, bemerkbar machte.[6] Eine Blütezeit von weniger als zwanzig Jahren, nach einer langen Inkubationszeit, die, so kann man sagen, auf die Ursprünge der Romantik zurückverweist, denn Sylphen, Undinen und Péris, nordische und orientalische Schönheiten, unter zauberischen Himmeln schwebend, hatten die Dichter sich schon seit langem erträumt, und es war allein einer Frau zu verdanken, die zwar nicht schön war, aber so beweglich, wie wenn sie Flügel besessen hätte, daß die Phantasien der Dichter Wirklichkeit zu werden schienen: Maria Taglioni. Eine kurze Blütezeit in drei großen Hauptstädten, Paris, London und Petersburg, für die Erinnerung festgehalten in einer Reihe brillanter Lithographien von Chalon, Brandard, Bouvier und wenigen anderen, gewöhnlich in London veröffentlicht, als letztes

Lebenszeichen der englischen Druckerkunst, die seit der Zeit Hogarths kraft der Vollkommenheit der Linie und der Anmut der Farben in Europa ihren Siegeszug angetreten hatte. So betrachte man denn hier, welche Summe von Phantasie und Erfahrung in dieser scheinbar frivolen Zusammenfassung der Lithographie einer romantischen Ballerina versammelt ist: ein halbes Jahrhundert an hervorragender Dichtung (wenn man nicht direkt auf Shakespeares *Sommernachtstraum* zurückgehen will), eine Tradition der Zeichenkunst, die noch von der Heiterkeit des 18. Jahrhunderts erfüllt war, und eine von hundert Jahren des Triumphes erfahrungsgesättigte Gravierkunst. Französische Zeichner, englische Graveure und das erste Modell eine große italienische Ballerina, die das Ideal der Romantiker in ganz Europa war.

Maria Taglioni konnte nicht als schön bezeichnet werden; Böswillige sprachen bei ihr sogar von Schönheitsfehlern: die gewölbte Stirn, die lange Nase, der schmächtige Körper und die verblüffende Gelenkigkeit verliehen ihr wohl so etwas wie den Zauber eines kleinen Vogels.[7] Keine Vorstellung von diesem Zauber vermittelt das elegante Bildnis von der Hand Ingannis, der sie bei der Toilette darstellt, entblößt und vornehm wie eine antike Statue[8]. Doch wie gut versteht man das Entzücken der Zeitgenossen, wenn man die duftigen Lithographien von Alfred Edward Chalon betrachtet! Hier beugt sie sich über den schlafenden schottischen Fischer in der *Sylphide*, die hohe Stirn gekrönt mit nächtlichem Jasmin, das spitze Gesicht von einem leonardesken Lächeln bewegt[9]; hier, auf einer anderen Lithographie, lehnt sie sich sehnsuchtsvoll gegen einen Fensterrahmen, erleuchtet von einem Bühnenlicht, neben einer Vase mit Levkojen[10]; dann wieder kniet sie, die mit dem tödlichen Hexenschleier umhüllten Arme über der Brust gekreuzt, während sie, den kleinen Kopf gesenkt, dem Fall ihrer leichten Schmetterlingsflügel nachschaut[11] – immer mit diesem luftigen, von Eugène Lami entworfenen Kostüm aus Tarlatan, und als Schmuck nichts außer einem kleinen Blumenstrauß auf der Brust; das Blumenkronenkleid, das von den erst seit kurzem im Theater eingeführten Gaslampen in leuchtenden Nebel verwandelt wurde, sollte alsbald zum traditionellen Kostüm der Tänzerinnen werden.[12] Alle kannten wir von der Taglioni die berühmte Lithographie von Dévéria[13], die sie in der als *jeté en avant*[14] bezeichneten Bewegung auf einem rosengeschmückten Weg vorstellt; und hier erscheint sie uns gleichsam als Jägerin Diana und zeigt uns auch nicht ihren wahren Zauber wie auf den Lithographien von Chalon oder auf jener von A. Zelinsky, der sie in *La Fille du Danube* dargestellt hat, wie sie mit schleppendem Schritt, einen Strauß Vergißmeinnicht in der Hand, sich von einer Terrasse herab in die romantischen Gewässer der Donau zu stürzen anschickt[15]; oder auf jener anderen Lithographie von Bouvier, die angeregt wurde durch eine Szene aus *L'Ombre*, wo wir sie *sur la pointe*, auf der Zehenspitze, auf einem eigens dafür konstruierten Blumenkorb balancieren sehen, während Signor Guerra[16] im engen schwarzen Samttrikot und in weißen Strümpfen sich wie vor Erstaunen erstarrt nach hinten beugt. Das Ballett der Empirezeit hatte gemäß den Vorschriften von Vestris mit provozierendem Lächeln und verführerischen Posen die Leidenschaft des Publikums zu erwecken versucht; das romantische Ballett mit Maria Taglioni strahlte ätherische Keuschheit aus. Das erfolgreiche Sujet der *Sylphide* – wie romantisch! –, die Liebe eines übernatürlichen Geschöpfs zu einem irdischen Wesen, in *Trilby ou le Lutin d'Argail* von Charles Nodier[17], sollte zum Ballett-Thema *par excellence* werden: wir begegnen ihm wieder in *Giselle*, in *La Péri*, in *La Fille du Danube*, in *Ondine*, *Eoline* und *Les Elfes*.

Pathetische Lithographien zu *Giselle* (1842), mit der Friedhofsszene an den Ufern eines fahlen Sees – das Kreuz auf der herabhängenden Draperie trägt den Namen des verstorbenen Mädchens –, und Carlotta Grisi, diagonal in der Luft schwebend, mit einem hell strahlenden Stern auf der Stirn![18] Die Grisi vereinte das ätherische Wesen der Taglioni mit der dramatischen Gewandtheit Fanny Elßlers, und sicherlich war sie niemals bezaubernder als in einer Episode aus *La Péri*, die eine Lithographie von J. Brandard (1844)[19] verewigt hat. Den Busen in einen hellblauen, metallisch glänzenden Bolero gehüllt, die glatte Frisur mit einer Sternenaureole verziert, scheint die Tänzerin auf dem geblähten Musselinrock vor einem Alhambra-Hintergrund zu schweben, der das Ufer eines Sees erkennen läßt, das bevölkert ist von einer Schar von *Peris*[20], die alle denselben Schritt ausführen. In den romantischen Balletten wurde der Orient der Verserzählungen Byrons und in Thomas Moores *Lalla Rookh*[21] das Spanien der Novellen von Mérimée und Musset sowie der Balladen von Victor Hugo zur Quintessenz. Das ganze Feuer der spanischen Leidenschaftlichkeit schien versammelt in der *cachucha*[22] aus dem *Diable boiteux*, getanzt von Fanny Elßler (oder von Pauline Duvernay), die nach der ätherischen Vergeistigung durch die Taglioni auf den Weg zu den irdischen Lustbarkeiten zurückführte. Zwar ist uns in keiner Lithographie die Glut der Elßler überliefert, aber die von Lewis porträtierte Duvernay als Florinda, die die *cachucha* tanzt, scheint wahrhaftig der Inbegriff des *salero*[23] einer echten Spanierin zu sein. Doch weder der Orient noch Spanien vermochten die Gier der Romantiker nach dem Orientalischen zu stillen, und so wurde die Ballettszenerie in die malerischsten Bühnenbilder des Nordens und des Südens verpflanzt: bald auf den Marktplatz von Edinburgh, mit dem hoch aufragenden Schloß, das sich vor dem Himmel abzeichnet, und die Elßler tanzte die *Cracovienne*[24], wobei sie ihre Stahlabsätze, die Theophile Gautier in Ekstase versetzten, wie Kastagnetten prasseln ließ und diabolisch die überlangen Zöpfe schüttelte; bald in die Ukraine – Kirchen mit Zwiebeltürmchen, barocke Fialen von Rastrelli –, wo Carlotta Grisi und Jules Perrot in preziösen rosafarbigen Stiefelchen *La Polka* tanzten[25]; bald vor eine winterliche Kulisse in Polen oder Litauen; bald ins Kalabrien der Räuber und der griechischen Tempel, mit Lucille Grahn und ihrem kalabrischen Spitzhut und einem Gefolge von Räuberinnen, die mit ihrer Damaszenermuskete den *pas stratégique* – einen dem militärischen Exerzieren gleichenden Tanzschritt – tanzte.[26] Die Erinnerung an diese erhabenen und ephemerischen Augenblicke bewahren uns die Lithographien, die das Geheimnis ihres höchst fragilen Zaubers in der kostbaren, gleichsam kalligraphischen Zeichnung der Hände und Füße und in den transparenten Farben der Kleidung erfaßt zu haben scheinen: so hinfällige Wunderwerke, daß man beim Blättern in dieser Sammlung von Lithographien Angst hat, sie könnten sich wie Schmetterlingsflügel in Staub auflösen.

1939

Anmerkungen

1 Erstdruck: »Il balletto romantico« [zu Cyril W. Beaumont und Sacheverell Sitwell, *The Romantic Ballett in Lithographs of the Time.* London ,1938]. In: *La Stampa*, 12. Januar 1939. *A.d.Ü.*

2 London: Faber & Faber, 1938. Der 316 Seiten umfassende Band enthält 81 Illustrationen, davon 68 »prints« (Lithographien, teilweise farbig; »plates 1–68«, S. 145–279) und 13 »Music Titles« (Theaterplakate; »plates 69–81«, S. 283–307), sowie eine Einleitung von S. Sitwell (S. 19–31), einen Text des Ballethistorikers Cyril W. Beaumont über die Tänzerinnen und Tänzer des »Romantischen Balletts« (S. 33–55), eine Darstellung des Romantischen Balletts von S. Sitwell (S. 57–101) und einen kommentierten Katalog zu den Lithographien (S. 103–141) von C.W. Beaumont. *A.d.Ü.*

3 *Corpo di ballo*: Wortspiel mit (franz.) *corps de ballet*, Tanzgruppe; ital. *corpo* als *corpus* (maßgebliche Sammlung oder Sammelwerk), und *corpo* i. S. von Körper, Leib, Figur (Hauptteil, Gestalt, Stärke, Kraft). *A.d.Ü.*

4 Vgl. Beaumont/Sitwell, a.a.O., S. 34. *A.d.Ü.*

5 Taglioni, italienische Tänzerfamilie: Filippo Taglioni (Mailand 1777 – Como 1871), Ballettmeister in Stockholm, Wien, Paris und Petersburg. Er schrieb das Ballett »La Sylphide«. Seine Tochter Maria Taglioni die Ältere, auch »die Große« genannt (1804 in Stockholm geboren, 1884 in Marseille gestorben) – von der im vorliegenden Text die Rede ist –, war eine der berühmtesten Solotänzerinnen ihrer Zeit. Ihr wird das Verdienst zugeschrieben, mit der starren Klassik des Balletts gebrochen und die romantische Ausdrucksform eingeführt zu haben. – Ihr Bruder Paolo Taglioni (1808–1884) war Ballettmeister in Berlin, Autor von Balletten wie »Undine«, »Der Seeräuber«, »Don Quichotte«, »Flick und Flock«, »Ellinor«, »Sardanapal«; Vater von Maria [Marie Paul] Taglioni der Jüngeren (1833–1891), die als Solotänzerin in Berlin und Wien tätig war (vgl. Beaumont/Sitwell, a.a.O., Tafeln 91 und 92: Marie Paul Taglioni als Blumenfee in *Théa, ou La fée aux fleurs*). – »In *La Sylphide* erzeugte sie [Maria Taglioni] bei jeder Aufführung in all den vielen Ländern, die sie besuchte, immer wieder von neuem die Illusion jener unberührbaren Geistererscheinung (wraith), der kein Tor und kein Herz verschlossen bleiben konnte«; Beaumont, a.a.O., S. 39. *A.d.Ü.*

6 »Vermutlich die frühesten Anzeichen der Romantischen Bewegung [im Ballett] finden sich in den berühmten *Lettres sur la danse et les balletts* [Briefe über den Tanz und die Ballette] von Jean Noverre, dem berühmten Tänzer und Choreographen. Das Buch wurde 1760 veröffentlicht.« Adrian Stokes, *To-night the Ballet* (1934), Reprint [zu-

sammen mit *Russian Ballets* (1935)] New York: Da Capo Press, 1982, S. 85–86. *A.d.Ü.*

7 Sitwell schreibt: »her sallow complexion and pinched features are always remarked upon«; »stets werden ihr blasses Gesicht und ihre hageren Züge erwähnt«; Beaumont/Sitwell, a.a.O., S. 71; die Herausgeber zitieren Raynaud: »she was not beautiful, her figure was a little flat, her arms were long. (...) Her legs were finely shaped« (ebd., S. 38). Es wurde sogar behauptet, sie habe einen Buckel: während ihrer Ausbildung bei Coulon in Paris pflegten ihre Mitschülerinnen sie mit der Frage zu necken: »Will that hunchback ever learn to dance?« (»Wird diese Bucklige jemals tanzen lernen?«) Beaumont schreibt über ihren Kopf: »The forehead is probably the most unusual feature for a dancer, for, in Chalon's drawings of Taglioni in *La Sylphide*, it is seen to be broad, high, and domed – the head of a bluestocking. The nose is long and flattened at the base. The eyes are large« (ebd., S. 38). (»Die Stirn ist vielleicht das ungewöhnlichste Merkmal für eine Tänzerin, denn auf Chalons Zeichnungen der Taglioni in *La Sylphide* sieht man, daß sie hoch, breit und gewölbt ist – die Stirn eines Blaustrumpfs. Die Nase ist lang und an der Wurzel abgeflacht. Die Augen sind groß.«) *A.d.Ü.*

8 »Auf der Monzeser Ausstellung von Frauenbildnissen, 1921, wurde ihm [Angelo Inganni, 1807–1880] ein merkwürdiges Bildnis der Tänzerin Taglioni in ihrem Boudoir zugeschrieben, das wegen der originellen Erfindung, mit der halbnackten von ihren Mädchen umgebenen Tänzerin, Aufsehen erregte.« Thieme-Becker, Art. »Inganni, Angelo«, in: Band 18, S. 592. *A.d.Ü.*

9 Beaumont/Sitwell, a.a.O., Tafel 8, Katalog N° 11. *A.d.Ü.*

10 Beaumont/Sitwell, a.a.O., Tafel 9, Kat N° 12. *A.d.Ü.*

11 Beaumont/Sitwell, a.a.O., Tafel 12 *(La Sylphide)*, Text S. 36: Der von der Sylphe verführte schottische Fischer James holt sich Rat bei einer Hexe, die ihm einen aus Verwünschungen gewebten Schal überreicht, mit dem er die Sylphe für sich gewinnen könne, wenn er ihn um ihren Körper wickle. Als er ihr den Schal überstreift, sinkt sie tot zu Boden. *A.d.Ü.*

12 Beaumont/Sitwell, a.a.O., S. 37: »Lamis Kostüm glich einer umgekehrten Blumenkrone, geschneidert aus gazeähnlichem Tarlatan [dünner Baumwollstoff], das die Tänzerin in einen Hauch aus fahlem Nebel hüllte.« – Vgl. Adrian Stokes, *To-night the Ballet*, a.a.O., S. 96. Stokes zitiert dazu aus Beaumont, *A Short History of Ballet*: »Ein weiteres bedeutsames Merkmal dieses Balletts (*La Sylphide*) liegt darin, daß das von Eugène Lami für Mademoiselle Taglioni entworfene weiße Musselinkostüm – eng anliegendes Trikot, das Hals und Schultern frei läßt, ein Rock von der Form einer Blumenkrone

(corolla), der bis zur halben Höhe zwischen Knie und Knöchel reicht, blaßrosa Strümpfe und Satinschuhe – zur anerkannten Uniform für die Tänzer des reinen klassischen Balletts wurde.« *A.d.Ü.*

13 Beaumont/Sitwell, a.a.O., Tafel 14, Kat. N° 17. *A.d.Ü.*

14 Halbhoher Sprung mit dem linken Fuß nach vorn. *A.d.Ü.*

15 Beaumont/Sitwell, a.a.O., Tafel 6, Katalog N° 7. *A.d.Ü.*

16 Ihr männlicher Tanzpartner.

17 »Trilby oder Der Kobold von Argail«: phantastische Erzählung von Charles Nodier, erschienen 1822: Sie stellt die »zwischen Mitleid, Faszination und Schuld schwankende Liebe einer Frau zu einem Dämon dar«; *KLL*, S. 9554. *A.d.Ü.*

18 Beaumont/Sitwell, a.a.O., Tafel 22, Katalog N° 29. Die Position heißt *en l'air*, mit den Armen in der *dritten Arabeske*. *A.d.Ü.*

19 Beaumont/Sitwell, a.a.O., Tafel 25, Katalog N° 33. *A.d.Ü.*

20 Peri, Mehrzahl *Peris*: ursprünglich böse, aber zum Licht des Guten strebende feenhafte Wesen der altpersischen Sage. *A.d.Ü.*

21 Thomas Moore, *Lalla Rookh. An Oriental Romance* (1817), ein 5626 Verse umfassendes Epos; deutsch: *Lalla Rukh die Mongolische Prinzessin*. Übersetzt von Friedrich de la Motte-Fouqué. Berlin, 1822. Vertonung von Robert Schumann, *Das Paradies und die Peri*, Erstaufführung 1843. *A.d.Ü.*

22 Graziöser andalusischer Solotanz im Dreivierteltakt, mit Kastagnettenbegleitung, nach der Melodie eines Volksliedes: der Tanz gelangte durch Fanny Elßler zu europäischer Berühmtheit. *A.d.Ü.*

23 Span. »salero«: wörtlich ›Salzbehälter‹, hier fig.: ›Anmut‹, ›Grazie‹, mit Witz gepaart; ›gefällige Zwanglosigkeit‹, ›reizendes Wesen‹. Umgangssprachlich: »ohé salero«, ›o wie schön ist diese Frau‹; »tener salero«, ›witzig sein‹. *A.d.Ü.*

24 Aus dem Ballett *Le diable boiteux*, nach dem Roman von Alain René Le Sage, *Le diable boiteux* (1707), deutsch: *Der hinkende Teufel*. *A.d.Ü.*

25 Beaumont/Sitwell, a.a.O., Tafel 28, Katalog N° 37. Nach den Angaben von Beaumont handelt es sich beim Hintergrund um eine »polnische Landschaft«. *A.d.Ü.*

26 Beaumont/Sitwell, a.a.O., Tafel 45 (Lithographie von Brandard), Katalog N° 63; Text S. 26–27. Das von Jules Perrot stammende Ballett war *Catarina, ou la fille du Bandit*. *A.d.Ü.*

23 Spielzeugpuppen für Erwachsene[1]

In der Musikrevue *Why not to-night*, die 1934 ganz London ins Palace Theatre lockte, gibt es eine Szene, in der es um den *high brow*-Geschmack[2] geht: drei Intellektuelle, Tessa, Vanessa und Egbert, geben ihre Vorlieben und Abneigungen zum besten, und während sie ihre Abscheu gegen Kipling und andere anerkannte Berühmtheiten verkünden, vergehen sie vor Liebe für Mickey Mouse: »But we do like Mickey Mickey Mouse!« Wie oft haben wir diesen Refrain, den die drei da mit schluchzender Stimme singen, der Mann mit dem Hut und die drei Frauen in Sandalen, nicht schon mit eigenen Ohren im Alltag gehört! Scharfe und unerbittliche Kritiker, von denen man annehmen möchte, sie hätten nie eine Kindheit gehabt, geben sich plötzlich als Bewunderer von Zeichentrickfilmen zu erkennen, oder sie schreiben einen Essay über die metaphysischen Implikationen von Charlie Chaplins Maske. Man würde von ihnen sagen, sie seien trocken wie Bimsstein und sie wirkten wie Zitronensäure, bis zu dem Tag, an dem man zufällig entdeckt, daß sie, wie kleine Kinder, in ihrer Badewanne Frösche und Enten aus Zelluloid schwimmen lassen.[3] Ist es die Kindheit, die sich revanchiert, ist es eine jener merkwürdigen Kompensationen, von denen die unbesiegbare Natur Gebrauch macht, wenn diese kindlichen Gewohnheiten, die andere Menschen zu ihrer Zeit und an ihrem Ort ausgebildet haben, sich bei diesen Leuten zu snobistischen Raffinessen weiterentwickeln? Oder sind diese Intellektuellen, die ewig Unreifen und nicht ganz Erwachsenen, die wahren Kinder?

Der grausame Kritiker, der gestern noch auf dem Kaminsims unter der Reproduktion von van Goghs Chrysanthemen oder Stuhl oder von moosigen Akten Cézannes die struppige schwarze Puppenfigur des Katers Felix aufstellte, hat heutzutage auf dem niedrigen Tisch zwischen den Polstersesseln *archy's life of mehitabel* von Don Marquis liegen: die Lebensgeschichte der Katze

Mehitabel, mit der Maschine getippt von dem Käfer Archy, ohne Großbuchstaben und Zeichensetzung, weil die Ausführung dieser Details für die einfallsreiche Küchenschabe allzu schwierig gewesen wäre. Don Marquis[4], ein amerikanischer Journalist, begann seine satirische Fabelposse in Versen in der *New York Sun*; nach dem großen Erfolg der ersten Serie unter dem Titel *archy and mehitabel* – heute vergriffen und gesucht – veröffentlichte er die Fortsetzung, »in der Archy zum Boswell der weiblichen Katze mit der Seele der Kleopatra« wird, bei Faber & Faber, im Verlag von Eliot und Ezra Pound, dem Verlag für *high brows* also. »Die Küchenschabe Archy«, erklärt der Autor, »erschien vor vielen Jahren zum ersten Mal in meinem Büro, und zwar ziemlich genau zu dem Zeitpunkt, als der freie Vers bei den Massen beliebt zu werden begann, weil er scheinbar so leicht herzustellen war. Es gab eine Zeit, an die sich viele, heute immer noch mehr oder weniger lebendige Menschen erinnern können, da man einen Chauffeur, einen Versicherungsvertreter oder einen Zeitungsschreiber nur anzusprechen brauchte und er sich unverzüglich als Dichter von freien Versen entpuppte. Archy behauptete, er sei das Opfer der Seelenwanderung, er sei früher ein Sänger des freien Verses gewesen, und wegen seiner begangenen und unterlassenen Sünden sei nun seine Seele dazu verurteilt, eine unbestimmte Zeit der Strafe im Körper einer Schabe zu verbüßen.[5] Die Katze Mehitabel, die fast zur gleichen Zeit zum ersten Mal auftrat, gab eine ähnliche Erklärung ab: vor ihrem Leben als Mehitabel, sagte sie, sei sie nicht nur Kleopatra gewesen, sondern eine ganze Reihe von weiteren Damen.« Don Marquis ist kein La Fontaine, vielmehr ein Zeitgenosse Walt Disneys; die Rhapsodien seines Käfers mögen wohl gehaltvoller sein als die *silly symphonies*[6], doch haben sie nicht die rhythmische Eleganz, die deren stärksten Reiz ausmachen. Als Vorwand zu einer Satire auf moderne Bräuche und Gewohnheiten fehlt es den Kindereien von Don Marquis zwar nicht an Schwung, aber im großen und ganzen gibt es nichts an ihnen, was das überschwengliche Lob rechtfertigte, mit dem sie vom angloamerikanischen Intellektuellenpublikum überschüttet werden. Archy ist der Meinung, daß die Jugendgedichte Kiplings eine höchst anregende Nahrung sind, und fühlt sich inspiriert, eine heitere Parodie darauf zu schreiben[7]. An einer anderen Stelle erklärt er, die neueste literarische Bewegung bestehe darin, die Zäune und Kohlenschuppen in der Nähe von Schulhäusern aufzusuchen und alle bösen Wörter abzuschreiben, die die verderbten kleinen Jungs am Wochenende dort hingeschrieben haben: sie bildeten die Grundlage für neue Romane, die man natürlich von den Kleinen fernhält, damit sie nicht etwa durch sie beschädigt werden.[8] Ein paar witzige Seitenhiebe wird man gerne in Erinnerung behalten: »Theodore Dreiser und Bernard Shaw haben mir beigebracht, wie weit ein Autor gehen kann, wenn er niemals die Geduld mit sich selbst verliert«[9]; »Ab und zu wird ein Mensch geboren, der so unglücklich ist, daß er in Unglücksfälle hineingerät, die zunächst andere heimzusuchen begannen.«[10] Und so fort. Aber selbst wenn der Rhythmus nicht so mitreißend ist wie jener der *silly symphonies*, so steckt das Geheimnis der Fabel von Don Marquis doch im Rhythmus, in der unübersetzbaren Verbindung von Reimen und Klängen. Daß eine alte Katze eine Lebensauffassung haben kann, die derjenigen eines Filmstars oder einer Edelprostituierten gleicht, während der Käfer die Anschauungen eines neidischen und verbitterten Proletariers vertritt, das sind Einfälle, auf die jeder kommen kann: die Originalität liegt in der Art, wie sie in Verse transformiert werden. Wenn Mehitabel sagt:

»(. . .) always ups and downs
that is what my life has
been one day lapping
up the cream de la cream and the
next skirmishing for
fish heads in an alley but
toujours gai archy toujours gai no
matter how the luck broke i have had a
most romantic life (. . .)«[11],

und wenn Archy in der denkwürdigen *ballad of the under side* verkündet:

»above me wheel
the stars and suns
but humans shut
me from the sky

you see their eyes as pure
as nuns
i see their wayward
feet and sly
i own and own it with
a sigh
my point of view
is somewhat wried
i am a pessimistic
guy
i see things
from underside«[12],

dann wird man von dem Geist burlesker Leichtigkeit erfaßt, ähnlich dem der *silly symphonies*. Der Klang umreißt eine Handlung, bezeichnet eine groteske Bewegung – je rascher und leichter diese synchronisierte Bewegung, desto wirksamer ist sie. Das Geheimnis eines burlesken Gedichts wie *archy's life of mehitabel* ebenso wie das der *silly symphonies* und der Mickey Mouse ist eine mehr oder weniger perfekte Synchronisation im *tempo allegro*. Im Miniaturtheater Walt Disneys erkennen wir eine Kunst, die mit dem Glanz und der Feinheit des Balletts verwandt ist. Diesen Zusammenhang hat Adrian Stokes, Kunstkritiker und Verfasser eines »provozierenden« Buches über unser *Quattrocento*[13], in einem kleinen Buch erhellt – *To-night the ballet* –, das ebenfalls bei Faber & Faber erschienen ist. »We recognize immediately the quality of expressive yet infinitely precise movements which make the synchronized sounds so lovable. There is a patness in everything that occurs, the vital wit that belongs to situations expressed in terms of agility or graceful movement: and closely connected is the economy of such movement as a means of expression. In *Flowers and Trees* the trees use their branches as arms just as in a ballet the dancers would use their arms as branches. There is a possible beauty in the economy of these transpositions, there is beauty and wit in the lilies that raise their tapered leaves to stifle their yawns. In the cartoon as in the ballet the same evidence of intense observation exists and the same exhaustiveness. Every possible facet of a situation is exhausted and exploited from the angle of interrelated movements.«[14] Jede gezeigte Szene ist ein Bravourstück, eine *tour de force* der Virtuosität. Sowohl das Ballett als auch der Zeichentrickfilm bestehen aus Variationen über ein zentrales Thema. Disney liefert gewöhnlich etwas, das dem *corps de ballet*, der Tanztruppe, gleicht, sowie ein Ensemble am Schluß, so daß die Entfaltung der Geschichte bei beiden ähnlich ist – die wichtigsten Handlungsabläufe, die ein Ballett inspiriert haben, werden in einem Finale zusammengefaßt. Über diese oberflächlichen Ähnlichkeiten hinaus besteht jedoch eine tiefere Verwandtschaft in der Kompaktheit der Bewegungen und in den durch sie ausgedrückten Bedeutungen. »The process of living is the attainment of expression, the conversion of inner ferment into definite action and thought. Expression always needs a framework: otherwise it tends to evaporate. The technique and conventions of ballet dancing serve as a framework by which experience may be translated into terms of movement, into a visual kind of music.«[15] Jede Bewegung erreicht einen bestimmten Grad des Überschwenglichen, der Leichtigkeit und der Anmut und bleibt im Grunde dennoch genauso artifiziell wie eine Theateraufführung; nichts Natürliches oder Übernatürliches ist derartig abgeschlossen und selbständig. Drückt nun aber Mickey Mouse mit ihren Tricks nicht sehr viel mehr aus als die Protagonisten des realistischen oder expressionistischen Films oder als viele berühmte Theaterschauspieler? Mickey Mouse ist eine Maske, eine Figur, ein Emblem – ebenso wie Charlie Chaplin, wie der Harlekin, wie ein Balletttänzer, wie die Marionetten, wie die Sänger der Oper vor Wagner, wie der Clown. Nichts entzieht sich. Die Neigungen einer solchen Figur sind auf einer Ebene der Künstlichkeit organisiert, wo sie sich restlos erfassen lassen. Die Kunst braucht Begrenzungen, weil sich das Empfinden in solchen Begrenzungen besser ausdrücken läßt. Kurz gesagt, die Formulierungen von Stokes bedeuten die vollständige Rehabilitierung der Masken der *commedia dell'arte*: »We have bestowed such an omnipotence on these figures overwhelming or tragic in love, perennially yet romantically the same like so many dolls or fetishes for adult minds.«[16] Sowohl die Figuren der Commedia dell'arte als auch die des Balletts und der Zeichentrickfilme sind Stilisierungen: in einer eleganten und synthetischen Chiffre schöpfen sie eine immense Erfahrung aus. Die Erfahrung ist Geometrie geworden, das Empfinden Bewegung, die Seelenregung ist übersetzt in die Eroberung des Raumes, in die Kapriole des Harlekins, in die Pirouette Nijinskis, in die hinterhältigen Scherze von Mickey Mouse...

Wenn also die Intellektuellen in *Why not to-night* vor Wonne vergehen: »But we do like Mickey Mickey Mouse«, setzen sie die ausgefeilteste Überlegung voraus, um derentwillen ein Wordsworth und ein Pascoli im »kleinen Kind« das Beste der Philosophen und den vollkommenen Dichter feierten.[17] Die kindlichen Formen werden mit einer transzendentalen Bedeutung besetzt. Was gibt es also Natürlicheres, als daß kulturgesättigte Menschen gerade an dieses Ziel gelangen müssen? Der bebrillte und kahlköpfige Professor für Politökonomie, der einer Volkstanzgruppe beitritt und in kurzen, mit Schleifchen verzierten Hosen die *moresca* tanzt, der Politiker, der pathetisch eine Statue von Peter Pan einweiht, der scharfe und bittere Kritiker, der wegen Mickey Mouse oder wegen des Pferdezirkus vor Seligkeit außer sich gerät, sie handeln in dem Augenblick, da sie sich am kindlichsten zu benehmen scheinen, in Wirklichkeit wie immer, ja sogar noch stärker als sonst, aus einem Motiv der Bücherweisheit heraus. Und was an ihnen wie *détente* aussieht, wie Zerstreuung oder unbesorgte Unterhaltung, kennzeichnet in Wahrheit die untilgbare Verpflichtung zum Artifiziellen. Ihre Spielzeugpuppen riechen wenn nicht nach Kerzen, so doch nach dem Acetylen des Rampenlichts.

1934

Anmerkungen

1 Erstdruck: »Bambole per adulti«, in: *La Stampa*, 12. Juli 1934. *A.d.Ü.*

2 »High-brow«, »highbrow«: amerikanischer Slang-Ausdruck für Intellektuelle, Kunstliebhaber oder Gelehrte. Nach Wentworth/Flexner, *Dictionary of American Slang* (Second supplemented Edition. New York: Crowell, 1975, S. 256), wurde der Ausdruck 1902–1903 zusammen mit dem (bedeutungsmäßig entgegengesetzten) Ausdruck »lowbrow« von Will Irwin »erfunden«: in der amerikanischen Mediensoziologie wurde dann der Dreischichtentheorie entsprechend – Unterschicht, Mittelschicht, Oberschicht oder: anonyme Masse, Mittelschicht, Elite – noch die Kategorie »middlebrow« dazwischenge-

schoben, um eine Einteilung in »Kulturniveaus« vorzunehmen, mit der man Kulturniveaus zu bestimmen und die kulturellen Gehalte der Massenmedien zu klassifizieren versuchte (Volkskultur, Populär- oder Massenkultur, Hochkultur). Vgl. Leo Gurko, *Heroes, Highbrows, and the Popular Mind*. Indianapolis: Bobbs-Merrill, 1953; Bernard Rosenberg, David Manning White, Hrsg., *Mass Culture. The Popular Arts in America*. Glencoe: The Free Press, 1957; Umberto Eco, »Massenkultur und *Kultur-Niveaus*«, in: ders., *Apokalyptiker und Integrierte. Zur kritischen Kritik der Massenkultur*. Übersetzt von Max Looser. Frankfurt a. M.: S. Fischer, 1984, S. 37–58, bes. S. 40f. *A.d.Ü.*

3 Die Zelluloidente von Dr. Klöbner beim gemeinsamen Bad mit Herrn Müller-Lüdenscheid liegt in Griffweite: Loriot, »Zwei Herren im Bad«, in Ausstellungskatalog *Loriot*, Potsdam, Düsseldorf, München, Hamburg, 1993. Zürich: Diogenes, 1993, S. 135–137. *A.d.Ü.*

4 Donald Robert Marquis (1878–1937), Lehrer, Büroangestellter, Schauspieler, Journalist; schrieb neben den erfolgreichen Büchern über Archy und Mehitabel auch zahlreiche – weniger erfolgreiche – ernste Romane und Theaterstücke. *A.d.Ü.*

5 *the lives & times of archy and mehitabel* by don marquis, with pictures by don herriman. Garden City, N. Y.: Doubleday Doran & Co. Inc, 1935 (enthält: *archy & mehitabel*, S. 19–166; *archy s life of mehitabel*, S. 169–276; *archy does his part*, S. 279–477) (Erstdrucke zwischen 1916 und 1935).

Redakteure der New York *Sun* sahen eines Morgens, als sie etwas früher ins Büro kamen, wie ein riesiger Kakerlak, eine Küchenschabe, vom Gehäuse der Schreibmaschine auf die Tasten sprang, um zu tippen; nur mit größer Mühe konnte das Tier den Papiervorschub bewegen; die Großbuchstaben und die Zeichensetzung ließ es wegen der allzu großen Anstrengungen weg. Zufälligerweise war ein Blatt Papier in der Maschine steckengeblieben, und als der Kakerlak nach einer Stunde Schwerarbeit aufgehört hatte, konnte man lesen:

the coming of archy
»expression is the need of my soul
i was once a vers libre bard
but i died and my soul went into the body of a cock
roach«
(»ausdruck ist das bedürfnis meiner seele
einst war ich ein sänger des freien verses
doch ich starb und meine seele wanderte in den körper
einer schabe«)

(S. 20; vgl. »the wail of archy«, ebd., S. 73.)

Die Lebensgeschichte Mehitabels wird in »mehitabel was once cleopatra« und »the song of mehitabel« dargestellt (S. 22–26):

the song of mehitabel
this is the song of mehitabel
of mehitabel the alley cat
as i wrote you before boss
mehitabel is a believer
in the pythagorean
theory of transmigration
of the soul and she claims
that formerly her spirit
was incarnated in the body of cleopatra

(*das lied von mehitabel*
das ist das lied von mehitabel
von mehitabel der straßenkatze
wie ich schon schrieb chef
glaubt mehitabel
an die pythagoreische
theorie von der wanderung
der seele und sie behauptet
ihr geist habe früher
im körper der kleopatra
gewohnt [...])
(Zitat S. 23). *A.d.Ü.*

6 Zu Walt Disneys *Silly Symphonies* vgl. Coulton Waugh, *The Comics*. New York: Macmillan, 1947, S. 162: »The Mickey Mouse *shorts* were preludes to the wonderful *Silly Symphonies* which, in turn, were preludes to feature-lenght animation.« (»Die Mickey-Mouse-Kurzszenen [strips] waren Vorspiele zu den wunderbaren *Silly Symphonies*, die ihrerseits Vorspiele zu den spielfilmlangen Zeichentrickfilmen waren«); Clark Kinnaird, »Cavalcade of the Funnies«, in: David Manning White und Robert H. Abel, *The Funnies. An American Idiom*. Glencoe: The Free Press; London: Collier-Macmillan, 1963, S. 93. *A.d.Ü.*

7 *the lives & times of archy and mehitabel,* a.a.O., S. 191–194:
»*archy experiences a seizure*
(...) i admit i have
been down to a second hand book
store eating a lot of kiplings earlier
poetry it always excites me if i eat
a dozen stanzas of it i get all lit up
and i try to imitate it get out of my
way now i feel a poem in the kipling
manner taking me«

»*archy erlebt einen anfall*
(...) ich gebe zu
ich war im antiquariat
und habe eine menge von kiplings
früher lyrik gegessen es regt mich immer an
ess ich ein dutzend strophen bin ich ganz beschwipst
und versuche sie nachzuahmen geh mir aus dem weg
ich spür jetzt wie ein gedicht nach kiplings
art mich packt«
(S. 191). *A.d.Ü.*

8 »o yes the latest literary movement
consists in going to all the fences
and coal sheds near the school houses
and copying off of them all the bad words
written there by naughty little boys
over the week ends
and these form the bases of new novels
of course these novels are kept away
from the young so they will not be contaminated«
the lifes & times of archy and mehitabel, a.a.O., S. 242: *archy on the radio. A.d.Ü.*

9 »theodore dreiser and bernard shaw
they taught me how far an author can go
if he never loses patience with himself«
archy on the radio, ebd., S. 240. *A.d.Ü.*

10 »now and then
there is a person born
who is so unlucky
that he runs into accidents
which started out to happen
to somebody else«
archy says in: *the lifes & times of archy and mehitabel*, a.a.O., S. 261. *A.d.Ü.*

11 »(...) immer höhen und tiefen
das ist mein leben schon immer gewesen
den einen tag die crème de la crème, die oberste sahne
schicht auflecken
und am nächsten tag auf der straße nach fischköpfen
ausschau halten aber
toujours gai archy immer fröhlich egal
wie das glück ausfiel
ich habe ein sehr romantisches leben gehabt (...).«
cream de la cream, in: *the life & times of archy and mehitabel*, a.a.O., S. 211–212. *A.d.Ü.*

12 »über mir kreisen
die sterne und sonnen
doch die menschen verschließen mir
den himmel
ihre augen siehst du so rein
wie die von nonnen
ich sehe ihre umgekehrten füße und die gewitztheit
die mir eigen ist und über die ich seufze
meine sicht
ist etwas verzerrt
ich bin ein pessimistischer
bursche
ich sehe die dinge
von unten«
the lives & times of archy and mehitabel, a.a.O., S. 248. *A.d.Ü.*

13 Adrian Stokes, *The Quattrocento. A different conception of the Italian Renaissance*. London: Faber & Faber, 1932; Rezension von Mario Praz, in: *La Stampa*, 5. Juni 1933. Praz rezensierte außerdem Stokes' Buch *The Stones of Rimini* (London: Faber & Faber, 1934), in: *Pan*, Juni 1934, S. 305–307. *The Quattrocento* und *The Stones of Rimini* jetzt in: Lawrence Gowing, Hrsg., *The Critical Writings of Adrian Stokes*. London: Thames and Hudson, 1978, 3 Bde., Band I, S. 29–180 und 181–301. – Der Text, auf den Praz sich hier bezieht, ist: Adrian Stokes, *To-night the ballet*. London: Faber & Faber, 1934, Reprint New York: Da Capo Press, 1982 (zusammen mit *Russian Ballets*. London, Faber & Faber, 1935). Vgl. Stokes, *To-night the ballet* (1982), S. 21: Für Adrian Stokes waren die Mickey Mouse-Filme und die mit Musik unterlegten Zeichentrickfilme ein legitimer Ersatz für das Ballett: gemeinsam ist ihnen die Synchronisierung von Musik und Bewegung: »weil wir gerne alle unsere Absichten mit dieser intensiven Organisiertheit, dieser glatten, uhrwerksmäßigen Präzision ausgeführt sähen, vergnügen wir uns an der Synchronisierung jedes Geräuschs, das die Kraft menschlicher Bewegung auszudrücken scheint. Und je leichter und rascher diese synchronisierte Bewegung abläuft, desto anregender ist sie normalerweise. Übrigens gibt es außerhalb des Balletts keine Tanzform, die dieses echte *allegro* ermöglicht. Keine Tanzform zwar – aber wie steht es mit Mickey Mouse? Abgesehen von Uday Shankar, dem indischen Tanzphänomen, waren Mickey Mouse und die Silly Symphonies das einzige, was für den Londoner Ballettliebhaber die Lücke zwischen dem Tod von Diaghilev und der Ankunft von De Basils *Les Ballets Russes de Monte Carlo* auszufüllen vermochte. Das erscheint jenen Einrichtungen gegenüber, die uns immer noch mit Ballett versorgten, als ziemlich unfreundlich, aber insofern als ihre

Bemühungen nur Versuche und Nachahmungen waren, kamen sie gar nicht umhin, in uns die Sehnsucht nach der einzigartigen Stimmung zu erfüllen, die Diaghilev uns zu erwarten gewöhnt hatte. Die anspruchslose Mickey Mouse erfüllt uns zwar nicht mit Sehnsucht, aber in Walt Disneys Miniaturtheater der Grotesken erkennen wir eine Kunst, die mit dem Glanz und den Feinheiten des Balletts zumindest verwandt ist.« (Stokes, *To-night the ballet*, S. 20–21) *A.d.Ü.*

14 »Wir erkennen sofort die Qualität der ausdruckstarken und doch unendlich präzisen Bewegungen, die die synchronischen Klänge so reizvoll machen. In allem Geschehen liegt etwas überaus Treffliches; der lebenskräftige Witz von Situationen, die durch Gewandtheit oder anmutige Bewegung ausgedrückt werden: eng damit verbunden ist die Knappheit dieser Bewegungen als Ausdrucksmittel. In *Blumen und Bäume* benutzen die Bäume ihre Äste genau so, wie Tänzerinnen in einem Ballett ihre Arme als Zweige benutzen würden. In der Knappheit dieser Umsetzungen liegt eine gewisse Schönheit; Schönheit und Geist steckt auch in den Lilien, die ihre schmalen Blätter benutzen, um ein Gähnen zu unterdrücken. Im Zeichentrickfilm wie im Ballett gibt es denselben Beweis einer intensiven Beobachtung und dieselbe Vollständigkeit. Jede mögliche Facette einer Situation wird vollständig erfaßt und mit dem Blick auf den Bewegungszusammenhang ausgenutzt.« *To-night the Ballet*, a.a.O., S. 21. *A.d.Ü.*

15 »Der Lebensprozeß besteht darin, Ausdruck zu erzielen; ein inneres Ferment in bestimmtes Handeln und Denken umzusetzen. Der Ausdruck bedarf stets eines Rahmens, sonst würde er sich verflüchtigen. Technik und Konventionen des Balletts sind ein solcher Rahmen, durch den sich Erfahrung in Bewegung, in eine visuelle Art von Musik übersetzen läßt.« Stokes, *To-night the Ballet*, a.a.O., S. 23. *A.d.Ü.*

16 »Wir haben diesen Figuren, die so überwältigend oder tragisch in der Liebe sind, ewig und doch auf eine romantische Weise dieselben wie Puppen oder Fetische für den Geist des Erwachsenen, Allmacht verliehen.« Stokes, *To-night the ballet*, a.a.O., S. 34. *A.d.Ü.*

17 »Heaven lies about us in our infancy!« (»Der Himmel liegt bei uns in unserer frühen Kindheit!«): William Wordsworth, »Ode. Intimations of Immortality from Recollections of Early Childhood«, aus: *Lyrical Ballads* (1798); deutsch in: Raimund Borgmeier, Hrsg., *Die englische Literatur in Text und Darstellung*, Band 7: *19. Jahrhundert I. Romantik*. Stuttgart: Reclam. 1983, S. 82–83: »Ode. Andeutungen der Unsterblichkeit aus Erinnerungen der frühen Kindheit.« – Giovanni Pascoli, *Il fanciullino* (1897–1907), in: Giovanni Pascoli, *Opere*. A cura di Maurizio Perugi. Milano, Napoli: Riccardo Ricciardi Editore, 1981, S. 1637–1686; vgl. *KLL*, S. 3424–25. *A.d.Ü.*

24 *Geschichte der Frau*[1]

Vom ganzen *Dekameron* behielt Petrarca eine einzige Novelle, und zwar die von der duldsamen Griselda, die ihm als etwas Einzigartiges unter mancherlei lustigen und heiteren Dingen so sehr gefiel, daß er sie auswendig lernte, um sie seinen Freunden vorzutragen und sie schließlich ins Lateinische zu übersetzen, damit auch die Freude daran hätten, die kein Italienisch konnten. Für Petrarca gab es ohne Griselda kein *Dekameron*. Man könnte freilich auch sagen: ohne Beatrice gibt es keine *Göttliche Komödie*, ohne Laura keinen *Canzoniere*, ohne die Angeliche, die Alcine und die Armide keinen *Orlando* und kein *Befreites Jerusalem*, und so fort. Wie würde die Kunstgeschichte ohne die Frau und die Madonna verarmen, und wie sollte man Sir Kenneth Clark nicht zustimmen, wenn er behauptet, bestimmte quasigeometrische Formen befriedigten unseren Geschmack deshalb, weil sie vereinfachte Reduktionen von Formen seien, die uns am weiblichen Körper gefallen? Chaucers Stoffhändlerin aus Bath hätte deshalb ihrem Prolog das Argument hinzufügen können, daß in den menschlichen Erzeugnissen der Phantasie die Frau die Protagonistin sei.

Betrachten wir indessen das Thema der einzigen Novelle von Boccaccio, die Petrarca gefiel, und erinnern wir uns an den Anlaß, weshalb sie in die *Canterbury Tales* aufgenommen wurde: es ist die Geschichte der äußersten Ergebenheit einer Frau gegenüber einem Ehemann, der sie mit unmenschlicher Grausamkeit traktiert, eine volkstümliche Übertragung der klassischen Geschichte von Amor und Psyche, und in den *Canterbury-Erzählungen* wird sie dem Scholaren [clerk] aus Oxford in den Mund gelegt, um die Argumente jener Frau zu widerlegen, die im eigenen Haus das Regiment führte: der Frau von Bath. »Chi avrebbe altri che Griselda potuto col viso non solamente asciutto ma lieto sofferir le rigide e mai più non udite pruove da Gualtier fatte«?[2]

In ihrem brillanten Essay über die Stellung der Frau in der Gesellschaft, der den Titel trägt *A Room of One's Own*, stellte Virginia Woolf fest:

> »Imaginatively she [the woman] is of the highest importance; practically she is completely insignificant. She pervades poetry from cover to cover; she is all but absent from history. She dominates the lives of kings and conquerors in fiction; in fact she was the slave of any boy whose parents forced a ring upon her finger. Some of the most inspired words, some of the most profound thoughts in literature fall from her lips; in real life she could hardly read, could scarcely spell, and was the property of her husband.«[3]

Diese Schlußfolgerung Virginia Woolfs wird gestützt durch die umfangreiche und gut dokumentierte *Histoire mondiale de la femme* [*Weltgeschichte der Frau*] in vier Bänden, herausgegeben von Pierre Grimal (Paris: Nouvelle Librairie de France, 1967). Die historische Darstellung reicht von der Vorgeschichte und der Antike bis zum Aufstand der Suffragetten und der durch die Kriege beschleunigten Eroberung gesellschaftlicher und rechtlicher Gleichheit. Es ist nämlich immer wieder zu beobachten, daß die Kriege, die die Männer vom häuslichen Herd entfernten, dazu beitrugen, die Bedeutung der Frau zu steigern, wie einer der Mitarbeiter des ersten Bandes, Robert Flacelière, feststellt. Dies gilt sowohl für die Auswirkungen des Peloponnesischen Krieges auf die Emanzipation der Athenerinnen wie auch für die des ersten europäischen Kriegs: in seinem Gefolge wurde den Engländerinnen das Stimm- und Wahlrecht eingeräumt, und ähnlich waren die Folgen des Zweiten Weltkriegs für die Französinnen, während der Umstand, daß die Schweizerinnen dieses Recht immer noch nicht haben, vermutlich mit der Neutralität ihres Landes zusammenhängt.[4]

In der Geschichte der Frauenemanzipation gibt es bis in die jüngste Zeit nichts Spektakuläres; es ist eine Geschichte, die so langsam und eintönig verläuft, daß sie sich geradezu mit dem Lauf der Natur gleichsetzen läßt. In den *Ekklesiazusai* des Aristophanes stellt Praxagora die Neuerungssucht der athenischen Männer dem Hang zum Konservativen bei den Frauen gegenüber:

»Daß sie [die Weiber] in allem besser sind als wir,
Will ich beweisen: Heut noch waschen sie
Nach altem Brauch die Woll in warmem Wasser,
Und eine wie die andre! Keine siehst
Du neues je probieren! – O Athen,
Wie wärst du wohlgeborgen, hieltest du's
Wie sie, und fragtest nicht nach Neuerung!
Noch sitzen sie beim Kochen, grad wie sonst,
Sie tragen auf den Köpfen, grad wie sonst,
Sie feiern Thesmophoria, grad wie sonst,
Sie backen ihre Kuchen, grad wie sonst,
Sie quälen ihre Männer, grad wie sonst,
Sie lassen Buhler ein noch, grad wie sonst,
Sie naschen gern was Leckres, grad wie sonst,
Und trinken gerne Puren, grad wie sonst,
Und lassen gern sich nehmen, grad wie sonst! –«[5]

Und was sagte Edgar Quinet im Hinblick auf die Natur? »Heute ebenso wie zu den Zeiten des Plinius und des Columella gedeiht die Hyazinthe in den gallischen Ländern, das Immergrün in Illyrien, die Margerite auf den Ruinen von Numantia, wohingegen ringsum die Städte ihre Namen und Herrscher gewechselt haben und viele ins Nichts versunken sind; und während die Kulturen aufeinander stießen und zerbrachen, haben ihre friedlichen Generationen die Jahrhunderte durchschritten und sind nun bei uns angekommen, frisch und lächelnd wie in den Tagen der Schlachten.«

Im Gegensatz zu dem berühmten Motiv aus dem *Rigoletto* ist die Frau »immobile«, unbeweglich, nicht wankelmütig, und was durch die Geschichte hindurch wie ein fortwährendes Vasallentum, wie eine Unterordnung unter die Egozentrik des Mannes, wie ein Verharren im unveränderlichen Zustand der Dulderin Griselda erscheint, läßt sich durchaus anders interpretieren: die Frau hat sich stets näher an der Natur gehalten, weil sie selbst Natur ist. Eben dies hatten die Griechen in der Antike gesehen, als sie Demeter und Kore, die Erscheinungen der Fruchtbarkeit der Erde, als weibliche Gottheiten personifizierten. Der Mann war es, der die Tiere domestizierte, mit denen er auf der Jagd in Berührung kam, während die Frau auf die ersten Pflanzungen stieß, als sie beim Sammeln und Ernten der irdischen Früchte die vegetabile Welt entdeckte – so Louis-René Nougier in seinem Essay über die Frau in der Vorgeschichte.

Als Platon das Urteil fällte, die Frau sei ein unvollkommener Mann[6], und als die Schöpfungsgeschichte den Ursprung der Eva in eine Rippe Adams verlegte, schufen sie falsche Grundlagen, und zwar gefährlich falsche im Hinblick auf die künftigen Beziehungen zwischen den beiden Geschlechtern: eine Verschiedenheit, die sie in ihrem wahren Wesen verkannten, erachteten sie für eine Minderwertigkeit. Den Mann als Kanon und Maßstab zu setzen und zu wollen, daß die Frauen gleich werden und sich anpassen, ist gleichbedeutend damit, jene Alptraumstadt zu bauen, von der Baudelaire spricht und deren Zauber darin lag, daß sie, nachdem der Träumer *le végétal irregulier*, »der Pflanzen Regellosigkeit« aus ihr verbannt hatte, nur noch ein *babel d'escaliers et d'arcades* war: »ein Babel ganz aus Treppen und Arkaden«.[7]

Und welche Bedeutung die Institution der Vestalinnen in Rom hatte, läßt uns Pierre Grimal ermessen: »Wenn es stimmt, daß der Tempel der Vesta das Herdfeuer, der Brennpunkt der Stadt, der Staatsherd war und daß die vestalischen Jungfrauen, die im Dienste aller und unter dem Schutz des Pontifex Maximus standen, eine analoge Funktion zu der der Hausmutter hatten, muß man schließen, daß die Frau in sehr ferner Zeit, in der lateinischen Vorgeschichte Roms, geradezu als Verwahrerin einer magischen Kraft angesehen wurde.« Ist die Funktion der Wahrsagerin, der Prophetin, der Stimme der Erde (die Grotte der Sybille) vielleicht nicht die letzte Bestätigung für jene Begabung zum Kontakt mit den verborgenen Kräften der Natur, welche die antiken Kulturen der Frau zuerkannten? Jean Bottéro bemerkt zur Rolle der Frau im alten okzidentalen Asien: »Von der religiösen und mythenbildenden Einbildungskraft in jenen absoluten Raum projiziert, der in den Augen der alten Mesopotamier die Welt der Götter bildete, war die Frau dank ihrer höheren und wesentlicheren natürlichen Funktionen – Liebe und Mutterschaft – zu einem Schlüssel für die Erklärung des Universums geworden.« *Tibi suavis daedala tellus / summittit flores, tibi rident aequora ponti / placatumque nitet diffuso lumine caelum.*[8]

Obwohl sich erklären läßt, warum die Frau keine Geschichte hat, da sie jener Teil der Menschheit ist, der die ewige Kraft der

Natur bewacht, die in den berühmten Versen des Lukrez besungen wird, so bilden ihre Beziehungen zum anderen Geschlecht doch den Stoff jener Geschichte, deren Phasen wir in diesen von Pierre Grimal herausgegebenen Bänden verfolgen können: wir können in der Vorgeschichte die Arbeitsteilung zwischen Mann und Frau erkennen; wir sehen die Frau in einer sehr viel vorteilhafteren Lage im alten Ägypten (dort haben die weiblichen Gottheiten Isis und Hathor eine tiefe Bedeutung: jene bereitet die römischen Matronen mit dem Mythos der Passion und des göttlichen Opfers auf das Christentum vor; diese verbindet Liebe und Tod) sowie auf Kreta und in Sparta, und wir beobachten ihren Fortschritt im römischen Recht, bis die Ankunft des von den Ideen des Alten Testaments erfüllten Christentums (1. Mose 3, 16: »Und zum Weibe sprach er [Gott der Herr]: Ich will dir viel Schmerzen schaffen, wenn du schwanger wirst; du sollst mit Schmerzen Kinder gebären; und dein Verlangen soll nach deinem Manne sein, und er soll dein Herr sein«) einen beträchtlichen Rückschritt in der gesellschaftlichen Position der Frau markiert, wie Grimal feststellt: »Der Okzident wird nach dem Ende von Rom Jahrhunderte brauchen, um einen Status der Frau wiederzuentdecken, der sich mit dem vergleichen läßt, der von den Zeitgenossen der Scipionen, Ciceros und Caesars erreicht worden war.«

1967

Anmerkungen

1 Erstdruck: »Storia della Donna« [zu Pierre Grimal, Hrsg., *Histoire mondiale de la femme*. Paris: Librairie de France, 1967, 4 Bde.], in: *Il Tempo*, 20. August 1967. *A.d.Ü.*

2 »Welche andre Frau außer Griselda hätte es vermocht, mit tränenlosen Augen und heiterer Miene die grausamen Prüfungen zu durchstehen, denen Gualtieri sie aussetzte?« Giovanni Boccaccio, *Das Dekameron*. Zehnter Tag, Zehnte Geschichte. Nach der kritischen Ausgabe von Charles S. Singleton übersetzt von Ruth Macchi. Berlin und Weimar: Aufbau Verlag, 1964, 2 Bde., Band 2, S. 528. *A.d.Ü.*

3 »Im Reich der Phantasie ist sie [die Frau] von höchster Bedeutung; praktisch ist sie völlig unbedeutend. Sie durchdringt die Dichtung [poetry: Lyrik] von Buchdeckel zu Buchdeckel [von Anfang bis Ende]; *sie ist alles andere als historisch abwesend**. Sie beherrscht das Leben der Könige und Eroberer in der Fiction [fiction; (dichterische) Prosa]; in der Wirklichkeit war sie der Sklave eines jeden beliebigen Jungen, dessen Eltern ihr einen Ehering auf den Finger zwangen. Einige der inspiriertesten Worte, einige der tiefgründigsten Gedanken der Literatur kommen ihr über die Lippen [von ihren Lippen; aus ihrem Mund]; im wirklichen Leben konnte sie kaum lesen, kaum buchstabieren und war das Eigentum ihres Ehemannes.« Virginia Woolf, *A Room of One's Own* (1928). Harmondsworth: Penguin, 1967, S. 45; deutsch: *Ein Zimmer für sich allein*. Übersetzt von Renate Gerhardt. Frankfurt a. M.: S. Fischer, 1992, S. 51.
* Im Original heißt es: »she is all but absent from history«: »in der Geschichte ist sie beinahe [so gut wie] abwesend, [fehlt sie fast völlig; kommt sie nahezu nicht vor]. Praz übersetzt: »non compare nella storia«: »in der Geschichte kommt sie nicht vor [tritt sie nicht auf; erscheint sie nicht«]. *A.d.Ü.*

4 1967 geschrieben: auf Bundesebene wurde das Frauenstimmrecht – nach einem gescheiterten Versuch 1959 – 1971 eingeführt; zu dieser Zeit fehlte das integrale Frauenstimmrecht in den beiden Appenzeller Halbkantonen allerdings immer noch. *A.d.Ü.*

5 Aristophanes, *Die Ekklesiazusen* [Die Weibervolksversammlung]. Herausgegeben und mit Einleitungen und einem Nachwort von Hans-Joachim Newiger. Neubearbeitung der Übersetzung von Ludwig Seeger (Frankfurt a. M. 1845–1848). München: dtv, 1976, S. 535 (V. 213–228). *A.d.Ü.*

6 Platon, *Staat*, 449–456. *A.d.Ü.*

7 Charles Baudelaire, »Rêve parisien«, in: *Les Fleurs du Mal* (1857), in: ders., *Œuvres complètes*, éd. Claude Pichois. Paris: Gallimard (Bibliothèque de la Pléiade), 1975, Band I, S. 101–103; deutsch: »Pariser Traum«, in: Baudelaire, *Les Fleurs du Mal / Die Blumen des Bösen*. Vollständige zweisprachige Ausgabe. Deutsch von Friedhelm Kemp. München: dtv, 1986 (4. Aufl. 1991), S. 216–221. *A.d.Ü.*

8 (»Wann du, Göttin, erscheinst, entfliehen die Winde, die Wolken / weichen vor dir;) dir treibt die buntgeschmückte Erde / Liebliche Blumen empor; / dir lachen die Flächen des Meeres, / Und es zerfließet in Glanz vor dir der beruhigte Himmel.« Lukretius, *De rerum natura*, I, 6–9 (deutsch: Lukrez, *Von der Natur der Dinge*. Übersetzt von Karl Ludwig von Knebel (1831). Frankfurt a. M.: S. Fischer, 1960, S. 9). *A.d.Ü.*

25 *Die gotische Frau*[1]

Das englische Mädchen – versichert uns Cecil Willett Cunnington (in: *Feminine Attitudes in the Nineteenth Century*, London, 1935[2]) – unterscheidet sich von den anderen durch die romantische und die sentimentale Haltung, d.h. durch die Gabe, Tatsachen zu entstellen oder zu verheimlichen, indem es sie den Empfindungsweisen anpaßt. Wie er behauptet, lassen sich die beiden Neigungen in einem Wort zusammenfaßen: *gothic*, gotisch. Die gotische Kunst ist nach der Definition eines bedeutenden Kunsttheoretikers »die Kunst, mit einem Verstrebungssystem zu bauen«[3]. Der gleiche gotische Instinkt zwang die viktorianische Frau dazu, sich mit einem ausgetüftelten System von Verstrebungen und Befestigungen zu umgeben, in dessen Panzerung unvermutet eine Kreatur aus Fleisch und Blut lebte, so unvermutet, daß uns ohne die indirekten Vertraulichkeiten, die aus den zeitgenössischen Frauenzeitschriften durchsickern, keinerlei Dokumente ihres Innenlebens erhalten geblieben wären. Bei den großen Romanschriftstellern würde man vergeblich nach solchen Zeugnissen suchen. Welches Gesicht hatten die Heldinnen von Scott, Dickens, Thackeray, George Eliot, Meredith u.a., wenn sie die gesellschaftliche Maske fallen ließen, die die Literatur als die alleinige Wirklichkeit akzeptierte? Welcher von den vielen Romanen des 19. Jahrhunderts, deren Hauptthema die Verführung ist, versucht, in die Seele der Heldin nach der Krise einzudringen? Welcher gibt nicht statt dessen ein statisches Bild ihrer Reue und Verzweiflung wieder, gedeutet nach einer ausschließlich männlichen, mithin äußerlichen Werteskala? Die Frau von Lord Byron, diese Viktorianerin avant la lettre, hat man »Prinzessin der Parallelogramme«[4] genannt – ein Name, der wie dazu geschaffen scheint, die englische Frau des 19. Jahrhunderts im allgemeinen zu beschreiben. Tess of the d'Urbervilles von Thomas Hardy ist gegen Ende des Jahrhunderts die erste, die die schwere gotische

Hülle der anerkannten Einstellungen mit einer schüchternen Regung entblößten Fleisches verläßt, und dieses Ereignis wirkt so erschreckend, daß der Autor keine passendere Szenerie für die Katastrophe der Heldin findet als den tausendjährigen mystischen Kreis der Druidensteine von Stonehenge.[5]

»The peculiar province of Woman is to tend with patient assiduity around the bed of sickness; to watch the feeble steps of infancy; to communicate to the young the elements of knowledge, and bless with their smiles those of their friends who are declining in the vale of tears«, erklärt ein Text zu Beginn des viktorianischen Zeitalters.[6] Die Frau war, kurz gesagt, das engelgleiche Geschöpf der Provenzalen und der Anhänger des *Dolce stil nuovo*, übersetzt in die Ausdrucksweise des Bürgertums; ein Cherubim oder ein Seraphim, der mittels seiner Flügel Reifröcke, Krinolinen, Bäusche, Rüschen und Falbeln zur Schau stellte, unter denen sein Körper sich auf engelhafte Weise unsichtbar machte. Wie die romantischen Bücher hatte auch die Frau einen Einband *à la cathédrale*; sie war die gotische Kathedrale, lauter Spitzbogen, Strebepfeiler, Bogengehänge, farbige Glasfenster und mystisches Halbdunkel, allen zugänglich gemacht – der wichtigste Gegenstand jener romantischen Mode, für die jedes Objekt, vom Bahnhof bis zum Tintenfaß, an das Mittelalter zu erinnern hatte.

Der Autor dieses Buches über die weiblichen Haltungen im 19. Jahrhundert ist vor allem darin originell, daß er an der Mode die Geschichte der weiblichen Seele in diesem Jahrhundert abzulesen sucht. Er schließt die These aus, daß die Mode von launischer Willkür beherrscht werde, und vermutet in ihr vielmehr eine Symbolik, und zwar von der Art, wie ein Poe[7] und ein Huysmans[8] sie in einer Philosophie der Inneneinrichtung zu entschlüsseln gesucht hatten. In diesem Licht betrachtet werden ein Rock, ein Band, ein Stück Flitterwerk oder ein Farbkontrast zum Ausdrucksmittel einer Empfindungsweise; von den Strahlen der Analyse durchdrungen (die zuweilen eine schrullige und ausgefallene Psychoanalyse ist), offenbart die Prinzessin der Parallelogramme eine anrührende *animula blandula*, ein simples Seelchen.

Die Psychologie der normalen Frau, so behauptet Cunnington, enthält die Elemente sowohl des Sentimentalismus, der Empfindsamkeit, als auch des Exhibitionismus. »Die Empfindsamkeit führt dazu, besonders die mit dem Sexualleben verbundenen Ereignisse wie durch einen Gefühlsnebel hindurch zu gewahren, wodurch ihre Umrisse angenehm verzerrt werden; die Realität löst sich allmählich in Phantasie auf. Die Empfindsame versucht den Mann durch fortwährende Illusionen anzuziehen; sie hüllt ihren Geist in Emotionen und ihren Körper in Kleidung. Die Exhibitionistin hingegen hat den instinktiven Wunsch, sich mit Leib und Seele zur Schau zu stellen, um den Mann durch eine Abkürzung *herauszufordern*; allein schon von ihm beachtet zu werden, gewährt ihr Lust.«[9] Die Exhibitionistin attackiert den Mann direkt, in einem unmißverständlichen Frontalangriff. Ein Axiom Cunninghams besagt: »Wenn eine ganze Nation oder auch nur ein Teil davon einer intensiven Gefühlsanspannung ausgesetzt war, erschöpft sich die emotionale Fähigkeit, und es wächst eine zynische, unsentimentale Generation heran, deren Empfindungsvermögen eingeschränkt ist. Eine solche Generation zeigt stets die Anzeichen des Exhibitionismus«[10], so wie die Generation, die auf die Napoleonischen Kriege oder wie jene, die auf den Ersten Weltkrieg folgte. In einer Zeit des Wohlstands und der Unbeschwertheit hingegen suchen ungenutzte emotionale Ressourcen den Ausweg in einer Orgie der Empfindsamkeit, wie dies mehr oder weniger während des gesamten Verlaufs des opulenten viktorianischen Zeitalters der Fall war.[11] Die traditionelle »Gotik« der Engländer (die Tendenz zur romantischen Idealisierung) machte aus der englischen Frau eine recht schüchterne Imitation der dekolletierten französischen Damen des Ersten Empire[12], allerdings auch die vollkommene Verkörperung der romantischen Dame: einen Roboter aus Fischbein, Eisenringen und meterlangen Stoffen um einen hypothetischen ätherischen Kern – so wie eine gotische Kathedrale ganz aus Windungen und Spitzbögen besteht, um den Parakleten, den Fürsprecher, zu beherbergen. Wer zu sehen versteht, der erkennt eine offenkundige Parallele zwischen dem Oxford Movement und den mystischen Höhenflügen des Kardinals Newman einerseits und den Modepuppen von 1830 andererseits.

Der Ausbruch der Empfindsamkeit, in welcher die Frau während des ganzen Jahrhunderts schwelgte, mußte kraft des gleichen Vorgangs, der den Hirtengedichten der zarten Seelen des 18. Jahrhunderts die Schwarzen Messen des göttlichen Marquis als Ziel vorsetzte, extreme Formen bis hin zur Algolagnie annehmen.[13] Die »gotische« Frau fand in der Krankheit und im Tod zwei großartige Anlässe, um mit ihrem ganzen sentimentalen Überschwang zu protzen.[14] Niemals war die Trauerzeremonie so erlesen und wurde so sehr durch zahllose, genußvoll abgestufte Nuancierungen in die Länge gezogen wie im viktorianischen Zeitalter. Die viktorianische Witwe näherte sich den Exzessen jenes spanischen Adligen des 17. Jahrhunderts, der alles in seiner Umgebung in Schwarz haben wollte, von der Raumausstattung bis zu den Lebensmitteln. Noch symptomatischer sind bestimmte Äußerungsformen, wie sie von den Frauenzeitschriften dokumentiert werden: *The Englishwoman's Domestic Magazine* veröffentlichte 1868 eine spaltenlange Korrespondenz über die heikle Frage »Ought we to whip our Daughters?«[15] Eine andere Kolumne befaßte sich mit den körperlichen Empfindungen beim Tragen des engen Schnürkorsetts; eine Korrespondentin zögerte nicht, diese Empfindungen als »superb« zu bezeichnen[16], während eine andere meinte: »tight lacing produces delicious sensations, half pleasure, half pain«.[17] Die in solchen Geständnissen bezeugte sexuelle Entbehrung findet eine Bestätigung in der Mode. So sind die übertriebenen Kurven des weiblichen Körpers, wie sie die Modezeitschriften in den letzten fünfunddreißig Jahren des 19. Jahrhunderts vorschrieben, im Grunde eine unbewußte Parodie der von den Konventionen bewußt mißachteten und unterdrückten Sexualität.[18] Die Symbolik der Kleidung als Verheimlichung beschränkte sich indes nicht auf den weiblichen Körper, sondern dehnte sich auf die gesamte Behausung aus: ohnehin schon während des ganzen viktorianischen Zeitalters vollgestopft mit Möbeln und Tapisserien, wurde sie gegen Ende des Jahrhunderts mit äußerster Pedanterie herausgeputzt, mit Farnen, Palmen, japanischen Schirmen und Fächern, nachgeahmten Spinngeweben, mit Pfauenfedern und ausgestopften Tieren, mit Draperien und Gehängen an Türen, Fenstern und Spiegeln, an Vasen Kaminen, Sesseln, Körben usw.[19] Die leidenschaftlich gepflegte Gewohnheit, tote Tiere zum Schmuck sowohl des weiblichen Körpers als auch der Wohnung zu verwenden, legt eine unverblümte sexuelle Deutung nahe. Diese Leidenschaft erreichte ihren Höhepunkt zwischen 1880 und 1890, als die Kleidung einer eleganten Dame die reichhaltigsten Illustrationen für eine Zoologievorlesung aufbot: einen wahren Friedhof von Papageien, Käuzchen, Kolibris, Tauben, Möwen, Finken, Skarabäen, Füchsen, Eichhörnchen, Mäusen und Schlangen sowie Nachahmungen von Eidechsen, Tausendfüßlern, Spinnen, Fliegen und so weiter.[20]

Um es mit den Worten eines charakteristischen viktorianischen Gedichts, *The Angel in the House* von Coventry Patmore, zu sagen:

»Whatever runs, flies, dives or delves,
Doff off for her their ornaments,
Which suit her better than themselves.«[21]

Die Ansätze zu einer Rückkehr zum Vertikalismus der klassizistischen Mode vom Anfang des Jahrhunderts, wie man ihnen um 1880 und 1890, in der »ästhetischen« Periode, begegnete, vermochten die dominierende gotische Tradition nicht zu durchbrechen, und zwischen einem Kleid »im griechischen Stil« aus dem Ersten Empire und einem »griechischen« Rock gegen Ende des Jahrhunderts besteht der gleiche Unterschied wie zwischen dem rationalen akademischen Klassizismus der napoleonischen Zeit und dem nostalgischen Neo-Hellenismus der Parnassiens. Um gegen die Häßlichkeit ihrer Umwelt zu protestieren, versuchten die Ästheten sich zwar mit einem gekünstelten Exhibitionismus Mut zu machen, aber ihr Minderwertigkeitskomplex scheint sich in ihrer Vorliebe für die ängstliche blaßgrüne Farbe, die Farbe absterbender Pflanzen, zu verraten. Ihre strengen Gewänder, die sie »habit Directoire« nannten, ihr »modifiziertes Empire«[22], das mit einer um die Taille geschlungenen Schärpe die Wirkung der »hohen Taille« zu imitieren suchte[23], führten zu einem kaum weniger grotesken Ergebnis als die Exzesse der kurvenreichen und ornamentalen Gotik. Die Haltung der Frau blieb bis zum Jahrhundertende hartnäckig »drapiert«[24], erst dann zeichnete sich eine Tendenz zu offeneren und normaleren Formen der Attraktion ab, als die gotischen es waren, eine Tendenz, die in der eduardianischen Ära unseres Jahrhunderts zur Reife gelangen sollte.

1935

Anmerkungen

1 Erstdruck: »La donna gotica«, in: *La Stampa*, 17. August 1935. *A.d.Ü.*

2 Reprint New York: Haskell House, 1973. *A.d.Ü.*

3 Cunnington, »Preface«, S. VI: »the Art of constructing buttressed buildings«; »die Kunst, strebengestützte Gebäude zu bauen«. Vgl. Worringer, »Verstrebungssystem«, »Strebesystem«: Wilhelm Worringer, *Formprobleme der Gotik*, München: Piper, 1922, S. 109–110. *A.d.Ü.*

4 Vgl. die Charakterisierung von Anne Isabelle Milbanke in der literarischen *tour de force* von Robert Nye, *The Memoirs of Lord Byron. A Novel.* London: Abacus, 1989, Chapter 11: »In which a Poet of Parts Marries a Princess of Parallelogramms«. *A.d.Ü.*

5 Die Szene in Stonehenge findet sich im 58. Kapitel von Thomas Hardy, *Tess of the d'Urbervilles* (edited by David Skilton, Introduction by A. Alvarez. Harmondsworth: Penguin, 1978, S. 480–487). – Vgl. Mario Praz, »Tess of the d'Urbervilles« (1980), in: ders., *Studi e svaghi inglesi*, Band II, S. 219–222. – Zum Thema Hardy und die Frauen vgl. Peter Gay, *The Bourgeois Experience. Victoria to Freud.* Band I: *The Education of the senses* (1984). Oxford University Press, Paperbackausgabe 1985, S. 412–413; Band II: *The Tender Passion* (1986). Oxford University Press, Paperbackausgabe 1987, S. 440 (Bibliographie). *A.d.Ü.*

6 »Es ist der besondere Wirkungskreis der Frau, mit geduldiger Aufmerksamkeit das Krankenbett zu umhegen; die unsicheren Schritte der Kindheit zu beaufsichtigen; den Jungen die Grundlagen des Wissens mitzuteilen und mit ihrem Lächeln diejenigen unter ihren Freunden zu segnen, die dabei sind, das Tal der Tränen zu verlassen.« Zitiert in Cunnington, *Feminine Attitudes*, a.a.O., S. 73. *A.d.Ü.*

7 Edgar Allan Poe, *The Philosophy of Furniture* (1845); deutsch: *Die Philosophie der Einrichtung*. Übersetzt von Richard Kruse. In: Poe, *Werke*. Olten: Walter, 1966, Band IV, S. 299–307. *A.d.Ü.*

8 Joris Karl Huysmans, *A Rebours* (1884); deutsch: *Gegen den Strich*, 1. Kapitel. *A.d.Ü.*

9 »The normal woman's psychology possesses the elements of both Sentimentalism and Exhibitionism. The former is an over-charge of feeling so that events, especially those concerned with her sex-life, are viewed through an emotional fog whereby their shapes are agreeably distorted; reality tends to dissolve into fantasy. The Sentimentalist tries to attract the Man by sustained illusions; she swathes her mind in emotions and her body in clothing. The Exhibitionist, on the other hand, has an instinctive desire to expose herself, body and mind, so

as to *compel* Man's attention by a short cut, and merely to be noticed by him affords her pleasure. Obviously the two Attitudes of mind are essentially antagonistic, and in the normal woman, under normal conditions, balance each other; she is capable of using either as occasion demands.« Cunnington, *Feminine Attitudes*, a.a.O., S. 6. *A.d.Ü.*

10 Cunnington, ebd. *A.d.Ü.*

11 »The opulent Victorians suffered from a wealth of feeling which overflowed in every direction.« Cunnington, a.a.O., S. 7. *A.d.Ü.*

12 Cunnington, a.a.O., S. 26. *A.d.Ü.*

13 Vgl. Mario Praz, *Liebe, Tod und Teufel. Die schwarze Romantik*, a.a.O., III. Kapitel: »Im Zeichen des göttlichen Marquis«. *A.d.Ü.*

14 Cunnington, a.a.O., S. 129f. *A.d.Ü.*

15 »Sollten wir unsere Töchter auspeitschen?«, Cunnington, a.a.O., S. 183. *A.d.Ü.*

16 Zit. bei Cunnington, a.a.O., S. 187: »Everyone must admit that a slender waist is a great acquisition; the so-called evils of tight lacing are so much cant. To me the sensation is superb and I am never prouder than when I survey the fascinating undulations that Art affords to Nature«. (»Jeder muß zugeben, daß eine schlanke Taille eine großartige Errungenschaft ist; die angeblichen Übel des engen Schnürens sind einfach dummes Gerede, und niemals bin ich stolzer als dann, wenn ich die zauberhaften Wellenlinien sehe, die die Kunst der Natur einbringt.«) *A.d.Ü.*

17 Cunnington, ebd. »Das enge Schnüren bewirkt köstliche Empfindungen, halb Lust, halb Schmerz.« *A.d.Ü.*

18 Cunnington, a.a.O., S. 200. *A.d.Ü.*

19 Cunnington, a.a.O., S. 216, 245. Vgl. Carol D. Wallace (Photographien von Maria Ferrari), *Victorian Treasures. An Album and Historical Guide for Collectors.* New York & London: Abrams, 1993; *Der viktorianische Haushaltskatalog.* Eine komplette Sammlung von über 4000 Artikeln zur Dekoration und Einrichtung des viktorianischen Heimes (*The Victorian Catalogue of Household Goods*). Mit einem Vorwort von Dorothy D. Bosomworth. Autorisierte englische Originalausgabe. Hildesheim: Olms, 1993. *A.d.Ü.*

20 Cunnington, a.a.O., S. 249–253, bes. S. 251, von der Praz die zitierte Aufzählung übernimmt: Trotz erheblicher Proteste gegen die Tötung von Zehntausenden von Singvögeln und anderen Tieren ließen die Damen von solchem Schmuck nicht ab: »It may be of interest, to lovers of sport, to have a record of such game as could be secured, in the 80's, from the person of a fine lady; it would have been possible to gather from her head excellent specimens of dead parrots, owls, humming-birds, pigeons, hawks, larks, thrushes, finches, sea-

gulls, as well as bird's nests with eggs complete [ganze Vogelnester samt Eiern], beetles, cockchafers, and imitation centipedes, lizards and scorpions, while other parts of her dress would supply dead foxes, squirrels, rats, mices, snakes, and replicas of spiders and flies, together with fragments of bears, wolves, and other beasts of pry [während andere Teile ihrer Kleidung tote Füchse, Eichhörnchen, Ratten, Mäuse, Schlangen und Imitationen von Fliegen, nebst Teilen von Bären, Wölfen und anderen Jagdtieren zur Schau stellten]«. *A.d.Ü.*

21 »Alles was läuft, fliegt, taucht oder gräbt / legt für sie seinen Schmuck ab, / der ihr besser steht als ihnen.« Siehe Mario Praz, *Storia della letteratura inglese*, a.a.O., S. 408–409, 552–554: »Der provinzielle Charakter der viktorianischen Häuslichkeit fand wohl seinen höchsten Ausdruck in *The Angel of the House* (1853–1864) von Coventry Patmore (1823–1896), dessen Leben ganz der ehelichen Liebe (er verheiratete sich dreimal) und dann der göttlichen Liebe gewidmet war, zu der er über die menschliche Liebe gelangte (während eines Romaufenthaltes konvertierte er 1864 zum Katholizismus, der seine Theorie über die menschliche Liebe bestätigte und in der Frau das Abbild des Paradieses sah.« Vgl. auch Mario Praz, »Patmore a Roma«, in: ders., *Studi e svaghi inglesi*, I, S. 207–210; »Due poeti cattolici inglesi« (1951) [Hopkins und Patmore], in: *Cronache letterarie anglosassoni*, Bd. III, S. 571–575; »L'epopea del quotidiano: ›L'angelo della casa‹ di Coventry Patmore«, in: Mario Praz, *La crisi dell'eroe nel romanzo vittoriano*. Firenze: Sansoni, 1952 (2. Aufl. 1981), S. 389–422, bes. S. 404f. – John Maynard, *Victorian Discourses on Sexuality and Religion*. Cambridge: Cambridge University Press, 1993. *A.d.Ü.*

22 Cunnington, a.a.O., S. 270–271. *A.d.Ü.*

23 Cunnington, a.a.O., S. 271. A. d. Ü.

24 »They had, in fact, adopted a draped attitude which showed itself in their clothes, their thoughts and their homes.« Cunnington, a.a.O., S. 274. *A.d.Ü.*

26 *Illustrierte Zeitschriften*[1]

In England gibt es mindestens einhundert Zeitschriften, die sich vornehmen, das Salz der Weisheit, das Opium der Träume oder die Würze des Abenteuers in den grauen Alltag des großen, überwiegend weiblichen Publikums aller Klassen zu streuen. Zeitschriften für Jugendliche oder für ganz besondere Bevölkerungsgruppen wie Armeeangehörige, Matrosen, Landwirte, Sammler, Tierliebhaber und andere zähle ich bei dieser Zenturie nicht mit. Romane und Erzählungen, fast immer illustriert, nehmen den Hauptteil dieser Magazine ein, und sie bilden von Fall zu Fall entweder die Würze oder das Opium; das Salz wird dann in den Leserbriefspalten nachgereicht. Natürlich gibt es für jeden Geschmack etwas, und obwohl dies für den gesamten Bereich dieser Zenturie gilt, so ganz gewiß nicht für den Bereich des einzelnen *magazine*, der einzelnen Zeitschrift. Jede hat ihre eigene Linie, von der sie keinen Millimeter abweicht, um nicht Gefahr zu laufen, den Kontakt mit ihrem Publikum zu verlieren und im Nu zu verschwinden; der Leser weiß, was er kauft, genau so, wie wenn er zum Gemüsehändler oder in die Apotheke geht. Jede Zeitschrift hat ihr eigenes Rezept, das einem ganz bestimmten Geschmack genügt. Diese minutiöse Anpassung an den Gaumen der Leser ermöglicht das gute Gedeihen dieser verblüffenden Pilzkultur bedruckten Papiers; kaum verändert sich die Temperatur eines dieser Pilze, fällt er in sich zusammen, verschwindet unter der Erde.[2] Die Verleger und Herausgeber dieser Zeitschriften sind wahre Experten in der Dosierung von Träumen. Häufig liefert ein einziger Verleger das gesamte Spektrum. So publiziert C. Arthur Pearson Ltd. Dutzende von Zeitschriften für alle Gruppen von Lesern, und man sieht nicht, weshalb der Roman und die Novelle, die in diesen Zeitschriften eine Art von angewandter Kunst, von Kunstgewerbe sind, nicht je nach Umwelt, Denkweise und Geldbeutel des Publikums komponiert sein und sich differenzieren sollten, genauso wie die Taufen, die Hochzeiten und die Begräbnisse. Wer in großem Aufputz in St. Margaret, Westminster, heiratet, in der ersten Klasse reist oder einen Packard fährt und einen Leichenzug erster Klasse haben wird, der wird auch erstklassige *magazines* lesen. Alles genormt.

Die Zeitschriften der ersten Klasse kennen wir auch auf dem Kontinent.[3] *The Bystander*, *The Sketch*, *The Sphere*, *The Tatler*... Hochglanzpapier, makellose Photographien von hochgestellten Persönlichkeiten. »Der Marquis von ..., Lady Sowieso und ihre Tochter *and another*«. Dieser *another* ist eine Person ohne Titel, die zwar das Privileg hatte, gemeinsam mit den erwähnten Adligen photographiert zu werden, die aber ihres minderen gesellschaftlichen Rangs wegen nicht namentlich erwähnt werden darf. Eine dieser Zeitschriften enthält regelmäßig einen *Paris letter*, einen Brief aus Paris, zusammen mit Photographien von Film- und Varietéstars, die dekolletiert sind, freilich nicht zu sehr; die Arme und vor allem die Beine sind deutlich sichtbar. In den Klubs genießen alte Militärs, in ihren riesigen Ledersesseln versunken, in der Stunde der Zigarre und des Portweins diese Seite häppchenweise. Vorsicht, es handelt sich dabei nicht etwa um Nacktphotos! Wer derartige Photographien sucht, muß ein *magazine* einer anderen Klasse mit dem ganz unschuldigen Titel *Health and Strength* (Gesundheit und Kraft) zu Rate ziehen, wo unter dem Vorwand des Sonnenbadens und anderer therapeutischer Annehmlichkeiten *girls* in provozierenden Posen vorgezeigt werden, oder wo man Proselyten für irgendeine *small mixed indoor Nudist group* (kleine gemischte häusliche Nudistengruppe) sucht.

Die Mehrzahl dieser *magazines* will die Frauen unterhalten, anregen, zum Träumen bringen, beraten und unterstützen. *The Queen* und *The Lady* stehen an der Spitze einer breiten Hierarchie, die über winzige Abstufungen vom Adelspalast über das bescheidene bürgerliche Heim bis zum Häuschen des Arbeiters reicht: *Woman and Home*, *Wife and Home*, *Woman's Companion*, *Woman's Friend*, *Woman's Journal* und so fort, bis zu *Woman's Way* und *Woman's World*, alle gekennzeichnet durch ein *strong domestic and feminine interest* oder ein *strong domestic and love interest*, je nach dem Alter der Leserinnen, die sie ansprechen wollen. Der Charakter häuslicher Intimität wird häufig durch den Titel betont: *Family Herald*, *Family Journal*, *Home Companion*, *Weekly Welcome*, wobei man sich keineswegs vorstellen muß, daß der häusliche Titel den *thrill* ausschließt. So fordert zum Beispiel die für Arbeiterfrauen bestimmte Zeitschrift *The Home Companion*, daß jede Fortsetzung mit einem *exciting »curtain«* versehen sein soll, mit einem Finale, das die Leserin in Spannung hält und sie begierig darauf macht, die Fortsetzung zu lesen, beispielsweise so: »Kaum hatte Giovanna sich hingelegt, als der Schatten eines Mannes sich auf der Wand abzeichnete.« Und man soll ja nicht glauben, daß jede Hausfrau alle diese Zeitschriften unterschiedslos genießen könne. *Family Journal* zum Beispiel spezialisiert sich auf Mädchen mit »Vergangenheit«, gewöhnlich Mädchen, die man wegen uralter Sünden verunglimpft, deren sie sich gar nicht schuldig gemacht haben (und natürlich siegt die Unschuld). Der Lebenshintergrund dieser Geschichten muß jedoch stets bescheiden bleiben und etwa dem der Leserinnen entsprechen, die von solchen Geschichten Trost für die eigene Situation erwarten. Schließlich ist der englische Literaturroman auf eben diese Weise entstanden. Richardson bereitete die Niederschrift von *Pamela* dadurch vor, daß er ein Bändchen mit Briefen zusammenstellte, die sich auf alle möglichen Lebensumstände bezogen, und das für ein ungebildetes Publikum bestimmt war, für das er als »Vertrauensmann« zu agieren gedachte. In den Erzählungen dieser *magazines* vermischt sich somit das Alltägliche mit dem Ungewohnten, so daß die Leserinnen hoffen dürfen: »Vielleicht werde eines Tages auch ich ... « In derselben Weise wie eine andere Version des »Alltäglichen« den Hintergrund des *Bystander* bildet, in diesem Falle ein *sophisticated setting: cocktail parties*, Reisen an die Sonnengestade (Riviera, Ägypten, Italien), Luxusgegenstände usw.

Luxusgegenstände, die wohl nicht in eine Erzählung für Mütter aus der Arbeiterklasse gehören, nehmen sich jedoch sehr gut aus in einer Erzählung für Mädchen, die in der Blüte ihrer Jahre stehen und noch auf einen Märchenprinzen hoffen dürfen. Dazu gibt es ganze Gruppen von Zeitschriften, die sich auf ein *strong romantic interest* spezialisiert haben, auf einen *intriguing plot*, eine mitreißende Handlung mit verblüffenden *curtains* oder »Vorhängen«. Die Illustrationen sind eindeutig auf den Text abgestimmt, etwa so: ein junger Mann im Abendanzug und ein schmachtendes Mädchen, an die Reling eines Überseedampfers gelehnt; der Mond spiegelt sich in den Wellen. »Wie verändert Sie aussehen«, sagte Robin langsam, »wie verändert Sie doch in diesem Licht aussehen, Caroline!« Doch Caroline weiß, daß das Mondlicht nicht unentbehrlich ist, um sie verändert aussehen zu lassen. Caroline liest regelmäßig die Zeitschrift *Film Star Weekly* und lernt die Augenbrauen von Greta Garbo, die Lippen der Crawford und die Körperbewegungen der Hepburn nachzuahmen. Außerdem ist Caroline ein viel zu banaler Name für eine solche Erzählung. Die Heldin wird vorzugsweise Monica heißen und *incredibly blue eyes*, unglaublich blaue Augen, aufschlagen. Monica, so lesen wir in einer anderen Zeitschrift, glaubt nicht an die Liebe und bereitet sich skeptisch auf eine Begegnung mit Anthony Payne vor, den man ihr als einen *most gorgeously redheaded* Don Juan, als prachtvollen Rotschopf mit grünen Augen beschrieben hatte. Sie trifft ihn während eines Essens bei einer reichen Freundin: »Blaue Kerzen brannten mit ruhiger Flamme in den silbernen Kerzenhaltern, rosafarbene Seerosen schwammen in einer Kristallschale, ein perfekter Majordomus trug grüne Spargelspitzen auf...« Monica möchte Anthony bis ans Ende der Welt folgen, sich von seinen starken Armen umfangen lassen und dort für immer bleiben. Im Mondlicht gehen sie in den Garten. »Da ergriff Anthony mit seinen gebräunten Fingern ihr schmales Handgelenk, und bei der Berührung dieser Finger schmolz ihre ganze Ruhe dahin, und sie erzitterte wie ein Pflänzchen im Wind.« Anthony muß nach China reisen und macht Monica, die mit einem nichtssagenden jungen Mann verlobt ist, einen Heiratsantrag. Im letzten Augenblick entscheidet sie sich, und ein stürmisches Telephongespräch liefert einen vorzüglichen *curtain*. Endlich hat Monica, die ja gar nicht daran glaubte, ihre Romanze, ihre Leidenschaft gefunden. Oder es geschieht genau das Gegenteil: Die schöne und kapriziöse Cora verlobt sich mit einem armen Bankangestellten. Sie gewinnt jedoch einen Schönheitspreis, bekommt dutzendweise Heiratsanträge und verheiratet sich zur Freude der Familie mit einem Millionär; doch dann stellt sich die Ehe als grausame Enttäuschung heraus. *Betty's Paper*, *Peg's Paper*, *Poppy's Paper*, *Secrets* sowie Dutzende anderer Zeitschriften für Mädchen sind voll von solchen Erzählungen. Einige dieser Zeitschriften wollen das Unvereinbare zusammenbringen: *The Girl's Mirror* zum Beispiel will nur Erzählungen veröffentlichen, die *sensational* sind, *with strong love interest, but no sex question*. Liebe ja, Sex nein. Freilich bilden sexuelle Themen nur allzu oft den Hauptgegenstand der Leserinnenbriefe dieser Zeitschriften. Es geht dabei um alle möglichen Dinge: die Person, die die Briefe der Leserinnen sortiert und beantwortet, erhält jeden Morgen ein ganzes Bündel von Fragen, gleichsam ein Bündel von Lichtstrahlen, die auf eine unwissende, unbesonnene und verzweifelte Menschheit fallen. Der argloseste Brief dieser Art, wie er hier eintreffen kann, ist etwa in folgendem Ton gehalten: »Ich habe mich in einen Polizisten am Ort verliebt. Zwar habe ich ihn noch nie angesprochen und er mich auch nicht, aber wenn ich ausgehe, blickt er mich fortwährend an und folgt mir. Er folgt mir auch bei meinen Einkäufen, wartet vor den Geschäften auf mich und begleitet mich manchmal bis nach Hause. *What can I do to make him notice me?* (Was kann ich tun, damit er mich bemerkt?)«[4] Die meisten Briefe berichten jedoch von traurigen Fällen: heimlichen Abtreibungen, Familienstreit, sexuellen Komplikationen. Diese Mädchenzeitschriften versuchen, *bright and breezy* zu sein, *bright and cheerful*, heiter und flott, strahlend und fröhlich, ohne einen Anflug von *sordidness*, von Niedrigkeit und Schmutz der Realität; sie flößen den Leserinnen ein wenig Hoffnung ein, ein wenig *dope*. Und diese Leserinnen übernehmen es, den niederen Realismus jenem Redakteur zu vermitteln, der die undankbare Aufgabe hat, ihre triste Korrespondenz zu sichten.

In einem Land der religiösen Sekten wie England gibt es erbauliche Zeitschriften dieser oder jener Religion in allen Variationen. Wenn der *uplifting character*, der Charakter des Erbaulichen und der Aufmunterung, manchmal sogar im feierlichen Titel vorherrscht (zum Beispiel *Great Thoughts*, *The Oracle*, *Mothers in Council*, *Columba*) oder im sonntäglichen (*Sunday Circle* und viele andere Zeitschriften, deren Titel an die Feiertagsorientierung erinnert), so bemühen sich die Redakteure, *to make rightousness readable*, die Rechtschaffenheit lesbar zu machen und Erzählungen »voller Menschlichkeit« anzubieten, aber keine *goody-goody-* oder *namby-pamby*-Geschichten: nichts Frömmlerisches oder Sentimentales. Der unterhaltsamste Teil für einen Laien sind gewöhnlich die Anzeigen, von denen hier ein

Beispiel aus einer presbyterianischen Zeitschrift wiedergegeben sei (beim Gottesdienst der Presbyterianer trinken alle Gläubigen aus demselben Kelch): »*Hygiene am Abendmahlstisch*: Ärzte sagen, daß der gemeinsame Kelch ein Infektionsträger sein kann. Besorgen Sie sich ihren *persönlichen Kelch*.« Es folgt die Adresse der Firma, die diesen Artikel vertreibt, der auf typisch englische Weise das Praktische mit dem Metaphysischen verbindet.

1935

Anmerkungen

1 Erstdruck: »Magazines«, in: *La Stampa*, 10. März 1935. *A.d.Ü.*

2 Zwanzig Jahre nach der Erstveröffentlichung des Essays von Praz untersuchte Richard Hoggart in seinem Buch *The Uses of Literacy. Aspects of Working Class Life with Special Reference to Publications and Entertainments* (London: Chatto & Windus, 1957; Taschenbuchausgabe Harmondsworth: Pelican Books 1958) die verschiedenen Formen der Massenkultur und deren Einfluß auf die Arbeiterklasse; eine im angelsächsischen Sprachbereich wegen ihrer einmaligen Verbindung von Autobiographie, Literaturwissenschaft und Mediensoziologie klassisch gewordene Arbeit, die im deutschen Sprachbereich bisher weder gebührend zur Kenntnis genommen noch übersetzt worden ist. Den illustrierten Zeitschriften widmet Hoggart einen besonderen Abschnitt (»Illustrations from Popular Arts – ›Peg's Papers‹«; Pelican-Ausgabe S. 120–131: »the older magazines can often be recognized by their paper, a roughly textured newsprint which tends to have a smell – strongly evocative to me now, because it is also that of the old boy's magazines and comics – of something slightly damp and fungoid.« (S. 122) (»die älteren Zeitschriften sind häufig an ihrem Papier zu erkennen, ein grobes Zeitungspapier, das oft einen bestimmten Geruch ausströmt – der mich heute, weil es auch der Geruch der alten Jugendzeitschriften und der Comic-Hefte ist – sehr stark an etwas Feuchtes und Pilzähnliches (Modriges) erinnert.« Hoggart untersucht insbesondere den literarischen Stil der für die verschiedenen sozialen Gruppen bestimmten Zeitschriften, einschließlich der Krimihefte und der damaligen Sexblättchen (»The Spicy Magazines«, »Sex-and-Violence Novels«). *A.d.Ü.*

3 Zur Entwicklungsgeschichte der Presse in England nach der Differenzierung von Tagespresse (journals) und Zeitschriftenpresse (periodicals, magazines) im 18. Jahrhundert siehe Raymond Williams, *The Long Revolution*. London: Chatto & Windus, 1961; Taschenbuchausgabe Harmondsworth: Pelican, 1965, S. 195–236: »The Growth of the Popular Press«. *A.d.Ü.*

4 Die Briefkastentante, die sich mit solchen Leserinnenbriefen befaßte, war die Schwiegermutter von Mario Praz, Leonora R.: Mario Praz zitiert den Brief in: *La casa della vita*, a.a.O., S. 129: »Dear. Mrs., – I am in love with a policeman in our town. I have never spoken to him nor him to me, but when I go out he looks at me very hard and follows me. He follows me when I go shopping and waits outside for me and sometimes follows me home. What can I do to make him notice me.« *A.d.Ü.*

27 *Die Sage vom Pferdewagen*[1]

Die letzten Male, als ich in London war, ist es nicht mehr wie vor vielen Jahren noch vorgekommen, daß ich einen *Hansom*[2] zu sehen bekam, der für nostalgische Touristen eingesetzt wird. Gibt es überhaupt noch welche? In Rom fahren jedenfalls noch ein paar alte, von betagten Kutschern gelenkte Wagen herum, die vor allem von den Ausländern benutzt werden: ihr Anblick ist mir vertraut, weil eines der beiden Tore des Hauses, in dem ich wohne, genau gegenüber der Hostaria dell'Orso[3] liegt und in den Sommernächten unvermeidlich von einer Droschke versperrt wird, die auf einen Amerikaner wartet, der dieses Restaurant verläßt, das eigentlich ein *night club* ist (»un nichette club«, wie ich einen Vater zu seinem Kind sagen hörte, als er daran vorbeiging).

Diese kleinen Kutschen (»fiacchere« heißen sie in Florenz, und eine der beständigsten Erinnerungen meiner Kindheit ist der Geruch, der von den Standplätzen dieser Wagen ausging; ein scharfer, alles andere als angenehmer Geruch, wenn der Zauberstab der Erinnerung ihn nicht abgeschwächt und gemildert hätte), diese baufälligen Wägelchen sind die letzten armen Verwandten, die verfallenen und entwürdigten Abkömmlinge eines ruhmreichen Geschlechts, das dessen Zeitgenossen nicht einmal eines verächtlichen Blickes gewürdigt hätten, während die heutigen Menschen sich nach ihnen umdrehen und sie als vergnügliche Relikte der Vergangenheit betrachten, die sich im Verkehr der Automobile wie Schwimmer dahinschleppen, die von einer stählernen Flutwelle fortgerissen werden. Wenn der Verkehr ein wenig ruhiger geworden ist und der Kutscher das Pferd zu einem kleinen Trab anspornt, im Glauben, etwas vom alten Stolz zurückzugewinnen, dann wirkt dieses Schauspiel leicht lächerlich, so wie wenn ein Clown mit Zylinderhut sich als Akrobat aufspielen möchte. Als Menschen eines beinahe vollständig motorisierten Zeitalters haben wir vergessen, welche Anmut ein Gespann haben kann, das sich im Schritt oder im leichten Trab fortbewegt. Und wenn wir es doch einmal zu sehen bekämen, so wäre es nicht übertrieben zu sagen, vor unseren Augen müßte der Fries des Parthenon aufblitzen – so groß wäre unsere Überraschung. Dieser Gang stolzer Pferde hat einen Rhythmus, dem wir ohne weiteres das griechische Beiwort *kalokagathós*[4], mit seiner subtilen ethischen Nebenbedeutung, zuschreiben würden, einen Rhythmus, den das Automobil – mit all seinen andersartigen Vorzügen – weder vermitteln kann noch zu vermitteln versteht.[5]

Das Automobil, dessen Geist die Geschwindigkeit ist, der Blitz, erweckt zwangsläufig einen bescheidenen und verhaltenen Eindruck, wenn es sich langsam fortbewegt: den Eindruck der Niederlage eines Wagens, der mit defekter Maschine liegenzubleiben droht und der doch seine Kräfte messen sollte, um nicht jede Bewegung einzustellen.[6] Ich erinnere mich an eine Wagenkolonne des Papstes vor vielen Jahren, als Seine Heiligkeit sich in den Lateran begab: blaß unter dem großen roten Hut, saß der Pontifex ein wenig erhöht und den Segen austeilend in einem offenen Automobil, das sich gemächlich vorwärts bewegte und das in der Tat einige frühe Karikaturen über sich selbst bewegende Fahrzeuge bestätigte, nämlich jene Dampfwagen, die vor etwa anderthalb Jahrhunderten einen bescheidenen Auftritt in den Straßen von Paris und London wagten. Gewiß ist kein *deus ex machina* jemals bescheidener aufgetreten als dieser Pontifex, und weshalb wohl? Bewegt sich die Statue der Jungfrau, die bei einer Prozession auf den Schultern von Männern vorbeigetragen wird, nicht ebenfalls langsam? Vielleicht weil in diesem Fall die Anstrengung der Männer bemessen wird, um den heiligen Apparat zu heben, während es im anderen Fall so aussieht, als ob einige Dutzend Dampfpferde sich winzig klein machen würden, um die Schildkröten nachzuahmen? Wie dem auch sei, ich habe von jenem Anblick keinerlei Eindruck von Feierlichkeit zurückbehalten.

Die ersten Menschen, die dampfgetriebene Wagen sahen, erwarteten nicht viel von ihnen. Was sollte denn aus dem Hyde Park werden, wenn der Tierzug einmal verschwunden war? John Leech[7] zeichnete die königliche Kutsche mit dem Kutscher in Galauniform auf einer kleinen Dampfmaschine montiert, die Kürassiere rittlings auf Dampflokomotiven. Cruikshank[8] stellte sich die verdutzten Kommentare von Pferdeveteranen beim Anblick eines großen Omnibusses vor, der sich ohne Gespann fortbewegte. Andere malten eine städtische Hauptverkehrsader voller Maschinen mit einem Gewirr aus dampfenden Rohren: wahre Visionen eines Hexensabbat oder eines verstörenden Pandämoniums wie die Einfälle eines Bosch oder eines Brueghel. Grandville stellte sich gar ein Konzert mit dampfbetriebenen und explosionssicheren Musikinstrumenten vor.[9] Die Zukunft erwies sich allerdings nicht als so grotesk, wie die alten Karikaturisten vermuten ließen. Nachdem die sich selbst bewegende Maschine das undankbare Zeitalter hinter sich ließ, in dem sie den absurden Anblick einer Droschke ohne Pferde bot, fand sie ihre eigene Linie der Kraft und der Harmonie und wurde sogar zu einem Schlachtroß des *design*. Den gleichmäßigen und feierlichen Rhythmus der herrschaftlichen Kutschen wird jedoch kein Automobil jemals erreichen können.

Denken wir doch nur einmal an die Pracht der Kutsche, die J.-E. Austen-Leigh in seiner *Memoir of Jane Austen*[10] beschreibt: »Damals wurde der Castle Square in Southampton von einem phantastischen Gebäude eingenommen, gebaut vom zweiten Marquis von Landsdowne, das viel zu groß war für den Platz, auf dem es sich erhob, und dennoch zu klein, um mit seinem burgartigen Stil [castellated style] zu harmonieren. (...) Die Marquise besaß eine leichte gedeckte Kutsche, einen *Phaeton*[11], gezogen von sechs, manchmal sogar acht kleinen Ponies, die von der Droschke ausgehend in Größe und Farbe jeweils paarweise abgestuft waren, über alle Schattierungen vom dunklem Kastanienbraun bis zum hellen Braun. Die beiden Paare an der Spitze wurden von zwei ganz jungen Kutschern gelenkt, die beiden Paare in der Nähe der Kutsche mit Zügeln. Für mich war es ein Vergnügen, vom Fenster aus zuzusehen, wie dieses Gefährt zusammengestellt wurde, weil der Bau des Schlosses so klein war, daß der ganze Vorgang sich innerhalb des kleinen Raumes abspielte, der auf dem offenen Platz noch übriggeblieben war. Doch wie alle anderen verzauberten Dinge erwies auch dies hier sich als wenig dauerhaft. Nicht nur die Kutschen und die Ponies verschwanden so rasch wie das vergängliche Aufblitzen einer Vision, sondern auch das Schloß selbst.«[12]

Ein scharfsinniger Schriftsteller hat auf den zunehmenden Verfall der Aristokratie des Olymp hingewiesen. Nach und nach sind die Schranken gefallen; einst isolierten die Adligen sich vom gemeinen Volk durch den Glanz ihrer Rüstungen; dann unterschieden sie sich durch großartige Perücken und so unbequeme Kleidung, daß ersichtlich wurde, wie wenig sie zu irgendeiner mechanischen Tätigkeit imstande waren; schließlich verschanzten sie sich hinter der letzten Schranke, nämlich jener der Etikette, und nach 1830 lösten sie sich zusehends in der ansteigenden Flut der Bourgeoisie auf. Der scharfsinnige Autor hat jedoch die herrschaftliche Kutsche vergessen: daß die Aristokraten nämlich so lange, wie es prachtvolle Equipagen gab, behaupten konnten, in jenem majestätischen Rhythmus, in jenem wie Trommelwirbel betäubenden Scharren und Stampfen ein äußerliches Symbol der auserwählten Klasse bewahrt zu haben – ein letztes Anbranden der alten Kavallerie an die Schwelle des modernen Zeitalters. Ein Zug von eleganten Wagen bildete einstmals einen Fries wie jenen der jungen Reiter der Panathenäen[13], wo die Menschen und die Pferde wie in einem unablässigen, wunderbaren, anmutigen und heiteren Tanz der Erde aufmarschierten. Doch man stelle sich einmal einen Fries nicht am Tempel, sondern an einem Wolkenkratzer vor, gebildet aus einer in Stein gehauenen Kolonne von Automobilen... Die in jedem Augenblick entstehende Anmut des Pferdeschrittes kann der Künstler zwar festhalten, aber wer wird die Schönheit der reinen Geschwindigkeit künstlerisch umsetzen können? Wird es den Flugzeugmalern gelingen? Wer weiß?

Erinnern wir uns an die Spaziergänge und -fahrten in den Cascine[14] noch zu Beginn dieses Jahrhunderts. Und vielleicht gibt es niemanden mehr, der sich an den Prater erinnert und an die Champs Elysées. Wien war eine Stadt »auf vier Rädern«; in den offenen Kutschen stellten die schönen Wienerinnen ihre eleganten Kleider zur Schau. Der Kapellmeister Reichardt[15] schrieb: »Den ganzen Vormittag, bis um ein Uhr, war der Augarten eine regelrechte Blumenschau, voll von eleganten und gepflegten Menschen, und niemals habe ich so schöne Haut, so schönes Fleisch in heiterer Kleidung als diese auf einmal beisammen gesehen. Im Vergleich dazu erscheint die südliche Terrasse der Tuilerien wie ein buntscheckiges Tulpenfeld gegenüber einem bezaubernden Hyazinthenbeet. In den braunen Augen liegt eine

Klarheit, eine Freundlichkeit und eine Milde, ein Zauber liegt auf den roten Lippen, auf den zarten Linien des Kinns und der geschmeidigen Handschuhe…«[16] Die Wagen mit ihren menschlichen Blumen fuhren im Augarten vorüber, am Wasserglacis, im Volksgarten, im Paradegartl, auf der großen, mit Roßkastanien gesäumten Straße des Prater, sie fuhren hin und her auf den breiten Wegen der Tuilerien und des Hyde Park, auf dem Corso in Rom, auf dem Pincio, in den Cascine, auf dem Corso di Milano. »In Italien wäre es höchst unvorteilhaft, den Ort zu versäumen, an dem die Wagen vorbeifahren und den sie *Corso* nennen und wo die gute Gesellschaft sich jeden Tag trifft«, schreibt Stendhal. »Alle Wagen stellen sich in einer Reihe auf, nachdem sie den Corso einmal abgefahren haben, und bleiben so eine halbe Stunde lang stehen. Die Franzosen können sich kaum von der Verblüffung erholen, die dieser Ausflug ohne Bewegung bei ihnen auslöst. Die schönsten Frauen begeben sich auf den Corso, in ganz niederen Wagen, die *bastardelle* genannt werden und die das Gespräch mit den Fußgängern leicht machen. Nach einer halben Stunde Konversation setzen sich beim Ave Maria alle Wagen in Bewegung, und die Damen fahren zum berühmtesten Kaffeehaus, damals das auf der Corsia dei Servi, um ohne auszusteigen Eis zu essen.«[17] Ein fahrender Salon, ein Korso, der für einen Augenblick innehält und schön ist wie ein Fries.

Ein geschlossener Wagen war wie eine Salonecke, die man mit ihren Kommoden und üppigen Sofas ins Freie gerückt hatte. Man betrachte nur einmal die Wagen auf Eugène Lamis Aquarellen[18] der Rennplätze von Chantilly und Hampton oder auf dem großen Derby-Gemälde von Frith[19]; diese »Viktorien«[20] sind wie offene Blüten, die die ganze Üppigkeit der inneren Blumenkrone zur Schau stellen. Das Gemälde *La voiture aux courses*[21] von Degas preist vielleicht mehr als jedes andere Bild die Schönheit der Equipagen. Die Viktoria befindet sich am Rande des Rennplatzes, uns so nahe, daß jede Zeitgrenze aufgehoben scheint, und so wie der vornehme Herr, der den Kutscher spielt, so wie der Bullterrier neben ihm, wie die junge Mutter und die Amme, betrachten auch wir das kleine Kind, das die Amme unter dem Sonnenschirm auf dem Knie hält. Auf dem Rennplatz befinden sich einige wenige Reiter und Jockeys, und der Eindruck der Weite des Raumes und des Himmels, eines auf die Erde herabgesunkenen, alles durchdringenden Himmels, wird noch verstärkt durch diese unvollständige Erscheinung des Wagens, bei dem die Hälfte der Räder und ein Teil der Pferde außerhalb des Bildes verbleiben. Der einzige Ton, den wir hören, ist das Wimmern des Kindes über dem fernen dumpfen Galopp der Rennpferde. Im nächsten Augenblick wird der Kutscher auf dem Bock sich aufrichten, die Zügel bewegen, und der gleichmäßige, majestätische Rhythmus des Gespanns wird diese perlgraue Unermeßlichkeit ausfüllen.

Wie auf einem großen panathenäischen Fries zogen die Stutzer und die Amazonen auf ihren Reitpferden im Hyde Park vorüber, und niemals erschien das Vollblut so sehr als Vollblut wie zu der Zeit, als der Pferdemaler George Stubbs, nach Leonardo der wissenschaftlichste Maler, der jemals gelebt hat, dessen Vollkommenheit auf Gemälden festhielt, mit einer Eleganz, die wie jene der *Dandies* und der Prosa von Jane Austen nicht gebieterisch und unwiderstehlich an die Aufmerksamkeit appellierte, sondern erfüllt war von einer zurückhaltenden, stummen Feinheit, die auf Dauer viel überzeugender wirkt. Die Epoche des Beau Brummell[22] atmete einen maßvollen, auserlesenen Glanz, der bestimmt war durch Takt und makellose Genauigkeit. Es war die Epoche der Pferde, der Rennen, des Boxkampfs (ein Sport, der keinen Pindar als Lobredner finden sollte, sondern einzig die Feder eines Essayisten: Hazlitt[23]), der Manton-Duellpistolen[24], der *clippers*[25], jener höchsten Gestalt der Segelschiffahrt, und der Reisewagen: der von de Quincey gefeierten Postkutschen[26]. Alle diese Dinge hatten etwas Verwandtes, dieselbe Art der behenden, losschnellenden Eleganz: eine Pistole und ein Pferd hatten das nämliche schlanke und schlichte Profil, und das Segelschiff, das die von Britannien beherrschten Ozeane durchfurchte, und die Postkutsche, die mit der unerhörten Geschwindigkeit von vierzehn Meilen pro Stunde über die von Macadam[27] ausgebauten Straßen flog, waren Früchte desselben Geschmacks, Manifestationen desselben Geistes. Vielleicht muß man bis auf die Antike zurückgehen, auf das Griechenland zur Zeit des Perikles, oder auf das Italien der Renaissance, um einen ähnlich kompakten, alle Dinge erfassenden Stil zu finden.

Man wird deshalb auch verstehen, warum die englischen Drucke des Regency, die farbigen Aquatintastiche von James

Pollard[28], die jenes Zeitalter wiederaufleben lassen, das den Triumph der Fortbewegung mit Pferden kennzeichnet, auf uns nicht weniger bezaubernd wirken als Tanagra-Statuetten oder Kleinbronzen aus der Renaissance oder chinesisches Porzellan aus der Ming-Periode.

Es fällt heute einigermaßen schwer, die Begeisterung der Zeitgenossen für die außerordentlichen Geschwindigkeiten und den *comfort* der Postkutschen zu teilen oder nicht über die Bezeichnungen zu lächeln, die allergrößte Schnelligkeit bedeuteten (»Telegraph«, »The Flying Coach«, »The Dart«), mit denen sich diese Wagen schmückten. Heute haben die Verhältnisse sich geändert. Es ist so, als ob der Mensch innerhalb des relativ kleinen Raums eines Zimmers von der Größe einer Ameise oder eines Holzwurms zu der eines Menschen herangewachsen wäre. Was der Ameise als riesig erscheint, ist für den Menschen winzig; heute liegt jeder Winkel des Zimmers in Reichweite (ein Nachtflug), während man früher nicht einmal in die äußersten Ecken des Zimmers gelangte und der Weg über eine einzige Fliese schon eine große Distanz bedeutete. Anders gesagt, der Mensch war damals wie ein Holzwurm in einem kleinen Stück Holzboden.

Zur Zeit Roms waren die Straßen besser und das Reisen angenehmer als in jeder anderen Epoche, bis zum Ende des 18. Jahrhunderts, mit einer möglichen Ausnahme im späten 14. Jahrhundert. Wagen wurden in England um 1580 eingeführt, und ein Jahrhundert später gab es im ganzen Königreich nur sechs Postkutschen. Bekanntlich brauchte es sechs Tage, um eine Distanz zurückzulegen, die man bis gestern noch in sechs Stunden Eisenbahnfahrt und heute im Flugzeug absolviert, und morgen ... Wir setzen dies lieber nicht fort, sonst geraten wir noch in die Lage dessen, der beim Wettrennen um einen Baum sich selber einholt.

Es waren zwei Schotten, Thomas Telford und John Macadam[29], die den Straßenuntergrund verbesserten. Die macadamisierten, aus mehreren Schichten verdichteten Schotters bestehenden Straßen, deren Kompaktheit durch den Verkehr noch erhöht wurde, erlaubten im letzten Viertel des 18. Jahrhunderts den Bau leichterer Fahrzeuge, so daß um 1825 die für Pferdewagen größtmögliche Geschwindigkeit erreicht werden konnte. Zur Eleganz der Pferde kam also die der Wagen hinzu: mit dem hohen Wagenkasten auf Blattfedern, den Speichenrädern sowie einem durch feingliedrige, geschmiedete Gelenkverbindungen bestimmten Profil zeigten sie einen Umriß, der für das Gleichgewicht der damaligen Epoche ebenso typisch ist wie die anmaßende ballistische Linie der modernen Automobile (Profile von kleinen Torpedos und von Haifischen[30]) für den gewalttätigen Geist unserer Ära. Um den Wagenkasten der Postkutsche menschenähnlicher zu gestalten, wurde das Äußere wie eine Uniformbrust mit den Sternen der vier großen Ritterorden geschmückt – und von den Uniformen stammten auch die glänzenden Farben, bei denen das Gelb vorherrschte. Die ganze nüchterne Eleganz dieser fliegenden Wohnkabinen kann man ermessen, wenn man sie mit den überreich verzierten Aufbauten der Kutschen des 18. Jahrhunderts vergleicht, die man in der Waffensammlung des Kreml besichtigen kann: funkelnd vor Gold, vor Wappenbildern und Spiegeln, inkrustiert wie Grotten in den Abgründen des Meeres.

Die Abfahrt der Postkutschen vom Piccadilly oder vom General Post Office unter dem Scharren der Pferde, dem Ertönen der Posthörner und dem Lärm der Menge war ein unvergleichliches Schauspiel und, wie Hazlitt meinte, noch erhabener als die Abfahrt der Schiffe in der Meeresbucht. De Quincey rühmte die »absolute perfection of all the appointments about the carriages and the harness, their strength, their brillant cleanliness, their beautiful simplicity – but more than all, the royal magnificence of the horses«.[31] Er beschrieb auch die Ankunft der Postkutschen auf dem Lande, wo sie, mit Lorbeer, Blumen und Bändern geschmückt, die Nachrichten der Siege von Trafalgar, Salamanca, Vitoria und Waterloo überbrachten: ein Flaggenschmuck, von dem die bei Nationalfeiertagen an den Kontaktstangen der bis gestern noch bei uns zirkulierenden Tramwagen der letzte, schwache Abglanz sind.

Ein amerikanischer Schriftsteller, Washington Irving, hat uns eine Beschreibung des typischen Anblicks eines englischen Kutschers hinterlassen: »Wo immer man den Kutscher einer englischen Postkutsche sieht, ist er mit den Angehörigen irgendeines anderen Berufs oder Handwerks nicht zu verwechseln. Gewöhnlich hat er ein volles und breites Gesicht mit merkwürdigen roten Flecken, als ob eine Heldenmahlzeit das Blut aus allen Poren getrieben hätte; es ist von den häufigen Zechereien mit Getränken auf Malzbasis zu üppigen Ausmaßen aufgedunsen, und seine

Korpulenz wird noch betont durch die Vielzahl von Jacken und Mänteln, unter denen er vergraben ist wie ein Blumenkohl, wobei das oberste Kleidungsstück bis zu den Fersen reicht. Er trägt einen flachen, breitkrempigen Hut und ein großes farbiges Halstuch, kunstvoll geknüpft und in die Brust gesteckt, und im Sommer hat er im Knopfloch ein üppiges Blumensträußchen, vermutlich das Geschenk eines verliebten jungen Bauernmädchens. Die Weste ist gewöhnlich bunt und gestreift, und die Jacke reicht bis unters Knie, wo sie die Reiterstiefel berührt, die eine halbe Beinlänge haben.« Die langen Mäntel waren für die Reise unter offenem Himmel (besonders unter dem unfreundlichen englischen Himmel) erforderlich, und ich erinnere mich (auch dies ein halb entschwundenes Andenken an ein untergegangenes Zeitalter), daß Vernon Lee mir empfahl, als ich mich 1923 zum ersten Mal nach England begab, mir für die Reise auf dem Oberdeck der Autobusse, das damals offen war, einen Überzieher zu besorgen, der bis unters Knie reichte.

An den letzten Aufzug eines Vierspänners erinnert sich Thackeray in *The Four Georges* wie folgt: »Ein einsamer Vierspänner war im vergangenen Jahr [es war das Jahr 1854] noch zu sehen, wie er durch die Londoner Parks fuhr, aber dieser Automedon[32] wird wohl schnell verschwinden müssen. Er war sehr betagt und nach der Mode von 1825 gekleidet. Er wird sich wohl sehr bald an die Ufer des Styx begeben müssen, wo die Fähre ihn erwartet, um ihn mitten unter die dahingegangenen Festliebhaber zu bringen, die den Boxsport betrieben, am Spieltisch saßen, Gelage veranstalteten und in der Zeit des Königs George herumkutschierten.«[33]

Zuweilen konnte man auf dem Kutschbock an Stelle der vertrauten rundlichen Gestalt des Berufskutschers einen *Dandy* sehen, weil die Erziehung eines Stutzers (eines *gay young blood*, wie man damals sagte) so lange nicht als beendet galt, bis er einen Vierspänner vollkommen zu beherrschen wußte. Gewöhnlich geschah das auf der Straße von Brighton, wo die elegante Welt solchen Spektakeln beiwohnte. Liebhaber, zu denen der berühmte Comte d'Orsay gehörte, hatten einen Club gegründet, den *The four-in-hand Club* [Vierspännerclub], dessen Regeln verlangten, »wie Kutscher zu kutschieren, aber wie Gentlemen auszusehen«.[34]

Mehr noch als in jeder möglichen Beschreibung wird die Begeisterung für die Pferdekutsche auf den Stichen von Pollard lebendig, die damals schon als »äußerst erstrebenswerter Schmuck für eine Wohnung« galten. Szenerien von friedlichen englischen Dörfern, schlafenden Korallenbänken auf dem Meeresgrunde gleich, wo die Gentlemen in Reichtum und Überfluß lebten, höfliche Konversation betrieben und an Jagdpartien teilnahmen; palladianische Villenfassaden inmitten von Wiesen und kleinen Wäldern; vor einem fahlen Himmel die Straßen von London mit den dichtgedrängten Häusern in langen gleichförmigen und makellosen Reihen wie Infanteristen bei einer Parade; betriebsame Innenhöfe von Gastwirtschaften – vor solchen Hintergründen hob sich das elegante Fahrzeug in den Farben des Schmetterlings (Gelb und Schwarz, Schwarz und Rot) ab, und als Gespann dienten die prachtvollen feurigen Renner. Am beliebtesten waren die Stiche, auf denen dramatische Unfälle oder außergewöhnliche Situationen geschildert wurden: die Kutsche im Schneesturm, im Gewitter, im Hochwasser (was am meisten gefürchtet wurde[35]) und im Nebel[36]. Wir hingegen ziehen die städtischen Szenen vor, die Wirkung des Kontrastes zwischen der meringueweißen Kolonnade des Hyde Park Corner und dem Schokoladebraun der Pferde darunter, oder den fröhlichen Aufzug der Kutschen und Postwagen vor dem Gloucester Coffee House in Piccadilly. Und wir stellen uns vor, welch ein fröhliches Spektakel die Prozession der Postkutschen, der Royal Mail Coaches, am Geburtstag des Königs auf den Straßen des West End bis zum St. James Palace gewesen sein muß, wo Fässer dunklen Bieres auf die Fuhrleute warteten.

Das ländliche England war noch intakt, die Eleganz der Villen fügte sich in die Landschaft ein; niemals waren die Pferde schöner gewesen, die Kutschen zeigten die größte Anmut der Linienführung, und die Kleidung der Männer war schlicht und vornehm... Doch wie immer in der Geschichte ist die Vollkommenheit der Vorbote der Katastrophe. Die Perfektion der englischen Equipagen wurde ebenso wie die der Segelschiffe genau in dem Augenblick erreicht, als der Einsatz der Dampfmaschine für den Transport ihr Ende signalisieren sollte. Als das Parlament 1838 ein Gesetz erließ, welches die Beförderung der Post durch die Eisenbahn gestattete, waren die Tage der Postkutsche gezählt.

1941–1972

Anmerkungen

1 Erstdrucke und Vorlagen: »Fortuna della carrozza«, in: *Il Corriere della sera*, 25. Dezember 1941 (abgedruckt unter dem Titel »Carrozze padronali«, in: Mario Praz, *Fiori freschi*, Firenze: Sansoni, 1943, S. 104–109); »La saga della vettura a cavalli«, in: *Sport Equestri*, 13. Jg., N° 2, Serie 2, 30. Juni 1972, S. 19–23, und »L'età aurea della diligenza«, in: Mario Praz, *Bellezza e bizzarria*, Milano: Mondadori; 1960, S. 307–311. *A.d.Ü.*

2 *Hansom cab*: Eine nach ihrem englischen Erfinder benannte, leichte und schnellfahrende zweirädrige Droschke mit nur zwei Plätzen; der Kutscherbock befand sich hinter den Fahrgästen. – In Henry James' Roman *The Golden Bowl* fahren Charlotte Stant und Fürst Amerigo in einem *Hansom* zu dem Antiquitätenhändler, bei dem ihnen die goldene Schale gezeigt wird. In der Anmerkung zu dieser Stelle am Anfang des 6. Kapitels heißt es in der Penguin-Ausgabe: »*hansom*. Eine zweirädrige Mietkutsche mit Platz für zwei Fahrgäste. James ist bei Transportmitteln stets sehr genau, weil er ihnen wohl wie hier eine symbolische Bedeutung beimißt.« Henry James, *The Golden Bowl* (1904). With an Introduction by Gore Vidal and Notes by Patricia Crick. Harmondsworth: Penguin, 1985, S. 113, Anm. S. 584. In der deutschen Übersetzung von Werner Peterich wird aus dem *hansom* ein Tilbury (Henry James, *Die Goldene Schale*. Frankfurt a. M., Berlin, Wien: Ullstein, 1984, S. 85). *A.d.Ü.*

3 Am 30. November stieg Montaigne auf seiner Italienreise in diesem »Gasthof zum Bären« ab: *Journal du Voyage de Montaigne*, in: ders., *Œuvres complètes*. Ed. Albert Thibaudet et Maurice Rat. Paris: Gallimard (Bibliothèque de la Pléiade), 1980, S. 1203: »Nous vinmes loger à l'Ours où nous arrestames encore lendemain (. . .).« Hinweis bei Mario Praz, »Palazzo Primoli« (1974), in: ders., *Panoptico romano secondo*. Roma: Edizioni di Storia e Letteratura, 1977, S. 13. *A.d.Ü.*

4 Griechischer Hendiadyoin *kalòs kaì agathós*, edel und gut. Die Substantivierung »Kalokagathía« ist zunächst ein Wertprädikat, das in der Adelsethik die Angemessenheit an die Norm bedeutet; später bei Aristoteles eine jede Einzeltugend krönende Eigenschaft. Shaftesbury, dessen Schriften eine nachhaltige Wirkung auf Autoren wie Wieland, Herder, Schiller und Klopstock ausüben, greift im 18. Jahrhundert den Begriff wieder auf: »Bei Shaftesbury werden die ethisch-politischen Momente des Begriffs *Kalokagathía* zugunsten der ästhetischen Implikationen überdeckt. Schönheit ist nicht nur Attribut der dinglichen Welt, sondern auch Gestaltungsprinzip der sozialen Welt.« Eine mit dem Erziehungsideal verbundene Konzeption der Kalokagathía entwickelt Wieland, der indessen »die Vorstellung vom

sittlich-ästhetisch kultivierten Weltmann auf den Kunstkenner« verengt; Herder wiederum rückt die ethischen Momente des Begriffs in den Vordergrund. »Einige Implikate des Kalokagathía-Begriffs finden sich auch im Begriff der *schönen Seele*«; W. Grosse, Art. »Kalokagathía«, in: *HWPh*, Bd. 4, Sp. 681–684. *A.d.Ü.*

5 Zum Kutschenbau, vgl. Johann Christian Ginzrot, *Die Wagen und Fahrwerke der verschiedenen Völker des Mittelalters und der Kutschen-Bau neuester Zeiten nebst der Bespannung, Zäumung und Verzierung ihrer Zug-, Reit- und Last-Thiere.* München, 1830 (Reprint Hildesheim: Olms, 1979). *A.d.Ü.*

6 Einen ebenso instruktiven wie vergnüglich zu lesenden Versuch, mit dem Automobil »à la Postkutsche zu reisen«, unternahm Otto Julius Bierbaum bereits im Jahre 1902: »*Wir wollen mit dem modernsten aller Fahrzeuge auf altmodische Weise reisen, und eben das wird das Neue an unserer Reise sein. Denn bisher hat man das Automobil fast ausschließlich zum Rasen und so gut wie gar nicht zum Reisen benützt. (...) Lerne zu reisen, ohne zu rasen*, heißt mein Spruch, und auch darum nenne ich das Automobil gerne Laufwagen. Denn es soll nach meinem Sinne kein Rasewagen sein.« *Eine empfindsame Reise im Automobil von Berlin nach Sorrent und zurück an den Rhein.* In Briefen an Freunde geschildert von Otto Julius Bierbaum (1903). Berlin: Rütten & Loening, 1992, S. 11–12. Das (von einem Chauffeur gesteuerte) Fahrzeug war übrigens ein Adler-Phaëton mit 8 PS, Einzylindermotor, Dreiganggetriebe und verstärkten Bremsvorrichtungen. *A.d.Ü.*

7 John Leech (1817–1864), Zeichner, Karikaturist und Illustrator; von 1841–1864 fertigte er als Mitarbeiter des *Punch* über 3000 Zeichnungen an. Vgl. Thieme/Becker, Bd. 22, S. 542; Rudolf Zeitler, *Die Kunst des 19. Jahrhunderts.* Berlin: Propyläen (Propyläen Kunstgeschichte, Band 11), 1966, S. 265, 267. Francis D. Klingender, *Kunst und industrielle Revolution* (1968). Übersetzt von Eva Schmumann. Frankfurt a. M.: Syndikat, 1976, Kap. VII: »Das Zeitalter der Eisenbahnen«, bes. S. 127: die Eisenbahn, speziell die Dampflokomotive, als Sujet der Karikatur. *A.d.Ü.*

8 Isaac Cruikshank (1756–1810), Karikaturist, Illustrator und Aquarellmaler; sein Sohn und Schüler Robert Cruikshank (1789–1856) trat ebenfalls als Karikaturist sowie als Miniaturist und Porträtmaler hervor; Robert arbeitete auch mit seinem Bruder George und seinem Sohn Percy sowie mit Rowlandson und Leech zusammen; Thieme/Becker, Bd. 8, S. 176–177. *A.d.Ü.*

9 Illustration: »Le concert à la vapeur« (»Das Dampfkonzert«), aus *Un autre monde. Transformations, visions, incarnations, ascensions, locomotions, explorations, pérégrinations, excursions, stations, cosmo-*

gonies, fantasmagories, rêveries, folatreries, facéties, lubies, métamorphoses, zoomorphoses, lithomorphoses, métempsycoses, apotheoses et autres choses (Paris: H. Fournier, 1844), in: Grandville, *Das gesamte Werk*. Einleitung von Gottfried Sello. München: Rogner & Bernhard, 1969 (2 Bde.), Bd. 2, S. 1179. Vgl. Mario Praz, »Two Masters of the Absurd: Grandville and Carroll«, in: Francis Haskell, Anthony Levi und Robert Shackleton, Hrsg., *The Artist and the Writer in France. Essays in Honour of Jean Seznec*. Oxford: Clarendon Press, 1974, S. 134–137; Ausstellungskatalog *Literatur im Industriezeitalter*. Deutsches Literaturarchiv Marbach a. N., 1987, 2 Bde., Bd. 1, S. 38–41. *A.d.Ü.*

10 *A Memoir of Jane Austen*. By her nephew, J. E. Austen-Leigh. London: Richard Bentley & Son, 1870; *A Memoir of Jane Austen*. By her nephew, J. E. Austen-Leigh. Second edition; to which is added *Lady Susan* and fragments of two other unfinished tales by Miss Austen. London: Richard Bentley & Son, 1871. *A.d.Ü.*

11 In Anlehnung an den Sonnengott Helios so bezeichneter leichter, meist offener Kutschwagen. *A.d.Ü.*

12 Austen-Leigh, *Memoir of Jane Austen* (1871), S. 77. Die Familie Austen lebte damals (um 1807) am Rande des Castle Square in einem alten Haus mit einem Garten, der an die Stadtmauer grenzte. Vgl. William Austen-Leigh und Richard Austen-Leigh, *Jane Austen. Her Life and Letters. A Family Record*. Second Edition. New York: Russell & Russell, 1965, S. 202 f. *A.d.Ü.*

13 Gesamtfest der Athena; Fest für alle Athener; vgl. Art »Panathenaia«, in: Pauly, Bd. 4, Sp. 448–449. *A.d.Ü.*

14 Stadtpark von Florenz, der die Rolle eines *Corso* spielte. Vgl. Mario Praz, *Letter a Bruno Migliorini*. Firenze: Sansoni, 1983, S. 66 (Brief vom 15. Februar 1920): »Heute ist ein wunderbarer Tag: man spürt in der Luft eine laue Wärme, die den Frühling ankündet. So habe ich mich aufs Fahrrad geschwungen, und, *traversate le ›ascine‹* [»nachdem ich die *Cascine* durchquert hatte«: Praz' Schreibweise ironisiert die toskanische Aussprache des (aspiratorischen) *c* in Wörtern wie *caccia*, Jagd oder eben *Cascine*, das wie *hatscha* bzw. *haschine* tönt], nahm ich die Straße nach Brozzi ... «. Christopher Hibbert zitiert in: *Florence. The Biography of a City*. London: Viking, 1993, S. 213, einen Bericht von Tobias Smollett über den »Corso« in den Cascine; siehe Abb. S. 261. *A.d.Ü.*

15 Johann Friedrich Reichardt (1752–1814), Kapellmeister Friedrichs des Großen, komponierte Lieder, Singspiele und Opern, Sinfonien, Kammermusik und Klaviersonaten: *Schillers lyrische Gedichte in Musik gesetzt von Johann Friedrich Reichardt*. Leipzig: Breitkopf & Härtel, o. J. (um 1800); *Goethe's Lieder, Oden, Balladen und Ro-*

manzen mit Musik von Johann Friedrich Reichardt. Leipzig: Breitkopf & Härtel, 1809; *Briefe eines aufmerksamen Reisenden, die Musik betreffend* (2 Teile, Frankfurt und Leipzig, 1774–1776; Reprint Hildesheim: Olms, 1977); *Vertraute Briefe, geschrieben auf einer Reise nach Wien und den Oesterreichischen Staaten zu Ende des Jahres 1808 und zu Anfang 1809.* Amsterdam: Kunst- und Industrie-Comtoir, 1810, 2 Bde. (dass.: Eingeleitet und erläutert von Gustav Gugitz. München: Georg Müller, 1915, 2 Bde.); vgl. Guido Adler, Hrsg., *Handbuch der Musikgeschichte* (2. verbesserte und ergänzte Auflage, Berlin 1930). München: dtv, 1975, Band 3, S. 700 f. *A.d.Ü.*

16 [Rückübersetzung aus dem Italienischen.] Vgl. Ausstellungskatalog *Jugend in Wien.* Marbach a. N.1974, S. 226: Über den Prater-Blumencorso und seine Variante: den Radfahrblumencorso. *A.d.Ü.*

17 Offensichtlich handelt es sich bei dieser Passage um eine gekürzte Zusammenstellung von Abschnitten aus Stendhal, *Rome, Naples et Florence* (1826), Eintragung von 29. November 1826 über Mailand (Stendhal, *Voyages en Italie.* Textes établis, présentés et annotés par V. del Litto. Paris: Gallimard, (Bibliothèque de la Pléiade 249), 1973, Nachdruck 1992, S. 350–352: »Man müßte eigentlich jeden Tag auf den *Corso* gehen. (...) Im Sommer begeben sich nach dem Abendessen, bei Dämmerung oder beim *Ave Maria*, wie man hier sagt, alle Wagen des Ortes auf die *Bastion der Porta Rense*, die sich dreißig Fuß über die Ebene erhebt. Von dort aus sieht die Landschaft zwar wie ein undurchdringlicher Wald aus, aber darüber sieht man die Alpen mit ihren schneebedeckten Gipfeln. Es ist einer der schönsten Fernblicke, an denen das Auge sich erfreuen kann. (...) Doch nicht um ihn zu genießen, machen alle Wagen auf dem *Corso* eine halbe Stunde halt. Es ist eine Art Parade der guten Gesellschaft. Wenn eine Frau nicht erscheint, fragt man nach dem Grund. (...) Am Sonntag strömt das ganze Volk herbei, um die Equipagen *seiner* Adligen anzusehen. (...) Der Zimmermann oder der Schlosser des Hauses gibt dem Domestiken, der seit zwanzig Jahren hinten auf den Wagen der *Casa Dugani* steigt, ein freundschaftliches Zeichen, und wenn der Hausherr den Handwerker des Hauses bemerkt, gibt er ihm ein überaus gütiges Zeichen mit dem Kopf. Um den Wagen einer hübschen Frau drängen sich die Galane. Die vornehmen Damen lassen es kaum zu, daß ihre Freunde, die nicht zum eigenen Stand gehören, ihnen auf diese Weise öffentlich den Hof machen. Die älteren Damen pflegen eine eigenartige Konversation mit ihrem Kammerdiener, dessen Platz, sobald der Wagen anhält, neben dem Wagenschlag ist, damit sie sofort aufmachen können, falls Madame einige Schritte zu Fuß gehen möchte, was jedoch nicht einmal in zehn Jahren vorkommt. (...) Im Winter findet der *Corso* vor dem Abendessen statt,

von zwei bis vier Uhr. Es gibt in allen italienischen Städten einen *Corso* oder allgemeine Parade der guten Gesellschaft. (...) Die Mailänder sind stolz auf die Anzahl der Wagen, mit denen sich ihr *Corso* schmückt. An einem sonnigen Feiertag habe ich vier Reihen von stehenden Wagen zu beiden Seiten des großen Weges gesehen, in der Mitte zwei Reihen Wagen in Bewegung, das Ganze dirigiert und gesteuert durch zehn österreichische Husaren; zweihundert junge Leute zu Pferd und dreitausend Fußgänger vervollständigten den Aufmarsch; die Fußgänger sagten voller Stolz: Es ist fast so schön wie in Paris; es sind über dreitausend Karossen da. Dieses ganze Durcheinander bereitet mir Kopfschmerzen und überhaupt kein Vergnügen. Ein Ausländer müßte den hübschesten Wagen mieten, der aufzutreiben ist, und jeden Tag mit seiner Schönen zum *Corso* fahren. Kehrt man im Sommer vom *Corso* zurück, so wird in der *Corsia dei Servi* angehalten, um Eis zu essen; man fährt für zehn Minuten nach Hause und danach in die Scala. Angeblich sind diese zehn Minuten die Stunde der Rendez-vous, und ein kleines Handzeichen beim *Corso*, etwa die auf den Wagenschlag gelegte Hand, zeigt an, ob man sich an dem Abend zeigen darf oder nicht.« *A.d.Ü.*

18 Eugène Lami (1800–1890), französischer Maler von Schlachtenbildern und Aquarellen; KML, Bd. 8, S. 63–64; Thieme/Becker, Bd. 22, S. 263: »Das Leben der vornehmen Welt und eleganten Halbwelt in Theater und Ballsaal, im Salon und bei den Ausfahrten oder beim Spazierritt im Bois, dieses ununterbrochene Festefeiern, das mit jenem entzückenden Charme, der dieser Generation angeboren war, geschah, hat in Lami seinen unübertroffenen Schilderer gefunden.« Er galt als ein »*poète du dandysme officiel* [Poet des allgemeinen Dandytums], der zugleich den Ehrentitel eines *sérieux historien* [eines ernsthaften Historikers] verdient«. *A.d.Ü.*

19 William Powell Frith (1819–1909), englischer Maler, malte Genrebilder und Kompositionen nach Dichtungen u. a. von Shakespeare, Cervantes, Dickens und Sterne. Internationale Berühmtheit erlangte er mit dem Gemälde *Derby Day at Epsom* (1858, National Gallery, London), das auf den Weltausstellungen von Wien (1873) und Paris (1878) gezeigt wurde. Thieme/Becker, Bd. 12, S. 499–500. Vgl. Ernst H. Gombrich, *Kunst und Illusion*. Köln, Berlin: Kiepenheuer & Witsch, 1967, S. 240f.: »Wenn in einer vielleicht gar nicht so fernen Zukunft Pferderennen aufgehört haben werden zu existieren und Pferde so ausgestorben sein werden wie Mammuts, wird man aus Manets lebendiger Skizze [*Beim Rennen*, um 1875; Abb. 179] sicher weniger über dieses alte Ritual erfahren können als aus dem berühmten, für seine Epoche repräsentativen Genrebild *Derby Day* des englischen Modemalers Frith [Abb. 180, Ausschnitt].« *A.d.Ü.*

20 Viersitzige Wagen mit Faltverdeck (Landauer). *A.d.Ü.*

21 »Der Wagen beim Rennen«, 1871–72, Öl auf Leinwand, 36 x 55 cm; Boston, Museum of Fine Arts; Abb. in: *Degas par lui-même.* Tableaux, Dessins, Extraits de la Correspondance et des Carnets de Notes de Degas ainsi que des Ecrits des Contemporains du Peintre rassemblés par Richard Kendall. Paris: Atlas, 1989, S. 79 (franz. Ausgabe von *Degas by Himself.* London: MacDonald, 1989). *A.d.Ü.*

22 Vgl. Essay 38; William Hazlitt, »Brummelliana«, in: ders, *Selected Writings.* Edited with an Introduction by Ronald Blythe. Harmondsworth: Penguin, 1987, S. 430–433. *A.d.Ü.*

23 William Hazlitt, »The Fight« (1822), in: Ronald Blythe, Hrsg., *William Hazlitt: Selected Writings.* Harmondsworth: Penguin, 1970 (Nachdruck 1987), S. 78–97. *A.d.Ü.*

24 Joseph Manton (ca. 1766–1835), englischer Fabrikant von Handfeuerwaffen (Vorderladern). Mario Praz besaß in seiner Sammlung ein Paar Duellpistolen von Manton: vgl. *La casa della vita*, a.a.O., S. 339 f.: »La qualità delle pistole di John Manton era *superlative.*« *A.d.Ü.*

25 Klipper: schnelles Segelschiff. *A.d.Ü.*

26 Thomas de Quincey, »The English Mail Coach« (1849). In: D. Masson, Hrsg., *The Collected Writings of Thomas de Quincey.* Edinburgh, 1889–90, 14 Bde. Zu den Modalitäten des Reisens mit der Kutsche in Deutschland siehe Thomas Brune, »Von Nützlichkeit und Pünktlichkeit der Ordinari-Post«, und Klaus Beyrer, »Im Coupé. Vom Zeitvertreib der Kutschenfahrt«, beides in: Hermann Bausinger, Klaus Beyrer und Gottfried Korff, Hrsg., *Reisekultur. Von der Pilgerfahrt zum modernen Tourismus.* München: C. H. Beck, 1992, S. 123–130 und 137–146; Ausstellungskatalog *Zeit der Postkutschen. Drei Jahrhunderte Reisen 1600–1900.* Hrsg. Klaus Beyrer. Frankfurt a. M. 1992–1993 (Verlag G. Braun, Karlsruhe). Die Eutiner Forschungsstelle zur historischen Reisekultur hat den größten Teil der zehntausend Bände umfassenden Sammlung in der Eutiner Landesbibliothek in einer EDV-gestützten Bibliographie erfaßt; 1990 fand ein internationales Symposion statt, dessen Arbeitsbericht vorliegt: W. Griep, Hrsg., *Sehen und Beschreiben. Europäische Reisen im 18. und 19. Jahrhundert.* Boyens: Heide-Verlag, 1991. Die historischen Bestände sind in einem 2000 Titel umfassenden Titelblattkatalog erschlossen: W. Griep, Hrsg., Bearbeitung Susanne Luber, *Reiseliteratur und Geographica in der Eutiner Landesbibliothek.* Boyens: Heide-Verlag, 1990, 2 Bde. *A.d.Ü.*

27 John Macadam (1756–1836), schottischer Ingenieur, der eine befestigte Straßenfahrbahn entwickelte, die mit einer etwa 25 cm dicken Schicht aus Schottersteinen hergestellt wird; die *Macadam road,*

Steinschuttstraße. Sein Name wurde zum Synonym für modernen Straßenbau (*makadamisieren*); seine Technik beschrieb er in: *A Practical Essay on the Repair and Preservation of Public Roads*, London, 1819. *A.d.Ü.*

28 James Pollard (1797–1859), Sport- und Pferdemaler und Aquatintastecher; Schilderungen aus dem englischen Postkutschenverkehr, Jagd- und Rennszenen. Thieme/Becker, Bd. 27, S. 217. Vgl. Mario Praz, »L'età aurea della diligenza«, in: ders., *Bellezza e bizzarria*, a.a.O., S. 307–312; Schwarzweißabbildung S. 303: J. Pollard, »Pair-Horse Short Stage Coach«. Farbreproduktionen von Zeichnungen Pollards finden sich in: N. C. Selway, *The Regency Road*. London: Faber, 1957. *A.d.Ü.*

29 Vgl. Martin Scharfe, »Die alten Straßen. Fragmente«, in: Hermann Bausinger u. a., Hrsg., *Reisekultur: Von der Pilgerfahrt zum modernen Tourismus*. München: C.H. Beck, 1991, S. 11–22, bes. S. 18 f.; ders., »Straße und Chaussee. Zur Geschichte der Wegsamkeit«, in: Ausstellungskatalog *Zeit der Postkutschen*, a.a.O., S. 137–149. *A.d.Ü.*

30 Neuere Beispiele im Ausstellungskatalog *L'idea Ferrari*. Firenze, Forte di Belvedere, 1990 (Milano: Editoriale Fabbri, 1990); Ausstellungskatalog *Raymond Loewy. Pionier des amerikanischen Industriedesigns*. Berlin, 1990 (München: Prestel, 1990), S. 74: Hupmobile, 1934; S. 77–78: Lokomotiven; S. 82 und 85: Studebaker-Automobile 1938 und 1947; François Burkhardt, »Geschwindigkeit in Gestalt und Fortschritt als Propaganda. Streamline und Stromlinie in Amerika und Europa«, ebd., S. 221–229. *A.d.Ü.*

31 »Die absolute Vollkommenheit aller Bestandteile an Wagen und Pferdegeschirr, ihre Festigkeit, ihre strahlende Sauberkeit, ihre schöne Einfachheit – vor allem aber die königliche Pracht der Pferde«, in: De Quincey, »The English Mail-Coach«, zitiert nach der Auswahlausgabe von Aileen Ward, *Thomas de Quincey: Confessions of an English Opium Eater and Other Writings*. New York: Signet, 1966, S. 245. *A.d.Ü.*

32 Automedon: Sohn des Diores aus Skyros (Hyginus, fab. 97), treuer und tapferer Wagenlenker des Achilleus und des Patroklos (*Ilias*, 9, 209). Pauly, Bd. 1, Sp. 782. *A.d.Ü.*

33 William Thackeray, *The Four Georges. Sketches of Manners, Morals, Court and Town Life* (1860). Leipzig: Tauchnitz, 1861.

34 Ein früheres Beispiel für die Unterweisungen im Kutschieren: Ph. J. Mancini-Mazzarini, *Der vollkommene Kutscher, oder die Kunst, Kutschen und Pferde sowohl in der Stadt, als auf dem Lande, in gehörigem Stand zu halten, und recht damit zu fahren, nebst einem Unterricht für die Kutscher, von Kutschpferden, ihren Krankhei-*

ten... Nach der 2. französischen Ausgabe übersetzt von E. M. S. A. Erste deutsche Ausgabe. Frankfurt und Leipzig: Ph. H. Perrenon, 1778. *A.d.Ü.*

35 Vgl. Scharfe, »Die alte Straße. Fragmente«, a.a.O., S. 18: »... das Wesentliche der Kunststraße erschließt sich besser aus den Instandhaltungsregeln«. Scharfe zitiert aus der »Instruktion für die Wegmeister aus den Königl. [württembergischen] Chausseen, vom 23. April 1808«. Einer der »wichtigsten Punkte« »in Rücksicht der kunstmäßigen Behandlung der Straßen« ist »die Beherrschung des Wassers«. *A.d.Ü.*

36 Über die Erfahrungen anläßlich einer Kutschfahrt in England gegen Ende des 18. Jahrhunderts, bei der er – ohne Unglücksfall oder Wettergefährdung – »einen gewissen Tod vor Augen« sah, berichtet Karl Philipp Moritz in: »Reisen eines Deutschen in England im Jahr 1782«, Berlin 1783 (abgedruckt in: Karl Philipp Moritz, *Werke.* Hrsg. v. Horst Günther. Frankfurt a. M.: Insel, 1981, S. 115–117.) *A.d.Ü.*

28 *Der Mythos vom Veloziped*[1]

»›...Sie haben mir ein Versprechen gegeben. Sie sollten mich doch begleiten, um auf dem Fahrrad die römische Campagna zu erkunden. Nun sind es schon zwei Jahre her, daß wir mit unseren Ausflügen hätten beginnen sollen.‹

›Aber das ist Ihre Schuld: an meinem guten Willen hat es nie gefehlt.‹

›Also gut, dann besiegeln wir das Abkommen.‹

Mit dem Glas in der Hand, die Augen halb geschlossen, schien sie, selbstvergessen, sich leidenschaftlich hinzugeben.«

So sprach die Prinzessin Voronew, eine betagte und begierige Katharina von Rußland, zu dem Adligen Maleandri auf einer vornehmen Gesellschaft, und das Glas enthielt wohlgemerkt keinen Castelli-Wein[2], sondern Markenchampagner. Und so las ich es vor einiger Zeit, als ich anläßlich des ersten Todestages des guten Diego Angeli seinen vielleicht besten Roman in die Hand nahm, ein typisches Zeitdokument aus den Anfängen des 20. Jahrhunderts: *L'orda d'oro*.[3]

Es erscheint heute zwar unglaublich, aber als Angelis Roman im Jahre 1906 erschien, war das Fahrrad im *high-life*, in der vornehmen Welt, zur Mode geworden. Im Gestell der plumpen, häufig noch mit einem hinderlichen Gepäckträger beschwerten Maschinen unserer heutigen »velocipedastri«[4] fließt vielleicht noch ein Tropfen blauen Blutes. Zu Beginn des Jahrhunderts war es in Rom die natürlichste Sache der Welt, dem »Fürsten Vlakow, in *knickerbockers*[5], auf der Rückkehr von einem Fahrradausflug« zu begegnen, den er »in Begleitung von einigen befreundeten russischen Damen, von Giorgio Vaini, von Donna Paola Merletti und anderer Personen« unternommen hatte. Niemand hat damals gelächelt, als zu hören war, daß Prinz Waldemar eine Gruppe von jungen Prinzen, die seine Gäste waren, zum Grab von Hamlet und zur Wohnstätte von Ophelia in Elsinor geführt hatte, und zwar auf dem Fahrrad.[6] Es war die Zeit, da der *arbiter elegantiarum* Carlo Placci[7], wenn er von dem Haus, das ihn in Mustapha Supérieur in Algier beherbergte, am frühen Morgen lospedalte, mit einem gewissen Kummer feststellen mußte, daß »weder unser Kodak[8] noch unser neuestes Modell eines amerikanischen Fahrrads irgendwelches Erstaunen auslösten«. Der Illustrator von Placcis Buch *In Automobile* (1908) gehörte jedoch wohl nicht zu denen, die das Gerede über Fahrräder als etwas ganz Gewöhnliches abtaten, sonst hätte er nicht das Rad zusammen mit einem aufsteigenden Drachen mit Fledermausflügeln und Raupenkopf, ähnlich dem Wappentier der Boncompagni, dargestellt. (Derselbe Illustrator veredelte in einem Stil à la Cellini oder De Karolis[9] auch das Automobil, indem er es zwischen Schriftrollen, Zierwölkchen, Girlanden im Stil der della Robbia, Sphingen und anderen, mit Brüsten ausgestatteten allegorischen Figuren abbildete, und nobilitierte den Mechaniker, indem er ihn zwar mit der finsteren Brillenmaske ausstattete, aber mit nacktem Oberkörper wie einen Helden darstellte: eine Mischung aus Phaëton und Fantômas.)

Vernon Lee verglich in ihrem Essay »My Bicycle and I« in *Hortus Vitae* das Fahrrad geradezu mit dem Hippogryphen[10]: »This grotesque iron courser, not without some of the grasshopper's absurd weirdness, is a creature of infinite capacities for the best kind of romance – the romance of fancy. It may turn out to be (I always suspect it) the very mysterious steed which carried adventurous knights and damsels through forests of delightful enchantments, sprouting wings, proving a hippogriff and flying up, whenever fairies were lacking or whenever envious wizards were fussing about.«[11] Das Fahrrad war gleichsam das Symbol der dichterischen Phantasie, ein ganz anderes Geschöpf als die langweiligen gewöhnlichen Pferde, selbst wenn es Vollblüter gewesen wären. Ein Ausflug in die römische Campagna mit Pferden wurde verdorben durch die Anwesenheit eines *brougham*[12] mit seiner Vielzahl von Kutschern, Lakaien sowie den Reitknechten, die die Pferde zurückbringen mußten. Vernon Lee und mit ihr einige Adlige und Damen der römischen und kosmopolitischen Aristokratie bevorzugten das Fahrrad. Das Tagebuch dieser märchenhaften Ausflüge auf scheußlichen, aber wahrhaft verlassenen Straßen, so daß die römische Campagna und die Hügel in Latium zum Privatpark der Velozipedisten wurden, findet sich in *The Spirit of Rome* (1906)[13]. Soweit das Auge reichte, lagen die Straßen offen da, leer bis auf die pittoresken Karren der Weinhändler, und die vornehme Schar, die Damen in Blusen mit Puffärmeln und einer »Kapotte«[14] auf dem Kopf, die Herren in *knickerbockers* und Berets nach der neuesten Mode des Königs Eduard, bäumte sich auf den funkelnden Hippogryphen auf und genoß ikarische Empfindungen in einem »space become fluid and breathable, earth a mere detail«.[15] (Später sollte Dorothy Richardson beflügelte Seiten über das Dahinschweben auf dem Fahrrad schreiben, besonders im Roman *Interim*, der zwar erst 1919 veröffentlicht wurde, aber Erlebnisse aus der Vorkriegszeit festhält.[16])

Vernon Lee liebte es über alles, allein zu »pedalieren«, und sie hat uns in »My Bicycle and I« ein Porträt aus den Anfängen des 20. Jahrhundert hinterlassen, das den im 18. Jahrhundert von Gainsborough gemalten Bildern von Adligen neben ihren treuen Pferden vor der Kulisse eines englischen Parks entspricht. »We two were sitting together on the wintry Campagna grass.«[17] »Two in the Campagna«, wie im Gedicht von Robert Browning.[18] Doch diesmal war es nicht der Dichter mit seiner Frau im »fortwährenden läuternden Luftstrom« der römischen Campagna.[19] Es war eine *miss* neben ihrem Fahrrad, dem gefügigen Hippogryphen, der in einen Traum versunken zu sein scheint: eben dies waren die *most delightful moments with one's bicycle*[20], die entzückendsten Augenblicke mit dem eigenen Fahrrad, wenn man neben einem Begleiter auf dem Gras der Campagna ausruhte, wenn das Rad in einem Hafen am Atlantik an ein Schiff gelehnt oder wenn es an ein altes Friedhofstor gekettet war. Und die *miss* trug auf dem Kopf vielleicht das neueste Modell des von Marshall & Snellgrove lancierten *bicycle hat*: einen Filzhut mit drei Federbüschen wie beim Hut der Bersaglieri, der im Futter den Zeitplan für das Entzünden des Leuchtfeuers enthielt.[21] Vor dem erhabenen Hintergrund der Albanerberge und der Grabmäler an der Via Appia nahm das Fahrrad beinahe den gleichen Platz ein wie das klassische Basrelief auf Tischbeins berühmtem Bildnis Goethes.

Es war das heroische Zeitalter des Zweirads oder des Velozipeds[22]: ein ähnlicher Name wie der des göttlichen Apoll, den die

Maschine am Anfang trug.[23] Es war die Zeit, da die Dichter die Eisenbahn als »carro ignito«, Feuer- oder Flammenwagen[24] bezeichneten; kurze Zeit später sollten sie den Aeroplan »velivolo«, Schnellflieger, nennen.[25]

Das Zweirad mußte naturgemäß ein »eisernes Pferd« sein. So besang es Olindo Guerrini in einem der Sonette, die später in einem dem Zweirad gewidmeten Büchlein gesammelt wurden (Catania, 1901) und das kraftvollere Prosastücke als diese Verse enthält (»Dies ist die Erfüllung des Lebens!« verkündete Guerrini am Ende seiner Erzählung über die hundert Stafetten, die anläßlich der Feiern zum 20. September 1895 von Dolcè nach Rom »pedalten«.) Und so besang es auch Tommaso Cannizàro in der *Illustrazione popolare* vom 28. Oktober 1900, im selben Jahr, als das reizvolle lateinische Gedicht »Bicyclula«[26] beim Wettstreit von Amsterdam einen Preis erhielt:

A giovinetta ciclista

Sul tuo ferro corsiero
tu come spada ritta
per via lunga e diritta
in corto abito nero,

passi, con ciglio altero,
ne la tenebra fitta
quasi rapida slitta
come dardo leggiero.

Erta passi ed immota
senz'ombra di fatica
sulla sottile ruota,

suonar fai chi ti vede
di qualche fata antica
da l'aligero piede

e crede
a un miraggio divino
del vento vespertino.[27]

Wir waren schon geboren, aber noch nicht auf den Hippogryphen gestiegen. Wir kamen am Schluß, wohl als letzte in diesem Klima des Heldenliedes. Auch wir lernten den göttlichen Rausch kennen, lernten den milden, noch nicht vom Benzin verpesteten Raum wie Nektar einzuatmen; auch wir sausten durch die Landschaft, hinter uns eine dekorative Staubwolke herziehend wie hinter dem Wagen eines homerischen Helden.[28] Doch da war das Zweirad in der vornehmen Welt nicht mehr in Mode; sein von Vernon Lee prophezeiter demokratischer Triumph[29] begann sich zu verwirklichen. Bevor es zum Volk der Kellner und Laufburschen herabstieg, wurde es zum Vergnügungsmittel einiger Literaten.[30] Zola hatte begonnen, es in *knickerbockers* zu besteigen, und nun bestieg es der Verfasser der *Lanterna di Diogene*: »Das ehrbare Fahrrad fällt unter den Menschen jetzt nicht mehr auf.« Neben seinem Fahrrad fühlte Panzini sich nicht so heldenhaft wie Vernon Lee. Er gestand: »Ich bot eine recht kümmerliche Gestalt mit dem Fahrrad an der Hand.«[31]

Während des Zweiten Weltkriegs[32] wieder zu Ehren gekommen, inspiriert das Zweirad von neuem die Dichter, mit Anklängen sowohl an Montale als auch an d'Annunzio, wie die folgenden Verse von Enotrio Mastrolanardo bezeugen:

Gita in tandem

In un volo di lucenti velocipedi
la strada fugge verso la campagna
inseguita dai treni e dalle grida
disperse nel vento della corsa.
La città s'allontana dietro a noi
in un saluto di panni sventolati
alle finestre aperte simili a bandiere,
mentre sbocciano i primi prati
sui bordi polverosi degli asfalti.
. . . .
Il tuo riso rimbalza in una svolta
ad un colpo di vento che rivela
lo splendore evanescente del ginocchio.
Leggiera ed ansante premi sui pedali
ed il tuo fiato mi sfiore come un bacio

nella stessa ansia di salire,
di staccarci per sempre dalla terra
che frana sotto a noi nel vuoto
verso un traguardo ancora a scoprire.[33]

1938–1942

Anmerkungen

1 Erstdruck: »Mito del velocipede«, in: *La Stampa*, 4. Februar 1938. *A.d.Ü.*

2 »Castelli Romani«, lange Zeit Synonym für »schlechten Wein« (weiß, rosé und rot) aus der Gegend südöstlich von Rom: »Ein nicht DOC-anerkannter umfassender Name für die ansonsten als Colli Albani bezeichnete Gegend, aus der auch der Frascati und seinesgleichen kommt.« *Der große Johnson. Die neue Enzyklopädie der Weine, Weinbaugebiete und Weinerzeuger der Welt* (1983). Übersetzt von Wolfgang Kissel. 2., neu bearbeitete und ergänzte Auflage 1988. 4. Aufl. 1990, S. 340. *A.d.Ü.*

3 »Die goldene Horde«: Enzo Siciliano schreibt in der Rezension zur Neuausgabe von *Fiori freschi* im *Corriere della Sera*, wo er den Essay über das »Veloziped« als Musterbeispiel für Praz' Essaykunst nimmt: »In un dialoghetto cavato fuori da *L'orda d'oro*, un dimenticatissimo romanzo dell'ancor più dimenticato Diego Angeli (traduttore in versi di Shakespeare), un gentiluomo e una principessa stringono il patto die *fare escursioni* per la campagna romana in bicicletta.« (»In einem kleinen Dialog, ausgegraben aus *L'orda d'oro*, einem in Vergessenheit geratenen Roman des noch mehr der Vergessenheit anheimgefallenen Diego Angeli [Versübersetzer Shakespeares] schließen ein Adliger und eine Prinzessin den Pakt, mit dem Fahrrad in die römische Kampagna *Ausflüge zu machen.*« – Zu Diego Angeli, vgl. Mario Praz, *La casa della vita*, a.a.O., S. 357 und 417. Praz schrieb außerdem den Artikel »Diego Angeli« für die *Enciclopedia Italiana Treccani* (1938), Appendice, vol. I, S. 119; eine Rezension über die Shakespeare-Biographie von Angeli in: *La Stampa*, 28. September 1938; abgedruckt in: Mario Praz, *Caleidoscopio shakespeariano*. Bari: Adriatica Editrice, 1969, S. 13–17, und befaßte sich in mehreren Arbeiten mit den Shakespeare-Übersetzungen Angelis, bes. in: »Shakespeare, il Castiglione e le facezie« (1940), in: *Caleidoscopio shakespeariano*, a.a.O., S. 108–132. *A.d.Ü.*

4 *Veloziped*: wörtlich »Schnellfuß« (von lat. *pes*, Fuß, und *velox*, schnell), Laufmaschine; ital. *velocipedista*: Velozipedist, Draisinenreiter, Radfahrer; *velocipedastro*: Velozipedaster; schlechter, rücksichtsloser Radfahrer. – Der badische Erfinder Karl Friedrich Drais von Sauerbronn (1785–1851), der die erste lenkbare Laufmaschine entwickelte, »reichte 1817 bei der Badischen Regierung sein Gesuch um Patentschutz für ein Laufrad ein; er gab seiner Erfindung den Namen *Velociped*, und in dieser Namensgebung wird bereits die Rückbezüglichkeit des technischen Apparats auf den Organismus hervorgehoben, die für alle weiteren Entwicklungen der Laufmaschine bis hin zum modernen Fahrrad charakteristisch ist.« Joachim Krausse, »Das Fahrrad, Von der ›kindischen‹ Kombinatorik zur Montage«, in: Wolfgang Ruppert, Hrsg., *Fahrrad, Auto, Fernsehschrank. Zur Kulturgeschichte der Alltagsdinge*. Frankfurt a. M.: Fischer Taschenbuch Verlag, 1993, S. 81, Abb. 6, S. 83. Eine Laufmaschine aus dem Jahre 1817 ist im Fahrradmuseum Zumhaus (Feuchtwangen, Mittelfranken) zu besichtigen. »Das Gerät wurde im Nu im Abendland bekannt, war aber in der deutschen Kleinstaaterei ohne Patentrecht nicht zu schützen. Raubkopien wurden überall gebaut und verkauft, 1819 folgten Raubpatente in England und den Vereinigten Staaten. Noch die jüngsten Coffee-Table-Bücher zur Fahrradgeschichte sehen das alles ganz anders. Glaubt man ihnen, hat ein Comte de Sivrac 1791 in Paris starr verbundene Zweiräder ohne Lenkung gefahren (die schon physikalisch unmöglich zu balancieren sind). Die Herren Autoren sind durch ständiges unkritisches Abschreiben einem französischen Prioritätsmärchen der Jahrhundertwende aufgesessen, denn schon vor der Tour de France mußte sein: *Le vélo – fils de France*. Der Autor der ersten Fahrradgeschichte auf französisch hatte eigenhändig Bildchen seiner Phantasiegeburten gestrichelt. Es gab zwar einen Jean Sievrac aus Marseille, der 1818 ein Importprivileg auf einen Célérifer genannten, vierrädrigen Kutschwagen erhielt. Auch der Vélocifer war ein Eilpostwagen – dabei hatte man in Anlehnung an die Draisine diese Lügenzweiräder schon liebevoll Célérifère oder Vélocifère betitelt. Die Deutschen schlugen damals wenig überzeugend mit einem Gegenmärchen – noch ältere Nürnberger Zweiräder – zurück. Karl von Drais galt nur mehr als der Erfinder der Lenkung. Englische Fahrradgeschichtsbücher beginnen, Sievrac zu streichen und von Drais zu rehabilitieren. Er ist wieder der Erfinder des Zweirads schlechthin. Das Neue an der Erfindung war nicht die Muskelkraft oder die Lenkung – das gab's schon früher –, sondern die Minimierung des Fahrwiderstands durch Reduzierung der Räderzahl von vier auf zwei. Karl von Drais muß dies empirisch herausgefunden haben, denn er hatte bereits 1813 mit einem Vierrad mit Tretkurbelantrieb angefangen. Die spä-

ter aufgekommenen Einräder gehen theoretisch noch leichter, sind aber schwierig zu balancieren.« Gilles Legendre, »Auf zwei Rädern von Mannheim nach Schwetzingen«, in: *Frankfurter Allgemeine Zeitung*, 9. Juni 1992, S. T 1. – Vgl. Anton Daul, *Illustrierte Geschichte der Entwicklung des Fahrrades und der Entwicklung des Motorfahrradwesens* (1906). Reprint Lindau: Antiqua-Verlag, 1991 (mit einem Nachwort von Gerd Schellenberg); Ulrich Herzog, *Fahrradpatente. Erfindungen aus zwei Jahrhunderten*. Kiel: Moby Dick, 1993. Informationen über die Fahrradkultur finden sich besonders in alten Warenhaus- und Fabrikkatalogen: *Stukenbrok II. Illustrierter Hauptkatalog 1926 Anton Stukenbrok*. Reprint Hildesheim: Olms, 1990; *Catalogue de la Manufacture des Armes et Cycles de Saint-Etienne* (1928). Reprint Paris: Editions 1900, 1991. *A.d.Ü.*

5 Kniebundhosen.

6 Siehe oben, Essay 20, S. 210ff. Im Roman *La Carrière* (1894) von Abel Hermant schreibt der Dauphin und Erzherzog dem jungen Grafen V..., seinem Freund und Spielkameraden: »P. S. Je fais des vœux pour votre succès dans votre prochain match de bicyclette. J'aurais bien voulu vous entraîner, mais papa s'y est opposé sur le rapport du ministre des chaussées, points et voies ferrées, et mon oncle a dit, avec son esprit ordinaire, que cela n'est pas de notre dignité des princes tant que nous ne sommes détrônés.« (»Ich wünsche Ihnen beim nächsten Fahrradrennen Erfolg. Ich hätte gerne mit Ihnen trainiert, aber mein Vater war wegen dem Bericht des Ministers für Straßen, Brücken und Eisenbahnen dagegen, und mein Onkel sagt mit seiner üblichen Einstellung, es sei unter unserer Würde als Prinzen, solange wir nicht entthront seien.«)

7 Vgl. Essay 42: »Ein moderner Hofmann«. *A.d.Ü.*

8 »Il nostro Kodak«: Praz schreibt in Klammern dahinter: »offensichtlich war dieser Photoapparat zu Beginn des Jahrhunderts männlichen Geschlechts.« Der Photoapparat, die *macchina fotografica* ist ebenso wie die *macchina* – das Fahrrad und dann das Automobil, die *macchina* schlechthin – im Italienischen sonst weiblichen Geschlechts. *A.d.Ü.*

9 Adolfo De Karolis (1874–1928), italienischer Dekorations- und Landschaftsmaler, Holzschneider und Illustrator; bekannt geworden mit allegorisierenden Freskenmalereien im Palazzo della Provincia in Ascoli Piceno (Marken) und besonders als Holzschneider: Illustrationen zu d'Annunzios *Francesca da Rimini* (1902). Thieme/Becker, Bd. 19, S. 565–566; Vollmer, Bd. 1, S. 393 (Carolis). *A.d.Ü.*

10 Fabeltier: Roßgreif, Mischwesen mit Pferdeleib und Adlerkopf (aus griech. *hippos*, Pferd; lat. *gryphus*, Greif; vgl. Art. »greif«, in J. u. W. Grimm, *Deutsches Wörterbuch*, Bd. 9, Sp. 9: in der Zeit des Klassi-

zismus wird der Pegasus, der Hippogryph, zuweilen *Greif* genannt). In Ariosts *Orlando furioso* trägt der Hippogryph den Astolfo auf seiner Jenseitsreise zum Mond empor. – Das Gewahren des Mythos in alltäglichen Situationen mit einem Alltagsding wie dem Fahrrad beschreibt Proust in *La Prisonnière* (1923): »Celui qui veut entretenir en soi le désir de continuer à vivre et la croyance en quelque chose de plus délicieux que les choses habituelles, doit se promener, car les rues, les avenues, sont plein de Déesses. Mais les Déesses ne se laissent pas approcher. Ça et là, entre les arbres, à l'entrée de quelque café, une servante veillait comme une nymphe à l'orée d'un bois sacré, tandis qu'au fond trois jeunes filles étaient assises à côté de l'arc immense de leurs bicyclettes posées à côté d'elles, comme trois immortelles accoudées au nuage ou au coursier fabuleux sur lequel elles accomplissent leurs voyages mythologiques.« Marcel Proust, *A la recherche du temps perdu*. Ed. Clarac/Ferré. Paris: Gallimard (Bibliothèque de la Pléiade, 102), Bd.III, 1983, S. 169–170. Deutsch: *Auf der Suche nach der verlorenen Zeit*. Übersetzt von Eva Rechel-Mertens. Frankfurt a. M.: Suhrkamp; Werkausgabe Edition Suhrkamp Bd. 9: *Die Gefangene*, 1964, S. 225: »Wer den Wunsch weiterzuleben und den Glauben an etwas, was köstlicher ist als die gewohnten Dinge, in sich unterhalten will, muß spazierengehen, denn Straßen und Avenuen wimmeln von Göttinnen. Diesen Göttinnen aber vermag man nicht näherzukommen. Hier und da unter den Bäumen, am Eingang eines heiligen Hains, während im Hintergrund drei junge Mädchen neben dem ungeheuren Bogen ihrer angelehnten Fahrräder wie drei Unsterbliche saßen, die sich an eine Wolke oder an das Fabeltier lehnten, auf denen sie ihre mythologische Reise zu Ende bringen würden.« (Der Hinweis auf diese Stelle findet sich in Bruno Liebrucks, *Sprache und Bewußtsein*, Band 7: *»Und«. Die Sprache Hölderlins in der Spannweite von Logos und Mythos, Realität und Wirklichkeit*. Bern, Frankfurt, Las Vegas: Lang, 1979, S. 13.) *A.d.Ü.*

11 »Der groteske Eisenrenner, dem etwas von der absurden Geisterhaftigkeit der Heuschrecke anhaftet, ist ein Geschöpf mit unendlichen Fähigkeiten für die beste Art der romantischen Einbildungskraft – die Romantik der Phantasie. Es mag sich (wie ich immer schon vermutete) durchaus als eben jenes geheimnisvolle Roß erweisen, das abenteuerlustige Ritter und Edelfräuleins durch Wälder der wunderbaren Verzauberungen trug, die Flügel ausbreitend, einem Hippogryphen gleich, der in die Höhe flog, wenn die Feen fehlten oder neidische Hexenmeister ihr Unwesen trieben.« Vernon Lee, *Hortus Vitae. Essays on the Gardening of Life*. London & New York: John Lane (The Bodley Head), 1904, S. 186. Über Ver-

non Lee als Ästhetikerin informiert René Wellek in: »Vernon Lee, Bernard Berenson, and Aesthetics«, in: Vittorio Gabrieli, Hrsg., *Friendship's Garland. Essays presented to Mario Praz on his seventieth birthday.* Roma: Edizioni di Storia e Letteratura, 1966, Band II, S. 233–251; über ihre gesellschaftliche und intellektuelle Rolle in Florenz, besonders ihre Beziehung zu Henry James, schreibt Christopher Hibbert in: *Florence. The Biography of a City.* London: Viking, 1993, S. 268–269; eine Gesamtdarstellung von Leben und Werk Vernon Lees unternimmt Peter Gunn in: *Vernon Lee.* Oxford, 1964. *A.d.Ü.*

12 Geschlossener vierrädriger Wagen. *A.d.Ü.*

13 Vernon Lee, *The Spirit of Rome: Leaves from a Diary.* London & New York: The Bodley Head, 1906. *A.d.Ü.*

14 Kapotte, Kiepenhut, Schute: seit 1796 getragener Frauenhut in Haubenform mit gesteifter, das Gesicht einrahmender Krempe, der hauptsächlich in der Biedermeierzeit getragen wurde und nach 1865 und von 1880 bis zur Jahrhundertwende wieder in Mode kam. *A.d.Ü.*

15 »Raum, der flüssig geworden und wie zum Einatmen war, die Erde eine bloße Belanglosigkeit«; Vernon Lee, »My Bicycle and I«, a.a.O., S. 182. *A.d.Ü.*

16 An dieser Stelle weist mein Freund Rosati mich auf Pascolis Gedicht »La bicicletta« hin: »Mia terra, mia labile strada, sei tu che trascorri o son io?« (»Meine Erde, meine schwankende Straße, bist du es, die dahineilst, oder eile ich?«)

[Giovanni Pascoli, »La bicicletta«, aus: *Canti di Castelvecchio* (1903), in: ders., *Opere.* A cura di Maurizio Perugi. Milano, Napoli: Riccardo Ricciardi Editore, 1981, S. 594–597. Pascoli übernahm Sujet und Refrain (das »Drin ... drin ...« der Fahrradklingel; bei Pascoli »dlin ... dlin ...«) von Alfredo Panzini, »La bicicletta da Nini«. Pascolis Gedicht »La bicicletta« besteht aus drei Teilen mit je drei Vierzeilern; jeder Teil endet mit dem Fahrradklingel-Refrain »dlin ... dlin ...« Der Schluß des Gedichts lautet:

»Mia terra, mia labile strada,
sei tu che trascorri o son io?
Che importa? Ch'io vengo o tu vada,
  non è che un addio!

Ma bello è quest'impeto d'ala,
ma grata è l'ebbrezza del giorno.
Pur dolce è il riposo ... Già cala
  la notte: io ritorno.

La piccola lampada brilla
per mezzo all'oscura città.
Più lenta la piccola squilla
dà un palpito, e va...
dlin... dlin... «

(»Meine Erde, meine schwankende Straße,
bist du es, die dahineilst, oder bin ich es?
Was bedeutet es schon? Ob ich komm, ob du gehst,
ist nur ein Adieu!

Schön aber der Flügelschwung,
lieblich der Taumel des Tages.
Und süß ist die Rast... Schon fällt
die Nacht: ich fahre zurück.

Die kleine Lampe strahlt
durch die dunkle Stadt.
Sanfter die kleine Glocke
schlägt und ertönt
dlin... dlin... «

Dorothy Richardson (1873–1957) veröffentlichte zwischen 1915 und 1938 einen zwölfbändigen Romanzyklus *Pilgrimage* (Pilgerschaft); *Interim* ist der 1919 in London erschienene fünfte Teil. »Was die Aufmerksamkeit der Kritiker und Literarhistoriker vor allem auf Dorothy Richardson lenkte, ist ihre neuartige Erzähltechnik, für deren Charakterisierung die Schriftstellerin May Sinclair (1918) in einer Rezension erstmals den von William James (1884) geprägten Begriff *stream of consciousness* übernahm.« *KLL*, S. 7524; vgl. Mario Praz, *Storia della letteratura inglese*, a.a.O., S. 690 (»stream of consciousness novel«), S. 693, 697. *A.d.Ü.*]

17 »Wir saßen beide zusammen auf dem winterlichen Gras der Kampagna.« Vernon Lee, »My Bicycle and I«, a.a.O., S. 179. *A.d.Ü.*

18 Robert Browning, »Two in the Campagna«, in: *Robert Browning's Poems and Plays*. 4 Volumes. Vol. II: 1844–1864. London: Dent, 1906; 3. Aufl. 1956, S. 436–437. *A.d.Ü.*

19 Zit. in Mario Praz, »Die Entdeckung der Landschaft«, in ders.: *Der Garten der Sinne*, a.a.O., S. 225, und Anm. 5: »The Champaigne (...) An everlasting wash of air«. *A.d.Ü.*

20 Vernon Lee, »My bicycle and I«, a.a.O., S. 183f. *A.d.Ü.*

21 Über den Einfluß des Fahrrads auf die Damenmode vgl. das Kapitel »Ciclismo e Belle Epoque«, in: Stefano Pivato, *La bicicletta e il sol*

dell'avenire, a.a.O., S. 128f. Zum Verhältnis Frauenfrage – Fahrradfahren vgl. E. Bertz, *Philosophie des Fahrrads*. Dresden und Leipzig: C. Reißner, 1900; Gudrun Maierhof und Katinka Schröder, *Sie radeln wie ein Mann, Madame. Als die Frauen das Rad eroberten.* Zürich: efef, 1992; Eric Hobsbawm, *Das imperiale Zeitalter 1875–1914*. Frankfurt a. M., 1989 (Rezension von Heide Gerstenberger in der *TAZ* vom 20. 10. 1989): »Und wer macht sich schon Gedanken darüber, daß das Fahrrad – rückblickend eine der wichtigsten Erfindungen des imperialen Zeitalters – für Männer ein Mittel der Fortbewegung, für Frauen aber auch ein Vehikel ihrer Emanzipation bedeutete. Denn durch das Fahrrad wurde das Gebot des *schicklicheren* Damensitzes, dem sich die Frauen, wenn sie zu Pferde saßen, noch immer beugen mußten, endgültig aus der Welt geschafft.« – Mallarmé antwortete auf die Frage *Sur le costume féminin à la bicyclette* – »Que préférez-vous du pantalon masculin ou de la jupe, en triple point de vue de la beauté, de l'hygiène et de la correction?« –: »Je ne suis, devant votre question, comme devant les chevaucheuses de l'acier, qu'un passant qui se gare, mais si leur mobile est celui de montrer les jambes, je préfère que ce soit d'une jupe relevée, vestige feminin, pas du garçonnier pantalon, que l'éblouissement fonde, me renverse et me darde.« Mallarmé, *Œuvres complètes*, éd. Henri Mondor et G. Jean-Aubry. Paris: Gallimard (Bibliothèque de la Pléiade, 65), 1974, S. 881 (»*Über die weibliche Kleidung auf dem Fahrrad* – Bevorzugen Sie, wenn es um den dreifachen Gesichtspunkt der Schönheit, der Hygiene und des korrekten Benehmens geht, die männliche Hose oder den Rock? – Bei Ihrer Frage finde ich mich in der gleichen Position wie gegenüber den Reiterinnen des Stahlrosses, nämlich als ausweichender Passant, aber wenn es der Beweggrund dieser Reiterinnen ist, die Beine zu zeigen, dann ziehe ich es vor, daß ein hochgezogener Rock, die Spur des Weiblichen, mich blendet, umwirft und durchbohrt, und keine vermännlichende Hose.«) *A.d.Ü.*

22 Veloziped: Theodor Fontane schildert im 7. Kapitel des *Stechlin* (1899) die Schwierigkeiten von Stechlins Schwester, der Domina vom Kloster Wutz, mit dem *fremden Wort*: »Ich habe dein [Woldemars] Telegramm«, sagte die Domina, »erst um ein Uhr erhalten. Es geht über Gransee, und der Bote muß weit laufen. Aber sie wollen ihm ein Rad anschaffen, solches, wie jetzt überall Mode ist. Ich sage Rad, weil ich das fremde Wort, das so verschieden ausgesprochen wird, nicht leiden kann. Manche sagen *ci*, und manche sagen *schi*. Bildungsprätensionen sind mir fremd, aber man will sich doch auch nicht bloßstellen.« – Es war auch die Zeit von skurrilen Erfindungen, von »Junggesellenmaschinen« wie der *Douche vélocipédique*, der

Radfahrdusche aus England (1895) und des *Engin de sauvetage idéal*, des *Doppelschrauben-Seenotvelozipeds*, eine Erfindung von François Barathon, Paris, 1895: über eine Fahrradtretkurbel werden zwei Schrauben angetrieben, die eine sichert den Auftrieb im Wasser, die andere bewegt das Gerät im Wasser voran: Katalog Düsseldorf 1976, *Junggesellenmaschinen*. Ausstellung von Harald Szeemann. Mit Texten von Michel de Certeau, Michel Serres, Peter Gorsen u.a., S.58. Vermerkt wird darin auch das Fahrrad-Rad, das in eine Sackgasse der Kunst führte (Duchamp), sowie die Entwicklung des Fahrrads zu einem sexuellen Gerät bei Robert Müller (Kat. S. 135) und Tomi Ungerer (vgl. ebd., S. 195–197). *A.d.Ü.*

23 Vgl. Art. »Apollon«, in: Pauly, Bd. I, Sp. 444–5: bei Apollon, dessen Attribute gewöhnlich die Leier und der Bogen sind (»der schreckliche Bogenschütze mit den lautlosen Pfeilen«, »nach Belieben treffend«) »tritt der fast unbegrenzte Aktionsradius des reisefreudigen Gottes vor Augen: nach Delphi kehrt er in raumüberwindendem Flug auf dem Schwanenwagen zurück«. *A.d.Ü.*

24 Vgl. Günter Metken, »Vom Menschen/Maschine zur Maschine/Mensch. Anthropomorphie der Maschine im 19. Jahrhundert«, in: Ausstellungskatalog *Junggesellenmaschinen*, Düsseldorf 1976, S. 50–63, bes S. 52–54: »Alle englischen Lokomotiven waren individualisiert und trugen Namen. Die erste Generation war nach antiken Göttern benannt (...); die zweite nach Sternen, die dritte nach romantischen Helden von Walter Scott.« A.d. Ü.

25 Vgl. Ausstellungskatalog *Literatur im Industriezeitalter*. Deutsches Literaturarchiv Marbach am Neckar, 1987, 2 Bde., Band 2, S. 46–68, »Mythus vom Dampf« – Untergang der Poesie; S. 69–94, »...Fazilitäten der Kommunikation«: Die Eisenbahn; S. 515–544, »Gönnt mir den Flug!« [Über das Flugzeug]. – »velivolo«: *schnellsegelnd, mit Segeln dahinfliegend*; lat. (mare) »velivolus«: *das zu durchsegelnde Meer*; übertragen: *Flugzeug, Flieger, Flugmaschine*. Franz. »vélivole« bedeutet *Segelflug*. *A.d.Ü.*

26 Von einem lateinisch geschriebenen Gedicht über die Radfahrerin (»Muliebris birota velocissima«), veröffentlicht in der Zeitschrift des *Touring Club Italiano*, berichtet Stefano Pivato, *La bicicletta e il sole del avenire. Sport e tempo libero nel socialismo della Belle Epoque*. Firenze: Ponte alle Grazie, 1992, S. 128. *A.d.Ü.*

27 *An eine junge Radfahrerin*

»Auf deinem Eisenpferd
aufrecht wie ein Schwert
auf langem, gradem Weg,
im kurzen schwarzen Kleid

fährst du mit stolzem Blick vorbei
in der finsteren Masse,
gleich einem schnellen Schlitten,
wie ein leichter Pfeil.

Die Steigung hinauf, unbewegt,
ohne Anflug von Müdigkeit
auf dem schmalen Rad,

träumen läßt du, wer dich sieht,
von einer antiken Schönheit
mit geflügeltem Fuß

und glauben
an ein göttliches Wunder
des Abendwindes.«

Tommaso Cannizàro (1836–1912), Messina, Dichter und Übersetzer. *Vox rerum* (Gedichte), 1900. *A.d.Ü.*

28 In »Il giardino del cavaliere« (*Corriere della Sera*, 4. August 1942; abgedruckt in: *Fiori freschi*, 1943, S. 343–348) berichtet Mario Praz von einem Fahrradausflug im Jahre 1942 zum Boboli-Garten in Florenz, der ihm Jugenderfahrungen in Erinnerung ruft, die sich wie geheimnisvolle Bilder übereinander schieben (deutsch: »Der Giardino des Cavaliere«. Übersetzt von Sabine Schneider. In: Anne Marie Fröhlich, Hrsg., *Gärten. Texte aus der Weltliteratur*. Zürich: Manesse, 1993, S. 274–282). Ungefähr zur gleichen Zeit schrieb Louis MacNeice ein Gedicht über das berauschende Sausen auf dem Fahrrad: »Freewheeling down the escarpment past the unpassing horse / Blazoned in chalk the wind he causes in passing / Cools the sweat of his neck, making him one with the sky, / In the heat of the handlebars he grasps the summer / Being a boy and to-day a parenthesis / Between the horizon's brackets; the main sentence / Is to be picked up later but these five minutes / Are all to-day and summer (...).« Louis MacNeice, »The Cyclist«, in: W. H. Auden, *Selected Poems of Louis MacNeice*. London: Faber, 1964, S. 86 (»Im Freilauf den Abhang hinunter vorbei am verweilenden Pferd, / Kreideweiß, der Wind, den die Abfahrt erzeugt, / Kühlt den Schweiß seines Nackens, macht ihn eins mit dem Himmel, / In der Hitze des Lenkers ergreift er den Sommer / Denn ein Junge ist er, und heute ein Einschub / Zwischen den Klammern des Horizontes; der Hauptsatz, / Der kommt später wieder, doch diese fünf Minuten, / Die sind ganz heute, sind ganz Sommer.«) *A.d.Ü.*

29 »Bycicles were considered by then *the most democratic of all vehicles* on both sides of the atlantic, unless tandems were even more popular (...)«: Asa Briggs, *Victorian Things* (1988), Harmondsworth: Penguin, 1990, S. 420 [»Fahrräder galten inzwischen (um 1890) auf beiden Seiten des Atlantiks als das demokratischste aller Fortbewegungsmittel; nur das Tandem wurde noch populärer... «]; zum Fahrrad allgemein und zu seiner Entwicklung im Verhältnis zum Automobil und zum Flugzeug S. 418–420. – Zum Verhältnis Sozialismus/ Radfahren/ Sport sowie zu den ökonomischen und soziokulturellen Aspekten des Fahrrads als Verkehrsmittel in Italien vgl. Stefano Pivato, *La bicicletta e il sol d'avvenire*, a.a.O. Für die Situation in Deutschland (Beispiel: »Radturnen« als Massensportbewegung) vgl. Hans-Joachim Treichler und Gerhard Hauk, Hrsg., *Illustrierte Geschichte des Arbeitersports*. Bonn: Dietz, 1987; Stefan Haffner, »Freie Turner auf zum Streite: Körperkultur und Klassenkampf verheißen den neuen Menschen. Hundert Jahre Arbeitersport – eine beinahe vergessene Tradition«, in: *Frankfurter Allgemeine Zeitung*, 19. Mai 1993. *A.d.Ü.*

30 Vgl. Ausstellungkatalog *Jugend in Wien. Literatur um 1900*. Deutsches Literaturarchiv im Schiller Nationalmuseum, Marbach a. N., 1974, S. 226f., Kat. N° 208 u. 209: »Radfahren wurde in der zweiten Hälfte der neunziger Jahre zum gesellschaftlich-geselligen Sport, ja zur Mode, der die eigenartigsten Blüten trieb. Er verschaffte den Menschen nicht nur die Möglichkeit eines neuen Landschaftserlebnisses, sondern schuf neue Formen der Geselligkeit.« Die Photographie S. 224 zeigt die Schauspielerin Marie Glümer – »Sie galt als das Urbild des *süßen Mädels*« (Schnitzler) – neben einem Fahrrad; S. 227 wird aus einem Text von Maurice Barrès (»Die Ästhetik des Rades« [1894]) zitiert: »Das Radfahren ist eine Leidenschaft, der niemand mehr entgeht... (...) Befriedigt es nicht, besser als das Reiten, dessen Freuden recht begrenzt sind, besser als das Schiffahren, für das die Seine ein sehr mittelmäßiger Spielraum ist, unseren Hang zum Umherschweifen?«, sowie aus einem Brief von Hermann Bahr (1895): »Ich radle jetzt schon wie ein junger Gott, nur bei scharfen Wendungen fliege ich noch meistens herab. (...) Fällt mir nichts ein, fahre ich Rad. Gift ich mich, fahr ich Rad. Hab ich Kopfweh, fahre ich Rad. Immer fahre ich Rad. Alles kurier ich durchs Rad. Es ist eine herrliche Erfindung und für die Gesundheit unbeschreiblich.« Siehe auch Heinrich Schnitzler, Christian Brandstätter und Reinhard Urbach, Hrsg., *Arthur Schnitzler. Sein Leben und seine Zeit*. Frankfurt a. M.: S. Fischer, 1981, S. 54: Photographie von Arthur Schnitzler mit Fahrrad; S. 55: Photographie von Mizzi Glümer mit Fahrrad. – Ein begeisterter Radfahrer war um die Jahrhundertwende auch Thomas Mann; vgl. Jürgen Kolbe (Mitarbeit Karl Heinz Bittel), *Heller Zauber. Thomas Mann in München*

1894–1933 (Ausstellungskatalog München, 1987). Berlin: Siedler, 1987, S. 68–69: *Fahrradfahren war groß in Mode*: »Das Bicycle trat auf, in Europa Velociped genannt: als groteskes Hochrad zuerst, auf dem der Fahrer saß wie das Äffchen auf hohem Kamel und dessen winziges Hinterrad so leicht vornüberschlug; als englisches Niederrad dann, das bei uns den Namen *Safety* führte. Safety! Es war das englische Kennwort der Zeit. Die bürgerliche Sicherheit und ihr Liberalismus waren englisch. Im Schatten und Schutz des Britischen Empire ruhte der Kontinent« [in: Th. Mann, *Über mich selbst*]. »Auf dem Fahrrad radelte ihm später Katia Pringsheim im Englischen Garten davon (...). Katias Vater, Professor Pringsheim, war mit Frau und Söhnen quer durch Europa geradelt.« »Die Zeichner des Simplicissimus, die Verleger Langen die *Radlermalgesellen* nannte, radelten in Italien herum und vergaßen zu zeichnen; Ludwig Thoma radelte mit Thöny und Wilke durch die Provence nach Marseille und weiter nach Afrika« [Mendelssohn, *Thomas Mann*, Bd. I, S. 340f.]. Und Frank Wedekind, Nachbar in der Türkenstraße, fuhr auf einem weißen Fahrrad, von der Aufmerksamkeit des Bürgers begleitet, durch München: »Da hier aber alles, was Odem hat, radelt, möchte ich es auch wieder aufnehmen« [Wedekind]. Thomas Mann bewegte kein englisches »Bicycle« namens »Safety«, sondern ein griechisches Produkt. Das hatte ihm der Verehrer von Mutter Julia *und* Schwester Julia, der Bankdirektor und griechische Konsul Dr. Josef Löhr (der schließlich die Schwester heiratete), billig besorgt: »Ich war in jenen Jahren ein so leidenschaftlicher Radfahrer, daß ich fast keinen Schritt zu Fuße ging und selbst bei strömendem Regen, in Gummischuhen und Lodenpelerine, alle meine Wege auf dem Vehikel zurücklegte. Auf der Schulter trug ich es die drei Treppen hinauf in meine Wohnung, wo es in der Küche seinen Platz hatte. Vormittags, nach der Arbeit, pflegte ich es zu putzen, indem ich es auf den Sattel stellte. (...) An Sommernachmittagen fuhr ich, ein Buch an der Lenkstange, in den Schleißheimer Wald.« *A.d.Ü.*

31 *La lanterna di Diogene* (1906), autobiographische Erzählung von Alfredo Panzini (1863–1939); vgl. *KLL*, S. 5494–95: »*La lanterna di Diogene* ist der Bericht von einer Fahrradtour, die mit der Flucht aus der in der Sommerglut brütenden Großstadt Mailand beginnt, quer durch die Lombardei und die Romagna führt und an der heimatlichen Adriaküste von Bellaria endet.« Im kurzen Hinweis auf Panzani in Heinz Thoma/Hermann Wetzel, »Novecento«, in: Volker Kapp, Hrsg., *Italienische Literaturgeschichte,* Stuttgart/Weimar: J.B. Metzler, 1992, S. 340, wird dieser als ein »d'Annunzio auf dem Niveau des humanistisch gebildeten Mittel- und Kleinbürgers« bezeichnet. *A.d.Ü.*

32 Eine kriegerische Variante des Traums vom Fliegen per Velo, eine Variante der »verhutzelten Antike« (Walter Benjamin über den Puppenkopf

in Gottfried Kellers *Romeo und Julia auf dem Dorfe*) des Mythos Phaeton/Apollon, findet sich in der Schweiz, wo die Armee das Fahrrad als Luftwaffenkompensation, als Ersatz für Erdkampfflugzeuge avant la lettre einsetzte: seit 1891 gibt es in der Schweizer Armee eine eigene Radfahrertruppe; das 1904 eingeführte »Normalfahrrad« blieb bis in die neunziger Jahre des zwanzigsten Jahrhunderts in Gebrauch, wobei offenbar weniger das Radfahren als das kampfgemäß-infanteristische Abspringen geübt wurde. Vor 1904 wurden auch »zivile«, d.h. private Fahrräder benutzt, und es gab entsprechende Probleme mit der »radfahrerischen Disziplin«, weil zum Beispiel die »fröhlichen Mitglieder des westschweizerischen Veloclubs das Klubleben in Uniform mehr oder weniger weiterführten«. Robert Gubler, *Schweizerische Militärradfahrer, 1891–1993*. Zürich: Verlag Neue Zürcher Zeitung, 1993; Rezension von Jakob Vogel, »Rad ab zum Gebet. Das schweizerische Militärrad ist kein auslaufendes Modell«, in: *Frankfurter Allgemeine Zeitung*, 25. Juni 1993; Peter Amstutz, »Vom Drahtesel wollen die Schweizer nicht lassen. Landesverteidigung per Fahrrad wird von den Eidgenossen seit 100 Jahren praktiziert – bald auf einem neuen Velo«, in: *Frankfurter Rundschau*, 7. August 1992. *A.d.Ü.*

33 In: *Pattuglia* (Mensile della Federazione Fascista di Forlì per i fascisti universitari), Februar 1942.

Ausflug auf dem Tandem

In einem Flug von leuchtenden Rädern
enteilt die Straße aufs Land,
nicht länger verfolgt von Zügen und Rufen,
die sich im Fahrtwind verlieren.
Hinter uns rückt die Stadt in die Ferne
in einem Gruß aus flatternden Tüchern,
wie Fahnen an offenen Fenstern,
und schon erblühen die ersten Wiesen
an den staubigen Rändern des Asphalts.
. . . .
Dein Lachen ertönt in der Biegung,
als ein Windstoß auf einmal enthüllt
den verschwommenen Schimmer des Knies.
Leicht und schweratmend trittst du auf die Pedale
und wie ein Kuß berührt mich dein Atem,
in der gleichen Sehnsucht, emporzusteigen
und uns von der Erde zu lösen für immer,
die unter uns einstürzt ins Leere,
hin auf ein neu zu entdeckendes Ziel.

29 *Eisenbahn und Poesie*[1]

Aufgrund einer *déformation professionelle* (man ist schließlich nicht umsonst Professor gewesen) neige ich dazu, bei bestimmten und gewiß zufälligen Koinzidenzen, die auf mich überraschend wirken, Gesetzmäßigkeiten anzunehmen. Ich kenne einen Maler (Sergio de Francisco), der mit hinreißender Genauigkeit oft ganz bescheidene oder alltägliche Gegenstände malt. Sein Vater war Handwerker gewesen, der Präzisionsteile für die Fiat-Automobilwerke herstellte. Dem Buch von Livio Jannattoni, *Il treno in Italia* (Roma: Editalia, 1975; *Die Eisenbahn in Italien*), entnehme ich jetzt, daß beide Großväter Jannattonis Eisenbahner gewesen waren, der eine Bahnwärter, der andere Vorarbeiter, und der Onkel war Heizer, der Vater Oberlokomotivführer. Gibt es demnach in einigen Familien eine Vererbung des Berufs, die sich in einem bestimmten Augenblick in Kunst oder Literatur sublimiert? Jannattonis Buch ist nämlich nicht bloß ein Bericht von der Geschichte der Eisenbahn in Italien, man spürt darin auch eine zuweilen deutlich werdende Begeisterung für sein Thema, die, wiewohl sie sich nicht zu den oft sehr gravitätischen lyrischen Höhenflügen der Dichter aufschwingt, die er zitiert und die die Dampfmaschine feierten, dennoch eine Wärme ausstrahlt, die die Eisenbahn mit einer poetischen Atmosphäre umgibt. Mir fällt dabei der Doktor Pascal ein, der die gesamte Geschichte seiner Familie, der Rougon-Macquart[2], wissenschaftlich zu resümieren versuchte und vorgab, die Gesetze der Erblichkeit festzulegen. Die Entwicklung der Puppe ist es, die den Schmetterling hervorbringt.

Ich möchte damit keineswegs jene Leser ablenken, die von einem Buch wie dem Jannattonis genaue Fakten, Daten und technische Einzelheiten erwarten, denn nach meinen bisherigen Bemerkungen könnte man ja annehmen, unser Autor schweife ab und habe das Thema nur als Vorwand gebraucht, um unnütze

Literatur zu produzieren. Fakten und genaue Darstellungen der technischen Erfindungen, der Verfahrensweisen, der Reglementierungen, die mit einer Fülle von Informationen die verschiedenen Entwicklungsstadien der Eisenbahnen in Europa und in Italien verfolgen, bilden die Substanz des Buches, das sich die Konsultation einer reichhaltigen Bibliographie zunutze gemacht hat und das auf eine geradezu einzigartige Weise frei ist von Ungenauigkeiten (als einzige habe ich auf S. 62 einen »cappello a pan di zucchero«, Hut in Zuckerhutform, anstelle von »cappello a staio«, Zylinderhut, notiert). Was gewöhnlich jeder Gebildete weiß: daß die erste italienische Eisenbahn die von Neapel nach Granatella (Portici) im Jahre 1839 war, gefolgt von der Eisenbahn Mailand–Monza (1840) und Padua–Mestre (1842); daß Papst Gregor XVI. die Einführung der Eisenbahn beargwöhnte, weil er die Verbreitung liberaler Ideen fürchtete[3], bis schließlich unter Pius IX. die Bahn von Rom nach Civitavecchia entstand (zur Reise auf dieser Linie brauchte man damals einen Paß); daß die erste in Italien hergestellte Lokomotive, die Sampierdarena, 1854 auf der Strecke Turin–Genua eingesetzt wurde; daß die wichtigsten Ereignisse die Tunneldurchstiche durch den Mont Cenis (1871) und den Simplon (1906) waren – dies alles und noch viel mehr findet in diesem Buch eine umfassende Darstellung, die im Verzeichnis der zeitgenössischen Dokumente zuweilen nicht ohne humoristische Anklänge ist.

Von diesen Dokumenten empfiehlt sich ein Zitat im Kapitel »Vecchio simpatico mondo ferroviario«, »Gemütliche alte Eisenbahnwelt«, unserer Aufmerksamkeit; es stammt von Alfredo d'Arbelo, dem »Cheftechniker unserer Eisenbahnantriebe«: »So wie die Personen bestimmter literarischer Hauptwerke aus den Blättern *ihres* Buches heraustreten und sich frei und unbehindert in der Welt zu tummeln beginnen, scheinen die genialsten Maschinen vom Erfinder so konzipiert worden zu sein, daß sie von Anfang an mit jenen Bezügen und Gewichtungen ausgestattet sind, die sie allein langlebig und im Grunde unveränderbar machen; lebendigen, selbständigen Geschöpfen gleich. Vor allem die Lokomotiven: ihre Speisung mit Rohstoffen wie Kohle und Wasser und deren Verwandlung in latente Energie in ihren Eingeweiden, dieses harmonische Aufrechterhalten der Verbrennung proportional zur entfalteten Kraft, bis hin zu dem Keuchen und dem

Wechselspiel der Kurbelstangen in der Bewegung, ahmt sehr viel stärker als die abstrakte und empfindungslose Drehbewegung der neueren Maschinen, seien es elektrische oder mit Verbrennungsmotoren ausgestattete, das animalische Leben nach, und umgibt es mit einem Zauber, der es einem Kunstwerk ähnlich macht.«

Die Lokomotive gehörte schließlich ebenso wie das Schiff, bei dem die Wirkung des *design* eine künstlerische Qualität gewinnt, zu jener Auswahl von Gegenständen, »die eine wahre dichterische Empfindung auslösen«, und sie fügte sich in den Katalog von Dingen ein, die Poe beachtet hatte (der Mond, die Sterne, die Blumen, die Ruhe von abgelegenen Seen usw.[4]). Und wenn diese Wahl auch nicht aufgrund innerer Vorzüge erfolgte, so doch deshalb, weil die Lokomotive etwas Altehrwürdiges ist, ein Werkzeug außer Gebrauch, das Zeugnis einer bestimmten Epoche, so wie die ersten Velozipede, die mit einem riesigen Vorder- und einem winzigen Hinterrad ausgestattet waren, oder die alten Pendeluhren, die alten Apothekenwaagen, die Armillarsphären, die alten Musikinstrumente, bis hin zu den praktischen Gebrauchsgegenständen der Intimpflege, etwa den tragbaren Sesseln im 18. und im beginnenden 19. Jahrhundert, die ein Bidet verbargen. In Briefmarkenemissionen der jüngsten Zeit in verschiedenen Ländern wurden die Lokomotiven und das Schiff nicht weniger gefeiert als die Hauptwerke der Maler. Hinzu kommt, daß die ersten englischen Lokomotiven, die mit klassischem Dekor, mit dorischen und ionischen Kapitellen und anderen Architekturelementen im Stile von Prozessionskapellen verkleidet wurden, wenn nicht schön, so doch ergötzlich waren, und bekanntlich kann der Kitsch von heute zum Gegenstand des Kunstgeschmacks von morgen werden.

Da im 19. Jahrhundert immer noch die von Cesare Ripa[5] am Ende des 16. Jahrhunderts kodifizierte ikonologische Fiktionswelt vorherrschte, haben wir hier eine blühende Fülle von Allegorien vor uns, die als gütige Schicksalsgöttinnen die ersten Fahrten und die ersten Eisenbahntempel oder Bahnhöfe dieser neuen Maschine begleiteten, welche die Beziehungen zwischen den Nationen revolutionieren sollte. So ist die Konzession für die Bahnlinie Rom–Ancona in der Prägung einer offiziellen Medaille zum 12. Pontifikatsjahr von Pius IX. festgehalten. Auf der Vorderseite zeigt sie den Papst Mastai, doch auf der Rückseite hat der römische Graveur Pietro Giacometti eine unter Dampf stehende Lokomotive abgebildet, auf der, nicht eben bequem, eine üppige geflügelte Frauenfigur sitzt, ausgestattet mit dem Merkurstab[6], der den Handel symbolisiert. Der Bildhauer Antonio Rossetti stellte gegen Ende des Jahrhunderts den Genius der Eisenbahnen in Gestalt eines pausbäckigen Cupido dar, an seinen Füßen das offenbar von der Fortuna geliehene Rad und in der linken Hand die Fackel, die einst als Symbol der ehelichen Liebe galt und nun als Symbol der Antriebskraft gedeutet wird. Die von Giovanni del Puppo signierte Skizze zu einem Plakat der Ferrovia Pontebbana zeigt zwei nackte Putten, die eine mit den Attributen des Schrankenwärters – Fähnchen, kleines Horn mit Tragriemen und Blinklaterne; auf dem Kopf einen breitkrempigen Hut, der die Initialen der Strada Ferrata Austro-Italiana trägt, der Österreich-Italien-Eisenbahn –; die andere mit Kompaß und Landkarte. Amüsierten sich die alexandrinischen Eroten und die des Otto Vaenius[7] nicht ebenfalls mit den Werkzeugen der Künste? Jede andere Allegorie verblaßt freilich vor der *Vapeur* [Dampf] (im französischen weiblich) von Henri Chapu[8], die »moralische Eigenschaften in körperliche Erscheinungsformen umwandelt« (gemäß der von Quatremère de Quincy[9] formulierten Definition der Allegorie). In dieser Skulptur balanciert eine nackte Frau auf einer dicken, aus einem Dampfkessel aufsteigenden Dampfwolke, ihr zu Füßen ein Mann mit athletischem Körperbau und einer Lederschürze, von dem man nicht genau weiß, ob er sich daran macht, die Frau zu umarmen oder sie mit der neben ihm am Boden liegenden großen Zange zu quälen wie die heilige Agatha.[10] Jannattonis Onkel, der Heizer, hätte sich in diesem Famulus des Vulkan sicherlich nicht wiedererkannt.[11]

»Stupides neunzehntes Jahrhundert« wird ein Ikonoklast später sagen.[12] Das Beiwort verdienen in unserem Fall freilich eher die Dichter als die Maler (das berühmte Gemälde *Rain, Steam, and Speed – Great Western Railway* von Turner[13] mit der schwarzen Lokomotive, die aus dem Wirbel der Elemente hervorstößt, bringt uns gewiß nicht zum Lachen). Alle kennen den »Inno a Satana« von Carducci, der in der Befreiung des »bello e orribile mostro«[14] von den Ketten den Triumph Lucifers erblickt, dessen Funktion als Schutzgeist der Eisenbahnen bereits seit

1843 in einem Sonnett (»La carrozza a Vapore«; »Der Dampfwagen«) von Belli[15] anerkannt wurde: »Qui c'entra e patto tacito cor diavolo«.[16] Christliche und heidnische Mythologie wurden aufgerufen. »Mugge anelando«, sang Giacomo Zanella, »e somiliante a domo / Chiuso Titano, cento rote e cento / volve il vapor che dall'assiduo stento / Francheggia l'uomo«.[17] Und Carducci dachte gewiß an den Drachen, der sich anschickte, Andromeda[18] zu verschlingen, als er in »Alla stazione in una mattina d'autunno« schrieb: »Va l'empio mostro; con traino orribile / sbattendo l'ale gli amor mei portasi«.[19] Ganz zu schweigen von den lyrischen Erfindungen, um Worte wie »strada di ferro« [Eisenstraße; Schienenstraße], »Via di ferro« [Eisenweg; Schienenweg], »ferrovia« [Eisenbahn] zu vermeiden. Für den Kanoniker G. Carletti (Verse zur feierlichen Einweihung der »Strada ferrata« von Rom nach Frascati) war die Eisenbahn »il Ferreo Calle«, »der eiserne Pfad«. Andererseits rekurrierte Adolfo Bosis[20] sowohl auf die alte Rhetorik der *poetic diction*[21] als auch auf die neue, von Walt Whitman inaugurierte Rhetorik (»Auf einen Lokomotivführer«: »Qua la mano, compagno! che importa se / la tua mano è nera di carbone e unta / d'olio lubrificante?«[22]). Wiederum andere (Ippolito Nievo) sollten Verse in Form von Rätseln schreiben: »Il genio col fumoso / pennon disciolto ai venti, / lunge con occhi ardenti / nell'alta notte appar.«[23] Frage: Wer ist das? Verfehlt wäre es, hierbei an die Wolkensäule bei Tage und das Feuer bei Nacht zu denken, die Orientierungspunkte der Israeliten bei ihrem Exodus. Und den Höhepunkt findet das Ganze dann in jener pompösen »historischen, allegorischen und phantastischen choreographischen Handlung in 6 Teilen und 11 Bildern« des *Ballo Excelsior*, wo im vorletzten Bild, *Oscurantismo – Luce e Gloria*[24], »das zur Feier des Tunneldurchstichs durch den Mont Cenis und zum Ruhme des menschlichen Genius errichtete Monument sich majestätisch mitten auf der Bühne erhebt«.[25]

Im 19. Jahrhundert glaubte man nämlich ebenso wie Addison, der Viktorianer *avant la lettre* (siehe die Nr. 69 der Zeitschrift *Spectator*[26]), zu Beginn des vorherigen Jahrhunderts geglaubt hatte, daß die größere Dichte des Verkehrs zur Verbrüderung der Menschen beitrage.[27] Obwohl man im englischen Parlament gegen die ersten Eisenbahnen opponierte, mit dem Einwand, der

Anblick von Lokomotiven würde bei den Hühnern das Eierlegen und bei den Kühen die Milchproduktion verhindern und außerdem die Fuchsjagd stören, wurden solche Stimmen von einem ganzen Chor aus jedem Winkel des bürgerlichen Europa übertönt. Es genügt, von den tausend wichtigen Stimmen zwei zu zitieren. In Frankreich behauptete Michel Chevalier schon 1841, die Eisenbahn biete der Zivilisation ein vortreffliches Werkzeug zur Verbrüderung und zur Vereinigung an und helfe der Menschengattung dabei, ihre höchsten Aufgaben zu erfüllen; in Neapel dichtete Michele Palazzolo 1839, daß das rotierende Atom, wenn es sich in höchster Geschwindigkeit auf den Eisenbändern fortbewege, dafür sorge: »Né guari andrà che per le ferree strade / fiano i popoli tutti un popol solo, / e le mille cittadi una cittade« (»Daß es nicht lange dauern wird, bis durch die Eisenstraßen / alle Völker nur ein Volk / und tausend Städte eine Stadt sein werden«).

Der Bourbone erblickte in ihnen hingegen ein Mittel, um schneller zu den Annehmlichkeiten der Städte zu gelangen und um die Milizen rascher zu versammeln. Im Krimkrieg, im zweiten italienischen Unabhängigkeitskrieg und im Deutsch-Französischen Krieg diente die Eisenbahn dann genau diesem Zweck. Die Klänge des Eisenbahnwalzers von Johann Strauß, die wir uns von Grandvilles Dampforchester gespielt vorstellen, waren die Ouvertüre zu den Kanonaden. Papini und Giuliotti waren dessen gewahr geworden, als sie 1923 im *Dizionario dell'Uomo Selvatico* schrieben: »Das schreckliche Ungeheuer, das die Menschen der verschiedenen Nationen durcheinandermischt, hat dafür gesorgt, daß sie, weil sie einander nun besser kennen, sich gegenseitig noch wütender hassen und in noch größerer Zahl abschlachten.«[28]

1975

Anmerkungen

1 Erstdruck: »Treno e poesia«, in: *Il Tempo*, 21. Dezember 1975. *A.d.Ü.*

2 Emile Zola, *Docteur Pascal* (Paris, 1893; deutsch: *Doktor Pascal.* Übersetzt von Ernst Hardt. Leipzig, 1925): der letzte Roman des zwanzigbändigen Zyklus *Les Rougon-Macquart.* Vgl. *KLL*, S. 2777–78: »Docteur Pascal, bei Zola die Idealgestalt des Wissenschaftlers, ist so sehr der Wortführer der Gedanken seines Autors, daß sich kaum unterscheiden läßt, wer von beiden spricht. Er tritt auf als der Verfechter der auf die Lehren von Darwin, Haeckel, August Weismann und Eduard Lucas zurückgehenden ›physiologischen‹ Theorien Zolas über Vererbung und Degeneration, die ein Leitmotiv des gesamten Romanzyklus sind.« *A.d.Ü.*

3 Im Artikel »Teufelskutsche« in der *Frankfurter Allgemeinen Zeitung* vom 24. Juni 1992 werden Äußerungen besonders von deutschen (protestantischen) Theologen über die Einschätzung der Eisenbahn (nach der Einführung der ersten Eisenbahn zwischen Nürnberg und Fürth 1835) zitiert: »Ein evangelischer Pfarrer meinte 1840 mit *klingendem Gehämmer*, *betäubendem Gezisch* und des Teufels Equipage *zur Hölle zu fahren.* Dem Tübinger Stiftsrepetenten David F. Strauß sollen beim Anblick einer Dampflokomotive immerhin die Beine geschlottert haben, und die meisten frommen Pietisten glaubten, das schwarze Stahlroß sei das Verkehrsmittel des Antichristen. Gläubige schlugen ein Kreuz, wenn ein Zug vorüberfuhr. Der Theologe Julius Müller, vom Volke *Sünden-Müller* genannt, verurteilte die Lokomotive als *Illustrationsstück menschlicher Selbstanmaßung.* Denn hätte Gott, so meinte er, Maschinen gebilligt, hätte er sie ins Paradies gegeben. (...) der katholische Publizist Joseph von Görres (...) [bemerkte] im Innern des *klappernden Mechanismus eine finstere Seelenlosigkeit* (...). Die großen Bahnhöfe (...), die man *Dome des Maschinenzeitalters* nannte, wurden als säkularer Einbruch in eine kirchliche Domäne aufgefaßt: den Hallenbau. Ein Franzose schrieb über einen Pariser Bahnhof, die dort aussteigenden Leute würden im selben Augenblick von praktizierenden in nichtpraktizierende Katholiken verwandelt. Die Debatte um die Eisenbahn nahm schließlich einen ähnlichen Verlauf wie die über den 1752 von Benjamin Franklin entwickelten Blitzableiter. Er galt solange als Eingriff in die göttliche Strafgerechtigkeit, bis es gelang, ihn in die Schöpfung einzufügen mit dem Argument: Der Blitz wolle so schnell wie möglich zur Erde, also dürfe man ihm getrost nachhelfen. So stellte man die Eisenbahn in den Dienst der Mission, und reiselustige Gemeinschaften wie die Herrnhuter setzten sich über die Eisenbahnkritik hinweg. Nun dauerte es

nicht mehr lange, bis der preußische Gelehrte Richard Rothe die fahrende Dampfmaschine als einen Beitrag zum Fortschritt des Gottesreiches rühmte. 1872 vertrat er die Ansicht, der Dampfwagen hätte dem Reich Christi mehr genützt als die Dogmen von Nikäa und Chalcedon.« *A.d.Ü.*

4 Edgar Allan Poe, »The Poetic Principle« (1850), deutsch: »Das poetische Prinzip«. Übersetzt von Richard Kruse. In: Edgar Allan Poe, *Werke*. Olten: Walter, 1966, Band IV, S. 701: »Wir gelangen freilich unmittelbarer zu einer entschiedenen Vorstellung dessen, was wahre Dichtung ist, wenn wir nur an einige der einfachen Dinge denken, welche die wahre dichterische Wirkung im Dichter selbst auslösen. Er erkennt die Ambrosia, die seine Seele nährt, in den hellen Gestirnen, die am Himmel leuchten, – in den Linien der Blumen – im Gewirr niedriger Gebüsche – im Wogen der Kornfelder – im Wuchs hoher Palmen – im Blau ferner Berge – in den Wolkenbildungen – im Schimmer halb verborgener Bäche – im Silberglanz der Ströme – in der Stille abgelegener Seen – in den sternenspiegelnden Tiefen einsamer Brunnen.« *A.d.Ü.*

5 Cesare Ripa, *Iconologia* (Erstausgabe Rom 1593, ohne Illustrationen; zweite Auflage, mit Illustrationen, ebenfalls Rom, 1603 und öfter). Edizione pratica a cura di Piero Buscaroli. Prefazione di Mario Praz. Milano: TEA Arte, 1992. – »Edizione pratica« nennt der Herausgeber Buscaroli diese gekürzte, 560 Seiten umfassende Taschenbuchausgabe für den Hausgebrauch. Nach seinen Angaben wären für eine vollständige Edition in der gleichen Ausstattung mindestens 3000 Druckseiten notwendig gewesen. Die Auswahl der in sich ungekürzten und unveränderten Teile hat Buscaroli mit Mario Praz abgesprochen, der eine Sammlung von Ripa-Ausgaben besaß; vgl. »Notizia sull'edizione«, S. VII f. Eine Bibliographie der Ripa-Ausgaben findet sich in: Mario Praz, *Studies in Seventeenth-Century Imagery*. Roma: Edizioni di Storia e Letteratura, 1964 (Reprint 1974), S. 472–475; zur Editions- und Wirkungsgeschichte: »Ripa's Fate«, in: *The Renaissance Imagination. Essays and Lectures by D.J. Gordon*. Collected and edited by S. Orgel. University of California Press, 1975, S. 51–74; E. Mandowsky, *Untersuchungen zur Iconologie des Cesare Ripa*. Diss., Hamburg, 1934. Reprint der ersten illustrierten Ausgabe: Cesare Ripa, *Iconologia. Ovvero descrittione, di diverse imagini cavate dall'antichità e di propria inventione*. Rom, 1603. Hildesheim: Olms, 1970 (mit einem Vorwort von Dr. E. Mandowsky). *A.d.Ü.*

6 Den Merkurstab sehen wir in den Händen der Allegorie »Forza sottoposta all'Eloquenzia«, Ripa, *Iconologia,* a.a.O., S. 149 (»Die [Körper-]Kraft unterliegt der Beredsamkeit«, und auf der Allegorie für »Sizilien«, a.a.O., S. 240). *A.d.Ü.*

7 Otto Vaenius, *Amorum Emblemata*. Antwerpen, 1608. Vgl. Mario Praz, *Studi sul Concettismos*, a.a.O., S. 119–121. *A.d.Ü.*

8 Henri Chapu(1833–1891), französischer Bildhauer und Medailleur; Figuren nach mythologischen Vorbildern, Medaillen, Bildnisbüsten und Denkmäler; allegorische Figuren für Grabmonumente. Vgl. Thieme/Becker, Bd. 6, S. 379–381. *A.d.Ü.*

9 Antoine Chrysostome Quatremère de Quincy (1755–1849), französischer Archäologe und Kunsttheoretiker. Werke: *Dictionnaire de l'Architecture* (Paris, 1786–1828, 3 Bde.); *Jupiter olympien ou l'art de la sculpture antique* (1814); *De l'imitation dans les beaux arts* (1823); *Histoire de la vie et des ouvrages de Rafael* (1824; 2. Aufl. 1833; deutsch: Quedlinburg, 1835); *Canova et ses ouvrages* (1834); *Histoire de la vie et des ouvrages de Michel-Ange* (1835). Vgl. Ausstellungskatalog *Ingres und Delacroix: Aquarelle und Zeichnungen*, Tübingen und Brüssel, 1986. Köln: DuMont, 1986, S. 20 über den Einfluß von Quatremère de Quincey auf den neu entfachten Antagonismus zwischen Rubenisten und Poussinisten bei Ingres und Delacroix. *A.d.Ü.*

10 Heilige (5. Februar). Vgl. Hiltgard L. Keller, *Reclams Lexikon der Heiligen und der biblischen Gestalten. Legende und Darstellung in der bildenden Kunst*. Stuttgart: Reclam, 1987, 6. durchgesehene Auflage, S. 29–30. Ihre Standhaftigkeit als Christin liefert sie unter Decius (249–251) dem Martyrium aus: »Mit den Händen an einen Balken gehängt, werden ihr die Brüste mit einer Zange zerrissen, mit einer Gabel gebrannt und schließlich abgeschnitten.« *A.d.Ü.*

11 Vgl. für ein deutsches Pendant: Rudolf Löwenstein, *Festspiel zur Feier des fünfundzwanzigjährigen Bestehens der Maschinenbau-Anstalt von A. Borsig in Berlin am 22. Juni 1862*, wo die Figur des »Hans Dampf« eingeführt wird; zit. in: Ausstellungskatalog *Literatur im Industriezeitalter*, Deutsches Literaturarchiv Marbach a. N., 1987, 2 Bde., Bd. 1, S. 64: Venus spricht: »Er wuchs empor zum Geist der Gegenwart. / Ja, ja, Vulkan, der Dampf beherrscht die Welt, / Und Du und ich sind ihm jetzt untertänig.« (Die Firma Borsig war einer der wichtigsten Lokomotivenhersteller des 19. Jahrhunderts.) *A.d.Ü.*

12 Balzac, Brief an Madame Hanska, 15. November 1838: »Comment, vous osez dire, qu'il n'y a qu'un homme *en ce stupide XIXe siècle*! Napoléon, n'est-ce pas (...) Allons, vous êtes injuste.« *A. u. Herv. d. Ü.*

13 »Regen, Dampf und Geschwindigkeit – Die Great Western Eisenbahn« (1844), London, National Gallery. Vgl. Monika Wagner, *Die Industrielandschaft in der englischen Malerei 1770–1830*. Frankfurt a. M., 1979; dies., *Wirklichkeitserfahrung und Bilderfindung. Turner, Constable, Delacroix, Courbet*. Funkkolleg Moderne Kunst, Studienbegleitbrief 2 (Weinheim: Beltz Verlag, 1989), S. 47–55. *A.d.Ü.*

14 Des »schönen und schrecklichen Ungeheuers«: Giosue Carducci (1835–1907), »Inno a Satana« (1863) [»Hymnus auf Satan«], in: ders., *Posie scelte*. A cura di Luigi Baldacci; con un saggio di Walter Binni. Milano: Mondadori (Oscar classici) 1984, S. 45–51, Zitat S. 50:

»Un bello e orribile
Mostro si sferra,
Corre gli oceani,
Corre la terra«;

deutsch:
»Ein schön' und schreckliches
Ungeheuer
Reißt sich los, rast über
Land und Meer.«

Giosue Carducci, »An Satana«, in: ders., *Ausgewählte Gedichte*. Übertragen von Otto Haendler. Dresden: Carl Reissner, 1905, S. 12. – Vgl. Heinz Thoma / Hermann H. Wetzel, »Novecento«, in: Volker Kapp, Hrsg., *Italienische Literaturgeschichte*. Stuttgart und Weimar: Metzler, 1992, S. 296: »*Wissenschaft* und *Fortschritt* waren die Schlagwörter der Zeit, die von der positivistischen Philosophie beherrscht wurde. Carducci begrüßte den progressiven Geist der neuen Epoche, dem er das kleinkarierte Klima des liberalen Italien entgegensetzte, etwa in dem *Inno a Satana* (1863), in dem der Dichter seine antiklerikale und freiheitliche Gesinnung bekundet.« Zum Verhältnis von Traditionalismus und Moderne bei Carducci, vgl. Tullio de Mauro, *Storia linguistica dell'Italia unita*. Bari: Laterza, 1963, S. 192–193: »Natürlich hat bei Carducci die akademische Tradition der Paraphrase nach wie vor ihr Gewicht: die Eisenbahn oder die Dampflokomotive wird nicht immer mit den richtigen Ausdrücken [termini propri] bezeichnet, sondern verlangt häufig nach einmaligen oder nach bekannten Paraphrasen, wie *il mostro conscio di sua metallica anima* (*das seiner metallenen Seele bewußte Ungeheuer*), *che i fiammei occhi sbarra* (*das seine flammenden Augen aufreißt* [Carducci, *La stazione*; deutsch: *Auf dem Bahnhof am einem Herbstmorgen*: *Nun schnaubt das Untier, seiner metallischen / Seele bewußt, zuckt, keucht und die flammenden Augen sperrt's auf*; Übersetzung Haendler]. Übrigens drückte sich sogar der ganz junge d'Annunzio angesichts der ersten elektrischen Straßenbahn so aus:

... passa
il carro che non ha timone
né giogo (...);
(*vorbei fährt / der Wagen ohne Deichsel / und ohne Joch*).« *A.d.Ü.*

15 Giuseppe Gioacchino Belli (1789–1863), der »Klassiker des römischen Dialekts«, schrieb 2279 römische Sonette sowie 1200 lyrische Dichtungen in verschiedenen Formen. Die Sonette erschienen erstmals 1952 in der Reihenfolge ihrer Entstehung, herausgegeben von Giorgio Viogolo: G. G. Belli, *I sonetti*. Rom: Mondadori, 1952, 3 Bände. In den deutschen Auswahlausgaben von Albert Zacher (*Narrenspiegel der ewigen Stadt*. Ausgewählte Lieder und Satiren von G. G. Belli. In freier Übertragung von Dr. Albert Zacher. Leipzig: Richard Sattler, 1906) und Otto Ernst Rock (*Die Wahrheiten des G. G. Belli. Römer, Huren und Prälaten*. Eine Auswahl seiner frechen und frommen Verse. Vorgestellt und aus dem Italienischen übertragen von Otto Ernst Rock. Frankfurt a. M.: Insel, 1984) ist das von Praz erwähnte Sonnett »La carrozza a vapore« nicht enthalten. *A.d.Ü.*

16 »Hier kommt der heimliche Pakt mit dem Teufel ins Spiel.«

17 Giacomo Zanella, »L'industria« (1868): »Keuchend braust, einem geschlossenen Gewölbe gleich, Titan, hundert und aberhundert Räder dreht der Dampf, der den Menschen befreit vor beständiger Not«: *Poesie di Giacomo Zanella*. Prima edizione completa con un saggio sul Poeta di Arturo Graf (nuova tiratura riveduta). Firenze: Le Monnier, 1933 (1. Aufl. 1909), S. 96. Zanella schrieb auch ein Gedicht über den Bau des Suezkanals (»Il taglio dell'istmo di Suez«, 1866) und über Mikroskop und Fernrohr (»Microscopio e telescopio«, 1866). *A.d.Ü.*

18 In der antiken Sage befreite Perseus die an einen Felsen geschmiedete Andromeda, indem er das eberköpfige Meeresungeheur tötete, dem sie ausgesetzt worden war. *A.d.Ü.*

19 Giosue Carducci, »Alla stazione. In una mattina d'Autunno« (1875–76), in: ders., *Poesie scelte*, a.a.O., S. 199–201, Zitat S. 200; deutsch: »Auf dem Bahnhof an einem Herbstmorgen«: »Hin saust das schnöde Tier, mit des Sturmes Kraft / Die Flügel regend, trägt's meine Liebe fort, / Das weiße Antlitz, weh! der Schleier, / Grüßend verschwinden sie, nachtverschlungen.« Übersetzung Haendler, a.a.O., S. 99. *A.d.Ü.*

20 Adolfo de Bosis (1901–1931), italienischer Lyriker, Bewunderer von d'Annunzio, Hrsg. der Zeitschrift *Il Convito*, Übersetzer von Homer und Shelley. *Le rime sparse* (Gedichte, 1914); *Opere* (Werke, 1953). *A.d.Ü.*

21 Vgl. Donald Davie, *Purity of Diction in English Verse* (1952), in: ders., *›Purity of Diction in English Verse‹ and ›Articulate Energy‹* (1955). Harmondsworth: Penguin, 1992. *A.d.Ü.*

22 »Her mit der Hand, Genosse! was bedeutet es schon, ob / deine Hand von Kohle schwarz ist und vom Schmieröl getränkt?«

23 »Tief in der Nacht erscheint der Geist mit der Rauchfahne, aufgelöst von den Winden, mit feurigen Augen weit in der Ferne.«

24 Obskurantismus (Fortschrittsfeindschaft) – Licht und Ruhm.

25 Zur zwiespältigen Einstellung deutschsprachiger Autoren zur Eisenbahn (19.–20. Jahrhundert) vgl. Ausstellungskatalog *Literatur im Industriezeitalter*, a.a.O., Bd. 1, S. 65–94. *A.d.Ü.*

26 »Nature seems to have taken a particular Care to disseminate her Blessings among the different Regions of the World, with an Eye to this mutual Intercourse and Traffick among Mankind, that the Natives of the several Parts of the Globe might have a kind of Dependance upon one another, and be united together by their common interest. (...) The Food often grows in one Country, and the Sauce in another.« [Addison, in:] *The Spectator*, 19. Mai 1711, in: Addison & Steele and others, *The Spectator*. Edited by Gregory Smith, Introduction by Peter Smithers. London und New York: J. M. Dent; E. P. Dutton, 1958, 4 Bde., Bd. I, S. 213: »Die Natur scheint im Hinblick auf den wechselseitigen Austausch und den Verkehr zwischen den Menschen eine besondere Sorgfalt dafür zu tragen, ihre Segnungen auf mehrere Weltregionen zu verteilen, damit die Eingeborenen der verschiedenen Teile der Erdkugel in einer gewissen Abhängigkeit voneinander stehen und durch ihr gemeinsames Interesse geeint werden. (...) Oft wächst die Nahrung in dem einem Land und das Gewürz dazu in einem anderen.« *A.d.Ü.*

27 Addison, in: *The Spectator*, N° 69, 19. Mai 1711: »Nature seems to have taken a particular Care to disseminate her Blessings among the different Regions of the World, with an Eye to this mutual Intercourse and Traffick among Mankind, that the natives of the Several Parts of the Globe might have a kind of Dependance upon one another, and be united together by their common Interest. (...) there are not more useful Members in a Commonwealth than Merchants. They knit Mankind together in a mutual Intercourse of good Offices, distribute the gifts of Nature, find Work for the Poor, add Wealth to the Rich, and Magnificence for the Great.« Addison & Steele and others, *The Spectator* in Four Volumes. Edited by Gregory Smith. London und New York: J. M. Dent und E. P. Dutton, 1958 (Erstauflage 1907), Band 1, S. 213–214. *A.d.Ü.*

28 Domenico Giuliotti (1877–1956), katholischer Schriftsteller, Verfechter eines mystischen und asketischen Christentums; Übersetzer von Ruysbroek, Bossuet, Bloy und Green. – Giovanni Papini (1881–1956), konvertierte 1921 zum Katholizismus; Mitarbeiter und Gründer verschiedener Zeitschriften: *Leonardo*, *Regno*, *Hermes*, *Lacerba*, *Il selvaggio*; von 1938 an Hrsg. der Zeitschrift *La Rinascita*; Romancier: *Un uomo finito* (1912; vgl. *KLL*, S. 9763.

Deutsch: *Ein erledigter Mensch*. Übersetzt von A. Nostiz. München, 1962); *Gog* (1931; vgl. *KLL,* S. 4024; deutsch. *Gog*. Übersetzt von L. Bock, Berlin, 1931). – Vgl. zur militärischen Bedeutung der Eisenbahn den Exkurs »Geschichte des Schocks«, in: Wolfgang Schivelbusch, *Geschichte der Eisenbahnreise. Zur Industrialisierung von Raum und Zeit im 19. Jahrhundert* (1977). Frankfurt a. M.: Fischer Taschenbuch Verlag, 1993, S. 134–141. *A.d.Ü.*

30 Auktionen[1]

Zu den »Charakteren« des Theophrastus[2] und seiner Nachahmer gehört der Besucher von Auktionen nicht, so daß ich, nachdem ich seit einigen Jahren unter den regelmäßigen Besuchern solcher sogenannter gesellschaftlicher Ereignisse einen bestimmten hochgewachsenen und hageren Typus mit knochigem und angespanntem Profil antraf, der stets wie zu einem Begräbnis angezogen und sicherlich beim Heroldsamt bekannt ist, beinahe Lust bekam, ein Charakterbild von ihm zu zeichnen, als ich mir überlegte, daß Auktionen sehr viel eher zu einem Phänomen der kollektiven Psychose Anlaß geben als zur Kennzeichnung eines Individualtypus. Und daß das Problem, wenn überhaupt, sich nicht als das eines theophrastischen »Charakters« stellte, sondern als eine akademische Frage im Stil des 16. Jahrhunderts. Warum sind Menschen, die normalerweise tausendmal nachdenken würden, bevor sie ein Kunstwerk erwerben, dazu fähig, bei einer Auktion geradezu närrisch zu werden? Selbst wenn sie ein erstklassiges Stück bei einem Antiquitätenhändler sähen und es zu einem vernünftigen Preis erwerben könnten, kämen sie nicht in Versuchung, ihr Interesse für die alten Dinge liegt während des ganzen Jahres in einem tiefen Schlummer, wird dann jedoch geweckt, erhitzt sich und verwandelt sich in Lüsternheit, kaum sehen sie den schwarzroten Schriftzug, abwechselnd wie die Farben des Roulette, der den Verkauf von kostbaren Sammlungen einer berühmten Patrizierfamilie oder der üppigen Wohnungseinrichtung eines berühmten Diplomaten anzeigt, der die Stadt verlassen hat (wenn auch nicht aus den gleichen Gründen wie der Gesandte von Guatemala in *Il Piacere*[3]).

Der *incanto* ist für sie wahrhaftig ein Zauber in beiden Bedeutungen des Wortes.[4] Vielleicht handelt es sich um Objekte, mit größter Sorgfalt ausgesucht, eifersüchtig behütet in alten Familien, beharrlich verteidigt in mühsamen Erbstreitigkeiten, unangetastet geblieben von den Befleckungen des Handels, Objekte, die es wirklich verdient haben, verkauft zu werden *fino a estinzione di candela vergine*, bis zum Erlöschen der Kerze?[5] Handelt es sich um Sammlungsstücke, die, aus dem Schatten einer prachtvollen Wohnung hervorgetreten, für einen Augenblick unter den Hammer kommen, um dann im exklusiven Schatten einer anderen prachtvollen Wohnung zu verschwinden? Daß ein Lord Hertford, der Begründer der Wallace Collection [London], seine wunderbaren Schätze auf Auktionen ersteigerte und sich allenfalls auf private Verhandlungen einließ, aber Einkäufe im Antiquitätenhandel so gut wie nie ernst nahm, kann man verstehen. Er hatte das Glück, in einer Epoche zu leben – um die Mitte des vergangenen Jahrhunderts –, in welcher berühmte Sammlungen von vornehmen Geschlechtern aufgelöst wurden und sowohl Gemälde großer Künstler in perfektem Zustand, versehen mit allen Beglaubigungen, als auch Nippsachen, die eine Zeitlang die Herrscher erfreut hatten, dem Meistbietenden zur Beute fallen konnten. Lord Hertford machte sie dem Baron Jakob von Rothschild streitig, und man sagt uns, daß seine Beharrlichkeit sowohl auf seinen Wunsch nach kostbaren Zimelien als auch auf die keinesfalls geringe Lust zurückzuführen war, sie seinem mächtigen Konkurrenten abzujagen. Ein Goldenes Zeitalter war dies, als die Auktionen wahrhaft Schulen des Geschmacks waren und die Kenner unbekannte Meisterwerke entdecken und dem endgültigen Urteil der Geschichte zuvorkommen konnten. Gewiß lag schon immer ein Abglanz jener goldenen Zeit auf den Auktionen: sie profitierten von einer Legende, nahmen eine märchenhafte Aura an, gehörten zu jenen Leckerbissen, deren Vortrefflichkeit ebenso unbestritten ist wie die des Champagners und des Hummers. In unserer Zeit freilich, da die wirklich wertvollen Kunstobjekte, die diesen Namen verdienen, äußerst rar geworden sind, gleichen die Auktionen, auch wenn ihnen eine feierliche Besichtigung der aufzulösenden Einrichtung voraufgeht, oft genug verschnittenen Weinen – die berühmte Wohnung liefert jenes Minimum an Alkohol, das einer schlaffen Mixtur aus verschiedenen Quellen Aroma verleiht.

Wie sehr trägt doch diese aufsehenerregende und pathetische Zeremonie der Ausstellung des Wohnungs-Leichnams, dieser Besuch an der Grabstätte eines verblichenen häuslichen Nests (auch wenn es sich heute in den meisten Fällen um ein »getünchtes« Grab handelt), zur Erzeugung jener Massenpsychose im Auktionssaal bei! Große Romanschriftsteller des 19. Jahrhunderts haben das Genrebildchen gemalt, das man mit der diesem Jahrhundert so teuren melancholischen Ironie als »Letzter gesellschaftlicher Empfang« betiteln könnte. In *Dombey and Son* gibt Dickens eine pittoreske Beschreibung der Schwärme schlechtgekleideter jüdischer und christlicher Vampire, die das Haus überschwemmen, mit den Knöcheln auf die Porzellane und Kristalle klopfen, dem Flügel mißtönende Oktaven entlocken, mit feuchten Fingern über den Firnis der Gemälde streichen, mit der Faust die Festigkeit der Polster von Sofas und Sesseln prüfen, alle Schränke auf- und zumachen, kurzum, keinen Winkel des Hauses ungestört lassen (wie immer zieht sich die Beschreibung bei Dickens in die Länge).[6] Thackeray, empört über die Profanierung von Gore House, das im Mai 1849 für den Verkauf der »kostbaren und eleganten Möbel der Most Honourable Countess of Blessington, die sich auf den Kontinent zurückzieht«, zugänglich gemacht wurde, schrieb: »Ich komme gerade von einem schrecklichen Schauspiel zurück: Gore House, voll von *snobs*, die die Möbel besichtigen wollen, widerliche Juden, abscheuliche Bourgeois, mit dem Hut in der Hand, dort, wo einst ein gastfreundlicher Salon gewesen war. Ich hatte Lust, einige dieser Hüte hinauszuwerfen und zu sagen: Sie da, mein Herr, benehmen Sie sich gefälligst anständig im Zimmer einer Dame! Ach, welch seltsames und trauriges Bild vom Jahrmarkt der Eitelkeiten!« D'Annunzio notierte in einem Text, der dem Verkauf der Tapisserien und Möbel gewidmet ist, die »Sr. Excellenz dem bevollmächtigten Minister von Guatemala« gehört hatten (die literarische Verklärung eines Verkaufs, der im Juli 1885 im Palazzo del Grillo tatsächlich stattgefunden hatte), wobei er den Schrecken noch steigert, indem er die Wohnung beschreibt, in der einst die anmutige Maria gewohnt hatte und die nun entweiht wird von einer Meute von Trödlern, *gente bassa*, von niedrigen, gemeinen Leuten – gleichsam ein Emblem für den Verfall seiner Liebe zur Frau: »Ein übler Geruch, der von diesen unsauberen Menschen ausging, verbreitete sich in der warmen Luft.« »Es schien ihm, als ob von den Berührungen aller dieser Unbekannten die Ansteckung finsterer, unheilbarer Krankheiten ausging.« »Er ging durch die anderen Räume, in denen nur noch die Dekorationen der Wände, die Fenstervorhänge und Portieren geblieben waren. (...) Er kam in ein halbrundes Gemach. Die Wände waren von einem tiefen Rot, in dem einige Goldflitter glänzten. Sie erinnerten an einen Tempel oder ein Grabgewölbe; sie erweckten die Vorstellung eines traurigen und geheimnisvollen Zufluchtsorts, gemacht um hier zu beten und zu sterben. (...)«[7] Ganz anders die Trauerassoziation, die ich neulich beim Besuch einer Patrizierwohnung hatte, die zur Versteigerung kam: es war offenkundig, daß man in dieser Wohnung Leichen hergerichtet hatte, gleichsam im Wetteifer mit den amerikanischen *morticians*, jenen Putzmachern und Schminkmeistern, die so geschickt sind, daß die Toten wieder blühend und schön wie Wachsstatuen aussehen. Wenn man seinen Augen trauen durfte, dann hatte sich dieser arme Herzog von X in einer aufreibenden – und ach so unglücklichen! – Leidenschaft zur Kunst verzehrt. Sie ging so weit, daß es in seinem Haus praktisch nur noch Salons gab, bequeme Winkel für intime Gespräche, nur noch Sofaecken, wie in einem Gesicht aus lauter Grübchen und ohne Knochen. Der Herzog mußte von dieser Leidenschaft *in articulo mortis*, im Augenblick des Todes, geradezu entflammt gewesen sein und sein ganzes Vermögen wie in einem Strohfeuer verbrannt haben, um eine Stunde lang sämtliche Lagerbestände der Antiquitätenhändler in der Stadt zu besitzen. Die Wohnung, einbalsamiert und vollgestopft mit Möbeln der unterschiedlichsten Herkunft und sicherlich im Vergleich zu ihrem gewöhnlichen Anblick nicht wiederzuerkennen, stellte sich auf dem Katafalk der öffentlichen Versteigerung zur Schau. Ich sah elegante Damen und müßiggängerische Herren mit aufgerissenen Augen vor Gegenständen stehen, die sie noch gestern, als diese im Schaufenster eines Antiquitätenhändlers vergeblich angeboten wurden, keines Blickes gewürdigt hätten. Heute dachten sie wohl, daß man sie liebevoll gesammelt und sorgfältig gehütet hatte und daß sie das Leben einer ganzen Familie erheitert hatten; daß sie den Geschmack und das Begehren eines Herzogs und vielleicht sogar des berühmten Kardinals, seines Vorfahren, befriedigt hatten. Bei der Betrachtung der unregelmäßig um ein indochinesisches Tischchen gruppierten Sessel (Sessel und Tischchen waren vor zwei Tagen hier eingeschmuggelt worden) glaubten sie vielleicht Bruchstücke der letzten eleganten Konversation zu vernehmen, die da geführt worden war, und in der Choreographie der Nippfiguren entdeckten sie den klugen Verstand, der die Hand einer Herzogin geleitet hatte. Die Poesie der Auktionen...

Den Charakter einer exaltierten Totenmesse, der den Auktionen anhaftet, konnte ich vor allem in England beobachten. In den Auktionsräumen von Christies (die heute vielleicht nicht lebendiger sind als die Ruinen von Babylon) saßen die Trödler scharenweise – *gemeine Leute,* um den Ausdruck d'Annunzios zu verwenden – wie Chorherren in einer Kapelle, in einem Kreis, und sie gaben kaum wahrnehmbare Zeichen oder flüsterten leise bei jedem kleinen Vers, den der Ausrufer – der in Wirklichkeit gar nicht ausrief, sondern halblaut sprach – ungerührt aus dem Katalog vorlas; der leichte Schlag mit dem Hammer erinnerte an die Rumpelmette, bei der mit Hölzern auf die Kirchenbänke[8] geschlagen wird.[9] Bei uns hingegen wird der Ausrufer seinem Namen durchaus gerecht; er schreit sich die Lunge aus dem Leib, bis er nach zwei oder drei Tagen Versteigerung heiser ist, und er bietet das Schauspiel eines Predigers mit einer ebenso grellen wie betrübten Stimme, wobei er jedoch nicht nur schreit, um die Vorzüge der Objekte anzupreisen, sondern um Witze zu erzählen, die das hingerissene Auditorium unterhalten. »Allein schon um dieses seltene Stück zu sehen, lohnte es sich, zu dieser Versteigerung zu kommen...« (es handelt sich um die glaubhafte Fälschung einer Konsole im Stil Louis XV.). – »Und nun kommen wir zur wunderbaren *Med...*« – »Jetzt wird es aber einen Kampf geben!« – »Rechts nicht mehr!« (ein Satz, der zur Anprobe beim Schneider paßt.) – »Möchten Sie noch, Graf?« – »Der Zuschlag wird gegeben!« – »Fast geschenkt!« – »Glückwünsche!« Wunderliche Gebärden und lautes Gegacker, unglaubliche Verdrehungen fremdsprachiger Wörter... Die angepriesenen Objekte ziehen ohne jede zeremonielle Würde vorüber. Bekanntlich sind die Trauerrituale ja nicht in allen Ländern gleich. Man sollte besser an Trauer*spiele* denken, denn alles in allem gleicht die Atmosphäre eines Auktionssaals am ehesten der eines Spielkasinos. Und eben dieses Element des Spiels liefert den Schlüssel zur Vernarrtheit des Publikums. Da nämlich die Schönheit und Seltenheit des Objektes nur zum geringsten Teil der Grund für die unmäßige Gier der Bieter sind und seine berühmte Herkunft und das einfältige Vertrauen in seine Eigenschaft des »Geheimnisvollen« größeren Einfluß haben, ist das Entscheidende der Wettbewerb, der elektrisierende Reiz, im nächsten Augenblick die Gelegenheit beim Schopf zu packen. Das Haupt der *occasio*, der Gelegenheit, zeigt niemals so viel Haarschopf an einem einzigen Punkt und so viel Kahlheit an allen übrigen Stellen wie bei einer Versteigerung. *Occasio arrepta, neglecta, huius commoda, illius incommoda*[10]: Auktionsbesucher brauchen den Traktat des Jesuiten aus dem 18. Jahrhundert nicht zu lesen, um die Vor- und Nachteile der ergriffenen oder versäumten Gelegenheit einschätzen zu können. Die »Fans«, die sich kopfüber in die verrücktesten Angebote stürzen und die Preise von trivialen Nippsachen in »unvorstellbare Höhen« treiben – wie d'Annunzio gesagt hätte –, gemahnen an jene bedauernswerten Verhexten in antiken Fabeln, die Zauberinnen und Megären umarmen, welche sie für begehrenswerte Jungfrauen halten.

»Pallido, crespo e macilente avea
Alcina il viso, il crin raro e canuto ...«[11]

Keine mitleidige Seele verteilt an die Auktionsbesucher am Eingang zu ihrem verhängnisvollen Verlies Ringe gegen den Zauber[12], und beim Hinausgehen mit der ersehnten Beute werden sie nicht dem Unbekannten aus Dostojewskis *Jüngling* begegnen, der bereit ist, das von ihnen auf der Auktion für zwei Rubel und fünf Kopeken erstandene wertlose Objekt für zehn Rubel zurückzukaufen.[13] Vielleicht ist es aber im Grunde gar nicht das Objekt, das sie kaufen wollen, und was sie bezahlt haben, erscheint ihnen als eine gute Ausgabe für die Gefühlserregung eines Augenblicks: die Gefühlserregung eines Spielers, der einen riskanten Einsatz wagt; vielleicht werden sie gespürt haben, daß »etwas Radikales und Endgültiges« mit ihrem Schicksal bevorstand, selbst wenn dieses »Etwas« schließlich nichts anderes war als der Kauf oder auch der verpaßte Kauf einer kleinen Figur aus Sachsen, die für niemanden eine lebenswichtige Bedeutung haben mochte.

Wir, die wir nicht an das Spiel und an die Vorzüge seiner fieberhaften Erregungen glauben, haben immer gelitten, wenn wir sahen, wie bei einer Versteigerung ein wirklich begehrenswertes Objekt erworben wurde; es streitig zu machen, mit einem Risiko, das mit Kunst und Geschmack gar nichts zu tun hat, erschien uns stets als ein unerträglicher Gewaltakt, und das Kärtchen, mit dem das Objekt ausgezeichnet wurde, stimmte uns ebenso melancholisch wie das Krankenblatt eines mit »obskuren und unheilbaren Krankheiten Infizierten«.

1941

Anmerkungen

1 Erstdruck: »Le aste«, in: *Corriere della Sera*, 14. Juni 1941. *A.d.Ü.*

2 Theophrastus (372–287 v. Chr.), *Charakteres*. Deutsche Übersetzung mit Kommentar in: *Charaktere*. Hrsg. P. Steinmetz. München, 1960–62, 2 Bde. *A.d.Ü.*

3 Gabriele d'Annunzio, *Il Piacere* (1889). Milano: Treves, 1901. *A.d.Ü.*

4 Ital. *incanto* bedeutet sowohl Zauber, Verzauberung, als auch Versteigerung, Verkauf, Auktion, Gant (von lat. *in quantum*), *incantare*, versteigern; vgl. franz. *encanter*, versteigern, verganten; *encan*, Versteigerung. *A.d.Ü.*

5 Bedingung bei öffentlichen Versteigerungen: so lange die Kerze brennt, dürfen noch Gebote gemacht werden. *A.d.Ü.*

6 Charles Dickens, *Dombey and Son* (1848). Edited by Peter Fairclough with an introduction by Raymond Williams and original illustrations by Hablot C. Browne (»Phiz«). Harmondsworth: Penguin, 1985, Kap. 59, S. 928 f.: » ... herds of shabby vampires, Jew and Christian, over-run the house, sounding the plate-glass mirrors with their knuckles, striking discordant octaves on the Grand Piano, drawing wet forefingers over the pictures, breathing on the blades of the best dinner-knives, punching the squabs of chairs and sofas with their dirty fists, touzling the feather beds, opening and shutting all the drawers, balancing the silver spoons and forks, looking into the very threads of the drapery and linen, and disparaging everything. There is not a secret place in the whole house. Fluffy and snuffy strangers stare into the kitchen-range as curiously as into the attic clothes press (...).« *A.d.Ü.*

7 D'Annunzio, *Il Piacere*, a.a.O. (Schluß), Kap. XVI, S. 446; deutsch: *Lust*. Übersetzt von Maria Gagliardi. Berlin: S. Fischer, 1902, S. 548–553, Zitat S. 549 (Übersetzung geändert). *A.d.Ü.*

8 Religiöser Brauch: nach den Vigilien in der Karwoche wurde in der sogenannten Rumpel- oder Pumpermette mit Ruten oder Stöcken auf die Kirchenbänke geschlagen; vgl. *Deutscher Aberglauben*, Bd. 7, Sp. 851–852. *A.d.Ü.*

9 Wie wichtig es ist, bei der Teilnahme an Auktionen, vor allem den englischen, die eigenen Kopfbewegungen unter Kontrolle zu halten, darüber belehrt uns eine Anekdote aus der Zeit des Caligula. Dieser Kaiser unseligen Angedenkens entschloß sich, die unechten Stücke seiner Sammlung an seine Höflinge zu verkaufen, und leitete selbst die Versteigerung. Ein armer Höfling wurde vom Schlaf übermannt, und Caligula wies den Versteigerer darauf hin, daß der Höfling jedesmal, wenn er im Schlaf mit dem Kopf wackelte, das Angebot erhöhte. Beim

Aufwachen entdeckte dieser, daß er für eine gewaltige Summe den Ramsch des Kaisers gekauft hatte.

10 »Die Gelegenheit, entweder ergriffen oder versäumt: ersteres vorteilhaft, lezteres unvorteilhaft.« – Vgl. Rainer Specht, »Über *occasio* und verwandte Begriffe vor Descartes«, in: *Archiv für Begriffsgeschichte*, Band XV, Heft 2 (1971), S. 215–255; S. 216: »Der Jesuit Johannes David verfaßt ein Drama mit dem Titel *Occasio arrepta, neglecta, huius commoda, illius incommoda*« (Antwerpen, 1605); vgl. a.a.O., Band XI (1972), S. 1–27: »*occasio* bei Descartes«; ebd., Band XVII, (1973) S. 36–65:»*occasio* nach Descartes«; R. Specht, Art. »Anlaß«, in: *HWPh*, Bd. 1, Sp. 325–327. *A.d.Ü.*

11 Ludovico Ariosto, Orlando Furioso, VII, 73:
»Bleich, runzlig und abgezehrt
war Alcinas Gesicht, spärlich und weiß das Haar...«
A.d.Ü.

12 *Orlando furioso*: Anspielung auf die Geschichte von Ruggiero, der sich in die alte Hexe Alcina verliebt, die ihm als junges Mädchen erscheint: von Melissa erhält er einen Ring, der ihn das wahre Wesen Alcinas erkennen läßt (wie es an der oben zitierten Stelle aus VII, 73 geschildert wird). *A.d.Ü.*

13 F. M. Dostojewski, *Der Jüngling*. Übersetzt von E. K. Rahsin. I. Teil, III. Kap. II. Abs. (Frankfurt a. M.: Fischer Bücherei, 1970, S. 53–58). Der »Jüngling« vergleicht die Situation des Wartens bei der Auktion mit dem Warten am Spieltisch. Er stand in der Wohnung, deren Einrichtung versteigert wird, »und wartete – etwa so, wie man am Spieltisch wartet, wenn man noch nicht gesetzt hat, obschon man mit der Absicht, unbedingt zu spielen, an den Tisch getreten ist und gerade noch denkt *Wenn ich will, setze ich, wenn ich will, gehe ich fort – ganz wie's meinem freien Willen beliebt.* Das Herz pocht dann noch nicht, aber es ist, als verlangsame sich sein Schlagen, und hin und wieder erbebt es nur so eigenartig, – eine Empfindung, die nicht ohne Reiz ist. Aber die Unentschlossenheit fängt bald an, einen zu bedrücken, und dann wird man plötzlich blind und taub und streckt die Hand aus und nimmt eine Karte, aber alles ganz wie mechanisch, fast sogar wie gegen den eigenen Willen, als führte ein Fremder unsere Hand; und plötzlich hat man sich entschlossen und setzt, – dann hat man aber schon gleich eine ganz andere Empfindung, die ungeheuer ist. Ich rede hier nicht von Auktionen, sondern nur von mir: Wer sonst könnte denn auf einer Auktion Herzklopfen bekommen?« *A.d.Ü.*

31 Bilder, mit denen man leben kann[1]

Eine elegante Dame kommt zu einem Kunsthändler: »Ich möchte gerne ein wertvolles Bild kaufen.« Der Händler zeigt ihr eine kleine holländische Landschaft, ein recht einfaches, unsigniertes Bild; der Preis ist fünfundzwanzigtausend Lire. Der Blick, den die Dame auf das Bild wirft, scheint nicht der eines ästhetischen Urteils zu sein; eine bestimmte Rechnung geht offenbar nicht auf, denn nun sagt sie: »Oder vielleicht eine wertvolle Vase.« – »Tut mir leid, haben wir nicht.« – »Oder ein Objekt mit einer gewissen historischen Bedeutung.« Mit der extremen Wechselhaftigkeit des Wunsches gibt sie sich nicht als eine seriöse Kundin zu erkennen; sie wird in aller Höflichkeit verabschiedet. Ein nicht sehr vornehmer, aber zweifellos begüterter Herr kommt zu einem bekannten Antiquar und erklärt ohne Umschweife: »Ich möchte für eine halbe Million Lire Bücher kaufen.« Der eine ganz andere Kundschaft gewohnte Buchhändler ist über dieses maßlose und oberflächliche Ansinnen völlig verblüfft; auch er begleitet den unerwünschten Besucher zur Türe. Phänomene unserer Zeit. Wenn ich aber auf solche Phänomene stoße – zufällig befand ich mich gerade bei dem Kunsthändler, als die elegante Dame hereinkam, und die zweite Anekdote vernahm ich aus dem Munde eines befreundeten Buchhändlers –, dann muß ich mich doch fragen, nach welchen Kriterien das allgemeine Publikum Kunstgegenstände erwirbt, zum Beispiel Gemälde. Wenn an Stelle des kleinen holländischen Gemäldes – dessen Sprache, gerade weil sie so zart ist, eine gewisse Übung voraussetzt, wenn sie verstanden werden soll – eines jener sogenannten »leicht verkäuflichen« Bilder vorhanden gewesen wäre, deren malerische Qualität ebenso bescheiden, wenn nicht noch viel bescheidener ist, so hätte die Dame wohl gefunden, was sie suchte. Es gibt eine Rangordnung des Reizes, mit dem Bilder auf das Laienpublikum wirken, und ich glaube, sie ist für niemanden ein Geheimnis. Ästhetische

Überlegungen spielen dabei eine eher geringe Rolle; gesucht wird weniger das Kunstwerk als vielmehr »das Bild, mit dem man leben kann« – eine Kategorie, die viel umfassender ist, als es zunächst erscheinen mag.

Auf diesem Gebiet herrschte schon immer eine starre Inhaltsästhetik[2] vor. Es gibt sowohl Themen, die sich zu allen Zeiten durchsetzen, als auch besondere Themen in einer bestimmten Geschmacksperiode. Die Kunsthändler werden einem sagen, daß die sakralen Sujets von den Laien heute ebenso eifrig gemieden werden, wie ein religiöser Mensch ein profanes Sujet verabscheuen würde, und daß das Bild, das ohne Diskussion verkauft wird – eine merkwürdige Bestätigung dafür, wie sehr die gröbste männliche Sichtweise nach wie vor überwiegt –, der schöne weibliche Akt ist. Die sakralen Bilder fielen freilich nicht immer einem solchen Scherbengericht zum Opfer; erinnern wir uns nur an die transatlantische Emphase für den Goldhintergrund und an gewisse andere Begeisterungswogen, die von dort ausgingen. Es gab zum Beispiel eine Zeit, in der die großen amerikanischen Sammler Bilder von Filippo Lippi suchten, aber keine »blinden« Bilder, was heißt, der Hintergrund der *sacra conversazione* sollte keine Wand oder Mauer sein, sondern eine Landschaft. Ist der Wunsch einmal formuliert, so entsteht auch die Sache: ein minder skrupulöser Kunsthändler bemühte sich um die delikate Operation für das Auge, einem bestimmten Bild florentinischer Schule, das sich mit einiger Plausibilität Filippo Lippi zuschreiben ließ, das Licht der Landschaft aufzutragen, so daß es nun nicht mehr »blind« war, »cieco«, sondern »lippo«, »triefäugig«. Auch wenn die sakralen Bilder kaum gewünscht werden, gibt es unter ihnen doch eine Rangordnung: ganz unten rangiert naturgemäß eine Kreuzabnahme oder Grablegung. Eine Madonna mit einem blühenden Kind kursiert viel höher. Das Schauspiel des Todes ist keine Freude für die Augen, während das der Mutterschaft den allermenschlichsten Empfindungen schmeichelt...

Man mag über ein Publikum, das sich von solchen Kriterien leiten läßt, lächeln, ja es sogar verachten. Aber denken wir einmal an den entgegengesetzten Fall, etwa an das Beispiel eines berühmten Freundes von mir, der im Eßzimmer eine Hospitalszene von Subleyras[3] hängen hat, die so groß ist, daß sie eine ganze Wand einnimmt. Nicht jedem Betrachter gelingt es, vom

Sujet abzusehen und sich über die feinen Farbakkorde auf dem Gemälde zu begeistern. Ich bin sicher, daß die Damen – und davon gibt es einige –, die niemals müde werden, über ihre eigenen Krankheiten oder über die ihrer Verwandten bis hin zum zehnten Grad und über die ihrer Freunde und Bekannten zu sprechen, für dieses Bild allenfalls ein morbides Interesse entwickeln würden, und sicherlich wären es nicht wenige, denen beim Anblick dieser Szene der Appetit verginge. Appetit käme auch dann nicht auf, wenn an der Wand statt des Subleyras der berühmte *Geschlachtete Ochse*[4] von Rembrandt hinge, ein Bild, das zwar einem Löwen den Mund wäßrig machen könnte, nicht aber einem zivilisierten Christen. Und ich weiß nicht, ob der sich ermutigt fühlen würde, sich an die Vorbereitungen zum Verdauungsvorgang zu machen – d.h. sich zu Tisch zu begeben –, wenn er das Gemälde *Il Confortatore*[5] von de Chirico vor sich hätte, ein riesiges Gemälde, das in lebhaften Farben den Unterleibsquerschnitt zweier sitzender Personen zeigt. Man hat gut reden, wenn man dazu auffordert, vom Sujet abzusehen und die Aufmerksamkeit auf den kompositorischen Rhythmus und den Farbklang zu lenken! Das wird mir bei einem Morandi gelingen, dessen ätherische Flaschen und geisterhafte Kupferkrüge wirklich nur noch minimale inhaltliche Andeutungen enthalten, so daß man an ein modernes Pendant der Kunst Chardins erinnert wird, der für seine Stilleben die unauffälligsten und gewöhnlichsten Gegenstände auswählte. Aber wie sollte man angesichts des Gemäldes von de Chirico nicht an die anatomischen Tafeln des Zoologieunterrichts denken, die dem Maler schließlich den Anstoß gegeben haben?[6]

Eines Tages kam eine Dame in das Geschäft des Kunsthändlers Sebasti in der Via Fontanella Borghese in Rom und bot ihm ein großes Bild zum Kauf an, dessen Anblick im eigenen Hause ihr wegen der dargestellten Szene, auf der dem Holofernes der Kopf abgeschnitten wird, unerträglich geworden war. Der Kunsthändler erkundigte sich nach der Größe des Bildes, und da es ihm, vom haarsträubenden Sujet ganz abgesehen, wegen der Ausmaße für den Handel als zu groß erschien, verzichtete er auf den Ankauf. Dieses Bild, Caravaggios *Judith*, ist heute eines der Glanzstücke des Museo Nazionale d'Arte Antica im Palazzo Barberini.[7]

Dennoch haben wir solche Bilder mit Sujets, die im alltäglichen Zusammenleben schwer zu ertragen sind, auch in Wohnungen von Menschen angetroffen, die wahrscheinlich nichts Besseres verlangt hätten, als die Wände mit Bergansichten oder Seestücken zu dekorieren, wenn man sie nur gelassen hätte. Solche Menschen mit den bescheidensten ästhetischen Ansprüchen lernen eines Tages »das Wie des Sehens«, und es gibt keine geeignetere Figur als den Snob, um eine Begeisterungswelle ins Extreme zu steigern. Ob die Bilder des Modemalers abgedroschenes Zeug darstellen, kümmert den Snob nicht – wie Euktos in Martials Epigramm muß der Snob vor den Augen seiner Gäste eine ganze Kollektion jener Gegenstände zur Schau stellen, die von der augenblicklichen Begeisterung getragen werden.[8] Es ist die Mode, die Wunder bewirkt und die es nicht nur möglich, sondern sogar erstrebenswert macht, mit Dingen zusammenzuleben, deren äußeres Erscheinungsbild jeder gesellschaftlichen Anziehungskraft entbehrt. Welche Norm ist für ein ordentliches Haus elementarer als die, daß der Fußboden frei von Unrat zu sein hat? Dennoch fanden die Römer zu einer bestimmten Zeit Gefallen an der Darstellung von Speiseresten und Abfällen auf den Mosaiken des Fußbodens – ein Phänomen, das wahrscheinlich enger mit dem Concettismo verwandt ist (Überraschungen durch Täuschung zu erzielen) als mit jener Freude am Stilleben, dessen erster Auftritt nicht nur »die endgültige Überwindung des Vorurteils« bedeutete, »die *Vornehmheit* des Sujets (verleihe) dem Kunstwerk einen höheren Wert«, wie uns unser kundiger Bianchi-Bandinelli belehrt, sondern auch »die endgültige Preisgabe jedes ursprünglichen Illustrations- und Erzählmotivs zugunsten einer rückhaltlosen Bejahung der ausschließlich *dekorativen* Bedeutung des Kunstwerks und der Malerei als reiner Malerei, als Erkundung der Farbe, als freier und interesseloser Vorwand für das Spiel des Künstlers«.

Man hat uns so oft wiederholt, Kunst sei Ausdruck, und jeder gelungene Ausdruck sei Kunst, daß man Gefahr läuft, als Philister zu gelten, wenn man eine praktische Besonderheit betont, die am Ende die Bewertung eines figurativen Kunstwerks beeinflußt. Ein gelesenes Buch stelle ich ins Regal zurück; es ruft sich nicht ständig in Erinnerung wie ein Bild, das an der Wand hängt. Wie klug doch die Chinesen waren, die ihre Bilder unter Verschluß hielten, fern von den Augen, um sich nur von Zeit zu Zeit an ihnen zu erfreuen! Es kann mir auch mit dem *Tröster* von de Chirico so ergehen – selbst wenn ich mir im Moment nicht recht vorstellen kann, wie –, daß ich ihn wieder sehen möchte, allerdings in einem Museum, nicht bei mir zu Hause. Plinius erzählt, daß der Abgesandte der Teutonen vor ein auf dem Forum ausgestelltes Bild geführt wurde, das einen alten Hirten mit seinem Stock zeigte, und daß man ihn arglistig fragte, zu welchem Preis er das Bild kaufen würde, worauf er zur Antwort gab, daß er diesen alten Hirten nicht einmal geschenkt haben wollte, selbst wenn er echt und lebendig wäre. Kann man es dem Abgesandten der Teutonen übelnehmen? Von Lord Hertford, dem Gründer der vorzüglichen Wallace Collection, ließ sich nicht behaupten, daß er kein Kunstkenner gewesen sei; dennoch wollte er, weil er mit ihnen leben mußte, nur »gefällige Sujets« haben; Bildnisse von alten Menschen waren von dieser Kategorie ausgeschlossen. Es wäre vergeblich, jemandem mit solchen Abneigungen eine Passage aus *Booz endormi* zu zitieren, die in der Übersetzung d'Annunzios wie folgt lautet:

> »Le femmine guardavano, più che l'èsili e blande
> forme di un uomo giovine, quelle forma senile;
> però che l'uomo giovine bello è, ma il vecchio e
> grande.«[9]

Ausgemergelte und altersschwache heilige Hieronymusse, selbst wenn in ihren Augen ein erhabenes Leuchten erglänzt und ihre Gestalten die reine Heiligkeit ausdrücken – durfte man es dem Lord Hertford verübeln, daß die Wände ihn nicht an das unausweichliche Schicksal des Menschen, alt zu werden, erinnern sollten? Keine Bildnisse von Alten, sondern von Jungen – junge und schöne Frauen in eleganten Kleidern und ohne übertrieben betonte Persönlichkeit: das ist die Art von Bildern, bei der es nicht überrascht, daß sie in der Rangordnung ganz oben stehen – idyllische, feurige oder galante Szenen, lebhafte oder feierliche Landschaften ... Die Bilder, die an unseren Wänden hängen, hängen wir ja schließlich nicht nur deshalb auf, weil sie Zeugnisse der Kunst sind. Ebenso wie die Träume sind die häuslichen Bilder Projektionen von Wünschen und Hoffnungen. Und wer möchte denn immer nur zwischen Angstträumen hausen? Der Snob mag sich zwar inmitten einer ätzenden Anhäufung geometrischer Stilleben eine Zeitlang glücklich schätzen, bis er dann eines Tages, aufgeweckt durch einen Modewechsel, erkennen wird, unter einer Meute von Schreckgespenstern gelebt und, wie Titania, nichts als einen Eselskopf geliebt zu haben.

1942

Anmerkungen

1 Erstdruck: »I quadri coi quali si può vivere«, in: *Corriere della Sera*, 26. Februar 1942. *A.d.Ü.*

2 Ital. *contenutismo*, Gehaltsästhetik. Brecht benutzte im Zusammenhang mit der sog. Formalismus- und Realismus-Debatte das Wort *Inhaltismus*; gleichsam eine buchstabengetreue Übersetzung von *contenutismo*: Bertolt Brecht, »Über den formalistischen Charakter der Realismustheorie«, in: *Schriften zur Literatur und Kunst 2* (*Gesammelte Werke in 20 Bänden*). Frankfurt a. M.: Suhrkamp, 1967, Band 19, S. 301. *A.d.Ü.*

3 Pierre Subleyras (1699–1749) zog nach einem Aufenthalt in Paris 1726–28 nach Rom, wo er als Schüler der Académie de France aufgenommen wurde. Danach blieb er in Rom; ein wichtiger Gönner und Auftraggeber dort war der Kardinal Valenti Gonzaga. Bekannt für seine großen Formate, malte Subleyras Historiengemälde, sakrale Themen und Bildnisse; vgl. Thieme/Becker, Bd, 32, S. 268–269, *KML*, Bd. 11, S. 312–313.

4 1655, Paris, Louvre; eine kleinere Variante, gemalt wahrscheinlich um 1643, befindet sich in Glasgow, Art Gallery and Museum. Vgl. Gary Schwartz, *Rembrandt. His Life, His Paintings* (1985). Harmondsworth: Penguin, 1991, S. 235, Abb. 292, 293. *A.d.Ü.*

5 *Der Tröster* (1929); Vollmer, Bd. 1, S. 434. *A.d.Ü.*

6 Vgl. Georg Simmel, »Soziologie der Mahlzeit« (1910), in: ders., *Brücke und Tür. Essays des Philosophen zur Geschichte, Religion, Kunst und Gesellschaft*. Im Verein mit Margarete Susman herausgegeben von Michael Landmann. Stuttgart: K. F. Koehler, 1957, S. 243–250: »Nur darf die Ästhetik der Mahlzeit es nie vergessen, *was* sie denn eigentlich zu stilisieren hat: eine in den Niederungen des organischen Lebens gelegene und deshalb schlechthin durchgängige Be-

dürfnisbefriedigung. Wenn sie deshalb das materiell Individualistische zum Gegenstand hat, darf sie gerade darum selbst nicht in individuelle Differenziertheit aufsteigen, sondern nur ein seelisches Nivellement verschönern und verfeinern, bis zu der Grenze, die dieses gestattet. Das *individuelle* Aussehen einer Speise würde sich mit ihrem Zwecke, verzehrt zu werden, nicht vertragen: das wäre wie Menschenfresserei. Deshalb gehören auch auf den Eßtisch nicht die gebrochenen, nuancierten modernen Farben, sondern die breiten, glänzenden, an ganz primäre Reizbarkeiten anknüpfenden: Weiß und Silber. In dem Meublement des Eßzimmers meidet man im allgemeinen sehr ausladende, bewegte, herausfordernde Formen und Farben und sucht ruhige, dunkle schwere. Von Bildern bevorzugt man Familienbilder, denen keine zugespitzte Aufmerksamkeit entspricht, sondern das Gefühl des Gewöhnten, Verläßlichen, in die Breite der Lebensfundamente Zurückweichenden. Die Ästhetik in Arrangement und Ausschmückung der Speisen ist selbst bei den raffiniertesten Diners von sonst längst überwundenen Prinzipien geleitet: Symmetrie, ganz kindliche Formenreize, primitive Formgebungen und Symbole. Auch der gedeckte Tisch darf nicht als ein in sich geschlossenes Kunstwerk erscheinen, so daß man nicht wagen möchte, seine Form zu zerstören. Während die Schönheit des Kunstwerkes ihr Wesen in der Unberührtheit hat, die uns in Distanz hält, ist es das Raffinement der Tafel, daß ihre Schönheit doch einladend sei, in sie einzubrechen.« (S. 248) *A.d.Ü.*

7 Caravaggio, *Giuditta e Oloferne* (um 1599; »Judith und Holofernes«), Öl auf Leinwand, 145 x 195 cm. Rom, Galleria Nazionale d'Arte Antica, Palazzo Barberini. Vgl. Ausstellungskatalog *Caravaggio e il suo tempo*. Napoli, Museo del Capodimonte, 1985 (Napoli: Electa, 1985), N° 74, S. 256–263. Wie Rembrandt später in der *Blendung Simsons* (1636; Frankfurt am Main, Städel) den *Akt* der Blendung zeigen sollte, stellt Caravaggio den *Akt* des Kopfabschneidens dar. *A.d.Ü.*

8 Martial, *Epigramme*, VIII, 6: »Nichts ist widerwärtiger als die Originale des alten Euctus – ich liebe mehr die aus saguntinischem Ton geformten Trinkschalen –, wenn der Schwätzer die verrückten Stammbäume seines Silbergeschirrs aufzählt und mit seinen Worten die Weine vollrotzt: ›Dies waren die Pokale von Laomedons Tisch: Um sie zu bekommen, errichtete Apoll mit seiner Lyra die Mauern. Auf diesem Mischkrug schlug der wilde Rhoetus seine Schlachten mit den Lapithen: du siehst ein vom Kampf mitgenommenes Werk! Diese beiden Gefäße werden dem alten Nestor zugeschrieben: die von des Pyliers Daumen abgewetzte Taube erglänzt. Hier ist der Becher, in dem der Aeakide für seine Freunde reichlicher und feuriger den Wein zu

mischen befahl. In dieser Schale trank die wildschöne Dido dem Bitias zu, als dem phrygischen Mann ein Essen gegeben wurde.‹ Wenn du die ziselierten Arbeiten der Vorzeit hinlänglich bewundert hast, wirst du in Priamus' Trinkschale den Astyanax ausschlürfen.« Übersetzung Hans-Wolfgang Krautz. *A.d.Ü.*

9 Victor Hugo »Booz endormi« (1859), in: *La Légende des Siècles*. Paris: Nelson éditeurs, o. J. (ca. 1880), 3 Bde., Band 1, S. 56–59, Zit. S. 57:
»Les femmes regardaient Booz plus qu'un jeune homme,
car le jeune homme est beau, mais le vieillard est grand.«
(»Booz endormi«, »Der schlafende Booz«):
»Die Frauen sahen mehr auf Booz als auf den jungen Mann,
denn schön ist zwar der junge Mann, doch groß der alte.«
A.d.Ü.

32 *Über Professoren und Antiquitäten*[1]

In einem alten Kochbuch (in welche Bücher stecken wir Bibliophilen eigentlich nicht die Nase hinein?) fiel mir beim raschen Blättern der Name eines Gerichtes auf, einer jener phantasievollen und absurden Namen des internationalen Jargons der Küche von einst: *omelette soufflée à l'antiquaire*. Das Rezept geht mich nichts an, aber die Wortverbindung lenkte meine Gedanken auf ein ganz anderes Feld als das der Kunst des Apicius, denn zwischen dem aus wenigen, zu einem luftigen Schaum verfeinerten Zutaten bestehenden Soufflé[2] und dem Beruf des Antiquitätenhändlers gewahrte ich einen tiefen Zusammenhang, von dem der Verfasser des *Rigeneratore gastronomico*[3], über dessen Lippen diese Bezeichnung für den Leckerbissen gekommen war, wohl kaum geträumt hatte. Denn was ist im Grunde die Kunst, alte Gegenstände zu verkaufen, in den meisten Fällen anderes als ein Quirlen, ein Schlagen, ein geschicktes In-Luft-Aufgehenlassen von ganz wenig Eigelb und sehr viel Eiweiß, bis die vermengten und mit Hilfe der Backofenhitze aufgegangenen Zutaten jene charakteristische Pfannkuchen- oder Auflaufform annehmen, die den Montgolfieren ähnelt?[4] Ich behaupte nicht, daß der Antiquitätenhändler sich jedesmal wie der Koch mit ein wenig Zitronensaft[5] behilft, um das Soufflé besser aufgehen zu lassen, oder daß er das Aufgehen durch irgendein drastisches und eher unerlaubtes Reaktionsmittel erzwinge; nein, jede Antiquität, auch die echteste, gleicht darin einem Soufflé, daß ein Drittel ihres Wertes aus einer innerlichen Tugend [virtù] besteht und die beiden anderen Drittel aus der Faszination der Vergangenheit, aus der Assoziation mit einer bestimmten Geschichtsperiode, aus der Seltenheit, der Unauffindbarkeit, der Ausgefallenheit, der Bizarrerie und der Exotik, alles Eigenschaften, die Leben und Nahrung allein aus der menschlichen Phantasie schöpfen – ein luftiger Schaum, aus dem die Aphrodite hervorgeht, die das schöne Ding ist. Als »virtù« bezeichnete man im 18. Jahrhundert auch eine bedeutsame Antiquität, womit man das Objekt gleichsam mit der Bravour des Präsentators besprengte oder mit der Leidenschaft desjenigen, der darauf begierig war.

> »Quel virtuoso gli maneggia,
> e quelli favellan, come fosser creature.«

Von gewitzigter Kunstfertigkeit bewegt, beginnen die Objekte Geschichten zu erzählen wie die »figurin bizarri e snelli, che paion del Callotti esser disegni« in der Satire von Menzini.[6] Daraus soll keineswegs gefolgert werden, die Tätigkeit des Antiquitätenhändlers sei kaum mehr als eine Maskerade. Die Kunst des »far mussare« ist ebensowohl die des kundigen Soufflébäckers wie die des Antiquitätenhändlers und – gestehen wir es ein, um gerecht zu sein und nicht beschuldigt zu werden, zwar den Splitter im Auge des anderen zu bemerken, aber den Balken im eigenen Auge zu ignorieren – auch des Journalisten. Man braucht nur darauf zu achten, wie die Vorstellung davon, was eine Antiquität sei, sich fortwährend wandelt und wie das, was gestern noch als alt geächtet war, heute als antik gilt. Es genügt, ins Schaufenster eines Antiquitätenhändlers zu blicken, der sich gerade großer Beliebtheit erfreut (denn auch bei diesen Händlern gibt es solche, die den Gegenwartsgeschmack besser erahnen), und einen jener gepolsterten und bestickten Hocker zu betrachten, die als »Prestigeobjekt« angepriesen werden und die wir in unserer Kindheit einhellig lächerlich fanden und auf den Dachboden verbannten: einen dieser *poufs*[7] des bürgerlichen 19. Jahrhunderts, voluminös, glänzend, plump… gewiß, aber lustig, gibt der Marktschreier zu verstehen, ein hübsches Stück, eine feine Sache. *Panis levis qui dicitur »pouf«*[8] steht in einem ausländischen *Liber albus* des 15. Jahrhunderts als Definition dessen, was wir *sfogliatella*[9] nennen, und wenn wir dem Faden der Überlegung folgen, mit der wir angefangen haben: Wer erkennt keine Beziehung zwischen dem aufgegangenen, leichten Gebäck aus dem durch häufiges »Austreiben« mit dem Rollholz bearbeiteten Blätterteig und jenem aufgeblähten Hocker, dem Werk eines alten Tapezierermeisters: ein Objekt, das die moderne Geschichtsbeschwörung mit einer amüsierten Idolatrie umgibt?

Damit man mich jedoch nicht der üblen Nachrede gegen Antiquitätenhändler verdächtigt, füge ich sogleich hinzu, daß mir nach meinem eigenen Beruf des Philologen kein anderer Beruf so sehr zugesagt hätte wie der des *antiquario*, des Antiquitätenhändlers. Der ursprünglichen Wortbedeutung nach sind wir nämlich beide *antiquari*. Obwohl wir uns um die Erkenntnis der alten Dinge für einen interesselosen (und nicht unmittelbar ökonomischen) Zweck kümmern, und die anderen um die Suche nach alten Dingen hauptsächlich des Gewinnes wegen, sind für beide doch die gleichen Eigenschaften der Intuition und der Gelehrsamkeit vonnöten, wobei der einzige Unterschied, kurz gesagt, darin besteht, daß der Philologe sich damit vergnügen kann, Seite um Seite mit mehr oder weniger unbegründeten[10] und überspannten Konjekturen zu bekritzeln, ohne dabei mehr aufs Spiel zu setzen als die Kosten für das Papier und den Druck (manchmal nicht einmal diese, wenn man das Wohlwollen der wissenschaftlichen Zeitschriften und der akademischen Akten berücksichtigt), während ein Antiquitätenhändler, der keine gute Nase hat, selber die Folgen trägt und sein eigenes Vermögen riskiert. Und wie man sieht, gereicht der Unterschied allein den Antiquitätenhändlern zur Ehre. Ausgräber und Aufspürer sind wir beide, und ich bin nicht sicher, ob die Welt weniger gefördert wird von den Entdeckungen der Antiquare, die auf Gewinn aus sind, oder von denen der Antiquare aus Interesselosigkeit. Kostbare Handschriften und sagenhafte Kunstwerke sind häufiger durch die Findigkeit eines abenteuerlichen Antiquitätenhändlers ans Tageslicht gehoben worden als durch die eines auf seinem Stuhl verharrenden Kritikers oder eines geduldigen Archäologen. Diese Behauptung mag gewagt erscheinen, aber ich kenne Leute in beiden Metiers und weiß, daß jeder meiner Freunde im Antiquitätenhandel mir interessante und nicht selten bedeutende persönliche Entdeckungen erzählen kann, während nur wenige meiner Philologenfreunde mir Gleichwertiges zu berichten haben, wobei noch nicht berücksichtigt ist, daß die Konversation mit jenen durchaus unterhaltsamer ist als mit diesen. Ich frage mich, ob dem hochverehrten Herrn X, einem scharfsinnigen und schweigsamen Professor für italienische Literatur, der in Gesellschaft pro Jahr etwa hundert Worte von sich gibt, jemals ein Abenteuer zugestoßen ist wie dasjenige, das sich für meinen

Freund B., einen Kunsthändler – der die Ferien damit verbringt, die griechischen Klassiker im Original zu lesen, weil es, wie hinzuzufügen ist, vielleicht die Achtung vor ihm noch steigert –, nicht nur als Quell der Freude, sondern auch des Glücks und Reichtums erwies. Er hielt sich einmal in einer großen Industriestadt im äußersten Thule[11] auf, in einem Land, wo wegen der Gewohnheit seiner Einwohner, häufig zu reisen und im Ausland alle möglichen Antiquitäten zu erwerben, von Zeit zu Zeit die unvorstellbarsten Kunstwerke zum Vorschein kamen. Mein Freund war auf dieser Expedition jedoch erfolglos geblieben, und als er sich anschickte, die Stadt zu verlassen, wollte er die Reise nicht gänzlich vergebens gemacht haben und kaufte einen Anzugstoff, da das Land für seine Stoffe berühmt war. Er bat darum, ihm die Ware ins Hotel zu bringen. Als er kurz vor der Abreise das Paket nicht in seinem Zimmer vorfand, erkundigte er sich beim Portier. Es stellte sich heraus, daß es aus Versehen in einem Teil des Hotels abgelegt worden war, in den man über eine andere Treppe gelangte. Auf dieser stieg mein Freund hoch, bis er auf einem Treppenabsatz plötzlich vor einer wunderbaren Leinwand stand, die er unverzüglich als ein Werk Zurburàns erkannte. Jeder vollblütige Händler weiß, was unter solchen Umständen geschieht: ein heiliges Fieber bemächtigt sich des Entdeckers und läßt ihn nicht wieder los, bis er sich das Objekt angeeignet hat. So geschah es auch meinem Freund, der mit gleichgültiger Miene, hinter der er und seinesgleichen die innere Leidenschaft zu verbergen wissen, den Hotelbesitzer ganz beiläufig fragte, ob er ihm das Bild verkaufe. Dem Hotelier fiel dies nicht schwer (es handelte sich um ein sakrales Sujet, das seinem protestantischen Geist ohnehin zuwider war); einzig den Rahmen wollte er gerne behalten, weil dessen Vergoldung aus dem 19. Jahrhundert noch frisch und ansehnlich war. Es war nicht schwierig, das Geschäft abzuschließen, und so lernte die Welt ein Meisterwerk des spanischen Malers kennen, dessen Spur sich verloren hatte. Andere Antiquitätenhändler könnten zwar von noch bedeutenderen Entdeckungen berichten, aber ich wollte hier nur eines jener Beispiele anführen, die einem tüchtigen Antiquitätenhändler im Leben nicht nur einmal widerfahren, sondern mehrmals. Zuweilen, freilich nur selten, sind die Philologen den Antiquitätenhändlern überlegen, wie der illustre Professor Z. bewies, der in einer amerikanischen Zeitschrift die Skizze einer seltenen syrischen Kleinplastik aus Bronze gesehen hatte, die einen bärtigen Sonnengott rittlings auf einem Stier darstellte, ohne Angabe der Herkunft; er bemühte sich vergeblich, das Objekt in den für solche Altertümer renommiertesten Museen zu finden, bis er eines Tages beim Besuch in der Galerie eines bekannten Kunsthändlers in seiner Heimatstadt im Halbdunkel einer Vitrine wie in einem Traum die ersehnte Statuette erblickte. Natürlich würde der Professor, nachdem es ihm gelungen war, das Objekt zu erwerben, sich für alles Gold der Welt nicht mehr davon trennen, während der Händler es dem Meistbietenden überlassen würde. Aber gerade dieses ständige Sichtrennen von kostbaren Gegenständen beschleunigt und vervielfacht die Aktivitäten des Antiquitätenhändlers, der sich niemals auf den Lorbeeren ausruht; wie ein Insekt fliegt er von Blüte zu Blüte, transportiert damit den Pollen und bewirkt die Befruchtung. Müssen wir deshalb, weil der Zweck des Insekts nicht darin besteht, die Blumen zu befruchten, und weil der Hauptzweck des Antiquitätenhändlers nicht darin liegt, das künstlerische Erbe der Welt zu mehren, ihre Dienste für gering achten? Eine Geschichte des Antiquitätenhandels würde Kapitel enthalten, die nicht weniger romanesk sind als die Geschichte der großen Entdeckungsreisen, und was mich betrifft, so gestehe ich, daß ich viele meiner philologischen Untersuchungen für einen jener großen Funde der Antiquitätenhändler hergeben würde. Auf diese Weise habe ich also das Omelett zu Ehren der Antiquitätenhändler gewendet.

1942

Anmerkungen

1 Erstdruck: »Una scoperta nell'ultima Thule«, in: *Corriere della Sera*, 29. Oktober 1942. *A.d.Ü.*

2 »Gonfia frittata«: vgl. Einleitung von Piero Camporesi zu Pellegrino Artusi, *La scienza in cucina e l'arte di mangiar bene*. Torino: Einaudi, 1970, S. LXVI–LXVII. Artusi übersetzte das Französisch der Küchensprache in ein strenges Italienisch mit toskanischer, genauer

gesagt, florentinischer Färbung: so wurde aus dem *omelette soufflée* eine *frittata a sgonfiotto ossia montata* (Rezept Nr. 698); eine Ausdrucksweise, von der Praz als Florentiner naturgemäß Gebrauch macht. *A.d.Ü.*

3 »Des gastronomischen Erneuerers, Kräftigers, Wiederherstellers«: vermutlich handelt es sich um das Buch des nach England ausgewanderten französischen Kochs Alexis Soyer (1809–1858), *The Gastronomical Regenerator* (London: Simpkin, Marshall & C., 1846). Harry Schraemli, der in seiner »Geschichte der Feinschmeckerei« *Von Lukullus zu Escoffier. Geschichte der Feinschmeckerei* (Zürich 1949; Neuausgabe Düsseldorf: Ceres, o. J., S. 23–27) die Tätigkeit und Bedeutung Soyers beschreibt (funktionale Organisation der Küche, Gründung von Volksküchen in Irland, Betrieb der Riesengaststätte auf der Weltausstellung in London, Reform der Militär- und Spitalküchen der englischen Armee), bezeichnet den *Gastronomical Regenerator*, der innerhalb eines Jahres vier Auflagen erlebte, als Soyers »Hauptwerk«. Soyer wird in Thackerys *Vanity Fair* (zu Beginn des 19. Kapitels) erwähnt: »So wie der unsterbliche Alexis Soyer für einen halben Penny eine delikatere Suppe herstellen kann als ein unkundiger Koch sie mit Pfunden von Fleisch und Gemüse zusammenbraut, wird ein geschickter Künstler mit wenigen einfachen und gefälligen Sätzen mehr erreichen als ein Stümper mit noch so vielen Sprachschätzen.« William Thackeray, *Vanity Fair.* Edited with an Introduction by J. I. M. Stewart. Harmondsworth: Penguin, 1968, S. 226. *A.d.Ü.*

4 Vgl. Art. »Soufflé« im *Universallexikon der Kochkunst* (1890): »Die leichteste und zarteste Art von Mehlspeisen, eigentlich ganz dasselbe wie der Auflauf; das Gerathen der Soufflés hängt hauptsächlich vom gehörigen Schlagen der Eier ab, denn je fester der Eiweißschnee ist, desto leichter wird die Speise. Außerdem muß die Ofenhitze zum Backen genau geregelt sein, damit das Soufflé rasch in die Höhe gehen und richtig durchbacken kann, ohne zu verbrennen; drittens bedient man sich am besten mehr flacher Schalen oder Schüsseln zum Backen der Soufflés, auch werden sie bisweilen in Silber-Casserolen, in einer Schüssel mit aufgesetztem Teigrand oder in Papierkästchen gebacken. Man muß die Zeit ganz genau berechnen, wenn die Soufflés servirt werden sollen, da sie augenblicklich nach dem Fertigwerden zu Tisch gegeben werden müssen und die Verzögerung von wenigen Minuten schon hinreichend ist, um ihr Zusammenfallen zu bewirken und sie auf diese Art zu verderben.« *A.d.Ü.*

5 Artusi, *La scienza in cucina*, a.a.O., Nr. 698: »Badate che non brucie alle superficie e mandatela subito in tavola. Perché gonfi meglio, alcuni aggiungono un poco d'agro di limone nel composto.« »Man muß

achtgeben, daß es nicht anbrennt und es sofort zu Tisch bringen. Damit es besser aufgeht, fügen einige der Mischung ein wenig Zitronensaft bei.« *A.d.Ü.*

6 Menzini, *Satire* (1718), XI

Le satire di Benedetto Menz
Poeta fiorentino
con le note postume dell'abate
Rinaldo Maria Bracci
Pubblicate
da un accademico immobile
e dal medesimo arricchite degli argomenti, e di
nuove annotazioni coll' aggiunta d'un
raggionamento epistolare
d'Alcisto Solajdio P. A.
Sopra l'uso della Satira contro il parere
di Pier Casimiro Romolini [di Poggiano]
MDCCLXIII

In Napoli, presso Gennaro Rota Stampatore Camerale
S. 323–344: *Satira undecima* (XI):

»Argomento: In piu luoghi si è dolute il Manzini del poco favore, o disprezzo che aveva ricevuto alla Corte. Quì particolarmente mette in vista la figura che vi fanno i Poeti, e quali sieno le arti, che vi trovano gradimento, e ricompensa. Dopo aver egli fatto una pittura dei costumi, e qualità de Cortigiani, conchiude che il più onorevole, e saggio consiglio si è il dimorar lontano della medesima.«

(»Inhalt: An manchen Orten hat Manzini die geringe Gunst oder Verachtung beklagt, die ihm am Hof zuteil geworden ist. Hier macht er besonders deutlich, welche Figur die Dichter dort abgeben und welches die Künste sind, die dort Gefallen und Belohnung finden. Nachdem er ein Bild von den Bräuchen und Eigenschaften der Höflinge gegeben hat, zieht er den Schluß, der ehrenvollste und klügste Ratschlag sei der, dem Hof fernzubleiben.«)

Die Satire hat die Form eines Gesprächs zwischen dem Dichter (Poeta, *P*) und einem Zuhörer (Interlocutore, *I*):

»*P.*: Ma che fa qui colui con quegli ordegni,
E con quel figurin (1) bizarri, e snelli, (2)
Che pajon del Callotti (3) esser disegni?
I.: Quel virtuoso gli maneggia, e quelli
favellan come fosser creature,
O pur, per meglio dir, nostri fratelli.
P.: Ed ei vuole udienza?
I.: Ed egli pure,
Anzi prima degli altri, e dietro voi

Colle vostre poetiche scritture (. . .).«
D.: Was macht denn der bloß hier mit diesem Zeug,
Und mit diesen bizarren und behenden Figürchen,
Die aussehen wie Zeichnungen von Callot?
Z.: Dieser Künstler handhabt sie, und sie
erzählen Geschichten als ob sie lebendige Geschöpfe wären
Oder vielmehr unsere Brüder.
D.: Und er will Audienz?
Z.: Ja er,
Noch vor den anderen gar, nach Ihnen,
Sie, mit ihren Dichterschreibereien.«

Die Ausgabe von Solajdio ist eine philologische und kulturgeschichtliche Fundgrube, wie aus den wenigen Anmerkungen zu der von Praz zitierten Stelle deutlich wird:

»(1) *Figurino* diminutivo di *figura* (osserva un valentuomo de' tempi nostri) voce nuova, e da non imitare, avendo la Lingua *figurina* diminutivo femminile. Anche il Faginoli cadde in simil difetto dicendo in un Cap.
Ne con vaghe figure, e figurini
Più di quanti facessene il Callotti.

(2) Fantocci, burattini, in Franz [sic] *Marionettes*, per fare una tollazzevole rappresentanza. Non fu ignoto agli Antichi questo divertimento. Narra Erodote che in Egitto furono inventate certe figure cubitali che si movevano a forza di cordicelle, con cui si tiravano, e che si portavano delle Donne per le contrade. *Pachnaia agalmata menroasa*. Così gli descrive Aristotele in *de Mundo* [*peri kosmu*]. *Qui in ligneolis hominum figuris gestus movent, quando filum membri, quod agitari solet, traxerunt; torquebitur cervix, mutabit caput, oculi vibrabunt, manus ad ministerium praesto erunt, nec invenuste totus videbitur vivere*. Riferisce Zenofonte nel *Simposio*, che un giocolatore di burattini interrogato da Socrate per quale motivo ei tanto s'ingarzulasse, e insolentisse, rispose *Propter homines stultos. Nam illi quod spectent imagunculas meas, quae fidiculis tantae moventur, me alunt*. Di tali figurine fa menzione anche Orazio *Sat*. 7, Lib. III, II
Duceris ut nervis alienis mobile lignum.

Mi ricordi di aver letto in certa Storia, che un Giocolatore Francese per nome *Brioche* essendo ito co' suoi burattini a rappresentare in *Zug* piccola città de Suizzeri (Populi allora assai rozzi) corse grandissimo pericolo di esser abbrucciato vivo, perchè si credette da questa buona Gente, che non senza arte magica, o diabolico ajuto potesse costui dar moto alle figurine suddette.

(3) Il *Callotti*, così chiamato in Toscana, fu Jacopo Callot Lorenese valentissimo nell' intagliare in rame, e nelle piccole figure, gruppi, e

storiette singolarissimo. Questi partitosi da Nansì sua patria venne in Firenze nel Secolo XVII. ove dimorò lungo tempo. Finalmente ritornato a respirare l'aria nativa, dopo non molto vi morì, e fu sepolto nella Chiesa de Francescani in una sontuosa tomba fattele ergere della sua moglie colla seg. Iscrizione, ove s'introduce l'Ombra del Defunto a così parlare
A LA POSTERITE
Passant, jette les yeux sur cette écriture: quand tu scauras de combien mon voyage a estè avancé, tu ne seras pas marry que je retarde un peu le tien. Je suis Jacques Calot; ce grand et excellent Calcographe, qui repose en ce lieu, en attendant la Resurrection des corps. (...) Suol dirso per proverbio *Figura di Callotti* a persone piccole oltremodo, ma di buona figura, e caricature. (...)« *A.d.Ü.*

7 Zum »pouf« vgl. Mario Praz, *La filosofia dell'arredamento*; deutsch: *Die Inneneinrichtung*, a.a.O., S. 304, 312, 318, 320, 344. *A.d.Ü.*

8 »Leichtes Brot, das *puff* genannt wird«. Vgl. *Universal-Lexikon der Kochkunst*, Art. »Blätterteig«: franz. *feuilletage*, engl. *puff paste. A.d.Ü.*

9 Blätterteiggebäck (von *sfogliata*, Blätterteig): »...the Neapolitains have a beautiful looking pastry called *sfogliatelle*, flaky pastry in the shape of a small fan or scallop, filled with a mixture of sweetened *ricotta* and candied fruit« (»bei den Neapolitanern gibt es ein schön aussehendes Gebäck, das *sfogliatelle* heißt, ein Blätterteiggebäck in der Form eines kleinen Fächers oder einer Kamm-Muschel, gefüllt mit einer Mischung von gezuckertem Ricotta (Topfenkäse, Quark) und kandierten Früchten.« Elizabeth David, *Italian Food* (1954). Harmondsworth: Penguin, 1987 (Revised Edition), S. 252. *A.d.Ü.*

10 »Congetture più o meno *gratuite* e strampalate«: *gratuito* bedeutet sowohl *unentgeltlich, kostenlos* als auch *unbegründet, haltlos.* – *Konjektur*: Vermutung; philologische Bedeutung: Lesart, Textverbesserung. *A.d.Ü.*

11 »Ultima Thule«, »äußerstes Land am Nordrand der Welt«: von Pytheas 330 v. Chr. entdeckte und von ihm fälschlich unter den Polarkreis verlegte Insel, die als nördlichster Punkt des Weltkreises galt. Ptolemäus verlegte sie so, daß sie den heutigen Shetlandinseln im Norden Schottlands entspricht. *A.d.Ü.*

33 *Wiederentdeckungen in der Kunst*[1]

Francis Haskell zufolge, der ein faszinierendes Buch über »Wiederentdeckungen in der Kunst« geschrieben hat[2], gab es im Nachleben der Schriftsteller nicht so viele auffällige Sprünge wie bei den bildenden Künstlern, insbesondere bei den Malern. Ich weiß nicht, ob man ihm recht geben kann, weil bei uns ja sogar Dante Zeiten einer fast vollständigen Vergessenheit erlebt hat und weil die verschiedenen, mehr oder weniger gelungenen Versuche der Rück- oder Wiedergewinnung ([ricupero] so lautet das in Italien gebrauchte und mißbrauchte Wort) von Lorenzo Magalotti[3], Luigi Gualdo, Dossi, Tarchetti[4] und anderen, inzwischen auch von Gabriele d'Annunzio[5], in unserem Jahrhundert erfolgten. In England gab es zu Beginn dieses Jahrhunderts die aufsehenerregende Wiederentdeckung John Donnes und der *metaphysical poets*[6], die einen erheblichen Einfluß auf Eliot und dessen Nachfolger ausüben sollte. Sicherlich sind jedoch die wechselnden Schicksale im Nachleben der Maler (und der Stile im allgemeinen) im wahrsten Sinne deutlicher sichtbar.[7]

Kann man dazu Gesetzmäßigkeiten formulieren? Gründe für die Wiederentdeckung lassen sich finden, wiewohl es Haskell fern liegt, dafür Gesetze zu entwickeln und er es gewöhnlich dem Leser überläßt, die Schlußfolgerungen zu ziehen. Die Gründe für den Geschmackswechsel sind freilich nicht immer so augenfällig wie beim Übergang von der Freizügigkeit des Rokoko zur Strenge des Neoklassizismus, und nicht immer handelt es sich um so tiefreichende gesellschaftliche und politische Motive wie in eben diesem Fall. Manchmal ist es eine kaum benennbare, aber durchaus gegenwärtige Kleinigkeit, die zum Beispiel die Stimmung erzeugte, in der die Begeisterung für Botticelli oder für Leonardo aufkam, welche während der Décadence beide Maler mit pervertierten Bedeutungen anreicherte, oder es ist jenes Klima der Angst, in dem seit einiger Zeit die Manieristen, die man freilich oft willkürlich oder zumindest mit höchst anfechtbaren Akzentuierungen interpretiert (wie in dem Buch *L'ideologia del traditore* von Achille Bonito Oliva. Milano: Feltrinelli, 1976), in den Vordergrund treten. Manchmal geht mit der Wiederkehr des Interesses für einen Stil auch das Interesse für die (vermeintlich) mit ihm verbundenen Autoren einher, wie im Falle des Liberty und d'Annunzios. Im übrigen ist zwischen flüchtigen und dauerhaften Wiederentdeckungen zu unterscheiden. Im Bereich der Kunst muß hier jedoch vor allem ein Faktor berücksichtigt werden, der bei der Literatur keine Rolle spielt: der Markt.[8] Haskell anerkennt ihn umstandslos und erwähnt eine der ersten Feststellungen hierzu, nämlich die des Mannes, der als erster im Zusammenhang solcher Exhumierungen das Wort »entdecken« benutzt haben soll: Jean-Baptiste-Pierre Le Brun, Kunstkenner und Händler, Ehemann der berühmten Malerin Elisabeth Vigée-Le Brun. »Die Wiederbelebung [régénération] – wenn mir der Ausdruck gestattet ist – einer großen Anzahl von Gemälden, die durch die Hand der Unwissenheit entweiht wurden, verdanken wir den Händlern«, schrieb er 1783.[9] Das Wort »entdecken« benutzte er im Zusammenhang mit seinem eigenen, wahrhaft sensationellen »Fund« der Größe Vermeers im Jahre 1792.[10] Das Gemälde war *Der Geograph*[11], und Le Brun hatte anfänglich die Signatur übermalt, da er es als ein Bild von Gabriel Metsu auszugeben suchte, der damals ein besser bekannter und anerkannter Maler war.[12] Später sollte Théophile Thoré ebenfalls über Vermeer schreiben und dessen Größe hervorheben, doch der Unterschied in der Qualität und im intimen Charakter zu einem Metsu wurde von dem Kunsthändler nur vage wahrgenommen: seine Entdeckung hatte, was die Thematik des Sujets anging, nichts Revolutionäres, ganz im Gegensatz zu der großen Umwälzung des Geschmacks am Ende des 18. Jahrhunderts, die bewirkte, daß die Maler des *Ancien Régime* ihrer Frivolität wegen en bloc abgelehnt wurden und dann zwar nicht völlig verschwanden (schließlich war Marguerite Gérard, die bei ihren Sujets auf die Holländer zurückgriff, eine Schülerin von Fragonard gewesen), aber erst unter dem Zweiten Kaiserreich wieder zu Ehren kamen, dank der Unterstützung durch Kaiserin Eugénie (die dem Stil Marie-Antoinette-Impératrice den Namen gab).

Auch wenn die Rückkehr zu den »Primitiven« mit bestimmten religiösen Entwicklungen einherging (angeregt vor allem durch den Nationalismus und den Katholizismus, stellten die Brüder Boisserée in Köln eine große Sammlung von deutschen und flämischen »Primitiven« zusammen[13]), sie also den Präraffaeliten einiges voraus waren, welche wegen der Ablehnung, auf die sie anfänglich stießen, Reaktionen auf den Primitivismus auslösten, so erklärt nichts außer dem Instinkt eines Händlers oder eines Sammlers die Wiederentdeckung von Giorgiones Gemälde *La Tempesta*[14], das 1855 wieder ins Licht rückte, nachdem es seit 1530 in völlige Vergessenheit geraten war und in der Zwischenzeit ein Giorgione zugeschriebenes Gemälde mit drei Porträts aus der Schule Tizians gar mit 2500 Napoléons bewertet wurde, während man den Wert von *La Tempesta* lediglich auf einhundert Napoléons schätzte.[15]

Ein Großereignis, das zum Zusammenbruch der alten Werteskala führte, die sich vor allem auf die glänzenden Namen stützte, die man mit wunderlichen Zuschreibungen versah, war 1792 der Verkauf der Sammlung des Herzogs von Orléans, Louis-Philippe-Joseph, der Geld benötigte, um seinen Plan zur Eroberung des Throns voranzutreiben (zur selben Zeit, als die Monarchie in Frankreich zerfiel)[16]. Damals wurde eine Kollektion von Meisterwerken – vergleichbar nur noch mit der zum Verkauf angebotenen Sammlung von Charles I. von England – 1798 in London ausgestellt, bevor sie in den großen Sammlungen des englischen Adels zerstreut wurde, der seine Bereicherungen in der napoleonischen Ära mit Hilfe von Agenten fortsetzte, die häufig unter eben jenen Franzosen rekrutiert wurden, die Bilder für das Musée Napoléon beschaffen sollten – die französischen Kommissäre verkauften an die englischen Sammler Raffaels *Traum des Ritters*[17] und die *Madonna mit dem Vorhang*[18]; Napoleons Soldaten nahmen statt Gemälden lieber Silber, Münzen und Möbel mit.

Ein weiteres Ereignis, das die Bildung des Geschmacks beeinflußte, indem es die Aufmerksamkeit auf Maler lenkte, die nicht den konventionellen Vorlieben entsprachen, war die Sammlung von Meisterwerken aus ganz Europa, die Vivant-Denon im Musée Napoléon zusammengebracht hatte; es gab dort Werke von italienischen »Primitiven«, zu deren Ankauf vermutlich Seroux d'Agincourt und die Künstler der französischen Kolonie in Rom geraten hatten.[19] Im letzten Abschnitt des Jahrhunderts wurde die Figur des Künstlers und des Händler-Sammlers (typisch für die Bankiersfamilie Baring: Thomas Baring, der jedoch die *Madonna mit dem Vorhang* an den König von Bayern verkaufte [1814], um die Sammlung mit anderen Bildern zu erweitern[20]) als Schiedsrichter über den Geschmack von der des Kunsthistoriker-Händlers abgelöst; John Charles Robinson begründete die Sammlung Cook[21], Giovanni Morelli die Sammlung Layard, Bernard Berenson die von Mrs. Gardner [Boston]. In jener glücklichen Zeit für Sammler war Italien das bevorzugte Jagdreservat. Dies wird in den Ausführungen von Monckton-Milnes über den Sammler Edward Cheney in aller Deutlichkeit ausgesprochen: »Er gehörte zu jener Generation von Engländern, die Italien für ein Museum hielten, das zu ihrem Vergnügen und zu ihrer Erbauung erschaffen worden war, und die den Österreichern und anderen fremden Mächten dankbar dafür waren, daß sie es für ihre Nutzung so instand gehalten hatten, daß sie von gröberen Eingriffen in die lokale Politik und die Unordnung absehen konnten, welche die Ruhe der Jahrhunderte und die Feierlichkeit der antiken Religion hätten stören können.«

1976

Anmerkungen

1 Erstdruck: »I capolavori riscoperti. Capricci del gusto«, in: *Il Giornale Nuovo*, 31. Juli 1976. *A.d.Ü.*

2 Francis Haskell, *Rediscoveries in Art. Some Aspects of Taste, Fashion and Collecting in England and France*. Ithaca, NY: Cornell University Press – London: Phaidon, 1976 (The Wrightsman Lectures, New York University Institute of Fine Arts, 1973). [An die Thematik dieses Buchs anknüpfend: Francis Haskell, »Giorgiones *Ländliches Konzert* und seine Bewunderer«, in: ders., *Wandel der Kunst in Stil und Geschmack. Ausgewählte Schriften*. Übersetzt von Gerhard Ammelburger. Köln: DuMont, 1990 (= deutsche Übersetzung von *Past and Present in Art and Taste*. Newhaven und London: Yale University Press, 1987), S. 250–269. Frances Haskell, *History and its Images. Art and the Interpretation of the Past*. Newhaven und London: Yale University Press, 1993. *A.d.Ü.*]

3 Zur Wiederentdeckung Magalottis (er lebte von 1636 bis 1712) in der Zwischenkriegszeit des 20. Jahrhunderts sowie zu neueren Editionen und Arbeiten über diesen »Postillon Europas«, poetischen Naturforscher und Liebhaber der Geruchswahrnehmung (»raffinato dilettante di sensazioni olfattive«) siehe die Vorbemerkung der Herausgeberin Maria Luisa Doglio zu Lorenzo Magalottis *Diario di Francia dell'anno 1668*. Palermo: Sellerio 1991 (Coll. »L'Italia«, N° 3). Mario Praz war der Herausgeber von Magalottis *Lettere sopra i buccheri, con l'aggiunta di lettere sopra l'ateismo, scientifiche, erudite e di relazioni varie*. Firenze: Le Monnier, 1945. *A.d.Ü.*

4 Zu Dossi (Carlo Dossi, *Goccie d'inchiostro*, 1880), Tarchetti (Iginio Ugo Tarchetti, *Fosca*, Roman, 1869) und Gualdo (Luigi Gualdo, »Scommessa«, Erzählung, 1880) und zur »ersten italienischen Avantgarde« der »Scapigliatura« (von »gli scapigliati«, die Zerzausten) in der 2. Hälfte des 19. Jahrhunderts vgl. Franca Janowski, »Ottocento«, in: Volker Kapp, Hrsg., *Italienische Literaturgeschichte*. Stuttgart und Weimar: Metzler, 1992, S. 285 f. *A.d.Ü.*

5 Ein neueres Beispiel ist Luchino Viscontis Verfilmung von d'Annunzios Roman *L'innocente*. *A.d.Ü.*

6 John Grierson, Hrsg., *John Donne: The Poems*. Oxford, 1912, 2 Bde. – Vgl. Mario Praz, *Secentismo e marinismo in Inghilterra. John Donne, Richard Crashaw*. Firenze: La Voce, 1925; ders., *Storia della letteratura inglese*, a.a.O., S. 239–245; ders., *John Donne*. Torino: Editrice S. A. I. E., 1959. *A.d.Ü.*

7 Haskell, *Rediscoveries*, a.a.O., S. 5: »Ich glaube nicht, daß Geschmacksveränderungen in den anderen Künsten in einem auch nur entfernt vergleichbaren Maß zu finden sind: Dante, die *metaphysical poets*, Bach – die Liste der einst vernachlässigten und dann wiederentdeckten Schriftsteller und Komponisten ist zwar beträchtlich, doch fehlt ihr jener Aspekt des unergründlichen Geheimnisses, vor dem wir stehen, wenn wir die unterschiedlichen Einstellungen gegenüber vielen jener Maler betrachten, die zu den größten unserer Zivilisation gehören.« *A.d.Ü.*

8 Haskell, *Rediscoveries*, a.a.O., S. 5: »(. . .) finanzielle Interessen spielen bei dem hier untersuchten Prozeß eine beträchtliche Rolle. Simple Verschwörungstheorien, die sich um listige Händler drehen, welche ein unsicheres und unwissendes Publikum ausbeuten, sind freilich zu grob, um überaus komplizierte Entwicklungen zu erklären, doch wäre es absurd, die Elemente des Besitzes und des finanziellen Gewinns außer acht zu lassen (die bei der Erörterung des Schicksals von Schriftstellern und Komponisten irrelevant sind).« *A.d.Ü.*

9 Haskell, *Rediscoveries*, a.a.O., S. 20. *A.d.Ü.*

10 Le Brun, *Galerie des Peintres Flamands, Hollandais et Allemands.* Paris, 1792–96, 3 Bde.; Discours préliminaire, S. III: »C'est sur ces derniers que je veux parler, c'est de ces hommes, qui, restés inconnus de leur vivant, et même après leur mort, ont besoin de reprendre la place qu'ils auraient dû occuper parmi leurs rivaux et leurs contemporains, que leurs tableaux n'échappent point aux regards d'un curieux empressé de les chercher, et capable de les apprécier.

Plusieurs peintres ont été *découverts* ainsi: que l'on me passe cette expression.«

(»Von letzteren möchte ich sprechen, von diesen Männern, die, weil sie zu ihren Lebzeiten und sogar nach ihrem Tod unbekannt geblieben sind, den Platz wieder einnehmen müssen, den sie unter ihren Rivalen und Zeitgenossen hätten besetzen sollen, damit ihre Bilder den Blicken eines Neugierigen, der nach ihnen zu fahnden sich bemüht und sie einzuschätzen weiß, nicht entgehen.

Einige Maler sind auf diese Weise *entdeckt* worden: wenn mir dieser Ausdruck gestattet ist.«) Zit. bei Haskell, *Rediscoveries*, a.a.O., S. 17–18. *A.d.Ü.*

11 Frankfurt a. M., Städelsches Kunstinstitut. *A.d.Ü.*

12 Haskell, *Rediscoveries*, a.a.O., S. 21: »Ein Vergleich zwischen Vermeers *Der Geograph* und dem Stich für sein [Le Bruns] Buch kann uns einen Hinweis vermitteln. Der entscheidende Unterschied zwischen beiden ist der, daß auf dem Stich Signatur und Datum fehlen: IV MEER MDCLXVIIII. Wenn wir die Bände von Le Brun betrachten, stellen wir fest, daß seine Stecher die Signaturen nie wiedergeben, obwohl ich kein anderes Beispiel dafür gefunden habe, daß eine so prominente Signatur weggelassen wurde, denn in vielen anderen Fällen spricht er in seinem Text auch von den Signaturen und Monogrammen der Künstler. Ich neige zu dem Verdacht, daß Le Brun, der den wahren Urheber des Bildes allein von der Signatur her kennen konnte, sie bei dem Stich entfernen ließ, weil er sich vorgenommen hatte, denselben Weg einzuschlagen, den er häufig konkurrierenden Händlern unterstellte und der damals ganz üblich war: nämlich die Signatur zu übermalen und vorzugeben, der Künstler sei ein besser bekannter und anerkannter Meister – vermutlich Metsu, den er an vielen Stellen mit Vermeer vergleicht. Und als dann die Veröffentlichung bevorstand, hatte er jenen genialen Geistesblitz, dessen Folgen wir bis zum heutigen Tage vor uns haben: Jemand, von dem wir noch nie etwas gehört haben, kann ein *très grand peintre*, ein sehr großer Maler sein.« *A.d.Ü.*

13 Haskell, *Rediscoveries*, a.a.O., Abb. 107–108: Memling, Lochner. *A.d.Ü.*

14 Haskell, *Rediscoveries*, a.a.O., S. 15, Anm. 25. Vgl. Salvatore Settis,

La »Tempesta« interpretata. Giorgione, i committenti, il soggetto. Torino: Einaudi, 1978; deutsch: *Giorgiones »Gewitter«. Auftraggeber und verborgenes Sujet eines Bildes in der Renaissance.* Übersetzt von Maja Pflug. Berlin: Wagenbach, 1982, S. 55: als erster machte Jacob Burckhardt in seinem *Cicerone* wieder auf das Bild aufmerksam. *A.d.Ü.*

15 Haskell, *Rediscoveries*, a.a.O., S. 15–16, Anm. 25, Abb. 22 (*Triple Portrait* bzw. *Tre mezze figure*; *Dreifachporträt* bzw. *Drei Halbfiguren*): die Gemälde befanden sich früher beide in der Sammlung Manfrin, Venedig. Das *Triple Portrait* (einem Schüler Tizians zugeschrieben), angekauft als *Family of Giorgione* (derselbe Titel wurde auch dem Gemälde *La Tempesta* gegeben), befindet sich seit ca. 1856 in der Sammlung des Duke of Northumberland in Alnwick. *A.d.Ü.*

16 Haskell, *Rediscoveries*, a.a.O., S. 25. *A.d.Ü.*

17 Heute in der National Gallery, London. *A.d.Ü.*

18 Heute in München, Alte Pinakothek. *A.d.Ü.*

19 Haskell, *Rediscoveries*, a.a.O., S. 43. *A.d.Ü.*

20 Haskell, *Rediscoveries*, a.a.O., S. 72. *A.d.Ü.*

21 Haskell, *Rediscoveries*, a.a.O., S. 85, Anm. 75. *A.d.Ü.*

34 *Ein Liebhaber Venedigs*[1]

Ein wenig verspätet für den Zeitpunkt, zu dem man ihrer hätte gedenken sollen, ist im Verlag Neri Pozza ein Buch über eine Persönlichkeit erschienen, die darin als »repräsentativste und in gewissem Sinne typische Figur der internationalen Gesellschaft, die sich im 18. Jahrhundert um Venedig kümmerte« beschrieben wird – eine Kennzeichnung, der wir ohne weiteres zustimmen können. Briefmarkenemissionen im Zeichen der Unesco mit dem Motto *Sauvez les trésors de Venise*[2] folgen dicht aufeinander, vor allem aus arabischen und afrikanischen Ländern, die diese lobenswerte Propaganda mit dem Gewinn verbinden, den sie sich von den Sammlern versprechen, und die auf den Briefmarken Denkmäler und berühmte Ansichten Venedigs verbreiten, von Canaletto bis Ippolitto Caffi; doch niemandem ist es eingefallen, 1970 den zweihundertsten Todestag des *Console Smith, mercante e collezionista*[3] zu feiern: so lautet der Titel des Buches von Frances Vivian, der ersten umfassenden Dokumentation der Tätigkeit dieser bedeutenden Persönlichkeit für die Geschichte des Kunstsammelns und für das Schicksal Venedigs in der Welt, einer typischen Gestalt aus dem England des 18. Jahrhunderts, als man noch überzeugt war, daß es im Staat keine nützlicheren Mitglieder als die Händler gebe, wie Joseph Addison in einem berühmten Essay des *Spectator* schrieb: »They [the Merchants] knit Mankind together in a mutual Intercourse of good Offices, distribute the Gifts of Nature, find Work for the Poor, add Wealth to the Rich, and Magnificence to the Great.«[4]

Ob von adligen Arbeitgebern empfohlen oder nicht, Smith zog zu Anfang des 18. Jahrhunderts nach Venedig, um bei einer Firma wohlhabender Bankleute das Metier des Handelsbankiers zu erlernen: bei den Brüdern Thomas und Samuel Williams, einem der wichtigsten Häuser in Venedig, das sich mit Schiffahrtsversicherungen und dem Handelsverkehr mit England, Holland,

Smyrna und dem Orient befaßte. Von Thomas Williams, der damals ein Magnat von der Finanzkraft eines Rothschild gewesen sein muß und der in den Jahren 1709–1711 von Alessandro Balbi einen Palazzo am Canale Grande im Pfarrbezirk von SS. Apostoli, Calle del Dragan, gemietet hatte, eignete sich Smith auch die Grundlagen des Kunstsammelns und des Kunsthandels an, und während seine übrigen Tätigkeiten im dunkeln blieben (es scheint, daß er in den ersten Jahren auch Freibeuterschiffe ausstattete), erstrahlte die Tätigkeit des An- und Verkaufs von Handschriften und Bildern dank seiner intuitiven Erfassung künstlerischer Werte alsbald in einzigartigem Glanz.

Im Frühjahr 1721 verkaufte er an Thomas Coke die berühmten griechischen Codices der Familie Giustiniani, die sich noch immer in Holkham House befinden[5], und für sich selbst erwarb er Codices, die zur Bibliothek von Matthias Corvinus gehört hatten[6]; er sammelte antike Kameen und Gemmen[7], und als Bewohner Venedigs in jenem Jahrhundert kam er nicht umhin, sich für Musik zu interessieren: im Auktionskatalog von Christies anläßlich der Versteigerung seiner Hinterlassenschaft figurierten zwei wunderbare Violinen, eine davon eine Stradivari, zwei Viole da Gamba, ein Cembalo mit zwei Klaviaturen von Shudi und »eine wertvolle Sammlung handgeschriebener Noten« von Johann Sebastian Bach[8]. Zumindest eines dieser Instrumente, nämlich das Cembalo, war wohl das Eigentum seiner ersten Gattin, der Sängerin Catherine Tofts, die er vermutlich 1717 heiratete[9]: sie erscheint zusammen mit dem berühmten Cavalier Nicolini (dem Sänger Nicola Grimaldi) auf einem eher karikaturistischen Gemälde von Marco Ricci aus dem Jahre 1709, *Prova di un'opera* [*Opernprobe*], das ich in *Scene di conversazione* (S. 264) reproduziert habe.[10] Catherine Tofts hatte 1711 in Venedig debütiert und auf den Bühnen von Drury Lane und Haymarket große Erfolge errungen; auf diesem Gemälde tritt sie uns als anmutige, wiewohl ein wenig hochnäsige junge Dame mit geistvollem Profil entgegen. Überraschend ist, daß kein einziges Bildnis des Consul Smith überliefert ist, obwohl er doch Umgang pflegte mit Ricci, mit Rosalba Carriera (die Smith bekanntzumachen half[11]) sowie vielen anderen zeitgenössischen Malern und Karikaturisten (zum Beispiel mit Anton Maria Zanetti dem Älteren[12]). Vivian meint zwar, daß ihm sein eigenes Gesicht mißfiel und er deswegen davon absah, sich porträtieren zu lassen, aber die Tatsache bleibt doch merkwürdig genug, da es ja Druckwerke seiner Sammlungen gibt und Canaletto ihm die Reihe der Radierungen *Vedute, altre prese da i Luoghi altre ideate (...) umiliate all'Ill. mo Signor Giuseppe Smith* (1748)[13] widmete und solche Bände damals üblicherweise mit dem Bildnis der geehrten Person versehen wurden.

Beim Verkauf der Gemälde von Marco und Sebastiano Ricci fungierte Smith vermutlich als Mittelsmann: er selbst hatte Werke von ihnen in seiner Sammlung[14]; jedenfalls war er Beschützer (einige sagen: Ausbeuter) von Canaletto, von dem er Bilder in seiner Villa in Mogliano [bei Treviso][15] ausstellte sowie im Palazzo Balbi [heute Palazzo Mangilli-Valmarana] im Pfarrbezirk SS. Apostoli, den er 1740 von der Nobil Donna Elena Balbi erwarb. Er ermutigte Canaletto, 1749–50 nach England zu reisen. Dort (und nicht erst nach seiner Rückkehr nach Venedig) führte dieser die berühmten Veduten [der Themse] von der Terrasse des Somerset House aus, die Smith gehörten.[16] Die Vedutenmalerei war eine Leidenschaft der damaligen Zeit, und kaum jemand war von ihr so ergriffen wie Smith, der bei Antonio Visentini eine Reihe von Padua-Veduten in Auftrag gab. Außerdem gefielen ihm antike Ruinen, zumindest in der Malerei, denn er entschloß sich zu spät dazu, sie in Rom selbst zu besichtigen, als nämlich das Alter ihn dazu zwang, auf die Reise zu verzichten, und erst recht dachte er nicht daran, nach Griechenland zu reisen, vielmehr begnügte er sich damit, bei dem Drucker Pasquali die *Antiquities of Athens* von Stuart und Revett zu veröffentlichen und Robert Adam nach Split zu entsenden.

Aufgrund seiner Verbindung zu Canaletto neigte Smith dazu, die Produktion von dessen Neffen, Bernardo Bellotto, zu unterschätzen; von diesem besaß er lediglich einige Dresden-Radierungen.[17] Dies ist eine der vielen Lücken bei dem sonst so scharfsichtigen Kunstkenner; andere wiegen noch schwerer: von Tiepolo besaß er nur ein einziges Gemälde, *Das Gastmahl der Kleopatra*[18] – die eine Fassung befindet sich heute in Melbourne, die andere in Paris in der Sammlung Cognacq-Jay. Hingegen begründete und förderte er das Ansehen des Toskaners Zuccharelli[19], den er 1752 nach England schickte, wo er dann Erfolg hatte; in Windsor befinden sich auch die besten Gemälde dieses heiteren und duftigen Malers, dessen Bilder berauschend wirken wie moussierender, aber körperloser Wein – eine der eigentümlichen und eher solitären Geschmacksformen des 18. Jahrhunderts, gepflegt von Künstlern wie Metastasio, Boucher und Angelica Kauffmann und von der Musik der Zeit geprägt, die gewöhnlich nach Klischees komponiert war, die sich wiederholen wie Modulationen einer einschläfernden arkadischen Hirtenflöte. Ein einziges Bild von Tiepolo, von dem er sich rasch wieder trennte (obwohl er ihn beauftragte, die Vignetten für das Frontispiz der bei Pasquali erschienenen *Supplementa* [Ergänzungsbände] von Giovanni Poleni zum *Thesaurus* von Graevius und Gronovius 1738–1740 auszuführen). Keinerlei Interesse bewies er für Pittoni, Pellegrini und Diziani. In diesen Fällen hatte ihn wohl seine Witterung im Stich gelassen, für die es durchaus überraschende Zeugnisse gibt. Mit den zeitgenössischen Franzosen teilte er die Vorliebe für die kleineren flämischen Maler (Teniers, Ostade, Steen), von denen ihm viele Bilder wohl aufgrund der Auflösung der Sammlung von Ferdinando Carlo Gonzago (1712) zufielen. Andere kaufte er aus den venezianischen Sammlungen von G. A. Pellegrini und Zaccaria Sagredo, erstere enthielt kein geringeres Werk als Vermeers *Herr und Dame am Spinett*[20], das er irrtümlicherweise Frans van Mieris zuschrieb. Direkt aus Holland erwarb er zwei bedeutende Rembrandts; der eine war die *Kreuzabnahme*[21], die sich seit 1738 in der Sammlung Smith befand und die Tiepolo gewiß gesehen hatte. Aus der Sammlung Pellegrini stammte ein weiteres Bild, das zwar gewiß nicht aus malerischen Gründen beachtlich ist, aber unzweifelhaft das Interesse am Exotischen förderte: *Indianischer Markt* von Frans Post (heute im Kensington Palace), das Erik Larsen in seiner Monographie[22] über den Maler anführt, ohne jedoch seine Herkunft aus den Sammlungen Pellegrini und Smith zu benennen. Die Faszination des Exotischen war im 18. Jahrhundert Gemeingut, und es erstaunt deshalb nicht, daß Smith noch einen weiteren Post kaufte[23]. Überraschender ist hingegen, daß er zu denen zählte, die die Vorliebe für die »Primitiven« vorwegnahmen, indem er zwei Hauptwerke des 15. Jahrhunderts erwarb, nämlich Giovanni Bellinis *Porträt eines Unbekannten* und dessen *Christus am Ölberg* sowie eine Grisaille von Mantegna mit der Darstellung von Samson und Dalilah.[24]

Sein außerordentliches Gespür half Smith auch bei anderen Unternehmungen. Gemeinsam mit dem Drucker Pasquali gründete er einen Verlag, der einige der schönsten Bücher des 18. Jahrhunderts publizierte, neben einer Vielzahl anderer Werke, die, um den venezianischen Gesetzen zu entgehen, falsche Angaben des Druckortes aufweisen (London, Amsterdam, Mailand, Cosmopolis). Aus dieser Verlagsdruckerei gingen *Il Mattino* und *Il Mezzogiorno* von Parini[25] hervor, die Werke des Ökonomen Gianmaria Ortes, die *Opere varie* von Algarotti[26] (dem Smith ein Exemplar von Sternes *Tristram Shandy* geschenkt hatte), die Komödien Goldonis, eine wunderbare italienische Ausgabe von Ephraim Chambers *Cyclopedia*[27], Guicciardinis *Storia d'Italia*, geschmückt mit Vignetten von Visentini (Ansichten der Inseln der venezianischen Lagune)[28], die Guardi und anderen Künstlern als Inspirationsquelle dienten, und vor allem das *Officium Beatae Mariae Virginis* mit Tafeln von Piazzetta, gestochen von Marco Pitteri.[29] Smith verstand es, die verlegerische Tätigkeit im richtigen Augenblick zu beenden: die Buchhändler Caraboli und Pompeati übernahmen zwar den Lagerbestand der Bücher von Pasquali, doch mußte Smith sich in den letzten Lebensjahren auf Rechtsstreitigkeiten einlassen, um zu seinem Geld zu kommen. Das Handelsunternehmen übergab er rechtzeitig seinem Nachfolger im Amt als Konsul, John Udny, der 1763 den geschäftlichen Zusammenbruch erlebte.[30] 1760 wurde durch Intervention von Lord Bute der Verkauf der Gemälde und Bücher an George III. ermöglicht, der Smith vor dem Ruin rettete. Der Grund für die schwierige Finanzlage war die wirtschaftliche Zerrüttung infolge des Siebenjährigen Krieges.

Schließlich setzte Smith sich auch als einer der ersten für den Neoklassizismus ein. Er sah darin eine Fortsetzung der Lehre Palladios, der als der wahre Erbe und Statthalter des Stils der griechischen und römischen antiken Architektur galt. Smith stand in Verbindung mit Lord Burlington und mit Andrea Memmo, der in seiner Bibliothek die Architekturbücher fand, welche ihn »die Architektur erkennen und bevorzugen ließen, die man als die bereinigte bezeichnet«, während Visentini anhand einer präzisen Auswahl antiker Gebäude die Prinzipien der »wahren und soliden Architektur« rekonstruierte und die beiden Zanetti in dem Werk *Delle antiche statue greche e romane* einen entschieden neoklassischen Ton anschlugen. Smith besaß außerdem das Gemälde *Venus und Adonis* des Neoklassizisten Gavin Hamilton[31].

Noch im Alter von 94 Jahren schrieb Smith Geschäftsbriefe, den Büchererwerb betreffend, und hielt seine Sammlerinteressen wach, so daß er nach dem Verkauf der ersten Sammlung eine zweite aufbauen konnte. Nachdem Catherine Tofts 1755 gestorben war, heiratete Smith als Achtzigjähriger erneut, und zwar ein »spätes Mädchen« von vierzig Jahren: Elizabeth Murray, die Schwester des englischen Residenten. Trotz so vieler Neigungen, einem so großen Glück und einer überströmenden Vitalität wurde Smith sein Leben lang von einem ganz besonderen Kummer gequält: von seinem unbefriedigten Ehrgeiz, zum englischen Residenten in der Serenissima ernannt zu werden, eine Hoffnung, die sich gegen Ende seines Lebens nur zum Teil erfüllte, als er 1766 die Ernennung zwar erhielt, aber nur für fünf Monate. Wie der Kardinal in der Komödie *Il Conclave* hätte auch er ausrufen können: »Ich möchte mich nennen hören / *Staatssekretär*, und dann sterben!«

1972

Anmerkungen

1 Erstdruck: »Un innamorato di Venezia«, in: *Il Tempo*, 8. April, 1972. *A.d.Ü.*

2 »Rettet die Schätze Venedigs«.

3 Frances Vivian, *Il Console Smith, Mercante e Collezionista* [*Konsul Smith, Händler und Sammler*]. Vicenza: Neri Pozza, 1971. Vgl. jetzt dies., *Die Sammlung des Consul Smith. Meisterwerke italienischer Zeichnung aus der Royal Library, Windsor Castle. Von Raffael bis Canaletto*. München: Hirmer, 1989 (= Ausstellungskatalog 1989–1990: Schirn Kunsthalle, Frankfurt a. M.; Kimbell Art Museum, Fort Worth; Virginia Museum of Arts, Richmond, Virginia; National Gallery of Scotland, Edinburgh) *A.d.Ü.*

4 Addison, *The Spectator*, Samstag, 19. Mai 1711, in: Addison & Steele and others, *The Spectator*. In Four Volumes. Edited by Gregory Smith. London, New York: Dent, E. P. Dutton, 1958, 4 Bde.,

Bd. 1, S. 214: »Sie [die Kaufleute] verknüpfen die Menschheit in einem wechselseitigen Verkehr guter Dienste, verteilen die Gaben der Natur, finden Arbeit für die Armen, steigern den Reichtum der Reichen und die Pracht der Großen.« *A.d.Ü.*

5 Vgl. Vivian, *Die Sammlung des Consul Smith*, a.a.O., S. 12–13. *A.d.Ü.*

6 »1720 bot Smith seine eigene Handschriftensammlung, in der sich einige Stücke befanden, die ehemals Matthias Corvinus von Ungarn gehört hatten, dem Earl of Oxford zum Kauf an, dieser jedoch fand sie zu teuer. Über ihr weiteres Schicksal ist nichts bekannt.« Vivian, *Die Sammlung des Consul Smith*, a.a.O., S. 13. *A.d.Ü.*

7 Lessing erwarb auf seiner Italienreise 1775 die von Andrea Pietro Giulianelli ins Italienische übersetzte Abhandlung über geschnittene Steine von Pierre Mariette, *Traité des pierres gravées* (Paris, 1750): *Memorie degli intagliatori moderni in pietre dure, cammei, e gioje dal secolo XV. fino al secolo XVIII.* Livorno, 1753. Die italienische Ausgabe enthielt »zahlreiche Briefe an Giulianelli vom englischen Konsul in Venedig, J. Smith, einem Sammler von Gemmen und Kameen«; vgl. Ausstellungskatalog Wolfenbüttel, *Eine Reise der Aufklärung. Lessing in Italien 1775.* Hrsg. Lea Ritter-Santini. Berlin: Akademie Verlag, 1993, 2 Bde., Band II, S. 847–848. *A.d.Ü.*

8 Vivian, *Die Sammlung des Consul Smith*, a.a.O., S. 39–40. *A.d.Ü.*

9 Vivian, *Die Sammlung des Consul Smith*, a.a.O., S. 13. *A. d. Ü.*

10 Abb. in Vivian, *Die Sammlung des Consul Smith*, a.a.O., S. 20. – Mario Praz, *Scene di conversazione.* Roma: Ugo Bozzi, 1970 (englische Ausgabe: *Conversation Pieces. A Survey of the Informal Group Portrait in Europe and America.* University Park & London: The Pennsylvania State University Press, S. 264, Abb. 335: »Rehearsal of an Opera«, Washington D. C., Collection of Mr. and Mrs. Paul Mellon; vgl. ebd., S. 184. *A.d.Ü.*

11 Vgl. Vivian, *Die Sammlung des Consul Smith*, a.a.O., S. 19: »Rosalba Carriera mag die erste Künstlerin gewesen sein, die Smith kennenlernte. Ihr Tagebuch verzeichnet in den Jahren 1723–1728 mehrere Aufträge, aber er kannte sie mit Sicherheit schon sehr viel länger.« *A.d.Ü.*

12 Vivian, *Die Sammlung des Consul Smith*, a.a.O., S. 31. *A.d.Ü.*

13 Vivian, *Die Sammlung des Consul Smith*, a.a.O., S. 23. – Vgl. Ausstellungskatalog Wolfenbüttel, *Eine Reise der Aufklärung. Lessing in Italien 1775.* Hrsg. Lea Ritter-Santini. Berlin: Akademie Verlag, 1993, 2 Bde., Band II, S. 532, Kat. N° 131 und 132: *Vedute / Altre prese da i Luoghi altre ideate / da / Antonio Canal / e da esso intagliate poste in prospetiva / umiliate all'Ill. mo. Signor / Giuseppe Smith / Console di S. M. Britanica appresso la Ser. ma / Reppublica*

di Venezia. / In segno di stimo ed ossequio. (Herzog Anton Ulrich-Museum, Braunschweig). *A.d.Ü.*

14 Vgl. Vivian, *Die Sammlung des Consul Smith*, a.a.O., S. 20–22. *A.d.Ü.*

15 Vivian, *Die Sammlung des Consul Smith*, a.a.O. S. 15; Kat. N° 27–29: Antonio Visentini, Smith' Villa in Mogliano. *A.d.Ü.*

16 Vivian, *Die Sammlung des Consul Smith*, a. a. O., Kat. N° 42. *A.d.Ü.*

17 Vivian, *Die Sammlung des Consul Smith*, a.a.O., S. 40. *A.d.Ü.*

18 Vivian, *Die Sammlung des Consul Smith*, a.a.O., S. 18: »Wie andere englische Sammler des 18. Jahrhunderts erwarb auch er für seine Sammlung keine Werke des genialen Giambattista Tiepolo. Er scheint allerdings Tiepolo einmal mit einem Auftrag betraut zu haben, das großartige *Gastmahl der Kleopatra* überließ er jedoch unverständlicherweise Francesco Algarotti.« *A.d.Ü.*

19 Francesco Zuccarelli, 1702 in Pitigliano geboren, 1788 in Florenz gestorben, Landschaftsmaler und Radierer; nach Thieme/Becker, Bd. 36, S. 570, ging Zuccarelli 1742 mit einer Empfehlung von Joseph Smith nach England (»mehrere in Windsor Castle bewahrte Bilder sind 1746 datiert«). *A.d.Ü.*

20 Vivian, *Die Sammlung des Consul Smith*, a.a.O., S. 27. *A.d.Ü.*

21 London, National Gallery: Vivian, *Die Sammlung des Consul Smith*, a.a.O., S. 26; der zweite Rembrandt war *Die Eintracht des Landes*, Museum Boymans-van Beuningen, Rotterdam. *A.d.Ü.*

22 Erik Larsen, *Frans Post. Interprète du Brésil.* Amsterdam / Rio de Janeiro, 1962. Vgl. Ausstellungskatalog Basel, Kunsthalle / Tübingen, Kunsthalle, 1990, *Frans Post 1612–1680* (Bibliographie S. 32): erste Einzelausstellung von Frans Post in Europa. Das Gemälde aus dem Kensington Palace war nicht ausgestellt. Das Historische Museum Frankfurt a. M. besitzt ein Gemälde von Frans Post: *Das Franziskanerkloster in Igaraçu. A.d.Ü.*

23 Vivian, *Die Sammlung des Consul Smith*, a.a.O., S. 41. *A.d.Ü.*

24 Vivian, *Die Sammlung des Consul Smith*, a.a.O., S. 25. *A.d.Ü.*

25 Giuseppe Parini, *Il giorno*: bedeutendes satirisches Epos des 18. Jahrhunderts. Die ersten drei Teile, »Il Mattino«, »Il Mezzogiorno«, »Il Vespro« erschienen 1763–66, der vierte Teil, »La Notte«, erst in der Werkausgabe von 1801 (*KLL*, S. 3964). *A.d.Ü.*

26 Francesco Algarotti (1712–1764), »reisender Aufklärer«, der lange am Hofe von Friedrich II. lebte, hatte sich vorgenommen, »einer Abhandlung über Physik den Reiz eines Theaterstücks zu geben«, und brachte Newtons Theorie über das Licht in die Form eines Salongesprächs: *Il Newtonianismo per le dame* (1737). *A.d.Ü.*

27 Vivian, *Die Sammlung des Consul Smith*, a.a.O., Kat. N° 26. Es handelt sich um ein neunbändiges Universallexikon über die Künste,

die Natur- und die Geisteswissenschaften, *Dizionario Universale delle Arti e Delle Scienze, che contiene la Spiegazione de'Termini e la Descrizione delle cose significate per essi, nelle Arti Liberali e Mecchaniche, e nelle Scienze Umane e Divine, ecc. di Efraimo Chambers della Società Reale, Traduzione esatta ed intera dall'Inglese* (Venezia: Pasquali, 1748–49, 9 Bde.), dessen Übersetzung aus dem Englischen Smith wohl zum größten Teil selbst besorgte. *A.d.Ü.*

28 Vivian, *Die Sammlung des Consul Smith*, a.a.O., S. 112, Kat. N° 25: *Dell'Istoria d'Italia di M. Francesco Guicciardini Gentil'Uomo Fiorentino*, 1738 [Text der Ausgabe von 1567]. Mrs. Smith verkaufte die Platten an Teodoro Viero, der die Vignetten 1777 als *Isolario Veneto* neu herausgab. *A.d.Ü.*

29 Vivian, *Die Sammlung des Consul Smith*, a.a.O., S. 14. *A.d.Ü.*

30 Vivian, *Die Sammlung des Consul Smith*, a.a.O., S. 16. *A.d.Ü.*

31 »(...) als Zugeständnis an seine [Smiths] Wertschätzung für den neuen klassizistischen Stil muß ein Gemälde mit *Venus und Adonis* von Gavin Hamilton angesehen werden«: Vivian, *Die Sammlung des Consul Smith*, a.a.O., S. 41. – Gavin Hamilton (1723–1798) gehörte zum Kreis von Mengs und Winckelmann, »die das Evangelium von der Allgemeingültigkeit der griechischen Kunst verkündigten«, und war »einer der ersten, die damals klassisch-mythologische Stoffe malten«: Thieme/Becker, Bd. 15, S. 552–553. *A.d.Ü.*

35 *Der Mann, der die Vulkane liebte*[1]

Als Sir William Hamilton 1764 im Rang eines außerordentlichen und bevollmächtigten Gesandten Ihrer Majestät der Königin von England nach Neapel kam, war diese Stadt einer der ruhigsten und erstrebenswertesten Amtssitze in Europa. Ferdinand IV. hatte soeben seine lange Regentschaft begonnen, und während der Dauer seines Kleinstaates (bis 1767) waren Geschäfte bei Hofe selten, und die Empfänge der fröhlichen und glanzvollen städtischen Gesellschaft ließen Sir William jede Muße, um sich seinen Lieblingsbeschäftigungen zu widmen, Beschäftigungen, die zugleich Wissenschaft und Zeitvertreib waren, denn der Engländer war Humanist und ein Mann mit Geschmack, zwei Eigenschaften, die in jenem Jahrhundert unter einem sanft klingenden italienischen Namen zusammengefaßt wurden: Sir William war ein »dilettante«.[2]

Er liebte den Fischfang und regte die Fischer des Golfes dazu an, ihm jedes seltsame Tier oder Meeresungeheuer zu überbringen, das sie in ihren Netzen gefangen hatten; er liebte die griechischen und römischen Altertümer, und durch geschickte Ankäufe und heimliche Ausgrabungen gelang es ihm, eine berühmte Sammlung griechischer Vasen aufzubauen, die später zu einem Bestandteil des British Museum werden sollte. Vor allem aber liebte er die Vulkane. Über Vulkane zu reden wurde er niemals müde. Als Mitglied der Royal Society von London wollte er wissenschaftlich nachweisen, daß die Campi Phlegrei keine von unterirdischen Feuern zerrissene Landschaft waren, wie man damals glaubte, sondern daß sie durch Vulkanexplosionen an der Stelle geschaffen worden waren, wo vorher das Meer gewesen war.[3] Der Ästhet in ihm verwandelte diesen Auftrag jedoch in einen Hymnus auf die schöpferische Macht des Feuers. Das glückliche Kampanien, dieser fruchtbare und bezaubernde Landstrich, Miseno, Baia, Pozzuoli, das Entzücken der Kaiser und der großen römischen Bürger, Schönheiten, die in den Versen so mancher Dichter gepriesen wurden, der Posilippo, verbunden mit dem Namen Vergils, und Napoli, die Perle unter den Städten, sie alle verdankten ihren Zauber und die Vielfalt ihrer Aspekte jenen Vorgängen der Natur, die die Menschen für Zerstörungen erachteten und die doch vielmehr erhabene Schöpfungen waren.

Die Ruinen einst blühender Städte und ganze Bevölkerungen, die von ihren verwüsteten Feldern vertrieben wurden, schienen pathetisch die vernichtende Furie einer Heimsuchung zu bezeugen. Hätten aber die Menschen der Neuzeit ohne den Vulkan überhaupt jene Kunstwerke bewundern können, die durch die Ausgrabungen damals ans Tageslicht kamen? Hätte es ohne den Vulkan diese bezaubernde Naturszenerie mit pittoresken Bergen und Vorgebirgen, mit Höhlen und geheimnisvollen Schluchten, mit Seen, Meerbusen und Inseln, dieses wahre irdische Paradies überhaupt gegeben? Hamilton, Goethe[4] und alle erleuchteten Geister des 18. Jahrhunderts waren der Auffassung, daß keine andere Katastrophe jemals die Quelle eines so großen Vergnügens für die übrige Menschheit gewesen sei wie diejenige, die Herculaneum und Pompeij unter sich begraben hatte.[5]

Jeder gute Engländer pflegt sein *hobby*, seinen bevorzugten Zeitvertreib, der zu einer Leidenschaft werden kann und es häufig auch wird, zu einer Monomanie, die zur endlosen Wiederholung derselben lustvollen Erfahrung wird: der Dilettant wird zum Sammler. Ich kannte einen Literaturwissenschaftler, dessen ganzer Lebensinhalt die Erforschung von Höhlen war; er kannte alle Höhlen und Grotten Englands sowie die wichtigsten auf dem europäischen Festland, und wenn er von einer Höhle hörte, die er noch nicht selbst erkundet hatte, gab er keine Ruhe, bis er auch sie auf seine Eroberungsliste setzen konnte.[6] Ich stelle mir vor, daß Sir William Hamilton ein solcher Typus gewesen ist, freilich mit der Raffinesse eines feinen Herrn des 18. Jahrhunderts, der in allen Belangen erhabene Sorglosigkeit zur Schau stellen mußte. Mit den Klassikern in der Hand ahmte er Plinius den Älteren nach, getreu der Baconschen Methode, stets alles mit eigenen Augen anzuschauen und fremdem Zeugnis nicht zu vertrauen (das Motto der Royal Society hieß: »Nullius in verba«), er erkundete jede größere Erhebung (auf dem Gipfel des Ätna[7] dachte er in der Morgendämmerung an den Kaiser Hadrian zurück, der diesen

Aufstieg bewältigt hatte, wie Spartianus erzählt) und jede größere Vertiefung oder Höhle, ob natürlich oder künstlich, um überall den Stempel des schöpferischen Vulkans zu finden. Er schrieb Berichte für die Royal Society, schickte Musterstücke und Proben von Lava, Lapilli [Lavabröckchen] und Salzen in Flaschen ans British Museum sowie die Vedute eines Lavastroms, mit transparenten Farben gemalt, damit sie einen Eindruck von diesem Phänomen vermittelte, wenn man sie gegen das Licht einer Lampe hielt. Vor allem jedoch nutzte er die Fähigkeiten eines gewandten Künstlers, Peter Fabris, um die Naturschauspiele zu porträtieren, die nicht aufhörten, ihn zu faszinieren. Das Werk, in dem diese Zeichnungen reproduziert und anhand der Originale zart aquarelliert sind, ist wohl das heiterste Dokument des ästhetisch-wissenschaftlichen Dilettantismus im englischen 18. Jahrhundert.[8]

Der Folioband mit dem Titel *Campi Phlegrei*, 1776 in Neapel auf englisch und französisch veröffentlicht, mit einem Ergänzungsband über den Vesuvausbruch von 1779, gibt auf seinen zierlichen Tafeln das Bild unseres Südens, unseres Mezzogiorno wieder, wie er die Phantasie des 18. Jahrhunderts fesselte[9] – ein Bild, das demjenigen Philipp Hackerts ähnlich ist, der genau zu dieser Zeit die neapolitanischen Paläste mit seinen riesigen Leinwänden füllte, auf denen jeder Aspekt des Irdischen mit liebevoller Genauigkeit erscheint, eingetaucht in das kristalline und ruhige Licht, das der weiträumige Himmel ausstrahlt.[10] Ebenso auf den Aquarellen von Fabris, von denen einige die Landschaft um Neapel in ihren intimen und idyllischen Aspekten schildern (das glückliche Campanien, das irdische Paradies[11]), andere die Katastrophen, die dieser ganzen Heiterkeit zugrunde liegen und die, in diesem Licht gesehen, wie galante Feste wirken, wie wunderbares Feuerwerk im Spiegel verzauberter Gewässer. Auf der Erde und auf dem Wasser breitet sich eine große Ruhe aus: hinter einem Vordergrund, auf dem jede Einzelheit, Früchte aus den Obstgärten, Gemüseäcker, träge Ochsen, wie auf einer Kamee profiliert ist, atmet die mit zarten und luftigen Farben gemalte Landschaft, präzise bis ins letzte Detail: Olivenhaine, Villen, Vorgebirge und Inseln am Saum eines seidigen Meeres. In diese friedliche Landschaft schneidet ein Lavastrom ein wie das naturgetreu wiedergegebene Krebsgeschwür auf der bleichen Wachsfigur eines anatomischen Präparats. Doch auch die Szenen der Verzweiflung, die großen Felsblöcke, das Tuffgestein, die Lavastücke sind in zauberischen Farben wiedergegeben: der schneeweiße Vesuv, mit Streifen von rosafarbenen Lavaströmen überzogen, vor einem grauen Himmel; gelber Schwefeldampf aus der Solfatara zwischen weißen Felsblöcken und das gedämpfte Blau des Himmels; das Vorgebirge von Ventotene mit ockerfarbenen und weißen Streifen, überwuchert von einer wilden Vegetation, einer riesigen Raupe gleich. Und die vulkanischen Produkte, Laven, Schlacken, Bimssteine, Lavabröckchen, Kristalle sind in bizarren schwefel- und weinfarbenen, grauen und blaßblauen Stillleben festgehalten, die aussehen wie Vorläufer von Chirico.[12] Auf jeder Szene, ob stürmisch oder ruhig, erscheint am Rande die elegante kleine Gestalt eines rotgekleideten Adligen mit Dreispitz und Spazierstock, häufig in Begleitung eines zweiten in dunkelblauer Kleidung. Der rotgekleidete Herr zeigt mit dem Finger auf die Szene, der blaugekleidete ist dabei, zu zeichnen. So erscheinen Hamilton und Fabris vor den paradiesischen oder infernalischen Hintergründen wie Dante und Vergil im Schattenreich. Auf einer nächtlichen Szenerie, erleuchtet vom düsteren Licht eines Lavastroms, agiert Hamilton als Führer für die königliche Familie mit ihrem Gefolge, den Reittieren, der Wache und den Fackelträgern, und man denkt an eine Episode aus *Vathek* in den Hallen im unterirdischen Palast des Höllenherrschers Eblis.[13] Hamiltons Prosa reicht nicht an die Wirkungen der Aquarelle heran, außer vielleicht dort, wo er den phantasmagorischen Kontrast zwischen den aus dem Vesuv emporsteigenden Feuerstürmen und Rauchsäulen und den schwarzen Wolken eines Sommergewitters, das von Blitzen erfüllt rasch über den Himmel hinwegzieht, zu beschreiben versucht.

Vielleicht weil er ihn als einen Liebhaber der Vulkane kannte, schickte Charles Greville viele Jahre später dem Onkel Sir William, nicht in eine Flasche eingeschlossen, wie die Laven und Salze des Vesuvs, sondern ungezähmt wie eine junge Bacchantin, als die sie die Maler[14] zu porträtieren liebten, das kapriziöse und anspruchsvolle Mädchen, von dem er sich befreien wollte, das sich »Miss Hart« nannte und dann als Lady Hamilton und bei uns als Emma Liona berühmt werden sollte.[15]

1940

Anmerkungen

1 Erstdruck: »L'uomo cha amava i volcani«, in: *La Stampa*, 10. Mai 1940. *A.d.Ü.*

2 Vgl. Lea Ritter-Santini, »Reiseabrechnung«, in: Ausstellungskatalog Wolfenbüttel, 1993, *Eine Reise der Aufklärung. Lessing in Italien 1775*, Band I, S. 277, Anm.: »Sir William Hamilton, Botschafter Seiner Majestät von England in Neapel, einer der gewandtesten und geistreichsten *Dilettanten* seiner Zeit. 1775 hatte er in London bereits einen Teil seiner außergewöhnlichen Sammlungen verkauft, die d'Hancarville in den sechs Bänden der *Antiquités étrusques, grècques et romaines, tirées du cabinet de M. Hamilton* (1766–67)* beschreibt. Der Prinz von Braunschweig besaß ein vollständiges Exemplar dieses Werks, das sich heute im Herzog Anton Ulrich-Museum befindet. In jenen Jahren bereicherte Hamilton seine Sammlung im Palazzo Sessa um viele Gemälde, die er in Italien gekauft oder in Rom oder Neapel ansässigen Künstlern wie Philipp Hackert in Auftrag gegeben hat. Außerdem begeisterte Hamilton sich für Naturgeschichte und Vulkanologie; seine erste Abhandlung über den Vesuvausbruch schrieb er 1768 und schickte sie nach London an die Royal Society; bei dem Buchhändler und Verleger Cadella erschienen 1772 seine *Observations on Mount Vesuvius, Mount Etna and Other Volcanoes*. Möglicherweise hat die Gruppe von Schülern um Hamilton, er selbst und vielleicht auch Padre della Torre** zusammen mit den Reisenden aus Wolfenbüttel die Vesuvexkursion unternommen. Hamilton wird den Prinzen Leopold und sein Gefolge auch nach Herculaneum, Pompeji und zu Orten wie Portici und Pozzuoli begleitet haben.«

* Pierre François Hugues d'Hancarville, *Collection of Etruscan greek and roman Antiquities from the cabinet of the Hon. W. Hamilton. His britannick Majestys envoy extraordinary and plenipotentiary at the court of Naples*. Neapel, 1766, 4 Bde. (Katalog Wolfenbüttel, 1993, Bd. I, S. 332–333; zu d'Hancarville vgl. Francis Haskell, »Der Baron d'Hancarville: Abenteurer und Kunsthistoriker im Europa des 18. Jahrhunderts«, in: ders., *Wandel der Kunst in Stil und Geschmack*. Köln: DuMont, 1990, S. 62–87: »Die Bände, die aus diesem Arrangement [mit Hamilton] hervorgingen, zählen zu den schönsten des 18. Jahrhunderts – ja zu den schönsten überhaupt« (S. 67).

** Padre Giovanni Maria Della Torre (1713–1782), neapolitanischer Physiker und Naturwissenschaftler, befreundet mit Winckelmann, publizierte 1755 »die erste wissenschaftliche Geschichte des Vesuvs (...), die von Lessing erworben wurde. Der Prinz und Lessing trafen mit ihm am 26. Oktober und 1. November zusammen (...)«; Katalog Wolfenbüttel, 1993, Bd. II, S. 584; vgl. ebd., S. 822–824, Kat. N° 222:

Della Torre, *Storia e fenomeni del Vesuvio esposti dalla sua origine sino al MDCCLXVII*. Napoli, 1768, mit Vignetten, Initialen und 10 Kupferfalttafeln (Abb. S. 825). Das Werk wurde nach der Erstausgabe bis 1779 »jeweils auf den neuesten Stand gebracht«. Offenbar war die Arbeit von Athanasius Kircher (1665) unbeachtet geblieben, denn es heißt hier überdies: »della Torre war als erster in den Vesuvkrater hinabgestiegen« (S. 824). *A.d.Ü.*

3 Über hundert Jahre früher, im Jahre 1638, hatte der Universalgelehrte Athanasius Kircher eine Forschungsreise zum Stromboli und zum Ätna unternommen und auch den Vesuv besucht, in den er sich sogar abseilen ließ. Über den Ertrag seiner Forschungsarbeit schrieb er das umfangreiche, tausendseitige Werk *De Mundus subterraneus* (Amsterdam, 1665, 2 Bände). Dessen langer Untertitel läßt sich wie eine Zusammenfassung des Inhaltes lesen: »Ein Werk, worin das göttliche Wirken der Unterwelt, die großartigen Geschenke der Natur, die dort verteilt sind, die Form, das Wunder, die Reichtümer und die große Vielfalt aller Dinge im Reich des Proteus: die Ursache aller verborgenen Wirkungen werden aufgezeigt und die Anwendung all jener Wirkungen, die für die Menschheit nützlich sind, wird anhand verschiedener Experimentieranordungen und neuer, bisher unbekannter Methoden erklärt.« Vgl. Ausstellungskatalog Rastatt, *Universale Bildung im Barock. Der Gelehrte Athanasius Kircher*, 1981, S. 96: »Auf der Rückreise von Malta nach Rom besuchte Kircher im April 1638 den Vesuv, in dessen Krater er sich abseilen ließ. Durch das wunderbare Naturschauspiel wurde er in seiner Ansicht vom feuerflüssigen Zustand des Erdinnern bestärkt. Sämtliche Vulkane waren für ihn bloß Sicherheitsventile des innerirdischen Feuerherdes.« Kircher schloß aus der gleichzeitigen Vulkantätigkeit von Ätna und Vesuv auf ein *Idealsystem miteinander über Kanäle und Feuerhöhlen unterirdisch kommunizierender Vulkane*: Ansgar Steinhausen, »Im gasverseuchten Krater. Systeme faszinieren: Athanasius Kircher und die Topographie des Erdinneren«, in: *Frankfurter Allgemeine Zeitung*, 20. Oktober 1993, N 5 (Hinweis auf Werner Oechslin, »Athanasius Kirchers Mundus Subterraneus – ein Modell zur Erklärung des Weltbaus Erde«, in: *Daidalos* (Gütersloh: Bertelsmann), Heft 48, 1993. Vgl. auch P. Conor Reilly S. J., *Athanasius Kircher S. J. Master of a Hundred Arts 1602–1680*. Wiesbaden/Rom: Edizioni del Mondo, 1974, Kap. VIII: Mundus subterraneus, bes. S. 107 zum 4. Buch des 1. Bandes von *Mundus subterraneus*, *Pyrographicus*, wo Kircher seine Theorie über den Vulkanismus entwickelt. *A.d.Ü.*

4 Goethe bestieg den Vesuv dreimal, am 2., 6. und 20. März 1787; am 13. März schrieb er: »Die vesuvianischen Produkte hab' ich auch nun gut studiert; es wird doch alles anders, wenn man es in Verbindung

sieht. Eigentlich sollt' ich den Rest meines Lebens auf Beobachtung wenden, ich würde manches auffinden, was die menschlichen Kenntnisse vermehren dürfte.« *A.d.Ü.*

5 Goethe, *Italienische Reise*, 13. März 1787: »Sonntag waren wir in Pompeij. – Es ist viel Unheil in der Welt geschehen, aber wenig das den Nachkommen so viel Freude gemacht hätte.« *A. d. Ü.*

6 Vgl. Mario Praz, »Follies«, in: *Bellezza e Bizzarria*, a.a.O., S. 297: »Ich lernte einmal einen Professor aus London kennen, E. A. Baker, den Verfasser einer umfangreichen Geschichte des englischen Romans, dessen *hobby* alles andere als ein überflüssiger Zeitvertreib war, wie das Wort besagt. Er lebte nur dafür, Grotten und Höhlen zu erforschen, und als er nach Florenz kam, fragte er mich als erstes, ob es denn Höhlen gebe, in die er hinabsteigen könne.« *A.d.Ü.*

7 Der humanistische Philologe, Sprachtheoretiker und Dichter Pietro Bembo schrieb sein erstes (lateinisches) Werk in Form eines Gesprächs (erschienen 1496 bei dem berühmten Drucker Aldus Manutius) über die Besteigung des Ätna, die er zusammen mit seinem Freund Angelo Gabriele 1493 unternommen hatte: *De Aetna*. Nachdruck Palermo: Sellerio 1981: *De Aetna*. Il testo di Pietro Bembo tradotto e presentato da Vittorio Enzo Alfieri. Note di Marcello Carapezza e Leonardo Sciascia. Iconografia (mit englischer Übersetzung des Textes von Bembo, der Einführung von Alfieri und der Anmerkungen von Sciascia und Carapezza). *A.d.Ü.*

8 Es waren zunächst diese Bilder von Fabris, die Susan Sontag zu ihrem »Roman« *The Volcano Lover* (New York: Farrar, Straus Giroux, 1992; Taschenbuchausgabe New York: Doubleday, 1993; deutsch: *Der Liebhaber des Vulkans*. Übersetzt von Isabell Lorenz. München: Hanser, 1993) anregten, einem Buch, von dem man allenfalls sagen kann, daß es weder mit ihnen noch mit den literarischen Vorlagen (darunter Goethes *Italienische Reise*) wetteifern kann. Für diese Feststellung genügt ein Blick in den wunderbaren Reprint der *Campi Phlegrei* oder der Vergleich zwischen dem Anfang von Hildesheimers *Marbot* und dem 2. Kapitel im 2. Teil des *Volcano Lover* über den Besuch Goethes bei den Hamiltons. Von Praz scheint Susan Sontag die Kennzeichnung Hamiltons als »dilettante« übernommen zu haben, ohne sich jedoch entscheiden zu können, ob sie diesen Ausdruck als Lob, als Tadel oder als Verdammungsurteil nehmen soll. *A.d.Ü.*

9 *Campi Phlegrei, Observations on the volcanoes of the two sicilies as they have been commissioned to the Royal Society of London* by Sir William Hamilton (...) Naples MDCCLXXVI; *Supplement to the Campi Phlegrei being an account of the Great Eruption of Mount Vesuvius* (1779) Communicated to the Royal Society of London by Sir William Hamilton (mit 55 Tafeln); Reprint Milano:

Leonardo Editore, 1990 (Bd.I: Text, Bd.II: 54 Tafeln, Bd.III Supplement mit 55 Tafeln); deutsch: Sir William Hamilton, *Des William Hamiltons Nachrichten von den neuesten Entdeckungen in der im J.C. 79 am 24. August durch den Ausbruch des Vesuvs verschütteten Stadt.* Aus dem Englischen übersetzt und mit einigen Zusätzen begleitet von Christoph Gottlieb von Mutt. Mit 13 Kupfertafeln. Nürnberg: Seeligmann, 1780; William Hamilton, *Beobachtungen über den Aetna und andere Vulkane.* Nachdruck der Ausgabe von 1773. Weinheim: Acta Humaniora, 1986. Verkleinerte photomechanische Wiedergabe aller Illustrationen von Peter Fabris (mit Hamiltons Erläuterungen sowie Auszügen aus den Briefen an die Royal Society) in: *Les fureurs du Vésuve. L'autre passion de Sir William Hamilton.* Présenté par Carlo Knight. Paris: Gallimard, 1992 (Découvertes Gallimard Albums). Vgl. Mario Praz, »Campi flegrei«, in: *Il Tempo*, 20. Dezember, 1962, abgedruckt in: ders., *I volti del tempo.* Napoli: Ed. Scientifiche Italiane, 1964. *A.d.Ü.*

10 Mario Praz hatte in seiner Sammlung eine *Veduta del golfo di Napoli con Pozzuoli, Capo Miseno, Procida e Ischia sullo sfondo* [*Vedute des Golfs von Neapel mit Pozzuoli, Capo Miseno, Procida und Ischia im Hintergrund*] kleineren Formates (Öl auf Leinwand, 64,4 x 97 cm) von Hackert, die in ihrer Farbgebung und der atmosphärischen Wirkung den Bildern von Fabris nahe kommt. Siehe Ausstellungskatalog *Le stanze della memoria. Vedute di ambienti, rittratti in interni e scene di conversazione dalla collezione Praz. Dipinti ed aquarelli 1776–1870.* A cura di Stefano Susinno e Elena di Majo. Roma, Galleria Nazionale d'Arte Moderna, 1987, Milano, Museo Poldi Pezzoli, 1988, Napoli, Museo Pignatelli 1988, S. 109, Abb. 1, S. 117. *A.d.Ü.*

11 Vergil, *Georgica*, 2; Plinius der Jüngere, *Historia naturalis*, 3, v: »So glücklich, anmutig, selig sind jene Gegenden, daß man erkennt, an diesem Ort habe die Natur sich ihrer Werke erfreut. Denn diese Lebensluft, diese immer heilsame Milde des Himmels, so fruchtbare Felder, so sonnige Hügel, so unschädliche Waldungen, so schattige Haine, so nutzbare Wälder, so luftige Berge, so ausgebreitete Saaten, solche eine Fülle von Reben und Ölbäumen, so edle Wolle der Schafe, so fette Nacken der Stiere, so viel Seen, so ein Reichtum von durchwässernden Flüssen und Quellen, so viele Meere, so viele Hafen! Die Erde selbst, die ihren Schoß überall dem Handel eröffnet und, gleichsam dem Menschen nachzuhelfen begierig, ihre Arme in das Meer hinausstreckt.« Zit. in: Goethe, *Italienische Reise*, 28. Mai 1787. *A.d.Ü.*

12 Teile dieser Ausführungen über Fabris finden sich bei Praz auch in dem Essay »Il viaggio in Italia di Jean-Baptiste Isabey«, in: *Bellezza*

e Bizzarria, a.a.O., S. 418f., wo er das Album *Voyage en Italie par J. Isabey en 1822* (Paris, chez l'Auteur, Rue des Trois-Frères N° 7) beschreibt: der Miniaturist Isabey hatte darin 30 seiner Zeichnungen lithographiert. *A.d.Ü.*

13 William Beckford, *Vathek* (1782, französisch geschrieben; Übersetzung und Anmerkungen von Samuel Henley, englische Ausgabe: London, 1786). Edited with an Introduction by Roger Lonsdale. Oxford University Press, 1970 (Kollationierung der englischen Ausgaben). Beckford war auf seiner *Grand Tour* 1780–81 Gast der Hamiltons in Neapel; 1800 empfing er Sir William und Lady Hamilton zusammen mit Lord Nelson auf seinem Landsitz Fonthill. *A.d.Ü.*

14 Elisabeth Vigée-Le Brun, George Romney, Joshua Reynolds. *A.d.Ü.*

15 Mario Praz, »Emma Liona« (1939), in: *Fiori freschi* (1943), S. 144–156, jetzt in: ders., *Gusto neoclassico*. Milano: Rizzoli, 1974, S. 291–296. Vgl. auch ders., »Le antichità di Ercolano«, ebd., S. 75–86, bes. S. 83 zu Goethes Schilderung in der *Italienischen Reise*, 1787. Goethe schreibt in der *Italienischen Reise* zweimal über Sir William und Lady Hamilton, am 22. März und am 26. Mai 1787: »Hamilton ist ein Mann von allgemeinem Geschmack und, nachdem er alle Reiche der Schöpfung durchwandert, an ein schönes Weib, das Meisterstück des großen Künstlers, gelangt.« (22. März 1787) Beim Besuch von Hamiltons »geheimem Kunst- und Gerümpelgewölbe« am 26. Mai 1787: »Auffallend war mir ein aufrechtstehender, an der Vorderseite offener, inwendig schwarz angestrichener Kasten, von dem prächtigsten goldenen Rahmen eingefaßt. Der Raum groß genug, um eine stehende menschliche Figur aufzunehmen, und demgemäß erfuhren wir [Goethe und der ihn begleitende Maler Philipp Hackert] auch die Absicht. Der Kunst- und Mädchenfreund, nicht zufrieden, das schöne Gebild als bewegliche Statue zu sehen, wollte sich auch an ihr als an einem bunten unnachahmbaren Gemälde ergötzen, und so hatte sie manchmal innerhalb dieses goldenen Rahmens, auf schwarzem Grund vielfarbig gekleidet, die antiken Gemälde von Pompeji und selbst neuere Meisterwerke nachgeahmt. Diese Epoche schien vorüber zu sein, auch war der Apparat schwer zu transportieren und ins rechte Licht zu setzen; uns konnte also ein solches Schauspiel nicht zuteil werden.

[Hier folgt ein Vergleich mit der neapolitanischen Weihnachtskrippe (presepe), die zuweilen auch mit lebendigen Figuren ausgestattet wurde; vgl. oben, Essay 9, Anm. 2.]

Darf ich mir eine Bemerkung erlauben, die freilich ein wohlbehandelter Gast nicht wagen sollte, so muß ich gestehen, daß mir unsere schöne Unterhaltende doch eigentlich als ein geistloses Wesen vorkommt, die wohl mit ihrer Gestalt bezahlen, aber durch keinen seelenvollen Ausdruck der Stimme, der Sprache sich geltend machen kann. Schon ihr Gesang ist nicht von zusagender Fülle.

Und so mag es sich auch am Ende mit jenen starren Bildern verhalten. Schöne Personen gibt's überall, tiefempfindende, zugleich mit günstigen Sprachorganen versehene, viel seltener, am allerseltensten solche, wo zu allem diesen noch eine einnehmende Gestalt hinzutritt.« – Weitere Literatur zu Hamilton: E. B. d'Auvergne, *Dear Emma: The Story of Emma, Lady Hamilton, her Husband and her Lovers*. London: Harrap, 1936; O. Warner, *Emma Hamilton and Sir William*. London: Chatto & Windus, 1960; Brian Fothergill, *Sir William Hamilton. Envoy Extraordinary*. London: Faber and Faber, 1969; Carlo Knight, *Il giardino inglese di Caserta*. Napoli: Sergio Cuvita, 1986; M. Krafft, *Les feux de la terre, histoire des volcans*. Paris: Gallimard (Découvertes), 1991; Carlo Knight, *Hamilton a Napoli*. Napoli: Electa, 1991; Ausstellungskatalog *All'ombra del Vesuvio*, Napoli 1990. *A.d.Ü.*

36 *Der Fürst von Palagonia*

Vor einigen Jahren kam mir der Gedanke, ein Buch über bizarre Skulpturen zu schreiben. Ich fand keinen Verleger, dem das Thema behagt hätte, und so erschienen die Teile, aus denen sich der kleine Band zusammensetzt, 1959 (*Le bizarre sculture di Francesco Pianta.* Venezia: Il Sodalizio del Libro[1]) und die übrigen Kapitel 1960 in *Bellezza e Bizzarria* (Milano: Il Saggiatore), darunter eines über die Villa Palagonia (S. 312–318). Nachdem ich die obligaten Zitate (Brydone[2], Goethe[3] usw.) angeführt und auf die direkten kulturellen Vorläufer hingewiesen hatte, zu denen Magnasco gehört (zu dem Benno Geiger festgestellt hatte: »Magnasco liebt es, ein vorhandenes Sujet mit einem Gegensujet zu ergänzen, das freilich von ganz anderer Natur ist«[4]), schrieb ich unter anderem: »Das 18. Jahrhundert, dieses so aufgeklärte und rationale Jahrhundert, zeigt die Kehrseite seiner heiteren Medaille, die bewußte Reduktion der sinnlichen Liebe auf das Absurde, in den imaginären Orgien des Marquis de Sade und die bewußte Reduktion des klassischen architektonischen Ebenmaßes auf das Absurde in den schiefen Gesimsen, im ordnungslosen Durcheinander von Statuen, in der Halluzination der Spiegel an Orten, wo sie nicht hingehören, in der Parodierung mythologischer Situationen[5] in der von Don Ferdinando Francesco Gravina erbauten Villa, die seit etwa 1746 von dessen Neffen, Don Fernando Francesco junior, Fürst von Palagonia, in einen Palast des Capriccios verwandelt wurde.« Und nachdem ich die Dialektverse von Giovanni Meli zitiert hatte, der Zeus sagen läßt: »Ich erkenne mein Ungenügen; ich ersann so viele Ungeheuer wie ich nur konnte, aber da, wo meine Macht aufhörte, da fing Palagonia an«[6], bemerkte ich zum Schluß: »Man könnte wahrlich sagen, die Phantasie des verschrobenen Fürsten habe das Werk der vulkanischen Natur fortsetzen wollen, die in Sizilien vorherrscht: die Menge der Monstren und Grotesken in knalliger Ockerfarbe mit harten schwarzen Schatten hat eine Familienähnlichkeit mit den Strömen versteinerter Lava und auch mit den unruhigen Umrissen der Kaktusfeigen, die sich gegen die Ränder des trockenen Grases abzeichnen. Vielleicht liegt auch ohne die klassizistische Reaktion, die den Sohn und Erben des Fürsten dazu trieb, einen großen Teil der bizarren Statuen, welche die englischen Reisenden und auch Goethe aufgeregt hatten, zu verdammen und auf den Altären eines veränderten Geschmacks zu opfern, eine gewisse poetische Gerechtigkeit in der von Jahr zu Jahr deutlicher werdenden Rückkehr dieser Bizarrerien zur formlosen Materie. Diese Statuen sind nicht dazu bestimmt, Jahrhunderte zu überdauern, sondern höchstens so lange, wie die versteinerten Lavaformen von einem Vulkanausbruch bis zum nächsten bestehen bleiben. Sollten wir die Statuen der Villa Palagonia, die so unbeständig sind wie die Lava und so verweslich wie das Fruchtfleisch der Kaktusfeige, wirklich ihrem vorgezeichneten Schicksal entreißen?«

Zu diesem Thema hat Giovanni Macchia nun ein Buch publiziert, das ich als definitiv bezeichnen möchte: *Il Principe di Palagonia. Mostri, sogni, prodigi nelle metamorfose di un personaggio* (mit 15 Photographien von Enzo Sellerio. Milano: Mondadori, 1978[7]). Und während ich dies hier schreibe, liegt mir eine Nachricht im *Giornale* vom 10. Dezember 1978 vor, daß in Catania eine Mißgeburt mit zwei Köpfen und drei Armen zur Welt gekommen ist. Bei allem Mitgefühl für die unglückliche Familie registriert der Professor in mir dennoch diese Nachricht, um sie den Beobachtungen Lohmeyers[8] hinzuzufügen, der in den Monstren ein natürliches Produkt der Insel Sizilien wahrnimmt, die bereits in der Antike derlei Ungeheuer kannte (die Metopen von Selinunt) und sogar auf ihrem Emblem ein Monstrum hatte (die Trinakria[9]).

Giovanni Macchia bereichert und vertieft das, was aus den Schriften der Reisenden über den unverhältnismäßigen Ruhm bekannt ist, den die Villa in ihrem Jahrhundert und im darauf folgenden genoß, indem er sich vor allem mit den Eindrücken des mediokren Malers aus Rouen, Jean Houel, befaßt, der »zu den weniger bekannten, dafür aber zu den originellsten und kühnsten Reisenden des 18. Jahrhunderts gehörte«[10], und natürlich mit den Eindrücken Goethes. Der Fürst wurde zu einer »Gestalt der deutschen Romantik«: »Warum also wurde gerade der Fürst von Palagonia zu einer Figur der deutschen Literatur? Vermutlich auch deshalb, weil seine Erscheinung genau den Erwartungen der Reisenden in der Romantik entsprach. So wurde er in der Literatur zum Sinnbild für die absurde Begegnung, für die Entdeckung, die Überraschung, das flüchtige Trugbild, das den Besucher verfolgt und von der Realität nie eingelöst werden kann. Sobald sich die Phantasie, vom Alltag enttäuscht, am Außergewöhnlichen entzündet, taucht wie in einem Fiebertraum die Figur des Fürsten auf: als Reminiszenz einer Lektüre, als Vergleich oder Beispiel, oder auch nur als Alptraum, aus dem der Schläfer sich nicht befreien kann.«[11] Er war etwas Anziehendes und zugleich Abstoßendes. Was die Phantasie der Romantiker anzog, war das Bild einer wie durch eine Katastrophe zerstörten antiken Schönheit. Diese eigenartige Empfindung, die später zur *grande synthèse* Flauberts wurde und die ich im bekanntesten meiner Bücher im Kapitel über die Schönheit der Medusa beschrieben habe[12], illustriert Macchia mit Texten von Heine (die Begegnung Maximilians mit Vincenzo Bellini[13]) und Achim von Arnim (Beschreibung der Villa Palagonia im Roman *Armut, Reichtum, Schuld und Sühne der Gräfin Dolores*, 1810 – »Oberflächlich und genußsüchtig, launenhaft und sinnlich, ist sie [Dolores] es gewohnt, edle Gefühle zu entweihen und den Keim des Chaos leidenschaftlich in sich zu hüten. Als wäre sie ein Spielball des Zufalls, haben zwei gegensätzliche Leidenschaften ihr Leben bestimmt: die Liebe zu einem jungen, treulosen Südländer spanischer Herkunft und die Liebe zum Grafen Karl, einer Gestalt von hoher und fast religiöser Moral, einem strengen Vertreter germanischer Ehrenhaftigkeit«[14]).

Was Macchia indessen besonders fasziniert, ist die Person des Fürsten von Palagonia, eine rätselhafte, »gotische« Figur[15]. Deswegen interessiert ihn auch die Erzählung von Arnim, in welcher der »sizilianische Fürst von der Sehnsucht nach einer mythischen Zeit, nach einem pränatalen Leben erfüllt [ist], als sich die Meerfeen [le ondine, die Undinen] noch in prächtige irdische Ritter verliebten und die Liebe zwischen Schwester und Bruder nicht als Inzest verdammt wurde. Und vielleicht war der Traum von diesem nicht vollzogenen Inzest der Grund, weshalb der Fürst in Achim von Arnims Roman alle Frauen zu hassen begann. So lebt er als Nachfahre eines Verbannten im sizilianischen Exil und findet seine letzte Zuflucht in einem schrecklichen Gefühl der Entfremdung. Seine einzige Befriedigung besteht darin, ständig gegen die heiteren Gesetze der Kunst, der Sprache, des Geistes, der Harmonie und des Gleichgewichts zu verstoßen. Beherrscht von einem geistigen Chaos, *stellt er* [nur noch] *dar* [fa soltanto *rappresentazioni*], was sein Ahnherr verloren hat. Er läßt – zu seiner Belustigung, aus Spottlust oder vielleicht aufgrund einer insgeheimen Qual – Sirenen in einer Art burleskem Theaterstück auftreten. Er inszeniert jene mythische Liebe, die seinen Vorfahren aus der Bahn geworfen hat, als nächtliche Spazierfahrt in einem Boot, auf der Suche nach einer Liebesvereinigung mit einer Nixe, die es nicht gibt.«[16] Mit Recht stellt Macchia fest: »Die Figur des Fürsten, der sich in seinem Schloß einsperrt, ohne Frauen und einer Vergangenheit verpflichtet, die er gar nicht erlebt hat, ein echter oder falscher Verrückter, der den Part des ehemaligen Geliebten der Nixe spielt, könnte uns als ferner Vorläufer von Pirandellos Heinrich IV. erscheinen.«[17] Als ein gar nicht so ferner, würde ich hinzufügen, nachdem man weiß, wie viel Pirandello den deutschen Romantikern zu verdanken hat. »Und noch eine andere Figur gibt es in der modernen sizilianischen Literatur, bei der man nicht weiß, ob es sich um einen Verrückten oder um einen Visionär handelt, ob ihr Geist verwirrt ist, weil sie sich zu viel mit Kultur beschäftigt hat oder weil sie sich zu sehr mit den Trugbildern identifiziert, von denen sie gezehrt hat, von denen sie sich nicht hat befreien können und die sie jetzt nicht mehr loslassen – die Rede ist von dem großen, berühmten Gräzisten, einem ebenfalls einsamen Junggesellen, in der schönsten Erzählung Giuseppe Tomasi di Lampedusas: *Lighea* [*Die Sirene*].«[18]

Wir sehen, wie Macchia von der Gelehrsamkeit allmählich zu einer eigenen Schöpfung emporsteigt. Wenn er aus seinen historischen Daten den rätselhaften Palagonia nicht konstruieren kann (vielleicht war der Fürst ein Atheist, der einst an die Götter geglaubt und die Mysterien geliebt hatte: »So tritt uns also der Fürst von Palagonia in einer neuen Metamorphose entgegen, als Diagoras der Atheist, der die Götter lächerlich macht, weil es ihn ärgert, daß die Menschen an sie glauben.« Verbarg sich hinter seinem Unbehagen vielleicht eine »Gemüthsstimmung«, die ihn dem Atheismus des Diagoras annäherte – Verzweiflung oder ruhige, wohlbedachte Überzeugung?[19]) und wenn er auch der biedermeierlichen Deutung Stifters nicht zu folgen vermag, der im *Hagestolz*[20] den vollkommenen Doppelgänger des Fürsten schuf, der Vertrauen in den fruchtbaren Fortgang der Spezies hat, obwohl er von der Liebe und vom Leben verraten wurde, und wenn ihn außerdem die Versuche der Psychoanalytiker[21], die Verirrung des Fürsten zu erklären, nicht zufriedenstellen – der Fürst hatte sich mit dem Bau der Villa von Bagheria gewiß nicht vorgenommen, ein Kunstwerk zu schaffen (»Im Fall des Fürsten kann man jedoch die Gleichung Kunst ist gleich Wahnsinn nicht ohne weiteres aufstellen, denn seine Werke waren nichts anderes als kunsthandwerkliche Produkte. (...) Aber gerade weil es diesen Skulpturen an Originalität und Kreativität fehlt und sie statt dessen über alle Maßen exzentrisch, banal und manieriert sind, gerade weil sie nicht an die Schönheit der Fabelwesen der alten Griechen heranreichen, an die Schönheit der Zentauren, Sphinxe und Harpyen und des löwenköpfigen Manulis, an die Schönheit der ägyptischen Gottheiten, des Anubis mit dem Schakalkopf, des Horus mit dem Sperberkopf oder der babylonischen oder assyrischen Figuren wie Sirrusch, oder der indischen wie Ganesch, des Gottes mit dem Elefantenkopf; gerade weil diese Figuren dem Betrachter keinen ästhetischen Genuß bieten, sondern aufgrund der mangelhaften Ausführung Abscheu und Befremden hervorrufen, gerade deshalb galten sie immer als die Bildwerke eines Geisteskranken«: sie lassen sich allenfalls mit den *grylloi*[22] vergleichen, jenen Gemmen der spätantiken Welt, die in der karolingischen Zeit begeisterte Aufnahme fanden. Die damals geläufige Vorliebe für geschnittene Steine galt jedoch nicht den klassischen Bildern der antiken Götter und Helden, wie sie auf den Gemmen oft vorkamen, sondern vielmehr den grotesken Figuren: Anhäufungen von Köpfen, vielgesichtige Tiere und Menschen, Kopffüßler – genau wie die Trinakria –, aus einer Muschel herauswachsende Vierfüßler (Figuren, die Plinius der Ältere beschrieb und die später Hieronymus Bosch inspirierten); wenn also alles im dunkeln bleibt, im Schweigen, und das Rätsel des Mannes sich über die Villa und über die gesamte Umgebung legt, was blieb da dem überaus gelehrten und gebildeten Macchia noch zu tun? Es blieb ihm das, was Walter Pater bei anderen zweideutigen Figuren der Geschichte, bei Personen aus Übergangsperioden oder außerhalb ihrer Zeit Geborenen wie dem »Fürsten unter den Hofmalern«, Antoine Watteau, zu tun übrig blieb[23], nämlich imaginäre Porträts zu schaffen, eine Galerie von Bildnissen abgekämpfter und müder Seelen. Ein Flügelschlag bringt ihn in die Sphäre der autonomen Schöpfung, und indem er sich in die Tradition des imaginären Gesprächs einreiht, die von Lukian, Fontenelle und Fénelon bis zu Landor und Leopardi reicht, rekonstruiert Macchia, den genannten Schriftstellern gleich, die Gestalt des Fürsten von Palagonia in einem »Gespräch über *Steinerne und andere Ungeheuer* zwischen einem venezianischen Patrizier und dem Fürsten von Palagonia«[24], sechzig Seiten, die das Beste sind, was er jemals geschrieben hat (in dieser Kunstform hatte er sich bereits in dem »Colloquio con la figlia di Molière« [»Gespräch mit Molières Tochter«] versucht, mit dem sein Buch *Il silenzio di Molière* von 1975 schließt).[25] In gründlicher Kenntnis des 18. Jahrhunderts und mittels der Kontrastierung zweier Gesichtspunkte, dem eines aufklärerischen venezianischen Edelmanns und dem eines phantasierten Sizilianers, erzeugt Macchia das synthetische Porträt der Stimmungen, die das gesamte 18. Jahrhundert bewegten, das die Vernunft pries und gleichzeitig die irrationale Anziehungskraft des Wunderbaren, des Abnormen und des Außergewöhnlichen rühmte. Macchias Analyse beschränkt sich jedoch nicht auf dieses Jahrhundert, sondern sie erhellt mit der Vision der Katastrophe, zu der die Wissenschaft die Welt hinzuführen scheint und die er dem »verrückten« Fürsten zuschreibt, auch das unsrige. Dieser Dialog, der nach dem Muster der Verkettung ebenso stichhaltiger wie aufschlußreicher Anhaltspunkte mit einem Hinweis auf den *Augellin Belverde* (den Fürsten, der in eine Statue verwandelt wurde) von Carlo Gozzi[26] endet, ist viel mehr als nur ein kritisches Werk: er ist das Werk eines großen Schriftstellers.

1978

Anmerkungen

1 Abgedruckt in: Mario Praz, *Il giardino dei sensi. Studi sul Manierismo e il Barocco*. Milano: Mondadori, 1975. *A.d.Ü.*

2 *A Tour through Sicily and Malta in a Serie of Letters to William Backford Esq. of Somerly in Suffolk from P. Brydone*. New Edition, London, 1775, Tome II, S. 93–103; deutsch: *P. Brydones Reisen durch Sizilien und Malta*. Zweyte, nach der neuesten englischen Ausgabe verbesserte Auflage. Leipzig, 1777, I. Teil, S. 69–76. Vgl. Karl Lohmeyer, *Palagonisches Barock. Das Haus der Laune des »Fürsten Palagonia«*. Berlin: Maximiliangesellschaft, 1942, und ders., »Goethes *Prinz Pallagonia* und seine Familie«, in: *Deutsche Vierteljahresschrift für Literaturwissenschaft und Geistesgeschichte*, 1942, Heft 1. *A.d.Ü.*

3 Goethe, *Italienische Reise*, besonders die Eintragung vom 9. und vom 11. April 1787. Vgl. Lohmeyer, *Palagonisches Barock*, Anm. S. 63–65. *A.d.Ü.*

4 Benno Geiger, *Magnasco*. Bergamo: Istituto italiano d'arti grafiche, 1949, S. 27; zit in: »Villa Palagonia«, a.a.O., S. 312–313. So fügte Magnasco als Kontrast »einem Bacchanal ein jüdisches Begräbnis, einem kleinen Hochzeitsfest einen Raubüberfall auf eine Kutsche« hinzu. *A.d.Ü.*

5 »Von Schlangen angegriffene Harlekine spielten auf Laokoon an, die Geschichte von Diana und Aktäon wurde in grotesken Formen dargestellt, Pulcinella umtanzte Achilles und Chiron, Atlas trug ein Faß anstelle der Erdkugel«: Praz, »Villa Palagonia«, a.a.O., S. 378, Anm. 53. Vgl. das »Verzeichnis« bei Goethe, *Italienische Reise*, 9. April 1787, und die ausführliche Beschreibung bei Karl Lohmeyer, *Palagonisches Barock*, a.a.O. *A.d.Ü.*

6 Zit. bei Praz, »Villa Palagonia«, a.a.O., S. 317–318:

»Giovi guardau de la sua reggia immensa
La bella villa di Palagunia
Unni l'arti impitrisci eterna e addensa
L'aborti di bizzarra fantasia.
Viju, dissi *la mia insufficienza,*
Mostri n'escoggitai quantu putia,
Ma duvi tirminau la mia putenza
Ddà stissu ncuminciau Palagunia.«

Eine ebenso kurze wie hilfreiche Einführung in das Sizilianische gibt der große Forscher und Sammler sizilianischer Traditionen Giuseppe Pitrè in seiner *Grammatica siciliana* (1875). Palermo: Sellerio, 1979 (mit einer Einleitung von Alberto Várvaro). *A.d.Ü.*

7 2. Auflage 1979; deutsch: Giovanni Macchia, *Der Fürst von Palagonia. Ungeheuer, Träume, Wunder.* Aus dem Italienischen von Karin Fleischanderl. Wien, Zürich: Europaverlag, 1991. *A.d.Ü.*

8 Lohmeyer, *Palagonisches Barock*, a.a.O., S. 56. *A.d.Ü.*

9 Vgl. Art. »Thrinakie«, Pauly, Bd. 5, Sp. 789): »Insel des Helios (...). Das homerische *Thrinakie* (gr. thrinax, dreizinkige Gabel) wurde mit Sicilien gleichgesetzt und schon früh (Thukydides 6, 2, 2) in *Trinakria* (aus dem man die treis akrai, Vorgebirge, der Insel heraushörte) umgeformt.« (Vgl. Art *Palike*, Pauly, Bd. 4, Sp. 425). Macchia, *Der Fürst von Palagonia*, a.a.O., S. 86: »das Wappen Siziliens (...), das ein Gorgonenhaupt inmitten eines Kreises zeigt, mit drei daran angesetzten, strahlenförmig auseinandergehenden, an den Fersen geflügelten Beinen.« Vgl. Lohmeyer, *Palagonisches Barock*, a.a.O., S. 56. *A.d.Ü.*

10 Macchia, *Der Fürst von Palagonia*, a.a.O., S. 13. *A.d.Ü.*

11 Macchia, *Der Fürst von Palagonia*, a.a.O., S. 55. *A.d.Ü.*

12 Mario Praz, *Il carne, la morte e il diavola nella letteratura romantica* (1930), Firenze: Sansoni, 1988, Capitolo I: »La bellezza medusea«, S. 51: »la grande sintesi, direbbe il Flaubert« (Flaubert, Brief vom 1. Juni 1853); deutsch in: *Liebe, Tod und Teufel*, a.a.O., »Die Schönheit der Medusa«, S. 50. *A.d.Ü.*

13 Heine, *Florentinische Nächte* (1836), zit. in: Macchia, *Der Fürst von Palagonia*, a.a.O., S. 56. *A.d.Ü.*

14 Macchia, *Der Fürst von Palagonia*, a.a.O., S. 58. *A.d.Ü.*

15 Macchia, *Der Fürst von Palagonia*, a.a.O., S. 9. *A.d.Ü.*

16 Macchia, *Der Fürst von Palagonia*, a.a.O., S. 65. *A.d.Ü.*

17 Macchia, *Der Fürst von Palagonia*, a.a.O., S. 66–67. *A.d.Ü.*

18 Im Hintergrund: Ligäa, und als Kontrast die Figur in *Ligeia* von Poe (1838); vgl. Macchia, *Der Fürst von Palagonia*, a.a.O., S. 69. *A.d.Ü.*

19 C. M. Wieland, *Aristipp*, in: ders., *Sämmtliche Werke*. Leipzig: Göschen, 1800, Bd. 33–36; Reprint Nördlingen: Greno, 1984, Bd. XI, Zweytes Buch, S. 314–370, S. 357 f.: »Mein alter Wirt [d. i. Diagoras] schien sich (...) bey seyner Ohngötterey so wohl zu befinden, daß mir nicht einfallen konnte, ihn darüber anzufechten. (...) Wie gleichgültig mir also in dieser Rücksicht die Religion des Diagoras seyn konnte, so hatte doch ein Wort, das ihm im Lauf seiner Erzählung entfallen war, meine Neugier rege gemacht, und da wir einmahl auf dieser Materie waren, erinnerte ich ihn jenes Wortes, woraus ich schließen müsse, sein Atheism sey nicht so unbedingt, daß er allen Glauben auf etwas Göttliches aufhebe. Du scheinst, sagte ich, in deinem Gedankensystem an die Stelle der Götter, die du läugnest, etwas anderes zu setzen. Darf man fragen was? – *Diagoras*. Mich selbst, und alles was wirklich ist, erwiederte er.« Vgl. Macchia, *Der Fürst von Palagonia*, a.a.O., S. 70–75: »Der Atheist«. *A.d.Ü.*

20 Adalbert Stifter, *Der Hagestolz* (1844), in: ders., *Studien*. München: dtv, 1975 (vollständige Ausgabe nach dem Text der zweiten Auflage 1847–1850). Band 2, S. 794–909; Macchia, *Der Fürst von Palagonia*, a.a.O., S. 75–79: Über die Lebensweisheiten »seines späteren Doppelgängers allerdings hätte der wahre Fürst von Palagonia, dessen Leben von der traurigen Geschichte des Alten meilenweit entfernt war, wahrscheinlich nur verächtlich gelacht«. *A.d.Ü.*

21 »Goethes Bemerkung von den *Tollheiten des Prinzen Pallagonia* kommt mehr als hundert Jahre später zu neuen Ehren: Der Fürst fällt den Wissenschaftlern in die Hände. Wehrlos, naiv und unvorbereitet (ohne Sirenen und ohne Mythen, und sogar ohne jene Bitterkeit, die ihn wie das Gefühl einer verlorenen Glückseligkeit begleitet hatte), findet er sich im grellen Licht eines wissenschaftlichen Labors wieder. Nicht einmal das harmloseste Gespenst eilt ihm zu Hilfe, er ist allein mit seinen Ungeheuern, die ihn denunzieren, die Hamburger Psychiater Max Fischer und W. Weygandt, die beide in den zwanziger Jahren dieses Jahrhunderts eine Studie über den Wahnsinn des Fürsten verfaßt haben, waren nicht daran interessiert, dem Geheimnis des Fürsten selber auf den Grund zu gehen. Ihr Interesse galt vielmehr seinem Werk, dessen pathologischer Charakter für sie ganz offensichtlich war. Die psychiatrische Klinik der Heidelberger Universität hatte verdienterweise damit begonnen, künstlerische Produkte von Geisteskranken in einem Museum zu sammeln und sie wissenschaftlich zu untersuchen. Ein Beitrag zu dieser Forschung ist Hans Prinzhorns *Die Bildnerei der Geisteskranken*. Auch einem anderen Großen der modernen Psychiatrie, Emil Kraepelin, war der Fall des Fürsten nicht entgangen. Bei seiner Untersuchung des psychopathologischen Schaffens bezog er sich auf die Skulpturen der Villa Palagonia. Er ließ mehrere Fotografien von ihnen anfertigen, und eine davon erschien im ersten Band seiner Abhandlung zur Psychiatrie. Die Skulpturen wiesen Ähnlichkeiten mit Zeichnungen von Katatonikern auf, und er bezeichnete sie als höchst ungewöhnliches Beispiel krankhafter künstlerischer Produktion. Max Fischer war der Meinung, daß die Werke des Fürsten, was die Absurdität der Phantasie und die unendliche Vielfalt der Darstellungen und der verwendeten Mittel anbelangte, jene der geisteskranken, die im Museum von Heidelberg ausgestellt waren, in den meisten Fällen übertrafen«: Macchia, *Der Fürst von Palagonia*, a.a.O., S. 81–90, Zitat S. 81–82, »Der Künstler und die Psychiatrie«. Gemeint sind die Aufsätze von Max Fischer, »Der Unsinn des Prinzen Palagonia«, in: *Zeitschrift für Psychiatrie*, Bd. 78, 1922, S. 356–365, und von W. Weygandt, »Die pathologische Plastik des Fürsten Palagonia«, in: *Zeitschrift für die gesamte Neurologie und Psychiatrie*, Bd. 101, 1926, S. 857–874. *A.d.Ü.*

22 Vgl. Anm. 3 zum Essay 3, »Das phantastische Mittelalter«. *A.d.Ü.*

23 Walter Pater, »A Prince of Court Painters«, in: ders., *Imaginary Portraits* (1887), jetzt in: *The Library Edition of the Works of Walter Pater*. London, 1920, Bd. IV: *Imaginary Portraits*; deutsch: *Imaginäre Porträts*. Vollständige Ausgabe. Übersetzung und Nachwort von Ernst Sander. Hamburg, 1946, S. 7–41. – Das »Imaginäre Porträt« Watteaus ist für Richard Wollheim »Pater's finest work of criticism«: Richard Wollheim, »Walter Pater as a Critic of the Arts«, in: ders., *On Art and the Mind. Essays and Lectures*. London, 1973, S. 155–176; Richard Wollheim, *Art and its Objects* (Second Edition 1980), deutsch: *Objekte der Kunst*. Übersetzt von Max Looser. Frankfurt a. M.: Suhrkamp, 1982, S. 109 f. und Anm. S. 246 f. *A.d.Ü.*

24 Macchia, *Der Fürst von Palagonia*, a.a.O., S. 101–149. *A.d.Ü.*

25 Giovanni Macchia, *Il silenzio di Molière*. Milano: Mondadori, 1975, Neuausgabe 1985. Von Macchias bisher 24 Büchern – darunter zwei über Proust: *L'angelo della notte* (Milano: Rizzoli, 1979) und *Proust e dintorni* (Milano: Mondadori, 1989) – wurde außer dem *Fürsten von Palagonia* und einem Teil aus *Vita, avventure e morte di Don Giovanni* (Bari: Laterza, 1966; Torino: Einaudi, 1978; Milano: Adelphi, 1991: nuova edizione aumentata) bisher nichts ins Deutsche übersetzt; vgl. Jacqueline Risset, *La letteratura e il suo doppio. Sul metodo critico di Giovanni Macchia*. Milano: Rizzoli, 1991, Bibliographie S. 125–126. *A.d.Ü.*

26 Carlo Gozzi, *L'augellin belverde* (1765; *Vögelchen Schöngrün*), Märchenspiel nach einer Fabel aus dem *Cunto de li cunti* von Giambattista Basile; deutsch: *Das grüne Vögelchen*. Philosophisches Märchen in 5 Aufzügen. Aus dem Italienischen übersetzt von Volkmar Müller. Dresden: E. T. Knecht, 1887. *A.d.Ü.*

37 *Der Dandy*[1]

Zu Beginn des 19. Jahrhunderts erweiterte sich *la danse macabre*, der Totentanz – die mimische Darstellung einer Predigt über die Sterblichkeit, die gegen Ende des Mittelalters zur Mode wurde[2] – um eine neue Figur. Obwohl es schwierig war, dieser in den weit verbreiteten Werken von Guyot Marchant[3] und Holbein[4] gewürdigten Prozession menschlicher Existenzweisen, vom Kaiser bis zum Ochsenknecht, noch jemanden hinzuzufügen, trug das 19. Jahrhundert eine nie zuvor gesehene Figur bei, die den Gedanken von der Eitelkeit alles Irdischen noch besser verkörperte als die anderen: die Figur des *Dandy*.

Gecken[5] und Modenarren hat es schon immer gegeben, und Beau Brummell sollte nicht der erste sein, der die Religion der Eleganz verkündete; allerdings war er es, der in aller Reinheit herauskehrte, was Carlyle[6] verächtlich als *clothes-wearing man* bezeichnen sollte, als Kleiderständer: als einen Mann, dessen oberstes Ziel es ist, in jeder Hinsicht einer Modepuppe zu gleichen. Es gibt einen Ausdruck in Miltons *Penseroso*, mit dem die einer »goddess, sage and holy«, einer »weisen und heiligen Göttin« gleichende allegorische Figur der Melancholie dazu auffordert, »forget herself to marble«: »vergiß dich selber, zu Marmor werdend«.[7] Der Dandy ist ein Mann, der in einem ähnlichen ekstatischen Prozeß danach trachtet, sich selbst zu vergessen, bis er zum Bild aus einer Modezeitschrift wird. Oder man denke an jenes Ballett, wo die Tänzer in einem Gemälde dargestellte Figuren darstellten, die sich von der Leinwand lösten und in Fleisch und Blut auf die Bühne traten. Der Dandy kehrt den Prozeß um, er will ganz und gar unabhängig werden und so unveränderlich wie ein gemaltes Modell. In ihm findet das bekannte Gesetz von Veblen[8], die wesentliche Eigenschaft der eleganten Kleidung sei es, die Unfähigkeit zu einer praktischen Tätigkeit zu signalisieren, die augenfälligste Illustration: Brummell ging schließlich so weit, die Stiefel einschließlich der Sohlen polieren zu lassen (wie um zu sagen, daß sie nicht dafür geschaffen seien, den Boden zu berühren) und sich in der Sedia gestatoria, im Tragsessel transportieren zu lassen, damit er unbefleckt an die Schwelle des gesellschaftlichen Ortes gelangte, zu dem er gelangen wollte. Jahrhunderte der Männermode erschienen lediglich als grobschlächtige und oberflächliche Vorspiele zu Brummells sublimer Einfachheit. Er war der Malherbe der Prosodie der Männermode: *Enfin Malherbe vint...*[9] Brummell kam und ließ als erster in der Kleidung eine richtige Kadenz empfinden. Hätte im 19. Jahrhundert irgendein Künstler das Motiv von Holbeins Totentanz wieder aufgenommen (der letzte war Thomas Bewick am Ende des 18. Jahrhunderts gewesen), dann hätte er sehr wohl die Figur des *Dandy* hinzusetzen können, wie er einen Spiegel vor die Augen hält, jenen Spiegel, der die Grenze und der Horizont seines Lebens war.[10]

Zum Dandyismus gibt es eine umfangreiche Literatur, über die Ellen Moers in *The Dandy: Brummell to Beerbohm* (London: Secker and Warburg, 1960) einen ebenso gelehrten wie unterhaltsamen Überblick gibt. Das Wort *dandy* (ein schottisches Diminutiv von *Andrew*, Andreas) kommt erstmals um 1770 in einem Text vor, der auf die Details von Kostümen eingeht: einem englischen Volkslied, das sich über das Aussehen der amerikanischen Truppen lustig macht (*Yankee Doodle Dandy*). Das Wort[11] erlangte seine heutige Bedeutung in der Epoche des Regency, um jenes Phänomen zu bezeichnen, in dem Baudelaire die typische Manifestation einer Übergangszeit zwischen der untergehenden Aristokratie und einer noch ungefestigten Demokratie zu erkennen glaubte, den Versuch, eine neue Art von Aristokratie zu gründen, einen letzten Reflex des Heldentums vor den Trümmern der Götterdämmerung.[12] Der *Dandy* ist eine der ersten Provokationen angesichts der Bedrohung durch die Massenzivilisation, und so erscheint er Baudelaire als ein stummer und stolzer Rebell gegen den Materialismus einer demokratischen Ära, als Behauptung der Einzigartigkeit und Ausschließlichkeit des Individuums, und sei es auf dem Gebiet der Eitelkeit (allerdings stellte Byron sich selbst mit Brummell und Napoleon auf eine Ebene), und in Wahrheit gewann er in seinem eigentlichen Prototyp einen nie wieder erreichten Grad der Vollkommenheit.

Unauffällige Eleganz und ein zuweilen so subtiler Witz, daß er keinen anderen Ausdruck findet als ein bedeutsames Schweigen: diese beiden überaus englischen Eigenschaften besaß Brummell in höchstem Maße.[13] Man erinnert sich zum Beispiel, wie er auf die Bitte nach einem Almosen von einem halben *Penny* antwortet: »Guter Mann, ich habe zwar von dieser Münze gehört, habe aber selbst noch nie eine besessen«, und dem Bettler dann einen Schilling gibt. Oder wie er, als ihm jemand mit Erzählungen von einer Reise zu den Seen in Cumberland auf die Nerven geht und sich nach seinen eigenen Vorlieben erkundigt, den Diener ruft und diesen fragt: »Welchen See bewundere ich?«, worauf der Diener antwortet: »Windermere, Sir«, eine Schlagfertigkeit, die einer Komödie aus der Restaurationszeit würdig wäre.[14] Als ihn bei einer anderen Gelegenheit eine Dame fragte, ob er Gemüse esse, gab er zur Antwort: »Madame, ich habe einmal eine Erbse gegessen«, als ob er es nicht ertrüge, mehr als die kleinste Menge einer so rohen Speise zu nennen.[15] Sein Witz bestand darin, Quisquilien als höchst gewichtige Dinge und bedeutungsvolle Gegenstände als Quisquilien aufzufassen; er bevorzugte die vortreffliche Kunst der Aposiopese.[16]

Was die Kleidung betrifft, so war deren extreme Einfachheit (dunkelblauer Frack, dunkelbraune Hose, schwarze Stiefel, weiße Wäsche) von einem Kontrapunkt gesteuert, der nicht weniger nach allen Regeln der Kunst kalkuliert war als das berühmte Lächeln bei Leonardo. Ihre Vornehmheit offenbarte sich nur dem kundigen Auge, und sie war das Ergebnis eines langen und sorgfältigen Studiums, eines intensiven Selbstkultes; deshalb erstaunt es uns auch nicht, wenn wir erfahren, daß Brummell niemals der menschlichen Schwäche erlag, sich zu verlieben.[17] Unfähig zu lieben scheint auch sein Nachfolger im Reich der Mode, der Comte d'Orsay[18], gewesen zu sein, in völligem Einklang mit dem Narzißmus[19], der die Grundhaltung des Dandy ist. Sich verlieben heißt aus sich herausgehen, und wie hätte ein Dandy unter diesem Vorzeichen die Fassung verlieren können? Freilich begegnete man dieser Eigentümlichkeit nur bei den Päpsten des Dandyismus, bei Menschen, die von den gewöhnlichen Sterblichen so weit entfernt waren, daß der Karikaturist Cruikshank sie als monströse Insekten darstellte. Das 19. Jahrhundert kennt jedoch auch andere Versionen des Dandy, die mit den Bedingungen des gewöhnlichen Lebens übereinkamen.

Die Erscheinungsform des Dandy hatte sich bei Brummell schon zu Lebzeiten aufgelöst; im französischen Exil ging er einem geradezu trübseligen Ende entgegen. Aber wie beim todgeweihten Schicksalsmenschen à la Byron, so gab es auch bei eitlen Menschen à la Brummell solche, die die Haltung verallgemeinerten und popularisierten – der erste war jener Romancier, der mit den *Letzten Tagen von Pompeji* und mit einer undurchsichtig viktorianischen Gelassenheit die brillanten und witzigen Anfänge verleugnete: Edward Bulwer-Lytton, der Autor des eigentlichen Dandy-Katechismus, nämlich des Romans *Pelham, or, The Adventures of a Gentleman* (1828).[20] Kurz zuvor war ein ähnliches Buch eines anderen Autors erschienen, dem es jedoch beschieden war, im reiferen Alter eine ernstere Physiognomie anzunehmen: Benjamin Disraelis *Vivian Grey* (1826–27), schon von Goethe und Heine gelobt.

Wenn bei d'Orsay, dem Schöpfer des flatterhaften Dandy-Typus und Vater des viktorianischen Dandyismus, sich noch ein ausgeprägter Geschmackston finden läßt (auf die klassische männliche Linie Brummells folgte die weibliche Kurve, die typisch ist für das neue Rokoko, das 1830 wieder Mode wurde), so kann man bei Bulwer, bei Disraeli und den Franzosen, die zusammen mit vielen anderen Dingen die Figur des Dandy von der anderen Seite des Kanals importierten (Roger de Beauvoir, Balzac, Sue), eher von der Imitation bestimmter Geziertheiten sprechen, denen etwas Auffälliges und Bizarres anhaftet, etwa bestimmte Handschuhfarben, der mit Türkisen besetzte Spazierstock Balzacs, die riesige Krawatte des »Docteur« Véron, und so fort. Der Akzent liegt nicht mehr wie bei Brummell auf der nüchternen Vornehmheit, sondern hat sich auf die grelle Auffälligkeit verlagert. Im Winter 1830 glitt d'Orsay auf einem drachenförmigen Schlitten unter dem Klingeln silberner Glöckchen durch die Straßen von Paris; in den Tagen der Julirevolution klatschte die Menge ihm Beifall, wenn er vorbeifuhr; in London, als er in Brompton und Kensington vorüberzog, lenkte er die Aufmerksamkeit der Leute auf sich. Auf diesem Weg sollte der Dandyismus, der sich im viktorianischen England kaum bemerkbar machte, durch den französischen Einfluß zurückkehren und schließlich bei Wilde anlangen, der mit einer Nelke oder einer Sonnenblume im Knopfloch am Piccadilly spazierenging oder eine Lilie in der Hand hielt, wie es die Parodie von Gilbert und Sullivan wollte.

In England hatte die Reaktion auf den Dandyismus mit William Maginn angefangen, dem Herausgeber von *Fraser's Magazine* und Inspirator von Carlyle und Thackeray: daher die Ironie des *Sartor resartus* und die Attacken von Thackeray auf den von Bulwer-Lytton vorgestellten Heldentypus. Die ehemaligen Tempel des Dandyismus verwandelten sich in der Epoche der Königin Viktoria in Orte wohltätiger Verständigung; im Gore House, wo d'Orsay einst brilliert hatte und das nun ein Restaurant geworden war, hielt Dickens 1851 während einer Versammlung der Metropolitan Sanitary Association eine Rede; eine weitere Rede hielt er 1867 für die Railway Benevolent Institution, und zwar im früheren Ballsaal von Almack's, dem exklusiven Club, der in der Zeit des Regency in Sachen *bon ton* die Regeln vorschrieb.[21] Doch auch Dickens hatte von den Dandys eine Lektion gelernt, wiewohl seine Art der Kleidung – grellfarbige Gilets, Goldketten und Anhänger, Veilchen und Kamelien im Knopfloch – seine stärkere Vorliebe für den Schauspieler als für den Gentleman oder vielmehr den *Gent* verriet, diese viktorianische Gestalt, die jene des Dandy aus dem Regency ersetzt hatte, um dann ihrerseits wieder vom Typus des sogenannten *Heavy Swell* abgelöst zu werden.

Im selben Jahr 1845, in dem die Kampagne gegen Bulwer-Lytton, »den wattierten Mann, der ein Korsett trägt«, ihren Höhepunkt erreichte, lieferte in Frankreich Barbey d'Aurevilly in *Du Dandysme et de Georges Brummell*[22] die intellektuelle Interpretation des Dandyismus, die Baudelaire beeinflussen und schließlich die Gestalt des Dandy in die des Ästheten und des Décadent verwandeln sollte. D'Aurevillys Deutung ist eine Hypostase des Dandy, die auf umfassender Lektüre über Brummell[23] und auf der Mithilfe eines gelehrten Freundes, Trébutien, beruht; sie bezeugt jedoch auch eine geistreiche und exotische Auffassung von England als »jenem Land des Grotesken, wo der Spleen, das Exzentrische, der Reichtum und der Gin ständig zusammenwirken, um Karneval zu feiern«, eine Auffassung, die sich auf Huysmans übertragen sollte.

Moers bemerkt mit Recht, daß der Dandyismus, der als Reaktion gegen die Massenzivilisation begonnen hatte, im *Fin de siècle* schließlich zu einem Spektakel für die Massen wurde. Wie weit ist doch die unverschämte Reklame eines Wilde von der exklusiven Zurückhaltung Brummells entfernt! Trotzdem ging aus dem Schoß der englischen Décadence der vielleicht raffinierteste aller Dandys hervor. Max Beerbohm, der aus der zeitgenössischen Literatur in einen unmodischen und hartnäckig verteidigten Stil exilierte, den des höchst anspielungsreichen und humoristischen Essays, so wie er sich auch aus England, ja geradezu aus der Welt exilierte: in seine entzückende Einsiedelei in Rapallo. »Ich bin einer von denen, die die Verfasser von Nekrologen als ein interessantes Verbindungsglied zur Vergangenheit bezeichnen«, sagte er. Er schämte sich nicht seiner Neigung zur Vergangenheit, die ihn bewog, in *Zuleika Dobson* nostalgisch die Kleidung und Bräuche des Regency wiederaufleben zu lassen und die Romane Disraelis nachzuahmen: »I may be old-fashioned, but I am right.«[24]

1960

Anmerkungen

1 Erstdruck: »Ho mangiato un pisello« [über Ellen Moers, *The Dandy: Brummell to Beerbohm*. London: Secker & Warburg, 1960], in: *Il Tempo*. 10. Juni 1960. *A.d.Ü.*

2 Johan Huizinga, *Herfstijd deer Middeleuwen* (1919), 11. Kapitel; deutsch: *Herbst des Mittelalters. Studien über Lebens- und Geistesformen des 14. und 15. Jahrhunderts in Frankreich und in den Niederlanden*. Deutsch von T. Wolff-Mönckeberg. Stuttgart: Reclam, 1939, S. 203–212: »Im 14. Jahrhundert kommt das wunderliche Wort macabre auf, oder wie es ursprünglich lautete: Macabré. *Je fis de Macabré la dance*, sagt 1376 der Dichter Jean Le Fèvre. Es ist ein Eigenname, was auch die vielumstrittene Etymologie des Wortes sein möge. Erst viel später ist aus La Danse macabre das Adjektiv abstrahiert, das für uns eine so prägnante und eigenartige Bedeutungsnuance erlangt hat, daß wir mit dem Wort *macabre* die gesamte spätmittelalterliche Vision des Todes bezeichnen können.« Vgl. jetzt Rosamunde Neugebauer Gräfin von der Schulenburg, »Merians Basler Totentanz«, in: Ausstellungskatalog *Matthäus Merian d. Ä.* Frankfurt a. M., 1993, S. 192–194, Radierungen S. 194–201: »Der Totentanz ist seit dem Spätmittelalter eine populäre Gattung der christlichen Kunst, obwohl er nicht eigentlich zu dem auf Bibeltexten

begründeten Kanon der christlichen Ikonographie gehört. (...) Der Tod ereilt alle Stände, Berufe und Lebensalter. Er spielt jedem (...) zum Tanz auf (...). Das dialogische Prinzip der einzelnen Szenen entspricht den Dialog-Versen, die von den Anfängen bis zu Holbeins *Imagines Mortis** üblicherweise die paarweise Darstellung von Tod und seinem Opfer begleitet.
* Sämtliche Ausgaben von Holbeins Totentanz sind ohne Dialogverse.« (Zitat S. 192). *A.d.Ü.*

3 Vgl. Huizinga, *Herbst des Mittelalters*, a.a.O., S. 204: »Die Holzschnitte, mit denen der Pariser Drucker Guyot Marchant im Jahre 1485 die erste Ausgabe des *Danse macabre* schmückte, waren so gut wie sicher dem berühmtesten aller Totentänze entlehnt, jenem, welcher im Jahre 1424 als Wandmalerei an der Säulenhalle des Friedhofes der Innocents zu Paris angebracht war.« *A.d.Ü.*

4 Hans Holbein der Jüngere, »Totentanz«, Holzschnittfolge, entstanden 1523–1526, gedruckt in Lyon 1538; vgl. Max J. Friedländer, *Der Holzschnitt.* 3. Aufl. Berlin und Leipzig: de Gruyter, 1926, S. 136–138. *A.d.Ü.*

5 Im Original *zerbinotto*, junger Geck = Diminutiv von *zerbino*: Geck, Stutzer, Gigerl (von *Zerbino*, der Gestalt des gleichnamigen Ritters in Ariosts *Orlando furioso*); *Zerbineria*: Geschniegelt- und Gebügeltsein; geckenhaftes, stutzerhaftes Äußeres oder Wesen. – Die Artikel »Geck« und »Stutzer« im *Deutschen Wörterbuch* von Jacob und Wilhelm Grimm umfassen 7 bzw. 5 Spalten. Die frühesten Belege für *geck* stammen aus dem 16. Jahrhundert (im Kölner Karneval ist *Geck* der Name für *Narr*), bei Shakespeare, *Twelfth Night*, 5, 1: *to make one the geck*, zum Narren machen. Bei Wernike, *Poetischer Versuch* (Hamburg, 1704) findet sich: »ein armer und geringer mann kan unterweilen narrens genug sein, aber ein jeck zu sein, das musz er wol den reichen und vornehmen überlassen« (*Deutsches Wörterbuch*, Band 4, Sp. 1915). – »Stutzer« von *stutzen*, einherstolzieren, prunken: Vor der Bedeutung *Geck* des 17. Jh. »scheint das wort, im sinne von *herumtreiber*, *vagabund*, *nicht ansäsziger*, *nicht zur zunft gehörend* bezeugt zu sein«; »im 17. Jh. am reichsten bezeugt *der in modischer, reicher kleidung sich auffällig zeigt.* (...) auch auf andere dinge der eleganz zielend: *wolfrisierter stutzer*. (...) wissenschaftlicher stutzer; geistlicher stutzer; philosophischer stutzer« [Belege aus dem 18. und 19. Jh.]; in nichtpejorativer Bedeutung »für den *elegant*, den *vornehmen*« (bei Grimmelshausen). »in junger zeit ist der stark abschätzige charakter immer vorausgesetzt: *ein diplomat, der nicht blos die stutzer seines vaterlandes, sondern auch die stützen desselben repräsentieren will*« (Gutzkow). *Deutsches Wörterbuch*, Bd. 20 [1942], Sp. 783–786. *A. d. Ü.*

6 Thomas Carlyle, *Sartor Resartus. The Life and Opinions of Herr Teufelsdröckh* (1833–34): Max Beerbohm zitiert die Äußerung Carlyles in »Dandies and Dandies«, a.a.O. (siehe unten), S. 8: »*A Dandy*, he cried through the mask of Teufelsdröckh, *is a clothes-wearing man, a man, whose trade, office and existence consists in the wearing of clothes. Every faculty of his soul, spirit, purse, and person, is heroically consecrated to this one object.*« (Deutsch in: Beerbohm, *Dandys and Dandys*, siehe unten, S. 22: »*Ein Dandy*, rief er durch die Maske des Herrn Teufelsdröckh, *ist ein kleidertragender Mann, ein Mann, dessen Geschäft, Amt und Existenz darin besteht, Kleider zu tragen. Jede Gabe seiner Seele, seines Geistes, seiner Börse und Person ist heldisch diesem einen Ziel gewidmet, dem Tragen von Kleidern, gut und klug.*« Beehrbohm fügt hinzu: »Es sind, vielleicht, die einzigen wahren Worte des *Sartor resartus.*« *A.d.Ü.*

7 John Milton, »Il Penseroso« (ca. 1631), in: Rainer Lengler, Hrsg., *Die englische Literatur in Text und Darstellung. Band 3: 17. Jahrhundert.* Stuttgart: Reclam, 1982, S. 128–131 (zweisprachig), Vers 10–11: »But hail thou goddess, sage and holy / Hail divinest Melancholy« (»Heil dir hingegen, du weise und heilige Göttin, / Heil göttliche Melancholie«); Vers 42: »Forget thyself to marble« (wörtlich: »vergiß dich selber zu Marmor«; »vergiß dich selber, zu Marmor werdend«). Vgl. Raymond Klibansky, Erwin Panofsky und Fritz Saxl, *Saturn und Melancholie.* Frankfurt a. M.: Suhrkamp, 1992, S. 333–339, bes. S. 335. *A.d.Ü.*

8 Thorstein Veblen, *The Theory of the Leisure Class* (1899); vgl. Th. W. Adorno, »Veblens Angriff auf die Kultur« (1941; deutsch 1953), in: *Prismen. Kulturkritik und Gesellschaft.* München, 1963, S. 68–91. *A.d.Ü.*

9 Nicolas Boileau (1636–1711), *L'Art poétique* (1674), I: »Enfin Malherbe vint, et, le premier en France, / Fit sentir dans les vers une juste cadence« [»Endlich kam Malherbe und ließ, als erster in Frankreich, im Vers eine richtige Kadenz empfinden«] (deutsch: *Die Dichtkunst.* Hrsg. R. Schober, 1968, französisch-deutsch). – Zu dem Boileau-Zitat vgl. Herbert Dieckmann, »Theorie der Lyrik im 18. Jahrhundert in Frankreich«, in: *Poetik und Hermeneutik 2: Immanente Ästhetik, Ästhetische Reflexion.* München: Fink, 1983, S. 91–92, Anm. 55: Das Zitat bezeichnet (für Boileau) einen geschichtlichen Wendepunkt: »Die Dichtung vor Malherbe ist *schlecht*, die nach Malherbe ist *gut*, d. h. sofern letztere die Regeln Malherbes und ihre Bestätigung durch die Klassik befolgt.« *A.d.Ü.*

10 Otto Mann zitiert dazu einen Satz von Baudelaire: »Der Dandy muß ohne Unterlaß dem erhabenen Wesen sich anzunähern streben; er muß leben und schlafen vor einem Spiegel.« Otto Mann, *Der Dan-*

dy, a.a.O., S. 99. (Baudelaire, »Mon cœur mis à nu«, in: *Œuvres complètes*, éd. Claude Pichois. Paris: Gallimard (Bibliothèque de la Pléiade), 1975, Bd. I, S. 678: »Le Dandy doit aspirer à être sublime sans interruption; il doit vivre et dormir devant un miroir.«) *A.d.Ü.*

11 Vgl. Otto Mann, *Der Dandy. Ein Kulturproblem der Moderne* (1925). Heidelberg: Rothe, 1962 (vom Verfasser überarbeitete Neuauflage), S. 139, Anm., Hinweise auf Wörterbucheintragungen im *Etymological Dictionary of the English Language*, Oxford 1910: danach »kommt das Wort Dandy um 1813–19 in London in Mode. In Bie: *Sportmen's Slang*, London 1825, ist das Jahr 1816 angegeben. Der Dandyismus gewinnt demnach erst am Ende der Laufbahn Brummells (...) seinen bleibenden Begriff. Die für das Wesen dieses Phänomens gleichgültigen Ableitungen sind schwankend. Man hat es auf dandle = tändeln zurückgeführt, auch auf die Molièresche Lustspielfigur George Dandin. Das *Etymological Dictionary* gibt an, daß Jack-a-Dandy bis auf 1659 zurückverfolgbar ist und im 18. Jahrhundert auf dem Dandysmus ähnliche Erscheinungen angewendet worden sei. Dandy sei möglicherweise eine Variation des Namens Andrew.« *A.d.Ü.*

12 Baudelaire, »Le Dandy«, aus »Le peintre de la vie moderne«, in: *Œuvres complètes*, éd. Claude Pichois. Paris: Gallimard (Bibliothèque de la Pléiade), 1975, Bd. II, S. 711: »Le Dandysme apparaît surtout aux époques transitoires où la démocratie n'est pas encore toute-puissante, où l'aristocratie n'est que partiellement chancelante et avilie. Dans les troubles de ces époques quelques hommes déclassés, dégoûtés, désœuvrés, mais tous riches de force native, peuvent concevoir le projet de fonder une espèce nouvelle d'aristocratie, d'autant plus difficile à rompre qu'elle sera basée sur les facultés les plus précieuses, les plus indéstructibles, et sur les dons célestes que le travail et l'argent ne peuvent conférer. Le dandysme est le dernier éclat d'héroïsme dans les décadences (...).« Die Passage dient als Klappentext für das Buch von Otto Mann: »Der Dandyismus erscheint mit Vorliebe in Übergangszeiten, wenn die Demokratie noch nicht allmächtig ist, wenn die Aristokratie erst zum Teil wankt und herabsinkt. Im Trubel dieser Zeitläufte ist es möglich, daß manche deklassierten, degoutierten, müßigen Menschen, die im übrigen jedoch reich sind an ursprünglicher Kraft, den Plan fassen, eine Art neuer Aristokratie zu begründen, die um so schwieriger zerstörbar ist, als sie sich auf die kostbarsten, unaustilgbarsten Eigenschaften gründen wird, auf die Himmelsgaben, die Arbeit und Geld nicht zu vermitteln vermögen. Der Dandyismus ist der letzte Ausbruch von Heroismus in den Niedergangsepochen.« *A.d.Ü.*

13 Vgl. Otto Mann, *Der Dandy*, a.a.O., S. 77: »Er konnte schweigen, wo Wildes Schwäche und rastlose Eitelkeit ihn zu reden und zu wirken zwangen, er sprach schweigend oft sicherer, vernichtender als mit Worten. (...) Er besaß einen Rest von echtem Stoizismus, wahrer Kaltblütigkeit, besonnener Überlegenheit, worin er unangreifbar ruhte. (...) Er täuscht, indem er verborgen bleibt, er existiert als wirkungsvolles, gefährliches Geheimnis. Sein Schweigen vertieft diese Wirkung, den Schauer seiner verborgenen Gefährlichkeit; es ist nicht stumm, sondern die diplomatische Haltung eines aus Klugheit und Rücksicht Schweigenden; es ist unheimlicher als die Rede. In seiner geistigen Haltung ist seine Macht überall fühlbar, doch nirgends in ihren Ursprüngen zu enträtseln. Ob er bezaubernd plaudert, im Witz sprüht, durch Ironie vernichtet, tötet, indem er schweigt: immer ist er der Gesellschaft ein Phänomen der Bewunderung, des Staunens, der Furcht, immer ist er überraschend, immer verblüffend; er verblüfft seine Opfer, düpiert sie, er bleibt verhüllt.« *A.d.Ü.*

14 In William Hazlitts »Brummelliana« finden sich ähnliche Anekdoten: »So wird von ihm berichtet, daß er, als er bei Tisch saß und über Gänseblümchen redete, sich zu seinem Diener umdrehte und diesen in aller Naivität und Gutmütigkeit fragte: *An welchem Tag habe ich diesen Monat das erste Gänseblümchen gesehen, Matthew? Am ersten Februar, Sir.*« William Hazlitt, »Brummelliana« (1828), in: ders., *Selected Writings*. Edited with an Introduction by Ronald Blythe. Harmondsworth: Penguin, 1987, S. 433. *A.d.Ü.*

15 Hazlitt, »Brummelliana«, a.a.O., S. 432: »It is not one of the least characteristic of our hero's answers to a lady, who asked him, if he never tasted vegetables – *Madam, I once ate a pea*! This was reducing the quantity of offensive grossness to the smallest assignable fraction: anything beyond *that* his imagination was oppressed with; and even this he seemed to confess to, with a kind of remorse, and to hasten from the subject with a certain monosyllabic brevity of style.« (»Nicht im mindesten untypisch für die Antworten unseres Helden ist die an eine Dame, die ihn fragte, ob er niemals Gemüse esse – *Madam, einmal habe ich eine Erbse gegessen!* Damit wurde das Quantum an beleidigender Plumpheit auf den kleinsten zuträglichen Bruchteil reduziert: alles, was *darüber* hinausging, bedrückte seine Phantasie; und selbst dieses Geständnis schien er nur mit einer gewissen Reue abzulegen, um sich dann mit einer einsilbigen Kürze des Stils von dem Gegenstand abzuwenden.« *A.d.Ü.*

16 Aposiopese: rhetorische Figur von der Art einer Ellipse; das überraschende und bewußte Abbrechen mitten in der Rede, bevor das Eigentliche ausgesprochen ist, wodurch dem Hörer oder Leser die Ergänzung aus dem Zusammenhang nahegelegt wird. *A.d.Ü.*

17 »Auch in den Boudoirs der notorischen Kurtisanen fand man ihn – und man kann sich leicht vorstellen, mit welcher Mischung aus Triumph, weil er sie bemerkte, und Gereiztheit, weil das zu nichts Praktischem führte, die Damen seine Nichtentflammbarkeit zur Kenntnis nahmen. Ogden Nash, der amerikanische Nonsense-Lyriker, machte aus der Berufsbezeichnung Dandy ein Adjektiv: *Candy is dandy, but liquor is quicker*. In einer berühmt gewordenen deutschen Freistilübersetzung heißt das: Mit Candy macht's der Dandy, mit Riesling der Fiesling. Brummell trank Champagner.« Michael Freitag, »Brummell: Ungefähr so groß wie Apoll«, in: *FAZ-Magazin*, 11, 1988. *A.d.Ü.*

18 Vgl. Elisabeth de Gramont, *Le comte d'Orsay et Lady Blessington*. Paris: Hachette, 1955; Auszug in: Emilien Carassus, *Le mythe du Dandy*. Paris: Armand Colin, 1971, S. 194–196: »London war im Kern eine maskuline Stadt, und die *fashion*, die Mode, verlangte nach einem König. Dieser König war Alfred d'Orsay. (...) Carlyle nannte ihn den Phöbus Apollon des Dandyismus, und Madame Carlyle amüsierte sich über den Gegensatz zwischen den beiden Männern: der schöne d'Orsay und der strenge, in abgewetzten Tweed gekleidete Carlyle, der in seinem alten Sessel saß und den Dandy ansah, der wie ein Goldkäfer funkelte.« *A.d.Ü.*

19 Vgl. Francis Bacon, »Narziß oder die Eigenliebe«, in: ders., *Weisheit der Alten*. Übersetzt von M. Münkler, hrsg. von Philipp Rippel. Frankfurt a. M.: Fischer Taschenbuch Verlag, 1990, S. 18–19: »(...) es war ein schöner Gedanke, eine Frühlingsblume als Emblem solcher Charaktere zu wählen: Charaktere, die in ihrer Jugend blühen und Aufmerksamkeit erregen, in der Reife aber die in sie gesetzten Erwartungen enttäuschen. Daß diese Blume den Göttern der Unterwelt geweiht ist, weist auf denselben Punkt hin, denn Menschen von solcher Veranlagung erweisen sich in jeder Beziehung als nutzlos, und alles, was keine Früchte trägt oder wie ein Schiff durch das Meer fährt, ohne Spuren zu hinterlassen, war bei den Alten den Göttern des Schattenreichs und der Unterwelt geweiht.« *A.d.Ü.*

20 Edward George Bulwer-Lytton, *Pelham, or, The Adventures of a Gentleman*. London, 1828, 3 Bde.; deutsch: *Pelham oder die Begegnisse eines Weltmannes*. Übersetzt von C. Richard. Aachen, 1833; ders., *The Last Days of Pompeji*. London, 1834, 3 Bde; deutsch: *Die letzten Tage von Pompeji*. Übersetzt von J. Sporschil. Leipzig, 1834. *A.d.Ü.*

21 Beide Reden sind nachzulesen in der Sammlung *The Speeches of Charles Dickens*, hrsg. v. K. J. Fielding. Oxford: Clarendon Press, 1960; die Lektüre dieser Laienpredigten eines brillanten Geistes bereitet auch heute noch Vergnügen. [S. 128–132: Rede vom 10. Mai

1851, Metropolitan Sanitary Association im Gore House, Kensington; S. 361–66: Rede vom 5. Juni 1867, Railway Benevolent Institution, Willis's Rooms. *A.d.Ü.*]

22 1844, Neuauflage mit Vorwort und Anmerkungen 1861; Lausanne: Mermoud, 1945 (zit. in: Carassus, *Le mythe du Dandy*, a.a.O.); deutsch: *Vom Dandytum und von G. Brummell.* Ins Deutsche übertragen und eingeleitet von Richard Schaukal. München und Leipzig: Georg Müller, 1911 (Reprint Nördlingen: Greno, 1987). *A.d.Ü.*

23 W. Jesse, *Beau Brummell* (1844). Barbey d'Aurevilly erhielt von Jesse Informationen über Brummell vor der Drucklegung der beiden Bände seiner Biographie: *Vom Dandytum und von G. Brummell*, a.a.O., S. 36. *A.d.Ü.*

24 »Ich mag zwar altmodisch sein, aber ich habe recht.« Max Beerbohm, *Zuleika Dobson, or an Oxford Love Story.* London, 1911 (vgl. *KLL*, S. 1107). *The Illustrated Zuleika Dobson or an Oxford Love Story.* By Max Beerbohm. With 80 Illustrations by the Author and an Introduction by N. John Hall. New Haven and London: Yale University Press, 1985; ders., »Dandies and Dandies« 1895 [über George Brummell], in: *The Works of Max Beerbohm.* London: William Heinemann, 1922, Bd. 1, S. 3–26; deutsch in: Max Beerbohm, *Dandys & Dandys. Ausgesuchte Essays und Erzählungen.* Herausgegeben und übersetzt von Eike Schönfeld. Zürich: Haffmanns, 1989, S. 17–38, *A.d.Ü.*

38 Beau Brummell[1]

In einem großen Schaufenster im Hochparterre eines berühmten Geschäftes an der St. James Street in London waren, jedenfalls bis vor kurzer Zeit, einige höchst elegante Berlinen vom Anfang des 19. Jahrhunderts mit dem an Gurten schwebenden Wagenkasten und bogenförmigen Blattfedern ausgestellt, von einer so meisterhaften Leichtigkeit, wie sie bei der Kutsche der Queen Mab[2], deren Räder lange Spinnenbeine als Speichen besaß, nicht größer sein konnte. Die gelben Seitenwände, auf dem unteren Teil mit Wappen verziert, waren um die kleinen Fenster herum schwarz, als ob sie eine Maske trügen, der hohe Kutschbock mit seiner schwarzroten Plane mit gelben Fransen und Kordeln, die einfachen Ornamente der Federn und der Deichsel, die kompakten und sauberen Scheiben der Wagentüren und der Laternen: alles Zeugnisse eines menschlichen Produktes, das, wie die Gondeln und einige Musikinstrumente, seine einfachste und vollkommene Form erreicht hatte. Nicht anders konnte man kurz nach 1810 an einem anderen Fenster in derselben Straße in London, im auffälligen Balkonfenster am Eingang des berühmten White-Club, jeden Tag den Schiedsrichter über die elegante Welt des Jahrhunderts sitzen sehen, George Brummell, genannt Beau Brummell, bis in die kleinste Einzelheit mit erlesener Vornehmheit gekleidet, von der makellosen und kunstvoll geknoteten Krawatte bis zu den Stiefeln, die auch an den Sohlen poliert waren (wie die Stiefel der Wachsfiguren berühmter Persönlichkeiten). Sein hundertster Todestag am 30. März 1940 hat in einer Welt, die sich zu einem anderen Planeten verändert hat, nur ein schwaches Echo ausgelöst. Und wie die elegante Berline vielleicht etwas mehr ist als nur ein Gegenstand, denn es scheint aus ihren Linien eine Seele zu sprechen, so war Beau Brummell vielleicht weniger als ein Mensch: er hatte die geometrische Vollkommenheit von Schneekristallen erlangt, und durch seine überlegte Inszenierung war er so unfehlbar geworden wie ein Naturprodukt. Oder vielleicht war er ein Wesen, wie es Narziß einst gewesen war, bevor er sich in eine Blume verwandelte[3]; er war eine Menschenblume, ein *Dandy*. Und zwischen Narziß und Dandy bestehen ja enge Verwandtschaften, wie jeder weiß, der dazu einige definitive Sätze von Baudelaire gelesen hat.[4]

»Schauet die Lilien auf dem Felde, wie sie wachsen, sie arbeiten nicht, auch spinnen sie nicht. Ich sage euch, daß auch Salomon in all seiner Herrlichkeit nicht bekleidet gewesen ist als der selbigen eine.«[5] Sofern es erlaubt ist, Gottes Wort auf den Fall Brummell anzuwenden, liegt hier die Definition dessen vor, was den Kern des Wunders ausmachte. Die überragende Eleganz, die Brummell anstrebte und erreichte, bestand darin, so natürlich gekleidet zu erscheinen wie eine Lilie. Überröcke und Halskrausen, verbrämte Ärmel, bestickte Gilets, Pluderhosen, Fliegen und so fort, Jahrhunderte der Männerkleidung erschienen wie gekünstelte und linkische Vorspiele zur erhabenen Einfachheit Brummells: vor ihm war das Chaos, nach ihm sklavische oder degenerierte Nachäfferei. Zwar wagte nun niemand mehr die männliche Kleidung der von ihm ausgedachten Einfachheit zu berauben, aber keiner verstand sie auf jenem Niveau der Vortrefflichkeit zu halten, und so entstand der Anzug ohne Persönlichkeit, der in der von ihm angegebenen Richtung erstarrte und vulgarisiert wurde, der Anzug, den alle fortan zu tragen pflegten. Ähnlich hatten jahrhundertealte Kutschen und Wagen die höchste Ausprägung in jener luftigen Berline gefunden, die in der St. James Street ausgestellt war, und danach gab es nur noch Verbürgerlichung und eine Vergröberung der Linie, bis schließlich mit dem Automobil eine andere Eleganz sich Bahn brach, die Eleganz der Maschine, die dazu geschaffen ist, den Raum zu durchqueren – etwas ganz anderes als ein Wagen, dessen eigentümliche Eleganz darin besteht, mit Leichtigkeit zu »tragen«.

Korrektheit ohne aufzufallen, Reinlichkeit ohne Verwendung von Parfüm, Originalität ohne Schrullen, Überlegenheit der Umgangsformen ohne Dünkel: dies waren die Prinzipien Brummells, denen Baldesar Castiglione zugestimmt hätte, weil sie die goldene, die richtige Mitte treffen.[6] Offensichtlich hätte aber weder ein Körper, der die Schneider begeisterte[7], noch ein scharfsinniger und liebenswürdig ungezogener Geist sowie eine ausgewählte

Kleidung genügt, um aus Beau Brummell neben Napoleon und Byron (das Dreigestirn wurde von Byron selber verkündet[8]) einen der repräsentativen Männer seiner Zeit zu machen. Vielleicht hilft uns Baudelaire, das Phänomen zu erklären: »Der Dandyismus erscheint mit Vorliebe in Übergangszeiten, wenn die Demokratie noch nicht allmächtig ist, wenn die Aristokratie erst zum Teil wankt und herabsinkt. Im Trubel dieser Zeitläufte ist es möglich, daß manche deklassierten, degoutierten, müßigen Menschen, die im übrigen jedoch reich sind an ursprünglicher Kraft, den Plan fassen, eine Art neuer Aristokratie zu begründen, die um so schwieriger zerstörbar ist, als sie sich auf die kostbarsten, unaustilgbarsten Eigenschaften gründen wird, auf die Himmelsgaben, die Arbeit und Geld nicht zu vermitteln vermögen. Der Dandyismus ist der letzte Ausbruch des Heroismus in den Niedergangsepochen (...). Der Dandyismus ist eine untergehende Sonne; wie der fallende Stern ist er strahlend schön, ohne Wärme und voller Melancholie.«[9] Gerade die englische Zeit des Regency war eine solche Epoche. Die Aristokratie war durch die Rückwirkung der Französischen Revolution zwar erschüttert, aber nicht durch eine neue Gesellschaftsschicht entmachtet worden wie in Frankreich. Jenseits des Ärmelkanals wurden die Söhne von Handwerkern und Kleinbürgern zu Generälen, Marschällen und Würdenträgern eines neuen Imperiums, zu souveränen Fürsten; in London ist es der Neffe eines alten Dieners, der zum Exponenten der Mode avanciert. Brummells Großvater war ein vorbildlicher Diener gewesen: das Ritual des verfeinerten Lebens, könnte man sagen, war in die Adern eingeflossen und blühte als erworbene Eigenschaft im erstaunlichen Neffen wieder auf. Was ein Fürst von Geblüt, der Thronfolger, anzustreben sich bemühte: die Auszeichnung der vollendeten Eleganz, fiel einem Mann von nichtadliger Herkunft zu, und eben dieser Mann wurde eine Zeitlang grandios erhöht – auf diese Weise hielt England mit den neuen Zeiten Schritt. Als zwischen Brummell und dem Thronfolger das verhängnisvolle Zerwürfnis eintrat, in einem Augenblick, da der alte George III. einen Schimmer von Vernunft zurückzuerlangen schien, erklärte der Dandy: »Wenn der Fürst sich nicht so aufführt, wie es sich gehört, werde ich den alten König wieder in Mode bringen.«[10] Ein Ausspruch, in dem mehr als nur Unverschämtheit und Geist stecken, da Brummell in jenen Tagen den Ton angab und auf seine Weise ein *king-maker*, ein Königsmacher, sein mochte. In einem so traditionsverhafteten und snobistischen Land wie England konnte die einzige Diktatur die der Etikette sein. Und Brummell wurde zum Orakel der Etikette und des Rituals des *gentleman*.

Ein Orakel kann sich nicht irren, und eben deshalb ähnelt Brummells Leben in manchen, von Baudelaire präzise festgehaltenen Aspekten dem Leben eines Asketen. Salomon kann es sich mit all seinem Ruhm und seiner Weisheit erlauben, sich zu irren, *quandoque dormiat*, selbst im Schlaf; ein Brummell kann es nicht: das Wesen der Lilie besteht darin, makellos zu sein, und Lilien, die verderben, verbreiten einen übleren Geruch als Unkraut, wie Shakespeare sagte.[11] So läßt sich das Leben Brummells mit dem eines Märtyrers vergleichen, und genau diesen Eindruck gewinnt man aus seiner Biographie (Willard Connelly, *The Reign of Beau Brummell*).[12] Ein kurzer Zeitabschnitt des Glanzes, eine goldene Saison, rhythmisch gegliedert wie ein Ballett, in dem Brummell als Primaballerino seinen heiligen Tanz mit preziösen Gesten und einer unnachahmlichen Schauspielkunst aufführt, nachdem er im Tragesessel, mit dem er sich transportieren ließ, um frisch wie eine Blume am gesellschaftlichen Treffpunkt zu erscheinen, den er mit seinem Licht zu segnen kam, auf die Bühne gebracht worden war. Eine goldene Saison, in der jede seiner Bewegungen, von der angedeuteten Verbeugung bis zur eleganten Gebärde, mit der er die Prise exquisitesten Schnupftabaks[13] zur Nase führte, nachgeahmt wird und jeder seiner witzigen Aussprüche die Runde durch sämtliche Salons macht[14]; dann, auf einmal, beim Ertönen eines geheimnisvollen Wortes – »Benina« – beginnt der Horizont sich zu verdunkeln. Mit jenem Epitheton, in dem Brummell den Spitznamen für einen dicken Portier des Carlton House (»Big Ben«) in die weibliche Form setzte, machte er sich über die Fettleibigkeit von Mrs. Fitz-Herbert, der Geliebten des Thronfolgers, lustig.[15] Und nun geht dem Dandy die Gunst des Fürsten verloren, das Glück hilft ihm nicht länger beim Spiel, die Mittel reichen nicht mehr aus, um die sagenhaften Ausgaben für jenen Tempel der Schönheit zu bestreiten, den er um sich herum errichtet hatte. Die Gläubiger bedrängen ihn, und Brummell geht wie Byron und Napoleon ins Exil. Calais[16] und Caen sehen seinen langsamen und leidensvollen Niedergang:

wenn wir beim Bild vom Ballett bleiben wollen, dann denken wir an ein verlängertes Sterben des Schwans, an einen verzweifelten Kampf der empfindlichen Lilie gegen die Drohung eines unausweichlichen Herbstes. Der Vortreffliche, der sich das Motto des Hermelin zu eigen gemacht hatte, *potius mori quam foedari*, besser sterben als besudelt werden, ist jetzt gezwungen, die Wäsche nur noch einmal täglich zu wechseln, er wird von den Wäschereirechnungen geplagt, und während eines Aufenthaltes im Schuldgefängnis stößt ihm ein sonderbares Ereignis zu, das eines Epigramms von Martial würdig ist: ungewollt erhängt er sich beinahe an einem Wäscheseil, in dem er, der Ungeschickte, sich eines Nachts verfängt – er, die Reinlichkeit selbst, soll sterben wie ein Hemd in der Wäsche! Es wäre ein schönerer Tod gewesen als der, den er dann, immer kindischer werdend, erlitt, während von seiner ganzen preziösen Liturgie nur noch die manische Geste, sich die Perücke zu salben, und die mechanische Handlung übriggeblieben waren, von den nun leider nicht mehr kostbaren Gegenständen seiner Umgebung den Staub abzuwischen.[17]

1940

Anmerkungen

1 Erstdruck: »Un centenario opportuno. Beau Brummell (1778–1840)«, in: *Prospettive*, 15. Oktober 1940, S. 13–14. *A.d.Ü.*

2 »Queen Mab«: Name einer Fee in Shakespeares *Romeo und Julia*, I, 4, 59 (Erzählung von Mercutio), die auf einer winzigen Kutsche fährt: »Und fährt mit 'nem Gespann aus Sonnenstäubchen / Den Schlafenden quer auf der Nase hin.« »Her waggon-spokes made of long spinner's legs«: Die Speichen ihres Wagens sind aus langen Spinnenbeinen hergestellt; Schlegel/Tieck: »Die Speichen sind gemacht aus Spinnenbeinen«. Weiter fuhr der Zauberwagen bei Shelley (»The magic car moved on«) in seiner »Queen Mab, A Philosophical Poem« (1813; Teil I, Vers 237): Shelley, *Poetical Works*. Edited by Thomas Hutchinson. London: Oxford University Press, 1905, Reprint 1968, S. 766. *A.d.Ü.*

3 Francis Bacon, »Narziß oder die Eigenliebe«, in: *Die Weisheit der Alten*. Übersetzt von M. Münkler, hrsg. v. Ph. Rippel. Frankfurt

a. M.: Fischer Taschenbuch Verlag, 1990, S. 18: »Von Narziß heißt es, er sei unvergleichlich anmutig und schön, aber unerträglich stolz und geringschätzig gewesen. Selbstgefällig und alle anderen verachtend führte er ein einsames Leben in den Wäldern mit einigen wenigen Gefährten, denen er alles bedeutete. Daneben begleitete ihn, wohin er auch ging, die Nymphe Echo. Bei dieser verhängnisvollen Lebensweise geschah es, daß er in der Mittagshitze zu einer klaren Quelle kam, bei der er sich niederlegt, um zu rasten. Als er sein eigenes Bild im Wasser erblickte, verfiel er darüber in solche Selbstbetrachtung (contemplatio sui) und solch ekstatische Selbstbewunderung, daß er sich nicht von der Quelle losreißen konnte und wie angewurzelt sein Abbild anstarrte, bis ihn die Sinne verließen und er sich schließlich in jene Blume verwandelte, die seinen Namen trägt, eine Blume, die im zeitigen Frühjahr blüht und den Göttern der Unterwelt – Pluto, Proserpina und den Furien – gewidmet ist.« *A.d.Ü.*

4 Baudelaire, »Le Dandy«, aus »Le peintre de la vie moderne«, in: *Œuvres complètes*, éd. Claude Pichois. Paris: Gallimard (Bibliothèque de la Pléiade), 1975, Bd. II, S. 709–712. *A.d.Ü.*

5 Matthäus 6, 28. *A.d.Ü.*

6 Prinzipien, die sich auch Adolf Loos zu eigen machte: »Seine Grundposition zum Thema Kleidung formulierte Loos 1898 in jenem Artikel über *Herrenmode* [1898, in: ders., *Sämtliche Schriften.* Hrsg. Franz Glück, Wien 1962, S. 21] (...) hier heißt es weiter: *Ein kleidungsstück ist modern, wenn man in demselben im kulturzentrum bei einer bestimmten gelegenheit in bester gesellschaft nicht auffällt.* Diese wohldurchdachte Maxime verrät eine dandyhafte Haltung und findet sich tatsächlich bereits 1844 in Barbey d'Aurevillys Biographie *Vom Dandytum und von G. Brummell*, die 1908 von Loos' Freund R. Schaukal ins Deutsche übertragen worden ist. *Beau* Brummells Axiom zum Anziehen lautet nämlich: *Gut gekleidet sein, heißt nicht aufzufallen.*« Eva B. Ottillinger, »Von der *Kunst im Haus* zur Wohnkultur«, in: Ausstellungskatalog Wien 1989–1990, *Adolf Loos*, Graphische Sammlung Albertina, S. 87 und Anm. 37, S. 103 f. *A.d.Ü.*

7 Otto Mann, *Der Dandy*, a.a.O., S. 89: »Sein Biograph Jesse beschreibt Brummell als einen Mann von der Schönheit eines Apollo, von großer, wohlproportionierter Gestalt, schöner Handbildung, langem Antlitz, mit leicht rötlichem Bart, hellbraunem Haar; seine Gesichtsbildung, ohne überraschende Schönheit, ist von bester Form, der Kopf wohlgeformt und die Stirn ungewöhnlich hoch, der ganze Typus mehr geistige als körperliche Neigungen verratend; der Ausdruck seiner Züge ungewöhnlich intelligent, der Mund auf sarkastischen Humor hindeutend, die Nase, früher klassisch gebildet, durch Sturz vom Pferd etwas entstellt, die Augenbrauen ausdrucksvoll wie der Mund, die

Augen grau und von seltsamem, unfaßbarem Ausdruck, das Mienenspiel lebhaft und ausdrucksvoll, die Stimme angenehm. Hiermit stimmen andere Berichte überein. Barbey d'Aurevilly gibt an, daß Brummell geistig gewesen sei bis in die Art seiner Schönheit hinein.« *A.d.Ü.*

8 »(...) it was said with equal truth and spirit by one of the parties concerned, that *the year 1815 was fatal to three great men – Byron, Buonaparte, and Brummell!*«, Hazlitt, »Brummelliana«, a.a.O., S. 433 (»(...) mit gleicher Wahrheit und gleichem Witz wurde von einem der Betroffenen gesagt, *das Jahr 1815 war für drei große Männer verhängnisvoll – Byron, Napoleon und Brummell!*). 1815 heiratete Byron, wurde Napoleon in Waterloo besiegt und verlor Brummell die Gunst des Thronfolgers. *A.d.Ü.*

9 Baudelaire, »Le Dandy«, in: »Le peintre de la vie moderne« (1863/1868). Baudelaire, *Œuvres complètes.* Ed. Claude Pichois. Paris: Gallimard (Bibliothèque de la Pléiade), Bd. II, S. 711–712. (Vgl. Essay 37, Anm. 12). *A.d.Ü.*

10 Es soll sich um Verse des Prinzen von Wales handeln: siehe J. A. Barbey d'Aurevilly, *Vom Dandytum und von G. Brummell.* Ins Deutsche übertragen und eingeleitet von Richard Schaukal. München und Leipzig: Georg Müller, 1909, S. 96. *A.d.Ü.*

11 Shakespeare, Sonett 94: »Lilies that fester smell far worse than weeds.« *A.d.Ü.*

12 Siehe auch das Kapitel über Brummell in: J. Boulenger, *Les Dandys.* Paris: Calmann-Lévy, 1932, und Ellen Moers, *The Dandy: Brummell to Beerbohm.* London: Secker & Warburg, 1960, ein Buch, von dem im vorangegangenen Essay [37] die Rede ist.

13 »Noch berühmter aber wurde er durch seine vollendete Handhabung von Schnupftabakdosen. Dabei gab es nichts zu bestimmen, nur vorzumachen. Keiner kam ihm gleich, wie er die Snuffbox aus der rechten Tasche zog, sie in die linke Hand wechselte, scheinbar achtlos die Manschette zurückschüttelte – oh, ah – und dann mit einem unmerklichen Druck des Daumens auf die Feder den Deckel aufspringen ließ. Zum Schließen benutzte er den Zeigefinger. Der Left-Hand-Only-Stil war unübertroffen elegant. Die rechte Hand trat erst wieder sachte in Aktion, um die Prise auf den linken Handrücken zu plazieren. Das hatte Grazie, das war nicht pompös, es war ursprünglich unbewußt. Aber weil es so schön war, wurde die Welt aufmerksam. Über das Aroma des Tabaks herrschte er auch. Er pflegte ihn sich selbst zu mischen bei Fribourg & Treyer, die bis 1983 in ihrem angestammten dunklen Laden saßen, bis eine der großen Sanierungsmaßnahmen rund um Piccadilly circus sie vertrieben.« Michael Freitag, »Brummell: Ungefähr so groß wie Apoll«, in: *FAZ-Magazin*, 11/1988. *A.d.Ü.*

14 Hazlitt, »Brummelliana«, a.a.O., S. 431: »Die erste Anekdote, in der Mr Brummells Witz uns aufging – und tatsächlich steigt er fast mit jedem neuen Beispiel höher –, war die folgende: Eines Tages kam ein Freund ihn zu Hause besuchen und fand ihn an sein Zimmer gefesselt, weil er mit einem Fuß hinkte, worauf der Freund seine Anteilnahme an dem Unfall ausdrückte. *Mir tut es ebenfalls leid*, sagte Brummell sehr ernst, *besonders weil es mein Lieblingsbein ist.*« *A.d.Ü.*

15 D'Aurevilly, *Vom Dandytum und von G. Brummell*, a.a.O., S. 92. *A.d.Ü.*

16 Hermann von Pückler-Muskau besuchte – unter einem angenommenen Namen – Brummell am 3. Januar 1829 in Calais und berichtet darüber in: *Briefe eines Verstorbenen. Ein fragmentarisches Tagebuch aus England, Wales, Irland und Frankreich, geschrieben in den Jahren 1828 und 1829*. Herausgegeben von Therese Erler. Berlin: Rütten & Loening, 1987, 2 Bde., Bd. 1, S. 484–488. Pückler nahm von Brummell offenbar nur den Einfluß auf die Mode wahr, von dem er nichts hielt, wie dem 24. Brief zu entnehmen ist (*Briefe eines Verstorbenen*, Band 2, S. 653): »Nur in der Unschuldsepoche der englischen Modeherrschaft, wo man noch das Ausland für seine Sitten kopierte und nicht die jetzige Selbständigkeit, die nun sogar als Muster für andere Länder aufzutreten anfängt, erlangt hatte, regierte ein Dandy hauptsächlich durch seine Kleidung, und der berühmte Brummell tyrannisierte mit diesem einzigen Mittel bekanntlich jahrelang town and country. Jetzt ist dies nicht mehr der Fall; der höhere Exclusiv affektiert im Gegenteil eine gewisse Unaufmerksamkeit auf seine Kleidung, die sich fast immer gleich ist, und weit entfernt, jeder Mode zu folgen oder solche zu erfinden, bleibt sein Anzug höchstens nur durch Feinheit und Sauberkeit ausgezeichnet. Es gehört jetzt allerdings schon mehr dazu, der Mann nach der Mode zu sein.« *A.d.Ü.*

17 Der amerikanische Regisseur Curtis Bernhardt drehte 1955 einen Film über Brummell: *Beau Brummell* (deutsch: *Beau Brummell – Rebell und Verführer*). Den Brummell spielte Stewart Granger, Peter Ustinov den Prince of Wales, und der unvergeßliche Robert Morley verkörperte den König George III. – Weitere Literatur über Brummell und den Dandyismus: R. Boutet de Monvel, *Georges Brummell et Georges IV.* Paris: Plon, 1906; Simone François, *Le Dandysme et Marcel Proust – De Brummell au Baron Charlus*. Bruxelles, 1956; die schon für Barbey d'Aurevilly maßgebliche Biographie: W. Jesse, *The Life of George Brummell*. London, 1844; New Edition: London, 1893; Lewis Melville, *The First Gentleman of Europe*. London, 1906; ders., *The Beaux of the Regency*. London, 1908, 2 Bde.; John

C. Prevost, *Le Dandysme en France 1817–1839*. Genève: Droz, 1957; M. C. Renard, *Brummell et son ombre*. Paris: Perrin, 1944.

Ein besonderes Denkmal wurde Brummell an einer eher unerwarteten Stelle errichtet, nämlich in der Erstausgabe von Charlotte Bühler, *Der menschliche Lebenslauf als psychologisches Problem*. Leipzig: S. Hirzel, 1933, S. 312, 315–318. Er wird dort zusammen mit »der Kurtisane Belle Livingstone« im § 36, »Defekte Lebenslaufstrukturen«, vorgeführt: »zwei möglichst drastische Ausfallsbilder« (in der zweiten Auflage – Göttingen: Hogrefe, 1958 – sind beide »Beispiele« weggelassen).

»Eine bedeutsame Modifikation der Normalstruktur stellt diejenige Struktur dar, die durch Ausfallserscheinungen zustande kommt und die wir als Defektform bezeichnen wollen. Und zwar besteht der Ausfall, den wir hier feststellen, im Ausfall einer oder mehrerer Entwicklungsstufen, welche die Normalstruktur konstituieren. (...) Ein theoretisch einfacheres Beispiel eines Ausfalls als (die) höchst interessante Belle of Bohemia [Belle Livingstone] stellt der Dandy George Brummell dar:

George Brummell wurde 1778 in England geboren. Sein Vater war Sekretär von Lord North, 1790 kam der Knabe nach Eton, wo die Sorgfalt seines Anzugs und die kalte Gelassenheit seiner Manieren ihm den Beinamen *Buck Brummell* eintrug. Er hatte angeblich das Glück, vom Prince of Wales bemerkt zu werden, der Gefallen an ihm fand, ihn zu fördern versprach und ihn tatsächlich (...) in sein Husarenregiment aufnahm. Der Prinz, der selber ein ausgesprochener Dandy war, war von Brummells Geschmack und Sicherheit der Eleganz und der Manieren so beeindruckt und begünstigte ihn so sichtlich, daß Brummell allenthalben in der Gesellschaft offene Türen fand. Brummell wurde nun in Fragen des Geschmacks und des Benehmens für etwa 20 Jahre lang tonangebend in der Londoner Gesellschaft. Diese Rolle zu spielen wurde Brummells Lebenszweck. Brummell verzichtete im Grunde auf jedes eigene Leben und lebte nur seiner Rolle, an deren immer raffinierterer und wirkungsvollerer Ausgestaltung er ständig arbeitete. (...) er vermied es durchaus, sich irgendwo in das Leben wirklich einzulassen, sich in einer Liebe oder irgendeiner anderen Leidenschaft aus der Hand zu geben. Er wandelte wie eine Art Marionette unter den lebendigen Menschen. (...) Die Augenzeugen, die Brummell in dieser Zeit seines Glanzes erlebten, sind voll von Ausdrücken der Bewunderung über die Feinheit seines Geschmacks, die Sicherheit seines Benehmens, seine Schlagfertigkeit, seinen Witz, seine Ironie, mit der er grausam zu spotten und zu verletzen imstande war, seine Ruhe, seine Grazie, sein unzerstörbares Gleichgewicht, seine unaufdringliche Eleganz usw. Von

1799 bis 1814, also seinem 21.–36. Lebensjahr, soll es keine Gesellschaft in London gegeben haben, für die nicht seine Anwesenheit einen Triumph bedeutet hätte und sein Fernbleiben eine Katastrophe. (...) Das Ende seiner großen Karriere wurde schließlich durch sein Selbstbewußtsein und seine Unverschämtheit herbeigeführt, die auch vor seinen Gönnern nicht haltmachten. Er machte Bemerkungen über die morganatische Gattin des Thronfolgers, und daraufhin schnitt ihn dieser zum ersten Mal auf einem Ball 1813. (...)

Brummell endete in einer schweren Psychose, die höchstwahrscheinlich eine progressive Paralyse war. (...) den Kern dessen, was sein Leben uns hier demonstriert, affiziert diese exogene Krankheit insofern nicht, als wir bereits bei dem 16jährigen Husarenleutnant alles beisammen haben, was wesentlich ist. Schon damals ist dieser frühreife Junge ein in seiner beschränkten Vollkommenheit zum Entwicklungsabschluß gelangter Mensch. (...) Es paßt durchaus in dies Bild, daß dieser Mann auch im Gefängnis stundenlang mit seiner Toilette zubrachte, obwohl er dort keine ihn würdigenden Zuschauer hatte. Er tat es also letzlich gar nicht für diese, sondern nur für sich selbst, im Stadium reinsten Infantilismus, leerer Funktionslust an sich selbst verharrend.«

Zur Erinnerung: 1931 erschien in Paris das Buch von René Laforgue, *L'échec de Baudelaire. Etude psychanalytique sur la névrose de Charles Baudelaire*. Paris: Denoël et Steele, 1931. Es war Sigmund Freud gewidmet. Der Verlag Gallimard hatte die Veröffentlichung abgelehnt. – Das *Scheitern* Baudelaires: »Das Buch von Laforgue rechnet Baudelaire allen Ernstes vor, daß er an einem Mutterkomplex litt. Nicht einmal am Horizont regt sich die Frage, ob er als psychisch Gesunder die Fleurs du mal hätte schreiben können.« Th. W. Adorno, *Ästhetische Theorie*. Frankfurt a. M.: Suhrkamp, 1970, S. 19–20. *A.d.Ü.*

39 *»Mie-Mie« Fagnani*[1]

Von den beiden Töchtern der Sängerin Costanza Fagnani hat Antonietta vielleicht das beneidenswertere Schicksal gehabt: als Geliebte Foscolos[2] lebt sie in unserer Erinnerung fort, umflossen von klassizistischer Anmut, und den Zauber vermögen weder der Anblick des Porträts, das ihr wenig ätherische Züge verleiht, noch die für ihre Familie typische spitze Nase zu brechen. Die ältere Schwester Antoniettas hingegen, Maria Emilia Fagnani – von der weder eine einzige Zeile von ihrer Hand noch irgendeine Spur im Gesang der Dichter bleibt – hatte eine sehr viel abenteuerlichere Laufbahn, die unsere Phantasie auf eine andere Art als das Lyrische zu entzünden vermag.

Schwester Antoniettas war Maria Emilia in Wahrheit nur mütterlicherseits, denn Costanza Brusati-Fagnani, gleichgültig, ob sie nun wirklich die leichtfertige »Marquisin von F***« der unvergeßlichen Begegnung war, die uns Sterne in *Sentimental Journey*[3] beschrieben hat, war mit ihrem Körper nicht minder großzügig als mit ihrer Stimme. Und ebenso großzügig und willfährig war in jenem casanovianischen Klima auch der Ehemann, der sie 1769 in London dem zukünftigen Herzog von Queensberry überließ. Dieser schrieb am 25. August 1771 an seinen Freund George Selwyn: »Letzte Nacht hat Madame Fagnani ein Mädchen zur Welt gebracht; ich hätte einen Knaben gewünscht, doch *cette princesse héritera les biens de la famille.*«[4] Von welcher Familie? Dachte der opulente Lord etwa schon damals daran, den fremden Nachwuchs zu seiner Erbin zu erklären? Das ist unwahrscheinlich, denn nicht nur vertraute er die Kleine der Pflege seines Freundes Selwyn an, sondern er kümmerte sich von Anfang an auch kaum um sie. Die Vormundschaft Selwyns, der ein Schöngeist und ein berühmter Exzentriker war (seine Manie, Hinrichtungen beizuwohnen, ist zum Teil für die Legende vom »sadistischen« englischen Erbe verantwortlich, die im 19. Jahrhundert großen Anklang fand[5]), verlieh Mie-Mie (wie Maria Emily mit einem Kosenamen genannt wurde) in den eleganten Kreisen große Popularität. Blaß und grazil wie sie war, wurde die Kleine zum Idol des alten Libertin, der sich in einen zärtlichen Erzieher verwandelt hatte, so daß er, als die Mutter sie aus Mailand zurückverlangte, sein gesamtes Vermögen zu hinterlassen versprach, um sie wiederzubekommen und auch um seinen Schlaf und den Appetit wiederzufinden, die ihm abhanden gekommen waren. Und er unternahm nichts, um dem Gerücht entgegenzutreten, sie sei seine eigene Tochter, während die besser Informierten sie als »Tochter von Old Q.« bezeichneten (so wurde Queensberry genannt, nach dem Monogramm, das seine Kutschen zierte, und so betitelt auch Bernard Falk das Buch, das er ihm gewidmet hat: *Old Q.'s Daughter*. London, 1937). Mie-Mie, zu einem anmutigen Mädchen herangewachsen – anmutig mehr der italienischen Augen als der Gesichtszüge wegen, die ein Porträt von Romney uns eher schwerfällig darstellt (mit der typischen spitzen Nase) –, entpuppte sich als eine Tyrannin für den armen Selwyn, den die Streiche des Mädchens in ständiger Sorge hielten. Nun sah sich der alte Libertin sogar veranlaßt, die Verderbnis des Jahrhunderts zu verfluchen, und wie eine pathetische Gestalt aus der komischen Oper wachte er die Nacht hindurch, bis sein Mündel von den Vergnügungen und Tanzfesten heimkehrte. Die Französische Revolution erlaubte ihm den Luxus, als *chaperon*, als Anstandsdame, niemand Geringeren zu verpflichten als eine so gepflegte und anspruchsvolle Dame wie die Herzogin de la Tremouille, und als Spielgefährten bei (nicht immer unschuldigen) Unterhaltungen junge exilierte Adlige mit den schönsten französischen Namen. Von den englischen Freundinnen mochte Mie-Mie besonders die Tänzerin Miss Hart, die zukünftige Lady Hamilton, die nicht gerade eine Heilige war.

Als Mie-Mie älter wurde, schritt der alte Queensberry im richtigen Moment ein und gab sie mit dem Versprechen, sie zu seiner Erbin zu machen, dem Grafen von Yarmouth, dessen Geliebte sie war, zur Gattin. Mie-Mie war siebenundzwanzig, der Graf einundzwanzig. Die junge Frau brachte die Erfahrungen ihres ausschweifenden Lebens und die Substanz zweier alter Satyre in die Ehe ein (Queensberry, weniger anspruchsvoll als Selwyn, brauchte keine Hinrichtungen, um sich zu stimulieren; ihm genügte der Blick aus seinem Fenster am Piccadilly auf eine wohlgeformte Passantin, die er dann von seinem Majordomus herbeirufen ließ). Der

Bräutigam, verführt von der kundigen Gunst und mehr noch von den Reichtümern Mie-Mies, zögerte nicht, Revanche zu nehmen, bis er selbst zu einer legendären Persönlichkeit in den Annalen des Lasters wurde: er ist das Modell für Lord Steyne in *Vanity Fair*[6]. Nachdem die Eheleute sich nach dem Frieden von Amiens [1802] in Paris niedergelassen hatten, ging jeder von ihnen den Launen der eigenen wollüstigen Natur nach. Mie-Mie mischte sich unter die Gesellschaft der napoleonischen Parvenus, hatte den verrückten Junot[7] zum Geliebten, den schönen Graf Casimir de Montrond[8], die von Talleyrand verdammte Seele, und den großen Säbelfechter Duroc[9], den Großmarschall des Palastes. Ein Geschenk Montronds, nicht Junots, war der zweite Knabe der Gräfin von Yarmouth, der, vom Ehemann nicht geduldet, später Lord Henry Seymour wurde, der berühmte Mylord d'Arsouille des heiteren Paris Louis Philippes. Während der rothaarige Graf von Yarmouth, später dritter Lord Hertford, seine Laufbahn verfolgte, die teils politisch war – dank dem Einfluß der Mutter, Lady Hertford, der Favoritin von George IV. –, teils erotisch, dank seiner kräftigen Konstitution (seine galanten Heldentaten spielten sich um 1830 in der »glücklichsten und ruhigsten Hauptstadt Europas« ab, wie er Neapel nannte, das ihn in Gesellschaft von Lady Strachan und ihrer beiden heiteren Töchter erlebte, und zwischen 1835 und 1841 in Mailand, das an Eleganz und Offenheit des Lebens Paris nacheiferte), schuf Mie-Mie in ihrem Haus auf dem Boulevard des Italiens das Zentrum einer der außergewöhnlichsten Familien, die jemals existiert haben.

Mit Mie-Mie, der sie alle Zuneigung erwiesen, die einer tüchtigen Mutter gebührt, lebten die beiden Söhne, Richard Seymour-Conway, später vierter Lord Hertford, ein Sprößling ihres Ehemanns, und Henry Seymour, der in seinen Adern nur jenen kleinen Anteil englischen Blutes hatte, der über die Mutter von »Old Q.« herkam, sowie ein liebenswerter Knabe, der 1824 mit sechs Jahren in die Familie hereingeschneit war, um der inzwischen ältlich gewordenen Adelsdame die Befriedigung zu geben, »Tante Mie-Mie« genannt zu werden, der jedoch nicht ihr Sohn war (wie einige Leute glaubten), sondern ihr Neffe, die Frucht einer Jugendsünde von Richard Seymour-Conway mit einer gewissen Agnes Jackson, geborene Wallace, einer Art »Regimentstochter« des zehnten Husarenregiments, die der kaum siebzehnjährige Adlige, auf den Spuren des Vaters, 1817 in Brighton kennengelernt hatte. Dieser Jüngling, Richard Jackson, später Wallace, sollte dann die Geschichte einer Familie, in der das Materielle zweifellos vorherrschend war, mit einer unerwarteten geistigen Bedeutung überhöhen.

Henry Seymour, der von seinen Verwandten herablassend als Eindringling behandelt wurde, war bloß zweimal jenseits des Ärmelkanals; berühmt wegen seiner Pferde, erster Präsident des französischen Jockey Clubs (er triumphierte auf dem französischen *Turf* von 1835 bis 1842), und nicht weniger berühmt seiner langen Zigarren und seiner echten oder angedichteten Extravaganzen wegen, wurde als Lord Seymour beim Karneval von der Menge mit dem Ruf »Vive Mylord d'Arsouille« empfangen, so daß die Volksphantasie[10] ihn überall dort anwesend wähnte, wo es Lärm und Prasserei gab, ihn, den hochaufgeschossenen, langnasigen und grinsenden Mylord im Schatten des großen grauen Zylinders und der dunklen Brille, wie er auf einem grotesken und düsteren Porträt von Doré erscheint. Es hieß, er sei ein hervorragender Boxer (Eugène Sue hatte ihn vor Augen, als er sich den Fürsten Rodolphe der *Mystères de Paris*[11] ausdachte) und er habe seine eigenen Diener übel zugerichtet, er vergnüge sich damit, seine ärmeren Freunde, die ihn um Rat fragten, auf Verliererpferde setzen zu lassen, und er habe, ein milder Plagiator des Marquis de Sade, Kindern von Bekannten abführende Süßigkeiten verabreicht und Liebenden die Tortur einer erzwungenen Nachtwache auferlegt. Als Menschenhasser, der einige Bastarde hinterließ, starb er 1859, und bei der Versteigerung seiner Besitztümer stritt sich die *jeunesse dorée* um seine berühmten Zigarrenetuis.

Richard Seymour-Conway, der Titelerbe, wurde als eine der reichsten Partien Englands von der anglofranzösischen Gesellschaft umworben, lehnte jedoch jede familiäre Bindung und jede Verpflichtung gegenüber seinem Vaterland ab. Vergeblich zur Beteiligung am politischen Leben aufgefordert, verlangte er von Peel den Hosenbandorden für keinen anderen Dienst als den, sich fünf Wochen lang auf seinen riesigen Besitzungen in Irland aufzuhalten, und wer zu ihm sagte: »So weit Ihr Auge reicht, sehen Sie Ländereien, die Ihnen gehören«, erhielt von ihm zur Antwort: »Nun gut, ich sehe sie jetzt zum ersten und Gott sei Dank auch zum letzten Mal!« So knauserig gegenüber seinen Untergebenen, daß er während der schrecklichen Hungersnot in Irland in den

Jahren nach 1840 keinen Penny spendete, und von der Angst besessen, durch eine Revolution um seine riesigen Renditen gebracht zu werden, befriedigte der vierte Lord Hertford seit 1843 seine Gier nach einträglichen Investitionen *und* seinen künstlerischen Geschmack, indem er eine prächtige Gemäldesammlung zusammenstellte. Und genau darin fand die weltliche Libertinage der Familie ihre Sublimierung. Keine Orgien mehr in Adelsschlössern oder in den Luststädten des Südens, keine Mädchen mehr, herbeigesehnt und erobert von einem alten Mann, der hinter den Fenstern am Piccadilly lauerte, sondern galante Feste von Watteau, Bauernmädchen von Greuze, Hirtentändeleien von Lancret und Boucher, die Lord Hertford auf Auktionen dem anderen großen Sammler, dem Baron Rothschild, streitig machte. So häuften sich im Manchester House in London und in der Wohnung an der Rue Laffitte die Meisterwerke und gelangten schließlich in die Hände von Richard Wallace, dem Bastard mit Kunstgeschmack und philanthropischen Neigungen. Seine Witwe (um nicht gegen die Familientradition zu verstoßen, wartete Wallace dreißig Jahre, bis er die Parfümerieverkäuferin, die seine Geliebte gewesen war, heiratete) vermachte England die Wallace Collection und dem Sekretär des Ehemanns, Sir John Murray, die Kunstschätze des Hauses an der Rue Laffitte. Durch einen merkwürdigen Zufall fielen diese Schätze später Lady Sackville-West zu, der unehelichen Tochter eines englischen Adligen und der spanischen Tänzerin Pepita.[12]

An dieser hätte Mie-Mie, die Tochter der italienischen Sängerin, gewiß ihre Freude gehabt, sie, die sich übrigens nicht um Kunst kümmerte, sondern bloß um Finanzspekulationen in der *petite Bourse* des Café de Paris, das sich unter ihrer Wohnung befand. Die alte Dame mit der langen Nase, mit großen Füßen und langen Händen und von Gebresten gebeugt, empfing ihre Bekannten in gelben Atlas gekleidet und mit einem Paradiesvogel auf dem Kopf; ihre einzige Vergnügung im Alter bestand darin, am Arm ihres Neffen auf dem Boulevard spazierenzugehen und von ihrem Fenster aus die Gäste des berühmten Restaurants zu ihren Füßen auszuspähen. Als sie 1856 mit fünfundachtzig Jahren starb, gedachten ihrer die Zeitungen der Hauptstadt, in der sie über fünfzig Jahre lang gelebt hatte, mit keinem Wort der Trauer.

1938

Anmerkungen

1 Erstdruck: »*Mie-Mie* Fagnani«, in: *La Stampa*, 6. September 1938. *A.d.Ü.*

2 Ugo Foscolo (1778–1827), dessen wohl bekanntestes, oft und zu Unrecht mit Goethes *Werther* verglichenes Werk *Ultime lettere di Jacopo Ortis* [1802; deutsch: *Letzte Briefe des Jacopo Ortis.* Übersetzt von Heinrich Luden (1807), durchgesehen, berichtigt, ergänzt und mit einer Nachbemerkung versehen von Roland Erb. Leipzig: Insel, 1984 (Insel-Bücherei, 685)], »die ganze nationale Tragödie Italiens durch eine individuelle Tragödie auszudrücken« versucht (wie der große Literaturhistoriker des 19. Jahrhunderts, Federico de Sanctis, schrieb), starb nach elf Jahren im englischen Exil, wohin er vor der Restauration geflohen war. 1805 hatte er Sternes *Sentimental Journey* ins Italienische übersetzt. *A.d.Ü.*

3 Laurence Sterne, *A Sentimental Journey through France and Italy. By Mr. Yorick* (1768); deutsch: *Yoricks empfindsame Reise durch Frankreich und Italien, nebst einer Fortsetzung von Freundeshand* (1768). Aus dem Englischen von J. Chr. Bode. Nördlingen: Greno, 1986, S. 107–108: »In Meyland ging ich eines Abends nach dem Martinischen Conzerte, und wollte eben in die Thüre des Saales treten, als die Marquisin von F*** mit einer Art von Eile herauskam. (...) Sie war mir ganz nahe auf dem Leibe, eh' ich ihrer gewahr ward. Ich wich also geschwind an eine Seite, um ihr Platz zu machen. (...) Sie hatte das Nemliche gethan, und zwar nach der nemlichen Seite; wir liefen also mit den Köpfen zusammen (...) Wir flogen beide nach der andern Seite, und dann zurück, (...) und wieder so, es war lächerlich; wir wurden beyde entsetzlich roth (...). Auf mein Wort Madame, sagt' ich, als ich ihr in den Wagen geholfen, sechs verschiedenemale hab' ich mich bestrebt, Sie heraus zu lassen. (...) Und ich, versetzte sie, bestrebte mich sechsmal, Sie hineinzulassen. (...) Wollte der Himmel, Sie würden es zum siebtenmale thun, sagt' ich. (...) Von Herzen gern, sagte sie, und machte Raum. (...) das Leben ist zu kurz, um lange Complimente zu machen. (...) Ich war also ohne Zaudern hinein, und sie nahm mich mit sich nach Hause. (...) Und was aus dem Concerte geworden, das weis die heilige Cäcilia, die vermuthlich darin gewesen ist, besser, als ich.« *A.d.Ü.*

4 »Diese Prinzessin wird die Güter der Familie erben.«

5 Mario Praz, *Liebe, Tod und Teufel*, a.a.O., S. 282–283, 446. Die Neigung Selwyns – »in ihm verbindet sich die krankhafte Neigung für blutige Schauspiele mit einer ausgeprägten Zärtlichkeit für Kinder« – »gab Anlaß zu zahlreichen Anekdoten; die meisten berichtet Horace Walpole in seinem Briefwechsel. *George*, sagt Walpole unter anderem,

denkt nur an la tête humaine [an den menschlichen Kopf]. Nur um der Hinrichtung von Damiens, der Ludwig XV. nach dem Leben getrachtet hatte, am 5. Januar 1757 beiwohnen zu können, fuhr Selwyn damals nach Paris. Hier mischte er sich in gewöhnlicher Kleidung unter die Menge. Ein Franzose bemerkte seine Erregung und fragte ihn: *Sind Sie Henker*? , worauf er erwiderte: *Nein, nein, Monsieur, ich habe nicht die Ehre, ich bin nur ein Amateur.*« *A.d.Ü.*

6 William Makepeace Thackeray, *Vanity Fair, or, a Novel without a Hero* (1847–1848); deutsch: *Jahrmarkt der Eitelkeit*. Übersetzt von W. E. Druguin. Grimma, 1849; Elisabeth Schnack, Zürich 1958. *A.d.Ü.*

7 Andoche Junot (1771–1813), französischer General, Adjutant Napoleons beim Ägyptenfeldzug, 1804 Gouverneur von Paris, 1808 Generalgouverneur von Portugal, Herzog von Abrantes, war in seinen letzten Lebensjahren geisteskrank und brachte sich durch einen Sturz von der Leiter um. *A.d.Ü.*

8 Kurzbiographie in: Carassus, *Le mythe du Dandy*. Paris: Arman Colin, 1971, S. 325: »Montrond (Charles de), 1774–1843. Skeptischer und frivoler *roué* [Wüstling, nach außen hin mit feinen Sitten], schon zur Zeit der Revolution berühmt; Vater von Lord [Henry] Seymour (die Mutter war Lady Yarmouth). Er hatte auch Aimée de Cogny verführt, die »junge Gefangene« von [André] Chénier.« (*La jeune captive*; *Die junge Gefangene* ist der Titel einer Gedichtsammlung von Chénier, die 1812 erschien.) *A.d.Ü.*

9 Géraud-Christophe-Michel Duroc (1772–1813), französischer General, Großmarschall des Palastes, enger Vertrauter von Napoleon, fiel bei Bautzen. *A.d.Ü.*

10 Zur merkwürdigen Vermischung, die in der Volksphantasie zwischen Lord Seymour und Charles de La Battut entstand, der in Wahrheit die Maske des Milord Arsouille abgab, vgl. J. Boulenger, *Les Dandys* (Paris: Calmann-Lévy, 1932).

[Vgl. Emilien Carassus, *Le mythe du Dandy*. Paris: Armand Colin, 1971, S. 327: »Seymour (Lord Henry), 1805–1859. Sohn von Montrond und Lady Yarmouth, verdankte seiner Mutter ein riesiges Vermögen. Diese, geborene Maria Fagniani [*sic*], hatte ihrerseits von zwei sehr reichen Persönlichkeiten geerbt, die beide Anspruch auf die Vaterschaft des jungen Mädchens erhoben. Mit diesem Vermögen ausgestattet, tat sich Lord Seymour in Paris mit seiner Vorliebe für Zigarren und seiner Leidenschaft für sportliche Aktivitäten hervor. Er hatte in seiner Wohnung einen Fechtsaal eingerichtet, wo seine Freunde sich trafen, um sich im Boxen oder Fechten zu üben. Er mochte es gar nicht, daß man ihn unter dem Namen Mylord d'Arsouille mit dem vulgären La Battut verwechselte, obwohl seine Streiche und Possen nicht immer den besten Geschmack bewiesen. Er war ein ausgezeichneter Reiter und Gründer sowie erster Präsident der ›Société d'encouragement‹ und des Jockey Clubs.« *A.d.Ü.*]

11 Rodolphe, Großherzog von Gerolstein, in: Eugène Sue, *Les Mystères de Paris* (1842–1843); deutsch: *Die Geheimnisse von Paris*. Übersetzt von A. Diezmann, Berlin, 1843, 8 Bde. Vgl. Umberto Eco, »Eugène Sue: il socialismo e la consolazione« (1965/1974), in: ders., *Superuomo di massa. Retorica e ideologia nel romanzo popolare*. Milano: Bompiani, 1976, Taschenbuchausgabe 1978, S. 27–67; deutsch: »Sozialismus und Trost«, in: *Apokalyptiker und Integrierte*. Übersetzt von Max Looser. Frankfurt a. M.: S. Fischer, 1984, S. 233–271. *A.d.Ü.*

12 Vgl. dazu Mario Praz, »Die Tänzerin und der Lord«, Band 2, Essay 41. *A.d.Ü.*

40 *Wie die Carmen entstand*[1]

Arturo Farinelli[2], den man als den »Werther der Bibliographie« bezeichnen könnte, veröffentlichte 1921 und 1930 zwei Bände *Divagaciones bibliográficas* [*Bibliographische Abschweifungen*] über Spanien- und Portugalreisen, die er 1942 auf Kosten der Reale Accademia d'Italia auf vier Bände erweiterte (von denen nur zwei erschienen sind[3]) und die trotz Überfülle und Überflüssigem immer noch Lücken aufweisen, die den Verfasser zweifellos zu einer dritten Auflage angeregt hätten, wenn sein Leben länger gedauert hätte (»als in mir noch das Fieber des forschenden Umherziehens brannte«, waren seine Worte). In einem umgekehrten Vorgang könnten sich alle Beobachtungen der Reisenden über Spanien nach und nach zu wenigen dominanten Zügen verdichten und sich schließlich in zwei typischen Personen zusammenziehen, in denen die Quintessenz des Landes zum Ausdruck kommt: für das Altertum ist es ein Satz Strabons über jenen Spanier, der sich aus Scham über seine Trunkenheit in einen Scheiterhaufen stürzt und sich verbrennen läßt (»Quidam ad ebrias vocatus in rogum se injecit«[4]), und als Zeugnis für die Nüchternheit und Charakterstärke der Spanier ist es für die Neuzeit eine der ruhmreichsten Verkörperungen der Femme fatale: Carmen. Auf diese Weise könnte man Spanien zu einem Konzentrat zusammenfassen, so wie Gide glaubte, das ganze Spanien im Mund zu haben, wenn er eine Tasse Schokolade trank, und Simone de Beauvoir verstärkte die Dosis noch und zwang sich, tassenweise eine mit Zimt angereicherte schwarze Brühe zu schlucken, als sie 1931 in Barcelona das Wesen Spaniens zu entdecken suchte.[5]

Das Spanien der französischen Romantiker, dessen überragender Ausdruck Merimées *Carmen* ist, war jedoch nur das letzte Stadium einer langen Entstehung, deren Geschichte Elena Fernández Herr in *Les origines de l'Espagne romantique. Les ré-*

cits de voyage 1755–1823 (Paris: Didier, 1974) nachgezeichnet hat. Es waren Voltaire und Montesquieu, die als erste ein Bild Spaniens präsentierten, das im Europa des 18. Jahrhunderts lange Zeit dominierte. Die ersten französischen Reisenden waren freilich meist *voyageurs de cabinet*, Zimmerreisende, die ihre Vorgänger in den Bibliotheken studierten und typische Eigenheiten voneinander kopierten, die sich dann durch die fortwährende Überlieferung vom einen zum anderen in einem Mythos kristallisierten. Der erste auf persönlichen Beobachtungen gegründete Bericht war der von Jean-François Bourgoing, der mit seiner *Nouveau Voyage en Espagne* von 1788[6] ein anderes Spanien zeigte als das träge, nachlässige, galante und gitarrenzupfende, das Voltaire und Montesquieu gezeichnet hatten (inzwischen waren die Reformen Karls III. durchgeführt worden). Bourgoing war Diplomat. Von Informationszwecken zur Vorbereitung einer politischen Intervention (die unglückselige napoleonische Invasion Spaniens) angeregt worden zu sein scheint die 1808 erschienene *Itinéraire descriptif de l'Espagne* [*Reisebeschreibung Spaniens*] von Alexandre de Laborde, wobei seine in der Restaurationszeit (1820) veröffentlichte *Voyage pittoresque et historique de l'Espagne*[7] in der Einschätzung der Ressourcen des Landes sehr viel bescheidener ist. Bei Laborde wird das pittoreske Kolorit betont, die malerische Färbung, die, bei Bourgoing kaum gegenwärtig, von dem Deutschen Christian August Fischer in einem ins Französische übersetzten Buch mit dem Titel *Voyage en Espagne aux années 1797 et 1798* (Paris, 1801) hinzugefügt wurde. Henry Swinburne hatte in *Travels through Spain in the Years 1775 and 1776*[8] die Wunder der Alhambra gepriesen und damit die Bühne für jene *Aventures du dernier Abencérage* von Chateaubriand vorbereitet, der in der Alhambra »abseitige Orte« erblickt, »wo Lust und Grausamkeit beisammen wohnen und wo der Sarazenenkönig häufig den verführerischen Kopf, den er eben noch zärtlich gestreichelt hatte, in das Marmorbecken fallen ließ«.[9]

Wie erklärt es sich, daß von allen europäischen Nationen gerade Spanien die Aufmerksamkeit der Reisenden in besonderer Weise auf den Volkscharakter gelenkt hat und dieser sogar der Beschreibung des Landes vorgezogen wurde? (Man erinnert sich zum Beispiel, daß Addison in seinen *Remarks on Several Parts of*

Italy [1705] sich ausschließlich für die Antike interessierte und die Italiener der Neuzeit verachtete). Der im 18. Jahrhundert allmählich sich durchsetzende Gesichtspunkt, der schließlich mit der Romantik zu einem allgemeinen wurde, wird von Balzac wie folgt formuliert: Das spanische Volk »ist das poetischste Volk Europas, das einzige, das eine nationale Physiognomie bewahrt hat«.

Besonders aufschlußreich ist es, die Entwicklung des Typus der spanischen Frau in der Sicht der Ausländer zu verfolgen. Madame d'Aulnoy fand in ihrer *Relation du voyage d'Espagne* von 1691 die Spanierinnen »von einer erschreckenden Magerkeit. Darüber hinaus sind sie sehr braun, so daß diese straffe, an den Knochen klebende dunkle Haut naturgemäß denen mißfällt, die nicht daran gewöhnt sind. Bei ihnen selbst gilt eine flache Brust als schön, und bis zur Pubertät treffen sie Maßnahmen, um deren Wachstum zu verhindern.« Über die Füße der Spanierinnen ließe sich wenn schon nicht ein ganzes Buch wie das von Howard S. Levy über die chinesische Fußerotik[10], so doch eine merkwürdige Anthologie verfassen. Noch zu Beginn des 18. Jahrhunderts wurden dort die Füße eifersüchtig vor fremden Blicken verborgen, und als Luisa von Savoyen, die Gemahlin Philipps V., den Rock ihres spanischen Kleides kürzte, indem sie den *tontillo* entfernte, der beim Rock etwa dem flexiblen Teil am Kotflügel eines Wagens entspricht, waren die spanischen Damen konsterniert, und es gab Ehemänner, die sagten, lieber sähen sie ihre Gemahlinnen tot, als daß diese ihre Füße zeigten.[11] Montesquieu schreibt in den *Persischen Briefen*, N° 78: »Sie [die spanischen Männer] verstatten ihren Weibern, mit entblößtem Busen zu erscheinen; aber sie leiden nicht, daß man den Absatz ihres Schuhes erblickt oder unversehens ihre Fußspitze gewahrt.«[12] Vor einem Mann die Füße zu entblößen, war für eine Dame das Zeichen, ihm die »höchste Gunst« zu gewähren. Madame d'Aulnoy fügt hinzu, die Spanierinnen hätten so kleine Füße, daß ihre Schuhe denen von Puppen glichen, und Pater Labat schreibt in seinem Buch *Voyages* von 1730[13]: »Die Spanier haben bestimmte Proportionsregeln, was die Füße betrifft, die so lächerlich sind, daß es unangebracht wäre, hier davon zu berichten.«[14] Sogar Ludwig XIV. mußte intervenieren, um wegen der kurzen Röcke der spanischen Königin die Gemüter zu beruhigen, aber der *ton-*

tillo, der weite, auf dem Boden entlangschleifende Saum, war noch 1735 in Gebrauch. Bald jedoch sollte er verschwinden, und nun wurde in der entgegengesetzten Richtung übertrieben: die Füße sehen zu lassen verlor die Bedeutung, äußerste Gunstbezeugung anzuzeigen. Eine andere Geste vom selben Tenor – hoffentlich nur bei den unteren Schichten – war das Entlausen. In der Schlußszene der spanischen Übersetzung einer französischen Oper, *Le Tonnelier*, wurde der Kuß, um das Schamgefühl nicht zu verletzen, durch die folgende kleine Szene ersetzt: der Verliebte setzt sich auf den Boden, zwischen die Beine der einfallsreichen Franchette, die ihm dann mit ihren zarten Fingern das Haar von Läusen säubert.

Zur Zeit von Fischer, das heißt gegen Ende des Jahrhunderts, liest man über die Frauen: »Ihr Gang ist leicht und gewagt, die Röcke sind kurz und flatternd, und ihre langen, durchsichtigen Fransen lassen bei jedem Schritt ein schlankes, wohlgeformtes Bein erblicken; die wollüstigen Kleider, die die weiblichen Formen ebenso betonen wie verhüllen, die großen Blumensträuße und das listige Spiel ihrer Fächer sind das Kennzeichen dieser gefährlichen Sirenen.« Heinrich Friedrich Link schreibt zur selben Zeit: »Die Frauen lassen ihre Beine sozusagen bis zu den Waden unbedeckt, was eine eigentümliche Wirkung hat, die nicht gerade dezent, sondern sehr sinnlich ist.«[15] Wir befinden uns bereits im Klima der *Habanera* der *Carmen* – wer erinnert sich bei diesem Lied, das den Namen einer exotischen und sinnlichen Frau trägt, nicht an den überaus lasziven Ruf des Fandango, der von allen Reisenden erwähnt wird und der angeblich selbst einen Einsiedler lüstern zu stimmen vermag? Ist es die dionysische Wirkung des *Solano*[16], der die Sinne entflammt?

Der spanischen Frau werden männliche Charakterzüge zuerkannt. Fischer zufolge, dem wir die subtilste psychologische Analyse dieses Geschöpfs verdanken, ist »der Schutz dieser Frau mit glühender Phantasie, deren Lippen, deren Augen und deren Ohren nichts Keusches an sich haben«, nicht die Religion, sondern der Stolz; sie gibt sich nur dem Manne hin, den sie selber erwählt hat; »sie übernimmt die Rolle des Mannes und überläßt ihm nur die Aufgabe, ihr gefällig zu sein, und gibt sich dabei ganz seinem Verlangen hin«. Einen anderen Wesenszug hält Philipp Joseph von Rehfues fest, in dessen Spanienbuch, das 1811 ins Französische übersetzt wurde, zu lesen ist, daß die jüngsten historischen Ereignisse (der spanische Widerstand gegen die Franzosen im Jahre 1808) zum größten Teil den Frauen zu danken waren: »Um die Heftigkeit ihrer Leidenschaften und ihres Charakters zu beurteilen, genügt es zu wissen, daß fast alle von ihnen im Strumpfband auf dem Schenkel einen Dolch tragen, von dem sie häufig Gebrauch machen.«[17] Bei dieser Geschichte mit dem *puñal en la liga*, dem Dolch im Strumpfband, scheint es sich zwar um ein Gerücht zu handeln, das die französischen Soldaten in Umlauf brachten, doch man findet Beispiele dafür sogar auf den *Desastres de la guerra* von Goya. Der anonyme Verfasser der *Réminiscences de l'espagne*, die 1823 in Paris erschienen, schränkt diesen Brauch auf die Frauen von Valencia ein: »Man kann sagen, daß der Dolch bei diesen Frauen der Fächer ist, und daß sie damit blutige Streiche mit derselben Leichtigkeit ausführen, mit der unsere liebenswürdigen Französinnen einem in seinen Reden allzu freizügigen und in seiner Unternehmungslust allzu kühnen Verehrer mit dem Fächer auf die Finger klopfen würden.«[18] Und im *Théâtre de la guerre* von [R. Cuisin] und Ch. N. (1823) wird eine tatsächliche Begebenheit erzählt: »Ein schöner Adjutant war im siebenten Himmel (. . .), seine Geliebte, eine Verbrecherin aus Heldenmut, stach ihn mit einem Stilett sechzigmal in den Rücken: das geschah in Ciudad Rodrigo.«[19]

Diese Feststellungen über die spanische Frau mit der teuflischen Seele (*alma atraversada*) bilden den Auftakt nicht nur zur Carmen, sondern auch zur Doña Urraca in *Le Ciel et l'Enfer* von Mérimée[20] (der die Episode mit dem Dolch im Strumpfband in Valencia ansiedelt[21]) und zur Herzogin von Sierra Leone in *Les Diaboliques* von Barbey d'Aurevilly (»La vengeance d'une femme«)[22]. Und von Doña Urraca leitet sich die Hexe Uraka her, von deren Fenster aus, in Heines *Atta Troll*, ein ganzes Gespensterheer zu beobachten ist.[23] Elena Fernández Herr beendet ihre Studie mit der Feststellung: »Die Romantiker haben ihr Spanien weder entdeckt noch erfunden.« Sie taten nichts anderes, als eine Überlieferung und einen Mythos, an dem die Reisenden zweier Jahrhunderte mitgearbeitet hatten, in Kunstwerken zu verwirklichen.[24]

1975

Anmerkungen

1 Erstdruck: »Come nacque Carmen«, in: *Il Tempo*, 15. Juli 1975. *A.d.Ü.*

2 Arturo Farinelli (1867–1948) war Professor für deutsche Literatur in Turin; 1925 gehörte er zu einer Kommission, die über Anglistik-Dozenturen in Italien entschied (Praz hatte sich beworben): weil Praz auf eine Ungenauigkeit in einer von Farinelli verfaßten Rezension hingewiesen hatte, zog er (wie er vermutet) den Haß Farinellis auf sich: Mario Praz, *Lettere a Bruno Migliorini.* A cura di Lidia Pacini Migliorini. Firenze: Sansoni, 1983, S. 237 (Brief vom 26. November 1925). Die Herausgeberin bemerkt dazu: »Die im übrigen gegenseitige Abneigung zwischen Praz und Farinelli hielt lange an (...) siehe z. B. einen der letzten Texte von Praz, die Vorbemerkung zu *Il mondo che ho visto*« (Milano: Adelphi, 1982, S. 14–15). Dort heißt es: »Arturo *Farinelli* veröffentlichte zweimal in seinem Leben eine monumentale und verworrene [ital. *farraginosa*: boshafte Alliteration mit dem Familiennamen] Bibliographie über Spanien- und Portugalreisen in zwei Bänden: zu seiner Entlastung sei gesagt, daß der Spaziergang durch die Wälder der Karteikästen ihm jenen Rausch verschaffte, den die Spaziergänge durch die echten Wälder mit richtigen Blättern den Romantikern gaben. (...) Seine Nase war mit Pergament verstopft.« Über Farinelli und einen weiteren Mißliebigen, einen Journalisten namens Farinacci, schrieb Praz sogar ein Spottgedicht: *Lettere a Bruno Migliorini*, a.a.O., S. 239; vgl. auch den ausdrucksstarken Brief vom 4. 1. 1931, S. 307. *A.d.Ü.*

3 Arturo Farinelli, *Viajes por España y Portugal, nuevas y antiguas divagaciones bibliográficas.* Roma: Reale Accademia, 1942–1943. *A.d.Ü.*

4 Zit. bei Fernández Herr, *Les origines de l'Espagne romantique*, S. 22 und S. 67: Charakterisierung »des Spaniers« bei Peyron (1780) bzw. Vayrac (1718): »Strabon berichtet von einem Mann, der sich in einen Scheiterhaufen stürzte und sich aus Scham darüber verbrannte, daß man ihn betrunken genannt hatte.« *A.d.Ü.*

5 »Wie die meisten Touristen unserer Zeit bildeten wir uns ein, jeder Ort, jede Stadt berge ein Geheimnis, eine Seele, ein ewiges Wesen, und der Reisende müsse den Schleier lüften, der darüber lag. (...) Nach Duhamel waren alle Geheimnisse Berlins in dem Geruch vereint, der in den Straßen schwebte und der keinem anderen glich. Spanische Schokolade trinken heißt ganz Spanien im Munde halten, sagte Gide in *Prétextes.* Jeden Tag zwang ich mich, mehrere Tassen einer schwarzen, üppig mit Zimt gewürzten Brühe zu schlucken. Ich aß Berge von Mandelkonfekt und Quittenpaste und Gebäck, das zwischen

meinen Zähnen zerbröselte und nach altem Staub schmeckte.« Simone de Beauvoir, *La force de l'Age*. Paris: Gallimard, 1960, S. 88 (zit. bei Fernández Herr, *Les origines de l'Espagne romantique*, S. 31); deutsch: *In den besten Jahren*. Aus dem Französischen von Rolf Soellner. Reinbek b. Hamburg: Rowohlt, 1984, S. 74. *A.d.Ü.*

6 Jean-François Bourgoing, *Nouveau voyage en Espagne*. Paris: Regnault, 1788. 2.–5. Auflage mit verändertem Titel: *Tableau de l'Espagne moderne*. Paris, 1797, 1803, 1808, 1823. *A.d.Ü.*

7 Alexandre de Laborde, *Voyage pittoresque et historique de l'Espagne*. Paris: Didot, 1806–1820. *A.d.Ü.*

8 London: P. Elmsly, 1779; französische Übersetzung Paris, 1787. *A.d.Ü.*

9 François René de Chateaubriand, *Les aventures du dernier Abencérage* (Novelle, entstanden 1807 nach einem Andalusienaufenthalt; Erstveröffentlichung 1826). Vgl. Winfried Engler, *Lexikon der französischen Literatur*. Stuttgart: Kröner, 1984, S. 74: »Die Romanze zwischen dem letzten Abencérage Aben-Hamlet und Doña Blanca, der Spanierin aus dem Geschlecht seiner persönlichen Gegner, entbehrt des autobiographischen Kerns, der ihr lange zugesprochen wurde.« *A.d.Ü.*

10 Howard S. Levy, *Chinese Footbinding. The History of a curious erotic custom* (1966), unveränderte Neuauflage unter dem Titel: *The Lotus Lovers. The complete history of the curious erotic custom of footbinding in China*. Buffalo, NY: Prometheus, 1992. Vgl. die Rezension von Delia Davin in: *The Times Literary Supplement*, N° 4647, 24. April 1992, S. 28. *A.d.Ü.*

11 Fernández Herr, a.a.O., S. 63, zitiert Mme d'Aulnoy, *Relation*, S. 272. *A.d.Ü.*

12 Montesquieu, *Persische Briefe*. Frankfurt a. M.: Fischer Bücherei, 1964, S. 145 (Exempla classica 94; überarbeiteter Text nach der Ausgabe *Montesquieu's Persische Briefe*. Deutsch von Adolf Strodtmann. Berlin 1866). *Lettres persanes* (1721), in: Montesquieu, *Œuvres complètes*. Texte présenté et annoté par Roger Caillois. Paris: Gallimard (Bibliothèque de la Pléiade), Bd. I, S. 250: »Ils permettent à leurs femmes de paroître avec le sein découvert; mais ils ne veulent pas, qu'on leur voie le talon, et qu'on les surprenne par le bout des pieds.« *A.d.Ü.*

13 P. Labat, *Voyages du P. Labat del'ordre des F. F. Précheurs en Espagne et en Italie*. Paris: C.-J.-B. Delespine, 1730. *A.d.Ü.*

14 Zit. bei Fernández Herr, a.a.O., S. 63. *A.d.Ü.*

15 Heinrich Friedrich Link, *Voyage en Portugal depuis 1797 jusqu'en 1799*. Paris: Levrault, Schoell & Cie., 1803 (französische Übersetzung der deutschen Ausgabe von 1801), zit. bei Fernández Herr, a.a.O., S. 159. *A.d.Ü.*

16 Vgl. Fischer, zit. bei Fernández Herr, a.a.O., S. 139: *solano*, ein »heißer, von stickigen Dämpfen erfüllter Wind« (Fischers Beschreibung seiner Wirkungen erinnert in mancher Hinsicht an die Folgen des Föhns). Fischer schreibt dem *solano* indessen vor allem eine aphrodisische Wirkung zu. *A.d.Ü.*

17 Philipp Joseph von Rehfues, *L'espagne en mil huit cent huit ou recherches sur l'Etat de l'Administration (...)*. Paris und Straßburg: Würtz, 1811; deutsch: *Spanien nach eigener Ansicht im Jahr 1808 und nach unbekannten Quellen bis auf die neueste Zeit*. Frankfurt a. M., 1813. Zit. bei Fernández Herr, a.a.O., S. 282. *A.d.Ü.*

18 Zit. bei Fernández Herr, a.a.O., S. 291. *A.d.Ü.*

19 Zit. bei Fernández Herr, a.a.O., S. 300. *A.d.Ü.*

20 Mérimée, *Le Ciel et l'enfer* (1825, aus *Théâtre de Clara Gazul*), in: ders., *Théâtre de Clara Gazul, Romans et nouvelles*. Ed. Jean Mallion et Piere Salomon. Paris: Gallimard (Bibliotèque de la Pléiade) 1978, S. 165–181 (die Dolchszene: S. 180–181. Doña Urraca tötet den Beichtvater Bartolomé wie ein Stierkämpfer den Stier: mit einem Stich ins verlängerte Mark: »C'est là qu'on frappe le taureau.«); deutsch in: *Das Theater der spanischen Schauspielerin Clara Gazul*. Übersetzt von H. Elsner. In: Merimée, *Gesammelte Werke*. Stuttgart 1846, Bd. 4/5. *A.d.Ü.*

21 Vgl. die »Notiz« zu den Anmerkungen in *Le Ciel et l'enfer*, a.a.O., S. 1190: »Die Einzelheit mit dem Dolch, den Doña Urraca im Strumpfband versteckt, stammt ohne Zweifel aus dem *Petit Diable boiteux de la vielle Castille* [Paris: Constant Chantpie, 1823, S. 28; *Der kleine hinkende Teufel aus dem alten Kastilien*], wo man lesen kann: *Die Frauen von Valencia, die nach dem Spitznamen, den man ihnen auf der ganzen Halbinsel gibt, eine* alma atravesado, *eine teuflisch-leidenschaftliche Seele* [l'âme endiablée] *haben, tragen fast alle einen Dolch in einem ihrer Strumpfbänder*. Der Autor fügt hinzu: *Das ist bei diesen Damen der Fächer.*« *A.d.Ü.*

22 Barbey d'Aurevilly, *Les diaboliques* (1874); deutsch: *Die Teuflischen*. Übersetzt von Georg Goyert. München: Desch, 1948, S. 341–394: »Die Rache einer Frau«. *A. d. Ü.*

23 Heinrich Heine, *Atta Troll. Ein Sommernachtstraum* (1843, in: *Sämtliche Schriften*. Herausgegeben von Klaus Briegleb. München: Hanser, 1971, Band 4, S. 537, (»Caput XVIII«):

»Aus dem Fenster von Urakas
Hexennest konnt ich vortrefflich
Das Gespensterheer betrachten,
Wie es durch die Gasse hinzog.« *A.d.Ü.*

24 Mario Praz veröffentlichte 1928 in der Reihe »L'Europa contemporanea« ein Buch über Spanien: *Penisola pentagonale*. Milano: Casa Editrice »Alpes«. *A.d.Ü.*

Mario Praz
Der Garten der Erinnerung
Essays 1922–1980
Band 2

41 Die Tänzerin und der Lord
42 Ein moderner Hofmann
43 Der Kongreß tanzt
44 Die Zukunft wird es zeigen
45 Zwei Prinzessinnen
46 Rimbaud
47 Notizen einer Reise von Liverpool nach Ajaccio
48 Englische Villen
49 Das englische Gasthaus
50 Die Schatten von Eton
51 Wochenende in Schottland
52 Greenwich
53 Die Grotte von Pope
54 Ruinen des Rokoko
55 Die Orti Oricellari
56 Vallombrosa
57 Treppen
58 Die zerfallene Stadt
59 Arkadien an der Brenta
60 Imaginäre Wege in römischen Gärten
61 Der Feind des Menschen
62 In den Mysterien der Sibylle
63 Porträt des Condottiere
64 Und sie ruhten nicht in Frieden
65 Die zweite Hinrichtung Savonarolas
66 Die Unschuld der Tiere
67 Manierismus
68 Erscheinungen und Wandel des Manierismus
69 Die Kapelle mit dem Florentiner Mosaik
70 Besuch in der Villa Lonchio
71 Via San Zanobi

72 Vierzig Jahre später
73 Venus im Norden
74 Der Ball der brennenden Tänzer
75 Nordischer Michelangelismus
76 Die heroische Landschaft
77 Die Liebe zu den Statuen
78 Die beiden Schwestern
79 Musterhafte Behausung
80 Schmach in der Toscana
81 Die Macht der Wörter
82 Symmetrie
83 Idee zu einem Film